KB057715

의학사의 새 물결

iMH
경희대학교 인문학연구원
HK+통합의료인문학연구단
통합의료인문학번역총서 01

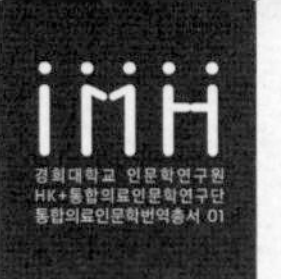

의학사의 새 물결

한눈에 보는 서양 의료 연구사

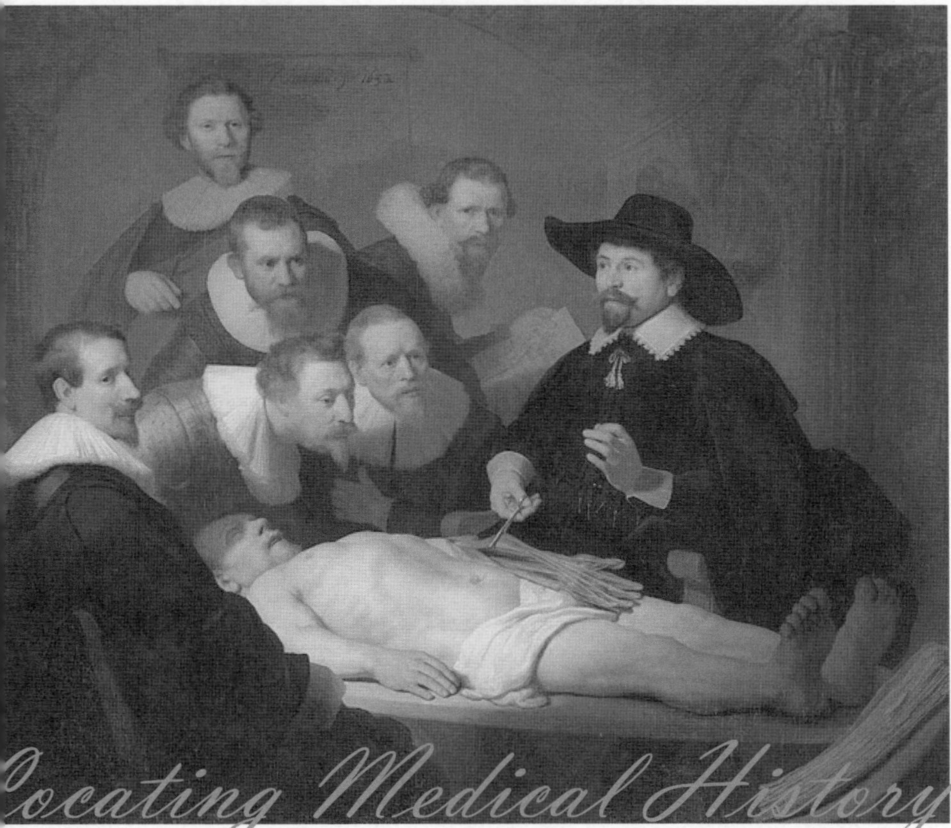

Locating Medical History

프랭크 하위스만 존 할리 워너 편저
신지혜 이상덕 이향아 장하원 조정은 옮김
여인석 감수

도서출판 모시는사람들

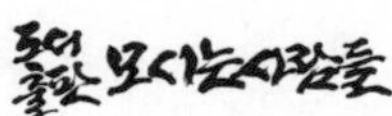

역자 서문

영국의 역사학자 고(故) 로이 포터가 이 책의 8장에서 적은 바를 빌려 말해 보자. 우리 모두는 패키지 여행을 막 끝마치고 도대체 무엇을 구경했는지 벌써 기억이 가물가물한 여행자와 같다. 번역을 통해 이 여행에 조금이나마 동참했던 역자들도 이럴진대, 의학사 혹은 의료사에 익숙지 않은 독자라면 목차만 보고도 낯선 이름과 개념의 향연에 멀미를 일으킬지 모르겠다. 그러나 이 책의 의의는 다양한 배경을 지닌 저자들이 의학사 혹은 의료사에 대한 그들의 입장과 견해를 피력한다는 데 있다. 총론에서 편저자인 프랭크 하위스만과 존 할리 워너가 밝혔듯이, 이 책에 실린 글 대부분은 특정한 방향성을 추구하기보다 저자 각각의 배경과 개성을 반영한다. 독일어, 프랑스어로 발표한 글을 영어로 번역하여 싣기도 했으므로 장마다 독특한 스타일을 찾아볼 수 있을 것이다. 독자 여러분도 관심사에 따라 이 장에서 저 장으로 넘어가며 학문적 유람을 즐기시라고 권한다.

이 책은 세 부분으로 구성되어 있다.

1부: 2004년 출판 당시에도 회고의 성격이 강했던 터라, 2021년을 사는 독자들은 1부의 글을 읽으면서 시대에 뒤떨어진 내용이라고 생각할 수도 있다. 책에 자주 등장하는 칼 수도프, 샤를 다렘베르그, 헨리 지거리스트, 윌리엄 오슬러 등은 20세기 초 의학사의 대가로 명성을 떨쳤지만, 최근에 출판된 의학사 혹은 의료사 저작에서는 이들의 이름을 거의 찾아볼 수 없다. 그러나 정식 훈련을 받은 의사로 시작하여 의학사를 발전시킨 이 학문의 원로들이 오래전부터 주장했던 것처럼, 1부의 저자들은 의학을 진정으로 이해하고 실천하기 위해서는 역사를 알아야 한다고 강조한다. 진정한 인문학적 관점을 보여주는 이 대가들이 히포크라테스나 갈레노스 같은 과거 '영웅'의 전기를 쓰는 데 일생을 바쳤듯이, 1부는 옳든 그르든 이들의 '영웅적인 업적'에 존경을 표한다.

2부: 초기 의학사를 이끈 인물들의 뒤를 이어 새로운 세대가 등장했다. 2부는 20세기 중반 이후 의학사를 변화시킨 연구자들의 업적을 돌아본다. 2부에서 초점을 맞추는 분야는 '새로운 사회사'와 그 이후에 시작된 변화로 20세기 후반기 미국, 영국, 프랑스, 독일 등에서 발표된 의학사, 의료사 연구를 통해 다양한 주제와 경향을 살펴본다. 영어권 의학학술지를 양적으로 분석한 글 외에 푸코와 캉길렘이 의학사에 미친 영향에 대한 질적 분석을 찾아볼 수 있으며, 열대의료의 지정학적 관점도 다루고 있다.

3부: 1, 2부와 마찬가지로 3부에서도 저자 각각의 개인적인 경험이 의학사, 의료사의 발전과 어떻게 맞물리는가가 주요한 주제이다. 특히 3부는 '문화적 전환' 이후 다양한 주제를 연구하는 저자들이 중심이 된다. 이 분야를 전공하는 전문 역사가뿐만 아니라 의학, 의료에 관심이 있는 일반 독자, 그리고 학생을 포함한 여러 청중에 대한 글도 실려 있다. 무엇보다 의사이자 역사가인 저자들이 경험을 공유하는 글을 통해 두 개의 분야에 발을 딛고 있는 이들이 오늘날 어떤 고민을 가지고 어떤 식으로 연구를 추진하는지 알려준다.

번역 과정에서 가장 어려웠던 작업은 'medicine'의 다양한 의미를 제대로 옮기는 것이었다. 단어 하나에 여러 의미가 포함된데다 문맥에 따라 다른 의미를 써야 하는 때가 많았기 때문에 어떻게 하면 가장 적절하고 정확하게 저자들의 의도를 전달할 수 있을지 고민이 컸다. 영어로 'medical history' 또는 'history of medicine'이라 불리는 분야의 번역에 대해서는 그동안 국내 학계에서도 논의가 이루어져 왔다. 영어로는 둘의 의미에 큰 차이가 없지만(같은 용어가 지나치게 반복되는 것을 피하려고 두 표현을 번갈아서 사용하는 경우가 대부분으로 여기서는 영어 표현을 더 깊이 파고드는 대신 번역에 초점을 맞춘다), 한국어로는 의학사, 의료사, 의사학 등으로 번역이 가능하며 현재 국내의 학회에서도 이 세 가지 용어 중 하나를 사용하는 곳이 많다. 의학사가 지식의 분석과 이해를 다룬다면 의료사는 의학 중에서도 맥락이 중요한 영역이나 전문 의학화되지 않은 다양한 분야를 포함한다. 그러나 영어에서는 둘 다 'history of medicine'(혹은 'medical history')이라는 용어로 설명이 가능하기 때문에 문맥을 파악하는 작업이 중요하다. 여기서는 현재 한국, 중국, 일본 등에서 통용되는 의학사, 의료사의 정의를 적용하기보다 원저자의 문제의식과 배경에 따라, 그리고 독자가 읽을 때 위화감이 덜하도록 의학사 또는 의료사로 번역하였다. 이 외에도 'social history of medicine', 'cultural history of medicine' 등 사회, 문화가 덧붙는 경우가 있다. 이때의 'medicine' 역시 의학, 의료 등으로 번역되는데 이 책에서는 역자들은 물론 독자에게도 좀 더 친숙해 보이는 '의료'사회사, '의료'문화사라는 용어를 사용했다.

총 25명의 저자가 참여한 원저와 비교할 정도는 아니지만, 이 책의 번역 역시 5명의 역자가 1년 반에 걸쳐 진행한 공동작업의 결과물이다. 원저를 소개해 주신 경희대학교 인문학연구원 HK+통합의료인문학연구단의 박윤재 단장님부터 기꺼이 감수를 맡아주신 연세대학교 의과대학 의사학과의 여인석 교수님, 역자들을 이끌어 주신 모시는사람들의 여러분들, 그리고 교정 및 수정을 도와준 HK+연구단의 연구보조원들까지 많은 분이 작업에 동참해 주셨다. 역자를 대표하여 모든 분께 깊이 감사드리며, 『의학사의 새 물결』이 실로 새로운 물결이 되어 의학사, 의료사, 의사학에 관심 있는 누구나 기꺼이 뛰어들 수 있는 장을 마련해 주기를 바라는 마음으로 글을 마친다.

2021년 12월 신지혜

감사의 글

이 책의 아이디어는 1999년 6월 16일부터 18일까지 네덜란드 마스트리흐트에서 개최된 의학의 역사 서술사에 관한 국제학술대회에서 이루어진 논의에서 시작되었다. 이 학술대회는 마스트리흐트 대학의 문과대학 교수진과 흐로닝언(Groningen)의 니콜라우스 뮬레리우스 재단(Nicolaus Mulerius Foundation), 네덜란드 과학연구기관(Netherlands Organization for Scientific Research), 하위징아 문화사 연구소(Huizinga Research Institute for Cultural History)가 지원하였다. 이 책의 저작 대부분은 마스트리흐트 학술대회 이후에 의뢰되었지만, 로저 쿠터(Roger Cooter), 엘리자베스 피(Elizabeth Fee), 알폰스 라비쉬(Alfons Labisch), 한스-우베 람멜(Hans-Uwe Lammel), 비비안 너튼(Vivian Nutton)의 글은 학술대회 논문을 발판으로 삼아 이 책을 위해 심도 깊게 다시 작업되었다. 로이 포터(Roy Porter)의 글은 허가를 받아《의학의 역사(*Medicina nei secoli*)》10(1998, pp.253~269)에 실렸던 논문을 재출판하였고, 루드밀라 조다노바(Ludmilla Jordanova)의 글은 의료사회사학회의 허락을 받아《의료사회사(*Social History of Medicine*)》8(1995, pp.361~381)의 논문을 재출판하였으며, 새로운 후기가 포함되어 있다.

이 책을 만드는 데 도움을 주신 많은 분 중 특히 토비 애플(Toby Appel), 위비 바이커(Wiebe Bijker), 리사 볼트(Lisa Boult), 토마스 브로만(Thomas Broman), 마리즈케 기즈위짓-호프스트라(Marijke Gijswijt-Hofstra), 나쓰 하토리(Natsu Hattori), 고델리베 반 헤테렌(Godelieve van Heteren), 클라시엔 호스트먼(Klasien Horstman), 만프레드 호스트만쇼프(Manfred Horstmanshoff), 헨크 후

이제스(Henk Huisjes), 군돌프 카일(Gundolf Keil), 피터 얀 쿠이제르(Pieter Jan Kuijjer), 크리스토퍼 로렌스(Christopher Lawrence), 수잔 레더러(Susan Lederer), 라모나 무어(Ramona Moore), 노버트 폴(Norbert Paul), 카트리엔 산팅(Catrien Santing), 제니 슬라트먼(Jenny Slatman), 마누엘 스토퍼스(Manuel Stoffers), 재닛 타이(Janet Tighe), 재니스 웨슬리(Janis Wethly), 요세프 바흐엘더(Joseph Wachelder)에게 감사드린다. 이 프로젝트를 진행하기 위해 클라스 반 베르켈(Klaas van Berkel), 조 톨레비크(Jo Tollebeek), 헨크 테 벨데(Henk te Velde)는 그들이 생각한 것보다 더욱 중요한 역할을 했다. 또한 원고를 검토해 준 존스홉킨스 대학교 출판사의 익명의 검토자가 통찰력 있는 비평을 해 주고 글렌 퍼킨스(Glenn Perkins)가 신중하게 편집해 주어서 큰 도움을 받았다.

출판사 편집자인 재클린 웨뮬러(Jacqueline Wehmueller)는 이 프로젝트가 시작할 때부터 우리를 격려해 주었다. 그녀의 확고한 지지와 비판과 인내심에 대단히 감사드린다. 나오미 로저스(Naomi Rogers)는 가장 무자비하면서도 배려가 넘치는 비평가였으며, 의학사의 '내부자'가 아닌 독자들에게도 이 책이 널리 읽힐 수 있도록 매번 우리를 독려해 주었다. 무엇보다도, 지적인 열정과 유머, 그리고 새로운 경로를 탐구하는 의지를 지닌 이 책의 저자들에게 감사드린다. 이러한 요소들은 이 책의 작업 전체를 진정으로 협력적인 것으로 만들었다.

이 책의 제작은 델프트의 의학사 재단(Historia Medicinae Foundation), 암스테르담의 요하네스 유다 그뢴 재단(Joannes Juda Groen Foundation), 네덜란드 의학학술지협회(Society Nederlands Tijdschrift voor Geneeskunde)로부터 관대한 지원을 받았다. 특히 마스트리흐트 대학의 문과대학 교수진과 예일 의과대학의 의학사 분과에 감사드린다. 이러한 도움 없이는 대서양을 횡단하는 우리의 협력은 불가능했을 것이다.

차례

일러두기

1. 각주는 각 장이 시작할 때마다 새로운 일련번호를 붙였다.
2. 괄호 안의 내용에는 지은이와 옮긴이의 것이 함께 있으며, 옮긴이의 것에는 따로 '역주'로 표기했다.
3. 인물 경우에는 해당 인물을 처음 언급할 때 그 이름의 원어와 생몰연대를 표기하였다.
4. 쪽수 표시는 p.를 넣지 않고 쪽수번호만 표기했다.

총론

의학사들

프랭크 하위스만(Frank Huisman) · 존 할리 워너(John Harley Warner)

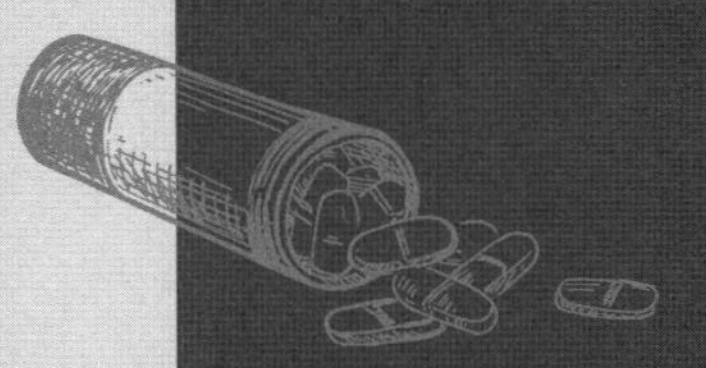

Locating Medical History

의학사가(醫學史家)들은 과거가 현재를 이해하는 데 중요한 역할을 한다고 주장하곤 한다. 즉 과거에 경험했던 질병과 이에 대한 관리 방법을 이해하는 것이 환자, 임상의(臨牀醫), 정책 입안자, 대중, 보건 공무원, 윤리학자, 투표권이 있는 시민들이 어려운 선택을 할 때 도움을 줄 수 있다는 것이다. 일부 역사가들은 그들의 신념을 명백하게 말한다. 예를 들어, 이전의 사회가 전염병에 어떻게 반응했는지, 또는 그들이 어떻게 정상과 병리 사이의 차이를 구분 지었는지를 추적하는 것이 개인·관련 전문가·국가가 오늘날 더 실질적이면서도 적절하게 해석하고 개입할 수 있도록 도움을 줄 수 있다는 것이다. 다른 역사가들은 풍부한 유산을 보여주는 것이 임상의들이 벅찬 노동 요구에 직면했을 때 지적 만족과 확신을 갖는 데 도움이 된다고 생각하면서 역사를 쓴다. 또 다른 역사가들은 역사를 의대생들이 자기가 속한 직업의 문화에 대해 감각을 키우고 사회화의 압력을 자기 주도적으로 해결할 수 있도록 돕는 도구로 본다. 과거로부터 교훈을 얻는 것을 공공연히 경계하는 의학사가들마저, 출산에 임하는 여성이나 자신의 몸을 받아들이게 된 청소년, 그리고 우리 모두가, 문화가 질병과 건강에 대한 우리의 자아 감각을 형성하는 방식을 이해하는 데 도움이 된다는 점에서 역사적 관점이 가진 잠재력을 곧바로 알아챘다.

그러므로 현재를 위해 과거로 주의를 환기하려는 한 공동체가 일반적으로 자기 자신의 과거를 기술하는 것을 완전히 등한시했다는 것은 놀라운 일이다. 지난 수십 년 동안, '전통' 의학사는 매우 사소한 것으로 언급되어 왔으며, 언급이 되었다 해도 그 목적은 대부분 평가절하에 있었다. 그 분야의 초기 연구를 읽지 않았을 것이 분명한 저자들도 종종 그들이 기여하는 바가 중요하고 독창적이라는 점을 강조하기 위해 선행 연구의 성과를 공격한다. 이러한 역사학적 태도는 사실상 역사의 모든 분야에서 이루어지는 수사 전략의 산물이다. 그럼에도 불구하고, 의학사가로서 우리 대부분이 우리의 역사적 관행을 형성하고 재편성하면서 우리 분야의 과거를 거의 반성하지 않는다는 것은 아이러니가 아닐 수 없다.

이 책에서 우리의 목표는 의학사에 대한 이전의 접근 방식을 옹호하는 것도 아니고 복구시키려는 것도 아니다. 하지만 우리는 이제 일반적 표현이 된 '전통' 의학사에 이의를 제기하고자 한다. 1970년대에 구체화된 새로운 의료사회사에서는 과거 업적을 단조롭고 거칠게 묘사하여 새로운 프로그램을 정의하고 자신들의 정체성을 정착시키고자 하는 역사가들의 사명감을 명확히 했다. 사실, 그러한 움직임은 부분적으로는 기존 의학사와의 대비를 통하여 추진력을 얻었는데, 여기서 기존 의학사란 다른 의사들을 위해 의사들이 독점적으로 썼고, 위대한 의사들과 그들의 업적을 찬양하였으며, 휘그주의(현상을 있는 그대로 보지 않고, 현재의 기준으로 과거를 판단, 평가하는 역사관-역주)적이며 승리주의(어떤 분야에서, 경쟁에서의 승리를 최우선시 하는 경향-역주)적이고, 변론의 여지 없이 배타적이면서 순진하리만큼 긍정적인 것이었다. 1980년대 초가 되면서, 이러한 전통 의학사의 이미지는 당연시 되었지만 검증되지 않은 과거의 허상을 앞다투어 고쳐 쓰려는 역사 서술의 혁명 때문에 퇴보했다.

1980년대와 1990년대에는 이러한 고정관념을 상기시키는 것이 새로운 이론적 연계와 분석을 위한 사실상의 대안이 되는 경우가 매우 많았다. 책의 서문·학술지의 논문·연구비 신청서 등에서, 오래된 의학사를 단지 비난하기 위해 패러디하는 것은 즉각적이면서 크게 지적 노력을 들일 필요 없이 자기 연구의 중요성을 주장할 수 있는 방법이 되었다. 이것은(이 책 13장에서 로저 쿠터(Roger Cooter)가 언급했듯이) '지적으로 어색하고 이론적으로 무분별한' 많은 연구들이 간신히 출판된 이유 중의 하나이다. 우리 분야(의학사)를 위해 우리가 할 수 있는 가장 좋은 일 중 하나는 '전통' 의학사를 단순히 배경으로 들먹이지 못하게 만드는 것이다. 이 잔꾀는 너무 오래, 너무 자주 이론적 혹은 역사적으로 새로운 방식인 것처럼 통용되었다.

더 나아가, 과거를 부당하게 묘사함으로써 현재 의학사의 다른 장르를 은밀히 무시하는 경우가 많은데, 이러한 무시가 공공연하다기보다는 은폐되는 경향이 있기 때문에 비판을 피해 간다. 자신에게 익숙하지 않은 접근법을 무시하면 우리 자신의 역사학적 목적이나 신념을 설명하는 노력은 줄일 수 있으나, 이 분야의 학문에 활력을 주는 토론의 기회를 차단하게 된다. 개별 연구자로서 우리는 아마도 그러한 자기반성을 떨쳐 버리고 우리의 일을 계속할 수도 있을 것이다. 그러나 만약 우리가 역사학과의 연결 고리를 밝히지 않고 피하기만 한다면 우리 분야와 학생들은 패배자가 될 것이다.

다양성을 포용하는 분야인 의학사는 (그 미래에 대해) 심오한 선택에 직면해 있다. 보건문화와 보건의료를 이해하기 위한 '새로운 사회사' 프로그램이 한 세대 동안 연구되어 온 지금, 그리고 한때 새로웠던 문화사적 충동이 더 이상 새로운 공유 의제와 임무에 영감을 주지 못하는 이 시점에서, 그 선택은 더욱 절박하다. 문화적 전환 이후의 의학사가 활기를 되찾았든 탈선했든, 결국 우리 분야에 활기를 불어넣고 변화를 일으킨 1970년대와 1980년대 초의 활발한 논쟁과 같은 것이 나타나야 한다는 과제가 남아 있다.

이 책에서는 전통 의학사와 최근의 의학사를 모두 탐구한다. 우리는 전통

의학사의 방법이나 목적을 통일된 것으로 묘사하지 못하게 하거나 이를 최소한 비양심적인 것으로 만들고자 한다. 동시에 역사가의 배경, 접근법, 포부, 독자의 다양성을 인정하면서 현재 의학사의 관행을 정직하게 들여다보고자 한다. 누가 의학사를 추구할 수 있는 올바른 자격이 있는지에 대한 논쟁은 현재로선 과거의 일로 보인다. 그러나 그 어느 때보다도 어떤 것이 이야기할 가치가 있는지, 교실이나 법정에서 듣게 되는 이야기들이 어떤 효과를 낼 수 있는지, 또는 내야 하는지, 그리고 어떤 것이 의미 있는 의학사를 구성하는지 등에 대해 판단이 크게 엇갈리고 있다. 우리는 한 가지 답만 구하려는 것이 아니다. 다만, 한 분야가 발전하는 데 당연히 건강한 다원주의가 필요하지만, 어떤 의학사가 연구할 만한 가치가 있는지에 대해 서로 다르게 판단할 때에는 그것이 당면한 다양한 대안적 선택에 대해 비판적 논의가 필요하며, 지속적인 논의가 있어야 활력이 유지된다고 보는 것이다. 사회가 보건의료를 어떻게 조직하는지, 개인이나 국가가 질병과 어떻게 관련되는지, 우리가 환자나 치료자로서 자신의 정체성과 행위성을 어떻게 이해하는지 등 의학사의 중요한 논점들은 의학사를 쓰는 데 너무도 중요해서 끈질기게 반성하고 재검토해야만 한다.

전통 의학사의 문제

전통의 발명은 오래전에 역사적 작업의 주요 요소가 되었다.[1] 역사가들은 일반적으로 국가·사회단체·전문가들이 정체성을 공고히 하고, 합법화하고,

1 대표적인 연구로는 다음이 있다. *The Invention of Tradition*, Eric Hobsbawm and Terence Ranger, eds. (Cambridge: Cambridge University Press, 1983); *Les lieux de mémoire*, Pierre Nora, ed., 7 vols. (Paris: Gallimard, 1984-1992).

그리고 영감을 주기 위해 전통을 만드는 것을 인정했다. 그 과정에서 역사가들은 '전통'이 과부하된 용어로, 특정한 목적을 위해 특정한 역사적 순간에 만들어진 관습과 가치의 군집이자 영구할 것이라는 느낌에 도취되도록 하는 것, 우발적인 창조물이 아니라 문화에 내재된 구성 요소로 간주하면서 권력을 갖게 되는 구조라는 것을 예리하게 인지하게 되었다.

반대로, 실제의 것이든 발명된 것이든 전통은 과거와 단절하고, 연속성을 회피하고, 그 자체와 반대되는 가치와 독특한 관행을 드러내는 명백하게 새로운 전통을 시작하는 데 사용되어 왔다. 특히 변화를 도모하는 프로그램을 시작한 시대에는 역사적 행위자들이 '전통'으로 지정한 것이 묘사의 범주로서가 아니라, 개혁을 정의하고 추진하며 승인하는 데 도움을 준 논쟁적인 구조로서 관심을 불러일으킨다.

우리는 '전통 의학사'가 잘 알려져 있고, 통일적이며, 시대를 초월한 불변적 실체라고 어디서 읽거나 들을 때 잠시 머뭇거리게 된다. 그러나 지금까지 수십 년 동안, 그런 식으로 서술한 '전통 의학사'가 우리의 전문 연구를 어지럽힐 정도로 많았다. 과거 의학사를 실천한 사람들의 공정성을 우려하는 것이 아니다. 오히려 공정성에 대해 논쟁하는 것이 한때 새로운 의학사를 추진하는 도구로 보증되었지만, 그것은 이미 예전에 목발이 그렇듯, 그 분야의 발전을 돕기는커녕 뒤처지게 했다. 마찬가지로 과거를 지속적으로 잘못 이해하여 현재에 대해 오해를 불러일으키기도 한다. 의학사가 어떤 이유에선가 위기에 처한 분야라는 생각이 널리 퍼졌는데, 더 긴 안목에서 보면 그렇지 않다. 오늘날 우리가 직면하는 다양한 긴장감이나 학설상의 혼란, 그리고 제도적 불안정성은 대부분이 생각하는 것처럼 그렇게 새로운 것이 아니다.

19세기 초, 의학사가 분과 학문을 추구하고 하나의 학문으로 시작되었을 때부터 이미 의학사는 한 가지가 아니라 여러 가지였다. 우리는 의학사를 자명한 정체성과 명확한 경계를 가진 학문으로서 제시하기보다는, 그것을 하나의 분야로서 개념화하고자 한다. 이 공간적 은유를 통해 매우 다른 역사적 노력 사이에 유사성을 제기할 수 있다. 오늘날 더 넓은 분야에서 공존하고 때로는 경쟁하는 의학사의 복수성(multiplicity)은 단순히 '의학사(medical history)'가 무엇을 연구해야 하는지에 대한 논쟁뿐만 아니라 범주 자체의 불안정성을 통해서도 볼 수 있다. 1970년대 초, 일부 역사가들은 '의학의 역사(history of medicine, 위에 나온 의학사(medical history)와 동일한 표현이지만, 반복을 피하기 위해 필요에 따라서 풀어쓰도록 한다-역주)'를 지나치게 좁고 시대착오적인 이름이라 규정하고, 계속해서 변화하는 이 분야를 보건의 역사라고 부르는 것이 더 낫지 않을까 생각했다. 마찬가지로, 1960년대와 1970년대의 역사서술의 혁명 이전에는, 시간을 초월한 '의학사'가 하나가 아니었고, 서로 다른 시대·장소·공동체에서 논의된 다양한 의학의 역사가 있었다.

우리는 초기의 의학사에 대해서 단선적인 설명을 하기보다, 서론에서 18세기 말부터 전간기 북아메리카로 이어지는 독일 의학사의 이야기를 선별적이고 개략적으로 살펴봄으로써 다양성(diversity)에 대한 우리의 논점을 예시하고자 한다. 물론 좁은 지역에 초점을 둔 이 시각이 과거에 추구했던 의학사의 다원성(plurality)을 완전히 포착한다고 말하는 것은 아니다. '전통 의학사'를 상상하는 데 영미권과 북유럽 역사가들에게 가장 친숙한 전문 계보에 관한 이야기로 우리의 초점을 한정시킴으로써, 많은 사람이 안정성과 동질성이 있다고 생각해 온 곳에서 실제로 변화와 다양성이 얼마나 많이 발견되는지를 밝히려고 한다. 우리는 이것을 의학사적 접근법이나 노력에 대한 조사가 아니라, 연구와 교육의 변화무쌍함에 대한 예시로 제시하며, 각각은

그 자체의 서술·청중·동기·방법 및 편향으로 특징지어진다.[2]

1800년 이전에 교육을 잘 받은 서양 의사들은 훗날 의사들이 과학을 통해 얻고자 하는 전문적인 정의와 권위의 많은 부분을 역사로부터 가져왔다. 역사적 지식은 내과 의사로서 갖추어야 할 필수 요건이었고, 학생들은 어떻게 보면 동료이기도 한 선배의 작품을 읽고 이해할 수 있을 만큼 그리스어·라

2 의학사 서술의 역사에 관해서는 다음을 참조. Gert Brieger, "The Historiography of Medicine," in *Companion Encyclopedia of the History of Medicine*, W. F. Bynum and Roy Porter, eds., 2 vols. (London: Routledge, 1993), vol. 1:24-44; *Eine Wissenschaft Emanzipiert Sich. Die Medizinhistoriographie von der Aufklärung bis zur Postmoderne,* Ralf Bröer, ed. (Pfaffenweiler: Centaurus-Verlagsgesellschaft, 1999); John C. Burnham, *How the Idea of Profession Changed the Writing of Medical History* (Medical History supp. no. 18; London: The Wellcome Institute for the History of Medicine, 1998); Harold J. Cook, "The New Philosophy and Medicine in Seventeenth-Century England," in *Reappraisals of the Scientific Revolution*, David C. Lindberg and Robert S. Westman, eds. (Cambridge: Cambridge University Press, 1990), 397-436, 401-405; *Making Medical History: The Life and Times of Henry E. Sigerist*, Elizabeth Fee and Theodore M. Brown, eds. (Baltimore: Johns Hopkins University Press, 1997); *Die Institutionalisierung der Medizinhistoriographie. Entwicklungslinien vom 19. ins 20. Jahrhundert*, Andreas Frewer and Volker Roelcke, eds. (Stuttgart: Franz Steiner Verlag 2001); *Médecins érudits, de Coray à Sigerist*, Danielle Gourevitch, ed. (Paris: De Boccard, 1995); Johann Gromer, *Julius Leopold Pagel (1851-1912). Medizinhistoriker und Arzt* (Cologne: Forschungsstelle Robert-Koch-Strasse, 1985); Edith Heischkel, "Die Geschichte der Medizingeschichtsschreibung," in *Einführung in die Medizinhistorik*, Walter Artelt, ed. (Stuttgart: Ferdinand Enke Verlag, 1949), 202-237; Susan Reverby and David Rosner, "Beyond 'the Great Doctors,'" in *Health Care in America: Essays in Social History*, Reverby and Rosner, eds. (Philadelphia: Temple University Press, 1979), 3-16; Dirk Rodekirchen and Heike Fleddermann, *Karl Sudhoff (1853-1938). Zwei Arbeiten zur Geschichte der Medizin und der Zahnheilkunde* (Feuchtwangen: Margrit Tenner, 1991); Volker Roelcke, "Die Entwicklung der Medizingeschichte Seit 1945," *Zeitschrift für Geschichte der Naturwissenschaften, Technik und Medizin* 2 (1994): 193-216; Henry Sigerist, "The History of Medical History," in *Milestones in Medicine* (New York: Appleton-Century Company, 1938), 165-184; John Harley Warner, "The History of Science and the Sciences of Medicine," *Osiris* 10 (1995): 164-193; Charles Webster, "The Historiography of Medicine," in *Information Sources in the History of Science and Medicine*, Pietro Corsi and Paul Weindling, eds. (London: Butterworth Scientific, 1983), 29-43.

틴어·언어학·논리학·수사학에 조예가 깊었다. 19세기까지 의사들은 이전의 의학적 입장의 장단점을 저울질하고 자신들의 접근법을 수집·분류하여 표현할 수 있도록 역사를 통해 의학적 입장을 전달하고 옹호했다. 이에 따라 고전의 유산은 당대의 필요에 따라 이론이 선택적으로 도출되고 다시 해석되며, 재배치될 수 있는 원천의 역할을 했다. 가장 훌륭한 의사는 갈레노스와 같이 철학자일 뿐만 아니라 역사가이기도 했다.

그러나 18세기 말 독일 역사 인식 변화의 일환으로 역사학과 현대 의학 사이의 근본적인 통합의 문제가 대두되었다. 이러한 새로운 역사적 감수성은 의학 지식의 변화와 진보를 추구하는 공간을 만들었다.[3] 전통적으로 현대 의학사의 창시자로 알려진 할레의 의사 겸 식물학과 교수인 쿠르트 슈프렝겔(Kurt Sprengel, 1766~1833)은 이 새로운 역사의식 그 자체이자 대변자였다.[4] 슈프렝겔 계획의 좀 더 넓은 정치적 맥락은 할레, 괴팅겐, 특히 베를린에 위치한 프로이센 대학들의 개혁 운동에서 찾을 수 있다. 이 새로운 학문적 이상의 요람이 당시 나폴레옹이 격파한 프로이센에 있었다는 것은 우연이 아니다. 당시 사람들에게는 정신적·지적 르네상스를 통해 물질적 손실을 보상하고 싶은 갈망이 널리 퍼져 있었는데, 이들은 새롭게 통일된 국가를 이성이

3 의학의 변천에 대한 관념에 관해서는 다음을 참조. Owsei Temkin, *Galenism: Rise and Decline of a Medical Philosophy* (Ithaca: Cornell University Press, 1973); Wesley D. Smith, *The Hippocratic Tradition* (Ithaca: Cornell University Press, 1979). 의학서술의 변천에 대한 관념에 관해서는 다음을 참조. Georg G. Iggers, *The German Conception of History: The National Tradition of Historical Thought from Herder to the Present* (Middletown: Wesleyan University Press, 1968).

4 슈프렝겔에 관해서는 다음을 참조. Thomas Broman, *The Transformation of German Academic Medicine, 1750-1820* (Cambridge: Cambridge University Press 1996), 특히 139-142; Hans-Uwe Lammel, *Klio und Hippokrates. Eine Liason Litteraire des 18. Jarhunderts und die Flogen für die Wissenschaftskultur bis 1850 in Deutschland* (Stuttgart: Franz Steiner, in press).

구현된 것으로 생각했다. 빌헬름 폰 홈볼트(Wilhelm von Humboldt)의 '신대학'은 프로이센 사회에 필요한 전문가(법률직·성직·의사직)를 양성하는 실질적인 목표를 가진 동시에 지식과 진리를 탐구하기 위한 피난처가 되고자 했다. 폰 훔볼트가 생각한 것처럼 독일 국가의 구원은 가르침과 연구가 결합되었을 때 가능한 것이었다. 비록 역사가들이 최근 주장했듯이 훔볼트 대학은 단지 이상이나 신화였을 뿐이지만, 그럼에도 불구하고 사람들이 사회에서 대학의 더 큰 역할에 대해 생각하도록 자극했다.[5]

의학사에서 슈프렝겔과 이 분야에 대한 그의 '실용적' 관점은 새로운 이상적 학습으로의 전환을 의미했다. 독일의 실용적 역사의 특징은 과거로부터 배울 수 있다는 명제에 있었다. 즉, 역사는 현재를 위한 교훈을 포함하고 있으며, 실용적 가치가 있다는 것이었다. 슈프렝겔은 다섯 권으로 된 『실용적 의학사에 대한 연구(*Versuch einer Pragmatischen Geschichte der Arzneikunde*, 1792~1803)』에서 인간 정신의 점진적인 발전을 보여주고 현대 의학 지식에 대한 이해를 증진시키기 위해 의학사를 이용했다.[6] 과거는 의대생들이 시민적 책임감을 지닌 의사로 발전하는 데 도움이 될 것이었다. 그는 처음에는 의학사가 학생들에게 이상하게 보여도 이론에서 가치를 찾도록 가르칠 것이기 때문에, 역사가 그들에게 겸손과 관용을 심어 줄 것이라고 생각했다. 슈프렝겔은 수집과 분류의 방법론이나 모방할 만한 위대한 의사들의 전

5 *Mythos Humboldt. Vergangenheit und Zukunft der deutschen Universitäten,* Mitchell G. Ash, ed. (Vienna: Böhlau, 1999); Sylvia Paletschek, "Verbreitete sich ein 'Humboldt'sches Modell' an den deutschen Universitäten im 19. Jahrhundert?" in *Humboldt International. Der Export des Deutschen Universitätsmodells im 19. und 20. Jahrhundert*, Rainer Christoph Schwinges, ed. (Basel: Schwabe, 2000), 75-104.

6 Kurt Sprengel, *Versuch einer Pragmatischen Geschichte der Arzneikunde* (Halle: J. J. Gebauer, 1792-1803).

기를 통해 과거를 제시하는 방식과 공공연히 결별했다. 역사는 더 이상 죽은 동료들과 논쟁을 벌임으로써 자신의 의학적 판단을 날카롭게 하는 것이 아니었다. 그 대신 슈프렝겔은 그의 서사를 의학, 철학, 일반 문화의 연계를 전제로 하여 하나의 학파가 다른 학파를 성공적으로 계승하는 진화적 과정으로 정리했다. 슈프렝겔은 교육(Bildung)을 가장 중요한 목표로 삼고 학생들이 의학과 친숙해지도록 하는 도구로 의학사를 사용하는 교육용 입문서(Handbuch) 전통을 세웠다. 이후 세대는 슈프렝겔의 의학사에 대한 실용적 개념을 규범화함으로써, 슈프렝겔을 의학부 내에 의학사를 제도화하는 가장 중요한 기준점으로 삼았다.

낭만주의 시대에는 하인리히 다메로프(Heinrich Damerow, 1798~1866)와 에밀 이센제(Emil Isensee, 1807~1845)와 같은 의학사 입문서 또는 개설서의 작가들이 철학에 의존하는 것에서 더 나아가 셸링과 헤겔을 끌어들였다.[7] 낭만주의 역사학에서는 관념을 실재 뒤에 존재하는 자생적 동력이라고 생각하며 이상적 형이상학을 고수하였다. 의학사가는 끝없는 삶의 다양성(개인·사건·행위 등)에 관심을 쏟기 보다, 각 시대의 기저 관념인 시대정신을 모색해야 했다. 이센제는 "일반 진리라는 매력적인 여신"을 찾는다고 주장하며 시대 구분에 대한 자긍심을 심어 주었다. 그는 낭만주의 수사학을 한껏 사용하면서 "시대는 만들어진 것이 아니라 실재하는 것"이라고 주장했다. "시대는 의학의 여신이 결코 멈출 줄 모르는 황금빛 전차를 타고 유럽 여행을 하던

7 Guenter B. Risse, "Historicism in Medical History: Heinrich Damerow's 'Philosophical' Historiography in Romantic Germany," *Bulletin of the History of Medicine* 43 (1969): 201-211; Dietrich von Engelhardt, "Medizinhistoriographie im Zeitalter der Romantik," in Bröer, *Eine Wissenschaft Emanzipiert Sich*, 31-47.

중에 전차를 끄는 날개 달린 말을 교체하는 역참"이라는 것이다.[8] 그는 의학사를 모르는 의사는 자기 집을 낯설어하는 이와 같다고 말했다. 역사적 관점이 없다면, 그들은 모든 것을 새롭게 발견해야 할 것이며, 그 과정에서 불필요한 실수를 많이 저지르게 될 것이다. 이센제는 슈프렝겔의 주장에 호응하여 역사는 그들의 정신적 지평을 넓힐 것이고, 자기비판과 겸손을 모두 길러낼 것이라고 주장했다.

교육보다도 새로운 의학 지식의 창조가 의학사를 연구하는 또 다른 동기가 되었다. 이에 관한 연구 프로그램은 의학사로서 제도화되지 않고, 역사적 병리학의 창시자라 알려진 베를린 대학교의 교수 유스투스 헤커(Justus Hecker, 1795~1850) 같은 개인들에 의해 구현되었다.[9] 헤커에게 의학사는 인식론적 도구, 즉 전염병의 병리학에 대한 이해를 증진시키는 연구 전략이었다. 이는 18세기 신히포크라테스 주의에 뿌리를 둔 연구 프로그램이었다.[10] 환경, 기상학, 병적 상태, 사망률에 관한 자료를 수집해 온 신히포크라테스 주의는 헤커와 같은 19세기 역사 병리학자(historical pathologist)들에게 역사학을 비교하여 소개함으로써 오랫동안 기다려 온 통합을 시도할 수 있게 했다. 헤커는 주요 전염병이 시대적 사고를 형성하는 역할을 하고, 병리학에 기여하며, 대규모 질병을 예방하고 퇴치하는 데 도움을 주어 국가와 사회에 봉사하고, 중세 이후 역학 패턴을 연구함으로써 선페스트와 같은 개별 질병

8 Emil Isensee, *Die Geschichte der Medicin und ihrer Hülfswissenschaften*, 6 vols. (Berlin: Liebmann, 1840-1844), vol. 1: Ältere und Mittlere Geschichte, xlvii, 9.

9 Johanna Bleker, "Die Historische Pathologie, Nosologie und Epidemiologie im 19. Jahrhundert," *Medizinhistorisches Journal* 19 (1984): 33-52; Richard Hildebrand, "Bildnis des Medizinhistorikers Justus Hecker," *Medizinhistorisches Journal* 25 (1990): 164-170.

10 Lammel, *Klio und Hippokrates; James C. Riley, The Eighteenth-Century Campaign to Avoid Disease* (Basingstoke: Macmillan, 1987).

에 관해 더 많은 지식을 얻었기 때문에 역사 병리학이 일반적인 역사에 이바지할 것이라고 주장했다.[11] 헤커가 『의학의 역사(*Geschichte der Heilkunde*)』를 출판한 1822년, 그는 의학사에서 베를린 연구 전통의 시작 단계에 있던 베를린 대학의 객원교수(professor extraordinarius)에 임명되었다(1834년 정교수(ordinarius)로 승진).[12] 역사 병리학은 완전하게 의학부의 하위 전공으로 발전하는 길로 들어섰다.

그러나 1840년대부터 젊은 세대의 의사들은 실험적인 방법을 의학에 주입하는 데 몰두하여 자연철학의 흔적을 모두 지워 버리려고 노력했다. 비판자들은 의학이 고도로 실증적인 학문이라는 주장의 토대가 불확실하다고 지적하면서('전염병 구조(epidemic constitutions)'라는 의학의 개념에 존재론적인 특징이 있다는 등) 역사 병리학을 맹비난했다.[13] 1850년 헤커가 죽고 공석이 된 베를린 대학의 자리에는 1863년 단치히의 의사이자 위생주의자인 아우구스트 히르쉬(August Hirsch, 1817~1894)가 임명되었다.[14] 1860년 히르쉬가 입문서를 출판할 무렵에는 헤커의 역사 병리학 프로그램이 거의 사라졌다.[15] 사

11 Justus Hecker, *Der Schwarze Tod im 14. Jahrhundert* (Berlin: Herbig, 1832).

12 Justus Hecker, *Geschichte der Heilkunde*, 2 vols. (Berlin: Theodor Enslin, 1822-1829). 헤커와 마찬가지로 모리츠 나우만(Moritz Naumann), 요한 루카스 숀라인(Johann Lukas Schönlein), 하인리히 해서(Heinrich Haeser), 콘라드 하인리히 푸크스(Konrad Heinrich Fuchs), 율리우스 로젠바움(Julius Rosenbaum)이 병리학 패턴을 찾을 수 있다는 생각으로 의학사를 연구했다.

13 Bleker, "Die Historische Pathologie," 44-46. 헤겔주의자로서의 헤커에 관한 연구는 다음을 참조. Faye Marie Getz, "Black Death and the Silver Lining: Meaning, Continuity, and Revolutionary Change in Histories of Medieval Plague," *Journal of the History of Biology* 24 (1991): 265-289.

14 Eugen Beck, "Die Historisch-Geographische Pathologie von August Hirsch," *Gesnerus* 18 (1961): 33-44.

15 August Hirsch, *Handbuch der Historisch-Geographischen Pathologie*, 2 vols. (Erlangen: Ferdinand Enke, 1860-1864).

변적 자연철학의 망령에서 벗어나기 위해 히르쉬는 자신의 책이 루돌프 피르호(Rudolf Virchow)의 현대 병리학에서 파생된 관념에 철저히 바탕을 두고 있으며, 피르호 역시 자신의 책을 승인했다고 강조했다.[16] 피르호는 1840년대에 자신의 공중 보건 활동에 '사회학적 전염병학'을 발전시키는 요소로 헤커의 역사적 역학을 부분적으로 수용했고, 1848년 상(上)실레지아에서 발생한 발진티푸스 대유행의 해결책으로 민주주의에 대한 급진적 요구·교육·자유·번영을 들었다.[17] 그러나 일단 역사 병리학이 임상 교육에서 자율성을 가진 의학사학과의 분과가 되자 대학들은 흥미를 잃기 시작했다. 단명한 의학사 학술지《야누스(*Janus*)》(1846년 창간)에 역사 병리학 연구가 실리기 시작하면서 이러한 연구가 임상 저널에서는 사라지게 되었다.

의학사에 대한 19세기 중반의 반응은 미래 의사의 도덕적, 지적 형성에 미치는 가치에 대한 태도에서 더욱 두드러졌다. 현재를 위한 실천적 가르침과는 거리가 먼 의학사의 가르침은 점점 호고적(好古的, antiquarian) 가치에 지나지 않는 무른 학문으로 치부되었다. 실험과학을 통한 진보에 대한 믿음이 커지면서, 많은 의사가 점점 더 의학을 응용과학으로 간주하기 시작했다. 의사가 실험과학의 틀에서 의학을 다시 만들려고 하는 동안 임상이 지속되었고, 도서관은 실험실에 의학 지식의 중심 기관 자리를 내어 주었다.

의학사 교육에서, 이 인식론적 단절은 의학사의 연관성과 정당성을 위협했다. 과거와 현재의 공생 관계가 난관에 봉착한 상황에서 역사적 훈련이 의

16 *Ibid.*, vol. 1: vii-viii. 피르호의 의학사에 대한 태도에 대해서는 다음을 참조. Erwin Ackerknecht, *Rudolf Virchow: Doctor, Statesman, Anthropologist* (Madison: University of Wisconsin Press, 1953), 146-155. 히르쉬와 피르호는 *Jahresbericht über die Leistungen und Fortschritte der gesammten Medicin*을 공동으로 편집했다.
17 Ackerknecht, *Virchow*, 125.

료 행위에 어떤 도움이 될 수 있을까? 사실 현대의 직업적 정체성을 창조하고 함양하기 위해서 과거와 의식적으로 단절하려고 했던 것이다. 의대생과 내과 의사들 사이에서 의학사가 현실 의료 행위와는 관계없다는 생각이 만연하다 의학사를 전면적으로 무시하게 되면서 대학들은 의학사 교수를 임용할 필요가 있는지 의심하기 시작했다. 1850년 헤커가 사망한 후 베를린에서 그의 자리가 여러 해 동안 공석으로 남아 있었듯, 1851년 할레, 1853년 본, 1856년 브레슬라우에서도 현직 교수가 사망한 뒤 같은 상황이 벌어졌다.[18]

의학에서 의학사가 분리되어 전문화 된 것을 보여주는 초기 사례로 임상적 체온의 창시자인 칼 분더리히(Carl Wunderlich, 1815~1877)가 있다. 그는 의대생 교육에서 역사의 유용성을 공격한 사람들 중 한 명이었다. 분더리히도 의학사를 연구했지만, 그가 허용할 수 있는 유일한 의학사는 의학의 성장을 기록하고, 의학의 업적을 찬양하며, 의학의 자신감을 북돋아 줌으로써 현대의 과학적 의학을 정당화하는 그런 종류의 역사였다. 그에게는 과거와 현재의 급격한 불연속성을 보여줌으로써 과학적 진보가 뚜렷이 나타나는 것이 중요했다.[19] 1842년 분더리히는 예나 대학 교수 하인리히 해서(Heinrich Haeser, 1811~1885)와 그가 만든 의학잡지로 역사 섹션이 포함된 《종합 의학

18 Peter Schneck, "'Über die Ursachen der Gegenwärtigen Vernachlässigung der Historisch-Medicinischen Studien in Deutschland': Eine Denkschrift Heinrich Haesers an das Preussische Kultusministerium aus dem Jahre 1859," in Frewer and Roelcke, *Die Institutionalisierung*, 39-56, 48-50.

19 Carl Wunderlich, *Geschichte der Medicin* (Stuttgart: Ebner & Seubert, 1859); Owsei Temkin, "Wunderlich, Schelling and the History of Medicine," in *The Double Face of Janus and Other Essays in the History of Medicine* (Baltimore: Johns Hopkins University Press, 1977), 246-251; Richard Toellner, "Der Funktionswandel der Wissenschaftshistoriographie am Beispiel der Medizingeschichte des 19. und 20. Jahrhunderts," in Bröer, *Eine Wissenschaft Emanzipiert Sich*, 175-187.

아카이브(*Archiv für die Gesammte Medicin*)》를 맹렬히 공격했다. 분더리히는 거기에 실린 역사 논문이 "역사 자료를 쌓아 놓기만 했다."고 비난하면서, '호고주의(好古主義)'는 단지 의사들을 역사로부터 멀어지게 할 뿐이라고 주장했다. 역사는 현대 의학을 지배하는 사상의 기원을 다루어야만 현재의 등불이 될 수 있고, 그렇게 되어야만 한다는 것이다.[20]

해서는 분더리히에게 다음과 같이 말했다. "당신의 판단은 무지에서 비롯되었다고 할 수 있습니다. 당신이 당신 학문의 역사에 문외한이라고 단정할 수밖에 없기 때문입니다."[21] 그러나 분더리히는 그의 직업과 대부분의 의사들이 의학사를 대하는 태도를 대변하는 데 해서보다 성공적이었다. 이는 1846년 의학사만을 전담하는 최초의 학술지로 창간되어 1853년 폐간한《야누스》의 운명을 보면 분명하다. 브레슬라우 임상학 교수인 아우구스트 헨셸(August Henschel)이 편집장을 역임하였고, 해서, 헤커, 루트비히 슐랑(Ludwig Choulant, 1791~1861), 율리우스 로젠바움(Julius Rosenbaum, 1807~1874) 등 독일의 대표적인 의학사가들이 부편집장을 맡았다. 이들은 의학사를 자율적인 연구 분과로 생각했다. 아카이브와 문헌학적 조사에 강한 중점을 둔 학술논문들은 다면적이었고, 명백하게 교육에만 목표를 두었거나 실용적인 목표가 없었다. 실험적인 방법에 충실한 진보적인 독일 의사들에게 이 학술지는 엉성한 정도가 아니라 역사에 역행하는 것처럼 보였다.

소수의 의사만이 역사를 불필요하게 만드는 것 같은 의학의 과학적 전

20 Owsei Temkin and C. Lilian Temkin, "Wunderlich versus Haeser: A Controversy over Medical History," reprinted in Owsei Temkin, *On Second Thought and Other Essays in the History of Medicine and Science* (Baltimore: Johns Hopkins University Press, 2002), 241-249, 243, 244; Toellner, "Der Funktionswandel."

21 다음에 인용되어 있다. Temkin; Temkin, "Wunderlich versus Haeser," 247.

환에 저항하는 도구로 의학사를 이용했다. 예를 들어, 1845년에 자신의 역작, 『의학과 전염병의 역사 교과서(*Lehrbuch der Geschichte der Medicin und der Volkskrankheiten*)』를 쓴 해서는 1859년에 프로이센의 문화부에 '신'과학의학을 오염시키고 있는 물질주의와 회의론에 대한 경고이자 이를 완화하기 위한 수단으로 의학사를 가르쳐야 한다고 주장하는 글을 써 보냈다.[22] 그는 철학이 화학과 현미경으로 대체되었다고 개탄했다. 해서는 가장 작은 대학의 법학과와 신학과조차도 그들의 학문적 역사를 중요하게 여기며 가르친다고 하면서 프로이센 대학들의 비참한 의학사 상황은 매우 충격적이라고 주장했다. 그의 글은 의학사의 적절한 기능과 의학사가의 사명에 대한 한 가지 개념을 분명히 말해 주었다. 즉, 현재가 어떻게 형성되었는지를 살펴봄으로써 현재를 이해하고, 기술자 이상의 의사를 만들어 내야 한다는 것이다. 이처럼 그는 자신이 존경하면서도 지나치게 현실주의자라고 비판했던 슈프렝겔의 교수 전통을 옹호했다.[23] 해서는, 우리는 더 겸손해지고 더 공정해졌고, 우리에게 역사는 더 이상 인간 정신의 편차를 나열하여 우리의 자만심을 채워 주기 위한 것이 아니라고 주장했다. 오히려 역사는 우리의 약점을 보여주며, 인류가 행동할 때 영원의 법칙인 하느님의 권능을 알아볼 수 있는 빛나는 횃불로 성장했다고 했다.[24] 해서의 포부는 사료에 대한 철저한 연구에 근거하여 선입견 없이 역사를 쓰는 것이었다. 자신의 접근법의 모델인 레오폴

22 Schneck, "Über die Ursachen." 의사였던 요한 루카스 쇤라인(Johann Lukas Schönlein, 1793-1864) 역시 1850년 유사한 청원을 했다(*ibid.*, 39). Ludwig Edelstein, "Medical Historiography in 1847," *Bulletin of the History of Medicine* 21 (1947): 495-511, 507-511.

23 예를 들어, 슈프렝겔은 히포크라테스와 생기론 등에 엄청난 믿음을 갖고 있었기 때문에 형식주의자(methodists)와 물료의학자(iatrophysicists)를 무자비하게 비판했다.

24 Heinrich Haeser, *Lehrbuch der Geschichte der Medicin und der epidemischen Krankheiten,* 2 vols. (Jena: Friedrich Mauke, 1853-1862), vol. 1: xviii-xix.

트 폰 랑케(Leopold von Ranke, 1795~1886)가 말했듯 '그 자체에 대한 느낌과 즐거움'을 가지고 역사를 쓰는 것이었다.[25]

해서와 헨셸이 그들의 의학사가 의학과 연관성이 적다는 비난을 받을 때, 새로운 문헌학의 영향은 고대 의학을 의학사를 통해 의대생을 교육하고 의학에 기여하는 것으로부터 더욱 멀리 떨어뜨려 놓았다.[26] 19세기 중반 이전에 그리스 로마의 의학 문헌을 편찬하고 번역하는 것은 주로 의학에의 문헌학적 기여였으며, 의무론적 이상을 창조하기 위해 과거를 선택적으로 적용한 것이었다. 그러나 독일의 새로운 접근 방식은 의학이 아닌 문헌학에 관심이 있는 학자들이 주도한 것으로, 새롭게 번역되고 해석된 고전을 바탕으로 과거를 재구성하려는 역사주의적인 노력이었다.[27] 독일에서는 고대 그리스 세계에 매료된 테오도르 몸젠(Theodor Mommsen, 1817~1903), 울리히 폰 빌라모비츠 묄렌도르프(Ulrich von Wilamowitz-Moellendorff, 1848~1931), 헤르만 딜스(Hermann Diels, 1848~1922) 등 주요 학자들이 베를린을 중심으로 하여 고대 학문, 즉 알테르툼스비센샤프트(Altertumswissenschaft)를 발전시켰다. 그

25 인용은 랑케의 "On the Relations of History and Philosophy," in Georg G. Iggers and Konrad von Moltke (ed.) *The Theory and Practice of History, Leopold von Ranke*, (New York: Bobbs-Merrill, 1973), 29-32, 30.

26 Owsei Temkin, "The Usefulness of Medical History for Medicine," in *Double Face of Janus*, 68-100, 91-92; Anthony Grafton, "Polyhistor into Philolog: Notes on the Transformation of German Classical Scholarship, 1790-1850," *History of Universities* 3 (1983): 159-192.

27 독일의 고대의학 연구가 특히 뛰어났지만, 다른 국가도 문헌학에서 유사한 변화를 보였다. 프랑스의 실증주의적 의사문헌학자인 에밀 리트레(Émile Littré, 1801-1881)는 고대 의학지식이 현대 의학과 직접적인 관계가 있는 것으로 여겼다. 그의 중요 업적인 히포크라테스 판본은 히포크라테스를 의사들의 전문적, 도덕적 모델로서 제시한다. 다음을 참조. Smith, *Hippocratic Tradition*, 31-36. 이러한 태도는 그의 제자이자 의학사가-문헌학자인 샤를 다렘베르그(Charles Daremberg, 1817-1872)에 의해 변했다. 그는 과거를 현대 의사들을 위한 길잡이로 여기지 않으며, 다만 유럽의 도서관과 아카이브에서 의학 문헌을 발굴해 그 자체로서 의미를 가지는 문헌으로 모으고, 편집하고 출판했다. Temkin, "Usefulness of Medical History," 78.

들의 손을 거쳐 고대 의학에 대한 연구가 의학사가 아닌 고전 문헌학의 영역이 되어 갔다. 20세기 초, 『코르푸스 메디코룸 그라이코룸(*Corpus Medicorum Graecorum*)』이라는 고대 의학의 방대한 전집에서 이러한 동향은 절정을 이루었다.[28]

대략 1850년에서 1890년 사이의 기간은 일종의 막간으로, 학생들이 떠오르는 의학계에 대처할 수 있도록 하는 데 의학사는 대체로 무용지물이라는 판단이 새로운 과학적 의학의 이상에 의해 내려졌다. 그러나 19세기의 마지막 10년과 20세기 초는 의학사에서 틀림없는 르네상스였다. 의료 지식과 의료문화를 재편성하면서 환원론적 프로그램이 완전히 성공하자, 선도적인 의사들은 의학의 과학으로의 전환뿐만 아니라 새로운 과학의 인식론적·기술적 성공이 너무 큰 대가를 치르고 채택되었을지도 모른다고 우려하게 되었다. 1889년 빈의 의학사 교수 테오도르 푸쉬만(Theodor Puschmann, 1844~1899)은 독일 자연주의자와 의사회(Gesellschaft Deutscher Naturforscher und Ärzte) 연차 총회에서 강연하면서 과학주의적 이상의 시대에 의사의 재인간화를 요구했다. 푸쉬만은 대부분의 선도적인 의사들이 거의 완전히 역사에 관심이 없으며, 역사를 경멸에 가깝게 방치했다고 불평했다. 그는 문명사의 일부로서 의학사가 의료 교육에서 중요한 역할을 할 수 있다고 믿었다. 의학사는 미래 의사들의 사고를 넓히고, 그들을 고상하게 하고, 그들이 '피상적 물질주의'에 빠지는 것을 방지하고, 전문적인 지식의 견고한 기초를 마련할 수 있다고 믿었다. 그가 의학사를 옹호한 것은 슈프렝겔의 실용주의적

28 Stefan Rebenich, *Theodor Mommsen und Adolf Harnack: Wissenschaft und Politik im Berlin des Ausgehenden 19. Jahrhunderts* (Berlin: De Gruyter, 1997); Jutta Kollesch, "Das Corpus Medicorum Graecorum. Konzeption und Durchführung," *Medizinhistorisches Journal* 3 (1968): 68-73.

이상인 교육(Bildung)을 매우 닮았지만, 중요한 차이점이 있다. 푸쉬만은 의학이 19세기를 지나면서 변화되었고, 어떤 의미에서는 실험실과 임상의 두 가지 문화가 생겨났다는 것을 인식했다. 의학계에서 두 문화가 분화되었다는 사실에서, 그는 역사가 지닌 통일의 힘이 필요하다는 것을 그 어느 때보다 더 확실하게 느끼도록 연설했다. 의과학의 풍부함은 의술(medical art)이 요구하는 바를 놓치지 않고도 보존될 수 있었다.[29]

푸쉬만의 연설은 비옥한 땅에 씨앗으로 심어졌다. 그것은 과학적 유물론의 과잉을 퇴치하기 위한 독일 부르주아지의 문화적 방향 전환 운동을 촉발시켰다.[30] 대학의 연구 지상주의가 학문의 전문화와 세분화를 가져왔으며 이는 참된 배움에 역행한다는 느낌과도 공명했다.[31] 세기 전환기에, 과학의 통합을 포함한 훔볼트주의적이고 신인문주의적인 이상은 환원주의적 오만을 균형 잡기 위한 방법으로 상당한 부흥을 이루었다.[32]

1905년은 유럽에서 이 분야의 전환점이 되었다. 30년간 임상의였던 칼 수

29 Th. Puschmann, "Die Bedeutung der Geschichte für die Medicin und die Naturwissenschaften," *Deutsche Medicinische Wochenschrift* 15 (1889): 817-820. 푸쉬만이 의학사를 하나의 학문분과로 주장한 것에 대해서는 다음을 참조. Schneck, "Über die Ursachen;" Gabriela Schmidt, "Theodor Puschmann und Seine Verdienste um die Einrichtung des Faches Medizingeschichte an der Wiener Medizinischen Fakultät," in Frewer and Roelcke, *Die Institutionalisierung*, 91-101.

30 시민교육(Bildungsbürgertum)과 독일 의학사의 르네상스, 혹은 제도화에 대해서는 다음을 참조. Volcker Roelcke and Andres Frewer, "Konzepte und Kontexte bei der Institutionalisierung der Medizinhistoriographie um die Wende vom 19. zum 20. Jahrhundert," in Frewer and Roelcke, *Die Institutionalisierung*, 9-25; Ugo d'Orazio, "Ernst Schwalbe (1871-1920). Ein Kapitel aus der Geschichte 'Nicht Professioneller' Medizingeschichte," in Bröer, *Eine Wissenschaft Emanzipiert Sich*, 235-247.

31 Björn Wittrock, "The Modern University: The Three Transformations," in *The European and American University since 1800: Historical and Sociological Essays*, Sheldon Rothblatt and Björn Wittrock, eds. (Cambridge: Cambridge University Press, 1993), 303-362.

32 예를 들어 다음의 문헌을 보라. Friedrich Paulsen, *Die Deutschen Universitäten und das Universitätsstudium* (Berlin: Asher, 1902), 1-11, 63-65.

도프(Karl Sudhoff, 1853~1938)는 라이프치히에 신설된 의학사연구소 소장에 임명되었다. 같은 시기에, 독일·헝가리·프랑스·이탈리아·스위스·오스트리아·네덜란드·영국에서도 의학사 학회가 창설되고 학회장이 임명되었다. 푸쉬만의 실용주의적 이상, 특히 의학사 교육에 대한 그의 강조를 배경으로 볼 때 수도프의 연구소가 연구뿐만 아니라 문헌학적 정밀 조사와 역사주의적인 방법까지 강조한 것은 아이러니하다.

이 연구소의 설립을 둘러싼 논쟁은 의학의 역사가 무엇이어야 하고 어떤 역할을 해야 하는지를 둘러싼 20세기 초 갈등의 일부를 생생하게 보여준다. 라이프치히 연구소는 마리 푸쉬만 펠리겐(Marie Puschmann-Fälligen, 1845~1901)이 남긴 돈으로 자금을 조달했다.[33] 그녀의 남편 테오도르 푸쉬만은 1879년 빈에서 교수직에 임명되기 전까지 라이프치히의 의학사 강사였다. 자녀가 없었던 이 부부는 사망 후 재산을 자신들이 애지중지하던 라이프치히에서 '의학사에 관한 학문적 연구의 진보'를 지원하는 데 사용하기로 결정했다. 그러나 1899년 죽기 직전에 푸쉬만은 유언장을 바꿔 빈 대학교를 수혜자로 하였다.[34] 한편, 1897년에 이혼한 푸쉬만 펠리겐은 그녀의 유언장을 바꾸지 않았고, 따라서 그녀가 1901년 사망했을 때 라이프치히가 약 50만 제국마르크의 유산을 받았다.

33 Andreas Frewer, "Biographie und Begründung der Akademischen Medizingeschichte: Karl Sudhoff und die Kernphase der Institutionalisierung 1896-1906"; Ortrun Riha, "Die Puschmann-Stiftung und die Diskussion zur Errichtung eines Ordinariats für Geschichte der Medizin an der Universität Leipzig," in Frewer and Roelcke, *Die Institutionalisierung,* 103-126, 127-141.

34 빈 연구소와 라이프치히 연구소, 베를린 연구소 간의 경쟁에 대해서는 다음을 참조. Bernhard vom Brocke, "Die Institutionalisierung der Medizinhistoriographie im Kontext der Universitäts- und Wissenschaftsgeschichte," in Frewer and Roelcke, *Die Institutionalisierung,* 187-212, 194-200.

그러나 난제는 여전히 남아 있었다. '의학의 역사'는 어떻게 정의될 것이며, 누가 그 돈을 사용할 것인가? 유언장은 특정 학과가 아닌 대학을 수혜자로 명명했고, 의학과 문헌학 측 모두 이 기금이 자신들의 것이라 주장했다. 1904년 유언장에 이의를 제기했던 푸쉬만 펠리겐의 친척과의 법적 분쟁이 일단락되자 《뮌헨 의학 주간지(*Münchener Medizinische Wochenschrift*)》에서 의학사의 정의, 관련성, 미래에 대한 논쟁이 벌어졌다.

의학사 학계의 원로 요한 바아스(Johann Baas, 1838~1909)가 푸쉬만 기금이 어떻게 사용되어야 하는지를 둘러싼 싸움을 선동했다. 그는 진료로 수입을 얻어 연구를 충당하던 아마추어들이 너무 오랫동안 차지했던 이 분야를 전문화할 수 있는 가장 좋은 방법은 문헌학에 기반한 의학 문화사를 전담하는 연구소를 설립하는 것이라고 주장하였다. 그가 독일 의학계의 '신데렐라'라고 규정한 의학사가 종속적인 의붓자매의 역할을 청산하고 자신만의 독자적 학문을 이룩할 때가 온 것이다.[35] 라이프치히 소아과 강사인 막스 자이페르트(Max Seiffert, 1865~1916)는, 의학의 역사는 미래의 의사들을 위한 교육도 아니고 의학도 아니라며 호고학적 문헌학자들을 조롱했다. 그는 그들의 연구가 역사의 쓰레기 더미에서 사료들을 건져 낸 것일 뿐이라고 말했다. 그는 쓸데없는 이름과 날짜 목록을 편찬했다며 의학사 '길드'를 조롱하고, 이 분야에 대한 그들의 접근법을 라이프치히 문화사가 칼 람프레히트(Karl Lamprecht, 1856~1915)의 접근법이나 현대 과학적 의학의 발흥을 보여주기 위해 역사를 사용했던 임상의 역사가 분더리히의 접근법과 대조했다. 비

35 N. N. [Johann Hermann Baas], "Die Puschmann-Stiftung für Geschichte der Medizin," *Münchener Medizinische Wochenschrift* 51 (1904): 884-885. 바아스에 대해서는 다음을 참조. Burnham, *Idea of Profession*, 27-29.

샤, 뮬러, 피르호, 헬름홀츠, 파스퇴르와 같은 최근 인물의 이야기는 고대나 중세 시대의 먼 인물들에 대한 이야기보다 의학에 훨씬 더 큰 관련성이 있었다. 의학사 강사는 의학과 연관성이 끊기지 않도록 현직 의사가 해야 한다고 그는 결론지었다.[36]

수도프의 반응은 신속하고, 맹렬하며, 인신공격적이었다. 최근 설립된 독일 의학사 및 자연과학회(Deutsche Gesellschaft für Geschichte der Medizin und Naturwissenschaften)의 회장으로서 그는 이 분야의 대변인을 자처했다.[37] 그는 자이페르트를 그 자리를 노리는 아마추어라고 일축했다. 게다가 푸쉬만 기금은 '학문의 진보'를 위한 것이었는데, 수도프는 이를 교육이 아니라 연구의 의미로 받아들였다. 비록 수도프는 지난 100년의 과거만이 교육학적 가치가 있다는 자이페르트의 주장을 거부했지만, 두 사람 모두 의학의 하위 학문으로서 의학사의 효용을 생각했다. 그러나 수도프는 학문적 분과로서 어느 정도 올라서기 위해서는 다른 의학 하위 분과와 마찬가지로 기초 연구를 지원할 수 있는 인프라가 필요하다고 주장했다. 도서관과 기록보관소에서 꼼꼼한 연구를 통해 수집된 사실들은 이 분야가 아직 완숙하지 못하고 사변적 종합에 머무는 수준으로부터 벗어날 수 있도록 할 것이다. 수도프는 자신이 구상한 의학사를 예시하는 인물들을 지목하지는 않았지만, 역사가이자 의학사가인 해서와 프랑스의 의학 사료 수집가이자 문헌학자였던 샤를 다

36 M. Seiffert, "Aufgabe und Stellung der Geschichte im Medizinischen Unterricht," *Münchener Medizinische Wochenschrift* 51 (1904): 1159-1161.

37 Karl Sudhoff, "Zur Förderung Wissenschaftlicher Arbeiten auf dem Gebiete der Geschichte der Medizin," *Münchener Medizinische Wochenschrift* 51 (1904): 1350-1353. 막스 노이부르거, 율리우스 파겔, 휴고 마그누스 같은 사람들은 의학사를 방어하려는 수도프의 견해를 따랐다. "Protokoll der Dritten Ordentlichen Hauptversammlung," *Mitteilungen zur Geschichte der Medizin und der Naturwissenschaften* 3 (1904): 465-472, 468-471.

렘베르그(1817~1872)에게 대단한 찬사를 보냈음이 분명하다.[38] 수도프와 자이페르트의 논쟁은 이에 따라 약 60년 전에 있었던 해서와 분더리히의 충돌을 상기시켰다.

라이프치히 학회 원로들은 바이스와 수도프의 비전을 선택했고, 푸쉬만 기금을 활용해 특정 학과가 아닌 대학 소속의 연구소를 설립했다. 수도프는 취임사에서 의학사 개념을 평생 고수했던 대로 독자적 학문 분과로서 내세웠다.[39] 라이프치히 연구소는 그 분야에 기반 시설을 제공했다. 1907년 그는 독창적인 연구의 장으로서 1929년 이후《수도프 아카이브(*Sudhoffs Archiv*)》로 알려진 자신의 학술지인《의학사 아카이브(*Archiv für Geschichte der Medizin*)》를 편집하고 출판하는 등 원사료를 제공했다.[40] 수도프는 엄격하고 전문적인 기준을 개발하는 것만이 의학사를 괴롭혔던 아마추어리즘을 종식시킬 수 있다고 주장했다. 그리고 1925년 그가 소장이 되었을 때 그의 후임자인 헨리 지거리스트가 이 견해를 수용했다.[41] 교육은 중요하긴 했지만 연구소의 핵심 사업은 아니었다.

실용주의적 의학사가들과는 극명하게 대조적으로 수도프는 의학적 진보

38 수도프의 자전적 에세이를 참조. "Aus Meiner Arbeit. Eine Rückschau," *Sudhoffs Archiv* 21 (1929): 333-387, 339 and 364-368.

39 Karl Sudhoff, "Theodor Puschmann und die Aufgaben der Geschichte der Medizin," *Münchener Medizinische Wochenschrift* 53 (1906): 1669-1673.

40 Karl Sudhoff, "Richtungen und Strebungen in der Medizinischen Historik," *Archiv für Geschichte der Medizin* 1 (1907): 1-11. 그는 1907년 총서 시리즈를 발간하기도 했다. *Studien zur Geschichte der Medizin Herausgegeben von der Puschmann-Stiftung an der Universität Leipzig.*

41 Henry Sigerist, "Forschungsinstitute für Geschichte der Medizin und der Naturwissenschaften," *Forschungsinstitute. Ihre Geschichte, Organisation und Ziele*, Ludolph Brauer, Albrecht Mendelssohn Bartholdy, and Adolf Meyer, eds. (Hamburg: Paul Hartung Verlag 1930), 391-405, 393.

를 기록하고 영웅들을 찬양함으로써 과거와 현재 사이의 명시적인 관계를 확립하려고 하지 않았다. 그는 의학사의 레오폴트 폰 랑케가 되고자 했고, 그 유명한 역사가가 말한 대로 있는 그대로의 역사(wie es eigentlich gewesen)를 만들려고 노력했다.[42] 1929년 그의 삶을 돌아보며 수도프는 자신이 종합적 서사 쓰기를 거부했다는 점을 자랑스럽게 회상했다. 그는 파겔의 역사 개설도 편집했는데, 1898년의 원래 판본은 역사에 대한 실용주의적 개념을 소개한 장을 포함하고 있는 반면에, 1922년 판에서는 완전히 빠졌다.[43] 그는 역사가로서 사변적 이론을 없애고 사료가 스스로 말하게 하고 싶었다.

세기의 전환기에는 독일의 전문 의학사가들 내부에서 문헌학 계열의 수도프파와, 율리우스 파겔(Julius Pagel, 1851~1912)과 막스 노이부르거(Max Neuburger, 1868~1955)와 같은 철학 계열파 사이에 주요 단층선이 하나 더 있었다. 베를린과 빈에 본부를 둔 파겔과 노이부르거는 노이부르거의 스승 푸쉬만이 갖고 있던 의학사에 대한 실용주의적 관점을 공유했지만, 뚜렷한 문화적 접근이 과학과 인문학의 격차를 메울 수 있다는 주장을 거듭했다. 파겔은 1904년 한 기획 논문(programmatic essay)에서 이른바 '의학적 문화사(medizinische Kulturgeschichte)'를 주창했다. 그는 의학의 집합이 과학, 철학, 종교, 예술, 신학, 법학, 기술, 산업, 상업, 언어(요컨대 인간 생활의 모든 측면)를 나타내는 다른 집합들과 겹치는 벤다이어그램이라고 개념화했다. 그의 결론과 신조는 '진정한 의학사가는 문화사가'라는 것이었다.[44]

42 Sudhoff, "Rückschau," 364, 366-368; Iggers, *German Conception of History*.

43 Julius Pagel, *Einführung in die Geschichte der Medicin* (Berlin: Karger 1898), 1-22; Karl Sudhoff, *Kurzes Handbuch der Geschichte der Medizin* (Berlin: Karger, 1922).

44 Julius Pagel, "Medizinische Kulturgeschichte," *Janus* 9 (1904): 285-295, 287; *Grundriss Eines Systems der Medizinischen Kulturgeschichte* (Berlin: Karger, 1905); Max Neuburger, "Die Geschichte der Medizin als Akademischer Lehrgegenstand," *Wiener Klinische*

의대생을 교육하는 실용적 목표를 가진 문화사 프로그램은 독일에서 크게 지지를 얻지 못했다.[45] 독일의 의학사에서 전문화와 제도화를 동시에 알린 것은 주로 수도프 모델이었다.[46] 그러나 '문화사'는 중요한 용어가 되었고, 수도프는 1904년 의학사에 대한 그의 변론에서 '우리 의학 문화사가'라는 문구를 사용하여 가까운 무리를 지지하면서, 자신과 파겔·노이부르거·바아스와 같은 전문가와 자이페르트 같은 아마추어들 사이에 선을 그었다.[47] 1943년, 노이부르거의 일흔다섯 번째 생일을 맞아 지거리스트는 "칼 수도프 당시, 독일어권 대학에서 의학사는 선도적 위치를 차지하기가 쉽지 않았다. 그의 교만하고 공격적인 성격은, 제자들은 용인했지만 경쟁자는 용납하지 않았다."라고 말했다.[48]

19세기 말 미국에서도 역시, 새로운 과학의학이 전례 없는 기술적 전문 지식을 가져다주었음에도 불구하고, 이로 인해 의사들이 치유의 기술을 존중하지 않게 될 수 있다는 불안감이 있었다. 푸쉬만이 의학의 인간화를 요구했던 것처럼, 1890년에 설립된 존스홉킨스 병원 역사클럽의 활동적인 회원

Wochenschrift 17 (1904): 1214-1219; "Introduction," in *Handbuch der Geschichte der Medizin*, Max Neuburger and Julius Pagel, eds., 3 vols. (Jena: Verlag Gustav Fischer, 1902-1905), vol. 2:3-154.

45 Michael Hubenstorf, "Eine 'Wiener Schule' der Medizingeschichte?-Max Neuburger und die Vergessene Deutschsprachige Medizingeschichte," in *Medizingeschichte und Gesellschaftskritik*, Hubenstorf et al., eds. (Husum: Matthiesen Verlag, 1997), 246-289.

46 수도프와 그의 연구소가 동시대와 후대 의학사가들에게 미친 영향에 대해서는 다음을 참조. *90 Jahre Karl-Sudhoff-Institut an der Universität Leipzig*, Ortrun Riha and Achim Thom, eds. (Freilassing: Muttenthaler, 1996); Thomas Rütten, "Karl Sudhoff 'Patriarch' der Deutschen Medizingeschichte," in *Gourevitch, Médecins érudits*, 155-171.

47 Sudhoff, "Zur Förderung," 1351.

48 Henry Sigerist, "A Tribute to Max Neuburger on the Occasion of His 75th Birthday," *Bulletin of the History of Medicine* 14 (1943): 417-421, 420.; Leopold Schönbauer and Marlene Jantsch, "Verbindungen Zwischen den Medizingeschichtlichen Instituten in Leipzig und Wien," *Wissenschaftliche Zeitschrift der Universität Leipzig* 5 (1955/1956): 27-31.

인 존 쇼 빌링스(John Shaw Billings, 1838~1913)와 윌리엄 오슬러(William Osler, 1849~1919)와 같은 의사들도 유사한 모습을 보였다. 그들은 의학사를 의학에서의 과도한 환원주의·전문화·상업주의·문화적 해체에 대한 부분적인 해독제로서 제시하면서, 고전 교양 학문에 정통한 '신사-의사(gentleman-doctor)'의 이상을 구축했다. 홉킨스의 병원과 의과대학 계획에서 중요한 목소리를 냈던 공중위생국(Surgeon General) 도서관장인 빌링스는 1877년경 존스홉킨스 의과대학 졸업생들(그가 이 직종을 이끌 것으로 기대했던 새로운 과학의학 분야의 교사들과 연구원들이다)에게 대부분의 미국 의과대학에서 훈련된 '평균적인' 의사들은 공식적인 의학사 교육이 없어도 문제가 없지만, 존스홉킨스 졸업생들에게 의학사 강의는 '문화의 수단'으로서 필수불가결한 것이라고 주장했다.[49] 오슬러는 1889년에 존스홉킨스 병원에서 일하기 시작한 순간부터, 의학-역사적 문제들을 그의 임상 교육에 통합시켰다. '오슬러식 교수법'은 과거 의사들의 예를 영감을 주는 도구로 사용했다.[50]

교육(Bildung)에 대한 공헌으로서, 또 신사-의사를 창조하기 위해 의학사를

49 그의 강의는 다음에 재간행되었다. Alan M. Chesney, "Two Papers by John Shaw Billings on Medical Education, with a Foreword," *Bulletin of the Institute of the History of Medicine* 6 (1938): 285-359, 343. 1893년 존스홉킨스에 의과대학이 창설되자 빌링스는 의학사와 의료문학의 강사로 지명되었다. 그러나 그는 1년에 몇 개의 강의만 운영했다. Genevieve Miller, "Medical History," in *The Education of American Physicians: Historical Essays*, Ronald L. Numbers, ed. (Berkeley: University of California Press, 1980), 290-308, 296; Sanford V. Larkey, "John Shaw Billings and the History of Medicine," *Bulletin of the Institute of the History of Medicine* 6 (1938): 360-376. 20세기 초 미국 의학에서 의학사가 여타 문화요소들에 대한 반작용이었음을 보여주는 명료한 예시로는 다음을 참조. Lewis S. Pilcher, "An Antitoxin for Medical Commercialism," *Physician and Surgeon* 34 (1912): 145-158.

50 Michael Bliss, *William Osler: A Life in Medicine* (Oxford: Oxford University Press, 1999), 295-296, 350-353. 미국의 초기 의학사에 대해서는 다음을 참조. Genevieve Miller, "In Praise of Amateurs: Medical History in America before Garrison," *Bulletin of the History of Medicine* 47 (1973): 586-615.

가르치는 것에 대해 독일과 미국의 담론은 비슷했지만, 중요한 차이가 있었다. 독일의 의학사는 대학 제도에 확고히 뿌리를 두고 있었다. 1890년대 많은 미국 의과대학들이 의학의 역사에 관한 강의를 제공하기 시작했다. 그러나 아무리 선도적인 의학 교육자들이 교육과정에서 의학사의 가치를 확신했더라도 학생들은 강의를 지루하게 여기는 경향이 있었다.[51] 오슬러식 교수법이 유행했음에도 불구하고, 아마추어리즘에 대한 인식과 독일의 학문적 기준이 미국 의학사에 도입되어야 한다는 의식이 점차 높아지고 있었다.[52] 1930년대에 악화된 유럽의 사회정치적 풍토와 이로 인한 지식인의 디아스포라 때문에 헨리 지거리스트(1891~1957), 오세이 템킨(1902~2002), 루트비히 에델슈타인(1902~1965)과 같은 인물들이 독일을 떠나 대서양을 건너 미국으로 갔다.

의학사에 대한 독일식 접근을 받아들이기 위해 미국적 토양을 가장 정력적으로 준비했던 의사들 중에는 필딩 H. 개리슨(Fielding H. Garrison, 1870~1935)이 있었다. 1891년, 존스홉킨스 대학에서 학사학위를 받은 후, 개리슨(1893년 조지타운에서 의학박사를 취득했지만 진료한 적은 없다)은 공중위생국 도서관에 빌링스의 부하 직원으로 입사하여 대부분의 경력을 쌓았다. 1913년 그는 여러 판이 출판된 『의학사 입문(*An Introduction to the History of Medicine*)』을 편찬하면서, 주네비에브 밀러(Genevieve Miller, 1914~2013)의 평가에 따르면 '의학의 일반 역사에서 주요한 독창적인 작품을 만든 최초의 미

51 Miller, "Medical History," 296-297.

52 독일의 고등교육에 매료되었고, 미국 의학을 새로운 과학분과로 탄생시키는 데 공을 세운 에이브러햄 플렉스너(Abraham Flexner)는 존스홉킨스에 의학사연구소가 생기는 것을 반겼다. 그는 특히 '연구소'라는 이름을 좋아했는데, 이 이름이 "수도프가 창립한 라이프치히의 위대한 연구소의 목적 정체성"을 함의하고 있었기 때문이다. *Universities: American, English, German* (New York: Oxford University Press, 1930), 111.

국 의학사가'가 되었다.[53] 그가 빌링스, 오슬러, 그리고 미국의 다른 동시대 역사가들의 역사적 노력을 크게 찬미하긴 했지만, 그는 분야를 전문화시키고자 했고, 수도프를 모델로 내세웠다. 개리슨은 1923년 수도프의 칠순 생일을 맞아 그에게 경의를 표하며 수도프가 '천재'라는 호칭을 얻을 수 있는 유일한 의학사가라고 주장했다. 개리슨의 발언은 세계대전이 종전 5년 후 독일 문화 전반, 특히 수도프의 학문을 재건하기 위한 시도에서 나온 것이다. 프로이센의 권력과 진정한 독일 문화를 극명하게 구별함으로써 개리슨은 빌헬름 황제의 시대는 야만적인 중간기였다고 주장했다. 개리슨은 더 나아가 수도프가 독일 최고 문화의 현현이며, '모든 의학사가 중에서 가장 훌륭하고 가장 성공한 사람'이라고 했다. 그의 방법론이 새로운 출발점을 제시했으며, 이에 따라 라이프치히 연구소가 의학사 연구의 중심이 되어야 한다는 것이다.[54] 미국 대학 동료들에게 수도프의 예를 그들의 이상으로 받아들이라고 촉구하면서, 개리슨은 "박사님 만세!"를 외치고 그의 발언을 마쳤다.[55] 1930년부터 개리슨은 존스홉킨스의 의학 사서로 일했고, 그곳에서 그의 인생의 마지막 몇 년 동안 지거리스트의 동료가 되었다.

53 Miller, "In Praise of Amateurs," 586. 개리슨과 그의 서문에 대해서는 다음을 참조. Erwin H. Ackerknecht, "Zum hundertsten Geburtstag von Fielding H. Garrison," *Gesnerus* 27 (1970): 229-230; Gert H. Brieger, "Fielding H. Garrison: The Man and His Book," *Transactions and Studies of the College of Physicians of Philadelphia ser*. 5, 3 (1981): 1-21; Burnham, *Idea of Profession*, 35; Henry R. Viets, "Fielding H. Garrison and His Influence on American Medicine," *Bulletin of the Institute of the History of Medicine* 5 (1937): 347-352.

54 Fielding H. Garrison, "Professor Karl Sudhoff and the Institute of Medical History at Leipzig," *Bulletin of the Society of Medical History of Chicago* 3 (1923): 1-32, 2; Fielding H. Garrison, "Foreword" and "Biographical Sketch" in *Essays in the History of Medicine* (New York: Medical Life Press, 1926).

55 Garrison, "Professor Karl Sudhoff," 32.

1926년 홉킨스의 병리학자이자 의학계의 '독일 모델' 추종자인 윌리엄 H. 웰치(William H. Welch, 1850~1934)는 자신을 그 직책에 적임자로 여기지 않았으나, 미국 최초로 생긴 존스홉킨스 의학사 교수직을 마지못해 받아들였다. 그는 독일의 표준이 나머지 의학에 적용되었던 것처럼 미국의 의학사에도 독일의 표준이 적용되어야 한다고 생각했고, 분과를 전문화하기 위해 라이프치히에 있는 것과 견줄 만한 연구소를 만들려고 했다. 수도프의 스위스인 제자이자 후계자인 지거리스트는 볼티모어에 초빙 강사로 온 뒤 존스홉킨스 의학사연구소장직을 제의받았고, 1932년 지거리스트가 수락하자 웰치는 기뻐했다. 사회주의 계열의 사회민주당원이자 바이마르공화국의 지지자인 지거리스트는 독일을 떠나겠다는 강한 동기를 가지고 있었다. 지거리스트는 템킨(지거리스트와 함께 미국으로 갔다), 에델슈타인(1934년에 미국에 도착했다)과 함께 교육(Bildung) 자원으로서의 의학사라는 이상을 미국에 소개했다. 북미 의료사의 교두보로서 홉킨스 연구소는 전문적인 연구 기준을 준수하는 센터이자, 주변부의 지방 학교에서 의학사를 가르칠 의사들을 양성하는 곳이 되었다.[56]

56 아마추어리즘을 구실삼아 의학사를 전문으로 하는 연구소를 만들려고 하는 주장에 대해서는 다음을 참조. Henry Sigerist, "The History of Medicine and the History of Science," *Bulletin of the Institute of the History of Medicine* 4 (1936): 1-13. 지거리스트가 미국 의학사의 실태에 대해 쓴 글은 다음과 같다. "Medical History in the Medical Schools of the United States," *Bulletin of the History of Medicine* 7 (1939): 627-662. "대서양 양쪽의 경향은 모두 의학사를 아마추어 수준으로 남겨두는 것이지만 그러면 안 된다"고 1929년 의학사 교실 창립연설에서 수도프는 주장했다. 그는 "역사적 이해가 없다면 의사는 기술자로 전락하고 만다"고 주장하면서 "의학사는 과거에는 거부당했지만, 꾸준히 자신을 완성해 나갔고, 이제 온전한 자신이 되었다"고 마무리지었다. *Address of Professor Sudhoff at the Dedication of the Department of History of Medicine, Johns Hopkins University, October 18, 1929*, abstracted by Fielding H. Garrison, [n.p., n.d.], 3. 템킨의 여정에 관한 통렬한 묘사에 대해서는 다음을 참조. "Temkin's Times and Our Own: An Appreciation of Owsei Temkin," *Bulletin of the History of Medicine* 77 (2003): 1-11; Charles D. Rosenberg, "What

지거리스트는 오슬러의 인기를 제대로 이해하지 못했지만, 두 사람 모두 의학사를 이용해 의사들에게 특별한 목적의식을 가질 수 있도록 했다. 1920년대에 젊은 지거리스트는 수도프의 문헌학 프로젝트에 참여했지만, 몇 년 후 그의 게르만 중세주의와 결별했다. 수도프는 원사료를 축적하고 싶어 했고, 지거리스트는 철학적·윤리적 질문에 답하고 싶어 했다.[57] 그가 라이프치히에 있을 때인 1928년에 창간한 학술지 《키클로스(*Kyklos*)》의 제1권에서는 의학사가 '순전히 실증주의적인 방법으로 사실에 사실을 덧붙이기를 원하는지, 아니면 과거를 해석하고, 활기를 불어넣고, 더 나은 미래를 위해 결실을 맺기를 원하는지'에 대해 도전적 질문을 던졌다.[58] 지거리스트가 라이프치히 연구소에서 수도프의 뒤를 이을 무렵, 그는 이미 사회학적 관점에서 의학의 역사를 탐구하기 시작했다.[59]

더 나아가 지거리스트는 시민적 책임감을 지닌 의사들을 양성하는 것이 자신의 의무라고 생각했고, 베네데토 크로체(Benedetto Croce)의 유명한 말인 '모든 진실된 역사는 동시대의 역사'를 몸소 실천했다. 1931년 출판된 『의학 입문(*Einführung in die Medizin*)』은 1933년에 『인간과 의학: 의학 지식 입문(*Man and Medicine: An Introduction to Medical Knowledge*)』으로 제목을 바꾸어 영문으로 출판되었다. 여기서 지거리스트는 19세기 입문서의 특징이었던 엄격한 연대기적 기술 방식을 버리고 '질병의 원인', '의료 원조', '의사', '환자'

Is Disease? In Memory of Owsei Temkin," *Bulletin of the History of Medicine* 77 (2003): 491-505.

57 라이프치히 연구소를 새로운 방향으로 이끌기 위해 지거리스트는 새로운 학술지를 출간했다. *Kyklos. Jahrbuch des Instituts für Geschichte der Medizin an der Universität Leipzig*.

58 Owsei Temkin, "The Double Face of Janus," in *Double Face of Janus*, 3-37, 9.

59 Ingrid Kästner, "The Leipzig Period, 1925-1931," in Fee and Brown, *Making Medical History*, 42-62, 53.

와 같은 주제별 구성 방식을 택했다.[60] 이 책에서는 또한 앞으로 반세기에 걸쳐 미국 의학사에서 교육 목표의 폭이 넓어지고 심화되는 것을 볼 수 있다. 책임 있는 의사를 만드는 것에서 반성적이고 책임감 있는 시민을 육성하는 것으로 시야가 넓어졌다.

거울아, 거울아

푸쉬만의 유산은 다음의 질문에 대한 답을 요구했다. 의학의 역사는 무엇이어야 하며 어떤 목적을 수행해야 하는가? 수도프가 라이프치히 연구소를 만들 때 대답은 하나만 있는 듯했지만, 어떤 분야든 대부분의 상황에서 단 하나의 대답은 필요하지도 바람직하지도 않다. 그다음 세기에 답의 범위는 엄청나게 확장되었다. 그러나 출판물이나 세미나에서 선택의 문제를 다룰 때 상이한 답변이 제시되는 빈도를 주목할 필요가 있다. 의사나 독자가 모두 다양한 분야에서 접근법이나 스타일 및 목표가 다양하게 공존한다는 것은 이 책에서 볼 수 있듯이 본래적일 뿐만 아니라, 추구할 만한 것이기도 하다.

의학사가 넓은 의미로 해석되면서 이제 넓은 의미의 역사에 상당 부분 통합되었다. 오늘날 건강, 신체, 생애 주기 등을 다루는 학자들은 자신을 결코 의학사가라고 부를 생각이 없을 것이다. 심지어 탈의학사를 추구하는 건강 문화연구가 발전하면서 의학사라는 분야 자체가 해체될 위험마저 있어 보

60 Henry E. Sigerist, *Man and Medicine: An Introduction to Medical Knowledge* (New York: W. W. Norton, 1932). 윌리엄 웰치는 자신의 책 미국판 서문에서 "지거리스트 교수는 역사 연구에 대한 흥미와 문화적 가치만 묘사하는 것이 아니라 … 그 연구가 의학지식과 실행의 현재 상태와 미래 예측을 위한 충분한 이해와 해석을 위해 꼭 필요하다는 점을 보여준다."고 썼다. (vii); Henry Sigerist, "Probleme der Medizinischen Historiographie," *Sudhoffs Archiv* 24 (1931): 1-18, 16.

인다. 의학사가 다른 역사의 하위 분야와 마찬가지로 방법론적, 해석적 정반합의 동력에 의해 주류 역사학에 통합될수록, 의학사가들은 자신의 생각을 토론하거나 자신의 연구를 출판하고, 직장을 보장받기 위해 독립된 기관에 의존할 필요가 줄어들었다. 다른 영역에서처럼, 통합의 성공은 분리주의를 시대에 뒤떨어지고 바람직하지 않은 것으로 보이게 하는 경향이 있다. 의학사처럼 전례 없는 번영을 누리고 있는 또 다른 확립된 역사 하위 분야의 한 학자는 최근 스스로 부여한 '게토 지위'에서 벗어날 방법이 이 분야의 '탈제도화'를 촉진하는 것일 수도 있다고 주장했고, 이와 비슷한 주장은 의학사계의 회의장 바깥에서도 들을 수 있다.[61]

의학사의 탈제도화라는 망령이 그 분야의 정체성과 목적에 대한 답을 더욱 강렬하게 만들었다. 민간 재단이나 주, 대학으로부터의 지원이 철회된다는 소문은 분야의 위기에 대해 말을 만들어 낸다. 독일에서는 1997년 의학사가 의학 교과과정에서 제외될 것이라는 보건부의 발표가 있었는데, 이 조치가 실행된다면 의학사 교실을 거의 모두 폐쇄할 수 있었기에 이 분야에 큰 충격을 안겨 주었다. 2년 뒤 영국에서는 웰컴 재단(Wellcome Trust)이 의학사에서 다른 분야로 재정 지원을 돌리는 것을 고려하고 있다는 우려가 비슷한 불안감을 불러일으켰다. 북아메리카에서도 의학사를 생명윤리학 등 다른 학문 분야와 병합하고, 연방이나 재단의 지원을 삭감하는 것에 대해 불평이 끊이지 않았다.[62] 정당화되든 안 되든, 의학사가들 스스로가 분야의 게

61 Robert D. Johnston, "Beyond 'the West': Regionalism, Liberalism, and the Evasion of Politics in the New Western History," *Reconsiderations* 2 (1998): 239-277, 241. '탈제도화'에 대한 논의는 이 논문의 초기 버전에 있다. 이는 다음과 같이 발표되었다. Jeffrey Ostler and Robert Johnston, "The Politics and Antipolitics of Western History," *American Studies Faculty Colloquium*, Yale University, New Haven, spring 1996.

62 1997년 11월, 베를린 자유대학 의학사연구소의 요한나 블레커(Johanna Bleker) 교수는

토화에 대해 그렇게 소리 높여 고민하지 않았다면 그러한 우려는 의미가 없었을 것이다.

"의학사는 어떻게 되어야 하는가?"라는 질문에 강렬하고도 소리 높이 답한다는 것은 그 정체성이 나약하다는 증거나 다름없다. 그러한 답변이 배타적이고 비적법한 형식을 취할 때, 이것이 초래할 수 있는 피해에 대해 우려하는 것은 당연하다. 그러나 질병 경험 및 관리, 건강 추구와 질병 회피의 살아 있는 현실은 우리 주제에 보편적인 친밀감과 밀접성을 부여한다. 만약 간단한 변화로 전문 역사가 및 임상의·보건 전문가·정책 입안자·윤리학자·경제학자 그리고 더 넓은 대중에게 다가갈 수 있다면, 그리고 이를 교실에서나 인쇄물을 통해서만이 아니라 박물관과 웹사이트에서 들려주는 이야기를 통해서도 할 수 있다면, 그것은 오히려 경축할 일이 아닌가? 과거 의학사의 다양한 접근 방식·청중 그리고 그 목적을 배경으로 볼 때, 서로 다른 접근 방식에 직면하는 것은 우리가 해결해야 할 딜레마(우리 개인의 글쓰기와 교육은 제외하더라도)라기보다 아직 진행되지 않은 논쟁을 건설적인 방법으로 불러일으키기 위한 출발점이다. 역사를 하는 것은 사람들을 진지하게 받아들이는 것이고, 이는 역사에 등장하는 사람들뿐만 아니라 동료 역사가들도 포함한다. 과학 전쟁은 차치하고라도, 만약 의학사에 위기 같은 것이 있다면, 그것은 단순한 현실주의나 포스트모던 상대주의 혹은 다른 양극성 대립의 문제

인터넷에 독일 학계를 도와달라는 글을 게시했다. 다음 해에 학계를 방어하는 다음의 책이 출판되었다. *Medizingeschichte: Aufgaben, Probleme, Perspektiven*, Norbert Paul and Thomas Schlich, eds. (Frankfurt: Campus Verlag, 1998). 곧 이어 다른 두 권이 출판되었다. 이들은 모두 의학사가 제도가 무너짐에 따라 겪는 위기에 따라 정당화가 필요하다고 주장한다. Bröer, *Eine Wissenschaft Emanzipiert Sich; Frewer and Roelcke, Die Institutionalisierung*. 영국의 경우에 대해서는 다음을 참조. *Evaluation of the Wellcome Trust History of Medicine Programme* (London: The Wellcome Trust, 2000).

가 아니라, 관용적이면서도 비판적인 교류가 없는 다원주의의 결과라고 주장할 수 있다.

이를 위해 우리는 이 책을 계획하는 과정에서 여러 가지 절충을 시도했다. 우리는 이 분야의 최근 연구에 대해 백과사전적인 저술을 시도하기보다는 오랜 기간에 걸친 의학사를 탐구하기로 선택했다. 우리는 기획 초기에 특정 분석 범주(성별, 인종, 종교, 나이, 지리적 위치)에 따라 글을 구성하지 않기로 했다. 우리는 저자들이 그들의 역사적 예시를 지난 200여 년 내에서 찾으려 하는 경향이 있다는 것을 안다. 그리고 기본적으로 북대서양 중심이라는 점도 인지하고 있다.

우리는 아프리카·아시아·중남미에서 의학·건강·치유에 관한 지역학이나 역사학에서의 왕성한 연구에 대해 명시적인 관심을 기울이지 않았다. 또한, 우리의 목표는 역사학적 방법론에 대한 완벽한 조사도, 그 방법론을 통한 연구 업적의 조사도 아니다. 마지막으로, 우리에게는 의도적인 계획이 없다. 적어도 이 분야가 나아갔으면 하는 방향으로 이끌지는 않을 것이다. 이미 청탁하고 편집한 글들에 그런 방향이 내재되어 있음은 인지하고 있다. 수록된 글들은 지난 20년 동안의 많은 역사학적 변화를 기념하면서도 우리 분야의 성공에 지나치게 의존하는 것이 가져올 수 있는 안일한 자기만족에 대한 불안을 표명한다.

우리는 의학사가 어떻게 쓰는 것이 가장 잘 쓴 것인지, 어떤 목적을 지녔는지, 무엇을 대상으로 하는지에 대한 의견이 서로 같지 않는 사람들에게 글을 청탁했고, 그들이 주장을 과감하게 표현할 수 있도록 독려했다. 그들의 독특한 목소리를 포착하는 데 도움이 될 것 같을 때는 1인칭 단수 대명사를 사용했다. 그러므로 일부 글들은 서로 조화를 이루기보다 상충하는 경우가 있는데, 그것이 바로 우리가 바라던 바다. 왜 역사가들은 의학에 대해 그들만의 특별한 이야기를 하는가? 그들은 어떻게 그리고 왜 질문을 제기하는가? 그들은 그들의 이야기가 어떤 기능을 하기를 원하는가? 그들은 어떤 관객을 상상할까? 이 책에서는 서로 다른 것을 제시하는 글을 탐구하며 의학의 역사와 그 야망, 즉 정당화하면서도 행동주의적이고, 교훈적이면서도 해방적이려는 것을 살펴서 의학의 임무와 방법을 재고하려 한다. 우리 분야의 복잡성과 다양성을 헤아린다는 가장 높은 목표 아래 우리는 토론의 발판을 제공하고자 한다. 왜냐하면 이러한 활동을 통하여 이 분야는 중요한 역할을 계속할 수 있고, 공동의 장을 인지할 때 일관성 있는 정체성이 유지될 수 있기 때문이다.

이 책은 이 분야의 초기 역사, 1970년대 이후의 변혁, 그리고 문화적 전환 이후의 다양한 방향을 탐구하는 세 부분으로 구성되어 있다. 첫 번째 섹션인 '전통'에서는 19세기 내내 의학사를 실천한 인물들의 연구와 포부를 살펴본다. 이 부분의 목표는 포괄적이거나 일반적인 발전의 패턴을 보여주는 것이 아니라, 배경·선입견·국가 및 지역적 맥락·전문적이고 정치적인 의제 그리고 이 분야의 특징인 다원주의를 알린 의학 및 역사상의 변화와의 관계를 구체적으로 보여주는 것이다.

한스-우베 람멜(Hans-Uwe Lammel)이 첫 번째 에세이에서 보여주듯 18세기 말에 "의학사는 누구의 것인가?"는 풀리지 않은 질문이었다. 그는 쿠르트 슈프렝겔과 요한 뫼젠(Johann Moehsen)이라는 동시대인의 이중 초상을 제공한다. 이 독일인 의사들은 불안정한 시기에 안정을 기하기 위해 각각 자신의 의학사를 개진하려고 했으며 서로 다른 정치적·의학적 의제에 의해 활력을 얻었다. 의학과 의학사의 계승자들이 원하는 대로 분과의 정체성을 확립하는 데 도움이 될 수 있는 선대의 이미지를 신성화하면서 슈프렝겔을 현대 의학사의 '아버지'로 자리매김한 것은 집단기억의 선택적 과정일 뿐이었다. 다니엘 구르비치(Danielle Gourevitch)는 샤를 다렘베르그(Charles Daremberg)의 야심찬 원고 수집과 그가 사전 편집자·의료 기자·유토피아 사회주의자인 에밀 리트레(Émile Littré)와 맺은 관계에 초점을 맞추어 콩트 계열 의학사가 두 명과 19세기 중반의 프랑스 실증주의 프로그램 창조에 눈을 돌린다.

다음 두 장은 20세기 초 독일의 의학사 논쟁을 다룬다. 하인츠-페터 슈미데바흐(Heinz-Peter Schmiedebach)는 이중 초상을 통해 독일에서 그리 지지를 받지 못했던 막스 노이부르거(Max Neuburger)와 율리우스 파겔(Julius Pagel)의 문화사 접근법을 탐구한다. 반면 토마스 뤼텐(Thomas Rütten)의 글에서는 문헌을 수집하고 분석한 판본을 출판한 칼 수도프가 확실한 승자로 묘사된다. 수도프는 1930년대에 자신과 다른 의학사가들이 국가사회주의의 발흥을 수용했을 때 이 분야의 핵심 기관과 지배적인 연구 프로그램을 철저히 통제했다.

비비안 너튼은 독일어를 사용하는 국가들에서 미국으로 의학사의 이동을 추적한다. 한두 사람에 초점을 맞추는 대신에 그는 1870년대부터 20세기 초까지 그리스와 로마 의학의 연구를 중심으로 전체를 조망한다. 그가 제안하는 이 연구 분야의 시대 구분(실용적 의학사에서 문헌학적 고전주의로, 또 사상사에 이르기까지)은 이 분야 경계의 유동성을 분명하게 전달하는 한편, 1970년대의 사회사적 전환기에 의학이 처음으로 의학사로부터 멀어진 것도 아니라고 강조한다. 이 섹션의 마지막 장에서 엘리자베스 피(Elizabeth Fee)와 시어도어 브라운(Theodore Browne)은 볼티모어에서의 관계와 의학사에 대한 열정을 공유한 두 인물인 윌리엄 오슬러와 헨리 지거리스트가 사실 그 외에는 크게 공통점이 없다는 것을 지적한다. 그러나 여기서 그들의 차이는 다시금 그들의 유사성을 묘사하는 배경으로 제기된 것이다. 오슬러와 지거리스트는 그들이 공유한 그리스 애호(philhellenism)와 의학의 전체론적 연구 방법을 넘어 의대생들에게 영감을 주고, 전문적인 자아상을 창조하며, 전문가로서의 책임감을 함양하기 위한 의학의 효용성을 주장했다. 이 섹션의 다른 장들보다 더 노골적으로, 피와 브라운은 우리 앞 시대의 두 역사가뿐만 아니라 오늘날의 오슬러협회와 지거리스트 모임에서 역사적으로 그리고 정치적으로 구체화된 두 가지의 유산을 검토한다.

두 번째 섹션인 '다시 찾은 세대'에서는 1970년대 이후 의학의 역사를 변화시킨 추진력을 탐구한다. 세 개의 장에서는 '새로운 사회사'의 선택적 발전과 북아메리카, 영국, 유럽 대륙의 서로 다른 역사학 프로그램과의 상호작용을 조사한다. 1979년 수잔 레버비(Susan Reverby)와 데이비드 로스너(David Rosner)는 「'위대한 의사들'을 넘어서」라는 제목의 논문을 발표했는데, 이 논문은 미국 의학사에서 새로운 사회사 운동의 선언으로 보이기도 했다.[63] 여기서 레버비와 로즈너는 의학의 역사로 첫걸음을 떼었던 한 세대 역사가들의 열망과 이해를 살펴보고, 그다음 수십 년 동안 그 분야가 어떻게, 왜 바뀌었는지 추적한다. 편집자들이 촉구한 대로 그들은 자전적인 목소리를 사용하여 그들을 하나의 출발점에서 전혀 다른 역사학적 장소로 이끈 과정을 소개한다. 영국 의료사회사의 일인자인 고(故) 로이 포터(Roy Potter)는 영국에서 발달한 새로운 의학사의 과정을 추적하고, 마틴 딩스는 비교학적으로 독일과 프랑스를 바라보며 같은 과제를 떠맡는다. 이 장들의 목적은 연구 동향이나 중요한 업적의 목록을 제공하는 것이 아니라, 그 분야를 바꾼 변화의 주요 패턴을 일부 보여주는 것이다.

뒤이어 나오는 두 장에는 변화에 대한 더 어두운 평가가 등장한다. 올가

63 Elizabeth Fee and Theodore M. Brown, "Introduction," in Fee and Brown, *Making Medical History*, 1-11, 5.

암스테르담스카(Olga Amsterdamska)와 안야 히딩아(Anja Hiddinga)는 4대 영문 의학사 학술지의 출판과 인용 패턴을 분석하면서, 최근 몇십 년 동안 의학사가 얼마나 의학으로부터 멀어지면서 얼마나 일반 사회문화사에 더 가까이 다가갔는지 보여준다. 과학의 사회학적 연구라는 관점에서 의학사를 비판하면서, 그들은 이 분야가 놀랄 만큼 전통적이고 보수적이며, 이론적으로 표류하며 지적으로 분열되어 있다고 결론짓는다. 크리스티아네 신딩(Christiane Sinding)은 매우 다른 접근을 택하는데, 미셸 푸코(Michel Foucault)와 그의 멘토 조르주 캉길렘(Georges Canguilhem)의 작품이 의학사에 가져온 중대한 반전을 탐구한다. 그녀는 프랑스와 영미의 문맥에 대한 날카로운 비교 감수성을 가지고, 푸코적 틀이 의학사 저술에서 어떻게 동력으로써 작용해 왔는지를 설명한다. 그러나 푸코의 더 도전적인 이론적 명제가 의학의 역사를 실천하는 데 거의 적용되지 않았다는 점에서 약간 실망했다고 밝힌다.

지리학은 성별, 계급, 인종과 달리 새로운 의료사회사가 시작된 1970년대의 연구에서 두드러지는 분석 범주로 선택된 적이 거의 없다. 그러나 지난 20년, 특히 최근 몇 년 동안, 의학과 식민주의에 관한 연구는 지역과 인종 개념을 포괄하는 '열대' 의학의 지리적·정치적 구조를 중요하게 다루었으며, 이 분야의 포부를 수행하는 가장 활기찬 분야 중 하나라고 입증되었다. 마지막 섹션으로 가는 이 다리에서, 워릭 앤더슨(Warwick Anderson)은 식민지 의료사회사의 증가세를 탐구하는데, 이러한 연구는 의학사가가 아니라 지역을 연구하는 역사가들로부터 시작되었다. 그는 탈식민주의 연구가 어떤 맥락에서든 의학을 연구하는 역사가들에게 분석 자원을 제공한다는 점을 지적하고, 이러한 분석이 어떻게 의학사를 세계사로 확장시키는지 고찰한다.

제2부에서도 의학사가 어디로 가고 있고, 어디로 가야 하는가의 문제를 다뤘지만, 마지막 섹션에서는 좀 더 분명한 목표로서 '문화적 전환 이후'의

방법론적·정치적 실행과 논쟁을 본격적으로 다룬다. 단 하나의 통일된 메시지를 목표로 하는 것이 아니라, 의학사의 다양한 의미와 활용의 예를 보여주려고 한다. 이 섹션의 장들에서는 역사·정치·의료의 수사에 대해 솔직하게 말하고, 의학사를 하는 것의 개인적·사회적 중요성에 대해 열정적으로 말한다. 우리는 다양한 국가 배경과 분과 배경을 가진 다양한 관점의 연구자들을 병치하여 저자들이 자신의 이야기를 자유롭게 하면서 의학사를 실천하는 살아 있는 경험을 전할 수 있도록 격려했다.

이 섹션을 연 장에서 로저 쿠터(Roger Cooter)는 한때 새로웠던 의료사회사의 분석적 프로그램과 실천주의 세력이 특히 문화적 전환 때문에 탈선했다고 주장한다. 그는 문화학과 포스트모더니즘의 방법론적 상대주의, 그리고 글로벌 신자유주의의 정치가 역사가들을 목적 적합하고 냉철하며 납득할 수 있는 사회적 비평으로부터 멀어지게 했다고 주장한다. '사회', '역사', '의학' 등의 용어가 안정적인 의미를 잃고, 사회학적 범주들이 기호학적 범주에 의해 지배되면서 '사회'는 사라지게 되었고, 더불어 역사적 사명감 또한 명확하지 않게 되었다. 이 장은 의료사에서 사회 구성주의가 잠재력을 발휘하기는커녕 사회사를 분석하는 데 실망스러울 정도로 미발달된 방법이라고 주장하는 루드밀라 조다노바(Ludmilla Jordanova)의 1995년 기획 논문과 대화를 시도한다. 쿠터처럼, 그리고 암스테르담스카와 히딩아의 비판적 결론과 공명하는 조다노바는 의료사회사에서 더 큰 이론적 정교함을 요구한다. 그러나 그녀는 사회사와 문화사의 접근 사이에서 생산적인 회복이 가능하도록 충분한 근거를 찾는다.

메리 피셀(Mary Fissell)은 문화사적 흐름이 가져온 역사적 통찰의 새로운 가능성을 탐구하고 설명하면서 문화사의 또 다른 견해를 제공한다. 그녀는 자신의 역사 연구 진행 과정의 변화에 대한 반성에 뿌리를 두고, 사회사에서 문화사로의 전환 과정에서 그녀가 얻고 잃은 것에 대해 설명한다. 앨리스 드레거(Alice Dreger)의 글은 사회운동가로서의 문화사가를 중심으로 한다. 인터섹스인(intersexuals)과 의료계의 관계에 대한 장에서 그녀는 인터섹스의 역사를 다루는 자신의 연구가 어떻게 자신을 활동가가 되도록 이끌었는지 설명하고, 역사는 오늘날의 문제에 대해 쉬운 교훈을 제공하지 못하지만, 의학사는 사람들의 삶에 섬세하고 강력한 차이를 만들 수 있다고 주장한다.

역사가로서의 의사, 그리고 오늘날 의학 내에서 의학사의 위치는 그다음 두 장에서 조사된다. 알폰스 라비쉬(Alfons Labisch)는 의학의 역사(history of medicine)와 의학 내 역사(history in medicine)를 취사선택의 문제로 다루지는 않지만 뚜렷한 차이를 제시한다. 오히려 그가 실행하고자 했던 식의 역사는 학생들이 의료 행위나 의료계 내의 활동을 준비할 수 있도록 돕는 독특하고 중요한 역할을 할 수 있다는 주장이다. 재클린 더핀(Jacalyn Duffin)은 매우 다른 방침을 취한다. 이 분과의 분화에 따른 긴장을 그저 나열하는 데 그치지 않고 깊이 들여다보고자 하는 이 책의 목적에 따라, 그녀는 이 분야에 입문한 자신의 경험을 재조명한다. 그녀의 의사 면허는, 역사가들에게는 그녀의 연구가 치밀하지 못하고 휘그주의적일 것이라는 선입견을 주었고, 의사들에게는 역사 따위를 하면서 힘들게 취득한 면허를 낭비한다는 조롱거리가 되었다. 그녀는 역사와 의학의 중요한 방법론적·서술적 유사성을 주장하며, 라비쉬처럼 역사가 자신이 가르치는 의대생에게 중요한 어떤 것을 제공한다고 느낀다. 그러나 결국 그녀는 역사가가 임상의인지 아닌지의 이분법이 의학사 내부의 반목이라는 역효과를 낳은 근원이며, 역사의 실천에 무의미하다고 일축한다. 개별 역사가들의 개별적인 흥미만이 있을 뿐이라는 점은 부인할 수 없는 사실이지만, 종국에는 다른 사람들에게 정보를 주고 계몽하는 독특한 이야기로 귀결된다.

이 책의 중심 주제인 청중은 마지막 두 장에서 명시적으로 다룬다. 대체로 역사나 의학에 전문성이 없는 일반 독자는, 셔윈 뉼런드(Sherwin Nuland)가 주장하는 것처럼 우리 분과 대부분의 의사들이 쓰기를 꺼리거나 쓸 수 없는 의학의 역사에 관한 책을 기대한다. 그러나 그는 많은 사람의 삶에 관련이 있고 호소력이 있는 방법으로 건강, 질병, 치유에 대해 글을 쓰기 위해서는 '새로운' 의학사의 상대론적 방법론과 학문적 전문용어에서 벗어나야 한다고 경고한다. 앨런 브랜트(Allan Brandt)는 마지막 장에서 일반 대중만큼 중요하고, 그들과 다를 수는 있지만 정책·윤리·법적 의사결정에 관여하는 전문가인 독자들을 다룬다. 그는 의학사 스토리텔링의 가능성과 문제점이 독자의 관련성이나 책임감과 연관된다고 주장한다. 역사가들이 서로 대화하는 수준 이상을 추구할수록, 과거에 대한 단순한 묘사가 아닌 해석으로서의 의학사가 독자들에게 있어 교실에서나 싱크탱크에서, 또 의회나 법정에서 어떻게 활용될 것인지 고려해야 한다.

이 책은 한 '분야'를 탐구하고 성찰하기 위해 여러분을 초대한다. 그 분야, 즉 의학사가 무엇인지, 무엇이어야 하는지, 무엇을 해야 하는지에 대해 상이한 생각을 포함하는 것이다. '전통적'이든 '새로운 것'이든 간에, 의학사는 통일되지 않았으며 지금까지 한 번도 그랬던 적이 없다. 의학사는 책임 있는 의사를 배출하기 위한 교훈적인 도구로, 전염병의 병인학(etiology)을 연구하는 도구로, 의료업을 정당화하기 위한 플랫폼으로, 사회를 분석하기 위한 은유의 원천으로, 의료 권력을 드러내고 비판하기 위한 정치적 도구로, 소외된 집단을 해방시키기 위한 수단으로, 참여와 민주적 논쟁을 촉진하기 위해 '대중에게' 과학을 소개하는 수단으로, 그리고 인문사회과학과 사회과학의 학제 간 담론의 매개체로 사용되어 왔다. 독자들이 익숙하지 않은 의학사에 대한 접근법의 장점과 단점을 판단하도록 자극받기를 바라는 동시에, 각 역사가들이 그 대안들을 정당하게 평가함으로써 자신들이 의학사를 하는 방식과 이유를 명확히 설명할 수 있다고 확신한다.

제1부

전통의 시대

Locating Medical History

Locating Medical Hist

제1장

의학사는 누구의 것인가?

—요한 뫼젠, 쿠르트 슈프렝겔, 그리고 집단기억의 기원에 대한 문제

한스-우베 람멜(Hans-Uwe Lammel)

> 우리가 그들 각자를 손님으로 환영하는 데, 그들을 받아들이고 그들이 얼마나 훌륭하고 대단했는지 관찰하는 데, 그리고 그들의 업적으로부터 그들 성격의 가장 중요한 면을 도출해 내는 데 역사를 활용한다는 것은 그들과 아주 친밀한 관계를 맺었다는 것을 뜻한다. … 역사를 공부하고 이에 대해 꾸준히 서술함으로써 우리는 늘 가장 귀하고 믿을 만한 인물에 대한 기억을 우리 영혼에 받아들일 준비를 하는 것이다. 그리고 만약 우리가 세상을 접하면서 피할 수 없이 악하고 기형적이며, 야비한 것과 마주쳐야 한다면, 우리는 다시금 이 귀하고 모범적인 인물들에게로 고요하면서도 강건하게 우리의 관심을 돌림으로써 이들을 옆에 제쳐 놓거나 제거할 수 있다. -플루타르코스, 「아이밀리우스」, 1

그를 정확하게 '전기의 아버지'라고 할 수는 없지만, 플루타르코스(서기 45?-120)는 근대 초까지 이 장르에서 많이 읽히는 작가 중 하나였다. 그는 유명 인사(전쟁 영웅, 정치가, 유명한 시인, 철학자, 연설가 등)의 일대기를 정리하면서 문학적 전통을 세웠다. 그는 초반에는 교육적, 철학적 관심에 이끌려서 전기가 거의 남아 있지 않은 개인들에 집중했다. 그러나 그의 문학적 성공과 오랜 영향력은 (가치 있는 롤 모델을 제시함으로써 독자들을 일깨우려는) 그의 도덕적 목표를 정치적 목표로 보완하면서 생기게 되었다. 이 정치적 목표란 두 제국(그리스와 로마)에서 각각 한 명씩을 뽑아 비교하는 것이다. 그리스와 로마의 특정 개인 간의 비교 전기 서술을 통해 플루타르코스는 '생각과 행동에 있어 비교 가능한 형태'를 엿볼 수 있다고 생각했다. 그는 그들에게 차이가 있음에도 불구하고 그들이 "같은 정신을 따르고 있을 뿐 아니라 서로에게 의미가 있다."라는 것을 보여주려고 했다.[1]

비교 전기라는 문학 장르의 이러한 관점은 이 장에서 시도하려는 것과 같은 것이라고 할 수 있다. 내가 다루려고 하는 두 역사가(왕립의사(royal physician)이자 지역의사(district physician)이면서 베를린에 있는 과학아카데미(Academy of Sciences)의 회원인 요한 칼 빌헬름 뫼젠과 할레 대학(University of Halle)의 의과대학 교수인 쿠르트 슈프렝겔)가 "같은 정신을 따른다."라고는 말할 수 없다. 다만, 이 장은 18세기 후반 의학사에 관한 역사 서술(historiography)의 목표와 조건, 소재를 이해하려는 시도에서 이 두 작가가 생산해 낸 두 종류의 의학사가 어떻게 다른지에 주목하도록 하겠다.[2] 슈프렝겔과 뫼젠은 18세기를 통해 발전한 의학사에서 두 가지의 서로 다른 대안의 주축이 된다.

이 시기의 독일 의학사 서술을 설명하기 위해서 나는 '문화적 공간'과 '공간의 변화'와 같은 용어를 사용하기로 했다. 이 장에서 제시하는 이중적 묘사는 일차적으로 의학사 서술의 역사에 공헌하고자 하는 의도가 있다. 어떤 면에서 이는 근대 국가, 사회, 대학, 의학이 어떤 어려움을 통해 탄생했는지 의학사 서술의 관점으로 기록한 것으로 볼 수도 있겠다. 토마스 브로

1 Konrat Ziegler, "Einführung," in *Plutarch, Fünf Doppelbiographien*, part 2 (Zurich: Artemis & Winkler, 1994), 1081-1110, 1089-1090.

2 자크 데리다(Jacques Derrida)의 신조어 디페랑스(*différance*)는 디페레(*différer*)의 "차이를 두다"와 "연기하다"의 두 가지 뜻을 모두 포함하고 있다. 디페랑스는 의미론 상 뚜렷한 연관이 없기 때문에 개념은 아니고 탈구조주의적 이해에 따르자면 개념을 개념으로 만드는 관계(reference)다. 이 관계는 다른 개념들과 맺어지고 반대되는 개념은 제외한다. Ute Daniel, *Kompendium Kulturgeschichte. Theorie, Praxis, Schlüsselwörter* (Frankfurt: Suhrkamp-Taschenbuch, 2001), 140.

만(Thomas Broman)이 주장했듯이 근대 의학 관련 직업은 구체제의 잔해에서 생겨난 것이 아니다. 오히려 이는 새로운 시대에 성공한 엘리트의 적응 능력으로부터 생겨났다고 보는 것이 맞다.[3] 문제는 이 시대란 것이 무엇이냐는 것이다. 요한 뫼젠은 신사다움과 학문적 배움의 가치를 높게 평가한 시대를 살았다. 그는 인문학적 가치들에 빠져 있었고 이 때문에 브란덴부르크 궁정에서 중요한 지위를 차지하게 되었다. 그는 또한 독일 학자계층(Gelehrtenstand)의 존경받는 멤버로서, 규제가 적고 실용적인 지방 정치를 옹호하는 후기 베를린 계몽주의를 대변했다.

뫼젠과 슈프렝겔이 같은 세대가 아니라는 점을 강조해야 마땅하다. 쿠르트 슈프렝겔은 브로만이 정의한 근대의 떠오르는 전문가상에 정확히 들어맞지도 않는다. 그는 로이 터너(Roy Turner)가 말한 '대전환(great transition)' 시대의 인물이었다. 실로 중요한 사실은 그가 장차 의사가 될 학생들을 가르치는 특별한 소임을 맡고 대학에서 일했다는 것이다. 그는 이러한 소임을 수행하면서 의학사를 연구했던 것이다. 동시에, 그는 사회적 지위를 얻는 방도로서 그리스어로 된 모든 것(그중 히포크라테스가 중심이었다)을 숙달하는 교육(Bildung)을 했다. 슈프렝겔이나 뫼젠 모두 의학사를 활용하여 공공의 영역을 창출하고자 했다. 둘의 차이점이라면 관점과 강조점이 다르다는 것이다. 뫼젠은 브란덴부르크에서 박식하고 계몽된 역사를 서술했다. 과학과 예술(그리고 의학)의 발전에 있어 이성의 권력과 영향을 보여줌으로써 정치적 영역을 창출하고자 한 것이다. 그의 잠재적 독자는 의사와 역사 서술가를 포함하는 일련의 계몽된 사람들이었다. 반대로 슈프렝겔은 『의학의 보편사

3 Thomas H. Broman, *The Transformation of German Academic Medicine, 1750-1820* (Cambridge: Cambridge University Press, 1996).

(*Universalgeschichte der Medizin*)』를 서술했다. 그는 이야기체로 과거 의학의 이론적이고 실제적인 지식의 총체를 끌어모으려고 했다. 이 지식은 치유자이면서 동시에 경영자가 될 미래의 의사들에게 유용했다. 두 사람 모두 근대적 의사의 정체성을 개괄적으로 보여주고자 했지만, 뫼젠은 그 정체성을 계몽주의에 둔 반면, 슈프렝겔은 의학 분과의 역할과 그 정체성이 발현되는 교훈적 전통에 두었다.

슈프렝겔이 결국 의학사의 '창시자'라고 기억되는 이유는 그의 의학사가 의사들을 겨냥했고, 어쨌든 이 의사들이 다음 200년간 의학사를 이끌어 갔기 때문이다. 이 사례는 의학사의 다양성을 보여줄 뿐만 아니라, 의학사가 얼마나 다양하게 활용될 수 있는지, 그리고 활용되었는지를 보여준다. 이는 또한 하나를 지우고 다른 하나를 구축하는 집단기억의 힘을 보여주는데, 문화적 전환기에 직업(의학에서의 히포크라테스)에 대해서나 학문 분과(이 경우에는 의학사)에 대해서 기원(시작을 설명하는 창시자의 이야기나 신화 같은)에 관해 명확한 설명이 필요한 것과 마찬가지다.

변화하는 학계 내의 역사 서술

쿠르트 슈프렝겔은 학술적 의학사 서술(scholarly medical historiography)의 창시자다.[4] 이 주장을 받아들이는 사람은 시작점, 즉 학문의 기원을 안다는 만족감을 느낄 수 있다. 지거리스트부터 그르메크(Mirko Grmek)에 이르는 세

4 Henry Ernest Sigerist, "Die geschichtliche Betrachtungsweise der Medizin," in *Anfänge der Medizin. Von der primitiven und archaischen Medizin bis zum Goldenen Zeitalter in Griechenland* (Zurich: Europa Verlag, 1963), 1-34, 2; Mirko D. Grmek, "Einführung," in *Die Geschichte medizinischen Denkens. Antike und Mittelalter*, M. D. Grmek, ed. (Munich: C. H. Beck, 1996), 9-27, 13-15.

대는 일반적으로 이 주장을 받아들였다. 그러나 슈프렝겔이 의학사 분야의 '창시자'로서 성취한 업적과 그 위치를 이해하려면, 그의 일과 생애의 개인적·제도적 환경과 그의 배움에 대한 이해, 그리고 식물학자이자 의학사가인 그의 자화상을 면밀하게 살펴보아야 한다. 여기서 나는 지식 분과 내의 내적 발전보다 문화적 배경에 관심이 있다. 18세기에 재건된 괴팅겐(Göttingen) 대학교 때문에 할레 대학의 영향력이 감소했다. 괴팅겐 대학은 공무원 지망생들을 위해 법학 과목으로 정치학이나 역사학과 밀접하게 연관된 현대적인 커리큘럼을 개설했다. 이는 역사 서술의 역할을 보조적인 것에서 벗어나 더 독립적인 것으로 변화시켰다. 그러나 할레 대학의 동시대인들 역시 전통적인 교육 방식에 혁신을 꾀했다. 할레 대학은 그 창립기인 1693~1694년부터 신학과 의학과에 매력적인 커리큘럼이 있었는데, 도제식 교육과 사례 연구는 선생들의 필요에 부응하여 만든 방법이었다. 이는 처음 라이덴의 헤르만 부르하버(Herman Boerhaave)가 만들었으며 부검과 재활성화된 경험주의를 반영하는 것이었다.

이러한 실천적 성향으로 미루어 18세기 초반 의학의 과거에 관한 역사학이 바로크식 식자의 역사(Gelehrtengeschichte)를 고집하거나 전기적 역사를 수집하는 데 그친 것은 그리 놀라울 일도 아니다. 18세기 후반 의학의 역사와 그 사료에 대한 새로운 관심의 동력은 18세기의 적어도 네 가지의 특징에서 기인했다. 첫째, 계몽주의가 발견한 역사 세계, 둘째, 비판적 역사 인식의 발전, 셋째, 고전학에서 비판적 문헌학과 철학적 방법론의 발전(괴팅겐 대학은 이 때문에 유명해졌다), 그리고 마지막으로 동식물학자들(naturalists)의 기계론(mechanism), 유기체론(organicism), 생기론(vitalism)에 대한 논의가 그것이다. 이러한 변화는 부분과 전체, 공시성과 통시성, 개성과 발전 등 근원적인 질문들에 대해 설명을 시도했다.

나의 목적은 계몽주의 역사학(Aufklärungshistorie)을 인문주의적 전통의 역사 서술 발전 과정에서 마지막 단계로 놓고, 18세기의 다른 특별한 시도와 마찬가지로 역사 서술의 역사가 계몽된 대중에게 들어맞도록 설계된 것으로 묘사하는 것이다. 자신감 넘치고, 시민적이며, 합리적인 역사 서술로 시작한 계몽주의 역사학은 역사 서술에 의문을 제기하고 도전했으며, 역사 서술의 모습에 원천적으로 변화를 주었다. 시민을 계몽하고 정치 운동을 일으키려는 강한 동력에 영향을 받은 계몽주의 역사학은 사료의 역사적 비판과 역사적 설명의 적절성에 대한 방법론적 반성, 현재적 도덕성과 정치적 판단을 통하여 역사 서술의 새로운 자기 이해(self-understanding)에 이르게 되었다. 과거 어느 때보다 더 명쾌하게 과거의 경험은 반성적으로 해석되었다. 원칙적으로 역사는 개방되어 있고, 그 해석에서 서술자의 역할이 중요하다고 이해되었다. 주관적 행위 주체로의 전환은 계몽주의 역사학의 가장 큰 성과 중의 하나였다. 나의 주장은 슈프렝겔과 뫼젠의 주장에서 우리가 두 가지 주체를 만나게 된다는 것이다. 이 주체는 고대로부터 시작하여 르네상스는 물론 계몽주의 역사학에 의해 시작된 동시대 역사 서술 논의를 통해 지적 부흥을 경험한 의학 역사 서술 전통에 깊게 뿌리내렸다.[5]

18세기의 마지막 10년 동안 독일 도서 시장에는 유례없는 의학사 붐이 일었다. 이 붐에는 슈프렝겔의 역할이 있었다. 그가 의학 역사 서술에 기여한 바를 다루기 위해 나는 그의 유명한 『실용적 의학사에 대한 연구(*Versuch einer pragmatischen Geschichte der Arzneikunde*)』에 집중해 보겠다. 이는 프랑

5 *Ancient Histories of Medicine: Essays in Medical Doxography and Historiography in Classical Antiquity*, Philip J. van der Eijk, ed. (Leiden: Brill, 1999). Nancy Siraisi, "Anatomizing the Past: Physicians and History in Renaissance Culture," *Renaissance Quarterly* 53 (2000): 1-30.

스어와 이탈리아어로 번역되었다. 1792년부터 1828년 사이에 독일어로 출판된 세 가지 판본의 서문을 비교해 보면 슈프렝겔이 유럽 의학의 오랜 역사를 종합하는 거대한 작업을 하려 했음을 알 수 있다. 슈프렝겔과 그의 위대한 작업을 살펴보기에 앞서 먼저 요한 뫼젠을 살펴보자. 그는 슈프렝겔이 대체하게 될 전통을 대표하는 사람이다.

왕립의사이자 프로이센의 역사가였던 요한 뫼젠

의학사가 어떻게 지식의 한 분야에서 하나의 독립된 학문 분과가 되었는지를 논할 때, 많은 이들이 슈프렝겔을 그 시작점으로 지목하지만, 요한 칼 빌헬름 뫼젠(Johann Carl Wilhelm Moehsen)을 지목하는 것도 가능하다.[6] 1722년 베를린에서 태어난 뫼젠은 예나(Jena) 대학과 할레(Halle) 대학에서 의학을 공부했고, 1741년에 의학 학위를 수여받았다. 1년 후 그는 베를린으로 돌아왔고, 1744년부터 자연 탐구 아카데미(Academia Naturae Curiosorum, 현 독일레오폴디나한림원-역주)의 회원이 되었다. 그는 또한 1747년부터 최고의료기구(Obermedizinalkollegium)의, 1763년부터는 최고위생기구(Obersanitätskollegium)의 회원이 되었고, 프로이센 왕 프리드리히 2세의 주치의로서 브란덴부르크-프로이센의 의료행정에 대한 통찰력을 가지고 정치적으로 중요한 위치에 오르게 되었다. 후에 그는 수요회(Mittwochsgesellschaft)라고 알려진 베를린의 계몽주의 관료제 엘리트 모임의 창립 멤버가 되었고,

6 H.-U. Lammel, "Moehsen und die Lebensbeschreibung Thurneissers. Ein Beispiel aufgeklärter Medizinhistoriographie," in *Berliner Aufklärung: Kulturwissenschaftliche Studien*, Ursula Goldenbaum and Alexander Košenina, eds. (Hannover: Matthias Wehrhahn Verlag, 1999), 144-172.

1786년부터 베를린의 과학아카데미 회원이 되었다.[7] 그는 베를린에서 1795년에 사망했다.

의학사는 뫼젠의 취미 활동이자 독자들을 위한 특별한 봉사활동이었다. 5대째 의사 집안에서 태어난 의사로서, 그리고 중요한 의료 기구의 회원으로서 그는 브란덴부르크의 건강과 질병 문제뿐 아니라 국가 역사에도 통찰력을 발휘하였다. 1773년에서 1781년 사이 유명한 의사들이 그려진 동전 수집에 관한 책인 『베를린 메달 수집 연구(*Beschreibung einer Berlinischen Medaillen-Sammlung*)』로부터 역사 연구를 시작한 그는 곧 역사 서술에 대한 관심을 바꾸게 되었다.[8] 이 책의 2부인 '브란덴부르크의 과학의 역사: 의학을 중심으로(Geschichte der Wissenschaften in der Mark Brandenburg, besonders der Arzneiwissenschaft)'에서 뫼젠은 자신의 국가 역사, 박학, 계몽주의에 관한 관심을 종합했다.[9]

18세기 후반에 애국주의의 바람이 브란덴부르크-프로이센에 불어 들었다. 지역사 서술의 중요성이 강조되었고, 국가·지방·도시의 역사 서술이 늘어났다.[10] 이는 비극, 전기, 소설 등과 같은 문학 장르의 강력한 라이벌로 부

7 J. K. W. Möhsen, "What Is to Be Done toward the Enlightenment of the Citizentry," in *What Is Enlightenment? Eighteenth-Century Answers and Twentieth-Century Questions*, James Schmidt, ed. (Berkeley: University of California Press, 1996), 49-52; Günter Birtsch, "The Berlin Wednesday Society," in *ibid.*, 235-252, 240-242. Jonathan Knudsen, "On Enlightenment for the Common Man," in *ibid.*, 270-290, 271-272.

8 *Beschreibung einer Berlinischen Medaillen-Sammlung, die vorzüglich aus GedächtnisMünzen berühmter Aerzte bestehet; in welcher verschiedene Abhandlungen, zur Erklärung der alten und neuen Münzwissenschaft, imgleichen zur Geschichte der Arzneigelährtheit und der Literatur eingerücket sind*, part 1 (Berlin and Leipzig: George Jacob Decker, 1773).

9 *Beschreibung einer Berlinischen Medaillen-Sammlung*, part 2 (Berlin and Leipzig: George Jacob Decker, 1781; reprint, Hildesheim: Olms, 1976).

10 Hans Martin Blitz, *Aus Liebe zum Vaterland: Die deutsche Nation im 18. Jahrhundert*

상했다. 일반 시민과 궁정은 글을 읽을 수 있는 모두가 과거를 기억했으면 했다. 그들은 과거와의 관계를 통해서 현재를 이해하고자 했다. 뫼젠은 브란덴부르크와 같은 독일 영방의 의학과 배움의 역사에 관한 수 편의 글을 썼다.[11]

뫼젠은 그가 쓴 가장 중요한 글 중 하나인 『브란덴부르크 과학의 역사(*Geschichte der Wissenschaften in der Mark Brandenburg*)』를 통해 독일 계몽주의 역사학의 모델로서 국사를 활용하며 자신의 주제, 즉 중세 이후 특정 영토에서 합리성이 선전되고 확산된 경위를 서술했다. 그는 특정 독일 영토의 역사를 의학사를 통해 재검토하면서 계몽주의 역사학을 접목하였다. 그는 합리성의 선전과 확산에 기여하거나 방해가 된 기관, 인물, 행정 등을 찾아내고자 했다. 이 과정에서 브란덴부르크-프로이센의 정치적 역사와 과학사에 대한 영향력을 다방면으로 재검토하게 되었다. 그에게 책 제목이나 학자들의 명단은 과학의 역사가 아니었다.[12] 그는 학자들의 정치적 의미나, 그들의 사회적 배경, 행사하고자 했던 영향력 등을 고찰했다. 그의 역사 서술 원칙은 역사를 합리와 비합리 사이의 전쟁으로 보는 것이었지만, 논점이 되는 시기

(Hamburg: Hamburger Edition, 2000).

11 *Beiträge zur Geschichte der Wissenschaften in der Mark Brandenburg von den ältesten Zeiten an bis zu Ende des sechszehnten Jahrhunderts* (Berlin and Leipzig: George Jacob Decker, 1783; reprint, Munich: Fritsch, 1976); "Rede … dem Andenken des Geheimen Raths Cothenius gewidmet," in *Sammlung der deutschen Abhandlungen, welche in der Königlichen Akademie der Wissenschaften zu Berlin vorgelesen worden in den Jahren 1788 und 1789* (Berlin: George Decker, 1793), i-viii; "Über die Brandenburgische Geschichte des Mittelalters und deren Erläuterung durch gleichzeitige Münzen," in *Mémoires de l'Académie Royale des Sciences et Belles-Lettres depuis l'avènement de Frédéric Guillaume II au thrône, 1786/1787* (Berlin: George Decker, 1792), 675-684.

12 Moehsen, *Beschreibung*, part 2, 4.

의 문화적 배경도 묘사하였다.[13]

뫼젠은 브란덴부르크의 역사를 네 시기로 나누었다. 각각의 시기는 지배자와 성직자·여타 엘리트 사이의 관계, 브란덴부르크가 연루된 전쟁, 그리고 경제적 상황과 교역 관계로 나뉘었다. 이 모든 요소들은 각 시기의 의료 환경, 즉 대학의 의학 교육, 병원·이발사 겸 외과 의사(barber-surgeon)·산파의 역할, 의사·철학자·신학자 간의 관계, 약제상·일반 의사·지방 의사·궁정 의사의 삶과 일 등에 영향을 미쳤다. 뫼젠에게 국가 역사의 프레임은 문헌사(Historia literaria, 문헌을 중심으로 연구하는 역사학-역주)를 재료로 브란덴부르크의 특수한 역사인 의학사를 재탄생시킬 수 있는 기회를 제공하였다.[14] 문헌사, 즉 학자들의 동시대사는 지식을 기록하는 또 다른 형태였다. 지식은 문자 공화국(Republica literaria) 구성원 모두의 다양한 필요에 따라 공유되고 이익이 되어야 했다. 문자 공화국은 문헌사에 의해 만들어진 일종의 가상 문서고였다. 학자들은 자신의 기관이나 자신의 연구 분야에서 일어나는 일을 보고했다. 책의 발췌본이 안내서나 참고 도서, 백과사전 등으로 재생산되었다. 이러한 형태의 편집은 반교조적(antidogmatic) 동기를 가지고 있었고 곧 비판적 방법론으로 발전되었다. 이렇듯 절충주의는 체계적인 편집 작업을

13 H.-U. Lammel, *Zwischen Klio und Hippokrates. Zu den kulturellen Ursprüngen eines medizinhistorischen Interesses und der Ausprägung einer historischen Mentalität unter Arzten zwischen 1750 und 1850 in Deutschland* (Habilitationsschrift, University of Rostock, 1999), 103-178.

14 Lammel, Klio und Hippokrates, 68-102; "Zum Verhältnis von kulturellem Gedächtnis und Geschichtsschreibung im 18. Jahrhundert. Medizinhistoriographie bei Johann Carl Wilhelm Moehsen (1722-1795)," in *Festschrift für Rolf Winau*, Johanna Bleker, ed. (Husum: Matthiesen, 2003); "Natur und Gesellschaft. Medizin als aufgeklärte Gesellschaftswissenschaft," 2001년 10월 포츠담 유럽 계몽 연구소(Potsdam Research Center for European Enlightenment)에서 발표된 논문이다.

통해 종합적인 정보를 추려 내도록 했다.[15]

식물학자이자 의학 교수, 역사 서술가인 쿠르트 슈프렝겔

쉴러나 다른 독일 지식인과 마찬가지로 슈프렝겔은 문학과 텍스트를 통해 과거의 지적 전통을 새로운 대중에게로 옮기려 했다.[16] 18세기 말, 이 지적 접근은 (구체제(Old Reich)에서 그랬듯) 저개발 국가의 정치 지향적인 식자층 대중(literary public)을 공략하는 독일식 방법으로 인식되었다.[17] 원래 식자층 대중이라고 하는 것은 함부르크, 할레, 라이프치히, 프랑크푸르트, 베를린 등 큰 도시에만 존재했다.[18] 식자층 대중의 '사회 구성'은 부르주아가 아니라 '교육받은 사람'이었다. 정치적이라는 말은 글을 읽을 수 있다는 뜻 이상도 이하도 아니었다. 독일에는 진정한 정치의식은 결여되었지만, 문화적 주체로서의 지적 전통에 대한 깊은 이해가 있었는데, 이러한 이해가 사람들의 내밀한 감정을 건드렸다. 외적으로 시민사회를 건설하기보다는 내적으

15 Martin Gierl, "Compilation and the Production of Knowledge in the Early German Enlightenment," in *Wissenschaft als kulturelle Praxis, 1750-1900*, Hans Erich Bödeker, Peter Hanns Reill, and Jürgen Schlumbohm, eds. (Göttingen: Vandenhoeck & Ruprecht, 1999), 69-103, 70-71.

16 Johannes Süßmann, *Geschichtsschreibung oder Geschichtsroman? Zur Konstitutionslogik von Geschichtserzählungen zwischen Schiller und Ranke* (1740-1824) (Stuttgart: Franz Steiner, 2000); Thomas H. Broman, "Rethinking Professionalization: Theory, Practice, and Professional Ideology in Eighteenth-Century German Medicine," *Journal of Modern History* 67 (1995): 835-872; "The Habermasian Public Sphere and 'Science in the Enlightenment'," *History of Science* 36 (1998): 123-149.

17 Hajo Holborn, "Der deutsche Idealismus in sozialgeschichtlicher Beleuchtung," *Historische Zeitschrift* 174 (1952): 359-384.

18 Engelhard Weigl, *Schauplätze der deutschen Aufklärung. Ein Städterundgang* (Reinbek: Rowohlt-Taschenbuch, 1997).

로 교육에 치중하였던 것이다.[19] 칸트 이전의 신정론에 따르면 형이상학적 낙관론으로 신이 최고의 세상을 만들기 위해 악을 필요악으로서 창조한 것으로 이해하거나, 라이프니츠가 말한 대로 '최고를 얻기 위한 도덕적 필요(necessitas moralis ad optimum)'라고 보아야 했다.

18세기에 너무나도 큰 영향을 준, 신이 세상을 합리적으로 창조했다는 생각에 영감을 받은 신정론의 배경 속에서 역사가들은 신의 역사(役事)를 드러내기 위해 자신들의 잠재적 합리성을 증명해야 하는 과제에 직면하게 되었다. 여행서를 번역하거나 유명한 사람의 전기에 대해 평을 하거나, 자연사를 공부하는 등 어떤 일을 하든지 슈프렝겔은 수집과 편집이라는 오래된 지적 전통에 다시금 활력을 불어넣었다. 이 선택에는 두 가지 중요한 면이 있었다. 마틴 기얼(Martin Gierl)의 표현에 따르면, "첫째, 이는 엘리트주의이거나, 소수에 집중되거나, 권력과 연계된 지식(다시 말해 학파들과 그들이 가한 제약, 특히 학문 활동에 대한 신학적-고해 관련 제약)에 반대했다. 둘째, 새로운 학문적 협력에 대한 지원이 있었다. 이는 학자들 간의 협의와 지식을 대하는 새로운 방식에서 드러난다."[20] 학문은 이전의 갈등을 통해 탄생하던 것에서 협력을 통해 탄생하는 것으로 하루가 다르게 변화해 갔다. 자료 수집과 조사 과정에서의 협력으로 대규모 편집이 가능해졌다. 이 과정에서 슈프렝겔은 새로운 유형의 의학사 서술 방식을 창안했는데, 이는 후대의 의사-의학사가들에게 영감을 주었다.

19 Frank Baasner, *Der Begriff 'sensibilité' im 18. Jahrhundert. Aufstieg und Niedergang eines Ideals* (Heidelberg: Winter, 1988); Henri Brunschwig, *Enlightenment and Romanticism in Eighteenth-Century Prussia,* F. Jellinek, trans. (Chicago: University of Chicago Press, 1974); Georg Bollenbeck, *Bildung und Kultur: Glanz und Elend eines deutschen Deutungsmusters* (Frankfurt: Insel, 1994).

20 Gierl, "Compilation," 70.

슈프렝겔은 1766년 볼데코프(Boldekow)에서 포메라니아 지역 목사의 아들로 태어났다.[21] 그가 작성한 이력서에 의하면 그의 아버지는 그에게 언어(라틴어·불어·히브리어·그리스어·아라비아어·스웨덴어)와 자연과학, 역사 등 다양한 과목을 가르쳤다. 의학 연구를 시작하기에 앞서 그는 1783년부터 그라이프스발트(Greifswald) 대학에서 신학을 공부했다. 1785년에 그는 할레로 옮기면서 관심 분야를 의학으로 바꾸었다. 1787년 공부를 마친 그는 할레에서 1788년에 박사학위를 받았고, 1년 후, 객원교수(professor extraordinarius)가 되었다. 1795년에 그는 특정한 전공 없이 의학 분과의 정교수(professor ordinarius)가 되었다. 역사학에 관한 관심은 의학사와 자연사를 포함하는 것으로 확장되었다. 1797년 그는 할레 식물원의 관장이 되었고, 식물학에 자신의 정열을 온전히 쏟을 수 있게 되었다.

슈프렝겔은 문헌의 문자 해석에 정통했다. 1780년대 슈프렝겔의 문헌학

21 슈프렝겔의 초기 연구에 관해서는 다음을 참조. Heinrich Rohlfs, "Kurt Sprengel, der Pragmatiker," in *Die medicinischen Classiker Deutschlands*, vol. 2 (Stuttgart: Ferdinand Enke, 1880), 212-279; S. Alleori, "Il sistema dottrinario medico di Curzio Sprengel, avversario dei sistema," *Collana di pagine di storia della medicina, Miscellanea* 19 (1968): 121-131; Fausto Bonora and Elio de Angelis, "La storiografia dell'illuminismo et la metodologia storiografica di K. Sprengel," *Medicina nei secoli* 20 (1983): 11-26; Wolfram Kaiser and Arina Völker, *Kurt Sprengel (1766-1833)* (Halle: Martin-Luther-Universität, 1982); Hans-Theodor Koch, "Curt Sprengel (1766-1833) und die Medizingeschichte," in *Die Entwicklung des medizinhistorischen Unterrichts*, Arina Völker and Burchard Thaler, eds. (Halle: Martin-Luther-Universität, 1982), 92-96; Alain Touwaide, "Botanique et philologie: L'édition de Dioscoride de Kurt Sprengel," in *Médecins érudits, de Coray à Sigerist*, Danielle Gourevitch, ed. (Paris: de Boccard, 1995), 25-44; Ugo D'Orazio, "Conoscenza come indisciplina: Kurt Sprengel e la moltiplicazione dei sistemi nell'età romantica," in *Per una storia critica della scienza* (Milan: Cisalpino, 1996), 245-282; and H.-U. Lammel, "Kurt Sprengel und die deutschsprachige Medizingeschichtsschreibung in der ersten Hälfte des 19. Jahrhunderts," in *Die Institutionalisierung der Medizinhistoriographie. Entwicklungslinien vom 19. ins 20. Jahrhundert*, Andreas Frewer and Volker Roelcke, eds. (Stuttgart: Franz Steiner Verlag, 2001), 27-37.

적 생산량은 놀라울 정도였다. 그의 문헌 연구는 히포크라테스의 경구에 대한 해설, 히포크라테스의 질병 발생에 대한 생각과 맥박이론에 관한 설명, 갈레노스의 열에 대한 견해 등과 같은 고대 의학에 관한 전통적인 출판물로부터 시작해, 1789년과 1792년 『히포크라테스를 위한 변명(*Die Apologie des Hippokrates*)』을 출간하는 것에 이르렀다.[22] 『히포크라테스를 위한 변명』에서 그는 비록 개념화에는 성공적이지 못했지만 관찰 기술이 우수했던 의학의 할아버지를 다시 한번 부활시키려는 노력을 기울였다. 이는 다니엘 르클레르크(Daniel LeClerc, 1652-1728)의 『고대인과 근대인 사이의 반목(*querelle des anciens et des modernes*)』이라는 글에 소개된 당대의 해석과는 완전히 다른 것이어서 큰 반대에 부딪혔다.[23]

슈프렝겔은 18세기 초반 히포크라테스의 무신론과 관련한 논쟁에도 불구하고 히포크라테스에게 푹 빠져 있었다.[24] 코스(Kos) 출신의 이 인물에 대한 이론이 더 이상 최신이 아니라는 점에 동의하면서도 슈프렝겔은 그의 강렬한 경험주의에 따라 도덕적 신뢰성을 강조하였다. 강조점의 변화는 설명의 가능성을 열었고 의사의 역사에 히포크라테스를 위한 자리를 마련하였다.[25]

22 Kurt Sprengel, "Commentar zu Hippokr. Aphor. IV. 5," *Neues Magazin für Aerzte*, E. G. Baldinger, ed., vol. 8 (Leipzig: Friedrich Gotthold Jacobäer, 1786), 368-375; "Hippokrates Begriff vom Exanthem," in *ibid.*, 375-378; *Beyträge zur Geschichte des Pulses, nebst einer Probe seiner Commentarien über Hippokrates Aphorismen* (Leipzig and Breslau: Johann Ernst Meyer, 1787); Sprengel, *Galens Fieberlehre* (Breslau and Leipzig: Johann Ernst Meyer, 1788; Sprengel, *Apologie des Hippokrates und seiner Grundsätze*, parts 1 and 2 (Leipzig: Schwickertscher Verlag, 1789 and 1792).

23 Ian M. Lonie, "Cos versus Cnidus and the Historians," *History of Science* 16 (1978): 42-75, 77-92.

24 Sprengel, *Apologie*, part 1, 112-118.

25 Otto Gerhard Oexle, "Memoria in der Gesellschaft und in der Kultur des Mittelalters," in *Modernes Mittelalter: Neue Bilder einer populären Epoche*, Joachim Heinzle, ed. (Frankfurt: Insel Verlag, 1994), 297-323; Peter Burke, "Geschichte als soziales Gedächtnis,"

근대 초기 의사에 대한 논의의 성격이 일반적이고 인본주의적이었다면, 후계자들의 이론과 실제 사이의 연결 고리는 명백하지만 다소 산만했다. 이런 상황에서 슈프렝겔은 매우 영리하고도 교묘한 장치를 마련하였다. 그는 히포크라테스를 역사화하는 동시에 그를 '동시대인들의 동료'로 만들었다. 사례 역사와 임상의 중요성에 맹목적이던 시대에 글을 쓰던 슈프렝겔은 새로운 의학 인식론의 기반이 역사가 되도록 했다. 히포크라테스가 그 상징이었음은 물론이다. 당시에 이론과 실제 사이의 관계는 의학 교육에 매우 불편한 것이었다. 히포크라테스의 의학 이론이 병상 경험으로부터 직접 도출되었고, 임상의 길잡이가 되는 규칙을 포함하고 있었다는 가정 아래, 슈프렝겔은 히포크라테스를 본보기로 소개했다.[26]

사실을 모으고, 쌓고, 분류하고, 정렬하고, 보고하는 과정의 역사 서술에서, 슈프렝겔은 언제나 식물학자이자 문헌사의 전통을 따르는 비판적인 수집가로 처신했다.[27] 슈프렝겔에 의하면 자료를 수집하고 발표하는 것은 역사 서술의 핵심이었다. 이러한 이유로 그 역시 여행서의 가치를 높게 평가했다. "왜냐하면, 생동감 넘치는 예시를 활용함으로써 우리에게 인간이 무엇을 할 수 있는지 그리고 어떻게 보이지 않는 눈이 모든 것을 내려보다가 불운한 한 개인이 다른 사람으로부터 도움을 받지 못하고 있을 때 구하러 오는지 가르쳐 줄 수 있기 때문이다."[28] 여행서들은 과거 자연사라 부르던 것의

in *Mnemosyne: Formen und Funktionen der kulturellen Erinnerung*, Aleida Assmann and Dietrich Harth, eds. (Frankfurt: Fischer-Taschenbuch, 1993), 289-304.

26 Broman, *Transformation*, 139-143, 180-185.

27 Lisbet Koerner, "Goethe's Botany: Lessons of a Feminine Science," *Isis* 84 (1993): 470-495.

28 [John Hynes], *Die Schicksale der Mannschaft des Grosvenor, nach ihrem Schiffbruche an der Küste der Kaffern im Jahre 1782. Aus dem Englischen des Herrn Carter übersetzt von Kurt Sprengel* (Berlin: Vossische Buchhandlung, 1792), 3.

일종이면서 새로운 인간 과학(Wissenschaft vom Menschen)의 하나였다. 또한, 시간과 공간을 지적으로 여행함으로써 배움의 도구가 되었다. 슈프렝겔에게 이는 새로운 절충적 경험주의를 의미했다.[29]

슈프렝겔은 의사들의 배움이 얼마나 짧은지에 대해 불평하며 자신의 의지를 드러냈다. 의사들은 대개 선대 의사들에 대해 무지했기 때문이다.[30] 그는 학문의 성과는 자료의 축적이라고 주장했다. 당대의 수집가는 선대의 지식을 수집하고, 축적하고, 발전시킬 의무가 있었다.[31] 그는 가정하기보다 자세히 관찰하고 자신의 경험을 믿어야 한다고 했다. 번역자로서 슈프렝겔의 지적 태도는 그의 관점에 큰 영향을 주었는데, 그는 자신의 시각을 추가하지 않았고, 문장이나 주석을 수정하지도 않았다. "나는 그럴 만큼 대담하지 않았다."[32] 그 대신, 그는 인용구를 교정하고 번역하였으며, 저자와 주제별 색인을 추가하였다. 여기에 외국어로 된 주제들도 포함시켰다. 이는 학식 깊은 학자의 중요한 문헌학적 관점을 나타낸 것이다. 슈프렝겔의 의학사 서술에서는 문헌학의 기능과 기술이 그 주된 신조들을 드러내는 데 사용되었다.[33]

29 Justin Stagl, "Der wohl unterwiesene Passagier: Reisekunst und Gesellschaftsbeschreibung vom 16. bis zum 18. Jahrhundert," in *Reisen und Reisebeschreibungen im 18. und 19. Jahrhundert als Quellen der Kulturbeziehungsforschung,* Boris I. Krasnobaev, Gert Robel, and Herbert Zeman, eds. (Essen: Reimar Hobbing Verlag, 1987), 353-384.

30 [Kurt Sprengel], "Vorbericht des Uebersetzers" in P[aul] J[oseph] Barthez, *Neue Mechanik der willkürlichen Bewegungen des Menschen und der Thiere. Aus dem Französischen übersetzt von Kurt Sprengel* (Halle: Karl August Kümmel, 1800), n.p.

31 Gierl, "Compilation," 93-101.

32 [Sprengel], "Vorbericht": "게오르그 함베르거(Georg Erh. Hamberger)는 언급할 필요도 없고, 그의 강력한 경쟁자이자 최고의 박식한 수집가였던 알브레히트 폰 할러(Albrecht von Haller)는 선대의 연구를 이용하기만 할 뿐 새로운 것을 추가하지는 못했다."

33 Herbert Jaumann, "Iatrophilologia. *Medicus philologus* and analoge Konzepte in der frühen Neuzeit," in *Philologie und Erkenntnis. Beiträge zu Begriff und Problem frühneuzeitlicher Philologie*, Ralf Häfner, ed. (Tübingen: Niemeyer, 2001), 151-176.

그는 도서관이 장서 목록을 제공하듯 지식의 획득을 도모하고자 했다.

슈프렝겔의 『연구』와 독일 역사 서술에서 '실용주의'의 의미

동시대인과 선조와 비교해 볼 때, 슈프렝겔은 의학사를 서술하는 데 높은 수준을 유지하기 위해 온갖 노력을 기울였다. 『연구(*Versuch*)』에서 슈프렝겔은 의학의 탄생(인류의 아동기(Kindheit des menschlichen Geschlechts))으로부터 18세기까지의 의학사를 기술했다. 그는 정치 혹은 의학의 역사에 근거해 의학사를 여덟 개의 시기로 구분했다. 첫 번째 시기에서는 의학의 탄생을 다루며 이집트 의학과 '켄타우로스 키론(Chiron)부터 히포크라테스까지' 다룬 그리스 의학 등을 포함했다. 첫 번째 판의 열 한 번째이자 마지막 섹션은 할러(Haller)에서 당대까지 '각각의 의학 분과별로' 다루었다.[34] 슈프렝겔이 거둔 성과는 의학사의 문헌사로, 문헌학적으로 철저하게 학문적 성과를 검토하고 그 정보를 일직선의 연속적 내러티브로 변환한 것이었다. 그 결과 이 책은 의사들을 위해 쓴 의학적 개념이나 발명과 실제에 대한 보편사가 되었다.

첫 번째 판본(1792)과 세 번째 판본(1828) 사이의 30여 년 동안 많은 변화가 있었다. 프로이센은 모든 고등 연구 기관들을 재조직했다. 베를린에는 새로운 대학이 세워졌다. 대학의 창립자 중 한 명인 빌헬름 폰 훔볼트(Wilhelm von Humboldt)는 학문 인생, 연구, 교육에서 새로운 근대적 패턴을 추구했다. '외로움(Einsamkeit)'과 '자유(Freiheit)'가 새로운 낭만주의 단어로 떠올랐다. 노발리스(Novalis)는 이 단어가 세속적 문제를 해결할 '마술 지팡이'라고

34 Kurt Sprengel, *Versuch einer pragmatischen Geschichte der Artzneikunde*, vol. 1 (Halle: Johann Jacob Gebauer, 1792), 17-18.

평했다.[35] 슈프렝겔 역시 자신의 역사적 접근 방식, 스타일, 방법론을 바꾸었는데 이로써 그는 의학사의 아버지라는 영예로운 이름을 얻게 되었다. 적어도 의사들에게는 그랬다. 그는 이 '대전환'을 최고의 방식으로 받아들였으며, 크리스티안 고트프리드 그루너(Christian Gottfried Gruner)·요한 뫼젠(Johann Moehsen)· 요한 크리스티안 고트리브 아커만(Johann Christian Gottlieb Ackermann)· 필리프 루트비히 비트버(Philipp Ludwig Wittwer)와 같은 동시대인뿐 아니라, 유스투스 프리드리히 칼 헤커(Justus Friedrich Karl Hecker)· 헤르만 프리드랜더(Hermann Friedländer)·하인리히 다메로프(Heinrich Damerow)·에밀 이센제(Emil Isensee) 등 다음 세대 의학사가들을 모두 뛰어넘었다. 19세기 중반까지의 후대인들도 마찬가지였다.[36]

『연구』의 세 판본을 보면 의학사가로서 슈프렝겔의 지적 발전이 프로이센 정부와 대학의 개혁에 영향을 받았음을 알 수 있다.[37] 첫 판본의 첫 장에 루키아누스(Lucian)와 윌리엄 헤일리(Wiliam Hayley)를 인용한 것에서 드러나듯이 슈프렝겔이 고전과 근대의 두 가지 의학사 서술 전통을 모두 따르고 있는 것을 알 수 있다.[38] 한편으로, 그는 헤로도토스(Herodotus), 루키

35 Liane Zeil, "Zur Neuorganisation der Berliner Wissenschaft im Rahmen der preuβischen Reformen," *Jahrbuch für Geschichte* 35 (1987): 201-235. Gert Schubring, "Spezialschulmodell versus Universitätsmodell: Die Institutionalisierung von Forschung," in *'Einsamkeit und Freiheit' neu besichtigt: Universitätsreformen und Disziplinenbildung in Preussen als Modell für Wissenschaftspolitik im Europa des 19. Jahrhunderts*, G. Schubring, ed. (Stuttgart: Franz Steiner, 1991), 276-326; *Mythos Humboldt: Vergangenheit und Zukunft der deutschen Universitäten*, Mitchell G. Ash, ed. (Vienna: Böhlau, 2001).

36 Lammel, *Klio und Hippokrates*, 299-324, 366-486.

37 Sprengel, *Versuch*, vol. 1 (1792), vol. 2 (1793), vol. 3 (1794), vol. 4 (1799), vol. 5 (1803); 2d ed. (Halle: Johann Jacob Gebauer): vols. 1-2 (1800) vols. 3-4 (1801), vol. 5 (1803); 3d ed. (Halle: Gebauersche Buchhandlung): vol. 1 (1821), vol. 2 (1823), vols. 3-4 (1827), vol. 5 (1828).

38 Lucian, *De historia conscribenda* 9, from Lukian, *Wie man Geschichte schreiben soll,*

아누스, 그리고 티 나지 않지만 플리니우스(Plinius)를 따르고 있고, 다른 한 편으로는, 당대 영국의 역사 서술, 특히 헤일리에 특별한 애착을 보였다.[39] 두 종류의 글 모두 역사적 진실과 거짓 사이의 관계에 대해 기본적 문제를 지적한다. 역사 서술에서 둘 사이의 관계는 다음과 같이 요약할 수 있다. 과거에 대한 학문적 서술이 과학적이면서 문학적인 과정이 되었다는 것을 기정사실로 할 때, 저자는 자신의 글을 미학적으로 흥미롭게 만들면서도 어떻게 픽션과 차별성을 둘까? 슈프렝겔의 해법은 자신을 '역사 서술가(Geschichtschreiber)'라고 하지 않는 것이었다. 그 대신 그는 자신을 '역사 연구가(Geschichtsforscher)'라고 칭했다.

첫 번째와 두 번째 판본에서 슈프렝겔은 요한 크리스토프 아델룽(Johann Christoph Adelung, 1734~1806)과 그가 쓴 문화사와 인류에 관한 책을 언급하면서 문화사(Kulturgeschichte)에 대한 자신의 이해를 설명했다.[40] 슈프렝겔은 원인과 결과 사이의 직접적인 관계, 즉 "사건과 행동이 촉발되는 원인과 동인의 발전 및 표현"을 결정하는 것은 불가능하다는 점에서 아델룽과 의견을 같이했다.[41] 그러나 그의 세 번째 판본에서 아델룽에 대한 언급은 사라진다. 슈

H. Homeyer, ed. (Munich: Fink, 1965), 106, 4-7; William Haylay, *An Essay on History in Three Epistles to Edward Gibbon* (London: J. Dodsley, 1780; reprint, New York: Garland, 1974), 70f., verse 215-220.

39 Vera Nünning, "'In speech an irony, in fact a fiction.' Funktionen englischer Historiographie im 18. Jahrhundert im Spannungsfeld zwischen Anspruch und Wirklichkeit," *Zeitschrift für historische Forschung* 21 (1994): 37-63.

40 Johann Christoph Adelung, *Versuch einer Geschichte der Kultur des menschlichen Geschlechts. Mit einem Anhang vermehrt,* 2d ed. (Leipzig: Christian Gottlieb Hertel, 1800; reprint, Königstein: Scriptor, 1979); Günter Mühlpfordt, "Der Leipziger Aufklärer Johann Christoph Adelung als Wegbereiter der Kulturgeschichtsschreibung," *Storia della storiografia* 11 (1987), 22-49.

41 Friedrich Rühs, *Entwurf einer Propädeutik des historischen Studiums* (Berlin: Realschulbuchhandlung, 1811), 252.

프렝겔은 원인과 결과의 역사 서술 수단을 신의 섭리라는 개념으로 대체했다. 신의 섭리를 원인으로 내세우게 되면서 슈프렝겔은 역사에 소급하여 의미를 부여하는 것으로부터 자유로워졌고, 역사를 완전히 문학적·이야기적으로 나열하는 데 몰두할 수 있었다. 그는 세속적인 질서가 신의 섭리에 기반했다는 것을 보여주기 위해 주어진 사료를 모두 사용하는 것이 역사가의 임무라고 생각했다. 그러나 모든 '역사 연구가'는 사료가 다분히 비합리적이라는 것을 알고 있었다. 역사가는 잘못된 사료를 볼 수도, 자신의 선입관 때문에 사료에 숨겨져 있는 논리에 현혹될 수도 있다. 슈프렝겔 방식의 결과는 두 번째 판본과 세 번째 판본에 그가 결국 첫 번째 판본에 사용한 2차 사료(베일(Bayle), 기번(Gibbon), 무라토리(Muratori), 뫼젠(Moehsen)의 글)를 사실상 폐기했다는 데서 나타난다. 점차 그는 1차 사료를 선호하게 된다.

『연구』의 후속 판본 두 편에서 슈프렝겔은 계몽주의 역사 서술과 연관된 모든 것을 삭제했다. 또한, 내러티브를 살려 내기 위해 연대기적인 의학사 서술을 지양하고, 그 세기 중반에 나타난 역사적 신앙(fides historica, 관습이나 가문의 전통으로 내려오는 신앙-역주) 관련 문학에 대한 논의와 논쟁을 생략하면서 독일 계몽주의 역사에 반기를 들었다.[42] 그의 노력은 성공을 거두었다고 할 수 있는데, 『변명』에서 자리만 차지하고 있던 연대기 문제를 뺐기 때문이다. 그 대신에 그는 문화사에서 사용하는 시대 구분을 의학사에 적용했다. 이는 정치사와 교회사를 접목한 것이었다.[43] 마지막으로, 그는 문헌사에서 절대적 방식이었던 의학사의 중요한 글을 학문적으로 편찬하는 것을 중

42 예를 들어, 다음은 이후의 판본에서 누락되었다. Johann August Ernesti, *De fide historica recta aestimanda disputatio* (Leipzig: Langenheim, 1746); Johann Jacob Griesbach, *De fide historica ex ipsa natura rerum quae narrantur natura iudicanda* (Halle: Hundt, 1768).

43 Sprengel, *Versuch*, vol. 1: 16.

지하고, 의사들의 전기나 의학 관련 글의 참고문헌이 의학사의 필수 항목은 아니라고 천명했다.[44] 슈프렝겔은 1차 사료를 보는 것에 집중했고, 모든 것의 진실 여부에 의문을 품었다. 새로운 지식 계층 엘리트의 특징이라고 할 수 있는 이와 같은 학문적 행보는 자료만 있다면 의학사를 태초로부터 현재까지 시간적 흐름의 한 부분으로 묘사할 수 있다는 가정 아래 유용했다. 집단기억을 역사 서술처럼 보이도록 표현하기 위한 문학 형식이 탄생하였으며, 이는 개조·확대된 관찰뿐 아니라 '교육적' 관찰도 가능하도록 하였다.[45]

슈프렝겔의 대작 제목은 『실용적 의학사에 대한 연구』였다. 그러나 여기서 말하는 '실용적인'이라는 말의 정확한 뜻은 무엇인가? '실용적'이라는 말은 투키디데스가 처음 소개했다.[46] 이는 18세기의 서막에 괴팅겐에서 일어난 역사에 대한 논의에서 다시 부상하였으며 다섯 가지의 의미로 발전했다.[47] 먼저, 이는 원인과 결과를 추구함으로써 학문적 지위를 향상하고자 하는 역사 서술의 새로운 내러티브 형식을 의미했다. 이런 의미에서 실용주의는 이야기의 신뢰도를 높이는 데 활용되었다. 인과관계가 역사가의 관점에 따라 좌우됨에도 불구하고 이는 16세기부터 논쟁의 대상이었던 역사 서술

44 Gierl, "Compilation," 70-71.

45 Lammel, "Kurt Sprengel," 30f.

46 Rudolf Schottlaender, *Früheste Grundsätze der Wissenschaft bei den Griechen* (Berlin: Akademie-Verlag, 1964), 124-142.

47 Gudrun Kühne-Bertram, "'Aspekte der Geschichte und der Bedeutungen des Begriffs 'pragmatisch' in den philosophischen Wissenschaften des ausgehenden 18. und des 19. Jahrhunderts," *Archiv für Begriffsgeschichte* 27 (1983), 158-186; Lothar Kolmer, "C. Ch. Lichtenberg als Geschichtsschreiber: Pragmatische Geschichtsschreibung und ihre Kritik im 18. Jahrhundert," *Archiv für Kulturgeschichte* 65 (1983), 371-415; Hans-Jürgen Pandel, "Pragmatisches Erzählen bei Kant: Zur Rehabilitierung einer historisch mißverstandenen Kategorie," in *Von der Aufklärung zum Historismus*, 133-151.

의 회의론에 저항하는 중요한 무기로 인식되었다.[48] 둘째, 역사 서술은 당대에 도움이 되어야 했다. 이는 당대인들이 과거를 떠올리도록 하고, 기념하는 도구가 되어야 했다. 이러한 관점에서 슈프렝겔은 '실용적'이라는 말을 '실용적 교육에 목표를 둔 역사'를 뜻하기 위해 사용하였다. 셋째, 이러한 목적을 달성하는 것은 전기나 소설과 같은 다른 문학 장르와 비교하여 가독성을 높이는 것을 의미하기도 했다.[49] 넷째, 실용성이라는 동기는 구식의 문헌사를 극복하려는 시도였다. 이는 오래된 지적 전통의 패러다임을 근대적 전통으로 재건하려는 시도이기도 했다.[50] 마지막으로, 이는 고대주의자 대 근대주의자 논쟁을 품으려는 시도였다.[51] 슈프렝겔의 『연구』에서 '실용적'이라는 단어의 다섯 가지 의미를 발견할 수 있다.

쿠르트 슈프렝겔이 귀중한 작품을 남긴 것은 사실이지만, 그의 『연구』는 18세기 말에서 19세기 초 사이의 의학이 처해 있던 상황에 영향을 받은 것이었다. 그의 역사 서술이 문헌 역사에서 신의 섭리에 근거한 서술로 변한 것이 프랑스혁명 직후인 것도 그다지 놀라운 일이 아니다. 독일인에게 있어서,

48 Markus Völkel, *"Pyrrhonismus historicus" und "fides historica": Die Entwicklung der deutschen historischen Methodologie unter dem Gesichtspunkt der historischen Skepsis* (Frankfurt: Lang, 1987).

49 Jürgen Jacobs, *Prosa der Aufklärung: Moralische Wochenschriften—Autobiographie—Satire—Roman. Kommentar zu einer Epoche* (Munich: Winkler, 1976), 40; Eckhard Kessler, "Das rhetorische Modell der Historiographie," in *Theorie der Geschichte: Beiträge zur Historik, vol. 4: Formen der Geschichtsschreibung*, Reinhart Koselleck, Heinrich Lutz and Jörn Rüsen, eds. (Munich: Deutscher Taschenbuch Verlag, 1982), 37-85.

50 Helmut Zedelmeier, *Bibliotheca universalis und Bibliotheca selecta: Das Problem der Ordnung des gelehrten Wissens in der frühen Neuzeit* (Cologne: Böhlau, 1992); Martin Gierl, "Bestandsaufnahme im gelehrten Bereich: Zur Entwicklung der 'Historia literaria' im 18. Jahrhundert," in *Denkhorizonte und Handlunsgspielräume. Historische Studien für Rudolf Vierhaus zum 70. Geburtstag* (Göttingen: Wallstein, 1992), 53-80.

51 Peter K. Kapitza, *Ein bürgerlicher Krieg in der gelehrten Welt. Zur Geschichte der Querelle des Anciens et des Modernes in Deutschland* (Munich: Wilhelm Fink, 1981).

폭력과 공포정치는 신의 섭리를 내세워 역사의 합리적 사고를 배제하는 것 외에 다른 해석을 허락하지 않았다. 슈프렝겔이 자신의 『연구』를 보편사로 보이게 만든 것은 절대 작은 성과가 아니었다.[52] 그는 섭리라는 개념, 즉 과거·현재·미래를 매개해 주는 이 방법론적 도구를 이용하여 목적을 달성하였다.[53] 이는 고대로 거슬러 올라가는 의학사의 다양한 관점을 재통합할 수 있도록 하였다. 동시에, 이는 위태로웠던 당대의 의학을 재귀적 기제(예를 들어, 1800년경 이론-실제 논쟁과 같은 것을 말한다)를 사용함으로써 안정시켰다.[54] 슈프렝겔은 특유의 역사 서술 방식으로 독일의 새로운 지적·정치적 상황에 그리고 신인문주의와 낭만주의에, 마지막으로 의사들의 중요한 시민적 각성에 기여하였다.

의학사: 기념의 도구, 정체성의 조형 도구

슈프렝겔과 뫼젠 모두 자신의 이야기를 구성하는 데 목적론적 패턴을 사용하였다. 뫼젠이 역사를 선전과 합리성 확산의 연속적인 과정으로 봤다면, 슈프렝겔은 신의 섭리를 이용하여 자신의 내러티브에 일관성을 부여했다. 그러나 이 두 의학사가의 업적이 기억되는 방식에는 큰 차이가 있다. 뫼젠은

52 Geoffrey Barraclough, "Universal History," in *Approaches to History*, H. P. R. Finberg, ed. (London: Routledge & Kegan Paul, 1962), 83-109; *Universalgeschichte*, Ernst Schulin, ed. (Cologne: Kiepenheuer & Witsch, 1974).

53 지금까지 슈프렝겔의 논문으로 알려져있던 다음의 논문을 참조. 이 논문에 프랑스의 사건에 대한 직접적 언급이 있다. Christian Gottfried Gruner, "Was ist Geschichte der Arzneykunde? Wozu nützt sie den Ärzten?," in *Almanach für Aerzte und Nichtärzte auf das Jahr 1794*, Christian Gottfried Gruner, ed. (Jena: Christian Heinrich Cuno's Erben, 1794), 3-18.

54 Broman, *Transformation*, 73-101.

잊혀진 반면, 슈프렝겔은 의학사의 아버지로 알려졌다. 당대에는 둘 다 존경 받았지만 후에 둘 사이에 격차가 생긴 이유는 그들이 옮겨 간 '공간'의 문화적 면모를 살펴보면 알 수 있다.

뫼젠은 사회적 배경상 괴팅겐 역사가들의 역사 서술에 참여하게 되었다. 이들의 노력은 국가의 내적 형성에, 그리고 공적 법적 논쟁으로부터 독립적인(혹은 반대되는) 정치적 논쟁을 안정시키는 데 시민적 영향을 증대시키기 위해 역사적 뿌리와 역사의식을 찾는 계몽주의의 일환이었다. 그러나 베를린 과학아카데미의 '공간'은 뫼젠이 아카데미의 회원(fellow)으로 선출된 이후, 의학사 연구를 계속할 수 없게 만들었다. 여기에는 두 가지 설명이 가능하다. 첫째, 아카데미에 의해 발전한 정치적 역사 서술의 전통은 의학사 같은 다른 접근방식을 받아들일 정도로 강력하지 못했다. 프리드리히 2세가 1786년 사망한 이후 과학아카데미는 의사소통을 프랑스어로 해야 할지 독일어로 해야 할지를 두고 벌어진 프랑스와 독일 회원 간의 논쟁으로 힘을 많이 잃었다.[55] 또한, 뫼젠은 베를린 과학아카데미 문헌학 교실의 연구원이 되었을 뿐으로, 그의 박식한 학문적 노력은 픽션과의 경쟁을 통해 역사 서술을 성장시키는 게 아니라 보조적 역사 지식을 발전시키는 데 집중되었다.[56] 프리드리히 빌헬름 2세(Friedrich Wilhelm II)는 뫼젠에게 수집한 주화를 넘겨주며 정리하라고 하였다. 이러한 왕의 결정은 18세기 역사 서술에서 학계의 역

55 Claudia Sedlarz, "Ruhm oder Reform? Der 'Sprachenstreit' um 1790 an der Königlichen Akademie der Wissenschaften in Berlin," in *Berliner Aufklärung. Kulturwissenschaftliche Studien*, Ursula Goldenbaum and Alexander Košenina, eds., vol. 2 (Hannover: Wehrhahn-Verlag, 2003), 245-276.

56 Andreas Kraus, "Die Geschichtswissenschaft an den deutschen Akademien des 18. Jahrhunderts," in *Historische Forschung im 18. Jahrhundert*, Karl Hammer and Jürgen Voss, eds. (Bonn: Ludwig Röhrscheid, 1976), 236-259.

할을 정의한 것이다. 위에서 문헌 사가의 학문적 실천이라 언급한 수집·편집·분류라는 학문적 기술과 그러한 학문적 자화상은 동전을 순서대로 수집해서 정리하거나 여행서를 수집·교정·번역하는 일과 다를 게 없었다.[57]

슈프렝겔이 옮겨 간 대학 '공간' 역시 기회를 제공하는 동시에 제한을 두었다. 학자들의 역할과 기능은 18세기 말까지 논쟁의 대상이 되었다. 교수들은 자신의 학문 분야 너머의 영역까지 저술 활동을 확대하면서 명성을 높이려고 하였다. 그들의 목적은 학생 수를 늘리고 대학에 대한 인식을 개선하면서 교육에 대한 협소한 이해를 극복하려는 것이었다. 강의 노트를 읽는 구태의연한 강의 방식을 버리고 더 과학적인 관점을 채택한 강사들이 필요했다. 이 때문에 새로운 서술 방식이 발달했다. 지적 독립과 자립은 오래된 학문 패턴과 계급을 극복하는 데 필요했다. 그리고 목표를 달성하기 위해 커리큘럼을 늘리고, 각 강좌의 실제 적용 가능성을 강조해야 했다. 슈프렝겔은 그의 글에 교육학의 변화를 포함하려 하였다. 그가 많은 수의 여행서를 번역한 것은 대학교수들의 사회적 명성을 높이기 위해서였다. 슈프렝겔은 『연구』를 통해 자신의 학문 영역을 확장했다. 이 책은 "연대기와 방대한 주석 때문에" 입문서(Leitfaden)가 되었다.[58] 18세기 말 대학 개혁은 학문에 더 큰 자유를 가져다주었다. 그 결과로 슈프렝겔은 전에 없었던 수준 높은 의학사 저서

57 이 모든 것은 시각화의 개념에 기반을 둔 새로운 지식의 질서로 이어지게 되었다. 다음을 참조. Francis Haskell, *Die Geschichte und ihre Bilder. Die Kunst und die Deutung der Vergangenheit* (Munich: C. H. Beck, 1995), 23-142.

58 Johann Christoph Nicolai, *Das Merkwürdigste aus der Geschichte der Medicin*. Erster Theil, (Rudolstadt, 1808), vi-vii; Kurt Sprengel, *Geschichte der Medicin im Auszuge*, vol. 1 (Halle, 1804), v-x. 그가 자신의 의학사 학술지《*Beiträge zur Geschichte der Medicin*》를 창간하기 위한 준비를 하고 있었음을 기억해야 한다. 이 학술지는 세 부분으로 출판되었고, 제 1권은 1794년에서 1796년 사이에 출판되었다. Lammel, *Klio und Hippokrates*, 274-279.

를 출간할 수 있게 되었다.

요약하자면, 뫼젠이 자신과 계몽주의 역사학 사이의 관계가 베를린 과학아카데미와 의학을 브란덴부르크의 역사에 통합하려는 시도에 의해 증진될 것이라 믿었던 반면, 슈프렝겔의 『연구』는 훗날 의사가 될 학생들의 대학 교육에 의학사가 이바지하게 되면서 이득을 얻었다.[59] 뫼젠은 계몽주의자로 특징지어질 수 있지만, 슈프렝겔은 교육(Bildung)과 학문(Wissenschaft)에 힘쓴 대학교수였다. 둘은 모두 18세기 계몽학자였다. 그들을 구분한 것은 그들이 일한 공간이다. 계몽주의 시대 동안 다양한 종류의 의학 교육이 논의되고 실행되었지만, 마침내 승리한 것은 개혁을 포용한 할레·괴팅겐·베를린 등 대학의 커리큘럼이었다.

따라서 뫼젠이 아닌 슈프렝겔이 근대 의사들의 집단기억에서 우세한 자리를 차지한 것은 놀라운 일이 아니다. 슈프렝겔의 업적은 불안정한 시대와 구체제(Old Reich) 같은 저개발 국가의 의학 전문직에 실로 필요했던 지적·도덕적 참고 자료를 제공한다는 매우 의식적인 시도의 결과로서 받아들여져야 한다. 앙시앙 레짐과 신성로마제국의 몰락, 그리고 훔볼트 대학의 창립 이후 그의 인성과 작업은 새로운 시대의 요구에 더 잘 맞춰졌다. 배움과 후원의 '구세계'에서는 독일 계몽주의의 네트워크가 중요했다면, 관료제와 전문화의 '신세계'에서는 대학이 문화의 중심이었다. 슈프렝겔은 새로운 개념적 공간과 역사 서술 기법을 창조해 냈다. 그는 먼저 히포크라테스의 새로운

59 Ludmilla Jordanova, "Writing Medical Identities, 1780-1820," in *The Third Culture: Literature and Science*, Elinor S. Shaffer, ed. (Berlin: Walter de Gruyter, 1998), 204-214. H.-U. Lammel, "Das Bad der Klio. Gelehrsamkeit und Historiographie," in *Bäder und Kuren in der Aufklärung. Medizinaldiskurs und Freizeitvergnügen*, Raingard Eßer and Thomas Fuchs, eds. (Berlin: Berliner Wissenschafts-Verlag, 2003), 129-159.

이미지를 만들어 냈고, 나중에는 훔볼트 대학에서 새로운 시민적 이상에 살을 붙였다. 뫼젠과 같이 그는 전통적인 역사 서술 방식에 대한 대안을 제시하고 전환기에 안정을 시도하였다. 둘의 내러티브는 모두 의학사라고 부를 수 있으나 뫼젠이 새로운 시민을 만들기 위해 노력했다면 슈프렝겔은 새로운 종류의 의사를 교육하고자 했다. 뫼젠이 브란덴부르크 공국의 의학사를 쓰면서 선전과 합리성의 확산을 보여주고자 했다면, 슈프렝겔은 역사의 동력이 신의 섭리라고 생각했다. 이러한 어젠다와 방법의 차이가 그들의 유산에 차이를 만들었다. 섭리에 대한 그의 이상 때문에 슈프렝겔은 1960년대까지 그 분야를 장악했던 의사-의학사가들에 의해 의학사의 아버지로 추대되었다.

원고의 전면 수정을 통해 슈프렝겔과 뫼젠 2인을 하나의 글에 다룰 수 있도록 적극 격려해준 프랭크 하위스만과 존 워너에게 감사를 전한다. 그들은 이 어려운 과제에 아낌 없는 조언을 해 주었다. 또한, 함부르크의 가브리엘 뒤르벡, 베를린의 유타 콜레슈, 로스토크/베를린의 마르쿠스 푈켈의 구체적인 조언에 감사드린다. 마지막으로 아테네 조지아 대학교의 밴스 버드와 베를린의 에릭 J. 엥스트롬의 지지와 언어학에 관련된 조언에 감사를 표하고 싶다.

Locating Medical Hist

제2장

샤를 다렘베르그와 동료 에밀 리트레, 그리고 실증주의 의학사

다니엘 구르비치(Danielle Gourevitch)

19세기 중반 프랑스에서는 오귀스트 콩트(Auguste Comte, 1795~1857)의 철학을 기반으로 강력한 실증주의 경향이 발전되었는데, 이는 결국 푸리에, 생시몽 및 헤겔 철학에서 영감을 얻은 것이었다. 콩트의 대표적인 저서인 『실증철학강의(*Cours de philosophie positive*, 1839~1842)』는 그를 따르는 열성적인 추종자를 배출했다. 이들은 인류가 완전해질 수 있는 존재라는 사실을 역사학을 통해 증명할 수 있다고 확신했다. 그 후 철학·문헌학·의학 사이에 특별한 교류가 생겨났고, 실증주의적 이상은 고대와 중세의 그리스어 및 라틴어 문헌을 가르치거나 새로 쓰기보다 편집에 집중하는 식으로 역사 연구에 영향을 미쳤다.

이것이 왜 중요할까? 당시 모든 의학자는 새로운 의학의 탄생을 인지하고 있었다. 프랑스혁명으로 인해 대학교가 억압당한 반면, 콜레주 드 프랑스(Collège de France) 및 박물관과 같은 비학문적 기관이 고도로 전문화된 교육을 바탕으로 발전했다. 환자들이 대도시에 위치한 병원에 집중되면서 학생들이 관찰할 수 있는 인적자원이 엄청나게 늘어나 임상의학이 발전했다. 실험 방법·전문화·수치 및 사실은 새로운 과학적 의학, 즉 다렘베르그의 모토인 '역사를 위한 텍스트, 과학을 위한 사실'의 중추적인 역할을 수행함과 동시에, 새로운 의학과 기존 의학사 간의 연관성을 강조했다. 그 역사적 운동은 그리스어 및 라틴어에 익숙하지 않은 의학자들이 이용할 수 있도록 원고를 수집하고, 미발견 문헌을 탐색하여 번역하는 것을 장려하는 철학적 입장을 취했다.

그 역사적 움직임의 중심에는 오귀스트 콩트 및 두 명의 의학사가 에밀 리트레(Émile Littré, 1801~1881)와 샤를 다렘베르그(Charles Daremberg, 1817~1872)가 있었다. 둘 다 의학을 공부했지만 의사를 하지는 않았다. 둘 다 고대 그리스어에 열정을 가지고 있었고, 둘의 역사 연구는 실증주의적으로 보였지만, 후술하는 것처럼 정도에는 차이가 있었다. 리트레가 적극적으로 활동하는 행동주의자였던 반면, 다렘베르그는 그렇지 않았다. 리트레는 히포크라테스의 판본 번역으로 가장 잘 알려져 있지만,[1] 그가 『프랑스어 역사사전(*Dictionnaire historique de la langue française*)』의 저자이기도 하다는 사실은 아무도 몰랐다. 다렘베르그는 수많은 갈레노스 작품을 번역한 것으로 가장 잘 알려져 있으나,[2] 많은 사람들이 그가 『고대 그리스 및 로마 사전(*Dictionnaire historique de la langue française*)』을 널리 알리기도 했다는 사실은 몰랐다. 다렘베르그와 리트레의 작품 세계를 이해하기 위해서는 그들을 유럽 전역에 걸친 좀 더 넓은 네트워크에 속해 있는 구성원으로서 바라볼 필요가 있다. 그들은 같은 취향과 과학적 이상을 공유했지만, 개인적 배경은 달랐다. 독일 서북쪽 도시인 할레(Halle)에서 태어난 독일계 유대인인 율리우스 로젠바움(Julius Rosenbaum), 옥스퍼드 그리고 이후 헤이스팅스에서 존경받는 신사였던 윌리엄 알렉산더 그린힐(William Alexander Greenhill), 그리고 반획일주의적 태도를 취했던 나폴리 사람 살바토레 드 렌치(Salvatore de Renzi), 두 개 언

1 *Oeuvres complètes d'Hippocrate, tradution nouvelle avec le texte grec en regard*, 10 vols. (Paris: Baillière, 1839-1861).

2 *Oeuvres anatomiques, physiologiques et médicales de Galien, traduites sur les textes imprimés et manuscrits, accompagnées de sommaires, de notes, précédées d'une introduction ou étude biographique, littéraire et scientifique sur Galien*, 2 vols. (Paris: Baillière, 1854-1856).

어를 사용하는 벨기에 의사로 항구도시인 앤트워프(Antwerp)에 위치한 중요한 병원을 책임지고 대가족의 아버지였던 코르네이유(Corneille) 혹은 코르넬리우스 브렉스(Cornelius Broeckx), 프랑스 중동부 도시인 디종에서 태어난 후 버려져 그 도시에서 자란 뒤 의학을 공부했지만 의사로서 업무를 수행하지 않았던 다렝베르그, 그리고 키가 작고 못생겼으며, 오귀스트 콩트를 숭배했던 리트레. 이들 모두 서로 다른 이유로 의학사를 선택했으며, 서로 다른 방식으로 역사를 집필했다.

나는 다렝베르그를 마치 친구처럼 매우 잘 알고 있기 때문에 그에게 집중하고자 한다. 수년 동안 파리·런던·옥스퍼드를 돌아다니며, 미출판된 그의 기록물을 연구했고, 그와 그의 동료들에 대한 심포지엄을 조직했다.[3] 내가 다렝베르그에게 관심을 갖게 된 것은, 다렝베르그가 19세기 의학사의 주된 조류 중 한 명이지만 리트레처럼 과하지는 않았으며 당시 의학사가 어떻게 해야 하는지 그리고 의학사가 무슨 목적을 가지고 역할을 수행해야 하는지에 대해 여러 견해와 맞서 싸웠던 인물이었기 때문이다. 그는 의학사에 대한 이해와 현재까지 의학사의 수행에 지속적으로 영향을 미치는 실증주의적 비전을 구체화했다. 이러한 견해는 하인리히 해서(Heinrich Haeser, 1811~1885)와 같은 독일 낭만파학자들에게까지 널리 퍼졌다. 1차 사료에 기반한 연구의 완벽한 예인 해서의 『의학사 교과서(*Lehrbuch der Geschichte der Medizin*)』 제3판[4]은 최신 실험생리학과 프랑스 실증주의로부터 큰 영향을 받

3 *Médecins érudits, de Coray à Sigerist,* Danielle Gourevitch, ed. (Paris: de Boccard, 1995), 이 책의 주요한 참고문헌으로는 197-212 참조.

4 *Lehrbuch der Geschichte der Medicin und der epidemischen Krankheiten*, 3 vols. (Jena: Dufft, 1875-1882). 첫 판본은 1845년에 다음과 같이 출간되었다. *Lehrbuch der Geschichte der Medicin und der Volkskrankheiten* (Jena: Muke, 1845).

아 다렘베르그, 헨셀(Henschel) 및 드 렌치에게 헌정되었다.[5]

다렘베르그: 의사, 사서, 원고사냥꾼 그리고 번역가

샤를 다렘베르그는 1817년 프랑스 중동부 도시인 디종에 위치한 산파의 집에서 남몰래 태어났다. 산파는 성(姓)을 빼고 그를 샤를 빅토르(Charles Victor)라고 칭했다. 그는 1865년에 재판을 통해 원래부터 사용하던 다렘베르그라는 이름을 공식적으로 갖게 되었다.[6] 그는 중학생이었을 때 플롬비에르 레 디종(Plombières-lès-Dijon)에 위치한 생 베르나르 소(小)신학교[7]에서 훈련을 받았으며, 성장한 후에는 디종 내 의과대학에서 공부했다. 그 후 파리로 넘어가 의학사를 다룬 매우 특이한 논문인 「해부학, 생리학, 신경계 병리학에 대한 갈레노스의 지식 보고서(Exposition des connaissances de Galien sur l'anatomie, la physiologie et la pathologie du système nerveux)」를 제출하여 1841년에 의학박사학위를 취득했다.[8] 그 이후 어떤 것도 고대 의학에 대한 그의 탐구를 방해할 수 없었다. 그는 최대한 빨리 유럽 전역에 걸쳐 원고를 수집하는 일을 시작하였는데, 교육문화부(Ministry de l'instruction publique et des cultes)의 후원 여부와 상관없이 처음에는 1848년부터 1849년까지 로마에서 시작해, 이탈리아·영국·독일·스페인에서 업무를 수행했다.

5 Owsei Temkin and C. Lilian Temkin, "Wunderlich versus Haeser: A Controversy over Medical History," *Bulletin of the History of Medicine* 32 (1958): 97-104.

6 그는 가끔 그의 이름을 D'Aremberg라고 쓰기도 했지만, 그 유명한 다렘베르그(d'Arenberg) 가와는 공식적으로 아무런 관련이 없다.

7 소(小)신학교는 로마 가톨릭의 중고등교육기관으로 대체로 성직자가 되기 위해 대(大)신학교(grand séminaire)에 진학할 남학생들이 수학한다.

8 "An outline of Galen's knowledge on anatomy, physiology, and pathology of the nervous system," 1841년 8월 21일.

의학 학위를 받은 후, 다렘베르그는 생계를 꾸려 나가기 위해 파리에 위치한 한 구호위원회(relief committee) 소속의 의사로 일했다. 프랑스 왕립의학아카데미의 사서로도 일했고, 1850년부터 죽을 때까지 머무른[9] 마자랭 도서관(Bibliothèque Mazarine)에서 사서로서 일하며 2천(추후 2,200) 프랑의 급여를 받았다.[10] 비록 인간 열정을 탐구한 데카르트의 도덕적 지침과[11] 많은 재산과 강한 권력을 가졌던 드브로이(de Broglie)가(家)[12]의 보호를 받았음에도 불구하고, 아내와 두 아이를 부양해야 했고, 책에 많은 돈을 썼기 때문에 넉넉한 생활을 할 수 없었다. 이로 인해, 그는 본업 외에 다른 일을 더 해야만 했다.

우리는 다렘베르그가 의학 논문의 주제였던 해부학, 생리학 그리고 신경계에 대한 병리학에서 갈레노스를 어떻게 또는 왜 선택했는지는 모른다.[13] 갈레노스가 자신이 실제로 무슨 동물을 해부했는지에 대해서 분명하게 밝히지 않았으며, 무엇보다도 동물에게서 발견한 요소와 그로부터 내린 결론을 인간에게 접목시키려고 하는 위험한 경향을 지니고 있었기 때문에 이 연구가 매우 어려울 것임을 다렘베그르는 잘 알고 있었다. 다렘베르그는 자신

9 4인 가족을 위한 다소 작은 아파트였는데, 그는 도서들을 보관하기 위해 그럴 권리가 없음에도 방을 넓혔다.

10 굳이 비교하자면 문지기가 720 프랑을 받았다.

11 자세한 사항은 *La mission de Charles Daremberg en Italie (1849-1850)*, Mémoires et documents sur Rome et l'Italie méridionale, n.s. 5, Danielle Gourevitch, ed. (Naples: Centre Jean Bérard, 1994)를 참조. Jean Baptiste Félix Descuret (1795-1872)는 *Médecine des passions, ou Les passions considérés dans leurs rapports avec les maladies, les lois et la religion* (Paris: Béchet jne & Labé, 1841)를 집필했다. 그 책은 프랑스와 벨기에에서 4번이나 증판되고 재판되었고 이탈리아어로 번역되었다. *Medicina delle passioni: ovvero, Le passioni consid erate nelle relazioni colla medicina, colle leggi e colla religione*, F. Zappert, trans., 4th ed. (Milan: Oliva, 1859).

12 드브로이가와 교류했다는 것은 그의 어머니나 아버지의 혈통이 좋았다는 것을 의미한다.

13 나는 최근에 이 연구가 줄리어스 로카(Julius Rocca)가 쓴 논문에 인용되어 있는 것을 보고 매우 놀랐다. Julius Rocca, "Galen and Greek Neuroscience (Notes towards a Preliminary Survey)," *Early Science and Medicine* 3 (1998): 216-240.

의 문헌 지식에 실제 조사를 덧붙여 매우 열심히 연구를 수행하였는데, 블랑빌(Blainville)·그라티올레(Gratiolet)·뒤베르노이(Duvernoy)·세레스(Serres)·이시도르 지오프리 상띨레르(Isidore Geoffroy-Saint-Hilaire)·엠마누엘 루소(Emmanuel Rousseau)·자캬르(Jacquart)·루제(Rouget) 등 자연사박물관의 유명한 과학자들에게서 도움과 지원을 받았다. 그는 자신이 전 생애를 바치게 된 이 혁신적인 연구를 매우 자랑스러워했다. 물론 전문 언론은 그의 연구를 거의 언급하지 않았는데, 단순한 의학 논문이었으니 극히 정상적인 일이다.

그가 마자랭에서 수행한 일은 아주 힘든 일은 아니었지만 그렇다고 해서 한가한 일도 아니었다. 그의 업무 중에는 한 달에 한 번씩 직원들과 회의에 참석하는 것도 포함되어 있었다. 또한 일주일에 하루는 열람실에서 이용객들을 돕고, 이들을 조용히 시켜야 했으며, 도난 및 기물 파손 행위를 방지하는 데 시간을 보내야 했다.[14] 또한 대여 도서가 반환되지 않으면 사서가 개인적으로 책임을 져야 했으므로, 책 대여 업무에도 신경을 써야만 했다. 따라서 전직 장관인 아벨 빌레멩(Abel Villemain) 혹은 아카데미 프랑세즈(Académie Française)의 회원인 빅토르 쿠쟁(Victor Cousin)이나 조세프 지로(Joseph Giraud)에게 대여해 간 책을 반납해 달라고 요청해야만 할 때는 매우 당혹스러울 수밖에 없었다.[15] 다렘베르그는 앙페르(Ampère)가 소개한 600권의 책(1851.11), 원고(1858.1), 그리고 초기 간행본(1858.11)의 카탈로그도 제작했다. 그는 동료들의 연구인 〈에밀 리트레의 대 플리니우스(le Pline de M. Littré, 1851.1)〉 및 〈안젤로 마이 추기경의 고전 총서(la collection dite du Cardinal Maï, 1855.2)〉를 구매할 것을 제안했지만, 볼테르의 작품(1860.1) 구매

14 그가 수요일 세션을 담당했을 때, 그는 친구들과 협력자들의 모임으로 이용하곤 했다.
15 이 기관이 마자렝으로 직접 출입할 수 있었기 때문에 문제는 더 복잡했다.

는 반대했다. 다렘베르그는 어떤 책을 제본하고, 어떤 원본과 초기 간행본을 보수해야 하는지 결정했으며, 술에 취해 있던 도서관 화부(火夫)를 쫓아내기도 했고, 프랑스 파리 포위전이 끝난 이후(1871.3) 전체 시스템 복원을 돕는 등 잡다한 일도 했다.[16] 친구들은 그의 업무량을 과소평가하고 때로는 그가 자유를 누리고 있다고 생각하며 부러워했지만, 실제로 개인적 연구를 수행할 시간은 그리 많지 않았다.

다렘베르그는 원고에 남다른 열정을 가지고 있었다. 그는 평생 동안 무언가를 찾으러 도서관 곳곳을 돌아다니는 것을 즐겼다. 자신이 좋아하는 책을 무작정 살 형편은 못 되었지만, 무언가를 조사하고자 결정을 내렸을 때는 어떤 것도 그를 방해할 수 없었다. 자신이 조사하고자 한 것을 직접 대조할 수 없을 때에는 복사를 의뢰하는 데에도 많은 돈을 썼을 것이다. 다렘베르그와 개인 수집가인 토마스 필립스 남작의 관계는 그가 얼마나 까다롭고 당차게 자신의 주장을 펼쳤는지 잘 설명해 준다. 둘 사이에 오고 간 서신의 일부는 현재 옥스퍼드 보들리언 도서관(Bodleian Library)에 보관되어 있다. 1847년 8월에 다렘베르그는 오리바시우스(Oribasius)와 루푸스(Rufus)의 원고 각 하나씩, 총 2개의 원고를 서로 비교해 보기 위해 필립스 남작과 미들힐(Middlehill)에서 며칠을 보내고 싶다고 썼다.[17] 그는 추후 날짜를 변경했는데, 이러한 부주의한 행동이 후에 그의 호스트에게 어떤 문제를 야기할지는 몰랐던 것 같다. 그로부터 몇 년 후인 1861년에 그는 『히피아트리카(*Hippiatrica*, 고대 그리스어로 작성된 비잔틴(시대) 편집본, 마의)』를 받아 오라고 부세마커(Bussemaker)

16 이 기간동안, 다렘베르그와 그의 아들은 임시병원이나 앰뷸런스에서 일을 했는데, 크게 도움이 되었다. 다렘베르그는 적십자로부터 수료증을 받았다.

17 Daremberg to Phillipps, Oxford, 13 August 1847, Bodleian Library, University of Oxford, c 498 (120-124).

를 보냈는데, 프랑스 정부와는 아무런 관련이 없으며 그가 직접 그 네덜란드인에게 수고비를 지불하고 있다고 단호하게 주장했다.[18] 그의 부주의함 때문에 결국 그가 남작에게 감사를 표하며 보낸 아름다운 선물은 환영받지 못했다. 그는 수많은 사본을 수집했고, 그중 일부만 사용했지만, 모든 사본을 소중히 다뤘다. 그가 소유한 장서가 매각되었을 때, 그의 부인은 고인이 된 남편의 유언에 따라 그가 유럽 전역에 있는 도서관에서 수집한 출판되지 않은 고대 사본의 복사본, 안내문 및 발췌본으로 구성된 90권의 합본을 보유 서적에 추가했다.[19] 그중 일부는 여전히 연구자의 연구를 기다리고 있다.

혹자는 그가 사본을 수집하고 복사본을 만드는 데 왜 그토록 고집스러운 열정을 가졌는지, 그리고 그가 했던 일이 의학사의 발전을 위해 최선의 방법을 고민했던 그에게 왜 그토록 중요했는지 의문을 가질 수도 있을 것이다. 그 이유는 문헌 역사에 필사본이 너무나 중요한 사실(fact)이며, 따라서 실증주의자들에게 문헌의 수는 많을수록 좋기 때문이다. 그러나 그의 동료 의사 중 대다수는 그리스어와 라틴어 원본을 읽을 수 있는 능력이 없었기에, 다렘베르그는 훌륭한 역사가라면 문헌을 수집하고 편집하는 것만으로는 충분치 않으며, 문헌을 번역하는 일도 해야 한다고 생각했다.

다렘베르그는 얼마 되지 않아 그의 학위 논문이 그리 훌륭하지 않다는 것을 깨달았다. 그는 1854년 『갈레노스의 의학과 철학 작품들(*Oeuvres médicales et philosophiques de Galien*)』 제1권의 서문에서 고대 과학 서적을 번역하는 것은 물론이고, 이해하는 것도 어려운 일이라고 설명했다. 그는 박물관에 있었을 때조차도 때때로 단 몇 단어에 매료되곤 했는데, 그 뜻을 이해

18 국립 프랑스 기록원 F/17/3681을 참조.
19 그린힐은 종종 다렘베르그의 악필에 대해 불평하곤 했다.

하지 못해 결국 명확한 번역을 할 수 없다는 것을 알고 있었다.

1844년에 다렘베르그와 그린힐은 리트레 덕분에 서로 교류할 수 있었다. 그들의 우정은 다렘베르그가 그린힐에게 그의 의학박사 논문을 보여주면서 시작되었고, 그 후 둘 사이에 수많은 서신이 빈번히 오갔다. 다렘베르그는 프랑스어를, 그린힐은 영어를 사용했다.[20] 그들은 1846년에 처음 만나 아주 사이좋게 지냈다. 옥스퍼드 대학 트리니티 컬리지의 박사(1842)였던 그린힐은 래드클리프 진료소(Radcliff Infirmary)에서 일해야 했지만, 1851년에 헤이스팅스로 이사 가기 전까지 보들리언 도서관에서 더 많은 시간을 보냈다. 그 무렵 다렘베르그는 그리스 의학 전집(Corpus Medicorum Graecorum)과 라틴 의학 전집(Corpus Medicorum Latinorum)이 나오기 훨씬 전부터 그리스어와 라틴어로 작성된 의학 서적의 편역 시리즈인 '그리스와 라틴 의학 도서(Bibliothèque des médecins Grecs et Latins)'라는 야심 찬 프로젝트를 시작했다.

당시 프랑스에는 현재의 프랑스국립과학연구센터(Centre national de la recherche scientifique)가 존재하지 않았기 때문에, 야심 찬 문화 프로젝트를 추진하는 것이 아카데미와 '교육문화부(de l'instruction publique et des cultes)'의 의무였다. 새로운 원고를 찾는 공식 임무를 맡아 도서관에 파견된 학자, 공무원 그리고 사절 간에는 다소 어려움이 있었을지 모르지만, 대체로 함께 협력하여 업무를 수행하고자 노력했을 것이고, 그중 성실한 학자는 필요한 자금과 도움을 받았을 것이다. 해당 부처는 왕립의학아카데미와 비명·문학아카데미(Académie des Inscriptions et Belles Lettres)에 자문을 요청했다. 두 곳 모두 더 좋은 원고와 편집, 그리고 새로운 번역을 요구했지만, 번역에 사용되는 언어에 대해서는 언급하지 않았다. 두말할 것도 없이 프랑스어를 사용

20 그의 "Notice nécrologique d'U. C. Bussemaker," *Journal des débats*, 29 January 1865 참조.

하는 게 당연하다고 생각했기 때문이다.

다렘베르그는 1847년 3월에 영국인 동료에게 다음과 같이 썼다. "나는 때때로 라틴어 번역을 생각하곤 하는데, 거기엔 많은 단점이 있습니다. 우리 도서관을 이용할 사람들은 프랑스어를 말할 수 있으며 그리스어를 이해할 수 있습니다. 또한, 현용 언어로 번역하는 것이 더 안전합니다. 어려운 구절의 경우 현용 언어를 사용하면 사어 중에서도 특히 라틴어를 사용하는 것보다 더 적절한 방식으로 다룰 수 있습니다."

그러나 의학아카데미가 그해 말에 낸 보고서를 보면 '여전히 세계적인 공통어이거나 최소한 모든 학자들이 사용할 수 있는 언어'인 라틴어가 선호되고 있다는 것을 알 수 있다. 11월에는 다렘베르그의 네덜란드인 친구이자 직원인 부세마커가 오리바시우스의 몇 구절을 라틴어로 번역한 훌륭한 '안내서(prospectus)'가 인쇄 배포되었다.[21] 편집 방침이 왜 이렇게 변경되었을까? 안내서에 따르면, 이러한 컬렉션은 프랑스뿐만 아니라 학술에 조예가 깊은 모든 국가들을 대상으로 한 것이었다. 프랑스어는 다른 어떤 현용 언어들보다도 널리 퍼져 있었지만, 라틴어가 더 보편적이었던 것이다. 그 안내서에는 해당 사업에 참여하기로 되어 있던 의학 종사자와 언어학자 모두가 그리스어 원문을 라틴어로 번역하는 데 동의하기를 권유받았다고 쓰여 있었다.[22]

마쏭(Masson)과 벨리에르(Baillière)는 해당 프로젝트를 담당한 출판업자로 이보다 더 나은 선택지는 없었다. 빅토르 마쏭(Victor Masson)은 루이 아셰트(Louis Hachette)와 함께 일을 배웠고, 과학기술전문도서(Bibliothèque Polytechnique)를 막 시작했으며, 곧이어 『의학과 외과의술에 대한 주간지

21 "Notice nécrologique d'U. C. Bussemaker," *Journal des débats*, 29 January 1865.
22 N. N., *Prospectus* (Paris: Masson, 1847), 35-36.

(*Gazette hebdomadaire de médecine et de chirurgie*)』를 만들었다. 장 밥티스트 벨리에르(Jean-Baptiste Baillière)는 오뜨포이(Hautefeuille) 19번가에 있는 의학 아카데미의 서적상으로 1818년부터 과학 서적을 출판했다. 그는 곧 런던, 뉴욕, 마드리드, 멜버른 등에 지점을 냈다. 둘 다 라틴어로 된 서적이 판매되기는 어려울 것이라고 생각했기 때문에 프랑스어로 번역된 경우에 한해서 컬렉션을 출판하기로 동의했다. 다렘베르그가 1848년 3월 17일 자 편지로 그린힐에게 프랑스 의학아카데미가 내린 결정을 알리자, 그린힐은 극도로 흥분하며 해당 프로젝트에 더 이상 기여하지 않겠다고 거절했다. 그러나 해당 아카데미와 부처 모두 라틴어를 사용하는 데 반대했다. 다렘베르그는 1851년에 오리바시우스의 제1권이 마침내 출판되었을 때 책의 서문에서 "저는 현용 언어로 번역하는 것에 찬성합니다. 현용 언어를 사용하는 것만이 번역가가 원문과 타협하는 행위를 막을 수 있을 뿐만 아니라, 특히 어렵고 난해한 구절을 이해하는 데 매우 도움이 됩니다."라고 언급했다.

1781~1791년에 독일 중부 도시 중 하나인 알텐부르크에서 총 4권으로 구성된 독일어 버전의 『히포크라테스 전집: 해제를 포함한 그리스어 번역본(*Hippocrates Werke; aus dem Griechischen übersetzt mit Erläuterungen*)』을 출판한 요한 프리드리히 그림(Johann Friedrich Grimm, 1737~1821)에 이어, 1839년 벨리에르를 위해 『히포크라테스(*Hippocrate*)』를 시작했을 때 리트레도 다렘베르그와 같은 의견이었다. 리트레는 첫 번째 권의 서문에서 사어로 번역하는 것이기 때문에 라틴어 번역이 두 배는 어렵다고 한 동료의 말을 인용했다. 이 경우, 번역가는 자신의 의지와 상관없이 실수를 하게 되고 자신의 관용적 표현을 사용하므로 독자는 그 번역가의 작품을 잘 이해하기 위해 공통적으로 사용되는 근대 라틴어와 더불어 번역가의 모국어까지도 알아야 하는 상

황이 생길 수 있었다![23]

의학 도서(Bibliothèque des médecins)는 단 몇 권의 책만을 출판했고, 다렘베르그가 생각했던 수많은 훌륭한 프로젝트의 대부분이 미완성으로 남거나 사후에야 완성되었다. 그의 건강이 좋지 않았던 데다, 부세마커 같은 협력자가 죽었고, 당시 정치적 상황이 격동적이고 때로 위험했기 때문이었다.[24] 그러나 대부분은 다렘베르그가 야심 찬 일을 동시에 너무 많이 진행했고, 이룰 수 없는 터무니없는 약속을 한 것이 원인이었다.

대표적으로 시드넘학회를 위해 슐랑(Choulant)의 『고전 의학 서적 안내서(*Handbuch der Bücherkunde für die ältere Medizin*)』(Leipzig: Voss, 1828)를 번역하려던 일을 들 수 있다. 이 학회는 고대 혹은 현대에 외국어로 쓰인 도서를 영어로 번역하고, 절판된 영어책의 재판본을 만드는 작업을 하려는 의료인의 연합이었다. 회원들은 책 선정과 가격 등을 두고 언쟁을 벌이다가 곧 해산되고 말았다. 그러나 이들의 유산은 유스투스 프리드리히 헤커(Justus Friedrich Hecker)가 쓴 세 편의 글을 번역하여 『중세의 전염병(*Epidemics of the Middle Ages*)』(1844)이라는 제목의 첫 책을 출판했다는 데 있었다. 이 독일 의사는 셸링(Schelling, 1775~1864)의 제자였는데, 상당한 양의 문헌학 지식과 정확한 출처 분석으로 셸링학파의 낭만주의적 열의와 이상주의를 누그러뜨렸다.

슐랑의 편람이 큰 성공을 거둠에 따라 1841년에 두 번째 증보판이 출판

23 Danielle Gourevitch, "La traduction des textes scientifiques grecs; la position de Daremberg et sa controverse avec Greenhill," *Bulletin de la Société des antiquaires de France* (1994): 296-307.

24 Danielle Gourevitch, "Un médecin antiquaire dans la tourmente de 1848 à Paris: Charles Daremberg," *Bulletin de la Société des antiquaires de France* (1992): 30-45와 "Une catastrophe dans les relations entre les érudits français et allemands: la guerre de 1870. L'exemple de Daremberg et de son ami Haeser," in Gourevitch, *Médecins érudits*, 131-152.

되었다.[25] 그사이 로젠바움(Rosenbaum)은 『슐랑의 의학사 도서에 대한 부록(*Additamenta ad Choulanti bibliothecam medico-historicam*)』(Leipzig: Engelmann, 1842(1847)) 출간을 준비했다.[26] 그린힐과 다렘베르그는 독일 학자의 출간 서적에 중세 시대와 르네상스에 대한 새로운 장을 추가하고, 전부 영어로 번역할 것을 고려했다.[27] 1843년에 시드넘학회를 설립한 자들 중 한 명인 제임스 리스돈 베넷(James Risdon Bennett)과 그의 비서는 1851년 12월 다렘베르그에게 다음과 같은 편지를 썼다. "당신이 그린힐 박사가 시작했던 슐랑의 개정판을 완성하는 임무를 맡아 준다면 시드넘학회 위원회의 회원들은 정말 기쁘겠습니다. 회원들은 당신이 최대한 간단하게 각 권을 짧게 정리하고, 여러 판본에서 전체 제목, 책의 크기 및 권수, 날짜, 출판 장소를 제외한 모든 세부 사항을 생략하기를 원합니다. … 이렇게 해 준다면, 위원회는 기꺼이 당신에게 총 1,500프랑을 제공할 용의가 있습니다."[28]

좋지 않은 건강 상태, 과로, 그리고 정치적 혁명 등 그린힐과 다렘베르그가 처한 여러 이유로 인해 학회는 아무것도 얻지 못했다. 베넷은 1852년 11월에 다렘베르그에게 다음과 같은 편지를 썼다. "위원회는 일부분이라도 좋으니 언제 당신으로부터 결과물을 받을 수 있는지 몹시 알고 싶습니다. 우리는 당신이 열심히 그리고 많은 시간을 일에 할애하고 있다는 것을 결코 의심하지 않습니다." 그런 다음 그는 다렘베르그에게 쾰리커(Kölliker), 운저(Unzer), 프로차스카(Prochaska), 로키탄스키(Rokitansky) 및 롬베르그

25 이 안내서는 1941년 재판되어 여전히 유용하다 (Leipzig: Voss).
26 Samuel Kottek and Danielle Gourevitch, "Un correspondant (malchanceux) de Daremberg, Julius Rosenbaum (1807-1874)," in Gourevitch, *Médecins érudits*, 70-87.
27 Bennett to Daremberg, London, n.d., French Academy of Medicine, series 544, letters 48-72.
28 Bennett to Daremberg, London, 14 December 1855, French Academy of Medicine, series 544, letters 48-49.

(Romberg)와 같은 동시대의 전문가들이 이미 진행하고 있는 출판물에 대해서도 안내했다. 마감일은 점점 다가왔고, 당초 계획을 달성하지 못하게 되자 학회가 곧 작업을 중단하면서,[29] 그린힐과 다렘베르그는 끝내 약속을 지키지 못하게 되었다. 베넷은 1855년 12월에 다렘베르그에게 다음과 같은 내용이 담긴 편지를 썼다. "작업의 지연과 학회의 현재 사정 때문에 위원회는 저작물의 출판이 현재 매우 어려운 현실에 직면해 있다는 사실을 깨달았습니다."[30]

멘토 리트레

에밀 리트레는 세 정치체제하에서 어떠한 방해도 받지 않았다는 매우 특이한 경력을 가지고 있었다.[31] 심지어 제2제정 시대에도 경찰로부터 박해받지는 않았다. 정계에서 눈 밖에 나서 콩피에뉴 성에 초대받지 못한 지식인이었을 뿐이었다.

리트레는 모든 의학 과정을 수료했지만, 졸업논문을 완성하지 못했기 때문에 공식적으로 의사가 아니었고, 의사로서의 업무도 수행하지 않았다.[32] 그는 장 데제메리(Jean Dezeimeris, 1799~1852)와 함께 설립한 《파리시보(*Gazette de Paris*)》와 《엑스페리앙스(*Expérience*)》에서 기자로 일하면서 생계를 꾸려 나갔고, 여러 의학 사전에 대한 글을 썼다. 그는 고대 및 중세 의학

29 Danielle Gourevitch, "Rapport," *Livret-annuaire de l'EPHE* 12 (1996-1997): 189 and 14 (1998-1999): 212.

30 Bennett to Daremberg, London, 14 December 1855, series 544, letter 49.

31 Jean Hamburger, *Monsieur Littré* (Paris: Flammarion, 1989) 참조.

32 Roger Rullière and François Vial, "Émile Littré, étudiant en médecine," *Histoire des sciences médicales* 15 (1981): 215-220; R. Rullière, "Les études médicales d'Émile Littré," *Revue de syntèse* 103 (1982): 255-262.

연구에 본인의 의학 지식을 이용할 수 있다는 사실을 항상 알고 있었으며, 그의 아버지 미셸-프랑수아(Michel-François)와 형제 바르셀레미(Barthélemy)는 그의 지적 야심을 독려했다. 그의 작업은 유용하게 사용되었고, 그리스어를 읽을 능력이 없던 당대의 의사들에게 도움이 되었으며, 그들에게 귀중한 히포크라테스 경험을 안겨 주었다. 리트레는 3단계 작업을 수행했는데, 새로운 텍스트를 수정을 하기 위해 모든 사본을 읽었고, 어의(semantic)의 변화를 고려하면서 해당 텍스트를 신중하게 번역했으며, 가급적 현대 과학의 발견을 통해 깨닫게 된 의학적 해석을 제공했다.

서양의학사상의 아버지이자 당시 그리스의 도시였던 코스의 학교장이며 과학적 관측의 대가였던 히포크라테스에 대해 리트레가 마음속으로 그렸던 이미지는 수대에 걸쳐 문헌학자, 의학사가 그리고 의사에게 매우 매력적이라는 것이 입증되었다. 그는 1839년에 당시 프랑스 왕이었던 루이 필리프의 통치하에서 히포크라테스 개정판 제1권에 힘입어 비명·문학아카데미의 회원이 되었다.[33] 아카데미의 회원들은 그가 지닌 긍정적인 면모에 깊은 인상을 받았는데, 그는 이용 가능한 모든 사본을 수집해서 비교하는 꼼꼼함과 정확한 번역 능력, 그리고 새로운 과학에 대한 상당한 지식 수준을 갖추고 있었다.[34] 그는 적어도 1세기 동안은 프랑스 및 해외에서 널리 사용되었던, 그의 업적에 남을 만한 『프랑스어 사전(*Dictionnaire de la langue française*)』 편찬에 대한 공로로 제3공화정 초기였던 1873년에 아카데미 프랑세즈(Académie

33 그는 의학 아카데미에서도 매우 적극적으로 활동했다. Jean-Charles Sournia, "Littré et l'Académie de médecine," *Bulletin de l'Académie nationale de médecine* 165 (1981): 941-947 참조.

34 Jean-Charles Sournia, "Littré, historien de la médecine," *Revue de synthèse* 103 (1982) 263-269.

Française)의 회원이 되었다.[35] 실증주의가 비록 실제 정치에는 영향을 미치지 못했지만, 자신들의 정치가 과학에 기반하고 있으며 진보를 지향하고 있다는 것을 확고히 하길 원했던 정치인들에게 리트레는 살아 있는 상징이 되었다.

리트레는 금욕적인 학자이자,[36] 열정적인 철학자, 충실한 벗이었으며, 다렘베르그가 닮고 싶어 하는 롤 모델이 되었다.[37] 예를 들어, 그는 다렘베르그의 논문을 교정해 주고 해외에 있는 동료들에게 소개해 주는 등, 항상 자신의 젊은 동료를 도왔다. 그들은 종종 프랑스 파리, 그리고 둘의 시골 저택이 있는 교외 지역인 르 메닐 르 르와(Le Mesnil-le-Roy)에서 만나곤 했는데, 그때마다 학구적 대화를 나누고, 서로의 책과 연구에 대해 비평을 쓰고, 어떻게 하면 정원을 더 잘 가꿀 수 있는지 조언을 구했다.[38] 만약 이들이 오늘날 살아 있었다면, 헌신과 신념의 정도가 다르긴 해도, 정치상 좌파로 분류되었을지도 모른다. 현재 프랑스에서라면 다렘베르그는 좌파 기독교인(chrétien de gauche)으로 리트레는 극좌파(gauchiste)로 불렸을 것이다.

리트레는 오귀스트 콩트의 열렬한 지지자였고, 광적일 정도로 열광적인 실증주의자였으며, 자신의 우상에 관한 수많은 책을 쓰고, 프랑스 파리에서 1852년에 출판된 『보수, 혁명, 실증주의(*Conservation, révolution, et positivisme*)』

35 Alain Rey, *Littré, humaniste et les mots* (Paris: Gallimard, 1970); Jean-Charles Sournia, "Littré, lexicographe médical," *Histoire des sciences médicales* 15 (1981): 227-234.

36 Paul Ganière, "L'austère Monsieur Littré," *Bulletin de l'Académie nationale de médecine* 153 (1969): 169-174.

37 지금은 개인 소장인 1864년 편지에 따르면, 그는 심지어 다렘베르그의 의학조언자였다.

38 Henry E. Sigerist, "Émile Littré über Charles Daremberg," *Sudhoffs Archiv für Geschichte der Medizin* 23 (1930): 382-384, 영역본은 *Medical Life*, November 1932, 593-596. Pierre Paul Corsetti, "Quelques lettres inédites de Charles Daremberg à Émile Littré," *Mélanges offerts en hommage au révérend père Rodrigue Larue*, Florent Tremblay, ed., *Cahier des études anciennes* 20 (1991): 251-279.

라는 '리틀 그린북'(더 유명한 '리틀 레드북'보다 먼저 출판)을 집필한 작가였다. 사실상 새 책을 집필한 게 아니라 몇 개의 팸플릿을 재인쇄하여 만들었는데, 이는 프랑스 북부 도시인 빌레코트레의 시장이자 그 출판 비용을 지불할 정도로 열성적인 실증주의자였던 베스나르(M. Besnard)가 시작한 프로젝트였다. 그 서문에서, 리트레는 실증주의 철학에 대해 평소 느끼고 있던 감사함을 표현했으며, 특히 실증주의로 단련된 일관된 자세는 그가 일탈과 오류를 범하지 않게 해 주었다. 그 유익한 규율은 그가 작은 일에도 낙담하거나 화를 내지 않도록 해 주었다. 그는 또한 1848년에 유럽 곳곳에서 잇따라 일어난 민족주의 혁명 이후 더 많은 사람들이 구체제를 없애고 새로운 질서가 그 빈자리를 대체하길 원했기 때문에 실증주의가 성공했다고 설명했다. 정신적 발달과 표현은 자유로워야만 한다. 국가는 신념과 관습의 진정한 재구성을 가로막는 교육을 제공하는 교회와 대학에 돈을 지불해서는 안 되며, 오직 초등교육에만 신경 쓰고 신학 혹은 형이상학이 아닌 수학, 천문학, 물리학 및 화학을 가르쳐야 한다. 리트레는 맺음말에서 다음과 같이 말했다. "위대한 사업, 끝없는 작업, 마음을 사로잡고 그 일에만 전념하게 만드는 아이디어를 위한 문이 지금 우리 앞에 활짝 열려 있습니다. 무한한 커리어가 지금 우리 앞에 펼쳐져 있습니다. 이는 우리가 확장하고, 전파하고, 입증하며, 깨달아야만 하는 교리, 정치체제이자 일종의 의식입니다."[39]

이런 공상적 사회주의자에 비해 다렝베르그 같은 정치적 이상주의자는 온건한 편이었다. 다렝베르그는 때때로 리트레가 오귀스트 콩트의 미망인의 기분을 달래기 위한 목적으로 콩트의 전기를 쓰거나 그의 실증주의적 아이디어를 전파하는 데 시간을 낭비하고 있다고 생각했다. 취향적으로나, 그

39 *Conservation, révolution, et positivisme*, xxxi; vi, xv, and xvi도 참조.

가 받은 교육으로나 그리고 또 부모를 찾고자 하는 절실함 때문에라도 다렝베르그는 점잖음과 평화를 필요로 했다. 친절하고 관대했던 그는 완전한 부르주아적 가치를 공유하고 기독교 감상주의 및 사회적이고 정치적인 보수주의를 발전시켰다.[40] 그는 1848년 혁명 중에 매우 불행했기에 영국으로 도피할 수도 있다고 생각했다. 그는 드브로이(de Broglie)의 어떤 결정에도 반박하지 않았는데, 예를 들면 그와 그의 아들들이 휴일에 노르망디의 드브로이 성을 방문할 때 아내가 같이 와서는 안 된다고 했는데도 동의했다.

다렝베르그는 빈곤층의 복지에 몰두하는 동시에 높은 도덕규범을 지닌, 내성적이고 신앙심이 두터운 그린힐을 좋아했다. 그는 그린힐의 '과학적 강의' 및 '종교에 관한 이야기'를 특히 즐겼다. 그런 "훌륭하고 존경받을 만한 남성"의 이미지는 그의 마음속에 강하게 자리 잡았다.[41] 그는 심지어 그린힐을 그의 아들 중 한 명의 대부로 삼을 생각도 했는데, 신학적 이유로 불가능했기 때문에 안타까워했다.[42] 그는 종교적인 사람들의 모임을 좋아했으며, 솔렘 수도원(Solesmes abbey)의 유명한 중세 사가이자 추후 로마의 추기경이 된 돔 피트라(Dom Pitra, 1812~1889)와 매우 친하게 지냈다.

다렝베르그가 사망한 이후 그가 소중히 여겼던 장서들을 처분해야 하는 문제가 발생했는데, 너무 방대했기 때문에 다렝베르그의 아내는 그 책들의

40 그의 관대함을 보여주는 일례로, 관리자였던 테오필(Théophile)과 매스론(Maslon)은 초과업무로(1859년 봄), 건물을 보수해주었던 일꾼(1862년 2월)도 보너스를 받았다. 그는 장 카롤루스(Jean Carolus)박사도 도우려고 했다. Danielle Gourevitch and Simon Byl, "La triste vie du médecin anversois Jean Carolus, ami de C. Broeckx et de Ch. Daremberg: Vérité canonique et version intime, I. Les travaux historique," *Acta Belgica historiae medicinae* 5 (1992): 60-63, and "II . La biographie de Carolus," *ibid.*, 139-145 참조.

41 Greenhill to Daremberg, Oxford, 4 September 1846, French Academy of Medicine, series 541, letter 20.

42 Daremberg to Greenhill, Paris, 30 April 1850, French Academy of Medicine, series 541, letter 121.

새로운 보관처를 찾을 때까지 마자랭에 위치한 아파트에 머물도록 허락받았다. 그녀와 두 아들은 귀중한 컬렉션에 관심이 없었기에 프랑스에서 안 된다면 영국에서라도 그것들을 매각하기로 결정했다. 그러나 당시 그 컬렉션에 대한 개요가 다렝베르그의 비서이자 국립도서관의 사서였던 펠릭스 알퐁스 폴리(Félix-Alphonse Pauly)에 의해 의학조합(L'Union médicale)에서 발간되었다.[43] 그는 원래 다렝베르그가 서문을 쓰기로 한 『의과학사 서지학(*Bibliographie historique des sciences médicales*)』을 출간하기로 되어 있었다. 1872~1873년 사이 리트레와 그의 선배인 벨리에르는 해당 문제를 해결하기 위한 전문가로 초청되었고, 리트레는 해당 컬렉션이 크게 두 부분으로 구성되어 있다고 설명했다. 그중 한 부분은 다른 사람들의 관심을 끌기 어려운 편지, 역사 및 고고학 수집품 그리고 나머지 한 부분은 추정컨대 타의 추종을 불허할 정도로 매우 귀중한 의학 서적 및 의학사 분야의 수집품이었다. 모든 물품은 완벽하게 보존된 상태였으며, 일부 초기 간행본이 포함되어 있었다. 리트레는 이 컬렉션을 절대 분리하지 않고 그 상태 그대로 공공 도서관에 보관해야 한다고 주장하며, 이를 위대한 배움의 장소이지만 보유 장서가 부족한 의학아카데미(Academy of Medicine)에 제안했다.

논의 끝에 의학아카데미가 해당 컬렉션을 구매하기로 합의했다. 구매 대금인 45,000프랑은 해당 부처 및 아카데미가 3년에 걸쳐 분할 지불하기로 했다. 사랑하는 아들이자 의사인 조르주(Georges)의 감독하에 두 개의 원고 목록이 준비되었지만,[44] 해당 컬렉션은 아카데미가 도서 목록(No. 1,633부터 No. 13,614까지 총 11,981권의 도서)을 만들어 공식적으로 승인하기 전까지 마자랭

43 *L'Union médicale* (1872): 824-826.
44 또 다른 아들인 마크(Marc)는 미국의 세인트 루이스에서 영업사원으로 일했다.

에 특별히 마련된 장소에 보관되었다. 도서와 도서 목록은 여전히 아카데미에서 확인할 수 있으며, 대부분 문자 D가 포함된 특수 식별 번호가 표시되어 있다. 이 중 몇몇에는 다렘베르그가 의학부의 교수로 선출된 후부터 사용하기 시작한 파란 장서표가 찍혀 있다.

동시대인들의 눈에 비친 다렘베르그

다렘베르그는 콜레주 드 프랑스 및 의학부에서 학생들을 가르치기 위해 열심히 일했다. 그는 실증적 사실 조사의 매우 특징적인 접근 방식을 통해 문서를 계속하여 수집했고, 다른 사람들은 사소하다고 여겼을지도 모를 세세한 부분까지도 신경을 썼다. 그는 항상 엄격하고 분명하게 체계화된 교훈적인 내용을 집필했다. 그 논문은 곧 별도로 출판되었으며, 그 내용은 여전히 관찰과 경험이 우월하다고 전적으로 믿었던 그의 인생 말년에 출판된 최고 작품인 『의과학의 역사(*Histoire des sciences médicales*)』에서 재사용되었다.[45] 그러나 다렘베르그는 결코 좋은 선생님은 아니었다. 목소리가 낮고 귀에 거슬릴 정도로 쉬었으며, 심장병(아마도 협심증)은 때때로 목이 메게 했다. 1846년에 콜레주 드 프랑스에서 강의를 시작했을 무렵,[46] 그는 많은 청중이 자신을 향해 쳐 주는 박수를 기뻐했다.[47] 그러나 이것은 그리 오래가지 않았

45 다음에 매우 흥미로운 제목이 실려있다. *Cours sur l'histoire de la médecine et de la chirurgie. Leçon d'ouverture le 11 novembre 1871. Démonstration historique de la supériorité des méthodes d'obser vation et expérimentale sur les méthodes a priori* (Paris: Malteste, 1871) or in *L'Union médicale*, 3d ser., 12 (Nov. 1871): 733-740, 744-752, 769-776, 781-785 참조.

46 Danielle Gourevitch, "Rapport," *Livret-annuaire de l'EPHE* 10 (1994-1995): 153-154 and 11 (1995-1996): 206.

47 Daremberg to Greenhill, Paris, 23 January 1846, French Academy of Medicine, series 541,

다. 학생들은 결국 수업 중 그의 말을 잘 알아들을 수 없다는 불평이 담긴 편지를 수차례 써서 그에게 전달했지만, 그는 별로 신경 쓰지 않았다. 학생들은 그의 수업 방식이 너무 학구적이고 서툴다고 평가했다. 그러나 콜레주 드 프랑스에서 그의 실제 청중은 학생들이 아니라 동료와 아마추어들이었다. 그가 교수로서 학생들을 가르쳤던 방식이 효과적이었는지 여부를 알기에는 그의 재직 기간이 너무 짧았다. 그는 서재에 묻혀 살았는데, 벨리에르가 보관한 그의 유서에 따르면, 개인적 취향으로 인해 명상의학(contemplative medicine)에 헌신하게 되었고, 의사로서 가질 수 있는 기쁨이나 슬픔에 대해서 거의 알지 못했으며, 병원에서 정식 의사가 되기 위해 고군분투한 적이 없다고 했다.[48] 아실 셰로(Achille Chéreau)에 따르면, 다렘베르그는 강의실의 많은 청중 앞에 있는 것보다 자신의 서재에서 더 편안하고 행복해 보였으며, 학생들을 가르치는 것보다 고대 의학을 연구·번역·해석하는 데 더 적합했던 것으로 사후 평가되었다.[49]

유럽 전역에 있는 많은 동료들은 그의 박식한 전문성을 거의 의무적으로 칭찬했다. 반대로 그를 시기하는 사람들의 비판은 적절하든 아니든 간에 매우 매정했다. 1852년에《주르날 데 사방(*Journal des savants*)》에서 오리바시우스 및 그의 작품에 대한 긴 설명이 있은 후에 리트레는 다렘베르그와 부세마커가 자신들의 장서(그들이 함께 번역한 오리바시우스의 저작을 말함-역주)를 그에게 헌정했으며, 이는 그들이 그가 체계적으로 그리고 진심으로 고대 의학 문헌의 해석 방법을 사용하는 것에 동의한다는 것을 의미했기 때문이라며

letter 29.

48 그 편지는 현재 개인이 소장하고 있다.

49 "Daremberg," in *Dictionnaire encyclopédique des sciences médicales*, vol. 25, (Paris:Masson-Asselin, 1880).

기쁨을 표했다. 다시 말해서, 그들은 고대 의학 문헌의 해석이 현대의 해부학·생리학·병리학의 발견으로 힘을 얻었으며, 고대 의학의 깊은 학식이 현대 과학의 깊은 이해로 이어져야 한다고 믿었다. 리트레는 저자들이 각 이문(異文, variant)을 기록하는 등 모든 사본을 대조하기 위해서 세심한 주의를 기울였다고 인정했다. 그는 정확하고 정밀한 번역, 특히 식물과 동물 및 고대 장치에 대한 전문용어에는 동의했지만 일부 세부 사항에는 동의하지 않았다. 예를 들어, 일부 번역과 마찬가지로 일부 교정은 잘못되었다. 스토마코스(stomachos)는 '위의 입'이 아니라 위(stomach) 자체를 의미한다.[50]

다렘베르그는 1869년 자신이 저술한 『호메로스와 히포크라테스 사이의 의학 상태(*État de la médecine entre Homère et Hippocrate*)』를 진정한 벨기에인 친구인 코르네이유(Corneille) 혹은 코르넬리우스 브렉스(Cornelius Broeckx)에게 다음과 같이 헌정했다.[51] "당신은 원본을 통해서만 역사를 쓸 수 있다고 여러 번 분명히 말해 왔지요. 저 또한 실증주의자입니다. 당신의 이름이 이 책의 첫 페이지를 장식할 것입니다. 끈기와 박식함으로 진정한 역사 방법을 추구하는 역사가에게 경의를 표하는 바입니다." 웍터(Wachter)가 '벨기에의 다렘베르그'라고 불렀던 브렉스는[52] 종종《앙베르 의학협회 연보(*Annales de la Société de médecine d'Anvers*)》에 논평을 기고했다. 그는 1854년에 『오리

50 *Journal des savants* (August 1852): 509-522.

51 Danielle Gourevitch and Simon Byl, "Amitié et ambition: Broeckx, Daremberg et l' Académie royale de médecine de Belgique," *Acta Belgica historiae medicinae* 4 (1991): 12-19; "Quelques aspects de la vie quotidienne du médecin anversois Cornelius Broeckx aumilieu du XIXe siècle, d'après sa correspondance avec Charles Daremberg," *ibid.*, 171-182. Simon Byl, "L'ami belge de toute une vie, Corneille Broeckx," in Gourevitch, *Médecins érudits*, 88-98.

52 P. F. de Wachter, "Notice sur la vie et les travaux de C. Broeckx," *Annales de la Société de médecine d'Anvers* (1870): 449-465, 505-520, 586-600.

바시우스 저작(*Oeuvres d'Oribase*)』을 논평했으며, 그 책이 배변 및 방혈에 관한 한 문헌학자들에게 완벽하게 매력적이며, 의료 종사자들에게 유용하다고 판단했다. 다만, 설사약, 구토제, 그리고 기후 및 장소이론에는 그다지 유용하지 않았다.[53] 이 책은 과학의 진보를 추구했는데, 헛되게 사용되는 학식 하나 없이 실증주의자의 이상에 꼼꼼하게 들어맞았다.[54]

브렉스는 흥미로운 몇몇 기술적 정보를 제공하는 데 도움을 준 프랑수아 아랑(François Aran)과 샤를 로뱅(Charles Robin) 박사의 이름을 언급했다. 그 둘은 다렘베르그와 동일한 이데올로기적 입장을 취했다. 로뱅은 리트레의 뒤를 이은 실증주의자 중 가장 유능한 관찰자이자 전도사였으며,[55] 이 둘은 이른바 뉘스탕(Nysten)의 의학 사전을 함께 다시 고쳐 썼다. '뉘스탕-리트레-로뱅' 또는 '리트레-로뱅' 의학 사전은 당시 유물론적 의사들의 필수적인 안내서였던 동시에 본쇼즈(Bonnechose) 추기경의 지도하에 가톨릭 정당의 혐오 대상이 되었다. 추기경은 청년들을 타락시키고 있다며 1868년 5월 20일 상원에서 이 책을 공격했다.[56] 심지어는 1878년 18번째 판의 서문에서도 리트레의 방법 및 철학이 소환되었다.

페르시아 의학사를 전공한 오스트리아 의사인 프란츠 로메오 셀리그만(Franz Romeo Seligmann)은 다렘베르그의 의견에 대해서 자주 그리고 때로는 강하게 반대했다. 그는 다렘베르그를 좋아하지 않았으며, 다렘베르그가 의

53 그는 다음을 저술했다. *Discours sur l'utilité de l'histoire de la médecine* (Anvers: Heirstraeten, 1839).

54 *Annales de la Société de médecine d'Anvers* (1854): 519-526.

55 Georges Puchet, *Charles Robin (1821-1885). Sa vie et son oeuvre* (Paris: Félix Alcan, 1887).

56 가톨릭 국가인 이탈리아에서조차 큰 성공을 거두었다. 다음은 이탈리아어 번역본이다. *Dizionariodi medicina e chirurgia, di terapeutica medico-chirurgica, farmacia, arte veterinaria e scienze affini* (Napoli: Dekten, 1879).

학사학과장 선거운동을 하는 동안 취했던 방식도 탐탁하지 않아 했다. 그가 『호메로스와 히포크라테스 사이의 의학 상태』 및 『의과학의 역사』에 대해 1870~1871년에 남겼던 서평[57]은 매우 비판적이면서 때때로 매우 불쾌한 단어들을 사용하는 등 편파적으로 보였다. 셀리그만은 첫 번째 책과 관련하여 다렘베르그의 부지런함과 끈기를 인정하면서도 다렘베르그에게 스스로를 젠체하는 불쾌한 사람처럼 보이게 만드는, 진실성이 안 보이는 진부한 말과 과장된 언변을 조심해야 한다고 경고했다. 셀리그만은 『역사』가 자신의 건강을 돌보지 않고 과하게 일하는 다렘베르그에게 삶의 정점이라는 것을 인정했다.[58] 다렘베르그는 의학이 단지 기술로 전락되지 않도록 그 역사를 고려해야 한다고 말했던 리트레의 의견에 동의했다. 셀리그만은 몇몇 페이지는 매우 훌륭하다고 생각했고, 전쟁이 나기 전에 독일에서 그 책을 구할 수 있었다는 사실에 기뻐했으며, 책의 모토이자 다렘베르그가 실증주의를 이해했던 방식인 '역사를 위한 텍스트, 과학을 위한 사실'에 관심을 가졌다고 고백했다. 그러나 그는 실증주의 역사가조차도 의학사를 개별적인 사건들의 목록으로 축소해서는 안 된다고 생각했다. 그는 다렘베르그의 실증적 연구에 대해 경의를 표했던 반면, 그 구성 방식은 마음에 들어 하지 않았다. 사실을 엄격하게 고수하고 이론 혹은 일관된 원칙에 반대했던 다렘베르그는 현대적 진리와 새로운 과학의 선구자가 될 생각을 갖기는커녕, 그가 조롱하고자 했던 고대 시대에 공명했다는 것이다. 셀리그만은 다렘베르그의

57 *La médecine dans Homère, ou études d'archéologie sur les médecins, l'anatomie, la physiologie, la chirurgie et la médecine dans les poèmes homériques* (Paris: Librairie académique,1865)은 다음에서 논평되었다. *Canstatt's Jahresbericht über die Fortschritte in der gesammten Medicin in allen Ländern in Jahre 1865,* vol. 2 (Würzburg: Erlangen, 1866); *La médecine, histoire et doctrines* (Paris: Didier & Cie, 1865).

58 Haeser to Daremberg, 9 August 1872, French Academy of Medicine, series 539, letter 166.

참고문헌도 인정하지 않았다. 예를 들어, 그는 다렘베르그가 파올로 모렐로(Paolo Morello) 작 『이탈리아 의학의 철학적 역사(*Istoria filosofica della medicina in Italia*)』에 대해서 알아야 했다고 언급했다. 셀리그만은 다렘베르그가 파라켈수스(Paracelsus)를 미치광이 돌팔이의사로, 분더리히(Wunderlich)를 신비주의자로 보는 등 이들에 대해 전혀 몰랐다고 말했다.[59] 다렘베르그는 실용주의 역사에 대해서 썼음에도 불구하고, 반 헬몬트(Van Helmont) 또는 심지어 슈프렝겔(Sprengel)에게 아무런 동정심도 느끼지 않았다고도 했다.[60]

다렘베르그는 비난을 듣고 너무나 화가 나서 셀리그만에게 답장을 보낼 생각을 했다. 이 내용은 해서의 편지에서 확인할 수 있는데, 편지는 친절하게도 프랑스어로 쓰이긴 했지만 매우 서툴렀다.[61] 해서는 다렘베르그에게 다음과 같이 말했다. "저는 셀리그만이 쓴 글을 읽었습니다. 당신의 책에 대한 그의 논평이 매우 당황스러웠지만, 저는 아직 당신의 책을 읽지 않았기에 그의 말을 판단할 수 없었습니다. 그의 주장 중 상당 부분이 저에게는 허위이자 불공평해 보입니다. 그리고 물어보셨으니 답을 드리자면 저는 당신의 편지가 매우 위엄 있고 사려 깊어서(아무에게도 보여주지 않고 다시 돌려보냅니다), 당신도 아시다시피 제가 개인적으로 알고 있고 좋은 사람이라고 믿는

59 비록 "이시대 많은 역사가들처럼 분더리히도 셸링이 만들고자 했던 역사철학의 영향력 하에 있었다"고 하지만 이것은 완벽한 거짓이다. Owsei Temkin, "Wunderlich, Schelling, and the History of Medicine," *Gesnerus* 23 (1966): 188-195, 193.

60 *Versuch einer pragmatischen Geschichte der Arzneikunde*, 1st ed. (Halle: Gebauer, 1792-1803). 다렘베르그는 슈프렝겔의 작업이 실용적이지만 비판적이지는 않다고 보았고, 이미 오래된 작업을 새로 다듬는데 엄청난 시간을 할애한 로젠바움에게 미안함을 느꼈다. the 4th ed. (Leipzig: Gebauer, 1846); 다음을 참조. *Revue des travaux relatifs à l'histoire et à la littérature de la médecine publiés en France et à l'étranger depuis le commencement de 1846* (Paris: Rignoux, 1848) 413-415.

61 다음의 편지에서 명백해졌다. Daremberg to Haeser, Paris, 18 March 1872, French Academy of Medicine, series 540, letters 172-173.

S씨에게 그 편지가 전달되어야 한다고 생각합니다.[62] 저 또한 이탈리아에서 파올로 모렐로(Paolo Morello)를 찾아보려고 했으나 허사였습니다.[63] 아무도 그에 대해 들은 바가 없었습니다."

셀리그만의 말이 맞았을까? 세부적으로 보면, 다렘베르그가 때로 그랬던 것만큼이나 셀리그만은 심술궂었다. 참고문헌에 대해서도 다렘베르그는 거의 놓친 부분이 없었기 때문에 그는 부당했다. 셀리그만과 달리 해서는 다렘베르그의 『의과학의 역사』가 출판되기를 고대하던 사람들 중 한 명이었다. 그는 그 책이 출판되기도 전부터 독일어로 번역하는 것에 대해 진지하게 생각했다.[64] 그는 심지어 휴일 동안 리기 산(Righi)을 오르고 있던 와중에 그 책을 읽기 시작했다.[65] 해서가 다렘베르그의 철학적 견해에 동조하지 않고 여전히 헤겔학파에 영향받고 있었기 때문에 이런 모습은 굉장히 놀라운 것이다. 해서는 학장이 아니었으므로 일반 병리학 및 치료학을 강의할 필요가 없었던 다렘베르그를 질투하기도 했다. 1845년에 처음 출판되었던 해서의 『의학사 교과서(*Lehrbuch der Geschichte der Medicin*)』가 이미 권위 있는 핸드북이었음에도 불구하고, 그는 항상 푸대접을 받았을 뿐만 아니라 정부마저도 무관심했다.[66]

62 이 편지는 루마니아 클루지에 보관되어 있다. V. L. Bologa, "Une lettre de Charles Daremberg à Franz Romeo Seligmann," *Janus* (1930): 129-131 참조.
63 나 또한 찾지 못했다.
64 Haeser to Daremberg, n.d., French Academy of Medicine, series 539, letter 174.
65 Haeser to Daremberg, 9 August 1872, French Academy of Medicine, series 539, letter 166.
66 해서는 브레슬라우에서 1862년에 정교수가 되었다.

시대적 맥락에서 바라본 실증주의 역사

실증주의자들은 경험과학을 통해 특징 및 관계가 검증될 수 있는 자연현상에 기반한 실증적 지식을 찾는 데 몰두했다. 다렘베르그는 낭만주의 시대에 살았지만, 그리스 애호와는 관련이 없었으며, 그리스의 자유를 위해 튀르크족과 싸우거나 그리스에 방문하는 것조차도 고려하지 않았다. 그가 바라본 '실증주의'는 '낭만주의'와 정반대였다. 그것은 거창한 시각이 아니라 누구라도 믿을 수 있는 충분한 근거를 제공하기 위해 정확하고 확실한 세부 사항을 담는 것이었다.

아메데 데샹브르(Amédée Dechambre)의 지시에 따라 총 100권으로 출판된 유명한 『의과학의 백과전서(*Dictionnaire encyclopédique des sciences médicales*)』는 다렘베르그가 세부 사항에 깊은 관심을 가졌다는 것을 보여주는 좋은 예이다.[67] 이미 『고대 사전(*Dictionnaire des antiquités*)』 작업을 시작한 다렘베르그는 그리스, 라틴, 아랍 및 중세 의사들에 관한 항목을 담당했다. 그린힐이 『그리스와 로마의 전기와 신화 사전(*Dictionary of Greek and Roman Biography and Mythology*)』에 대해서 거의 동일한 작업을 수행했기 때문에,[68] 다렘베르그는 그린힐과 협업할 수 있다고 생각했다. 논문 일부는 번역하고 G.라고 서명하고, 다른 글들은 다시 쓰고 D.G.라고 서명하고, 완전히 새로 작업한 글은 D.라고 서명하면 될 것이라고 생각했다. 종종 매끄럽지 않게 번역된 것도 있었지만,[69] 프랑스어로 쓰인 글은 항상 세심했고(예를 들어,

67 (Paris: Asselin, 1865-1889).
68 William Smith, *Dictionary of Greek and Roman Biography and Mythology*, 3 vols. (London: Taylor & Wallon, 1844-1849).
69 누가 그를 도왔는지 알려지지 않았다.

'Archagathos'의 번역과 수정), 때로는 참고문헌이 더 풍부하게 추가되었으며('Antyllus', 공동서명), 때로는 완전히 새로운 작업이 진행되었다(켈수스(Celsus)가 인용한 '암모니우스(Ammonius)'의 경우와 같이 새로운 연구가 해당 문제를 완전히 뒤바꿔 놓았을 때로, 막 새로운 판본이 출판된 시기였다).[70]

또한, 다렘베르그는 현대 의료 관행과 이데올로기를 간절히 개혁하고자 했으며, 단시간에 너무나 많은 변화가 일어났기 때문에 철학에 관한 한 의사들이 방황할 수밖에 없었던 시기에 의학사에 대해 실용적 견해를 보여주었다. 다렘베르그는 고대 의학에 대해 더 잘 아는 것이 의사가 될 사람들에게 더 유용하다고 확신했으며, 이는 브렉스도 마찬가지였다. 그들은 반은 맞고 반은 틀렸다. 일단, 갈레노스 혹은 반 헬몬트에게서 올바른 처방전을 찾는다는 것은 말이 안 되기 때문에 틀렸다고 할 수 있으며, 지적·도덕적 위기의 시기 속에서 과거에 대한 지식은 널리 퍼져 있는 생각으로부터 사람들이 계속하여 일정 거리를 두게 하고 무리 속의 양처럼 행동하는 것을 막기 때문에 옳다고 할 수 있다.

이 시기에는 의학이 인문주의적인 학습에서 실험과학으로 변모하는 등 주요한 인식론적 변화도 있었지만, 브루세의 시스템과 같이 이상한 단계도 많았다. 리트레가 히포크라테스 편찬 작업을 시작했을 무렵 그는 보통의 의사 동료들을 위해 일하고 있다고 생각했다. 그러나 그 작업을 끝냈을 무렵에, 그는 그가 해 왔던 작업이 사실상 동료 문헌학자들을 위한 것이었음을 깨닫게 되었다.[71] 브렉스가 의사들이 새로움을 추구하기 위해 역사를 포기

70 글자 A만 쓰여있었다. Danielle Gourevitch, "Charles Daremberg, William Alexander Greenhill et le Dictionnaire encyclopédique des sciences médicales en 100 volumes," *Histoire des sciences médicales* 26 (1992): 207-213 참조.

71 Fernand Robert, "Littré et Hippocrate," *Histoire des sciences médicales* 15 (1981): 221-226.

했다고 말한 반면, 다렝베르그는 새로운 것들이 너무 많이 등장했기 때문에 의사들이 필연적으로 역사로 되돌아갈 것이라고 말했다. 브렉스가 다렝베르그의 오리바시우스를 현명하고도 재치 있게 비평했을 때 언급했던 병리해부학적 관점이 널리 퍼지게 되었고, 많은 사람들이 부검을 통해 질병의 원인과 위치를 더 잘 알 수 있을 뿐만 아니라 질병을 치료할 수 있는 가장 좋은 방법을 발견할 수 있을 것이라고 믿었다. 그러나 메스는 모든 절망적인 상황을 해결해 줄 수 있는 절대적인 물건이 아니다. 더욱이, 새로운 의료시스템이 매일 생겨나고, 혁신주의자들은 자신들 이전에 진정한 약은 존재하지 않았다고 주장하면서 스스로를 '호메오패스(homeopath, 동종요법으로 치료하는 사람들)', '하이드로수도패스(hydrosudopath, 환자를 물에 담그는 사람들)', '온톨로고포브(ontologophobe, 질병의 존재론을 혐오하고 항염제만 사용하는 사람들)'라고 불렀다.

현대 과학의학이 시작된 19세기 중반 무렵, 많은 의사들은 히포크라테스적 의미로 봤을 때 위험할지도 모르는 '위기'인 과학혁명이 일어났다고 느꼈다. 따라서 그들은 의대생들의 커리큘럼과 학업 지침에 문학과 역사가 추가되어야 한다고 주장했다. 장 밥티스트 파르샤프 드 비네(Jean-Baptiste Parchappe de Vinay)는 정신 질환자 치료 시설인 메종 드 생용(Maison de Saint-Yon)을 맡은 정신과 의사였다.[72] 그는 1838년 법이 통과된 후 프랑스의 각 지역에 세워질 정신병원의 조직에 많이 관여했을 뿐만 아니라 그에 대한 내용을 바탕으로 책을 저술했다.[73] 1858년에 그는 콜레주 드 프랑스에서 의학

72 Lucien Deboutteville and Jean-Baptiste Parchappe de Vinay, *Notice statistique sur l'Asile des aliénés de la Seine-inférieure (Maison de Saint-Yon de Rouen), pour la période comprise entre le 11 juillet 1825 et le 31 décembre 1843* (Rouen: Péron, 1845) 참조.

73 *Des principes à suivre dans la fondation et la construction des asiles d'aliénés*, (Paris:

사 교수의 유용성, 심지어 필요성까지도 주장했는데, 그곳이 르네 라에네크(René Laennec) · 프랑수아 마장디(François Magendie) · 클로드 베르나르(Claude Bernard) · 앙투안 포탈(Antoine Portal)과 같은 새로운 사제들이 구축한 새로운 과학의 신전이기 때문이었다. 그는 해당 부처 장관에게 의학사가 사람들에게 '올바른' 원칙을 전달하고 새로운 오류를 범하는 것을 막아야 한다고 말했다. 그러나 장관은 파르샤프의 말을 들으려 하지 않았다.[74] 다렘베르그도 정신없이 바쁜 현실의 일터를 떠나지 않았다. 그는 자연사박물관(Muséum d'histoire naturelle)과 의과대학(Faculté de médecine) 그리고 콜레주 드 프랑스에서 어떤 일이 벌어지고 있는지에 대해서 알고 있었다. 그는 친구로서 프랑수아 마장디를 대신해 대학에서 몇 달간 직무를 수행했으며, 종종 클로드 베르나르의 개인 실험실에 방문하여 비록 성공하지는 못했지만 과학사에 대한 그의 믿음을 바꾸고자 노력했다.[75] 리트레가 썼던 바와 같이, 실증주의에 대한 그의 신념은 그로 하여금 위대한 사업, 끝없는 노동, 마음을 사로잡고 전념케 만드는 아이디어들에 대해 열광하고 싫증나지 않게 하였다. 건강 상태가 좋지 않아 종종 그의 야망을 실현하는 데 방해가 되었지만, 그는 1872년 10월 사망하기 전에 강의를 거의 하지 않았음에도 불구하고[76] 마침내 파리에서 의학부의 정교수가 되어 매우 행복해했다.[77]

Masson, 1853).

74 *La revue du praticien* (Nov. 2001) 50주년 특집호의 내 「머릿말」을 참조.

75 Danielle Gourevitch, "Claude Bernard lecteur de Galien?" *Transmission et ecdoti que des textes médicaux grecs. Actes du IVe. colloque international Paris 2001,* A. Garzya and J. Jouanna, eds. (Naples: D'Auria, 2003), 173-185 참조.

76 부유한 정치인인 새몬 드 샹포트란(Salmon de Champotran)이 15만 프랑을 기부하면서 그의 친구인 쿠스코(Cusco)가 의장직을 맡도록 했다. 쿠스코는 가치를 못 느꼈고, 우여곡절 끝에 다렘베르그가 직을 맡았다.

77 해서가 *Berliner klinische Wochenschrift* 47 (1872): 570에 「추도사」를 썼다.

오늘날의 다렘베르그

오늘날 고대 그리스와 로마 연구자들[78]에게 다렘베르그는 루이 아셰트가 맡긴 『고대 그리스 로마사전(*Dictionnaire des antiquités grecques et romaines*)』('다렘베르그와 사글리오'라는 가명을 사용했다)[79]의 '저자'로 잘 알려져 있다. 사실, 다렘베르그는 자신의 저서를 조심스레 홍보했지만 그에 대해서는 거의 쓰지 않았다.[80] 이것은 그가 좋아했던 고대와 중세 의사들의 역사적 그리고 고고학적 맥락에 대해서 전혀 관심을 보이지 않았기 때문에 특히나 놀랍다. 예를 들어, 그는 프랑스 북부에 위치한 상리스(Senlis) 부근의 알라트 숲(Halatte Forest)과 샤티옹 쉬르 센(Châtillon-sur-Seine) 두 곳에서 진행된 발굴 작업에 대해 아무것도 알지 못하는 것처럼 보였는데, 이 갈리아 유적지 두 곳에서는 의료계에서 사용된 매우 중요한 봉헌물이 발견되었다. 이탈리아 교회에서 기독교봉헌물을 목격했을 때, 그는 이 봉헌물을 추악하고 역겹다고 보아 어떤 의학적 비평도 하지 않았다.[81] 그가 나폴리의 고고학 박물관에 방

78 그는 프랑스 그리스 학문을 장려하기 위한 협회(Association pour l'encouragement des études Grecques en France)의 발기인으로 참여했다.

79 *Dictionnaire des antiquités grecques et romaines* (Paris: Hachette, 1873-1923).

80 Danielle Gourevitch, "Un épisode de l'histoire du dictionnaire des antiquités connu sous le nom de 'Daremberg et Saglio': la publication du dictionnaire des antiquités chré-tiennes de l'abbé Martigny," *Caesarodunum* 27 (1993): 79-95; "Un épisode de la longue histoire de 'Daremberg et Saglio':l'affaire Morel," *Caesarodunum* 28 (1994): 31-38; "Une lettre de Daremberg à Dom Pitra," *Bulletin de la Société des antiquaires de France* (1996): 125-128; "Histoire du dictionnaire des antiquités chrétiennes de l'abbé Martigny, émule de J. B. de Rossi," *Acta XIII congressus internationalis archeologiae christianae*, Nenad Cami and Emilio Martin, eds. (Vatican City: Pontificio instituto di archaeologia christiana, 1998), 363-373.

81 Danielle Gourevitch, "La mission medico-historique de Daremberg et de Renan à Rome (octobre 1848-juillet 1850): le problème du rapport," *Bulletin de la Société des anti quaires de France* (1990): 232-242.

문했던 것은 왕실 정부를 비판하기 위해서였고, 이전에 『헤르쿨라네움과 폼페이에서 발굴된 수술 도구에 대한 불페스의 분석(*Analyse de la notice de M. Vulpes sur les instruments de chirurgie trouvés à Herculanum et à Pompei*)』을 썼음에도 불구하고 그 박물관에 소장되어 있는 수많은 수술 도구를 조사하려고 하지 않았다.[82] 더욱이 샤티옹에는 여러 안과 의사들의 도장이 보관되어 있었는데도,[83] 내가 아는 한 다렘베르그는 그 도장을 보려 하지 않았다. 시셀(Sichel, 프랑스의 안과의-역주) 박사의 『신 문집(*Nouveau recueil*)』서평도 썼지만,[84] 여전히 그에게는 사물보다 텍스트가 더 매력적이었기 때문이다.

다렘베르그의 작업 지연, 실패 그리고 약점을 고려하면, 그는 결코 천재도 영웅도 아니었지만 고결한 사람이자 꾸준히 자기의 연구를 수행한 학자였다. 우리는 그가 사용하지 못했으나 조심스럽게 보관한 의학사 관련 문서들 덕을 보고 있다. 그 자료들은 이제 파리의 소중한 장서로서, 보나파르트가에 위치한 의학아카데미에서 일반에 공개되고 있다. 우리는 또한 사본을 잘 정돈한 그의 연구 결과물, 그가 집필한 장편 『역사학(*Histoire*)』과 학술지 및 논문에 남긴 수많은 메모에서 때로 이해하기 힘든 수많은 사실,[85] 그리고

82 *L'Union médicale* 2 (1848): 126. 베네데토 불페스(Benedetto Vulpes)의 책자(94페이지에 일러스트레이션 포함) *Il lustrazione di tutti gli strumenti chirurgici scavati in Ercolaneo e in Pompei e che ora conservanso nel R. Museo Borbonico di Napoli; compresa in sette memorie lette all'Accademi ercolanese* (Na poli, 1847)는 R. 펠만(Felmann)이 *Antike Welt* 155 (1984): 69-79에서 언급했다.

83 특히 눈병에 사용되는 건조 약품의 계량 단위를 표시하기 때문에 일반적으로 세안약 도장이라고 불린다.

84 *Nouveau recueil de pierres sigillaires d'oculistes romains pour la plupart inédites, extrait d'une monographie inédite de ces monuments épigraphiques* (Paris: Masson, 1866), 다음에 서평이 실렸다. *Revue critique d'histoire et de littérature* 32 (1867): 85-90.

85 주로 다음에서 출간되었다. *Le Journal de l'instruction publique*, *Le Journal des missions*, *Le Journal des savants*, *Le Journal des débats*, *L'Union médicale*, *La Gazette de Paris*.

갈레노스의 저서 번역 같이 라틴어가 아닌 현용 언어로의 훌륭한 번역 등에서 그의 덕을 톡톡히 보고 있다. 그의 장서(Bibliothèque)는 "과거의 의학 거장들의 영혼을 기리는 기념비"가 되었으니,[86] 그 길을 따라 계속 나아가는 것이 우리의 마땅한 도리이다. 무엇보다도, 우리는 그가 실증주의라고 칭한 인문학적 신념의 확실한 부활과 관련하여 그의 덕을 톡톡히 보고 있다. 다렘베르그의 접근 방식이 우리에게 지속적으로 전달하는 교훈은 그가 최고의 의학사는 문헌학적이어야 한다고 믿었다는 것이며, 학생들은 그 방법을 통해 글을 잘 읽을 수 있고, 지나간 과거에 대해서 잘 이해할 수 있으며, 사물에 대해 깊이 알 수 있고, 차이(distinctions)와 미묘한 뉘앙스를 구별하며, 정치적으로 올바른 것(politically correct)도 거부할 수 있도록 배우고 있다. 그러한 역사의 교훈은 결국 의대생들과 신참 의사들에게 환자들의 말을 경청하는 방법을 가르치기 위한 것이다.

86 Daremberg to Greenhill, Paris, 22 November 1846, French Academy of Medicine, series 541, letter 24.

Locating Medical Hist

제3장

과학 시대의 '교육'

—율리우스 파겔, 막스 노이부르거, 그리고 의료문화사

하인츠-페터 슈미데바흐(Heinz-Peter Schmiedebach)

1900년경 율리우스 파겔(Julius Pagel, 1851~1912)과 막스 노이부르거(Max Neuburger, 1868~1955)는 칼 수도프(Karl Sudhoff, 1853~1938)와 함께 현대 의학사 발전의 토대를 마련했다.[1] 근대 실험과학의 과학적 접근과 연구 방법에 기초하여 새롭게 정의된 의학과 의학사의 전통적 방법 및 내용 사이의 간극은 19세기 말에 다다를수록 점점 더 부각되었다. 이러한 과도기에 의학사는 현대 의학의 필수적인 부분으로서의 지위를 잃게 되었다. 노이부르거와 파겔 모두 이러한 상황을 알고 있었고, 의과대학 내에서 학문적으로 확립된 분과로서 의학사 분과를 만들고자 했다. 그러기 위해서는 현대 의학과 강한 연계를 유지하는 동시에 인문학의 다른 분야와 밀접하게 연관될 수 있는 연구 방법을 개발할 필요가 있었다.[2]

최근 독일어권 대학들에서 의학사 서술(medical historiography)의 제도화에 대해 역사적 연구가 이루어졌는데, 이에 따르면 19세기 말에 새롭게 등장한 의학사에서는 당대의 의사와 의학사가 사이의 논쟁에서 보이듯이 몇 가지 갈등이 특징적으로 나타난다. 의학사가들은 파겔과 노이부르거의 연구에서

1 F. N. L. Poynter, "Max Neuburger, 8 December 1868-5 March 1955: A Centenary Tribute," *Medical History* 13 (1969): 1.

2 Bernhard vom Brocke, "Die Institutionalisierung der Medizinhistoriographie im Kontext der Universitätats-und Wissenschaftsgeschichte," in *Die Institutionalisierung der Medizinhistoriographie. Entwicklungslinien vom 19. ins 20. Jahrhundert*, Andreas Frewer and Volker Roelcke, eds. (Stuttgart: Steiner, 2001), 187-212 참조.

의학사에 대한 실리주의적·실용적·문화사적 접근과 해당 분과의 철학적 통찰과 같은 몇 가지 주요 문제들을 강조했다. 특히, 의학사의 효용성(utility)은 19세기 후반 의학사가 사이에서 상당한 논쟁거리였다. 파겔과 노이부르거에 관한 최근 논문은 그들이 의학사의 '유용성(usefulness)'에 대해 기술한 점이나 문화사적 접근을 개시했다는 점에 초점을 맞추고 있다.[3] 일부 저자들은 그들이 '실증적-실리주의적(positivistic-utilitarian)' 사고방식을 고수했다고 주장했는데, 이 방식은 의학사를 위협했다.[4] 또 다른 저자들은 자연과학의 과학적 접근과 연구 방법에 근거한 새로운 과학적 의학의 출현을 정당화하기 위해 의학사를 이용했다면서 노이부르거를 비난했다.[5] 대조적으로, 몇몇 오래된 영미권의 논문들과 1950년대의 독일 논문들에서는 파겔의 '실용적' 접근 방식이 훨씬 덜 비판적인 어조로 평가되었다. 발터 파겔(Walter Pagel)과 파울 디프겐(Paul Diepgen)은 율리우스 파겔의 '실용적 관점'을 언급했다.[6] 디프겐은 율리우스 파겔이 동시대 사람들에게 유용한 '실용적 역사'를 가르치고 싶어 했으며, 그렇게 함으로써 18세기의 역사 서술적 실용주의를 변형시

3 Michael Hubenstorf, "Eine 'Wiener Schule' der Medizingeschichte? Max Neuburger und die vergessene deutschsprachige Medizingeschichte," in *Medizingeschichte und Gesellschaftskritik: Festschrift fur Gerhard Baader*, Michael Hubenstorf, Hans-Uwe Lammel, Ragnhild Munch, Sabine Schleiermacher, Heinz-Peter Schmiedebach, and Sigrid Stöckel, eds. (Husum: Matthiesen, 1997), 246-289.

4 Werner Friedrich Kummel, " 'Dem Arzt nötig oder nützlich?' Legitimierungsstrategien der Medizingeschichte im 19. Jahrhundert," in Frewer and Roelcke, *Institutionalisierung*, 75-89.

5 Richard Toellner, "Der Funktionswandel der Wissenschaftshistoriographie am Beispiel der Medizingeschichte des 19. und 20. Jahrhunderts," in *Eine Wissenschaft emanzipiert sich. Die Medizinhistoriographie von der Aufklarung bis zur Postmoderne*, Ralf Bröer, ed. (Pfaffenweiler: Centaurus, 1999), 175-187.

6 Walter Pagel, "Julius Pagel and the Significance of Medical History for Medicine," *Bulletin of the History of Medicine* 25 (1951): 207-225.

키고 재구성했다고 주장했다.[7]

발터 파겔과 칼 수도프 둘 다 언급한 또 다른 주제는 파겔이 의사 중심의 의료문화사(cultural history of medicine)를 구축하려고 시도했다는 것이었다.[8] 가장 영향력 있는 독일 의학사가 중 한 명이자 1907년 최초의 의학사 학술지 《의학사 아카이브(*Archiv fur Geschichte der Medizin*)》 창립자인 수도프는 파겔의 『의료문화사 체계강요(*Grundriss eines Systems der Medizinischen Kulturgeschichte*)』(1905)가 독창적이고 뛰어난 학술적 작업이었지만 너무 일방적인 문학적 관점에서 작성되었다고 지적했다.[9] 더욱이, 1917년의 《역사학보(*Historische Zeitschrift*)》에는 수도프가 개정한 파겔의 교과서 2판에 대한 서평이 실렸는데, 의학사가 문화사의 중요한 부분임을 파겔이 입증했다는 지적이 있었다.[10] 그러나 1912년 파겔의 부고에서 막스 노이부르거도, 1951년 파겔의 탄생 100주년 기념 연설에서 헨리 지거리스트(Henry E. Sigerist)도 문화사의 측면에서 파겔이 기여했다는 점은 언급하지 않았다.[11]

마지막으로, 노이부르거의 연구에 대한 여러 평가에서 그가 의학사에 대해 '철학적' 접근을 취했다는 점이 강조되었다. 지거리스트는 수도프의 접근 방식과 노이부르거의 접근 방식을 나란히 두었다. 그는 수도프를 분석적 작업에 종사하는 문헌학자로 간주한 반면, 노이부르거는 종합에 열중하는 철

7 Paul Diepgen, "Julius Leopold Pagel und die deutsche Medizinhistorik seiner Zeit," *Berliner medizinische Zeitschrift* 2 (1951): 353-355.

8 Pagel, "Julius Pagel," 220-25.

9 Karl Sudhoff, "Julius Leopold Pagel. Ein Nachruf," *Munchener medizinische Wochenschrift* 59 (1912): 425-426.

10 K. Baas, "J. L. Pagels Einfuhrung in die Geschichte der Medizin. In zweiter Auflage herausgegeben von Karl Sudhoff," *Historische Zeitschrift* 3d ser., 21 (1917): 146-148.

11 Max Neuburger, "Julius Leopold Pagel †," *Deutsche medizinische Wochenschrift* 38 (1912): 423; Henry E. Siegerist, "On the Hundredth Anniversary of Julius Pagel's Birth, 29 May 1851," *Bulletin of the History of Medicine* 25 (1951): 203-204.

학자였다고 평가했다.[12] 다른 의학사가들은 의학과 관련된 모든 문화적 관계에 민감한 철학적 정신이 노이부르거의 연구에 스며들어 있다고 언급했다.[13]

위에서 말한 '실용적' 접근은 18세기에 등장한 '실용적 역사'라는 개념에 뿌리를 두고 있다. 의학사가 쿠르트 슈프렝겔(Kurt Sprengel, 1766~1833)이 이러한 실용적 역사의 개념에 기여했다. 한스-우베 람멜(Hans-Uwe Lammel)은 18세기에 '실용적'이라는 용어에 네 겹의 의미가 있음을 보여주었다.[14] 첫째로 실용적이라는 것은 새로운 형식의 역사 서술을 의미하며, 그러한 서술의 과학적 지위는 원인과 결과에 대한 탐구에 기초하는 것이었다. 원인과 결과가 함께 제시될 때 이야기의 신뢰도는 높아질 수 있었다. 또한, 역사 서술은 동시대 사람들에게 유용해야 했다. 그것은 과거를 회상하게 하고 기억의 도구로 기능해야 했다. 이러한 작업을 하는 과정에서, 역사 서술적 기록의 가독성을 높이기 위해서 전기나 소설과 같은 문학 장르가 참조되었다. 마지막으로 '실용적'이라는 용어는 이전의 지적 전통에서 현대적인 것으로 패러다임 전환을 모색하여 문헌사(Historia literaria)의 오래된 양식에서 벗어나려는

12 Henry E. Sigerist, "A Tribute to Max Neuburger on the Occasion of his 75th Birthday, December 8, 1943," *Bulletin of the History of Medicine* 14 (1943): 417-421, 420.

13 Robert Rosenthal, "Max Neuburger, December 8, 1868-arch 15, 1955," *Bulletin of the History of Medicine* 29 (1955): 295-298, 297; F. N. L. Poynter, "Max Neuburger," 1; Owsei Temkin, "Professor Neuburger's Eightieth Birthday," *Bulletin of the History of Medicine* 22 (1948): 727-729; Lloyd G. Stevensen, "Max Neuburger's Centenary," *Bulletin of the History of Medicine* 42 (1968): 493-495; Edwin Rosner, "Erinnerungen an Max Neuburger," *Medizinhistorisches Journal* 3 (1968): 328-332 참조.

14 Hans-Uwe Lammel, "Kurt Sprengel und die deutschsprachige Medizingeschichtsschreibung in der ersten Hälfte des 19. Jahrhunderts," in Frewer and Roelcke, *Institutionalisierung*, 27-37, 그리고 "Interessen und Ansätze der deutschen Medizingeschichtsschreibung in der zweiten Halfte des 18. Jahrhunderts," in Bröer, *Wissenschaft*, 19-29; 또한 이 책의 1장 참조.

시도를 의미했다.

오세이 템킨(Owsei Temkin)과 발터 파겔도 비판적인 의미에서 실용적 역사를 주시했다. 파겔은 실용적 역사의 결점을 묘사하면서, 실용적 역사의 지지자들이 역사적 진실 전체를 받아들이는 대신에 역사로부터 그들의 관심을 끌고 실제 생활에서 보상을 약속하는 부분만을 추출했다고 주장했다. 그들은 현재의 의학적 표준을 통해 과거를 측정했고, 진보를 위한 사다리를 구축했다.[15] 이와 유사하게, 템킨은 진보적 역사로서 쓰인 실용적 역사가 지닌 문제적인 함의에 대해 논의했다. 여기서 진보의 개념이 극단적으로 받아들여질 수 있는데, 예를 들어 중세 시대가 거의 진보를 보이지 않았기 때문에 간과되거나 당시의 미신으로 인해 무시되는 경우가 그러하다. 이러한 극단적인 사례들에서 진보라는 개념은 계몽주의와의 관계를 명백하게 보여주었다.[16]

이어서 이 글에서는 실용적 의학사에 대한 파겔과 노이부르거의 이해뿐만 아니라 의료문화사에 대한 그들의 이해를 논의할 것이다. 그 과정에서 노이부르거가 자주 언급한 과거에 대한 철학적 이해에 대해 검토할 것이다. 파겔과 노이부르거의 개인적인 상황이나 의학사 분야에서 벌어진 당대의 방법론적 논쟁 등 여러 맥락이 언급될 것이다. 파겔과 노이부르거가 그들의 개념을 발전시키던 때에 의학사는 독일어권 대학에서 독립적인 분과가 되었다. 이러한 과정에서 나타났던 몇몇 특징은 실용적 의학사 또는 의료문화사의 개념이 형성되는 데에 영향을 미쳤다. 여기서 고려해야 할 한

15 Walter Pagel, "Julius Pagel," 215.

16 Owsei Temkin, "An Essay on the Usefulness of Medical History for Medicine," *Bulletin of the History of Medicine* 19 (1946): 9-47, 26.

가지 사실은 그들이 의사로서 수행했던 일상적인 활동들이다. 율리우스 파겔은 1898년 베를린에서 의학사 겸임 교수로 임명되었음에도 불구하고 평생 베를린의 프롤레타리아 거주지인 베딩 지구(Wedding-district)에서 의료 종사자로 일했다.[17] 노이부르거는 빈 대학에서 1904년에 객원교수(professor extraordinarius)가 되고 1917년에 정교수가 되는 와중에도 1914년까지 계속해서 개업의로 일했다. 노이부르거는 신경학 분야에서 경력을 쌓았으며, 지거리스트에 따르면 "신경학 연구에 영감을 주고 방향을 제시하는" 신경학의 역사에 대한 일련의 논문을 작성하여 이 분야에 기여했다.[18] 그 방식과 시기는 약간 다르지만, 두 사람 모두 임상에 종사했던 것이다. 실질적인 의료에 몸담고 있었다는 점은 그들로 하여금 당대의 의학이 지닌 문제들을 이정표로 삼도록 만들었고, 이는 그들의 주장의 의도까지는 아니더라도 적어도 주제를 선정하는 데에 부분적으로 영향을 미쳤다.

당대의 의학 외에도 다른 두 분야가 파겔과 노이부르거의 연구에 영향을 미쳤을 것이다. 첫째로, 1900년대 의학사가들은 거대한 서지 사항을 꼼꼼하게 덧붙인 라틴어와 그리스어 판본에 구현된 문헌학적 방법의 역할에 대해 논의했다. 이러한 논의에는 의학사 연구에 종사하는 의사와 문헌학자 사이의 관계도 포함되어 있었다. 또한, 의학사가 의과대학생과 의사에게 어떻게 제시되기를 원하는지에 대한 질문도 제기되었는데, 그것은 의학사의 정당

17 Walter Pagel, "Julius Leopold Pagel (1851-912)," in *Victor Robinson Memorial Volume: Essays on History of Medicine*, Solomon R. Kagan, ed. (New York: Froben Press, 1948), 273-297; Johann Gromer, *Julius Leopold Pagel (1851-1912)* (Cologne: Kohlhauer, 1985), 12-20 참조.

18 Henry E. Sigerist, "Preface," in Emanuel Berghoff, *Max Neuburger. Werden und Wirken eines österreichischen Gelehrten* (Vindobona: Maudrich, 1948), ix-xi; 노이부르거에 대해서는 Gabriela Schmidt, "Der Medizinhistoriker Max Neuburger und die Wiener medizinische Fakultät," *Wiener klinische Wochenschrift* 105, no. 24 (1993): 737-739도 참조.

성과 '유용성'에 대한 질문과 밀접하게 연결되어 있었다.

둘째, 1880년대 후반부터 독일의 역사학계에서는 '정치'사의 '전통적' 방법과 '문화'사의 '새로운' 방법을 대비하는 논의가 이루어졌다. 이러한 논쟁의 중심에는 '문화'사의 주역인 칼 람프레히트(Karl Lamprecht)가 있었는데, 그는 주로 《역사학보》와 관련된 역사가들로부터 비판을 받았다. 역사학계 내에서 이루어진 이러한 논쟁이 노이부르거와 파겔에게서 거의 동시에 나타난 문화사적 접근에 어느 정도 영향을 미쳤는지 고찰해 볼 필요가 있다.

이 글에서는 위에서 언급한 맥락을 참조하여 파겔과 노이부르거의 연구에 대해 논의할 것이며, 일단 파겔이 사망한 1912년까지로 제한하여 살펴본다. 우선 의학사에 대한 내부의 관점에서 시작하여 때로는 경계를 넘어 의학과 역사학 분야로 넘어갈 것이다. 나는 노이부르거와 파겔이 의과대학생들 사이에서 교육(Bildung)의 질을 높이기 위한 도구로서 의학사를 사용하려 했다고 주장한다. 또한 그들은 당대의 의료적 실천과 과학에 기여하기를 원했다. 이렇게 그들은 의학사의 유용성을 강조하면서도 실증주의적-실리주의적 접근에 국한되지 않았다. 오히려, 그들의 문화사는 의학사를 그 자체의 분과로서 안정화시키기 위해 의학사의 특정한 형태를 창조해 내려는 시도였다.

실용적 의학사와 의학과의 관계

1904년, 독일어권의 의학사가들은 학계를 뒤흔든 매우 논쟁적인 두 편의 논문을 마주했다. 라이프치히의 소아과 의사이자 강사였던 막스 자이페르트(Max Seiffert)는 의학사의 '고서-문헌학적(philological-antiquarian)' 방법을 비웃으면서, 영웅이나 책이나 연대를 열거하는 것이 훌륭하긴 하지만 그것이

의학사 학계 외부의 사람들에게도 '최면 효과'를 미쳤다고 주장했다. 그는 의학사가 근대 의학의 일반적 문제를 묘사할 수 있어야 하고, 돌팔이, 사회보험 회사 및 그 외의 사회적·정치적 세력의 광범위한 적대감에 맞서 싸워야 하는 의사들에게 도덕적 지원을 제공할 수 있어야 한다고 주장했다.[19] 두 번째 공격은 베살리우스에 대한 역사적 설명을 제시한 저자로부터 나왔다. 바젤의 병리해부학 교수인 모리츠 로스(Moritz Roth)는 히포크라테스 전집의 여러 책을 비판적으로 평가하기가 어렵다는 점을 지적했다. 그는 대다수의 선행 연구들을 비판하면서, 문헌학자는 물론, 파겔이 제안한 대로 문헌학자와 의사와 문화사 및 다른 역사 분야의 역사가들이 컨소시엄을 이룬다고 하더라도 이러한 문제를 해결할 수 없을 것이라고 주장했다. 역사학적 탐구를 추구하는 의사만이 고대의 의학을 새롭게 밝힐 수 있을 것이다. 로스는 노이부르거와 파겔뿐만 아니라 그가 '박식한 쓰레기(gelehrter Schutt)'라고 부른 실용적 의학사를 명시적으로 비판했다. 대학은 이런 종류의 의학사를 받아들이지 않았다.[20]

두 논문 모두 의과대학생과 의사를 위한 의학사의 학문적 성격과 '유용성'에 대해 의문을 제기했다.[21] 1904년, 자이페르트와 로스의 공격적인 논문이 나온 뒤, 노이부르거는 빈 대학에서 의학사에 관한 학술논문을 발표했다. 여기서 노이부르거는 의학사가 의과대학생 교육에 필연적으로 중요한 부분을

19 Max Seiffert, "Aufgabe und Stellung der Geschichte im medizinischen Unterricht," *Münchener medizinische Wochenschrift* 51 (1904): 1159-1161.

20 Moritz Roth, "Geschichte der Medizin und Hippokrates," *Münchener medizinische Wochenschrift* 51 (1904): 1396-1398.

21 의학 내 역사의 기능에 대해서는 Alfons Labisch, "Von Sprengels 'pragmatischer Medizingeschichte' zu Kochs 'psychischem Apriori': Geschichte *der* Medizin und Geschichte *in der* Medizin," in Frewer and Roelcke, *Institutionalisierung*, 235~254 참조.

차지해야 하는 이유를 설명했다. 그는 고문헌에 관한 지식이 학생들을 과거와 현재의 상호 관계에 대해 민감하게 만들어 현대의 맥락을 비판적으로 평가할 수 있게 해 준다고 언급했다. 그에 따르면, 의학사는 학생들의 마음속에 의사의 기예와 윤리, 직업의 공동체적 정신에 대한 열정을 심어 주며, 한편으로는 철학적·문화사적 인식을 향상시킴으로써 젊은 의사를 지적 고립에서 벗어나게 해 주었다. 의학사는 과거의 작업에 대한 연구를 통해서 과학의 기초에 대한 이해를 증진시키고, 그러한 연구 덕분에 과거는 미래의 개념을 구축하기 위한 자료를 제공한다. 의학사에는 근래의 연구에 의해 과학적으로 확인된 많은 치료법과 치료 원리가 포함되어 있다. 의학의 과거에 대한 지식은 동종요법(homeopathy)과 자연치유라는 현대적 방식이 오래된 의학의 방법이라는 것을 보여주었다. 역사적 지식은 새로운 것으로 가장한 오래된 치료법의 기만적인 적용을 피할 수 있게 해 주었다. 의학사는 의사를 대상으로 하는 일반적인 교육을 향상시켰으며, 그렇게 함으로써 정신과학(Geisteswissenschaft)과 과학(science)이라는 두 문화 사이의 격차를 해소할 수 있었다. 의학사를 배움으로써 지적 능력을 훈련시켰다. 논쟁적인 분쟁으로 가득한 역사를 탐구하는 것은 현재의 문제들에 대해 더욱 엄밀하게 사고할 수 있도록 만들어 주었다. 근대 의학의 목적과 방법이 모호해질 정도로 분절된 사실들만이 현재의 의학에 넘치고 있을 때, 과거에 관한 지식이 이러한 혼란을 풀 열쇠를 제공했다. 근대 의학의 기초를 이루는 것에 익숙해지지 않고서 과학적 연구를 이해하는 것은 불가능했다.[22]

노이부르거의 논의 중 일부는 경험적-실용적 측면 또는 직업적 문제에

22 Max Neuburger, "Die Geschichte der Medizin als akademischer Lehrgegenstand," *Wiener klinische Wochenschrift* 17 (1904): 1214-1219.

관해 언급했다. 다른 부분은 비판적 사고와 인지 이론 및 실습에서 교육과 훈련의 기준을 높이는 것을 다루었다. 노이부르거는 1904년 9월 독일의학사 및 과학기술사협회(German Society for the History of Medicine and Natural Sciences)의 브레슬라우 학회에서 발표된 편지에서 로스의 공격을 언급했다. 그는 '효용이 존엄성보다 못하며(wahrhaft beschamende Utilitatsfrage)' 다른 관점에서 의학사를 다뤄야 할 의무가 있다고 말했다. 기존 문헌은 직접적인 효용과 별개로 대학 교육(universitas literarum)의 일부로서 분과의 명성에 영향을 미칠 수 있는 몇몇 훌륭한 성취를 이루어 냈다. 의과대학이 일반적인 교육의 도구로서 의학사를 배제한다면, 의과대학은 수의학의 역사를 육성하기도 하는 수의학 기관과 기술고등학교의 수준 이하로 떨어질 것이다.[23] 노이부르거는 효용을 소홀히 하지는 않았지만, '존엄성보다 못하'다는 말에서 드러나듯이 어느 정도 거리를 두었다. 그는 비판적 사고와 인지 능력을 개발하고 젊은 의사들의 마음에 열정을 심어 주는 의학사의 역할을 강조했다. 그에 따르면, 의학사는 대학 교육 및 연구에 없어서는 안 될 부분이었다. 대학에서 의학 교육을 하고 학술적 의학이 대학 교육의 일부로서 유지되는 한, 의과대학에서 의학사가 하나의 분과로서 확고히 존재할 수 있을 것으로 보였다.

의학사의 유용성에 대한 이러한 지루한 논쟁의 맥락에서, 수도프는 의학사의 업무에 대해 일반적인 주장을 내놓았다. 노이부르거처럼 그 역시 의학사가 대학 교육과 이상주의, 일반 교양(Allgemeinbildung)을 향상시킬 수 있

23 "Protokoll der dritten ordentlichen Hauptversammlung der Deutschen Gesellschaft fur Geschichte der Medizin und der Naturwissenschaften zu Breslau," *Mitteilungen zur Geschichte der Medizin und der Naturwissenschaften* 3 (1904): 465-472.

다고 언급했다.[24] 게다가, 그는 과거의 전염병에 대한 역사학적 조사야말로 의학사가 최근 의학에 대해 갖는 유용성의 극치라고 확신했다. 이렇게 말하면서도 그는 문헌학적 방법의 중요성을 강조했으며, 의학사를 어떤 실리적인 의미에서든 응용 학문으로 보는 것은 위험하다고 주장했다. 그는 의학사가 그 자체의 길을 가야 하고 그 자체로 가치를 지닌다며, 의학사 분야의 독립성과 자신감을 강조했다.[25] 1908년, 문헌학자이자 고대 의학 분야에서 가장 훌륭한 전문가인 요하네스 일베르크(Johannes Ilberg)는 의학사가 '문헌학화(philologized)'되어야 한다고 주장했다. 그는 이러한 용어를 쓰면서 역사적 자료의 연구를 관장하는 규칙, 즉 그리스나 로마의 문헌학이나 그 외 다른 곳으로부터 도출한 규칙을 습득해야 한다고 주장했다. 파겔은 일베르크의 견해에 이의를 제기했지만, 수도프는 의학사가 역사적 자료에 대한 연구를 수행하는 방법을 배워야 한다고 강조했다.[26] 파겔과 노이부르거와는 대조적으로, 수도프는 분명히 문헌학적 방법을 강조했고 그것이 의학사의 방법론에서 중요한 부분이 되어야 한다고 주장했다. 베를린에 있는 훔볼트 대학의 전(前) 의학사가인 게오르그 하릭(Georg Harig)은 수도프가 고전 문헌학의 목

24 수도프에 관해 쓴 최신 논문을 나에게 제공해준 군돌프 카일(Gundolf Keil) 교수에게 감사드린다. 수도프에 대해서는 Gundolf Keil, "Sudhoffs Sicht vom deutschen Mittelalter," *Nachrichtenblatt der Deutschen Gesellschaft fur Geschichte der Medizin, Naturwissenschaft und Technik* 31 (1981): 94-129, 그리고 Andreas Frewer, "Biographie und Begrundung der akademischen Medizingeschichte: Karl Sudhoff und die Kernphase der Institutionalisie rung 1896-1906," in Frewer and Roelcke, *Institutionalisierung*, 103-126, 그리고 Karl Sudhoff, "Theodor Puschmann und die Aufgaben der Geschichte der Medizin," *Münchener medizinische Wochenschrift* 53 (1906): 1669-1673, 그리고 "Richtungen und Strebungen in der medizinischen Historik. Ein Wort zur Einfuhrung, Verständigung und Abwehr," *Archiv für Geschichte der Medizin* 1 (1907): 1-11도 보라.

25 Sudhoff, "Richtungen," 6.

26 이러한 논쟁에 관해서는 Georg Harig, "Sudhoffs Sicht der antiken Medizin," *Sudhoffs Archiv* 76 (1992): 97-105 참조.

표를 대부분 공유하면서도 고전 문헌학자와 의학사가 사이의 중개자 역할을 했다고 설득력 있게 주장했다.[27] 이러한 의견 차이가 있었음에도, 노이부르거는 수도프가 1918년 라이프치히에서 정교수가 되려고 지원했을 때 그를 지지하는 것을 망설이지는 않았다.[28]

노이부르거와 마찬가지로 파겔은 근대 실리주의(utilitarianism)에 영합하는 것을 거부했다.[29] 또한 그는 의학사가 일반교양을 향상시키고 비판적 사고를 촉진하는 것을 추구한다고 주장했다.[30] 의학사는 이론과 교리와 의견의 거친 변화와 자기모순을 드러냈는데, 이러한 역사로부터 자연의 사실과 법칙이 어떻게 발견되었는지 배울 수 있다.[31] 또한 역사는 전통적이고 저속한 치료법에 대한 관용을 가르쳐 준다. 파겔에 따르면 소위 대중 의료(people's medicine)는 역사에 비추어서만 이해될 수 있었다. 왜냐하면 대중 의료의 방법은 다양한 시기에 활동한 과학적 의사들에 의해 전수되고 추천된 후에 대중에게 채택된 것이기 때문이다.[32] 파겔은 실제 의료와의 관련성을 매우 강조했다. 그가 보기에, 역사 지식은 실질적인 의학 지식을 넓히고 확인해 주었다.

프랑스 의학사가 샤를 다렘베르그(Charles Daremberg)처럼,[33] 파겔은 의학사가 현재의 의학 전체를 포괄하고 그것이 발전해 온 단계들을 요약해 준다

27 *Ibid.*, 102.
28 Ortrun Riha, "Die Puschmann-Stiftung und die Diskussion zur Errichtung eines Ordinariats für Geschichte der Medizin and der Universität Leipzig," in Frewer and Roelcke, *Institutionalisierung,* 127-141 참조.
29 Julius Pagel, Geschichte der Medizin, 2 vols. (Berlin: Verlag von S. Karger, 1898), vol. 1:1.
30 *Ibid.*, 2-3.
31 *Ibid.*, 2.
32 *Ibid.*, 9.
33 Charles Daremberg, *Histoire des sciences médicales*, 2 vols. (Paris: J. B. Baillière & fils, 1870), vol. 1:xiv-xvi, 7-9.

고 주장했다. 따라서 의학사는 인간의 지식 전체를 '유전적인(genetic)' 방식으로 개괄할 수 있게끔 해 준다는 것이다. 역사는 과거에 대한 사실적 지식을 이해하는 데 도움을 줄 뿐만 아니라, 발생학적(embryological) 방법이 이전에 모호했던 많은 분야를 열어 주었던 것처럼 새로운 사실을 발견하도록 돕는다.[34] 역사의 도움으로 부당하게 잊혀진, 그리고 종종 부적절한 혁신에 대체되어 밀려난 치료법을 많이 찾을 수 있었다. 과거에 이루어진 몇몇 발견과 발명은 현대 연구의 결과에 의해 확인되었다.[35] 노이부르거도 이러한 주장을 활용했다. 그는 베를린의 외과 의사인 아우구스트 비에르(August Bier)가 충혈(hyperemia)을 치료 수단으로서 성공적으로 도입한 것을 언급하면서, 고대의 치료 아이디어가 근대 생물학에 기초하여 부활한 예시라고 주장했다.[36] 더욱이 파겔은 동종요법을 포함하는 현대의 엉터리 치료, 그리고 의사의 상업적 행동과 그들이 벌이는 불쾌한 광고에 대항하는 무기로서 역사가 사용되기를 열망했다. 역사적 지식은 이러한 부정직과 비진리에 맞서기 위한 최선의 보호 장치이자 도덕적 힘이었다. 역사는 의료윤리의 구체화(embodiment)라고 할 수 있었다. 그것은 공정함, 겸손함, 경건함을 부여하고 자만심을 떨쳐 버리게 한다는 점에서 종교적 의식과 마찬가지였다.[37] 의학 발전에 관한 지식을 통해 의사는 오류와 진실을 구분하고, 이러한 아이디어에서 새로웠던 것이 얼마나 진리가 아니었는지, 진리였던 것이 얼마나 새롭

34 Pagel, *Geschichte der Medizin*, vol. 1:2.
35 *Ibid.*, 5.
36 Max Neuburger, "Zur Geschichte des Problems der Naturheilkraft," in *Essays on the History of Medicine: Presented to Karl Sudhoff on the Occasion of His Seventieth Birthday, November 26th, 1923*, Charles Singer and Henry E. Sigerist, eds. (London: Oxford University Press; Zurich: Verlag Seldwyla, 1924), 325-348.
37 Pagel, *Geschichte der Medizin,* vol. 1:6.

지 않았는지를 입증할 수 있었다.

파겔이 의학사를 종교적 의식과 동동하게 본 것은, 역사라는 것이 역사가가 발견하고 가르쳐야 할 의무가 있는 도덕적 원칙을 구체화하고 있다는 확신에 뿌리를 두었기 때문이다. 게다가 그것은 세속적인 사회에서 과학이 종교를 대체한다는 증거였다. 파겔은 세기가 바뀔 즈음에 독일의 의료계를 점령한 중요한 문제들을 제기했는데, 1880년대 초 사회보험제도의 시행, 물질주의적 메커니즘에 대한 비판과 결합된 대학 의학 및 인간을 대상으로 하는 임상 시험에 대한 대중적 반발 증가,[38] 다양한 치료사의 비전문적 기법들에 기반한 자연치료 및 기타 치유 방법의 부상 등을 꼽았다.[39] 이 모든 현상은 의료계의 자율성과 자유에 대한 큰 위협으로 간주되었다. 파겔은 근대 독일의 국영 건강보험 시스템을 비판했으며,[40] 그와 같은 모든 불편함에 대항하는 강력한 무기를 만들기 위해 의학사를 사용하고자 했다. 이로써 실용적 접근의 특수한 측면은 분명해졌다. 즉, 의학사가 전문 직업적 능력을 향상시키는 데 유용하다는 것이다. 노이부르거와 비교해 볼 때, 파겔은 역사적인 지식으로부터 만들어진 무기를 사용하여 당대의 전문적 전투를 강조하는 데 훨씬 더 기여했다.

예를 들어, 이 두 사람이 동종요법에 대해 다르게 평가한 것은 이들이 그에 연루된 정도가 다르다는 점을 분명히 보여준다. 파겔은 동종요법을 엉뚱

38 Barbara Elkeles, *Der moralische Diskurs über das medizinische Menschenexperiment im 19. Jahrhundert* (Stuttgart: G. Fischer, 1996) 참조.

39 Cornelia Regin, *Selbsthilfe und Gesundheitspolitik: Die Naturheilbewegung im Kaiserreich (1889-1914)* (Stuttgart: Steiner, 1995) 참조.

40 Julius Pagel, *Grundriss eines Systems der Medizinischen Kulturgeschichte* (Berlin: S. Karger, 1905), 72, and "Medizinische Kulturgeschichte," *Deutsche Geschichtsblatter. Monatsschrift zur Förderung der landesgeschichtlichen Forschung* 5 (1904): 145-156.

한 것이자[41] 믿음에 근거한 신학적 도그마이며, 사기 치료법으로,[42] 그리고 암시의 산물로 간주했다.[43] 그랬기 때문에 그는 동종요법을 모든 진실된 의사가 싸워야 하는 비과학적 의료법으로 치부했다. 의사들의 직업적 이해관계 속에서 만들어진 담론에 반하여, 노이부르거는 동종요법을 자연적 치유력의 결과로서 해석하고 하네만(Samuel Hahnemann, 1755~1843)이 사용한 관망요법(expectative therapy)이 18세기 말 빈의 의과대학에서 개발되었다고 보았다.[44] 또한 노이부르거는 동종요법 학파의 임의성과 추측에 대해서는 비난했지만, 동시에 그 목적과 내용을 당시의 첨단 기술과 연관시켰다. 따라서 그는 동종요법에서 독단적 치료에 대한 투쟁, 질병에 대한 존재론적 개념의 거부, 개별적이고 가벼운 치료의 권고, 건강한 개인에 대해 치료가 갖는 효과에 관한 시험의 제안 같은 장점을 인정했다.[45] 노이부르거는 당대의 직업적 분쟁과 철학적 논의 모두에 대해 더 넓은 범위에서 맥락적 관계를 연구했다.

파겔은 템킨이 보여준 것처럼 역사의 진보라는 개념을 고수했다.[46] 파겔은 중세에 종교적 기적·미신·정설에 대한 믿음이 만연되어 있었고 과학적으로 교육받은 의사가 부족했다는 점을 문제로 지적하면서,[47] 중세를 의학

41 Pagel, *Geschichte der Medizin*, vol. 1:8.

42 Pagel, *Grundriss Kulturgeschichte*, 42.

43 Julius Pagel, "Homöopathie oder Suggestion?" *Deutsche Medizinische Presse* 7 (1903): 98-101.

44 Neuburger, "Zur Geschichte des Problems," 343.

45 Max Neuburger, "Einleitung," in *Handbuch der Geschichte der Medizin*, Max Neuburger and Julius Pagel, eds., 3 vols. (Jena: Gustav Fischer, 1902-1905), vol. 2:122.

46 Julius Pagel, "Ueber die Geschichte der Göttinger medizinischen Schule im XVIII. Jahrhundert" (Med. diss., Friedrich Wilhelm University of Berlin, 1875), 8.

47 예를 들어, Julius Pagel, *Die Entwickelung der Medicin in Berlin von den ältesten Zeiten bis auf die Gegenwart* (Wiesbaden: J. F.Bergmann, 1897), 5 참조.

기술과 의과학 지식의 역사에서 가장 무익한 시기로 간주했다.[48] 그는 현재의 표준을 과거를 측정하는 기준으로 삼았고, 어두운 시작점에서 계몽된 현재, 즉 계속되는 발전 과정의 절정에 해당하는 현재로 올라가는 사다리를 상정했다. 이러한 태도를 감안할 때 파겔이 중세의 의학 자료를 조사하고 중세 의학 책자를 편집하는 데 그렇게나 많은 시간을 투자한 것은 역설적으로 보일 수 있다. 그는 실용적인 관점에서 볼 때 중세 의학 전체가 거의 가치가 없다고 인정했다. 그러나 중세의 의학은 비문화(nonculture)와 중세 암흑에서 잠자고 있던 정신(Geistesschlummer mittelalterlicher Finsternis)에 대한 증거를 제공했기 때문에 어느 정도 중요하다고 볼 수 있었다. 더욱이 중세 문헌이라는 우회로를 통해서만 고대 의학에 다다르는 길을 찾을 수 있기도 했다.[49]

의학사가 의학과 맺는 관계에 관해서 또 다른 중요한 점을 언급할 필요가 있다. 1897년 율리우스 파겔은 뇌와 척수에 대한 실험 생리학의 역사적 발전을 다룬 노이부르거의 책을 비평했다. 파겔은 이 책이 노이부르거를 역사가이자 생리학자로서 정당화해 준다고 주장했다. 노이부르거의 책에는 실용적인 실험적 측면과 역사적 설명이 매우 긴밀하게 결합되어 있었다.[50] 지거리스트와 유사하게 파겔은 노이부르거의 역사적 연구를 당대의 생리학에 대한 실질적이고 가치 있는 공헌으로 보았다. 그는 역사 조사를 당대의 의학에 대한 실용적인 기여로 보았다. 노이부르거도 1904년에 이와 유사한 언급을 했다. 노이부르거는 역사적 의학(historische Medizin)의 개념을 사용하여 의학사는 과학으로 거듭났으며 의학사가 갖는 문학·철학과의 관련성을 차

48 Julius Pagel, "Einleitung," in Neuburger and Pagel, *Handbuch* vol. 1:447.
49 *Ibid.*, 450-451.
50 Julius Pagel, "Die historische Entwickelung der Gehirn- und Rückenmarksphysiologie vor Flourens—Von Max Neuburger," *Deutsche Medizinal-Zeitung* (1897): 675.

치하고라도 대단히 실용적인 분과가 될 수 있다고 주장했다. 그는 이러한 발전을 위해서는 현재와 지속적이고 서로 북돋는 상호작용이 있어야 한다고 강조했다.[51] 과거와 현재 간 상호작용의 강도는 관련된 사람들의 학식, 지식 및 참여의 문제만이 아니었다. 오히려 모든 문화와 역사적 발전에 적용할 수 있는 자연법칙(law of nature)과 같은 것이 존재한다고 볼 수 있었다. 뇌와 척수 생리학에 관한 연구에서, 그는 초기 연구의 단점과 결점은 한편으로는 열등한 수준 때문이라고 설명할 수 있고, 또 다른 한편으로는 보조 과학을 적절하게 사용하지 않았다는 사실로 설명할 수 있다고 주장했다. 한때 단순한 철학적 추측이었던 것이 임상 조사와 해부학이 되었다. 이로써 과거로 물러난 지 오래되었더라도 각각의 아이디어와 과학적 사실이 부활할 수 있었다. 새로 개발된 방법과 실험적 설정에 기초하여 오래된 문제들이 새롭게 고찰되었다. 노이부르거는 과거에 관한 연구가 때때로 중요할 수 있다고 강조했는데, 왜냐하면 당대의 아이디어와 문제, 기대와 실망, 단점과 결점을 그대로 보여주기 때문이다.[52]

이러한 '법칙(law)'에 의하면 역사 속에 아이디어와 연구 질문의 불변성이 존재하고, 이렇게 지속적으로 존재하는 아이디어는 오랫동안 숨겨져 있을 수 있지만, 보조 과학과 기술 장비가 변화하면 오래된 문제에 현대적인 기술이 적용되어 부활하거나 '새로운' 발견으로 이어질 수 있다. 이러한 '아이디어와 문제의 역사적 불변성'이라는 법칙이 현재에 이르기까지의 모든 역사

51 Max Neuburger, "Die Geschichte der Medizin als akademischer Lehrgegenstand," *Wiener klinische Wochenschrift* 17 (1904): 1214-1219.

52 Max Neuburger, *The Historical Development of Experimental Brain and Spinal Cord Physiology before Flourens*, Edwin Clarke, trans. and ed. (Baltimore: Johns Hopkins University Press, 1981), 290. 이 책은 원래 *Die historische Entwickelung der experimentellen Gehirn-und Rückenmarks Physiologie vor Flourens* (Stuttgart: Enke, 1897)로 출판되었다.

적 과정에 적용되기 때문에, 과거와 현재의 간극은 메워질 수 있었다. 따라서 의학사 연구가 현재의 필요에서 비롯된 문제와 질문을 다룬다면 당대의 의학과 연관될 수밖에 없었다.

노이부르거와 파겔은 둘 다 과거의 의학을 현대의 의학과 연결했지만 두 가지 다른 종류의 연결을 구성했다. 파겔은 가장 현대적인 의학 상태까지 단계적으로 이어지는 발전의 노선을 구축하기 위해 역사의 진보를 언급한 반면, 노이부르거는 시간의 흐름이 아니라 역사적 연속체 내의 공간을 보았다. 이 공간 안에서 과거와 현재는 상호적이고 생산적인 방식으로 상호작용했으며 반복되는 아이디어, 문제 및 필요에 의해 자극을 받았다. 달리 말해서, 과거와 현재의 관계는 실용적 관점에서뿐만 아니라 자연법칙의 용어로 정의되었다.

의학사와 문화사

노이부르거와 파겔은 종종 일반적인 문화 발전과 특정한 의학적 발전 사이의 관계를 강조했다.[53] 1905년 율리우스 파겔은 『의료문화사 체계강요』를 발표했다. 파겔은 문화사적 접근 방식을 추진하기로 결정했는데, 생활방식이나 사회적 습관, 정치적 태도를 다룸으로써 학생들에게 의학사를 더 매력적으로 만들 가능성을 제공했기 때문이다.[54] 파겔은 여러 곳에서 의학이 문화 일반의 중요한 부분이라고 언급했다.[55] 그는 1898년 출판한 『의학사

53 예를 들어, Neuburger, "Einleitung," 4; Max Neuburger, *Geschichte der Medizin*, 2 vols. (Stuttgart: Enke, 1906), vol. 1:1-2 참조.

54 Pagel, *Grundriss Kulturgeschichte,* 5.

55 예를 들어, Pagel, "Medizinische Kulturgeschichte," 145-56 참조.

(*Geschichte der Medizin*)』에서 특정한 시대에 관한 완전한 그림을 재구성하기 위해서는 주거·음식·무역·예술·유희·정치 등 문명의 모든 분야를 참조할 필요가 있다고 주장했다. 이를 통해 과거의 의학을 더 깊이 이해할 수 있다는 것이다.[56] 그는 『문화사(*Kulturgeschichte*)』에서 '의사 중심의 의료문화사(arztliche Kulturgeschichte)'를 다룬 이전 저자들의 입장에 대해 기술했다. 그는 의학의 관점에서 인류의 문화사 전체를 고찰하고자 했다.[57] 그는 문화의 다양한 분야를 고려하여 각 분야가 의학의 발달에 기여한 것과 의사가 각 분야에 대해 기여한 것을 대비하여 평가하는 것을 선호했다. 파겔은 이러한 상호적인 영향을 통해서 어떻게 점진적인 발전이 시작되었는지 설명하려고 노력했다. 특히 그의 의료문화사는 의학 내 신학·동종요법 및 신비주의적 접근·여의사·의학 종교(medical religion)·의학 내 철학·법과 의학, 의학과 자연과학·사회의학·의학과 국가의 역사·의학과 운문·의학과 예술을 다루었고, 수학자로서의 의사·교육자로서의 의사·귀족 의사·공주와 저명한 여배우의 남편인 의사 그리고 100살의 의사 등에 관해서도 논했다.

파겔은 그의 저서에서 13세기 로마 가톨릭교회가 과학적 사고를 억압했다고 비난했다.[58] 그는 신플라톤주의가 신비주의를 조장했다고 비난했다.[59] 그는 여성이 의학을 공부할 권리를 배척하면서, 미국과 러시아에서 여성이 의학을 공부하고자 하는 '이상한 운동'이 강력하게 지지를 받는 현상이 빨리 진정되기를 바랐다.[60] 독일 의사의 대다수와 마찬가지로 파겔은 독일의 건

56 Pagel, *Geschichte der Medizin*, 3.
57 Pagel, *Grundriss Kulturgeschichte*, 12.
58 *Ibid.*, 33.
59 *Ibid.*, 38.
60 *Ibid.*, 45.

강보험 시스템을 비판했다. 파겔이 이러한 시스템을 거부한 이유는 그가 반동 정치를 찬성했기 때문이 아니라 이 시스템이 건강을 개선할 수 있는 모든 조치에 대해 관련 노동자들의 무관심을 조장할 것이라고 보았기 때문이다.[61]

이러한 부정적인 진술에도 불구하고 그는 저서 대부분에서 문화와 문명에 대한 의사의 공헌을 칭송했다. 그는 영국의 자유주의적 정치가 글래드스톤(Gladstone)의 모토를 따랐는데, 이제는 의학이 치료 과정과 건강에 관한 것뿐만 아니라 질병의 예방과 건강한 삶과 행복과 부의 보장을 포함하여 인간의 삶 전체에 주도적인 역할을 할 때가 되었다고 보았다.[62] 또 다른 글에서 그는 상당수의 철학자들이 의사였다고 주장했다.[63]

파겔은 슈프렝겔로 거슬러 올라가는 의료문화사의 전통에 자신의 주장의 근거를 두었다.[64] 파겔은 빌헬름 스트리커(Wilhelm Stricker)·하인리히 롤프스(Heinrich Rohlfs)·이반 블로흐(Iwan Bloch)[65] 등 몇몇 선행 연구자를 언급했지만, 정치사의 '오래된' 접근과 대조되는 문화사의 '새로운' 접근으로 개종함으로써 1891년에서 1898년 사이에 독일 역사가들 사이에 논쟁을 불러일

61 *Ibid.*, 72.
62 *Ibid.*, 68.
63 Julius Pagel, "Medizin und Philosophie. Ein Beitrag zur medizinischen Kulturgeschichte," *Reichs-Medizinal-Anzeiger* 32 (1907): 243-244.
64 '문화'의 역사적 사용에 관해서는 Jörg Fisch, "Zivilisation, Kultur," in *Geschichtliche Grundbegriffe*, Otto Brunner, Werner Conze, and Reinhart Koselleck, eds. (Stuttgart: Klett-Verlag, 1992), vol. 7:679-774 참조. *Kultur und Kulturwissenschaften um 1900, Vol. 1: Krise der Moderne und Glaube an die Wissenschaft*, Rüdiger vom Bruch, Gangolf Hübinger, and Friedrich Wilhelm Graf, eds. (Stuttgart: Steiner, 1989)도 보라.
65 Wilhelm Stricker, *Beiträge zur ärztlichen Kulturgeschichte. Fremdes und Eigenes gesammelt und herausgegeben* (Frankfurt: Auffahrt, 1865); Heinrich Rohlfs, "Die Aerzte als Culturhistoriker," *Deutsches Archiv für Geschichte der Medicin und medicinische Geographie* 7 (1884): 443-452; Pagel, *Grundriss Kulturgeschichte*, 11.

으킨 동시대인 칼 람프레히트에 대해서는 언급하지 않았다. 이 논쟁이 의학사에 영향을 미쳤다는 몇 가지 증거가 있다.

칼 람프레히트는 1891년 라이프치히에서 역사학 교수로 임명되었다.[66] 문화사를 지지하는 학자들 중에는 역사 경제학자와 사회학자, 그리고 몇몇 역사가들이 있었다. 실제로 문화사를 추진한 사람들은 다양한 연합을 이루었고 이들 사이에서 공통적인 관심 분야를 파악하기란 어려웠다. 역사가 로저 치커링(Roger Chickering)은 문화사(Kulturgeschichte)에 대한 관심이 역사학이라는 직업의 주변부에 있는 여러 집단이 수렴된 결과라고 지적했는데, 이들에게는 당대의 사회문제에 대한 민감도가 직업의 학문적 핵심보다 더 중요했다는 점이 분명하다. 문화사라고 전해진 많은 부분에는 이론적 성찰이 빠져 있었다. 문화사가들 사이에서 유일하게 합의된 방법은 인간 활동의 모든 단계가 역사가가 다룰 범위에 속하고 역사학적 글쓰기가 국가의 문제에 국한되어서는 안 된다는 것이었다.[67]

그러나 '문화사'라는 개념에는 오해의 소지가 약간 있었는데, 람프레히트는 사회사의 문제와 질문을 역사 연구의 중심에 두고자 했다. 그는 사회적·경제적 발전의 관련성을 강조했고, 역사적 발전에서 사상의 중요성을 부정했다. 그리고 역사주의의 개인주의적 방법론을 거부하여 역사에서의 일반적 법칙을 드러내기 위해 고안된 접근 방식으로 대체했다. 이러한 전환을 통해 역사학은 인식 가능한 법칙에 기초하는 정확한 과학으로 바뀔 수 있었다. 그는 자연과학에서 파생된 이러한 법칙을 인과유전적(kausalgenetische) 접근

66 Roger Chickering, *Karl Lamprecht: A German Academic Life (1956-1915)* (Atlantic Heights, N.J.: Humanities Press, 1993).
67 *Ibid.*, 155.

법이라고 불렀다.[68] 훗날 람프레히트는 사회심리적 조건을 강조했는데, 이를 후속연구에서 더 발전시키고자 했다. 그는 심리학을 정신생활에 관한 자연과학으로 보았고, 따라서 인간의 의도와 심리의 인과관계를 찾을 수 있다고 확신했다. 마지막으로 그는 인간 세계와 자연 세계의 생물학적 과정 사이에 유사한 발전이 존재한다고 주장했다. 이는 역사적 조건에 생물학적 성장과 진화를 부여하는 것을 의미했다.[69]

람프레히트의 접근 방식은 의학사가가 의료문화사라고 명명한 분야를 육성하는 기준점이 되었다. '사회적'이라는 용어와 '문화적'이라는 용어는 생물학과 사회학의 격차를 해소하고 생물학의 '법칙'이 사회적 조건의 영역에 들어갈 수 있도록 만들었다. 1904년에 자이페르트는 의학사의 '고서-문헌학적(philological-antiquarian)' 방법론을 공격하면서 람프레히트의 '집단주의적(collectivistic)' 접근 방식과 그의 성공적인 '유전적' 역사 기술(genetisch entwickelte Geschichtsschreibung)을 언급했다. 자이페르트는 람프레히트의 성공을 의학사의 수준을 향상시킬 수 있는 자극으로 여겼다.[70] 이에 대응하여, 수도프는 독일의학사및과학기술사협회(Deutsche Gesellschaft fur Geschichte der Medizin und der Naturwissenschaften)의 회장 자격으로 펜을 들었다.[71] 그 역시 람프레히트를 매우 긍정적으로 평하면서 그를 중요하고도 뛰어난 라이프치히의 역사가라고 말했다. 의학사가들은 그의 '유전적' 접근을 가치 있다고 여기고 그의 방법을 자신들의 연구 모델로 삼았다.[72] 1908년 8월 베를린

68 Friedrich Jaeger and Jörn Rüsen, *Geschichte des Historismus* (Munich: Beck, 1992), 141.
69 *Ibid.*, 145.
70 Seiffert, "Aufgabe," 1159.
71 Karl Sudhoff, "Zur Förderung wissenschaftlicher Arbeiten auf dem Gebiete der Geschichte der Medizin," *Münchener medizinische Wochenschrift* 51 (1904): 1350-1353.
72 *Ibid.*, 1352.

에서 국제역사학협회(Internationale Kongres fur historische Wissenschaften)가 열렸을 때 문화와 인문학(Kultur-und Geisteswissenschaften) 부문과 과학사 하위 분과가 포함되었다. 문화사와 과학사를 연결한 이 부문에서 람프레히트는 라이프치히의 문화사와 보편적 역사학의 결실에 관한 논문을 발표했다.[73]

그 후 19세기 말에 이르러 의학사가와 문화사가는 서로 밀접한 관계에 놓였다. 막스 노이부르거는 몇몇 논문에서 이름은 언급하지 않았지만 람프레히트의 입장에 주목했다. 자신을 문화사가(Kulturhistoriker)라고 생각했던 노이부르거는 스베덴보리(Swedenborg, 스웨덴의 과학자-역주)에 관한 짧은 논문을 소개하면서 '과학적 집단주의(scientific collectivism)'의 문제를 다루었다. 이 용어를 사용하여 노이부르거는 역사에서 개인주의적 측면을 강조하는 것을 거부하는 람프레히트의 '집단주의적' 접근 방식에 선을 그었다. 노이부르거는 이러한 방법론에 대한 찬반은 어디에나 분명히 존재한다고 말했다. 그는 '대비효과의 법칙(Gesetz der Contrastwirkung)'을 통해 한 개인의 작업을 연구하게 되었고, 이로써 스베덴보리에 관한 자신의 고찰을 정당화하고자 했다.[74] 노이부르거가 집단주의적 방법론의 규칙, 즉 다수의 문화적 힘을 개인의 성취보다 더 중요한 역사적 힘으로 간주하는 방법론을 완전히 따르지는 않았다는 점은 분명하다. 그는 계속해서 개인에 대해 연구하면서도 또 다른 지면을 통해서는 역사의 변화가 개인 '개혁자'의 활동에 의해서가 아니라 역사의 전체 과정을 지배하는 순수한 필요성에서 비롯된다고 강조했으며, 이

73 Paul Herre, "Bericht über den internationalen Kongreß für historische Wissenschaften zu Berlin, 6.-12. August 1908," *Historische Vierteljahresschrift* 11, N.F. der Deutschen Zeitschrift für Geschichtswissenschaft 19 (1908): 417-426.

74 Max Neuburger, "Swedenborg's Beziehungen zur Gehirnphysiologie," *Wiener medicinische Wochenschrift* 51 (1901): 2077-2081.

는 역사가 내재적 목적(immanente Zweckmasigkeit)에 의해 지휘된다는 것을 의미했다.[75]

이러한 맥락에서 '대비효과의 법칙'에 대한 노이부르거의 언급은 단순한 수사적 표현 이상이라고 할 수 있다. 그는 역사적 과정에서 법칙을 발견하여 역사의 발전을 이해하는 데 기여하기를 열망했다. 파겔 역시 역사적 규칙성을 전제했지만 그것을 명시하기 위해 애쓰지는 않았다.[76] 파겔의 보류와는 달리, 노이부르거는 모든 문화적 창조물에 적용할 수 있는 '비관적(düster)' 법칙에 주목했는데, 어떤 시기에 그 시기의 특정한 특성들이 최고 수준에 도달하면 멸망할 수밖에 없다는 것이다. 그는 중세의 과도한 종교적 신비주의가 교권 반대 운동으로 이어졌다거나, 난해한 스콜라풍의 사고가 극도의 회의론을 불러일으킨 것을 예로 들었다. 즉, 노이부르거는 그 자체를 부정하는 결과가 만들어진다는 최고 한정의 법칙(law of highest determination)을 공식화했다.[77] 노이부르거는 헤겔의 역사적 관점에서 이러한 법칙을 만들어 냈는데, 여기서 두 번째 기간은 첫 번째 기간의 부정을 포함하고 세 번째 기간은 두 번째 기간의 부정을 포함한다.[78] 이러한 헤겔의 논의를 사용하여 노이부르거는 한 기간에서 다른 기간으로의 역사적 변화에 대해 설명하고 인식 가능한 법칙에 기반하여 의학사를 정확한 과학으로 변환하려고 노력했다.

노이부르거의 작업 전체에 걸쳐 과학과 의학의 발전 과정에서 법칙을 탐지하려는 시도가 발견된다. 그는 빈 의과대학에 대한 분석에서 "명성의 시

75 Neuburger, "Einleitung," 4.

76 예를 들어, Pagel, *Entwickelung*, 32 참조. 여기서 그는 해부학의 발전은 항상 수술의 발전과 결합된다고 주장했다.

77 *Ibid.*, 4-5.

78 Neuburger, *Brain Physiology*, 8.

대는 항상 교육에서의 자유주의적 개혁과 연결되어 있다."라는 논제를 도출했다.[79] 그는 특정한 육성의 메커니즘을 다룬 저서에서 진보의 기본 법칙(Grundgesetz)을 제시했는데, 이는 다양한 원칙을 지닌 의견 사이의 모순은 실증적인 경험과 관찰이 커짐에 따라 같은 척도로 줄어든다고 설명했다.[80] 더 나아가 노이부르거는 람프레히트의 목적에 따라 생물학과 자연과학의 법칙을 의학의 역사적 발전에 배치하려고 노력했다. 그는 특정한 의학 분야가 출현하는 과정을 다루면서, 과학적 의학이 유기적으로 구조화되어 성장하는 것이 세균 층에서 분화되어 세포 수준의 분업(cellular division of labor)으로 자라나는 생물의 성장과 비슷하다고 설명했다.[81] 또한, 생리적 문제에 대한 새로운 실험적 설명의 맥락을 제시하는 가운데 에너지 보존 법칙을 언급했다. 그는 "어떤 특성이 한 시기의 지형을 결정한다 해도, 새롭고 표준이 되는 특성은 완전히 다른 특징이라기보다는 이러저러한 특징을 더 명확하게 눈에 띄게 하는 새로운 배열로 나타난다. 여기서도 에너지 보존 법칙이 적용되기 때문에 요소들의 총합, 즉 이 과정에서 사용된 지적 노력은 최종 결과의 효용성이 어떻든 간에 결국 동일하다."라고 말했다.[82]

람프레히트의 문화사 접근 방식에 나타난 또 다른 요소들은 노이부르거의 연구에서도 찾아볼 수 있다. 때때로 그는 새로운 연구 결과가 과학자들의 사고에 미치는 효과를 설명하기 위해 심리학을 언급했다.[83] 노이부르거와

79 Max Neuburger, "Development of Medical Science in Vienna," *The Lancet* 201 (1921): 536-538.

80 Max Neuburger, *Die Anschauungen über den Mechanismus der spezifischen Ernährung.* (Das Problem der Wahlanziehung) (Leipzig: Deuticke, 1900), 96.

81 Neuburger, "Einleitung," 72.

82 Neuburger, *Brain Physiology*, 4.

83 Neuburger, "Einleitung," 9.

파겔은 의학의 발전을 위한 집단적 구조 또는 사회적 구조를 탐색하는 데 상당한 노력을 기울였다. 두 사람 모두 의학의 수준을 높이는 데 결정적인 역할을 한 괴팅겐과 빈의 의과대학에서 일했다. 둘 다 전문 직업적 문제에 대해 고찰했다. 노이부르거는 의사의 경제적 지위에서 역사적 측면을 되돌아보았고 의학의 발전에서 과학자 집단이 지니는 중요성에 대해 논의했다. 파겔은 빈곤층을 위한 베를린의 지역 의사협회의 역사에 관한 논문을 썼으며, 의료윤리에도 기여했다. 둘 다 유대인 의사 집단과 종교와 의학의 관계에 대해 다루었다. 노이부르거와 파겔의 모든 과학적, 문학적 활동은 문화사의 현대적 기준을 충족시켰다. 따라서, 람프레히트의 접근을 의학사 연구의 모델로 추켜세우는 수도프의 일반적인 칭찬을 넘어, 소위 람프레히트 논쟁이 노이부르거와 파겔 모두의 작업에 영향을 미쳤을 가능성이 높다.

의학사와 학술적 요건

노이부르거와 파겔은 독일어권 대학의 의과대학에서 의학사가 독자적인 자체 분과로서 학문적 정당성을 갖도록 하기 위해 중요한 기초를 마련했다. 1900년경 그들이 의학사 분야에 접근했을 때 이 분야는 근대의 실험적 의학과 점점 더 분리되었다. 마찬가지로, 의학사와 성숙해진 근대 문헌학 분과 사이의 거리도 더 멀어졌다. 전통적인 역사학은 과학과 의학의 역사와는 관계없이 주로 사상사와 정치사로서 개념화되었다. 더욱이, 당시 대학교수의 요건에 맞춰서 연구자와 교사로서의 역할을 모두 담당해야 했다는 문제도 있었다. 과거에 대해 과학적 연구를 수행하는 데 매우 특별한 방법이 필요했기 때문에 역사학 또는 의학사 교육에는 고도로 전문화된 훈련이 포함되었다.[84] 그러나 노이부르거와 파겔은 의학사 분야의 학생이 아니라 의학 분야의 학생을 가르쳤다.

의과대학 내에서 의학사의 제도화를 진전시키기 위해서 그들은 몇 가지 문제를 해결해야 했다. 그들은 의대생과 의사들이 받아들일 수 있는 방식으로 가르쳐야 했다. 그들은 의학사가로서의 진로에 관심이 있는 학생만을 위한 특수한 교육이 아닌, 모든 의대생을 위한 일반교양을 강조했다. 이 점은 그들이 자료를 제시하는 방법에 영향을 미쳤다. 노이부르거가 『의학사(*Geschichte der Medizin*)』에서 명시적으로 지적했듯이, 그는 모든 문헌-서지학적 장치나 문학적인 역사적 장치를 배제했다.[85]

방법과 내용에서 의학사와 의학 사이의 격차가 커짐에 따라, 그들은 새로운 경계를 연결하는 방법을 찾아야 했다. 그들은 실용적인 의학사에 대한 '오래된' 개념을 끌어와서 이 문제를 해결하고 의학사와 최신 의학 간의 강력한 연결 고리를 확보하고자 했다. 그러나 그들 중 누구도 스스로의 연구와 교육 활동을 이러한 좁은 개념에 전적으로 종속시키지 않았다. 그들은 실용면에서 보자면 현대 의학에 전혀 유용하지 않은 문제도 다룰 필요가 있다고 강조했다.

이렇게 실용적인 의학사의 개념을 넘어서는 단계가 필요했던 이유는 의학사가 그 자체로서 분과적 프로그램으로 개발되어야 했기 때문이다. 당시로서는 역사학이나 문학, 의학과 같은 다른 분과로부터 개념을 빌릴 수밖

84 Hans-Jürgen Pandel, "Was ist ein Historiker? Forschung und Lehre als Bestimmungsfaktoren in der Geschichtswissenschaft des 19. Jahrhunderts," in *Geschichtsdiskurs, vol. 1: Grundlagen und Methoden der Historiographiegeschichte,* Wolfgang Küttler, Jörn Rüsen, and Ernst Schulin, eds. (Frankfurt: Fischer Taschenbuch Verlag, 1993), 346-354.

85 Neuburger, *Geschichte*, v.

에 없었기 때문에 어려운 일이었다. 그러나 새롭게 떠오른 '문화' 개념에 대한 논의[86]는 새로운 기회를 제공했고, 19세기 말 문화사에 관한 논쟁은 해결책을 제시하는 것처럼 보였다. 의학사 내에서 문화와 의학을 연결한 슈프렝겔로 거슬러 올라가는 전통 외에도, 외부인인 람프레히트와 학계의 역사가들 사이의 이러한 분쟁은 파겔과 노이부르거, 그리고 동시대 사람들에게 의학사의 목표와 방법을 새롭게 논의하고 특정한 의학사적 관점을 구축할 기회를 제공했다. 문화사는 서로 다른 접근 방식의 방대한 스펙트럼을 포괄했다. 그것은 사회사적 고려, 철학적 맥락화, 직업-중심의 정치적 진술 등을 포함하였고, 때로는 협소한 의미의 '고서-문헌학적' 방법과 그것이 심원한 세부 내용에 기울이는 관심까지 포괄했다. '문화사'라는 용어의 폭넓은 수용성은 아마도 그것이 지닌 모호함으로 인해 강화되었을 것인데, 따라서 문화사에는 매우 다양한 방식들이 적용될 수 있었다. 이 용어는 특별한 연구 방법만을 의미하지 않았다.

수도프는 의학사에서 문헌학의 역할에 대해 노이부르거나 파겔과는 다른 관점을 취했지만, 문화사를 매우 긍정적인 용어로 반복해서 언급했다.[87] 1912년 파울 디프겐이 성명에서 노이브루거가 제안한 일반 문화의 발전과 의학의 연관성을 지지한 것과 마찬가지로,[88] 수도프가 람프레히트에 대해 긍정적으로 발언한 것은 당대 의학사가들의 폭넓은 지지를 보여준다. 이 용어는 의학사가들의 통합적 정체성을 조성함으로써, 이들이 의사들과 몇몇

86 Georg Bollenbeck, "Warum der Begriff 'Kultur' um 1900 reformulierungsbedurftig wird," in *Konkurrenten in der Fakultat. Kultur, Wissen und Universität um 1900*, Christoph König and Eberhard Lämmert, eds. (Frankfurt: Fischer Taschenbuch Verlag, 1999), 17-27 참조.

87 Sudhoff, "Richtungen und Strebungen," 9와 "Theodor Puschmann," 1672 참조.

88 Paul Diepgen, "Literaturbericht. Geschichte der Medizin," *Archiv für Kulturgeschichte* 10 (1912): 465-480.

역사가 집단과 연계하여 자신들만의 분과를 위한 프로그램을 개발할 수 있도록 추동하기도 했다. 20세기 초에 의학사는 하나의 단일한 분과로서 확립된 초기 상태였기 때문에, 의학사가들은 의과대학에 대해 단합된 태도, 즉 역사학에서 의사의 중요한 역할이나 새로 등장한 분과 자체에서 그들의 역할에 의문을 제기하지 않는 태도를 보여줄 필요가 있었다. 문화사는 의학사가들의 커뮤니티가 이러한 요구 사항을 충족시킬 수 있는 우산 역할을 했다. 문헌학적 방법의 역할과 관련하여 해당 커뮤니티 내에 몇 가지 심각한 의견 차이가 존재했음에도 불구하고, 문화사가 일반적으로 받아들여지는 기준점으로 작용하면서 의학사 커뮤니티는 의학사의 학문적 발전을 위태롭게 할 '분열'을 피할 수 있었다.

파겔과 노이부르거는 같은 의학사 프로그램을 따랐지만, 연구 내용과 방식에는 몇 가지 차이가 있었다. 파겔은 중세 시대 저자들의 문헌에 대한 상세한 문헌학적 판본을 만들었으며, 의사의 직업적 이해관계를 강조했고, 윤리적·의무론적 문제들에 대해 저술했다. 파겔에 따르면, 진정한 역사가는 겉보기에 혼란스러운 자료에 질서를 도입하고, 올바른 연속성의 맥락을 발견하고, 직관을 통해 과거와 동시대인이 된 비평가라고 할 수 있다.[89] 노이부르거는 이러한 정의를 뛰어넘어 역사적 과정의 법칙을 찾기 위한 정확하고 과학적인 분과로서의 의학사를 개념화하는 것을 목표로 했다. 노이부르거의 철학적 박식함 덕분에 이런한 작업이 가능했으며, 한편으로는 당대의 지적 조건의 맥락에서 과거의 업적들을 고려하는 데 도움을 주었다. 이러한

89 Julius Pagel, *Die Concordanciae des Johannes de Sancto Amando nach einer Berliner und zwei Erfurter Handschriften zum ersten Male herausgegeben* (Berlin: Reimer, 1894), xiii. 발터 파겔의 번역에는 '거의 직관적(*gleichsam intuitiv*)'이라는 표현이 생략되어 있다. Walter Pagel, "Julius Pagel," 219 참조.

작업은 역사적인 의학적 개념에 대한 철저한 철학적 이해뿐만 아니라 기계론적 접근과 자연의 치유력과 같은 의학의 철학적 문제와 관련된 주제에 대한 고려로 이어졌으며, 노이부르거의 동시대 사람들 사이에서 논의되었다. 이러한 차이점에도 불구하고 노이부르거와 파겔은 모두 독일어권 대학에서 의학사의 전문화와 학문적 확장을 위해 중요한 기반을 마련했다.

한스-우베 람멜과 가브리엘레 모저(Gabriele Moser)의 조언에 감사한다.

제4장

칼 수도프와 독일 의학사의 '몰락'

토마스 뤼튼(Thomas Rütten)

칼 수도프(Karl Sudhoff, 1853~1938)는 1853년 11월 26일 프랑크푸르트 암마인에서 개신교 목사의 아들로 태어났다. 프랑크푸르트에서 초등학교와 문법학교를 2학년까지 다닌 후, 그의 가족은 츠바이브뤼켄으로 이사했다. 그는 얼마 지나지 않아 크로이츠나흐(Kreuznach)로 옮겨 중등교육을 마치고 1871년에 아비투어(대학입학 자격시험)를 취득했다. 같은 해 가을부터 에를랑겐 대학에서 의학 연구를 시작했고, 처음에는 튀빙겐에서 나중에는 베를린에서 연구를 지속했다. 1875년 8월 2일, 수도프는 의학박사학위를 받았다. 아우크스부르크와 빈에서 병원 의사로 잠시 근무한 후, 1878년 프랑크푸르트 근처 베르겐에서 개원하여 일반 진료를 시작했고, 이듬해 8월에 결혼했다. 1883년, 그는 뒤셀도르프 근처의 호흐달로 옮겨서 진료를 했는데, 그 지역 제철소에서 의사로 일하면서 여가 시간에 의학사를 연구했으며 특히 파라켈수스(Paracelsus)에 대해 집중적으로 연구했다.

1905년 7월 1일, 수도프는 라이프치히 대학교에서 교수직을 제안받았으며, 그곳으로 옮겨 간 이후에는 푸쉬만 재단(Puschmann Foundation)이 자금을 지원하는 의학사연구소(Institute of Medical History)를 설립하는 데 중요한 역할을 했다. 수도프는 영구 임명된 특별 교수이자 1922년부터 1923년까지는 정교수로서, 1925년 은퇴할 때까지 의학사를 가르치고 연구 성과를 출판하는 데 매진했다. 그의 교수직을 계승한 지거리스트(Henry E. Sigerist)가 1932년 볼티모어로 떠나자, 수도프는 연구소로 돌아와 임시 소장직을 맡았고, 그가 80세가 된 1934년에 발터 폰 브룬(Walter von Brunn)이 그 자리를 이어받았다. 많이 존경받는 학자이자 국가 사회주의독일노동당(NSDAP)의 일원이었던 수도프는 1938년 10월 8일 잘츠베델에 있는 아들의 집에서 사망했다.[1]

이것이 대략 칼 수도프의 삶에서의 중요한 사실 정보이다. 하지만 이렇게 다소 전통적인 전기적 사실들은 단편적이고 단순해서, 이를 통해 20세기 초반부터 현재까지 독일의 의학사를 특징짓는 수도프 숭배를 이해하기란 어렵다. 어떤 독일 의학사가도 생일 기념 영예나 축하 메시지, 혹은 기념 논문집,[2] 명

1 수도프에 대한 포괄적인 전기로는 유일하게 Dirk Rodekirchen, "Karl Sudhoff (1853-938) und die Anfange der Medizingeschichte in Deutschland" (Med. diss., University of Cologne, 1992)이 있다.

2 예컨대, 수도프의 60번째 생일을 기념한 논문집을 보면 55개의 개별 논문들이 포함되어 있으며, 『과학사아카이브(*Archiv fur Geschichte der Naturwissenschaften*)』의 6번째 권(volume)으로 출판되었다. 1923년 그의 70번째 생일에 폰 브룬은 《독일 의학 주간지(*Deutsche Medizinische Wochenschrift*)》에 수도프에 대한 존경을 언급했고, 헨리 지거리스트는 《과학사아카이브(*Archivio di Storia della Scienza*)》에, 파울 디프겐은 《뮌헨 의학 주간지(*Münchener Medizinische Wochenschrift*)》에, 막스 노이부르거는 《임상 주간지(*Klinische Wochenschrift*)》에, 아르투로 카스티글리오니는 《이탈리아 보건 대학 관보(*Bolletino dell' Istituto storico italiano dell' arte sanitaria*)》에, 그리고 M. A. 반 앤델은 《야누스(*Janus*)》에 축하를 실었다. 1928년 칼 수도프의 75번째 생일은 《의학사 및 과학사 학술지(*Mitteilungen zur Geschichte der Medizin und der Naturwissenschaften*)》의 편집자들과 해당 학술지에 기고한 에른스트 히르쉬펠트에게 축하를 받았다. 그의 80번째 생일을 맞이하여 수도프는 《의료의 세계(*Die Medizinische Welt*)》의 에른스트 폰 세켄도르프와 볼티모어의 존스홉킨스대학의 의학사 클럽으로부터 칭송을 받았다. 1938년 수도프의 부고는 발터 폰 브룬이 《독일 의학 주간지(*Deutsche Medizinische Wochenschrift*)》에, 헨리 지거리스트가 《의학사회보(*Bulletin of the History of Medicine*)》에, 마틴 뮬러가 《임상 주간지(*Klinische Wochenschrift*)》에, 피에트로 카파로니가 《이탈리아 보건 대학 관보(*Bolletino dell' Istituto storico italiano dell' arte sanitaria*)》에, 발터 아르텔트가 《야누스(*Janus*)》에, 아마도 파울 디프겐이 《뮌헨 의학 주간지(*Münchener Medizinische Wochenschrift*)》에 작성했으며, 다시 발터 폰 브룬이 《수도프 아카이브》와 《의학사 및 과학사 학술지(*Mitteilungen zur Geschichte der Medizin, der Naturwissenschaften und der Technik*)》에 썼다. 수도프의 탄생 100주년은 《코스모스(*Kosmos*)》에 요하네스 헤트에 의해 기념되었다. 더 자세한 참고문헌으로 Thomas Rütten, "Karl Sudhoff, 'Patriarch' der deutschen Medizingeschichte. Zur Identitätspräsentation einer wissenschaftlichen Disziplin in der Biographik ihres Begründers," in *Médecins érudits, de Coray à Sigerist*, Danielle

예 메달[3]을 칼 수도프만큼 많이 받아 본 적이 없을 것이다. 1933년 호흐달에서 수도프는 예전에 거주한 집 밖에 기념패가 붙고 '칼 수도프 거리'[4]가 생기는 영예를 받았다. 1938년 라이프치히의 의학사연구소는 '칼 수도프 연구소(Karl-Sudhoff-Institut)'로 이름이 바뀌었고, 그가 설립한 학술지는 이미 1922년에 《수도프 아카이브(*Sudhoffs Archiv*)》로 이름이 바뀐 터였다.[5] 지금까지도 독일의학사및과학기술사협회(Deutsche Gesellschaft fur Geschichte der Medizin, Naturwissenschaft und Technik, DGGMNT)는 매년 칼 수도프 기념 메달을 수여하며, 수도프 기념 강연은 시상식의 중요한 부분을 이룬다.[6]

Gourevitch, ed. (Paris: Boccard, 1995), 154-17, 208-211, 160-161, n. 22-39 참조.

3 이에 포함되는 것을 몇 개만 언급하자면 괴테 메달(Goethe Medal[1938]), 헝가리 공로훈장(Hungarian Order of Merit[1938]), 독일적십자1등 휘장(German Red Cross Decoration First Class[1938]) 등이 있다.

4 Wilhelm Haberling to Tibor Győry, Düsseldorf, 19 May 1933, Tibor Győry Papers, Archives of the Semmelweis University, Budapest (이하 Győry Papers) 참조. "수요일에 나는 호흐달로 가서 수도프 기념회를 위해 준비해야 할 모든 것에 대해 논의했네. 그가 파라켈수스를 처음으로 연구한 집의 명판은 매우 품위 있게 만들어질 것이며 호흐달의 선량한 주민들은 이러한 제안에 매우 열광했네. 수도프의 집이 있었던 거리는 칼 수도프 거리로 개명되었으며, 나는 이런 식으로 자신을 칭송하는 모습을 수도프가 볼 수 있게 되어 매우 기쁘네." 또한 Wilhelm Haberling to Tibor Győry, Göttingen, 7 September 1933, Győry Papers 참조. "7월 말에 우리는 호흐달에 있는 수도프의 집 밖에서 대형 기념패를 공개했네. 디프겐은 매우 훌륭한 연설을 했고, 이 행사에 많은 대중이 몰려들었다는 점은 수도프가 처음 연구를 시작했던 이 작은 마을에서 여전히 그가 얼마나 인기 있는지를 보여줬네."

5 1907년에 창간된 이래로, 이 학술지는 1929년에 《의학사 및 과학사를 위한 수도프 아카이브(*Sudhoffs Archiv für Geschichte der Medizin und der Naturwissenschaften*)》로 제목이 바뀌었다. Karl Sudhoff, "Aus meiner Arbeit," *Sudhoffs Archiv für Geschichte der Medizin* 21 (1929): 333-387, esp. 372-373; Rodekirchen, "Karl Sudhoff," 17 참조.

6 DGGMNT는 지거리스트의 제안을 시작으로 이후 매년 선구적인 의학사가에게 메달을 수여했다. 이 상이 1933년에는 지거리스트와 디프겐에게, 1934년에는 됴리에게, 1935년에는 파벌링에게, 1936년에는 자우닉에게 수여된 것은 당연히 수도프의 영향력 때문이었다. 수도프 메달이 어떻게 생겨났는지에 대한 상세한 내용은 Henry Sigerist, "Erinnerungen an Karl Sudhoff," *Sudhoffs Archiv* 37 (1953): 97-103, 101, 또는 Rolf Winau, *Deutsche Gesellschaft für Geschichte der Medizin, Naturwissenschaft und Technik* 1901-1976 (Wiesbaden: Steiner, 1978), 42 참조.

물론 이러한 수고에는 이유가 있었다. 수도프는 독일 학계에서 의학사가 제대로 제도화되고 전문적인 분야로 확립되는 데 아버지의 역할을 담당했고, 유럽과 북미에서 이 분야를 강화하는 데 변함없이 헌신했으며, 인상적인 학술 작품을 남겼고, 연구 관리 분야에서 선구적인 작업을 하는 등 의심의 여지 없이 훌륭한 성과를 남겼다. 하지만, 공정한 관찰자라면 그를 숭배하는 표현이 넘치는 것에 주목할 필요가 있다. '원로', '대가', '지도자', '총장', '스승', '장로', '족장', '절대군주' 등과 같은 전형적인 묘사는 저명한 학자를 기리는 것일 뿐만 아니라, 의학사의 위대한 인물 중 한 사람을 분야의 화신으로 삼아 미래의 성취를 기대하는 동시에 과거를 축하함으로써 이 작은 분야를 정당화하려는 것이기도 하다.[7]

7 "원로(Altmeister)": Max Neuburger, "Karl Sudhoff zum 70. Geburtstage," *Klinische Wochenschrift* 2 (1923): 2219; Martin Müller, "Karl Sudhoff †," *Klinische Wochenschrift* 17 (1938): 1639; Walter von Brunn, "Karl Sudhoff †," *Mitteilungen zur Geschichte der Medizin, der Naturwissenschaften und der Technik* 37 (1938): 297-302, 300; Gunter Mann, "Unser Bild," *Medizinhistorisches Journal* 17 (1982): 393. "대가(Meister)": Arturo Castiglione, "Carlo Sudhoff," *Bolletino dell' Istituto storico italiano dell' arte sanitaria* 3 (1923): 158; Paul Diepgen, "Karl Sudhoff als Medizinhistoriker. Zu seinem 70. Geburtstag am 26. November 1923," *Münchener Medizinische Wochenschrift* 70 (1923): 1414-1416, 1414; Henry E. Sigerist, "Karl Sudhoff. Sein siebzigster Geburtstag, 26. November 1923," *Archivio di storia della scienza* 5, no. 2 (1924): 139-147, 142 and 147; Ernst Seckendorf, "Karl Sudhoff, dem größten Paracelsusforscher, zum 80. Geburtstage," *Die Medizinische Welt* 7 (1933): 1697; Walter von Brunn, "Karl Sudhoff zum Gedächtnis," *Deutsche Medizinische Wochenschrift* 64 (1938): 1552-1553, 1553; Walter von Brunn, "† Karl Sudhoff," *Sudhoffs Archiv* 31 (1938): 338-342; Paul Diepgen, "Karl Sudhoff: Leben und Wirken eines großen Meisters," *Wissenschaftliche Zeitschrift der Karl-Marx-Universität Leipzig* (Math.-Naturwiss. Reihe) 5 (1955/1956): 23-25; [F.R.], "Karl Sudhoff †," *Beiträge zur Geschichte der Veterinarmedizin* 1, no. 4 (1938): 255. "지도자(Führer)": Paul Diepgen, "Karl Sudhoff als Medizinhistoriker. Zu seinem 70. Geburtstag am 26. November 1923," *Münchener Medizinische Wochenschrift* 70 (1923): 1414-1416, 1414. "총장(Spiritus rector)": Max Neuburger, "Karl Sudhoff zum 70. Geburtstage," *Klinische Wochenschrift* 2 (1923): 2219. "스승(Magister mundi)": Paul Diepgen, "Zur hundertsten Wiederkehr des Geburtstages von Karl Sudhoff am 26. November 1953," *Archives Internationales d'*

전체적으로 이런 행사의 강연자, 부고의 작가, 제도적 후계자 및 학생들은 수도프가 전체 분과의 축이자 중심점이며 그의 동료들은 그저 위성일 뿐이라는 인상을 준다. 그러나 독일 의학사의 원조로서 수도프가 한 역할은 그의 연구와 수용에만 뿌리를 둔 것은 아니다. 수도프는 국제적인 교류의 네트워크를 만드는 데에도 엄청난 열정을 쏟았는데, 이러한 작업은 중재자, 창시자, 조직자, 그리고 열성적인 편지 작성자로서 수도프가 수행했던 탁월한 역할을 증명함에도 불구하고 학문적인 관심을 적절히 받지 못했다.[8] 즉, 그의 저작과 유산이 받아들여지도록 만든 그 스스로의 노력 말이다. 학술적 분과가 출현하고 지속하는 데에 '학자들의 동질적인 의사소통 네트워크'[9]와 '자

histoire des sciences 6 (1953): 260-265, 262. "장로(Nestor)": [Anon.], "Onoranze a Carlo Sudhoff, il nestore degli storici della medicina," *Bolletino dell' Istituto storico italiano dell' arte sanitaria* 13 (1933): 208; Pietro Capparoni, "Carlo Sudhoff," *Bolletino dell' Istituto storico italiano dell' arte sanitaria* 2, ser. 4 (1938): 339-341, 339. "족장(Patriarch)": Walter Artelt, "Karl Sudhoff +," *Janus* 43 (1939): 84-91, 90. "절대군주(Absoluter König)": Wilhelm Haberling to Tibor Győry, Coblenz, 28 March 1925, Győry Papers.

8 "수도프의 전기와 연구에 반영된 제도화의 중요한 단계들"을 재구성하려는 안드레아스 프레베르(Andreas Frewer)의 야심찬 시도조차도 수도프가 이러한 "중심적 기간(core period)"에 쓴 수많은 편지, 특히 가장 오랜 친구이자 동료인 부다페스트의 듀리에게 쓴 편지에 대해 자세히 알지 않아도 된다고 전제하는 것 같다. 수도프가 쓴 편지는 베를린의 훔볼트대학과 부다페스트의 제멜바이스대학 아카이브에 보존되어 있는데, 프레베르와 같은 작업을 하는 데는 의심할 나위없이 가장 중요한 자료이다. 이 편지 자료는 수도프 본인이 쓴 350통 이상의 편지에 더해, 1898년과 1937년 사이에 듀리가 여러 독일어권 동료들로부터 받은 500여 통의 편지까지 포함한다. Thomas Rütten, "Briefwechsel zwischen Tibor von Győry (1869-938) und Karl Sudhoff(1853-1938)," *Wolfenbütteler Bibliotheks-Informationen* 21 (1996): 10-1와 Anne K. Halbach, *Briefe von Walter von Brunn (1876-1952) an Tibor Győry (1869-1938) aus den Jahren 1924-1937. Ein Beitrag zum Korrespondentennetz Tibor Győrys mit deutschen Medizinhistorikern* (Med. diss., University of Munster, 2003), 6-8 참조. 또한, Andreas Frewer, "Biographie und Begründung der akademischen Medizingeschichte: Karl Sudhoff und die Kernphase der Institutionalisierung 1896-1906," in *Die Institutionalisierung der Medizinhistoriographie. Entwicklungslinien vom 19. ins 20. Jahrhundert*, Andreas Frewer and Volker Roelcke, eds. (Stuttgart: Franz Steiner Verlag, 2001), 103-126, 105도 참조.

9 Rudolf Stichweh, *Wissenschaft, Universität, Professionen. Soziologische Analysen*

체 홍보 전략'[10]이 적지 않게 필요하다는 것에 동의한다면, 편지와 서신은 모든 분과의 역사에서 매우 중요한 문서로 간주되어야 한다. 그러나 운명적인 1933년을 중심으로 이 가설을 시험하기 전에, 먼저 수도프의 네트워킹 활동을 위한 구조적 전제 조건을 간략히 살펴보겠다.

수도프는 1901년 자연과학자 총회에서 DGGMN을 설립한 원동력이었으며, 다음 해에 협회의 내부 간행물인 《관보(*Mitteilungen*)》를 창간하는 데 중요한 역할을 했다.[11] 또한 그는 독일어권 전체를 통틀어 의학사 분야에서 최초로 의장을 역임했고,[12] 파라켈수스에 관한 연구 덕분에 그 누구보다도 독일에서 의학사를 제도화하기 위한 '핵심 단계'[13]를 맞을 준비가 되어 있었다. 이렇게 유명해지면서 수도프는 신생 분과의 방법론, 제도적 확장 및 인력 배치 전략 등에 중요한 영향을 행사할 수 있는 위치에 서게 되었다. 그는 푸쉬만 재단의 지원을 받은 라이프치히 교수직에 있으면서 당시 다른 의학사가들이 누릴 수 없는 자유를 누렸다.[14] 여기서 중요한 것은 수도프와 라이프치히

(Frankfurt: Suhrkamp, 1994), 17 참조.

10 Michael Stolberg, "Heilkundige: Professionalisierung und Medikalisierung," in *Medizingeschichte: Aufgaben, Probleme, Perspektiven*, Norbert Paul and Thomas Schlich, eds. (Frankfurt: Campus, 1998), 69-86, 70-71.

11 자연과학자총회(1886년 설립)의 역사학 분과로부터 출현한 DGGMN의 설립에 관한 세부사항은 Yvonne Steif, "Die Entstehung der DGGMN aus den Versammlungen deutscher Naturforscher und Ärzte: Zur Institutionalisierung einer wissenschaftlichen Disziplin," in Frewer and Roelcke, *Institutionalisierung*, 143-161 참조.

12 가장 최근에 Bernhard vom Brocke, "Die Institutionalisierung der Medizinhistoriographie im Kontext der Universitäts-und Wissenschaftsgeschichte," in Frewer and Roelcke, *Institutionalisierung*, 187-212, 191에 제공된 내용을 참조.

13 이 표현은 프레베르의 "Biographie und Begründung"의 부제에서 따왔다.

14 푸쉬만 재단에 대해서는 Ortrun Riha, "Die Puschmann-Stiftung und die Diskussion zur Errichtung eines Ordinariats für Geschichte der Medizin an der Universität Leipzig," in Frewer and Roelcke, *Institutionalisierung*, 127-141, 127-129 참조.

히 의학부 학장 간의 논의였다. 그 내용은 지금까지 알려지지 않았지만,[15] 수도프는 그의 헝가리 친구이자 동료인 티보르 됴리(Tibor Győry, 1869~1938)에게 쓴 1905년 5월 4일 편지에서 그에 관해 언급했다. 됴리는 현역 의사이자 연구자로, 수도프와는 1898년 독일 과학자 및 의사 모임에서 처음 만났다. 됴리는 1902년 의학사 분야의 교수로, 1919년부터는 공공복지부 및 산업의 학부에 영입되어 마침내는 내무부 장관까지 올라간 경력을 지니고 있었으며, 수도프는 됴리의 이러한 경력에 관심을 가졌다. 서로 직업적으로 지원하고 함께 발전하면서 두 사람의 우정은 1938년 둘이 사망할 때까지 계속되었다. 수도프는 편지에서 다음과 같이 썼다.

> 부활절 날, 나는 메란으로부터 라이프치히 의학부 학장인 커슈만 교수(Geheimrat Curschmann)에게서 온 긴급 서신을 받았는데, 그가 나보고 수요일에 비스바덴의 로즈 호텔에서 열리는 '학술적 문제에 대한' 회의에 가 보라더군. 가 봤더니 커슈만이 의학사 분야의 라이프치히 학장직을 제안했을 뿐만 아니라 푸쉬만 재단의 재정 지원에 한해서 나에게 자유재량도 줄 수 있다고 약속했네. "우리는 이 문제에 대해 근본적으로 이상주의적인 관점을 취하고 있으며, 당신에게 빈 종이(a blank page)를 제공하겠습니다. 원하는 대로 작성하십시오! 당신이 우리에게 확신을 준다면, 당신이 정회원이 될 (푸쉬만 재단의) 위원회가 당신의 모든 제안에 동의할 것입니다." 교수진과 담당 부처가 커슈만의 약속을 지킨다면('공식적 지시 없는' 약속이라는 점을 염두에 두게), 나는 몇 주 안에 라이프치히로 가서 금전적 문제에 관해서는

15 *Ibid.*, 130: "이러한 협상의 내용에 대한 세부 사항은 알려져 있지 않다."

안전한 이 거래를 완료할 생각이네.[16]

51세의 수도프는 빈 종이를 어떻게 채울지 확실히 알고 있었다. 그는 교수직을 받아들일 준비가 되어 있었다. 1905년 1월 1일, 그는 "지역 의회의 회장으로부터 착불로 편지(1.50)"를 받았고, 전년도에 제안을 받아 수락한 라이프치히 대학 교수직의 공식 임명 증명서를 받았다. 같은 날 저녁, 그는 "로스토크 대학교로부터 명예교수직을 수락할 의향이 있는지 문의"를 받았다.[17] 수도프는 그 제안을 거절했다. 왜냐하면 이 제안을 논의하기 위해 뒤셀도르프를 방문한 학장이 "일단 교수직을 맡으면 정말로 계속할 생각이 없는" "내 일반 진료" 수입을 제외하고는 "충분한 재원"을 보장해 줄 수 없었기 때문이다.[18] 거의 20년 동안 파라켈수스에 관한 연구를 일반 진료 다음으로 두어야 했던 수도프는 의학사가 풀타임 직업이며 그래야만 한다고 알고 있었고, 그가 의심할 여지 없이 "최고의 후보"라는 점도 알고 있었다.[19]

수도프는 그의 저명한 지위를 이용해 학문적 신조(credo)를 실천에 옮겼는데, 이것은 그가 1898년에 됴리에게 다음과 같이 묘사한 바 있다. 우리의 비참한 "세상의 삶"은 "영혼과 지성이라는 보물을 모아 우리의 외적 소유물(outward possessions)로 우리 사이에 지속적으로 머물게 해야만" 비로소 가치

16 Karl Sudhoff to Tibor Győry, Hochdahl, 4 May 1905, Győry Papers. 하인리히 커슈만(Heinrich Curschmann, 1846-1910)은 내과 전문의였다. 이 미팅은 1905년 4월 26일에 이루어졌다. 교수진이 6월 23일 드레스덴의 왕립문화및대중교육기관에 의학사 분야의 의장 수립을 신청하자, 장관 승인이 즉시 부여되었고 교수진은 그 자리에 수도프를 임명했다. 수도프는 7월 1일에 공식적으로 의장직을 제안받았다.

17 Karl Sudhoff to Tibor Győry, Hochdahl, 5 April 1905, Győry Papers.

18 *Ibid.* 또한 Frewer, "Biographie und Begründung," 120, n. 109도 보라. 여기서 프레베르는 수도프가 로스토크의 제안을 거절한 것이 라이프치히의 제안보다 먼저라고 적었다.

19 Riha, "Die Puschmann-Stiftung," 130.

가 있다.[20] 이러한 발견적 선언을 통해 삶과 일을 절대 분리할 수 없다고 본 수도프는 그러한 신조에 맞게 행동했다. 그 후 수년 동안 그는 오늘날까지도 의학사 분야에서 타의 추종을 불허할 정도로 열정적으로 자료를 수집했다. 라이프치히에 있는 그의 연구소 도서관은 곧 세계에서 가장 광범위한 학술 자료 모음을 자랑하게 되었으며, 라이프치히를 정보와 전문적 훈련의 중심으로 만들었고, 흔히들 말하는 것처럼 신생 분야의 모범 기관으로 굳건히 자리잡게 했다. 라이프치히에서 교수로 재직한 첫 5년 동안 수도프는 독일 전역과 덴마크, 스웨덴, 이탈리아, 프랑스 등지에서 연구했으며 30회 이상의 연구 여행을 떠났다. 의학과 관련된 원고·초기 간행본·초판본·삽화 및 고고학적 자료를 찾기 위해 그는 뮌헨·브런즈윅·힐데스하임·괴팅겐·하노버·뤼네부르크·함부르크·뤼베크·베를린·로스토크·슈베린·킬·코펜하겐·룬드·웁살라·스톡홀름·피렌체·볼로냐·파리의 도서관을 뒤지고 다녔다. 그는 인접 분야의 전문가들과 협의했으며, 온갖 귀중한 복사품·발췌·서지 메모 등을 라이프치히로 가져왔다. 그는 당시에 완전히 잊혀진 기관이었던 볼펜뷔텔(Wolfenbüttel)의 헤르조그 아우구스트 도서관 같은 장소를 방문하기도 했다.[21] 제2차 세계대전 동안 라이프치히의 수집품은 안전한 보관 장소로 옮겨졌지만 그럼에도 불구하고 결국 손실되었다. 오늘날 라이프치히 연구소에 한때 수집되었던 풍부한 자료들을 여전히 증명해 주는 것은 수도프 자신의 연구뿐이다.[22]

20 Karl Sudhoff to Tibor Győry, Hochdahl, 29 October 1898, Győry Papers.

21 Karl Sudhoff to Tibor Győry, Leipzig, 17 June 1907, Győry Papers.

22 라이프치히의 수집품은 144개의 상자에 포장되어 1943년 5월 3일 무츠셴 성의 지하실로 옮겨졌는데, 여기에는 많은 수의 원고와 고문헌이 포함되어 있었다. 이 상자 모두가 1945년 5월 소련에 압수되어 이송되었다는 사실이 다양한 문헌에 증명되어 있다. 그 이후 이 자료들은 흔적도 없이 사라졌다고 여겨졌다. 1943년 무츠셴 성의 지하실로 옮겨진

방법론적으로 수도프의 연구는 자료 지향의 문헌학적 접근 방식이라는 특징이 있다. 주제로는 독일어권 지역과 중세에 초점을 맞추었다. 인쇄물과 원고 외에도 수도프는 의료 현실에 관해 학술적 관심을 유지했는데, 이는 그의 전시회 카탈로그에 인상적으로 드러나 있다. 예를 들어, 1899년에 2,402개의 개별 전시를 나열한 라인란트 괴테 전시회 같은 초기 전시나,[23] 1911년 드레스덴에서 열린 주요 위생 전시회(Hygiene Exhibition)의 카탈로그[24]를 보자. 수도프는 드레스덴의 역사 분과 의장을 맡았는데, 여기서 그와 85명의 직원은 무수히 많은 전시품을 조달하여 4,000㎡의 전시 공간에 600개가 넘는 재구성된 모형을 전시했다.[25]

그러나 궁극적으로 수도프의 성공은 랑케의 역사주의에 뿌리를 둔 방법론적 지향에만 기인한다기보다는, 다양한 접근 방식[26]에 관대했던 그의 통합적 능력에 기인한다. 그는 이러한 능력을 통해 염두에 두고 있던 엄청난 자료 조사와 그 혼자만이 깨닫고 있었던 베이컨식 관점(Baconian dimensions)

칼 수도프 연구소의 소장품 목록을 보라(University Archive, Leipzig, Karl Sudhoff Institut, Schriftgutsammlung). 또한, Ingrid Kastner, "Walter von Brunn (1876-952). Direktor des Instituts 1934-1950," in *90 Jahre Karl-Sudhoff-Institut an der Universität Leipzig*, Achim Thom and Ortrun Riha, eds. (Leipzig: Karl-Sudhoff-Institut für Geschichte der Medizin und der Naturwissenschaften, 1996), 44-54, 51-52도 보라.

23 *Rheinische Goethe-Ausstellung. Unter dem Protektorat seiner Königlichen Hoheit, des Prinzen Georg von Preussen, in der Aula der Königlichen Kunstakademie zu Düsseldorf. Juli bis October 1899* (Leipzig: Ed. Wartigs, 1899) 참조.

24 Heike Fleddermann, *Karl Sudhoff und die Geschichte der Zahnheilkunde, die Beziehungen zu Karl August Lingner und die Dresdner Hygiene-Ausstellung 1911* (Med. dent. diss., University of Cologne, 1992), 22-25; Klaus Gilardon, "Karl Sudhoff und die medizinhistorischen Quellen—ein Beitrag zu seiner Sammel-und Ausstellungstätigkeit," *Nachrichtenblatt der Deutschen Gesellschaft fur Geschichte der Medizin, Naturwissenschaften und Technik* 32 (1992): 106-109 참조.

25 수도프가 직접 쓴 내용은 다음의 자전적인 에세이 "Aus meiner Arbeit. Eine Ruckschau," *Sudhoffs Archiv* 21 (1929): 333-387, 376 참조.

26 이 책에 수록된 페터 슈미데바흐의 글(3장)을 보라.

을 실행하기 위해 세계 곳곳으로부터 학자들을 끌어모아 가치 있는 정보의 제공자나 협력자로 확보했다. 이러한 활동은 초기에는 의학사 분야를 설계하고 이 분과의 방대한 학문적 잠재력을 드러내기 위해 고안되었으며, 광범위한 서지학적 연구를 통해 뒷받침되어야 했다. 그는《관보》를 모든 의학-역사학적 관련 활동에 대한 검토와 정보 교환을 위한 도구로 사용했다. 그는 심지어 일군의 해외 기고자들에게 의뢰하여, 독일어를 사용하는 학계 청중이 거의 접근할 수 없었던 외국어 출판물을 조사하고《관보》에 실을 수 있게 독일어나 영어, 프랑스어로 정리하도록 했다.[27] 이러한 '대표들'은 DGGMN의 신입 회원을 영입하는 데에도 도움이 됐다. 그들은 언어적 경계를 넘어 새로운 연구를 신속하게 전파시킬 수 있는 위치에 있었으며, 일반적으로 학회의 명성도 높여 주었다. 학회는 일종의 '가족 상봉'처럼 조직되곤 했는데, 개인적 삶과 일을 좀처럼 분리하지 않았던 이 구성원들은 학회 소속을 통해 의학사가로서뿐만 아니라 열정적인 해외 관광객으로서 이득을 얻었다.[28]

그러나 무엇보다도, 수도프의 라이프치히 연구소가 이 모든 네트워크의 중추 역할을 담당했기 때문에 수도프는 그의 '대표들'을 임명이나 내부 정치, 학술적 논쟁에서 잘 활용할 수 있었다. 특히 됴리는 당시 거의 모든 독일어

27 1901년 10월 24일자 편지에서 수도프는 그의 친구인 티보르 됴리를 "우리 협회의 헝가리 대표"로 "명시적으로 임명한"다. 됴리는 이 협회의 설립에 대해 신문 기사를 쓸 예정이었는데, 수도프는 그에게 다음 사항을 강조하라고 조언했다. "협회의 보편적인 성격, 모든 종류의 우월주의의 완전한 배제, 우리의 공통 언어로서의 독일어, 영어, 프랑스어, 의학사와 자연과학과 공학! 독일뿐만 아니라 전 세계적인 연구 등. 당신에게 권한이 있네!" Karl Sudhoff to Tibor Győry, Leipzig, 24 October 1901, Győry Papers.

28 *Anke Jobmann, Familientreffen versus Professorenelite? Vergangenheitsbewaltigung und Neustrukturierung der deutschen Wissenschaftsgeschichte der 60er Jahre* (Berlin: ERS-Verlag, 1998) 참조.

권 의학사가들과 서신을 교환했고, 전반적으로 DGGMN과 매우 밀접한 관계를 유지했다. 따라서 그는 분위기나 견해 및 정치적 음모에 대해 수도프의 충성스러운 정보원으로 활동할 수 있었고, 수도프에게 권력을 강화하는 방법에 대해 반복해서 조언했다. 라이프치히 연구소의 우수한 연구 시설, 협회의 연례 회의 및 수많은 국제회의 참석 덕분에 수도프는 대부분의 동료들과 개인적으로 친해지고 다양한 연결망을 만들 수 있었다. 전 세계, 특히 독일의 수많은 의학사가들이 수도프에게 거의 편집광적으로 시선을 고정시킨 듯 보인다는 점은 우선 수도프가 수년 간에 걸쳐 쌓아 올린 독재적 권력의 지위를 보여준다. 이는 어떻게 그가 노년기까지 독일 의학사의 운명을 잘 이끌 수 있었는지, 또한 이 분야가 국가사회주의의 도전에 대응하게 되었을 때 어떻게 방향을 설정할 수 있었는지를 설명해 준다.

우선 처음부터 살펴보자. 1933년 4월 28일, 수도프는 됴리에게 다음과 같이 편지를 썼다. "나는 다시 확고하게 나서기로 했고 이제 결정을 하겠네. 정치적으로, 유일하게 미래를 약속해 주는 아돌프 히틀러를 지지하기로 단호하게 결심했고, 당에도 가입했네."[29] 수도프가 NSDAP에 가입한 것은 확실히 의학-역사학계 내에서 어떤 변화를 불러일으켰다. 발터 폰 브룬은 1933년 5월 10일 됴리에게 보낸 편지에서 "수도프가 나치가 됐다."라는 사실에 유감을 표명했다. 이어서 폰 브룬은 수도프가 과거에 실제로 '상당히 친유대주의자'였다고 모두가 '비난'할 것이라고 말했다. "다른 사람도 아니고 수도프가 이제 나치에 합류했다는 것은 나를 매우 당황스럽게 하네. 특히 불과 얼

29 Karl Sudhoff to Tibor Győry, Leipzig, 28 April 1933, Győry Papers. 1934년 6월 19일 라이프치히 대학 총장이었던 리하르트 아르투르 골프(Richard Arthur Golf, 1877-1941)가 수도프에게 보낸 편지는 수도프가 NSDAP에 가입한 것을 입증한다(University Archive, Leipzig, Ksi 41a, 222). "정식 당원으로서 저는 진심으로 당신을 환영합니다. 히틀러 만세!"

마 전, 내가 나의 (정치적) 성향에 대해 매우 조심스럽게 그에게 이야기했을 때, 그가 자신은 확실히 나치가 아니라고 짐짓 거들먹거리는 태도로 노여워하면서 반박했고, 그 와중에 나야말로 나치가 아니냐고 비난했다는 점을 떠올리면 말일세." 폰 브룬의 판단으로는 무엇보다도 먼저 DGGMN을 망가지게 한 것이 결국 수도프의 '유대인 후원'이었다. 폰 브룬은 같은 편지에서 여전히 그러한 사실을 믿기 어려워하는 것처럼 반복해서 말했다. "다른 사람도 아닌 수도프, 유대인의 친밀한 친구이자 보호자가 이제 나치가 되었다는 사실이 나를 너무나 괴롭히네! 그러나 그는 현재 어떤 곡이 연주되든 참여하기를 원하며 의심할 여지 없이 수천 명의 학생들이 (그를) 응원할 것이네! 내가 보기에는 이렇게 창피한 발걸음으로 그를 이끄는 것은 끝이 없는 그의 허영심이 틀림없네!"[30] 7월이 되자 지거리스트 역시 수도프가 당원이 되었다고 들었고, 폰 브룬처럼 수도프의 결정이 허영심에 기인했다고 보았다.[31] 이처

30 Walter von Brunn to Tibor Győry, Rostock, 15 May 1933, Győry Papers. 또한 Halbach, *Briefe,* 193-195도 보라. 그러나 이러한 평가는 폰 브룬이 수도프의 부고에서 "그는 우리 총통과 그의 위대한 업적의 열정적인 추종자였다"라고 열변을 토하는 것을 막지 못했다. Walter von Brunn, "Karl Sudhoff †," *Mitteilungen zur Geschichte der Medizin, der Naturwissenschaften und der Technik* 37 (1938): 297-302, 301 참조.

31 1933년 7월 25일에 작성된 지거리스트의 학회지 도입부를 보라. Henry Ernest Sigerist Papers, Manuscripts and Archives, Sterling Library, Yale University, New Haven, Connecticut, box 1, folder 1. "에델슈타인 박사와 함께 사레와 플록스-폴까지 걸어가며 문헌학적 문제와 독일의 상황에 대해 거듭 논의했다. 그는 점심 식사 후에 떠났다. 나는 여기 엥가딘의 평화로운 환경에서 그를 만나게 되어 매우 기뻤다. 모든 독일인들은 고향에서의 삶이 그저 히스테리에 불과하고, '히틀러' 전체가 에피소드에 지나지 않으며, 다른 가치와 진정한 가치가 존재한다는 것을 깨닫기 위해 얼마간 해외로 나갈 수 있어야 한다. 독일의 지적 고립이 완성되었다. 수도프가 나치가 되었다는 소식을 듣고 나는 충격을 받았다. 왜일까? 그저 '옆에(dabei)' 있기 위함이라면 그것은 역겹다." 이러한 학회지 도입부는 지거리스트 스스로의 선언이 갖는 강점뿐 아니라(Henry E. Sigerist. *Autobiographische Schriften*, Nora Sigerist-Beeson, ed. [Stuttgart: Thieme, 1970], 153, 238-239 참조) 그간 가정되었던 것과는 반대로 수도프가 당원이라는 것을 수도프의 부고에서 처음으로 들은 것이 아니라는 점을 증명한다. Werner F. Kümmel, "Im Dienst nationalpolitischer Erziehung? Die Medizingeschichte im Dritten Reich," in *Medizin, Naturwissenschaft, Technik und*

럼 동시대 사람들이 보기에 수도프가 NSDAP에 가입한 동기는 반유대주의가 아니었다. 비록 수도프가 과거에 때때로 반유대주의적 발언을 했지만,[32] 유대인을 꺼리기는 했어도 그의 동료들이나 그가 교류했던 사람들,[33] 그리고 그의 가장 오랜 친구이자 동료인 됴리[34]가 보인 것 같은 공격적인 반유대

Nationalsozialismus. Kontinuitäten und Diskontinuitäten, Christoph Meinel and Peter Voswinckel, eds. (Stuttgart: Franz Steiner, 1994), 293-319, 295도 보라.

32 Rütten, "Sudhoff," 166-71 참조. "그렇다, 싱어는 그의 음악적 이름이 약간의 매력을 암시한다는 점을 제외하고는 아무것도 없는 게으른 유대인이다!"와 같은 언급(Karl Sudhoff to Tibor Győry, Leipzig, 15 December 1933, Győry Papers)은 드물고, 반유대주의적 태도 자체보다는 개인적인 적대감에 뿌리를 두고 있을 가능성이 높으며, 이는 Charles Singer, *From Magic to Science: Essays on the Scientific Twilight* (New York: Dover, 1958), xvi-xvii에서 언급된다. 싱어에 대해서는 *Jüdisches Biographisches Archiv*, microfiche 596: 220-228와 *Isis* 51 (1960): 558-560, *Medizinische Klinik* 55 (1960): 1476-1477, *Gesnerus* 17 (1960): 73-74, *Medical History* 4 (1960): 353-358, *Journal of the History of Medicine* 15 (1960): 420-421 등에 수록된 부고를 비교해보라.

33 폰 브룬의 반유대주의에 대해서는 Halbach, *Briefe*, no. 27, 193을 보라. 그는 1933년 5월 10일 됴리에게 보낸 편지에서 스스로가 너무나 "강한 민족주의자"였기 때문에 나치는 항상 "나를 그들의 추종자 중 하나로 대우했으나, 이는 내가 언제나 민족주의자이며 유대인에 대해 냉정한 입장을 고수했기 때문일 뿐"이라고 강조했다.

34 됴리는 심지어 스스로가 "타고난 반유대주의자"라고 주장하면서 자신이 "언제나 유대인의 강력한 적이었다"고 고백했다. Tibor Győry to Karl Sudhoff, Budapest, 31 May 1933 and 23 September 1933, Herzog August Library, Wolfenbüttel, 99 Novissimi 4°, f. 164와 167 참조. 됴리의 편지는 그가 유대교를 볼셰비즘, 사회주의, 공산주의 및 국제주의와 고정관념적으로 동일시했음을 보여주며, 따라서 그의 반유대주의는 주로 정치적으로 발동했다고 보인다. 이는 헨리 지거리스트가 유대인으로 알려진 이유도 설명해준다. 그러나 히틀러의 선거 승리 이후, 됴리는 히틀러와 비교해 자신의 반유대주의를 다소 완화한 것으로 보인다. "나 역시 히틀러 만세를 외칩니다! 그는 사회민주당원들을 막는가 하면 유대인을 비판했기 때문이죠. 다소 지나치게 급진적인 것 같긴 하지만 말입니다. 나는 경제학과 유대인에 관한 베르너 좀바르트(Werner Sombart)의 책을 읽은 적이 있는데, 이 독일인, 아니 튜턴 사람이 유대인을 비판하면서도, 순수한 인종의 사람들에게까지 어떤 위험을 안길 수 있으니 유대인을 완전히 없애라고 권하기는 망설여진다고 한 것을 잊을 수 없습니다. 나는 코흐나 노벨상 수상자 몇몇과 같이 길들여진 전쟁 전 유대인들과 전시 및 전후에 나타난 유대인들을 분명하게 구분할 것입니다." Tibor Győry to Karl Sudhoff, Budapest, 31 May 1933, Herzog August Library, 99 Novissimi 4°, f. 164 참조. 또한, Walter von Brunn to Tibor Győry, Rostock, 10 May 1933, Győry Papers, also in Halbach, Briefe, no. 57, 193-195, 195도 보라. 그러나 이 인용문은 됴리가 우생학에 기반을 둔 반유대주의에 대해서도 낯설지 않았음을 보여주기도 한다.

주의를 취한 적은 없었다. 그러나 됴리가 편지에 반유대적인 장광설을 늘어놨을 때도 수도프는 결코 반박하지 않았다. 폰 브룬이 수도프를 '유대인의 보호자'라며 '비난'한 것은 상당 부분 수도프가 그의 제자인 지거리스트[35]와 긴밀한 관계를 유지했다는 데에서 기인한다. 지거리스트는 독일 민족주의와 국가사회주의의 집단에서 비(非)독일인, 사회주의자, 자본주의자, 과격주의자로 간주되었을 뿐만 아니라 유대인이라는 오해를 받기도 했기 때문이다. 따라서 수도프의 '상속인'인 그를 향한 부러움과 증오는 그의 동료들이 지녔던 거의 확고한 반유대주의와 종종 구별하기 어려웠다.[36]

수도프는 NSDAP에 가입한 후 히틀러의 『나의 투쟁(*Mein Kampf*)』을 읽기 시작했다. 이번에도 발터 폰 브룬의 귀띔을 받은 헝가리 친구 됴리가 이 책을 그에게 추천한 것으로 보인다.[37] 폰 브룬은 느낌표를 붙여 자신의 추천을

35 이러한 관계에 대한 상세한 내용은 Ingrid Kastner, "The Relationship between Karl Sudhoff (1853-1938) and Henry E. Sigerist (1891-1957) as Shown in Their Correspondence," in *Actas del XXXIII Congreso Internacional de Historia de la Medicina. Granada, Sevilla, 1-6 septiembre, 1992*, Juan L. Carillo, ed. (Seville: San Fernando, 1994), 1073-1077를 참조.

36 Walter von Brunn to Tibor Győry, Rostock, 22 October 1933, Győry Papers: "절반의 유대인(내가 보기에는 지거리스트의 정확한 모습)인 지거리스트에게 마침내 화를 내 주신 신께 감사드립니다!" Georg Sticker to Tibor Győry, Wurzburg, 21 January 1934, Győry Papers: "그[즉, 지거리스트]와 마이어-슈타이네그 둘 다 동일한 인종적 특징을 나타냅니다." 또한, Halbach, *Briefe*, 32, n. 202 and pp. 215-216도 보라. 따라서, 지거리스트의 학문적 성공과 부, 그리고 수도프의 후계자로서 눈에 띄는 지위에 대한 분노의 감정으로 인해 당시 지거리스트가 조롱과 차별적 의도를 담은 유대인이라는 꼬리표를 달게 된 것으로 보인다. 이러한 꼬리표가 놀랍게도 오늘날까지 지속되는데, 최근 출판물에 나타난 다음과 같은 구절에서 드러난다. "당연히 수도프는 협조적이었으며…템킨이나 지거리스트와 같은 유대인들과 긴밀한 관계를 유지했다." Gundolf Keil, *"Paracelsus und die neuen Krankheiten,"* in *Paracelsus. Das Werk-die Rezeption. Beiträge des Symposiums zum 500. Geburtstag von Theophrastus Bombastus von Hohenheim, genannt Paracelsus (1493-1541) an der Universität Basel am 3. und 4. Dezember 1993*, Volker Zimmermann, ed. (Stuttgart: Steiner, 1995), 17-46, 20.

37 Walter von Brunn to Tibor Győry, Rostock, 7 May 1933, Győry Papers. Halbach, *Briefe*, no. 56, 192에도 나왔다: "히틀러의 『나의 투쟁』을 읽으시오!" Tibor Győry to Karl Sudhoff,

강조했고, 됴리는 이 두 권의 책을 "가장 흥미롭고 유익한" 책이라고 일컬었으며, 수도프는 자신도 1933년 6월 14일에 "아돌프 히틀러의 『나의 투쟁』 1부를 읽었고 시간이 있을 때 2부로 넘어갈 것"이라고 간단히 언급했다.[38] 이때에도 수도프는 의심할 여지 없이 국가사회주의에 관심을 가졌지만, 일부 동료들처럼 강한 영향을 받지는 않았다고 보인다.[39]

이 모든 것은 의학사 학계에서의 급진적인 변화를 배경으로 이루어졌으며, 히틀러의 영향은 다른 학문 분과에서와 마찬가지로 여기에서도 극심했다.[40] 1933년 4월 7일에 통과된 종신공무원 복원을 위한 법은 유대인 의학

Budapest, 31 May 1933, Herzog August Library, 99 Novissimi 4°, f. 163.

38 Karl Sudhoff to Tibor Győry, Leipzig, 14 June 1933, Győry Papers.

39 국가사회주의에 대한 열정이 수도프의 직계 동료들 사이에서 만연한 정도는 빌헬름 하벌링그(Wilhelm Haberling)의 편지 중 하나에서 나타난다. "요즘, 그리고 우리나라 전체를 장악한 사랑하는 독일 조국에 대한 열정의 밝은 빛 속에서, 시간은 그저 날아가는 것 같습니다. 아돌프 히틀러가 우리나라를 통합하는 올바른 경로를 택했다는 것을 모든 이에게 분명히 보여주게 될 새로운 무언가가 매일 등장하고 있습니다. 거창한 일들이 매우 짧은 시간 안에 이루어졌으며, 사람들의 신뢰와 자신감은 앞으로 다가올 일들에 순탄한 길을 열어줄 것입니다. 저는 당신이 5월 1일에 독일에 머물면서, 우리 중 다수를 거의 절망시킨 길고도 힘든 세월을 거쳐 마침내 우리나라에 독일의 미래에 대한 믿음이 회복되어 어디에서든 행복하고 고무된 얼굴들을 마주할 수 있었기를 바랍니다. 물론 저 스스로는 우리나라 독일이 다시 부상할 날이 올 것이라는 점을 의심하지 않았습니다. 그리고 이제, 그러한 날이 실제로 여기에 있고, 우리가 예상했던 것보다 더 빠르고 더 훌륭합니다! 저는 이러한 국가적 영혼을 고양시키는 것이 국가적 지성의 많은 부분을 고무하는 효과도 지닐 것이며, 특히 우리의 분과가 집중적인 연구를 위한 새로운 관성을 받게 될 것이라고 굳게 믿습니다! 의학사에 대한 저의 바램은 우리가 교육에 들인 노력이 마침내 완전히 인정받는 것과, 히틀러의 정신 하에 젊은 세대 의사들이 다시 한번 과거의 위대한 독일 의사들을 존경하고 그들의 유서 깊은 연구들에 몰두하는 법을 배워야 한다는 것입니다." Wilhelm Haberling to Tibor Győry, Düsseldorf, 8 May 1933, Győry Papers.

40 Paul Weindling, "Medical Refugees and the Renaissance of Medical History in Great-Britain, 1930s-60s," in *Eine Wissenschaft emanzipiert sich. Die Medizinhistoriographie von der Aufklärung bis zur Postmoderne*, Ralf Bröer, ed. (Pfaffenweiler: Centaurus Verl.-Ges., 1999) 139-151, 148 참조. 또한 Halbach, *Briefe,* 28, n. 172. Marcel H. Bickel, "Medizinhistoriker im 19. und 20. Jahrhundert: Eine vergleichendbiographische Betrachtung," in Frewer and Roelcke, *Institutionalisierung*, 213-234와 비교해보라.

사가들 대부분의 교수직뿐만 아니라 대체 수입원, 신체적 안전, 궁극적으로는 그들의 가정과 고향을 빼앗았다. 그 피해자들은 리하르트 코흐(Richard Koch, 1882~1949),[41] 테오도르 마이어-슈타이네그(Theodor Meyer-Steineg, 1873~1936),[42] 발터 파겔(Walter Pagel, 1898~1983),[43] 루트비히 에델슈타인(Ludwig Edelstein, 1902~1965),[44] 그리고 아마도 나치에게 살해당한 에른스트

41 코흐에 대해서는 *Jüdisches Biographisches Archiv*, microfiche 397: 117-120; Karl E. Rothschuh, "Richard Hermann Koch (1882-949): Arzt, Medizinhistoriker, Medizinphilosoph," *Medizinhistorisches Journal* 15 (1980): 16-43, 223-243; Hannelore Schwann, "Richard Kochs Beziehungen zum Karl-Sudhoff-Institut. Archivstudie anläßlich seines 100. Geburtstages," *NTM. Internationale Zeitschrift fur Geschichte und Ethik der Naturwissenschaften, Technik und Medizin* 19 (1982): 94-103; 그리고 *Richard Koch und die ärztliche Diagnose*, Gert Preiser, ed., Frankfurter Beiträge zur Geschichte, Theorie und Ethik der Medizin, vol. 1 (Hildesheim: Olms Weidmann, 1988) 참조.

42 마이어-슈타이네그에 대해서는 Susanne Zimmermann, "Theodor Meyer-Steineg (1873-936) und die Medizingeschichte in Jena," in Bröer, *Eine Wissenschaft emanzipiert sich,* 261-269 참조.

43 파겔에 대해서는 Walter Pagel, "Erinnerungen und Forschungen," *Wege zur Wissenschaftsgescichte* II, Kurt Mauel, ed. (Wiesbaden: Steiner 1982), 45-66; Heinrich Buess, "Walter Pagel—12. November 1898-25. März 1983—zum Gedenken," *Clio Medica* 18 (1983): 233-239; 그리고 Isobel Hunter, "The Papers of Walter Pagel (1898-983) in the Contemporary Medical Archives Centre at the Wellcome Institute for the History of Medicine, London," in Bröer, *Eine Wissenschaft emanzipiert sich*, 153-160 참조.

44 에델슈타인은 1933년 4월에 이미 파울 디프겐(1878-1966)에 의해 더 이상 일할 기회를 박탈 당했고 같은 해 10월에 망명을 갔다. 그에 대해서는 Georg Harig, "Die antike Medizin in der Berliner medizinhistorischen Forschung," in *Tradition und Fortschritt in der medizinhistorischen Arbeit des Berliner Instituts fur Geschichte der Medizin. Materialien des wissenschaftlichen Festkolloquiums anlaslich des 50. Jahrestages der Grundung des Instituts am 1. April 1980*, Dietrich Tutzke, ed. (Berlin: Institute fur Geschichte der Medizin, 1980), 37-50; Owsei Temkin, "In Memory of Ludwig Edelstein," *Bulletin of the History of Medicine* 40 (1966): 1-13, ["*On Second Thought" and Other Essays in the History of Medicine and Science* (Baltimore: Johns Hopkins University Press, 2002), 250-263에 재간행]; John Scarborough, "Edelstein, Ludwig," in *Biographical Dictionary of North American Classicists*, Ward W. Briggs, ed. (Westport, Conn.: Greenwood Press, 1994), 153-156 참조.

히르쉬펠트(Ernest Hirschfeld)[45] 등을 꼽을 수 있다. 오세이 템킨(Owsei Temkin, 1902~2002)[46]과 비(非)유대인인 헨리 지거리스트(1891~1957)[47]는 1932년에 출국했지만, 그럼에도 불구하고 1933년 템킨은 독일 대학 교수직을 박탈당했다.[48] 됴리가 교류하던 집단에서는 시대의 새로운 정신이 희생을 요구했다는 것이 일반적으로 받아들여졌으며,[49] 때때로 의학사가 이제 순전히 기독교적 분과가 될 것이라는 점이 명시적으로 환영받기도 했다.[50] 이런 식으로, 유대인 회원들이 주로 전파한 문화사·사회의학·의학이론적 연구 방법들은 결국 문헌학적으로 서지학적 또는 역사비판적 접근법에 자리를 내줘야 했다.[51] 우리는 수도프의 서신을 통해 수도프가 그에게 영향을 준 사람들의 운

45 Elisabeth Berg-Schorn, *Henry E. Sigerist (1891-1957)* (Cologne: Hansen, 1978), 67-77.

46 템킨에 대해서는 "Owsei Temkin: Historian of Medicine Who Insisted on the Importance of Ethics and Ideas in the Development of New Practices," *The Times* (London), 7 August 2002, 30 참조.

47 지거리스트에 대해서는 일례로 *Making Medical History: The Life and Times of Henry E. Sigerist*, Elizabeth Fee and Theodore M. Brown, eds. (Baltimore: Johns Hopkins University Press, 1997) 참조.

48 템킨의 교수 자격 취소에 대한 자세한 내용은 "Hochschulnachrichten Leipzig," *Münchener Medizinische Wochenschrift* 80 (1933): 1458 참조.

49 Walter von Brunn to Karl Sudhoff, Rostock, 4 May 1933, University Archive, Leipzig, KSI 41a, 210: "이렇게 긴급하게 필요한 새로운 질서가 수많은 사상자를 요구할 것이라는 점은 매우 유감스럽지만 피할 수 없습니다. 나는 항상 비판적이며 앞으로도 계속 비판적이겠지만 그럼에도 불구하고 마침내 우리를 다시 일으켜 세우기 위해 최선을 다하고 있습니다! 많은 반유대주의 동료들과 함께 우리 의학사가 큰 고통을 겪을 것이라는 사실은 슬프지만 받아들여져야 합니다. 요즘 공동의 이익은 우리 모두의 희생을 요구합니다." 또한, Paul Diepgen, "Wie stehen wir in der Medizingeschichte?" *Deutsche Medizinische Wochenschrift* 59, *Praemedicus* 13 (1933): 834도 보라. 여기서 그는 매우 비슷한 감정을 드러내고 있다.

50 1925년 초, 됴리는 수도프에게 편지를 썼다. "지난 학기에 내 수업에는 약 50명의 의대생이 등록을 했는데, 그 중 한 명만이 유대인이었습니다. 글쎄요, 우리의 사업에서 벌어들일 돈이 많지는 않습니다. 의학사 = '기독교 의학'이니까요." Tibor Győry to Karl Sudhoff, Budapest, 18 December 1925, Herzog August Library, 99 Novissimi 4°, f. 65 참조.

51 소위 철학적 접근 방식이 가장 비판을 받았다고 보인다. Walter von Brunn to Tibor Győry, Rostock, 18 January 1933, Győry Papers, also in Halbach, *Briefe*, no. 53, 183-186,

명을 경시하거나[52] 그들에게 행해진 범죄를 변명하려는[53] 논쟁에 많이 참여하지는 않았다는 점을 알 수 있다. 동시에, 그는 해고되거나 추방당한 동료들을 돕는 데 거의 아무것도 하지 않았다.[54] 유일하게 예외적으로 그가 힘을 실어 준 사례는[55] 이전에 의학사 분야의 교수였으며 프랑크푸르트 의학사학

184: "나는 개인적으로 잘 알지는 못하지만 '철학적인' 생각을 가진 잘난 척하고 불쾌한 유대인이라고 들었던 파겔." 됴리가 수도프에게 편지를 쓸 때 이와 유사한 생각이 나타나는데, "코흐는 내가 아는 한 심각한 모르핀 중독자이기 때문에 배제되어야 합니다. 그는 계속해서 온갖 것들을 잃어버리고, 끊임없이 피곤한 친구로, 훌륭한 지식인이지만 너무 지나치게 '철학적'이라서 아무도 그의 주장의 흐름을 이해하고 관심을 가질 수가 없습니다. 그리고 그는 항상 끔찍한 '프랑크푸르트-유대인' 억양으로 강의합니다."라고 썼다. Tibor Győry to Karl Sudhoff, Budapest, 6 March 1932, Herzog August Library, 99 Novissimi 4°, f. 135.

52 Walter von Brunn to Tibor Győry, Rostock, 7 May 1933, Győry Papers, also in Halbach, *Briefe*, no. 56, 192: "리하르트 코흐와 마이어-슈타이네그는 그들의 의무에서 해방되었습니다. 저는 이것이 의학사에 아무런 심각한 결과도 초래하지 않을 것이라고 확신하는데, 그들이 어떤 연구를 하고 있었든지 계속할 수 있으며, 어쨌든 그리 많은 것을 가르치지도 않았기 때문입니다." 또한, Walter von Brunn to Tibor Győry Rostock, 10 May 1933, Győry Papers, also in Halbach, *Briefe*, no. 57, 193-194도 보라.

53 Tibor Győry to Karl Sudhoff, Budapest, 31 May 1933, Herzog August Library, 99 Novissimi 4°, f. 164.

54 이탈리아 망명시 정실한 실존적 필요속에서 수도프에게 편지를 쓴 에델슈타인의 경우에 명백히 드러난다. Thomas Rütten, "Zu Leben und Werk Ludwig Edelsteins," *Nachrichtenblatt der Deutschen Gesellschaft für Geschichte der Medizin, Naturwissenschaft und Technik e.V.* 48 (1998): 136-146 참조.

55 Halbach, *Briefe*, 29-30 (각주 포함)를 참조. 이 자료에 따르면 코흐를 매우 높이 평가한 수도프는 1933년 봄에 코흐에게 그가 전년도에 처음으로 선출된 DGGMNT의 집행위원회에서 사임하라고 조언했다. 그 후에 수도프는 이 존경하는 동료를 돕기 위해 계속해서 헛된 노력을 기울였으며, 1937년까지 정기적인 서신을 보냈다. 수도프의 발의에 따라 코흐는 1933년 5월 베를린에서 열린 프로이센 과학 예술 공립 교육부에서 요한 다니엘 아첼리스(Johann Daniel Achelis, 1898-1963)와의 회의를 제안받았다. 사임한 코흐는 그의 불안정한 상황에 대해 다소간의 동정과 이해를 희망하면서 그 회의를 다음과 같이 요약했다. "아첼리스와 같은 온화한 사람조차 유대인의 해악을 믿습니다." 다음으로, 수도프는 NSDAP 수뇌부의 국가 보건 전문가위원회 위원인 비어츠(Wirz)를 통해 국가 사회주의 의료위원회(National Socialist Medical Council)의 게르하르트 바그너(Gerhard Wagner) 회장과 접촉했지만 바그너 역시 그를 거절했다. 수도프는 지거리스트에게 보낸 편지에서 이렇게 쓴다. "이제 코흐를 위해 아무것도 할 수 없다는 것이 분명하네. 자네가 적어도 우리의 건실한 템킨을 데리고 대서양을 함께 건널 수 있어서 다행이네." Karl Sudhoff to Henry

과의 책임자(1926~1933)이자 '길들여진 전쟁 전 유대인(domesticated pre-war Jew)'인 리하르트 헤르만 코흐를 도운 것이었다.[56]

이처럼 직업과 권리를 박탈당한 유대인 동료들이 간신히 살아남거나, 망명하거나, 체류 허가를 얻으려는 헛된 희망을 갈구하는 동안, DGGMNT의 획일화 정책인 글라이히샬퉁(Gleichschaltung), 즉 정부 기관 및 기타 조직의 주요 직책에 나치를 임명하는 일[57]이 진행되었다. 수도프는 여전히 DGGMNT에 상당한 영향력을 행사하고 있었다. 에르푸르트에서 열린 연례 회의(1933.9.8-9.10)에서 베를린 의학사연구소의 위원 3명이 중앙집행위원회에 선출되었는데, 파울 디프겐(Paul Diepgen, 1878~1966)[58]이 회장이 되고, 발터 아텔트(Walter Artelt, 1906~1976)[59]는 총무, 루트비히 엥글러트(Ludwig

E. Sigerist, Leipzig, 13 May 1933, Sigerist Papers, Alan Mason Chesney Medical Archives of the John Hopkins Medical Institutions, Baltimore. 이 분야 내에서 코흐를 대신하여 수도프가 기울인 노력에 대해 보인 전반적인 관용에 대해서는 Tibor Győry to Karl Sudhoff, Budapest, 23 September 1933, Herzog August Library, 99 Novissimi 4°, f. 167: "멋진 편지를 보내준 불쌍한 코흐에 대해서는 유감입니다. 사실 저는 언제나 유대인의 큰 적이었지요. 그러나 동화된 유대인과 교활한 유대인을 구별해야만 합니다."

56 Tibor Győry to Karl Sudhoff, Budapest, 31 May 1933, Herzog August Library, 99 Novissimi 4°, f. 164.

57 1931년 협회는 그 이름을 Deutsche Gesellschaft für Geschichte der Medizin, der Naturwissenschaften und der Technik로 바꾸고, 이후 1933년에는 Deutsche Gesellschaft für Geschichte der Medizin, Naturwissenschaft und Technik(DGGMNT)로 바꾼다.

58 디프겐에 대해서는 Rainer Nabielek, "Anmerkungen zu Paul Diepgens Selbsteinschatzung seiner Tätigkeit an der Berliner Universität während des NS-Regimes," *Zeitschrift für die gesamte Hygiene* 31 (1985): 309-314; Thomas Jaehn, "Der Medizinhistoriker Paul Diepgen (1878-1966). Eine Untersuchung zu methodologischen, historiographischen und zeitgeschichtlichen Problemen und Einflüssen im Werk Paul Diepgens unter besonderer Berücksichtigung seiner persönlichen Rolle in Lehre, Wissenschaftspolitik und Wissenschaftsorganisation während des Dritten Reiches" (Med. diss., Humboldt University, Berlin, 1991) 참조.

59 발터 아텔트에 대해서는 Gabriele Bruchelt, "Gründung und Aufbau des Berliner Instituts für Geschichte der Medizin und der Naturwissenschaften-eine archivalische Studie" (Med. diss., Humboldt University, Berlin, 1978), 56-8; Notker Hammerstein, *Die Johann-Wolfgang-*

Englert, 1902~1981)[60]는 회계 담당자가 되었다. 이렇게 이전에는 독립적이었던 국소적 조직은 이제 연계된 지역 단체로 바뀌었다. 그리고 디프겐은 '리하르트 코흐와 발터 파겔이 교수직에서 은퇴한 것'을 진심으로 아쉬워했지만, 의회가 다음과 같은 전보를 독일 총리에게 보내는 것을 막지는 못했다. "9월 9일, 독일의 의학사협회, 과학사협회, 기술사협회가 합병하여 하나의 통합된 독일의학사 및 과학기술사협회를 구성했습니다. 이 협회는 우리의 젊은이들과 독일의 의사, 과학자 및 엔지니어에게, 독일의 국가 보건 활동 및 독일 국가와 독일의 국가적 전통을 보존하기 위해 노력한 독일 의사, 과학자 및 엔지니어의 역사적 행위로부터 도출된 역사적 지식을 제공합니다. 이 협회는 역사적 전통을 독일 문화의 영원한 원천으로 여기라고 장려합니다. 마지막으로 이 협회는 총통에게 깊은 존경심을 표현하고자 합니다."[61] 마침내 에르푸르트에서 열린 영향력 있는 26번째 총회에서 새 법령이 채택되었고, 협회의 목표가 다음과 같이 정의되었다. "이는 또한 독일인의 특성·독일의 전통·독일 문화에 관한 우리의 지식을 증진하고, 우리 분야가 국가의 정치 교육에 기여하도록 하는 것을 목표로 합니다." 다음 날 수도프는 협회의 명예회장직을 제안받았고, 파울 디프겐은 독일의 폰 힌덴부르크 대통령을 대신하여 수도프에게 괴테 메달을 수여하고 수도프 기념 강연의 설립

Goethe-Universität Frankfurt am Main, vol. 1 (Neuwied: Metzner, 1989), 355 참조.

60 엥글러트에 대해서는 Jaehn, "Paul Diepgen," 17, 61; Harig, "Antike Medizin," 42, 49 참조.

61 발터 아텔트에 대해서는 "Bericht uber die Verhandlungen der Deutschen Gesellschaft fur Geschichte der Medizin, Naturwissenschaft und Technik zu Erfurt am 9. und 10. September 1933," *Mitteilungen zur Geschichte der Medizin, der Naturwissenschaften und der Technik* 32 (1933): 289-304; *Fortschritte der Medizin* 51 (1933): 938-939; *Medizinische Welt* 7 (1933): 1433-1434; *Der Chirurg* 5 (1933): 913-915; *Münchener Medizinische Wochenschrift* 81 (1934): 36-37 참조. 또한, Winau, *Deutsche Gesellschaft*, 33, 43, 69-70도 보라.

을 발표했으며, 그 강연에서 첫 번째로 발표했다. 앞서 언급했듯이, 수도프 기념 강연은 오늘날까지도 매년 열리는 행사로 남아 있다. 대단한 영예를 안은 수도프는 "경건한 분위기가 진심으로 만족스러웠다."라며 만족을 표했다.[62] 그가 생각하기로는 명예회장직과 괴테 메달은 진작에 수여되었어야 했던 것이었다.[63]

수도프는 생일인 11월 26일 자신을 위한 특별한 선물을 마련했다. 그는 수도프 메달이 지거리스트와 디프겐에게 공동 수여되도록 했다.[64] "당시 선두의 위치에서 양심의 고통을 겪고 있던" 디프겐은 결국 이 상을 받도록 "설득당했다."[65] 이것은 지거리스트에게 메달을 수여하는 것이 협회 내에서 논쟁적인 문제까지는 아니더라도 다소 어색한 것이었음을 분명히 암시한다. 전반적으로, 이는 수도프가 독일 내에서 자신의 '캠프'의 지위를 강화하고 이 협회가 점점 국제적으로 고립되는 상황을 막기 위한 마지막 시도로 이해할 수 있다.

마지막으로, 수도프가 고령임에도 불구하고 이 모든 정치에 적극적으로 참여한 동기에 관해 논의해 보겠다. 80세나 되었으니 그의 동기가 개인적인 차원이라기보다는 이념적 또는 방법론적이지 않았을까 하는 생각이 들 수밖에 없다. 그러나 1933년에 작성된 그의 편지를 보면, 의장직과 연구소에 대한 그의 관심, 그리고 그의 후임과 유산에 관한 문제가 전술적이고도

62 Karl Sudhoff to Tibor Győry Budapest, 11 September 1933, Győry Papers.

63 예를 들어, Wilhelm Haberling to Tibor Győry, Gottingen, 17 September 1933, Győry Papers 참조. "그는 괴테 메달이 당연히 자신의 것이어야 한다는 생각을 꽤 오랫동안 해왔다고 선언했는데, 이는 좌중을 굉장히 유쾌하게 만들었습니다."

64 Karl Sudhoff to Henry E. Sigerist, Leipzig, 26 November 1933, Sigerist Papers: "몇 주 전에 나는 스스로에게 일종의 생일 선물로서 당신에게 메달을 수여해야 한다는 계획을 세워 귀하와 디프겐의 공동 수상을 제안했고, 그 문제는 적법한 절차를 거쳤습니다."

65 Karl Sudhoff to Tibor Győry, Leipzig, 26 September 1933, Győry Papers도 참조.

전략적인 다양한 움직임에서 주요 동기로 작용했다는 점을 알 수 있다. 히틀러가 집권하기 전, 의학사가 라이프치히의 의장직을 완전히 잃을 수 있다는 소문이 만연해 있었다.[66] 실제로 지거리스트가 볼티모어로 떠나면서 그의 직위가 예기치 않게 공석이 된 후, 대학은 부처의 승인 없이는 후임자를 임명하지 않기로 결정했다.[67] 교묘하게도 수도프는 학문적으로 논란이 많은 나치 동조자 아첼리스를 연구소의 임시 소장으로 임명했는데,[68] 아첼리스는 프로이센 과학·예술·공공 교육부 기관에서 짧은 수습 기간을 거친 후에 차관보가 되어 1933년 3월 연구소를 그만두었다.[69] 소위 유대인 보이콧(Judenboykott)이 발생한 지 불과 8일이 지난 4월 9일, 수도프가 그리스로 장기 여행을 떠났을 때도 모든 것이 여전히 해결되지 않은 상태였다.

4월 말에 돌아온 수도프는 여러 사건, 특히 정치적 사건이 그가 부재했던 기간에 많이 빠르게 진행되었다고 느꼈을 것이다. 테러, 축하, 공개 행진이 일상이 되었다. 획일화는 순조롭게 진행되고 있었고 강제수용소가 세워졌으며 매일 새로운 법률과 법령이 통과되었다.[70] 아마도 그는 다시 한번 "고삐

66 Walter von Brunn to Tibor Győry, Rostock, 18 January 1933, Győry Papers, 그리고 Halbach, *Briefe,* no. 53, 183-186를 참조.

67 Karl Sudhoff to Henry E. Sigerist, Leipzig, 31 December 1932, Sigerist Papers.

68 Walter von Brunn to Tibor Győry, Rostock, 22 April 1932, Győry Papers, also in Halbach, *Briefe*, no. 39, 150-151, 150; Wilhelm Haberling to Tibor Győry, Düsseldorf, 9 May 1932, Győry Papers; Walter von Brunn to Tibor Győry, Rostock, 12 May 1932, Győry Papers, also in Halbach, *Briefe,* no. 40, 152-153, 153; Tibor Győry to Karl Sudhoff, Budapest, 25 June 1932, Herzog August Library, 99 Novissimi 4°; Tibor Győry to Karl Sudhoff, Budapest, 23 July 1933, Herzog August Library, 99 Novissimi 4° 참조.

69 아첼리스에 대해서는 *Der Nürnberger Ärzteprozes 1946/47: Wortprotokolle, Anklage- und Verteidigungsmaterial, Quellen zum Umfeld. Commissioned by Stiftung für Sozialgeschichte des 20. Jahrhunderts,* Klaus Dörner, Angelika Ebbinghaus, and Karsten Linne, eds.(Munich: K. G. Saur, 2000), 74 참조.

70 "혁명은 관료주의라는 존경할 만한 얼굴을 띠었다." Sebastian Haffner, *Geschichte eines Deutschen. Die Erinnerungen 1914-1933*, 6th ed. (Stuttgart: Deutsche Verlags-Anstalt,

를 잡는" 유일한 방법이 베를린 연구소의 모범을 따르고 나치당에 가입하는 일이라고 느꼈을 것이다.[71] 그렇게 함으로써 그는 자신의 권력을 강화하고 이 분과 내에서 후임 인사권에 대한 자신의 영향력을 유지할 수 있다고 보았을 것이다. 5월 13일, 그는 지거리스트에게 "이제는 하인츠 자이스(Heinz Zeiss) 교수에게 의장직을 제안한다는 생각에 점점 익숙해진다."라고 썼다.[72] 그러나 결국 자이스는 의장직 대신 독일 공중보건부의 고위 공무원직을 받아들이기로 결정했다. 하벌링그(Haberling)[73]와 폰 브룬[74]은 한 해 동안 지거리스트를 계승하려는 희망을 품었지만, 수도프는 됴리를 통해 내각이 더 젊은 사람의 임명을 선호한다는 점을 그들에게 이해시켰다. 1933년 8월 24일, 수도프는 연구 여행 중에 바젤에서 만나려고 계획했으나 만나지 못한 지거리스트에게 프리츠 르준(Fritz Lejeune)에 관한 "솔직하고 꾸밈없는" 보고서를 요청했다. 프리츠 르준은 "나치이며, 우리가 대비책을 세우지 않으면 라이프치히에 올 가능성이 큰" 사람이었다.[75]

2001), 95-240, 175 참조.

71 Karl Sudhoff to Paul Diepgen, Leipzig, 26 April 1933, Institut für Geschichte der Medizin, Archives of Humboldt University, Berlin, no. 13, f. 191. 또한 Jaehn, "Paul Diepgen," 62, n. 197 참조.

72 Karl Sudhoff to Henry E. Sigerist, Leipzig, 13 May 1933, Sigerist Papers. "의장직을 제안하도록 하는"이라는 표현의 변화에 주목하라. 일찍이 1931년에 NSDAP에 가입했던 자이스(1888-949)에 대해서는 *Deutsches Biographisches Archiv* 2, 1442:70-78; Paul-Julian Weindling, "German-Soviet Medical Co-operation and the Institute for Racial Research 1927-935," *German History* 10 (1992): 177-206; and Ingrid Kastner and Natalija Decker, "Heinrich Zeiss (1888-1949) und die Versuche zur Institutionalisierung der Medizingeschichte in Rußland," *Acta medico-historica Rigensia* 5 (2000): 35-51 참조.

73 Wilhelm Haberling to Karl Sudhoff, Dusseldorf, 9 May 1932, University Archive, Leipzig, KSI 41d, 28.

74 Walter von Brunn to Tibor Győry, Rostock, 12 May 1932, Győry Papers, 그리고 Halbach, *Briefe*, no. 40, 152-153, 153.

75 Karl Sudhoff to Henry E. Sigerist, Leipzig, [24 August 1933], Sigerist Papers. 편지 자체에는 날짜가 표기되어 있지 않지만, 그 내용과 문맥에 따르면 이 편지가 실제로 이 특별한 날

지거리스트는 깜짝 놀라 이러한 전망에 대한 경각심을 반영한 보고서를 작성했고,[76] 결국 마틴 뮬러(Martin Müller)를 적합한 후보로 제안했다.[77] 제도적으로 한참의 줄다리기를 거친 1년 후에야 마침내 폰 브룬이 임명되었다. 이 기간에 수도프는 여전히 '그의' 연구소에서 가장 높은 자리에 군림했다. 그의 확고한 반(反)유대주의, '4월의 변절'을 통한 NSDAP 합류, 타협에 대한 그의 열망, 그리고 그의 전략적 작전 덕분에 그는 의장직을 유지할 수 있었고, 적어도 독일에서는 그의 권력을 결집시킴으로써 다소 악명 높은 사후 명성을 얻었다. 이를 보여주듯이, 디프겐도 지거리스트도 1933년의 수도프 메달 시상식에 참석하지 않았다.

수도프의 전방위적 권력이라는 주술은 그의 정치적 선택과 시대의 변화로 인해 깨어졌다. 수도프가 한때 됴리에게 쓰라고 조언했던 협회의 고귀한 목표는 더 이상 사실이 아니었다. 베를린과 볼티모어의 의학사가들은 이제 궁극적으로 양립할 수 없는 매우 다른 경로를 택했다. 수도프는 잘못된 군중과 함께 그의 운명을 같이했고, 순응과 복종이라는 대가를 치르고서도 독일 의학사의 몰락을 막을 수 없었다. 아마도 그에게는 학문적 성취의 도덕적 무

에 써졌다는 사실이 입증된다. 또한, Walter von Brunn to Tibor Győry, Rostock, 5 March 1933, Győry Papers, 그리고 Halbach, *Briefe*, no. 54, 187-189, 188도 보라. "르준이 라이프치히에 희망을 가져야 한다는 것은 분명히 나쁜 농담일 것입니다." 1927년부터 NSDAP 당원이었던 프리드리히 요셉 아우구스트 르준(Friedrich Josef August Lejeune, 1892-1966)에 대해서는 *Deutsches Biographisches Archiv* 2, 800:396-400; Kümmel, "Im Dienst," 310 참조.

76 Henry E. Sigerist to Karl Sudhoff, Florence, 3 September 1933, Sigerist Papers: "만약 그가 라이프치히에 온다면, 나는 살아있는 동안 다시는 그 연구소에 발을 들여놓지 말아야 할 것입니다."

77 마틴 뮬러에 대해서는 *Deutsches Biographisches Archiv* 2, 923:276; Magnus Schmid, "Zum 75. Geburtstag von Prof. Martin Muller," *Münchener Medizinische Wochenschrift* 95 (1953): 586, 그리고 "Professor Dr. Martin Muller gestorben," *Münchener Medizinische Wochenschrift* 102 (1960): 870 참조.

결성보다 궁극적으로는 국내에서의 권력과 명성이 더 중요했던 것 같다. 그러나 결과적으로 독일 의학사가 그러한 불경한 동맹으로부터 얻는 '이득'에 비해서 그것을 위해 계속 지불해야 하는 비용이 다소 높았던 것은 아닌지 묻지 않을 수 없다.

뛰어난 번역에 대해 런던의 알렉사 알퍼(Alexa Alfer)에게 감사하고 싶다. 이 장은 오세이 템킨을 기리며 그에게 바친다.

제5장

고대 의학

—베를린에서 볼티모어까지

비비안 너튼(Vivian Nutton)

의학사 서술의 역사는 다른 지적·사회적 발전과 분리해서 연구할 수 없다. 역사가들이 어떻게 주제를 선정하고 연구하는지는 그들의 흥미뿐 아니라 그 주변 사람들이 유사한 주제에 대해 뭐라고 하는지에도 영향을 받기 때문이다. 하나의 사업 내에서도 국가별로 양식이나 우선순위 등에 주요한 차이가 있을 수 있다. 이 장에서는 그리스와 로마의 의학이 1870년에서 1939년 사이에 의학사와 독일식의 고전학 혹은 고전 문헌학(classical philology)이 겪은 변화에 주목한다. 고대 의학은 의학사의 중심이면서도 전문 고전학자들의 전유물이었다. 이들의 관점은 의학사가들과 일치하는 일이 드물었다. 독일이 제1차 세계대전에서 패배하고 뒤이어 독일의 고대 의학 연구를 지탱하고 있었던 재정적 지원이 없어지자 실증주의적 텍스트나 고대 작가들의 판본 출판이 거의 중단됐다. 오세이 템킨(Owsei Temkin)이나 루트비히 에델슈타인(Ludwig Edelstein)과 같은 젊은 학자들은 사상사로 관심을 돌렸고, 1930년대에 이 접근법을 가지고 대서양을 건너 볼티모어로 향했다. 그들은 의학사가들과 미국 고전학자들에게 즉각적인 영향을 줄 수는 없었는데, 비단 서로 다른 교육 체계 때문만은 아니었다. 역설적이게도 그들은 에델슈타인이 죽고, 템킨이 존스홉킨스 연구소 소장직에서 퇴임한 이후에 더 많은 독자를 얻게 되었다. 이때에야 철학자와 페미니즘 학자들을 중심으로 고전학 안에서 새로운 우려와 이해관계가 등장해 고대 의학에 대한 흥미가 다시금 생겨났다.

이러한 현상은 다양하게 해석될 수 있다. 한 관점에 의하면, 고대 의학의 역사가 의학사에서 차지하는 비중이 줄어들게 되었다는 점에서 그렇다고 한다. 이는 19세기 중반에 등장한 의학을 '역사화'하는 접근과 연관이 있다. 그전에 의학사의 개괄은 고대 작가들에 의존하는 바가 컸다. 코르넬리우스 켈수스(Cornelius Celsus)는 『의학에 대하여(*On Medicine*)』의 서문에서 히포크라테스부터 헬레니즘기의 알렉산드리아에 이르는 역사를 서술했다.[1] 대 플리니우스(the Elder Pliny)의 로마 공화정기와 제정 초기 그리스 의사들에 관한 까칠한 글은 많은 독자에게 영향을 주었다.[2] 페르가뭄(Pergamum)의 갈레노스는 자신만이 진정한 의학을 알고 있다고 하면서 과거의 작가들이나 업적 중 의미 있는 것들을 선별해 내었다.[3] 코니어스 미들턴(Conyers Middleton, 1683-1750)과 하인리히 슐체(Heinrich Schulze, 1687-1744)와 같은 18세기의 호고주의자들(antiquarians)은 먼 과거의 이야기를 동전이나 금석문 등 고대의 비과학적 의학 사료에 관한 세세한 지식 등을 포함하는 고고학적 증거로 보강하였다.[4]

1 Philippe Mudry, *La Préface du De medicina de Celse* (Rome: Institut Suisse de Rome, 1982); Heinrich von Staden, "Celsus as Historian?" in *Ancient Histories of Medicine: Essays in Medical Doxography and Historiography in Classical Antiquity*, Philip van der Eijk, ed. (Leiden: E. J. Brill, 1999), 251-294.

2 Vivian Nutton, "The Perils of Patriotism: Pliny and Roman Medicine," in *Science in the Early Roman Empire: Pliny the Elder, His Sources and Influence*, Roger K. French and Frank Greenaway, eds. (London: Croom Helm, 1986), 30-32.

3 Vivian Nutton, "Renaissance Biographies of Galen," in *Gattungen der Medizingeschichte,* Thomas Rütten, ed. (forthcoming); Mario Vegetti, "Tradition and Truth: Forms of Philosophical-Scientific Historiography in Galen's De Placitis," in van der Eijk, *Ancient Histories*, 333-358, and "Historiographical Strategies in Galen's Physiology (De Usu Partium, De Naturalibus Facultatibus)," *ibid.*, 383-396.

4 Vivian Nutton, "Murders and Miracles: Lay Attitudes towards Medicine in Classical Antiquity," in *Patients and Practitioners*, Roy Porter, ed. (Cambridge: Cambridge University Press, 1985), 23-24; Jürgen Helm, "'Der erste wahre Geschichtsforscher der Medicin.' Johann Heinrich Schulze und seine 'Historia medicinae' von 1728," in *Eine Wissenschaft emanzipiert sich. Die Medizinhistoriographie von der Aufklärung bis zur Postmoderne*,

1800~1830년의 '실용주의(pragmatic)' 의학사가들은 다른 관점을 채택했다. 고대 의학을 한물갔다고 거부하는 대신 고대 의학이 당대의 관심과 관련이 있음을 보여주려 한 것이다. 특히 독일에서 1840년대까지 고전학 텍스트는 그 실용적 정보의 가치만으로도 여전히 중요했다. 실제로 그리스와 로마 의학사를 공부하는 것은 당대의 문제와 긴밀한 연관이 있었다. 고대 저자의 책을 원문 그대로 읽거나 정확한 번역을 통해 읽을 수 있도록 하는 것은 의학과 의학적 연구에 공헌했다고 인정받았다. 1820년대에 라이프치히의 칼 고틀로브 퀸(Karl Gottlob Kühn)의 감독 아래 방대하게 이루어진 고대 텍스트의 재판(reprint)과 프랜시스 애덤스(Francis Adams)에 의해 이루어진 그리스어 텍스트의 영역, 그리고 에밀 리트레(Émile Littré)의 기념비적인 히포크라테스 전집은 실용적 목적은 물론 역사적 의도가 있는 것이었다. 이들은 당대의 의사들이 등한시하거나 잘 이해할 수 없었던 자료를 제공했다.[5]

고대 의학에 대한 이러한 접근은 19세기 중반에 들어 사그라들었다. 의학 내의 발전이 고대의 진단이나 처방을 불필요한 것으로 만들어 버렸기 때문이다. 페트르깽(J. P. E. Petrequin, 1809~1876)은 1870년대에 출판된 현존하는 히포크라테스 전집(corpus)의 수술 관련 텍스트 판본에서 수술의 참된 원칙으로 돌아가자고 주장했는데, 이는 의학 관련 독자들에게는 구식으로 여겨졌으며, 독일 군대 내 수술의 성과를 무시하고 시계를 과거로 돌려 버리는 쇼비니스트적 시도로 보였다.[6] 새로운 역사주의적(historicist) 접근은 즉각적

Rolf Bröer, ed. (Pfaffenweiler: Centaurus, 1999), 189-204.

5 Hans-Uwe Lammel, "To Whom Does Medical History Belong? Johann Moehsen, Kurt Sprengel, and the Problem of Origins in Collective Memory"(이 책 1장); Vivian Nutton, "In Defence of Kühn," in *The Unknown Galen: Galen beyond Kühn, Bulletin of the Institute of Classical Studies* suppl. 77, Vivian Nutton, ed. (2002): 1-8.

6 Guy Sabbah and Sylvie Sabbah, "Joseph Pierre Éléonord Pétrequin (1809-1876), le

의학 문제를 잠시 뒤로 미루고, 과거를 새로운 텍스트와 자료에 의거해 재구성하는 데 관심을 두었다. 그 예로서 헨셸(E. T. A. Henschel)의 새로운 학술지 《야누스(*Janus*)》를 들 수 있겠다.[7] 샤를 다렘베르그(Charles Daremberg)·윌리엄 그린힐(William A. Greenhill)·테오도르 푸쉬만(Theodor Puschmann)과 같은 학자들은 역사적 정신을 가진 대중을 위해 고전 텍스트를 편집·번역·해석하는 데 많은 노력을 기울였다. 히포크라테스 원전을 찾는 것의 목적은 더 이상 리트레가 그랬듯이 당대의 관념을 의학의 아버지와 연관 지음으로써 그 유용성을 증명하는 것이 아니라, 먼 과거의 일을 밝히는 데 유용한 지식의 고고학(intellectual archaeology)이 되었다.[8] 이는 고대 의학의 역사에만 해당되는 것이 아니었다. 고대 의학의 역사는 학계의 관심을 놓고 특히 중세와 자기 나라의 초기 역사에 더 흥미가 있는 사람들과 맹렬하게 경쟁해야 했지만, 1914년까지 의학 역사 서술의 중심 주제로 남았다. 그러나 고대 의학 연구는 점차 고대 세계에 전문적 관심이 있는 고전 문헌학자들의 손에 남겨지게 되었다.

고대 의학, 독일, 그리고 고대에 관한 새로운 학문

이는 독일인들의 고전, 특히 그리스에 대한 심취로 해석될 수 있다. 버틀러(E. M. Butler)는, 18세기 중반 요한 요아킴 빙켈만(Johann Joachim

'correspondent lyonnais,'" in *Médecins érudits, de Coray à Sigerist, Danielle Gourevitch,* ed. (Paris: De Boccard, 1995), 113-128.

7 *Ibid.* 다음의 섹션과 관련이 있다. Gourevitch, *Médecins*, "le cercle de Daremberg," 61-152, Ludwig Edelstein, "Medical Historiography in 1847," *Bulletin of the History of Medicine* 21 (1947): 495-511, Ludwig Edelstein, *Ancient Medicine: Selected Papers of Ludwig Edelstein* (Baltimore: Johns Hopkins Press, 1967), 463-478에 재간행되었다.

8 Wesley D. Smith, *The Hippocratic Tradition* (Ithaca: Cornell University Press, 1978), 31- 44.

Winckelmann)을 필두로 레싱(Lessing)과 괴테(Goethe)에 이르기까지의 시기를 그리스가 독일을 지배한 때라고 평가할 정도였다. 독일에서 빌둥(Bildung)과 쿨투르(Kultur), 즉 교육과 문화는 특히 그리스에 거점을 두었다.[9] 먼저 프로이센에서는 1800년대에 빌헬름 폰 훔볼트(Wilhelm von Humboldt) 교육부 장관의 감독 아래, 그리고 다른 독일 영방에서는 원래 법조인·의사·목사를 교육하던 대학 시스템이 그리스적인 것을 통해 실용적 기술을 보완한 지성인 엘리트를 생산한다는 새로운 교육 이상을 정립하였다.[10] 이는 영적이면서도 지적인 과정으로 생각의 폭을 넓혀 세상의 세속적 실용성에 대해 더 고차원적인 사색을 할 수 있도록 하는 것이었다. 진정한 문헌학(Philologie)은 언어 양식의 정확한 이해를 통해 그리스인들의 지적 성과를 더 높은 차원에서 이해하는 것을 목표로 했다. 고전학에서 이러한 요구는 더 엄격했고, 표면적으로나마 더 도덕적이었으며, 영국이나 다른 지역보다 훨씬 더 그리스적이었다. 이는 새로운 중산층에게 매력적으로 다가갔고, 더 넓고, 더 나은 지원을 받고, 기술적으로 더 전문적이며, 다른 유럽 지역보다 대중적으로 더 높은 지위를 누렸던 대학 시스템의 뒷받침을 받았다.[11]

9 Elsie M. Butler, *The Tyranny of Greece over Germany* (Cambridge: Cambridge University Press, 1935).

10 Rudolf Pfeiffer, *A History of Classical Scholarship from 1300 to 1800* (Oxford: Clarendon Press, 1976)는 연구에서뿐만 아니라 무의식적인 독일적 편견에 있어서도 본보기가 되는 예이다. 다음은 주요 대학을 중심으로 변화하는 경향을 개괄한다. Cornelia Wegeler, "… wir sagen ab der internationalen Gelehrtenrepublik." *Altertumswissenschaft und Nationalsozialismus. Das Göttinger Institut für Altertumskunde, 1921- 1962* (Cologne: Böhlau Verlag, 1996), 26-28.

11 Fritz K. Ringer, *The Decline of the German Mandarins: The German Academic Community, 1890-1933* (Cambridge, Mass.: Harvard University Press, 1969); Ulrich Sieg, "Im Zeichen der Beharrung. Althoffs Wissenschaftspolitik und die deutsche Universitätsphilosophie," in *Wissenschaftsgeschichte und Wissenschaftspolitik im Industriezeitalter: Das "System Althoff" in historischer Perspective*, Bernhard vom Brocke,

1890년경에는 학교와 대학에서 고전학이 대접을 받았다. 과학자나 역사가도 대개 그 역할을 인정했다. 김나지움(Gymnasium)의 모든 학생들은 미래에 무엇이 되고 싶든지 간에 그리스어와 라틴어를 공부해야 했다. 김나지움보다 공부가 덜 중요한 레알슐레(Realschule)에도 고전어가 없지는 않았다. 고전학에 대한 이러한 열정은 독일에만 국한된 것은 아니었다. 그러나 다른 곳과 차별점은 분명히 있었다. 영국에서는, 언어 기술, 그리스어나 라틴어로의 번역, 친숙한 작가들의 저작, 호메로스나 호라티우스에 관한 지식을 통해 얻을 수 있는 도덕적 가치와 사회적 향상에 강조점을 두었다.[12] 독일 역시 도덕적 요소를 중요시했지만, 고대 개념에 대해 좀 더 폭넓게 연구했다. 언어에 치중한 문헌학은 많은 대학에서 알테르툼스비센샤프트(Altertumswissenschaft), 즉 고대에 대한 학문으로 보완, 혹은 대체되었다.[13] 이 변화는 후에 훔볼트계 시스템이 강조하는 교육과 연구의 통합으로 더 자극받았다. 박사학위를 얻기 위해 학생들은 출판 가능한 논문을 써야 했고, 출세하려는 대학교수들은 (학위논문 다음의) 두 번째 논문인 하빌리타찌온슈리프트(Habilitationschrift)를 써야 했다. 이 논문이 배움에 큰 공헌을 하였다. 새로운 지식을 지속적으로 축적하는 연구는 자연과학에서만큼이나 인문학에서도 독일 교육체계에 편입되었다. 모든 독일 영방에서 이러한 흐름을 독려

ed. (Hildesheim: Edition Bildung und Wissenschaft, 1991), 287-306.

12 Christopher A. Stray, *Classics Transformed: Schools, University, and Society in England, 1830-1960* (Cambridge: Cambridge University Press, 1998); *Classics in 19th and 20th Century Cambridge: Curriculum, Culture, and Community*, Christopher A. Stray, ed. (Cambridge: The Cambridge Philological Society, 1999).

13 Ulrich von Wilamowitz-Moellendorff, *History of Classical Scholarship* (London: Duckworth, 1982), 155-178; Anthony T. Grafton, "Polyhistor into Philolog: Notes on the Transformation of German Classical Scholarship, 1780-1859," *History of Universities* 3 (1983): 159-192.

했다. 독일은 계속 늘어 가는 학생 수에 발맞추어 교수 자리를 점차 늘려 갔다. 1890년에서 1910년 사이에 21개의 독일 대학에서 신학을 포함한 인문학 교수의 수는 649명에서 1,051명으로 늘었다. 이 중 고전학자는 109명, 사학자는 185명이었다.[14]

이렇듯 고대 학문의 중요한 개념은 주로 베를린 대학교와 베를린 과학아카데미의 위대한 학자들이 만들었다. 이 중 오늘날 가장 유명한 사람은 로마사가인 테오도르 몸젠(Theodor Mommsen)이다.[15] 베를린에 고전학 발전을 위한 제도적 기초를 세운 사람이 몸젠이라면 고대 의학에 문헌학적인 영향을 미친 사람은 몸젠의 사위인 귀족 출신의 울리히 폰 빌라모비츠-묄렌도르프(Ulrich von Wilamowitz-Moellendorff, 1848~1931)와 몸젠의 친구 헤르만 딜스(Hermann Diels, 1848~1922)일 것이다.

빌라모비츠는 그라이프스발트(Greifswald), 괴팅겐(Göttingen)을 거쳐 근 30년간 베를린에서 교수를 역임한 고대 학문의 선구자였다.[16] 그는 그리스어와 라틴어를 번역할 줄 아는 것만으로는 부족하다고 했다. 고전기 문명 전체를 볼 수 있어야 한다는 주장이었다. 진정한 학자라면 파피루스나 비문에도 익숙해야 했고, 소포클레스의 비극만큼이나 호메로스의 서사시에도 익숙해야 했다. 또한, 카리스토스의 디오클레스(Diocles of Carystos, c. 375 BC~c. 295 BC, 그리스 에우보이아 섬의 카리스토스 출신의 의사로 Diocles Medicus라고도 부른

14 Stefan Rebenich, *Theodor Mommsen und Adolf Harnack: Wissenschaft und Politik im Berlin des ausgehenden 19. Jahrhunderts* (Berlin: De Gruyter, 1997), 30-31. 1865년에서 1911년 사이에 학생 수는 4배가 뛰어 55,600명이 되었다.

15 *Ibid.*, 55-79.

16 *Wilamowitz nach 50 Jahren*, William M. Calder III, Hellmut Flashar, Theodor Lindken, eds. (Darmstadt: Wissenschaftliche Buchgesellschaft, 1985).

다-역주)의 식이요법부터 플라톤과 아리스토텔레스까지 잘 알아야 했다.[17] 그래야만 빌라모비츠에게 사제나 의사만큼이나 중요한 직업인 학자가 고대에 관한 총체적 지식을 얻을 수 있는 것이다. 이는 도전적 이상이었지만, 빌라모비츠 자신의 긴 인생을 통해 놀라우리만치 성취되었다. 또한, 이에 대한 낙관론이 당대 독일의 의학, 과학, 역사, 그리고 지리에 이르기까지 퍼지게 되었다. 빌라모비츠와 그의 많은 후원자들은 의학이나 화학과 같은 과학과 비교하여 고대 학문이 전혀 뒤지지 않는다고 생각하였다. 모두 축적되어 온 사실적 데이터에 근거했고, 최고의 학문적 기준에 의거해 생산되었다. 그리고 과학에서처럼 고전학에서도 이러한 연구는 명백히 독일의 것이었다.

이러한 상황 아래 독일 의학사 서술에서 고대 의학사가 큰 비중을 차지하게 된 것은 놀랄 일이 아니다. 수도프(Sudhoff) 역시 최초의 그리스 의학 관련 파피루스를 더 많이 알리는 데 공헌했다. 그리고 그는 고대를 다룬 유용한 소논문을 다수 작성했다.[18] 독일의 방대한 의학사 관련 교육서(Lehrbücher)는 물론 더 전문화된 해부학이나 안과학의 역사서가 내용의 상당 부분을 고대사에 할애했다.[19] 고대의 약과 약물치료에 관한 현대의 논의는 이 시기의 독

17 그의 책(*Griechisches Lesebuch* (Berlin: Weidmann, 1910))은 수학, 지리, 의학, 문학, 철학의 글들을 포함한다. 269-286쪽의 의학 발췌문은 총 세 개인데 모두 주해를 포함한다. 이는 히포크라테스의 『신성한 병에 관하여』와 카리스토스의 디오클레스를 인용한 오리바시우스의 글(fragment 182 in *Diodes of Carystos*, P. van der Eijk, ed. [Leiden: Brill, 2000]), 그리고 아탈레이아의 아테나이우스(Athenaeus of Attaleia)가 영양에 관해 쓴 글이다. 뒤의 두 편은 오늘날 전문 의학사가들에게도 익숙하지 않다.

18 Georg Harig, "Sudhoffs Sicht der antiken Medizin," *Sudhoffs Archiv* 76 (1992): 97-105.

19 Julius Pagel, *Geschichte der Medizin* (Berlin, 1898); *Handbuch der Geschichte der Medizin*, Max Neuburger, Julius Pagel, eds. (Jena: G. Fischer, 1902-1905); Max Neuburger [an Austrian], *Geschichte der Medizin* (Stuttgart: Enke, 1906-1911), translated as *History of Medicine* (London: Oxford University Press, 1910-1925); Ernst Julius Gurlt, *Geschichte der Chirurgie und ihrer Ausübung: Volkschirurgie, Alterthum, Mittelalter, Renaissance* (Berlin, 1898); Julius Hirschberg, *Geschichte der Augenheilkunde*, vol. 1 (Berlin, 1899).

일 의학 연구자들이 주로 담당했다.[20] 예나(Jena)의 안과 의사인 테오도르 마이어-슈타이네그(Theodor Meyer-Steineg)는 의학사 강의를 할 때나 역사적 자료를 수집할 때 고대 그리스 로마 시대에 집중했다.[21] 그러나 점차 고전학자들의 어젠다가 의사들의 것과 달라졌다. 고전학자들은 판본을 만들고, 누가 쓴 필사본인지 토론하고, 진본 여부를 가리고, 파편을 모으고, 쿠벨렌포슝(Quellenforschung, 기존의 고전 작가들의 개념의 근원을 작품이 소실된 더 이전 작가들의 생각에서 찾으려는 연구)을 하는 등의 작업을 하면서 철저하게 텍스트를 기반으로 연구했다.[22] 이 새로운 문헌학의 전문적 기술까지 완벽하게 알 수 있는 의사는 별로 없었다.[23] 로베르트 푸크스(Robert Fuchs)가 편집한 소위 『익명의 파리 사본(*Anonymus Parisinus*)』의 판본(급성 및 만성 질환에 관한 1세기 그리스 의서-역주)은 거의 모든 면에서 졸작이었다. 그는 자신이 발견한 것을

20 Ludwig Israelson, "Die Materia Medica des Klaudios Galenos" (Diss., Dorpat, 1894); Rudolf von Grot, "Über die in der hippokratischen Schriftensammlung erhaltenen pharmakologischen Kenntnisse," *Historische Studien aus dem pharmakologischen Institute der kaiserlichen Universität Dorpat* 1 (1889): 58-133; Felix Rinne, "Das Receptbuch des Scribonius Largus, zum ersten Male theilweise ins Deutsche übersetzt und mit pharmakologischem Kommentar versehen," *ibid.* 5 (1896): 1-99. 이 시기 러시아의 도포라트 대학(유르예브) 교수들은 대부분 발트계 독일인이었고, *Studien*은 할레에서 출판되었다.

21 Susanne Zimmermann and Ernst Künzl, "Die Antiken der Sammlung Meyer-Steineg in Jena," in *Jahrbuch des römisch-germanischen Zentralmuseums Mainz* 38 (1991): 515-540, 41 (1994): 179-198; Susanne Zimmermann, "Theodor Meyer-Steineg (1873-1936) und die Medizingeschichte in Jena," in Bröer, *Wissenschaft,* 261-270.

22 다음의 방법론이 특히 그러하다. Friedrich Münzer, *Beiträge zur Quellenkritik der Naturgeschichte des Plinius (Berlin, 1897); Max Wellmann, Die pneumatische Schule bis auf Archigenes in ihrer Entwickelung dargestellt* (Berlin, 1895).

23 예외는 있었다. 테오도르 푸쉬만이 편집한 트랄레스의 알렉산더(Alexander of Tralles)가 쓴 글은 오늘날에도 여전히 가치가 있다. 막스 시몬이 편집한 갈레노스의 잃어버린 글인 해부학 *editio princeps* 역시 그러했다. 다만, 이는 아랍어에 기반하고 있었다. Max Simon, *Sieben Bücher Anatomie des Galen* (Leipzig: Teubner, 1906).

이해하지도, 이해할 수 있는 그리스어로 표현하지도 못했다.[24] 반대로 문헌학자들은 고대의 글에서 의학적인 부분에는 거의 주의를 기울이지 않았다. 이들은 때때로 철학적·역사적 문제를 건드릴 뿐 주로 문헌학적 문제에만 몰두했다.

근대 문헌학 방법론을 사용하여 새롭게 펴낸 고대 텍스트 판본은 놀라울 만큼 많다. 1870년에서 1918년 사이에 독일의 거의 모든 대학의 교수와 박사급 학생들은 고대 의학에 관한 논문을 냈고, 이들은 아직도 유효하다.[25] 어떤 고대 텍스트는 대학 창립 기념일 연설이나 김나지움의 연회보에 실려서 후대의 학자들이 서지 정보를 찾는 데 어려움을 겪고 있다.[26] 몇몇 학교 선생들은 고전어에 능통하여 갈레노스나 히포크라테스 텍스트 판본을 만들기도 했는데, 이들은 오늘날에도 여전히 중요하다. 이들은 『파울리-비소바 고전학 백과사전(*Paulys Realenzyklopädie der klassischen Altertumswissenschaft*)』에 고대 의학 저자들에 대해 쓰기도 했다.[27] 디오스코리데스를 편집한 막스 벨

24 Hermann Diels, Hermann Usener, and Eduard Zeller, *Briefwechsel*, Dietrich Ehlers, ed. (Berlin: Akademie Verlag, 1992), vol. 1 (1892):447, 450. Cf. Ivan Garofalo, *Anonymi Medici De Morbis Acutis et Chroniis* (Leiden: Brill, 1997), xxxvi-xxviii.

25 게라트 피히트너가 수집한 히포크라테스 전집과 갈레노스 전집의 참고문헌은 편집자가 넓은 지역에 퍼져 있었다는 점을 증거한다. Tübingen: Institut für Geschichte der Medizin, 1990.

26 두 개의 예만 들면 될 것이다. Georg Helmreich, ed., "Galenus De optima Corporis Constitutione. Idem De bono Habitu," *Programm des Kgl. humanistischen Gymnasiums in Hof für das Schuljahr 1900/1901* (Hof: n.p., 1901); August Brinkmann, ed., "Galeni de optimo Docendi Genere libellus," *Programm zur Feier des Gedächtnisses des Stifters der Universität König Friedrich Wilhelms II* (Bonn: Carl Georgi, 1914).

27 고대 의학사가 중 여전히 알려져 있는 사람은 소라누스를 편집한 라이프치히의 선생이자 부르첸, 켐니츠, 라이프치히의 교장을 지낸 요하네스 일베르크(Johannes Ilberg, 1860-1930), 토이브너판 히포크라테스를 편집한 일펠트와 키엘에서 가르친 휴고 퀼레바인(Hugo Kühlewein, 1870-ca. 1920), 파울리 비소바 백과사전에 기고하고 릭스도르프와 베를린에서 가르친 한스 고센(Hans Gossen, 1884-ca. 1944), 갈레노스와 스크리보니우스를 편집하고 아우그스부르크에서 가르쳤으며 안스바흐와 호프에서 교장을 지낸 게오르그

만(Max Wellmann, 1863~1933)은 포츠담의 김나지움에서 가르쳤는데, 지금도 인정받는 고대 의학 연구의 선구자이다. 그는 1919년부터 죽을 때까지 베를린 대학 고전학부의 명예교수로 지냈다.[28]

독일의 생산성은 고전학의 뿌리가 깊은 나라와도 비교할 수 없는 정도의 수준이었다.[29] 대학의 숫자가 더 적었던 영국을 예로 들면, 1939년 이전에 고대 의학에 관심이 있는 선생은 전부 합쳐서 둘, 셋 정도밖에 안 되었다. 존스(W. H. S. Jones, 1876~1963) 한 명만이 고대 의학을 연구 주제로 삼았다.[30] 그러나 그의 책, 『그리스 역사 속의 말라리아(*Malaria in Greek History*)』를 이제와 읽는 사람은 많지 않으며 로엡 시리즈(Loeb series, 그리스어와 라틴어 고전을 영어로 번역하여 출판한 총서. 처음에는 영국의 하이네만 출판사에서 출판했고, 지금은 하버드 대학교 출판사에서 출판하고 있다-역주)에 포함된 그의 히포크라테스

헬름라이히(Georg Helmreich, 1849-1921)가 있다. 베를린에서 가르친 에른스트 벤케바흐(Ernst Wenkebach, 1875-1955)와 프란츠 파프(Franz Pfaff, 1886-1953)는 갈레노스의 히포크라테스 주해를 편집하는 데 거의 50년을 바쳤다.

28 일베르크는 김나지움 선생에게는 잘 주어지지 않는 기회를 얻어 라이프치히에서 명예직을 지내기도 했다. 벨만에 대해서는 다음을 참조. Georg Harig, "Die antike Medizin in der Berliner medizinhistorischen Forschung," in *Tradition und Fortschritt in der Berliner medizinhistorischen Arbeit des Berliner Instituts für Geschichte der Medizin*, Dieter Tutzke, ed. (Berlin: Humboldt Universität, 1980), 37-50.

29 동시대 역사연구도 유사한 길을 걸었다. 다음을 참조. *British and German Historiography, 1750-1950: Traditions, Perceptions, and Transfers*, Benedikt Stuchtey and Peter Wende, eds. (Oxford: German Historical Institute London, 2000); Pim Den Boer, *History as a Profession: The Study of History in France, 1818-1914* (Princeton: Princeton University Press, 1998).

30 그가 케임브리지에서 고대의학을 배운 것은 아니었다. 브리스톨 대학의 그리스어 교수 존 돕슨(John F. Dobson, 1875-1947)은 찰스 싱어(Charles Singer)의 친구이기도 했는데, 헤로필루스(Herophilus)와 에라시스트라투스(Erasistratus)의 파편 모음집을 번역했다. 호레이스 헤리스 레컴(Horace Harris Rackham, 1868-1944, 케임브리지)은 플리니우스의 로엡 판본의 부분들을 번역했다. 아서 펙(Arthur L. Peck, 1902-1974)은 케임브리지에서 존스의 박사생이었고, 후에 아리스토텔레스의 생물학에 대해 연구했는데, 히포크라테스의 『처방에 관하여』에 대한 그의 케임브리지 박사학위 논문에는 그것이 드러나지 않는다.

선집은 좋게 말해서 조금 이상하다.[31] 고대 의학은 클리포드 알버트(Clifford Allbutt, 1836~1925) 경을 필두로 한 신사-의사들의 몫이었다.[32] 로엡 시리즈의 갈레노스와 켈수스는 독일인들이 편집한 텍스트를 언어 능력이 탁월한 의사들이 번역한 것에 지나지 않았다.[33] 영국이 고대 의학에 공헌한 점이라면 『익명의 런던 파피루스(*Anonymus Londinensis papyrus*)』라고 부르는 판본을 출판한 일인데, 이는 런던 파피루스 학자인 프레데릭 케년(Frederic Kenyon, 1875~1955) 경과 베를린 대학 교수였던 헤르만 딜스의 합작이었다.[34]

딜스는 고대 의학의 문헌 연구에서 중요한 인물이다. 빌라모비츠와 달리 그는 라인란트의 서민 출신이었고, 일차적 관심은 고대 철학에 있었다.[35] 그

31 William H. S. Jones, *Malaria in Greek History* (Cambridge: Cambridge University Press, 1907); *Hippocrates*, vols. 1, 2, and 4 (London: Heinemann, 1923-1931); cf. *Hippocrate, Tome V. Des Vents. De l'Art*, Jacques Jouanna, ed. (Paris: Les Belles Lettres, 1988), 95. 플리니우스의 『자연사』 번역은 로엡 판본의 20-32(Cambridge, Mass.: Harvard University Press; London: Heinemann, 1951-1963)에 수록된 존스의 것이 더 훌륭하다.

32 Sir Clifford (T. C.) Allbutt, *Greek Medicine in Rome, the Fitzpatrick Lectures on the History of Medicine delivered at the Royal College of Physicians of London in 1909-1910, with Other Historical Essays* (London: Macmillan, 1921).

33 Galen, *On the Natural Faculties*, Arthur J. Brock, trans. (London: Heinemann, 1916). 이 책은 헬름라이히의 1893년 텍스트에 기반했다. *Greek Medicine: Being Extracts Illustrative of Medical Writers from Hippocrates to Galen* (London: J. M. Dent, 1929)에 수록된 여전히 가치 있는 브록의 번역에 대해서는 다음을 참조. David Cantor, "The Name and the Word: Neo-Hippocratism and Language in Interwar Britain," in *Reinventing Hippocrates*, David Cantor, ed. (Aldershot: Ashgate, 2002), 280-301. Celsus, *On Medicine*, William G. Spencer, trans. (London: Heinemann, 1935)은 의학 전집의 프리드리히 마르크스 판본에 기초했다. 에드워드 위팅턴의 히포크라테스 수술에 관련된 로엡판 텍스트는 1877-1878년 페트르깡의 판본에 기초했다. Loeb edition, vol. 3 (London: Heinemann, 1928).

34 Hermann Diels, *Anonymus Londinensis ex Aristotelis Iatricis Menoniis et Aliis Medicis Eclogae* (Berlin: Reimer, 1893). 존스의 영역은 딜스에 기초했다. *The Medical Writings of Anonymus Londinensis* (Cambridge; Cambridge University Press, 1947). 다니엘라 마네티(Daniela Manetti)의 새로운 판본은 파피루스를 재검토한 것으로 상당한 발전을 이루었다.

35 그의 고대 과학에 관한 동시대의 조망에 대해서는 다음을 참조. Otto Kern, *Hermann Diels und Carl Robert. Ein biographischer Versuch* (Leipzig: O. R. Reisland, 1907), esp. 107-111.

는 1870년 본 대학에 박사논문을 제출했는데, 이는 갈레노스가 쓴 것으로 생각되는 『철학의 역사(*History of Philosophy*)』를 연구한 것이었다. 그는 이 논문을 죽기 전까지 최소 세 번 수정하게 된다.[36] 그가 유명해진 것은 『소크라테스 이전의 철학자들, 파편(*Fragments of the Presocratic Philosophers*)』 때문인데, 이 연구는 고대 의학은 물론 철학에 관한 상당한 고찰을 담고 있다.[37] 그는 고대 기술에도 관심이 있었다. 그의 논문집인 『고대 기술(*Antike Technik*)』은 1965년에 재판에 들어갔고, 알렉산드리아의 헤론(Hero)과 비잔티움의 필론(Philo)의 『기술자(*Mechanics*)』와 『전쟁 무기(*War Machines*)』를 편역한 것은 1970년에 재판되었다. 그와 케년이 공동으로 편찬한 『무명의 런던 파피루스』는 그리스 의학 이론에 관한 중요한 정보를 담고 있으며 전문가들에게 여전히 소중한 자료이다.[38]

한편, 딜스는 베를린 대학의 그리스어 교수이자 베를린 고대 연구소의 회원이었고, 1895년부터 1920년 사이에 베를린 과학아카데미 문헌-역사 분과의 총무로 일했다. 그는 고대 학문과 프로이센 정부의 학문적 과제 관련 기관에서 중심적 위치에 있었다. 그와 빌라모비츠 둘 모두에게 과학, 즉 비센샤프트(Wissenschaft)의 추구는 애국이었고, 국제화였다. 여기서 국제화란, 학문이 모든 경계를 뛰어넘는다는 의미이고, 애국이란, 학문적 업적이 자신

36 그는 1883년 자신이 갈레노스에 대해 하도 많이 써서 의과대학장이 되는 줄 알았다고 농담했다. Diels, Usener, and Zeller, *Briefwechsel*, vol. 1:283.

37 Hermann Diels, *Fragmente der Vorsokratiker*, 1st ed. (Berlin: Weidmann, 1903). 다음은 그의 초기 그리스 철학에 의학 저작들이 사료가 된다고 보는 근본적 접근법을 보여준다. *Briefwechsel*, vol. 1:44, 46, 50, 111, 120, 122, 138, 447, 450. 1906년 편지에서 딜스는 자신이 병중에도 갈레노스를 읽었다고 했다. Maximilian Braun, William M. Calder, and Dietrich Ehlers "Lieber Prinz." *Der Briefwechsel zwischen Hermann Diels und Ulrich von Wilamowitz-Moellendorff (1869-1921)* (Hildesheim: Weidmann, 1995), 230.

38 이의 중요성에 대한 딜스의 주장에 대해서는 다음을 참조. *Briefwechsel*, vol. 1:451.

이 태어난 국가에 영예를 가져다준다는 의미이다.[39] 역사·신학·화학·의학·고전학을 이야기할 때 과학의 진보에 대한 보편적 믿음이 확산되었고, 여기에는 개인적 노력뿐 아니라 국가적·국제적 협력이 필요하다는 공감이 있었다.[40] 데이터가 계속 발견되고, 출판되고, 체계화되자, 화학자의 결론만큼이나 역사가의 결론도 확실한 근거를 가지게 되었다. 낙관론적 역사는 낙관적 행동을 요구했고, 이는 큰 규모로 발전했다.[41] 빌헬름 치하의 베를린에서 또 다른 위대한 학자인 교회사가 아돌프 폰 하르나크(Adolf von Harnack)는 통렬한 시각으로 이를 '거대 산업으로서의 학문(Wissenschaft als Grossbetrieb)'이라고 했다. 나는 이를 번역하면서 '중공업(heavy industry)'이라고 하고 싶은 욕구를 참았다.[42]

베를린의 가장 위대한 업적은 지금까지도 『베를린 의학 전집(*Berlin Corpus Medicorum*)』 출간이다. 이 시리즈는 원래 고대 의학 텍스트 중 그리스어나 라틴어가 원문인 것만 출판할 계획이었으나, 곧 후대 아시아어나 중세 라틴어 번역본만 남아 있는 것도 포함하게 되었다.[43] 의학사와 과학사를 전공한

39 Kern, *Hermann Diels*, 116; Wolfhart Unte, "Wilamowitz als wissenschaftlicher Organisator," in Calder, Flashar, and Lindken, *Wilamowitz*, 720-770.

40 Kern, *Hermann Diels*, 113-118; Ulrich von Wilamowitz, *Kleine Schriften*, vol. 6 (Berlin: Akademie Verlag, 1972), 71-74.

41 Rebenich, *Mommsen*, 55-71; Unte, "Wilamowitz."

42 몸젠은 하르낙의 비판을 맹렬하게 공격했다. 하르낙의 "노동과 돈의 낭비"에 대한 의심도 그가 왕립 도서관 사서로, 딜스를 이어 아카데미의 서기로 일하면서 이 '산업'에 참여하는 것을 막지 못했다. Theodor Mommsen, *Reden und Aufsätze* (Berlin: Weidmann, 1905), 209-210.

43 Jutta Kollesch, "Das Corpus Medicorum Graecorum-Konzeption und Durchführung," *Medzinhistorisches Journal* 3 (1968): 68-73; "Das Berliner Corpus der antiken Ärzte: Zur Konzeption und zum Stand der Arbeiten," in *Tradizione e ecdotica dei testi medici tardoantichi e bizantini*, Antonio Garzya, ed. (Naples: D'Auria, 1992), 347-350. 나는 이 글에 딜스가 최근 출판한 편지에 담긴 자료를 추가할 뿐이다.

덴마크의 하이베르그(J. L. Heiberg, 1854~1928)는 1901년 처음으로 아리스토텔레스 주해, 그리스, 로마의 비문, 초대 교부들의 글을 포함한 고대 의학 전집을 내자는 의견을 제시하였고, 이러한 프로젝트는 모두 베를린 아카데미에서 진행되었다. 그의 의견에 따라 프로젝트를 수행한 것은 딜스였고, 처음에는 국제아카데미연합(International Union of Academies)의 후원을 받았다.[44] 딜스는 막 아리스토텔레스의 그리스어 주해서를 성공적으로 펴낸 터라 무엇이 필요한지 알고 있었다. 하이베르그가 처음 의견을 낸 지 한 달 만에 딜스는 첫 번째 팀을 꾸렸고, 푸쉬만 재단의 재정 지원을 받기 위해 작업을 시작하였다. 베를린의 그리스어 강사(Privatdozent)였던 헤르만 쇼네(Hermann Schöne)가 기획을 주도하여 1901년과 그 이듬해의 대부분을 이탈리아와 파리, 브뤼셀의 도서관에서 보냈다.[45]

첫 번째 임무는 한눈에 보기에도 막중했다. 바로 남아 있는 고전 의학 저술 필사본의 카탈로그를 만드는 것이었는데, 50년 넘게 착수되지 못한 작업이었으며 반도 완성되지 않은 상태였다.[46] 딜스의 계획표도 놀라운 것이었지만 이를 수행한 효율성은 더더욱 놀라웠다.[47] 정보를 일차적으로 분류하는 일은 도서관 사서였던 라파포트 박사(Dr. Rapaport)가 맡았다. 그는 베를린의 라틴 비문 전집(Corpus Inscriprionum Latinarum)의 책임자이자 로마 군대

44 딜스가 아리스토텔레스 주해자들에 대해 쓴 글은 다음을 참조. Diels, *Briefwechsel*, vol. 2:289; cf. 429-434.

45 쇼네(Schöne, 1870-1941)는 1893년 본에서 박사학위를 받았다. 그는 쾨닉스베르크에서 1903년에, 바슬레에서 1906년에, 그라이프스발트에서 1906년에, 마지막으로 뮌스터에서 1916-1935년에 교수직을 맡았다.

46 Danielle Gourevitch, *La mission de Charles Daremberg en Italie (1849-1850)* (Naples: Centre Jean Bérard, 1994).

47 Diels, *Briefwechsel*, vol. 2:289 (July 1901). 딜스는 쇼네의 3년 간의 여행을 따라다니며 1905년 10월, 카탈로그에 종지부를 찍었다. *Ibid.*, vol. 2:293.

와 행정 전공자인 히르쉬펠트(Hirschfeld) 교수로부터 "전집을 체계화하는 기술을 전수"받았다. 1903년이 되자, 영국과 스페인에 사절이 파견되었다. 아랍어 전공자와 히브리어 전공자도 함께 갔다. 1904년 쇼네가 쾨닉스베르크(Königsberg)의 의장으로 임명되면서 사업 시작이 잠깐 지체되었지만, 곧 요하네스 메발트(Johannes Mewaldt, 1880~1964)에게 카탈로그를 최종 편집하는 일이 넘어갔다. 그는 막 박사학위를 받은 딜스의 제자였다.[48] 1905년 10월, 메발트는 히포크라테스와 갈레노스의 필사본 카탈로그의 첫 교정쇄를 만들었고, 복사본을 다섯 명의 원로 교수에게 보내 논평과 수정을 받았다. 메발트가 변명조로 이야기했듯이 "텍스트 자체의 어려움과 수정·보완의 과정, 출판에 관련된 과중한 업무" 때문에 책은 6개월 후인 1906년 5월에 나오게 되었다.[49] 2권은 그리스어로 남아 있는 나머지 의사들에 관한 것이었으며 훨씬 짧은 시간 안에 출판되었다. 메발트는 1905년 10월에 집필을 시작했고, 1906년 3월에 교정쇄가 나왔다. 마침내 카탈로그는 그해 10월에, 부록은 1907년에 나오게 되었다.

오류와 누락된 내용이 많을 수 있었음에도 비교적 적었다는 것이 놀라웠고, 전체 작업의 속도는 더욱 놀라웠다. 이것이 프로이센 학문의 체계로, 다른 곳에서는 생각할 수 없는 방식과 속도로 완성되었다. 대부분의 작업은 베

48 요하네스 메발트(Johannes Mewaldt)는 1907년에 CMG의 편집자이자 베를린에서 조교수가 되었다. 이후 1909년 그라이프스발트, 1914년 마부르크, 1916년 그라이프스발트에서 정교수로 한 번 더, 1923년 쾨닉스베르크, 1927년 튀빙겐, 1931년에서 46년까지 빈에서 교수로 일했다.

49 인용문은 다음의 글에 딜스가 쓴 서문에서 인용하였다. Hermann Diels, "Die Handschriften der antiken Ärzte, Teil II, Die übrigen griechischen Ärzte ausser Hippokrates und Galenos," *Abhandlungen der königlichen Preussischen Akademie der Wissenschaften, 1906, philologisch- historische Klasse*, vols. 1-9 (Berlin: Georg Reimer). "Teil I, Hippokrates und Galenos," *Abhandlungen*, 1905; *Erster Nachtrag*, 1908. 세 편 모두 1970년 재판되었다(Leipzig: Zentralantiquariat).

를린에서 진행되었지만, 거의 군사적 효율성으로 전 세계에서 31명의 학자가 참여했다.

딜스는 카탈로그의 완성에서 멈추지 않았다. 그는 아리스토텔레스 주해서 전집에서 그랬듯 김나지움의 선생 다수를 편집자로 고용해 텍스트를 만들게 했다.[50] 베를린 대학의 조교수가 된 메발트는 1907년에 전집의 편집감독(supervisory editor)으로 임명되었다. 다소 오만한 성격에다 1909년에 그라이프스발트의 부교수직으로 자리를 이동하는 바람에 우려가 있었지만 만족할 만한 성과를 거두었다.[51] 1908년에 이 시리즈의 첫 번째 책이 출판되었다. 이는 막스 벨만이 편집한 필루메누스(Philumenus)의 『독성이 있는 동물에 관하여(*On Poisonous Animals*)』였는데, 출판 후 거의 읽히지 않았다.[52]

그러나 갈레노스는 대단히 성공적이었다. 이에 힘입어 딜스는 갈레노스의 히포크라테스 주해서를 편집하기에 이르렀다. 그가 이 작업을 하는 데는 세 가지 이유가 있었다. 첫째, 이 주해서는 공정하고 능숙한 편집을 필요로 했다. 둘째, 이는 거의 완전히 그리스적 전통을 지닌 것으로 아시아 언어 전공자가 필요 없다고 여겼다. 그리고 마지막으로, 제대로 된 히포크라테스 판본을 만들려면 히포크라테스의 글을 직접 본 이(즉, 갈레노스)가 쓴 글의 제대로 된 판본이 있어야 가능했다.[53] 아카데미의 잡지 《논문집(*Abhandlungen*)》에서 일차 결과의 출판과 필사본의 진위 여부에 관한 토론을 위해 적절한 포

50 Braun, Calder, and Ehlers, *Lieber Prinz*, 258-259.
51 *Ibid.*, 230, 235, 273. 딜스는 메발트의 성격을 냉정하게 논했다(235). 요령이 전혀 없고 스스로의 우월함에 대해 완벽하게 자신하고 있다는 것이다. 딜스는 그가 결혼을 통해 조금 나아지길 바랐지만 그의 희망이 이루어졌는지는 알 수 없다.
52 *Philumenus, De animalibus venenatis*, Max Wellmann, ed. (Berlin: Teubner, 1908).
53 메발트에게 갈레노스를 연구할 능력이 있는지 의심한 글은 다음을 참조. Wilamowitz, in Braun Calder, and Ehlers, *Lieber Prinz*, 231.

럼을 열었다. 갈레노스 주해서의 첫 번째 책은 1914년에 나왔고, 이듬해 더 두꺼운 두 번째 책이 나왔다. 이 책은 딜스가 직접 편집했다.[54]

바이마르의 관념론

그러나 학계의 낙관적 발전에 전쟁의 암막이 드리워졌다. 인플레이션 때문에 푸쉬만 재단의 돈이 거의 바닥났고, 1922년 사망한 딜스를 포함해 많은 협력 학자들이 사망했다. 바이마르공화국 초기의 정치 사회적 동요는 실망과 낙담을 불러일으킬 뿐이었다. 빌라모비츠가 그랬듯 대부분의 고전학 교수들이 보수·국수 우파였기 때문에, 이들이 새로운 공화국에 동조하지 않은 것은 놀라운 일이 아니다.[55] 1922년에 빌라모비츠가 옥스퍼드 파트너 길버트 머레이(Gilbert Murray)의 딸에게 말했듯이 그가 "알던 세상은 완전히 파괴되었다."[56] 마찬가지로 젊은 세대는 사실 위에 사실을, 판본 위에 판본을, 자료 위에 자료를 쌓을 뿐인 실증주의 역사의 제국주의적 경향으로부터 점차 멀어졌다.[57] 빌헬름 제국처럼 거대한 협력 사업이나 학문의 활발한 움직임은 점차 쓸모없는 것처럼 보였다. 연구소를 비롯하여 여러 집단들이 존속함

54 Johannes Mewaldt, *In Hippocrates De natura hominis Commentarii* (Leipzig: Teubner, 1914); Hermann Diels, *In Hippocratis Prorrheticum I Commentarii* (Berlin: Teubner, 1915). 딜스는 1910년에 첫 원고를 완성했다. Braun, Calder, and Ehlers, *Lieber Prinz*, 267-272.

55 Rebenich, *Theodor Mommsen*, 243; Bernhard vom Brocke, "Wissenschaft und Militarismus," in Calder, Flashar, and Lindken, *Wilamowitz*, 649-719.

56 Gilbert Murray, "Memories of Wilamowitz," *Antike und Abendland* 4 (1954): 14.

57 1914년 이전부터 고대 연구가 중요한 것과 사소한 것을 구분 못한다는 비판이 있어왔다. 다음의 조롱을 참조. Ludwig [Lajos] Hatvany, *Die Wissenschaft des nicht Wissenswerten* (1908; reprint, Oxford: Blackwell, 1986). 제목을 번역하자면 "알 필요 없는 것을 아는 것"이다.

에도 불구하고, 세상을 체계화하려는 동력은 더 이상 존재하지 않았다. 딜스와 빌라모비츠가 기대를 걸었던 젊은 학자들(쇼네·메발트·칼브플라이쉬)은 전후에 고대 의학 논문을 몇 편 발표했을 뿐이다.[58] 그들의 제자 중 칼 다이히그래버(Karl Deichgräber, 1903~1984)만이 고대 의학사에 큰 공헌을 하였다.[59]

텍스트와 판본에서 이러한 실증주의적 강조는 영원한 가치의 관념을 강조하는 것으로 대체되었다.[60] 빌라모비츠는 노년의 저작 『헬레네스의 신경(*Der Glaube der Hellenen*)』을 통해 '생각 내면의 깊이'를 발견하고자 했다. 여기서 신경(Glaube, 믿음-역주)은 모든 면에서 종교보다 넓은 의미였으며, 헬레네스는 로마나 기독교 시대의 그리스가 아닌 페리클레스의 아테네 시대라는 순수한 그리스를 의미했다.[61] 고전학과 역사학을 연구하는 젊은 학자들

58 칼브플라이쉬(Kalbfleisch)의 『약해지는 영양(*De Victu Attenuante*)』에 대한 짧은 편집본은 갈레노스의 영양에 대한 1923년 편집본에 포함되었다(Berlin: Teubner). 그는 갈레노스의 『나의 견해에 관하여(*De Propriis Placitis*)』를 40년 넘게 연구했지만, 그의 집이 제 2차 세계대전 중 폭파되면서 연구는 비극적 결말을 맞았다.

59 다이히그래버(Deichgräber)는 베를린에서 예거와 함께 연구했다. 후에 그는 고향인 프리스란트로 돌아가 뮌스터 대학에서 쇼네의 학생으로 박사학위를 받았다. 그의 논문은 그 종류의 모델이 된다. *Die griechische Empirikerschule. Sammlung der Fragmente und Darstellung der Lehre* (1927; published, Berlin: Weidmann, 1930; 2d ed., Berlin: Weidmann, 1965). 그는 의학 전집의 편집자가 되었고 후에 마부르크에서 1935년에, 그리고 괴팅겐에서 1938년에 교수직을 맡았다. 그의 논쟁적인 커리어에 대해서는 다음을 참조. Wegeler, *wir sagen ab*, 234-235; Hans Gärtner의 부고, *Gnomon* 58 (1986): 475-480. Hans Gärtner의 부고, *Gnomon Ausgewählte kleine Schriften* (Hildesheim: Weidmann, 1984)에서 그는 고대 의학에 대한 자신의 질적, 양적 공헌을 낮추어 말한다. 그는 1950년대와 1960년대 고대 의학 문헌에 관한 논문들을 지도한 것에 대해서는 일언반구 안 한다.

60 Wegeler, *wir sagen* ab, 53-59; *Altertumswissenschaft in den 20er Jahre. Neue Fragen und Impulse*, Hellmut Flashar, ed. (Stuttgart: Steiner, 1995); Joachim Latacz, "Reflexionen klassischer Philologen auf die Altertumswissenschaft der Jahre 1900- 1930," 41-64; Peter Lebrecht Schmidt, "Die deutsche Latinistik vom Beginn bis in die 20er Jahre," 160-177 (특히 161쪽에 빌라모비츠의 *Griechisches Lehrbuch*가 중요하지 않다는 동시대인들의 냉혹한 비평이 있다); Albert Henrichs, "Philologie und Wissenschaftsgeschichte: Zur Krise einer Selbstverständnisses," 423-458.

61 Ulrich von Wilamowitz, *Der Glaube der Hellenen* (1931-1932; reprint, Darmstadt:

은 관념의 세계로 눈을 돌렸다. 이는 함부르크에서 바르부르크(Warburg) 연구소와 도서관이 발전하던 시기와 일치한다. 이들은 한편, 관습을 타파하는 메시아적 슈퍼 영웅에 관심을 가지기도 했다. 에른스트 칸토로비츠(Ernst Kantorowitz)가 1927년에 쓴 호헨슈타우펜가의 프리드리히 2세에 관한 연구, 『세상의 불가사의(*stupor mundi*)』가 그 대표적 예이다.[62]

이 과정은 드라마틱하게, 정말 패러다임적으로 고대 의학사에 반영되었다.[63] 고대 의학 텍스트를 편집하는 일은 거의 중단되었다. 의학 전집 시리즈의 책에는 편집자의 죽음이나 책과 20년 차이가 나는 논문에 대해 우수에 찬 각주들이 달렸다. 고트헬프 베르그스트래서(Gotthelf Bergsträsser)·프란츠 파프(Franz Pfaff)·리하르트 발처(Richard Walzer)와 같은 아랍 전문가들이 새로운 텍스트를 발견하기도 했지만, 고전학자들에게 큰 영향을 주지는 못했다.[64]

고대 의학에 관심을 계속 가지고 있던 교수들조차 새로운 정본을 출판

Wissenschaftliche Bücherei, 1984); Albert Henrichs, "Der Glaube der Hellenen: Religionsgeschichte als Glaubensbekenntnis und Kulturkritik," in Calder, Flashar, and Lindken, *Wilamowitz*, 263-305.

62 역사학 내에서의 동시대 운동에 대해서는 다음을 참조. Georg G. Iggers, *The German Conception of History. The National Tradition of Historical Thought from Herder to the Present*, 2d ed. (Middletown, Conn.: Wesleyan University Press, 1983). Stuchtey and Wende, *British and German Historiography.* 다음의 오래된 개설은 사실적 정보가 많아서 중요하다. *George P. Gooch, History and Historians in the Nineteenth Century*, 2d ed. (Boston: Beacon Press, 1959). 역사 교육에 대해서는 다음을 참조. Klaus Bergmann and Gerhard Schneider, *Gesellschaft, Staat*, *Geschichtsunterricht* (Düsseldorf: Schwann, 1982).

63 오세이 템킨의 다음 책에 어느 정도 배경이 제공되어 있다.*"The Double Face of Janus" and other Essays in the History of Medicine* (Baltimore: Johns Hopkins University Press, 1977), 7-10.

64 의학전집에 포함된 히포크라테스의 『7에 대하여(*On Sevens*)』에 대한 의사-갈레노스(pseudo-Galen, 아라비아어)의 베르그슈트레서의 판본이 적합한지는 다음을 참조. Braun, Calder, and Ehlers, *Lieber Prinz*, 283-284. 갈레노스와 히포크라테스의 2차문헌의 복잡성에 대한 이해 증가는 발전 속도를 늦췄다.

하는 것보다 의학에 대한 고대 그리스의 관념을 연구하는 데 더 주의를 기울이게 되었다.[65] 빌라모비츠의 학생이자 베를린 대학 후임인 베르너 예거(Werner Jaeger, 1888~1961)는 1914년 자신의 박사 논문에 고대 의학과 철학의 관계에 대해 썼다. 좀 더 자세히 설명하자면 그는 4세기 기독교 주교이자 신학자인 에메사의 네메시우스(Nemesius of Emesa)에 대해 썼다. 이 인물이 쓴 글인 『인간의 본성에 관하여(*On the Nature of Man*)』는 기독교의 첫 인류학 저서로 평가된다.[66] 예거는 이 주제에 관해 평생 관심을 가졌으며, 한 권의 책과 한 챕터의 글을 남겼다.[67] 『카리스토스의 디오클레스(*Diokles von Karystos*)』(1938)에서 예거는 디오클레스가 의학 저술가이며 우수한 조사관이라고 평가했다. 그의 영감과 방법론은 아리스토텔레스의 교육으로부터 나온 것이었고, 이는 알렉산드리아와 방법론적 연관 관계를 마련했다는 것이다. 다시 말해, 철학이 의사이자 해부학자였던 그를 이끌었다는 말이다.[68] 이 챕터는 『파이데이아(*Paideia*)』(예거에게 이 그리스 단어는 영적이면서도 기능

65 괴팅겐의 막스 폴렌츠, 함부르크의 브루노 슈넬을 떠올린다. 이들의 책 『정신의 발견(*The Discovery of Mind*)』은 1946년까지 출판되지 못했지만 1930년대에 쓰였다. 하이델베르크의 오토 레겐보겐은 루트비히 에델슈타인과 한스 딜러, 베르너 예거의 스승이었다.

66 W. Jaeger, *Nemesios von Emesa. Quellenforschungen zum Neoplatonismus und seinen Anfängen bei Poseidonios* (Berlin: Reimer, 1914). 네메시우스에 대해서는 다음을 참조. William Telfer, "The Birth of Christian Anthropology," *Journal of Theological Studies,* n.s. 13 (1962): 347-354.

67 예거는 몇 년간 베를린 아카데미의 의학전집 위원장을 지냈다. 그는 다이히그래버의 하빌리타찌온을 지도하기도 했다. 그의 고대의학에 관한 관심에 대해서는 다음을 참조. Heinrich von Staden, "Jaeger's 'Skandalon der historischen Vernunft': Diocles, Aristotle, and Theophrastus," in *Werner Jaeger Reconsidered*, William M. Calder III, ed. (Atlanta: Scholars Press, 1992), 229-265.

68 Werner Jaeger, *Diokles von Karystos. Die griechische Medizin und die Schule des Aristoteles* (Berlin: De Gruyter, 1938). 예거의 관점은 더 이상 유효하지 않다. Phillip J. van der Eijk, *Diocles of Carystos: A Collection of the Fragments with Translation and Commentary* (Leiden: Brill, 1999-2001).

적인 교육을 뜻하는 것이었다)라 불리는 큰 프로젝트의 두 번째 책에 들어갔고, '파이데이아로서의 그리스 의학'이라는 제목이 붙었다.[69] 여기서 히포크라테스는 호메로스와 플라톤과 함께 누군가는 '제3의 인문주의'(그리스로부터 유래한 도덕적 윤리적 가치 체계로, 예거는 이것이 인생에 의미를 부여할 것이라고 주장했다)라고 칭했던 것의 영적 안내자가 되었다. 고전을 공부함으로써 인간은 더 지혜롭고 더 훌륭한 사람이 될 수 있었던 것이다.[70]

의학사가들 사이에서도 비슷한 변화가 감지된다. 라이프치히에서 정치적으로는 보수적이고 역사적으로는 실증주의자이고, 조직가이자 대가인 칼 수도프는 여러 방면에 관심이 많은 스위스인 헨리 에른스트 지거리스트(1891~1957)에 의해 계승되었다.[71] 사회민주주의자였던 지거리스트는 라이프치히 의과대학 교수 중 유일하게 바이마르공화국에 대한 충성을 공개적으로 맹세한 사람이었다.[72] 그는 의학 전집(Corpus Medicorum)에 출판된 라틴 의학 저자의 판본과 중세 초기 『해독제(*Antidotaries*)』부터 작업에 착수했다. 그는 1930년대 후반까지 고대 말에서 중세 초에 이르는 의학 관련 문헌에 계속 관심을 보였고, 일생 동안 고전에 경외심을 품었다. 그의 마지막 작품인 『의학사(*History of Medicine*)』(1951~1961)는 1.5권으로 이루어져 있으며, 이것

69 Werner Jaeger, *Paideia*, vol. 2 (Berlin: De Gruyter, 1944), 11-58.

70 Donald O. White, "Werner Jaeger's 'Third Humanism' and the Crisis of Conservative Cultural Politics in Weimar Germany," in Calder, *Werner Jaeger*, 267-288.

71 Harig, "Sudhoffs Sicht"; Gundolf Keil, "Sudhoffs Sicht vom deutschen medizinischen Mittelalter," *Nachrichtenblatt der Deutschen Gesellschaft für die Geschichte der Medizin, Naturwissenschaft und Technik* 31 (1984): 94-129. 수도프의 정치에 대해서는 다음을 참조. 그의 사회적 지위와 국가주의적 이상을 생각하면 수도프가 1933년 이후 NSDAP에 입당한 것은 이상한 일이 아니다. Thomas Rütten, "Patriarch der deutschen Medizingeschichte. Zur Identitätspräsentation einer wissenschaftlichen Disziplin in der Biographik ihres Begründers," in Gourevitch, *Médecins*, 153-169.

72 *575 Jahre medizinische Fakultät der Universität Leipzig*, Ingrid Kästner and Achim Thom, eds. (Leipzig: J. A. Barth, 1990), 147.

은 고대 의학을 향한 빌라모비츠의 총체적인 접근을 재현하려는 미완의 시도였다. 그는 선사·바빌론·이집트·페르시아 그리고 초기 그리스에 걸쳐서, 각 문명의 의학을 그 문화에 비추어 설명했다. 의학사의 오래된 접근법과 새로운 접근법 사이의 긴장감이 여기서 뚜렷이 느껴진다. 과감한 방법론적 통찰이 항상 실천과 일치하는 것은 아니다. 지나치게 방대한 양의 자료는 일관성 있는 서술에 방해가 되고, 지거리스트의 그리스 이상화는 종종 다른 문화에 대한 그의 관찰과 모순되었다. 이것은 영광스러운 실패였고, 이제 고대 의학 역사가들이 거의 인용하지 않는다.[73]

하지만 라이프치히 시절의 지거리스트의 강의, 책, 기고문은 의학사를 서술하는 데 매우 다른 접근 방식을 보여준다. 수도프가 다른 사람들이 사용할 수 있도록 문헌을 열심히 모으고 편집한 반면, 지거리스트는 문제의식을 고취시켰다. 그의 강의에는 '의학의 경계와 목표', '문화와 의학 심리의 문제'와 같은 제목이 붙어 있었다. 그는 학생들에게 사회학, 철학, 인류학에서 도출된 모든 범위의 새로운 아이디어와 개념을 소개했다.[74] 지거리스트가 창간한 새로운 학술지인 《키클로스(*Kyklos. Jahrbuch des Instituts für Geschichte der Medizin an der Universität Leipzig*)》(1928) 첫 번째 호에서 옛것과 새것 사이의 어색한 연결 고리가 드러난다. 중세 텍스트만 발표한 것이 아니라, 〈문화와 질병〉, 〈시간 함축적(Time-Implied) 기능〉, 〈파라켈수스 사고의 기초〉 등에 관한 논문과 함께 의학 교육에서 의학사의 역할에 대한 보고서도 실었다. 강

73 Heinrich von Staden, "'Hard Realism' and 'A Few Romantic Moves': Henry Sigerist's Versions of Ancient Greece," in *Making Medical History: The Life and Times of Henry E. Sigerist*, Elizabeth Fee and Theodore M. Brown, eds. (Baltimore: Johns Hopkins University Press, 1997), 136-161.

74 Temkin, *The Double Face,* 8-11.

조점의 변화는 뚜렷했다.

지거리스트의 가장 뛰어난 제자 오세이 템킨(1902~2002)은 그의 스승과 같은 발전을 보여준다. 뛰어난 언어학자인 그의 초기 작품은 매우 다른 두 부분으로 나뉜다. 하나는, 언어학적으로, 역사적으로, 그리고 어떤 의미에서는 제도적으로, 고대 후기에 제작된 히포크라테스와 갈레노스에 관한 그리스어·라틴어·아랍어로 된 다양한 주해서 사이의 관계를 조사한 것이다.[75] 이것은 수도프가 자랑스러워할 만한, 견고하며, 게르만적이고 지속적인 학문이었다. 다른 하나는 의학 내의 관념을 연구하는 데 전념한 것이다. 이는 독일인이 아니거나 철학자가 아니면 번역하고 이해하기 어렵다는 점에서 (앞선 부분과) 다르다. 「의학에서 '의미'의 개념에 관한 연구」는 통찰력이 뛰어나도, 신념이 약하거나 독일 철학에 익숙하지 않은 사람들이 읽기에는 어려우며, 「의학 내의 정신과학(Geisteswissenschaften)」에 관한 짧은 논문은 사실적 맥락이 없고 매우 추상적으로 쓰였다.[76] 템킨의 초기 작품이 지닌 양면성을 연결하는 것은 특정 개념의 초월적 존재에 대한 거의 플라톤적인 믿음이다. 템킨은 히포크라테스가 아닌 히포크라테스주의를, 간질 환자가 아닌 간질에 대한 생각을 연구했다. 또한, 의사들이 무슨 생각을 했는지 그리고 그것이 그들의 실제 행동에 어떻게 결부되었는지가 아니라, 어떻게 생각했고, 생각하는지를 연구했다. 의학 발달에서 관념의 중요성에 대한 강조는 그의 긴

75 템킨의 하빌리타찌온의 일부는 *The Double Face*, 167-177에 수록되었다. 잡지의 부제가 바뀐 것에 주목하라. Owsei Temkin, "Geschichte des Hippokratismus im ausgehenden Altertum," *Kyklos: Jahrbuch für Geschichte und Philosophie der Medizin* 4 (1932): 1-80.

76 Owsei Temkin, "Studien zum 'Sinn'-Begriff in der Medizin," *Kyklos* 2 (1929): 21-105; "Die Geisteswissenschaften in der Medizin," *Vorträge des Instituts für Geschichte der Medizin an der Universität Leipzig* 3 (1930): 32-50 ("Philosophische Grenzfragen der Medizin" 시리즈로 발표되었다). 템킨 자신이 나중에 한 비판을 참조. *The Double Face*, 12-17.

생애 동안 모든 저술의 특징으로 남아 있다.[77] 그에 따르면, 의학사가가 조사하는 관념은 단순한 역사를 넘어서서 개인 독자나 의사의 삶에 정보를 주어야 한다. 질병에 관해 이상적으로 이해할 수 있는 지침으로서 『간질(*The Falling Sickness*)』을, 의사가 치유하기 위해서는 생각해야 하고 철학자가 될 필요가 있다고 주장하는 선언으로서 『갈레노스주의(*Galenism*)』를, 그리고 의사 개인이 의학적·(초)종교적 윤리를 갖추는 것의 가치를 보여주는 것으로서 『이교도와 기독교도의 세상에서 히포크라테스(*Hippocrates in a World of Pagans and Christians*)』를 읽어야 한다고 주장한 것이다.[78] 그는 심지어 90세가 넘어서도 의사의 도덕성에 대한 질문들과 씨름하면서, 현재의 논쟁을 해결하기 위해 과거의 주장을 끌어냈다.

역사가와 의사 모두에게 사상(idea)의 가치에 대한 믿음은 템킨의 친구이자 볼티모어 동료인 루트비히 에델슈타인(Ludwig Edelstein, 1902~1965)의 저작에서 똑같이 분명하게 볼 수 있다.[79] 베를린의 베르너 예거의 제자 중 한

77 다음에서 여전히 같은 주장을 한다. Owsei Temkin, *"On Second Thought" and other Essays in the History of Medicine and Science* (Baltimore: Johns Hopkins University Press, 2002), 11-18; 같은 효과와 대비에 대한 이전의 발표에 대해서는 다음을 참조. 231-240 (원본 1959), 49-59 (원본 1981); *The Double Face*, 50-67 (원본 1949), 14-16.

78 Owsei Temkin, *The Falling Sickness: A History of Epilepsy from the Greeks to the Beginnings of Modern Neurology*, 2d ed. (Baltimore: Johns Hopkins Press, 1971); *Galenism: The Rise and Decline of a Medical Philosophy* (Ithaca: Cornell University Press, 1973); *Hippocrates in a World of Pagans and Christians* (Baltimore: Johns Hopkins University Press, 1991).

79 게리 페른그렌이 쓴 다음 책 재판의 서문을 참조. Ludwig and Emma J. Edelstein, *Asclepius: A Collection and Interpretation of the Testimonies* (1945; reprint, Baltimore: Johns Hopkins University Press, 1998), xiii-xxii. 1930년대의 에델슈타인에 대해서는 다음을 참조. Thomas Rütten, "Zu Leben und Werk Ludwig Edelsteins (1902-1965)," *Nachrichtenblatt der Deutschen Gesellschaft für die Geschichte der Medizin, Naturwissenschaft und Technik* 48 (1998): 136-146. 템킨의 동료에 대한 감사에 대해서는 다음을 참조. *On Second Thought*, 250-263, 1-5.

사람인 에델슈타인은 1929년, 히포크라테스 전집에 포함된 『공기, 물, 장소(*Airs, Waters, Places*)』에 관한 논문을 하이델베르크 대학에 제출했다.[80] 1931년 출판된 이후 30년 이상, 에델슈타인은 자극적이고, 때로는 통념을 깨뜨리는 책과 논문을 썼다. "아스클레피오스는 누구인가?", "그리스인들은 언제부터 그리고 왜 해부하기 시작했는가?", "그리스 의학에서 철학은 어떤 역할을 했는가?", "누가 히포크라테스 선서를 썼는가?" 등과 같은 비교적 친숙한 질문에 대해 그는 오늘날에도 여전히 논쟁이 되는 참신한 대답을 내놓았다.[81] 그가 의학의 실제를 무시한 것은 아니지만 그의 관심을 끈 것은 그 뒤에 있는 생각들이었다. 그에 따르면, 철학은 의학 내의 헬레니즘을 인도하는 실마리를 제공했다. 그가 나중에 말했듯이, 인간이 의학 없이 살 수 없는 것처럼 철학 없이도 살 수 없다.[82] 그것은 문헌 중심 연구소의 벽을 넘어 울려 퍼지는 메시지였다.

철학의 목적과 방법론은 전통적인 문헌적 방법론에 대한 직접적인 도전이었다. 얼마나 도전적이었는지는 동시대인 칼 다이히그래버와 한스 딜러(Hans Diller)와 비교했을 때 가장 잘 드러난다.[83] 그들은 모두 훌륭한 그리스어 교수였다. 에델슈타인은 이들보다 그리스어를 잘하지 못했다. 그는 때때

80 Ludwig Edelstein, *Perí aérvn und die Sammlung der hippokratischen Schriften* (Berlin: Weidmann, 1931).
81 참고문헌은 다음에 수록되어 있다. Temkin, *On Second Thought*, 259-263.
82 다음에서 인용하였다. Ludwig Edelstein, "The Relation of Ancient Philosophy to Medicine," *Bulletin of the History of Medicine* 26 (1952): 299-316, 316, reprinted in *Ancient Medicine*, 349-366; "The Distinctive Hellenism of Greek Medicine," *Bulletin of the History of Medicine* 40 (1966): 197-255, reprinted in *Ancient Medicine*, 367-391. 철학의 의미에 대해서는 다음을 참조. James N. Longrigg, *Greek Rational Medicine: Philosophy and Medicine from Almaeon to the Alexandrians* (London: Routledge, 1993).
83 키엘 대학 교수이자 에델슈타인의 오랜 친구인 딜러(1903-1977)에 대해서는 그의 책을 참조. *Kleine Schriften zur antiken Medizin* (Berlin: De Gruyter, 1973).

로 실수했고 불완전한 텍스트를 기반으로 주요한 결론을 이끌어 내기도 했다. 그러나 큰 문제에 대한 이해, 다시 말해 비철학자들에게 더 큰 의미가 있을 수 있는 것에 대한 이해는 훨씬 더 우수했다. 딜러는 함부르크 대학 논문과 후에 작성한 라이프치히 대학 교수자격논문에서 『공기, 물, 장소』의 판본을 위해 매우 견고한 기초를 다졌다. 전자에서, 그는 다양한 고대 라틴어 번역을 포함한 필사본을 분류했다. 후자에서, 그는 논문 내의 민족적·지리적 사상에 관해 상세한 주해를 작성했다.[84] 같은 작품에 대한 에델슈타인의 연구는 그리스어 원문을 거의 그대로 수용하는 대신, 고대 치료자에게 예후가 어떤 의미였는지 확인하고, 고대 의료인의 생명이 얼마나 위태로웠는지를 강조하면서 초기 그리스 의학의 맥락에서 이해하려고 했다.[85] 다이히그래버는 1931년 베를린 대학 교수자격논문에서 히포크라테스의 『전염병(*Epidemics*)』 중 여러 부분의 연대를 확인하고 히포크라테스가 직접 쓴 부분을 골라내기 위해 애썼다. 반면에 에델슈타인은 연대를 확인하는 과정에 사용된 순환 논법을 지적하고, 대신에 히포크라테스 전집 전체를 히포크라테스의 이름 아래 모이게 된 결과물로 간주했다.[86] 다이히그래버의 논점들은

84 Hans Diller, *Die Überlieferung der hippokratischen Schrift peri aeron hudaton topon* (Leipzig: Dietrich, 1932); *Wanderarzt und Aitiologe. Studien zur hippokratischen Schrift peri aeron hudaton topon* (Leipzig: Dietrich, 1934). 딜러의 판본은 1970년 마침내 출판되었다. *Hippocratis De aere aquis locis edidit et in linguam Germanicam vertit* (Berlin: Akademie Verlag, 1970).

85 Edelstein, *peri aeron,* partially reprinted in *Ancient Medicine*, 65-110. 딜러의 서평을 참조. *Kleine Schriften*, 131-143. 124쪽에는 논문 심사 후 처음 에델슈타인과 만난 이야기가 담겨있다.

86 Karl Deichgräber, *Die Epidemien und das Corpus Hippocraticum* (Berlin: Weidmann, 1933; 2d ed., Berlin: Akademie Verlag, 1971). Cf. Ludwig Edelstein, "The Genuine Works of Hippocrates," *Bulletin of the History of Medicine* 4 (1936): 236-248, reprinted in *Ancient Medicine*, 133-144. 1935년 독일어로 출판된 논쟁을 영어로 번역한 것이다. 다이히그래버와 에델슈타인이 서로 친분이 있었는지는 모르겠다.

여전히 유효하지만, 히포크라테스가 썼다고 생각되는 글들을 우위에 놓을 필요 없이 히포크라테스 전집 전체를 학문적 연구의 대상으로 개방했다는 점에서 에델슈타인의 비판적 논점이 더 많은 성과를 거두었다.[87]

볼티모어의 히포크라테스

에델슈타인은 결코 쉬운 동료가 아니었다. 그는 너무 많은 이들의 적이 되었고, 그의 도덕적 청렴함은 다른 사람들을 불편하게 만들었다. 그는 독일의 고전학부에서 급여를 받은 적이 없다.[88] 대신에 파울 디프겐(Paul Diepgen)의 새로운 베를린 의학사연구소에서 한동안 일했다. 그는 유대인이었기에 1933년에 직위에서 해임되고 독일에서 쫓겨났다. 1934년, 그는 볼티모어에 새로 설립된 의학사연구소에서 지거리스트·템킨과 합류하기 위해 유럽을 떠나 미국으로 갔다. 독일식 교수법·조직 그리고 프로그램에 이미 친숙했던 미국의 일류 의과대학에서, 독일에서 공부한 미국 병리학자들 중 가장 위대하다고 할 수 있는 윌리엄 헨리 웰치(William Henry Welch)가 창설한 학부에서, 그리고 학술지《사상사 저널(*The Journal of the History of Ideas*)》을 창간한 지적 공동체에서, 철학적인 사상과 질문의 역사로 의학에 접근하는 비옥한 기반을 찾았을 것이다.[89] 그러나 적어도 수십 년 동안은 그렇지 않았다. 존스홉킨스 의학사 교실의 박사논문 목록을 살펴보면 고전기 주제를 다룬 것은 한 편뿐이며, 전 시기를 살펴보아도 의사의 사상을 다룬 것은 대여섯 편

87 Geoffrey E. R. Lloyd, *Problems and Methods in Greek Science* (Cambridge: Cambridge University Press, 1991), 194-224. 1950-60년대 글을 보면 다이히그래버도 넓은 시야를 가지고 있음을 알 수 있다.
88 1932년 그는 고전학부에서 정밀과학 강사(무급)가 될 수 있었다.
89 템킨의 사상사에 대해서는 다음을 참조. Temkin, *On Second Thought,* 252.

밖에 없다.[90] 에델슈타인은 후에 버클리 대학의 고전학과, 다시 존스홉킨스 대학, 그리고 다른 미국 대학에서 강의했지만, 후학을 많이 키우지는 못했다.[91] 존스홉킨스에서 고대 의학 분야의 교수가 된 사람 중 오직 I. E. 드랍킨(Drabkin)의 이름만이 오늘날까지 전해진다.[92]

부분적으로 이것은 교육 시스템의 국가적 차이 때문이었다. 템킨은 자신에게 흠이 될 수도 있는 갈레노스의 『의술(*Art of Medicine*)』에 대한 첫 번째 세미나 이야기를 전한다. 라이프치히에서는 이 발표를 꽤 많은 청중들 앞에서 했지만 볼티모어에서는 거의 과 교수들만 발표를 들으러 왔다. 템킨은 청중들이 자신만큼 고전 언어에 능통할 것으로 기대했다. 거의 농담조로 그는 그 실패의 이유를 미국 대학의 민주적 스타일 때문이라 말했다. 교수로서의 존엄성과 사명이 미국의 실용주의 정신에 맞지 않았으며, 학문적 엘리트들이 사회 문화 전반에 그들 자신의 가치를 강요하는 것이 허용되지 않았던 것이다.[93] 템킨은 좀 더 지엽적인 이유로, 연구소 외부의 홉킨스 교수들이 '실증적인 연구'를 선호했기 때문에 사상사가(historian of ideas)를 미심쩍어했다

90 학위 수여 목록에 대해서는 다음을 참조. *A Celebration of Medical History. The Fiftieth Anniversary of the Johns Hopkins Institute of the History of Medicine and the Welch Medical Library*, Lloyd G. Stevenson, ed. (Baltimore: Johns Hopkins University Press, 1982), 223-225.

91 내가 아는한 1960-70년대 미국에서 주목받은 고대의학 전공역사자(웨슬리 스미스, 존 리들, 존 스카보로, 다렐 아문센, 게리 페른그렌, 하인리히 폰 슈타덴) 중 누구도 볼티모어에서 시간을 보내지 않았다. 그리고 폰 슈타덴(독일과 오스트리아에서 교육받은 적이 있다)만이 의학 개념의 역사에 몰두하게 되었다.

92 뉴욕의 시티칼리지에서 고전학을 가르친 드랍킨(Drabkin, 1905-1965)은 카일리우스 아우렐리아누스를 편집했고, 모리스 코헨과 함께 그리스 과학에 관한 1차 사료집을 냈다. *Source Book in Greek Science* (Cambridge, Mass.: Harvard University Press, 1948). 중세 약을 전공한 제리 스테너드(Jerry Stannard, 1929-1988) 역시 캔자스 대학에서 고전학을 가르치기 전인 1950년대에 존스홉킨스 교수를 역임했다.

93 Temkin, *The Double Face*, 21-22. 미드웨스턴 의학협회 연례 행사에서의 발표는 기대와 우선순위에 관한 더 큰 논쟁을 불러왔다고 한다.

는 점을 들었다.[94] 확실히, 영미권에서, 특히 1930년대의 볼티모어에서는, 고전학이 문헌학· 사실사(factual history)·정치사·사회사·고고학에 중점을 두었다고 보아야 할 것이다.[95]

그러나 고려해야 할 사항들이 더 있다. 사상사의 전통 형성에 완전히 참여하지 않은 국가에서 그 전통에 대해 열정을 불러일으키는 데는 한계가 있을 수밖에 없다.[96] 체사피크만(존스홉킨스-역주)의 풍경은 템즈강과 슈프레(Spree)강(독일 동부를 흐르는 강-역주)의 풍경과 같을 수 없다. 예를 들어, 독일 낭만주의 의학은 영국해협 너머에서도 이해하기 어려운데, 대서양 너머는 말할 것도 없다.[97] 국가에 봉사해야 한다는 생각을 가진 안정된 독일 부르주아들이 수용한 훔볼트적인 시민과 교육 프로그램은 더 새롭고, 더 유동적이고, 민주적인 미국의 환경에 쉽게 들어맞지 않았다. 미국은 정부의 개입에 대해 오히려 오랫동안 의혹을 품고 있던 바였다. 휴머니즘의 주요 가치에 대한 예거의 주장은 나치의 등장으로 비웃음을 사기도 전에 이미 묵살되었다. 고대 연구에 도덕적 가치를 두었던 그와 같은 사람들은, 사실 이방에서 소리치는 예언자들이나 마찬가지였다. 예거 자신을 포함해 나치 독일에서 온 이주민들은 분명 새로운 학문의 기준을 가져왔지만, 그들이 학문적 연구의 방향에 미치는 영향은 즉각적이지 않았다.[98]

94 *Ibid.*, 22. '실증주의'란 자료로 인해 드러나게 된 내재된 관념이라는 뜻이기보다 자료를 경험적으로 축적하는 것을 뜻한다.

95 비문학자이자 고고학자인 데이비드 로빈슨과 프랑스 연극에 대한 중요한 정보를 알려준 현대 언어과의 캐링턴 랭캐스터가 고전학과를 대표했다.

96 역사 스타일의 변화에 대해서는 다음을 참조. Stuchtey and Wende, *Historiography,* 2-4.

97 미국 의학사가들에게 지거리스트의 이름은 거의 언제나 의료사회사와 관련되었다. 미국학자 중에는 의학개념사에 대한 글을 쓴 사람이 거의 없었다. 반대로 의학개념사는 독일 의학사에서 오랜 관심주제였고, 미국보다 영국의 영향을 받은 의료사회사는 1990년대가 될 때까지 관심을 받지 못했다.

98 나치에 의해 해고된 고전학 교수의 명단에 대해서는 다음을 참조. Wegeler, *wir sagen*

그럼에도 불구하고, 달성된 것을 과소평가해서는 안 된다. 고대 의학의 양상에 관한 논문들이 《의학사회보(*Bulletin of the History of Medicine*)》에 실렸고, (당시에는 아직 소규모였던) 의학사 공동체에 소개되었다. 사실, 존스홉킨스에서 펴낸 또 다른 학술지인 《미국문헌학저널(*American Journal of Philology*)》같이 고전학자를 겨냥한 잡지보다 《의학사회보》에 고대 의학에 관한 논문이 훨씬 더 많이 실렸다.[99] 에델슈타인 사후인 1967년에야 그의 논문집이 『고대 의학(*Ancient Medicine*)』이라는 제목으로 출판되었고, 그의 논문들이 처음 영어로 번역되어 소개되면서, 영미권의 고전주의자들이 그의 생각에 쉽게 접근할 수 있게 되었다.[100] 그제서야 그의 이름이 고대 의학을 대표하게 되었고, 그의 의견은 이 학계의 의견을 대변하는 것으로 받아들여졌다.[101]

템킨의 『갈레노스주의(*Galenism*)』와 더불어 에델슈타인의 책은 지난 30년간 빌라모비츠 시대 이래로 전례없이 고대 의학에 대해 고전주의자들의 관심을 부활시키는 데 기여했다.[102] 부활한 의학 전집(Corpus Medicorum)은 전

ab, 372-394. 독일 난민들이 미국에 끼친 영향에 대한 부정적 관점으로는 다음을 참조. William M. Calder, *Studies in the Modern History of Classical Scholarship* (Naples: Jovene Editore, 1982), 34-37.

99 예를 들어 에델슈타인은 미국 고전학 잡지에 고대의학에 관한 논문 한 편과 서평 대여섯 편을 냈을 뿐이었다. 템킨의 이름을 잘못 표기하는 실수가 많은 것으로 보아, 고전학과 학생들은 물론 선생들에게도 잘 알려지지 않은 듯하다.

100 Edelstein, *Ancient Medicine*. 다음의 동시대 연구도 마찬가지로 중요하다. 다이히그래버나 딜러의 책은 영어로 번역되어 있지 않아서 잘 언급이 안 된다. 다이히그래버의 글은 여러 잡지에 논문들로 실렸을 뿐이고, 이 잡지들 중 몇몇은 큰 도서관에만 소장되어 있다.

101 *The Hippocratic Oath: Text, Translation, and Interpretation, Bulletin of the History of Medicine suppl*. 1 (1943), reprinted in *Ancient Medicine*, 3-64. Cf. Temkin, *On Second Thought*, 21-28; Pierre M. Bellemare, "The Hippocratic Oath: Edelstein Revisited," in *Healing in Religion and Society from Hippocrates to the Puritans: Selected Studies*, J. Kevin Coyle and Stephen C. Muir, eds. (Lewiston: Edwin Mellon Press, 1999), 1-64.

102 Vivian Nutton, "Ancient Medicine: Asclepius Transformed," in *Science and Mathematics in Ancient Greek Culture*, Christopher J. Tuplin and Tracey E. Rihll, eds. (Oxford: Oxford University Press, 2002), 242-255.

세계 학자들이 만든 판본을 꾸준히 출판하고 있으며, 프랑스와 이탈리아도 (판본 출판) 경쟁에 끼어들었다. 물의 사용부터 문학으로서의 의학 텍스트까지 다양한 주제의 학회들이 열렸다.[103] 이러한 부흥은 부분적으로 고전이 문헌학적인 것에서 더 역사적이고, 문학적이며, 해석적인 분야, 즉 새로운 관념으로서의 고전학으로 변화한 결과다. 페미니즘은 열(fever)보다 더 강력한 자극을 준다.[104] 또한, 파리·케임브리지·피사를 중심으로 한 의학사 내의 다른 해석학파에 대해 말할 수 있게 되었다.[105] 이제는 예거의 영원한 인문주의적 가치를 믿는 사람들보다 사회사가, 인구통계학자, 그리고 감질나고 덧없어 보이는 망탈리테(mentalités, 사고방식)를 연구하는 역사가들이 학계를 지배한다.[106] 심지어 학자들이 고대 의학을 현대 의학의 문제와 연결하거나 의학적 전통이라는 개념을 받아들일 때도 그들은 또한 고대와 현대 사이의 큰 차이점과 그 전통의 변화무쌍함을 강조해야 한다.[107]

103 *L'Eau, la santé et la maladie dans le monde grec*, René Ginouvès, ed. (Paris: L'École française d'Athènes, 1994); *Les textes médicaux Latins comme littérature*, Anne and Jackie Pigeaud, eds. (Nantes: Université de Nantes, 2000).

104 Lesley Ann Dean-Jones, *Women's Bodies in Classical Greek Science* (Oxford: Clarendon Press, 1994); Helen King, *Hippocrates' Woman: Reading the Female Body in Ancient Greece* (London: Routledge, 1998); Rebecca Flemming, *Medicine and the Making of Roman Women: Gender, Nature and Authority from Celsus to Galen* (Oxford: Oxford University Press, 2000). 앤 엘리스 역시 미국 부인학에 있어 중요한 인물이다.

105 자크 주아나, 제오프리 로이드, 빈첸소 디 베네데티가 중요한 인물이다.

106 독일에서는 프리돌프 쿠들리엔(Fridolf Kudlien, b. 1928)이 그 전환을 잘 보여준다. 그는 베를린 전집의 편집자로 시작하여 의학개념을 연구하게 되었고, 최근에는 고대 의사들의 지위에 대해 연구한다. 다음을 참조. *Ancient Medicine in its Socio-Cultural Context,* 2 vols., Philip H. van der Eijk, Manfred F. J. Horstmanshoff and Piet J. Schrijvers, eds. (Amsterdam: Rodopi, 1995). 망탈리테에 대해서는 다음을 참조. Geoffrey E. R. Lloyd, *Demystifying Mentalities* (Cambridge: Cambridge University Press, 1990).

107 Geoffrey E. R. Lloyd, *In the Grip of Disease: Studies in the Greek Imagination* (Oxford: Oxford University Press, 2001); Smith, *Hippocratic Tradition;* Lawrence I. Conrad, Vivian Nutton, Roy Porter, and Andrew Wear, *The Western Medical Tradition, 800 bc to ad 1800* (Cambridge: Cambridge University Press, 1995).

고대 의학에 대한 이 새로운 열의는 여전히 의과대학과 의학사 교실에 전해져야 한다는 과제를 안고 있다. 확실히, 오늘날 고대 언어를 사용하여 독창적인 연구를 수행할 수 있는 의사는 한 세대 전보다 더 적으며, 유럽 고전 유산의 중요성에 대한 인식은 현대 교육 시스템에서 예전처럼 두드러지지 않는다. 학술지의 확산은 전문가들이 그들의 생각이 더 넓은 세상에 영향을 미치는 것에 대해 거의 걱정하지 않고 서로 의견을 교환할 수 있다는 것을 의미한다. 고대 의사들의 저작에 대한 훌륭한 번역이 점점 더 많아지는 것 또한 접근도를 높이는 결과를 낳았다. 한편, 고대 세계에 대해 관심이 커짐에 따라, 특히 영국에서, 새로운 발견이 더 많은 청중에게 소개될 수 있었다. 반대로, 몇몇 고전주의 문헌학자들은 의사들에게 그들의 도움이 가장 효과를 발휘할 수 있는 영역을 알려 주거나 이들과 협력하여 고전 사료를 분석할 때 의학적 지식을 적용해야 할 필요성을 깨달았다.[108] 다른 주제들, 특히 히포크라테스 선서와 투키디데스의 전염병은 계속해서 의학과 문헌학의 관심을 끌고 있다. 물론, 항상 만족스러운 결과를 얻는 것은 아니지만 말이다. 최근 의학사 연구는 히포크라테스 전집, 갈레노스, 그리고 고대 부인과에 대해 이러한 새로운 발전을 반영하기 시작했다. 고전주의자·의사 그리고 의학사가들조차 그들의 흥미와 기술 면에서 우선순위는 여전히 다르지만, 이러한 관심사를 관련있는 몇몇 소수에게만 전달하면 안 된다는 것의 중요성과 현대화에 열심인 사람들에게 아주 먼 과거를 되돌아보게 하는 것이 호고주의

108 M. D. Grmek, Danielle Gourevitch, *Les maladies dans l'art antique* (Paris: Fayard, 1998); M. D. Grmek, Jacques Jouanna, *Hippocrate. Épidémies V et VII* (Paris: Les Belles Lettres, 2000); John M. Riddle, *Dioscorides on Pharmacy and Medicine* (Austin: University of Texas Press, 1985). 전문가적 지식을 이용해 고대(antiquity)에 문제를 제기했던 의사의 예로는 다음을 참조. Peter Brain, *Galen on Bloodletting* (Cambridge: Cambridge University Press, 1986).

이상의 의미가 있음을 확신시켜야 한다는 인식은 있다. 항상 쉽지는 않지만, 그 시도마저 하지 않는다면 과거 학자들의 유산을 배신하고 의학사의 역사를 잊게 될 것이다.

제6장

전문화를 위한 의학사

—윌리엄 오슬러와 헨리 E. 지거리스트의 이상

엘리자베스 피(Elizabeth Fee) · 시어도어 브라운(Theodore M. Brown)

의학사는 여러 관련자의 입장, 계획, 어젠다를 반영하기 때문에 항상 다양한 면모를 보여준다. 19세기에 이미 여러 계통이 있었다. 이 분야가 처음 성숙하게 된 19세기 말부터 20세기 초에도 서로 다른 스타일과 우선순위가 여전히 존재했다.[1]

존스홉킨스 대학에는 의학사를 선도한 두 인물, 1890년대 윌리엄 오슬러(William Osler, 1849~1919)와 1930년대의 헨리 E. 지거리스트(Henry E. Sigerist, 1891~1957)가 있었다. 둘은 얼핏 보면 연구사적 선택의 스펙트럼에서 서로 반대되는 위치에 있는 듯하다. 저명한 임상 교수 오슬러는 영감 있는 메시지를 주고 문화의 풍부함을 보여주기 위해 의학사를 연구했다. 그는 정기적인 임상 및 병상 교육, 학생들과의 공식적 혹은 비공식적인 만남, 존스홉킨스 역사클럽(Johns Hopkins Historical Club)의 활기찬 모임, 그리고 무수한 초청 강연과 연설에서 역사적 사례와 도덕적 교훈을 엮어서 들려주었다. 유럽에서 훈련받은 학자인 지거리스트는 그의 뛰어난 문학적·언어학적·문헌학적 기술을 적용하여 전문 학문으로서 의학사를 추구했다. 그는 윌리엄 헨리 웰치(William Henry Welch, 1850~1934)가 시작한 의학사연구소를 발전시키기

1 최근의 의학사 연구 경향을 개략적으로 살펴보고자 한다면 다음을 참조. John C. Burnham, *How the Idea of Profession Changed the Writing of Medical History* (London: Wellcome Institute for the History of Medicine, 1998).

위해 1932년 존스홉킨스로 왔다. 지거리스트는 자신에게 친숙한 독일 연구소의 노선을 따라 미국의 의학사 발전을 위해 건전한 기반을 마련할 전문 학술원을 만들기로 결심했다.[2] 훗날 유럽의 위기가 깊어지자 그는 미국에서의 경험을 가지고 더욱 정치적으로 학술원 건설에 관여하였다.

이러한 의료-역사적(medical-historical) 지향의 명백한 차이는 최근 수십 년 동안 새로운 의미를 지니게 되었다. 미국의학사협회(American Association of the History of Medicine)에 소속된 의학사가 두 그룹의 활동 때문이었다. 한 그룹은 바로 역사가 더 오래된 오슬러협회로, 주로 오슬러의 삶을 기념하고 의료 실천의 역사에서 위대한 순간을 연구하기 위해 모인 임상의-역사가(clinician-historians)로 이루어졌다. 다른 그룹은 좀 더 최근에 설립된 지거리스트 모임으로, 의료의 사회정치사와 현대 보건정책 문제를 주로 논의해 온 역사학 박사 및 대학원생으로 이루어져 있다. 각 협회는 자신들의 우상을 협회명으로 채택했다. 오슬러협회 회원들은 오슬러가 서지학과 역사적 관심사에 눈을 돌린 것을 기억하면서 역사적 지식이 임상에 대한 이해를 넓히는 데 기여할 수 있다고 강조한다. 지거리스트 모임 회원들은 진보적인 사회적 대의의 옹호자로 알려진 지거리스트의 후기 경력을 강조하면서 역사학과 정치적 지지 사이의 연관성을 추구한다. 오슬러와 지거리스트를 회원들에게 영감을 주는 인물로 각인시키려는 당시의 목적 때문에, 오슬러와 지거리

2 지거리스트는 이 일이 자신에게 적합하다는 걸 알고 있었다. 그는 1932년 존스홉킨스 대학에 대해 다음과 같이 썼다. "존스홉킨스는 훌륭한 악기와 같아서 그저 조율되고 연주되기만 하면 된다. 그러면 올드 레이디스 홈(Old Ladies Home, 존스홉킨스-역주)은 특별한 무엇인가가 될 수 있을 것이다." Henry E. Sigerist, Diary, 26 January 1932, Henry E. Sigerist Papers, Manuscripts and Archives, Yale University Library, New Haven, Addition (June 1987), Biographical Data and Memorabilia, group 788, box 1 (이후에는 Diary로 인용); *Henry E. Sigerist: Autobiographical Writings*, Nora Sigerist Beeson, ed. (Montreal: McGill University Press, 1966), 76.

스트는 상징적 표상이 되었으며, 그들의 차이는 과장되었다.

우리는 오슬러와 지거리스트 사이의 양극화된 차이점을 기억하곤 하지만, 실제 역사상으로 보면 두 인물 간 유사점도 발견할 수 있다. 홉킨스에 있을 때 두 사람은 기본적으로 의학사에 대해 실용적 관점을 공유했다. 즉 의학사를 의사라는 직업군, 특히 가장 최근에 모집된 가장 젊은 의사들에게 영향을 주고 이들을 다듬는 데 그 관점을 이용하고자 했다. 오슬러는 의사들에게 그들 직업의 중요성에 대한 감각, 영원한 가치와 이상을 불어넣고 싶었다.[3] 그는 의사들이 어떤 직업보다도 지적으로 우수하고 고귀한 이 직업의 영광스러운 과거 및 더 찬란한 미래와 동질감을 가져야 한다고 설명했다.[4]

지거리스트도 젊은 의사들에게 동기를 부여하고 싶어 했다. 다만 그는 의학이 사회적·정치적 지향성을 드러낼 가능성이 있다고 보았다. 그는 좀 더 넓은 사회적 각도에서 역사를 연구해야 한다고 했다. 그리고 이상적이고 영웅적인 직업적 성취의 가능성을 제한하지 않으면서 의사의 사회적 책임이 어떻게 진화했는지 강조하려 했다. 지거리스트는 의학사의 전문화에 공헌했지만, 오슬러와 마찬가지로 의학사가 고립된 학문 분야가 아닌 직업으로서의 의사를 형성하는 도구가 될 수 있도록 노력했다.

오슬러와 지거리스트 사이에는 또 다른 유사점이 있다. 둘 다 낭만주의적인 그리스 애호(philhellenism)라는 공통의 지적 전통에 뿌리를 두었다는 것이다. 이는 서양 문명에서 가장 좋은 것은 모두 고대 그리스의 업적에서 나왔

3 특히 다음 글을 참조. Philip M. Teigen, "William Osler's Historiography: A Rhetorical Analysis," *Canadian Bulletin of the History of Medicine* 3 (1986): 31-49.

4 William Osler, "Books and Men," presented at the Boston Medical Library, 1901. 다음에 재간행되었다. *The Collected Essays of Sir William Osler*, John P. McGovern and Charles G. Roland, eds. (New York: Gryphon Editions, Classics of Surgery Library, 1996), vol. 2:182-189.

다는 확신이었다.[5] 둘 중 누구도 자신의 목적을 위해 현재주의(presentist)와 목적론적 틀(teleological framework)을 채택하는 것을 주저하지 않았다. 둘 다 의학의 진보와 역사의 목적을 밝히는 데 관심이 있었다. 둘 다 카리스마가 있었고 영향력 하에 있던 학생들에게 강인한 인상을 남겼다. 둘 다 여러 단계를 거쳐 복잡한 경력을 쌓았으나, 홉킨스에서 가르친 기간 동안 의학사에 대한 '실용적(pragmatic)' 목표, 즉 구어적 의미의 '실용적'이 아니라 슈프렝겔(Sprengel)·노이부르거(Neuburger)·파겔(Pagel)이 주장한 실용주의를 강조했다.

오슬러와 지거리스트는 각기 다른 경로로 존스홉킨스에 도착했다. 마이클 블리스(Michael Bliss)가 최근 출판한 일대기에서 설명한 것처럼 오슬러는 40대가 될 때까지 의학사를 진지하게 생각하지 않았다. 당시 그는 존스홉킨스 병원의 내과 주임 과장(Physician-in-Chief)이자 의학의 이론과 실천(Theory and Practice of Medicine) 교실의 교수로서 경력의 정점에 이른 상태였다.[6] 그때까지 그는 자신의 과학적 명성, 임상 지식, 의료 실무, 교육 기술 개발에 온전히 몰두해 있었다. 그러나 일단 존스홉킨스에 정착하자, 오슬러는 과학의 논리 정연함과 성취에 대한 요구가 문화적·인문학적 감성으로 완화되는 새로운 의학 문화의 일부가 되었다. 오래된 의학 고전 판본을 수집하고, 훌륭한 도서관을 꾸미고, 의학사의 가장 교훈적인 이야기에 정통하는 일이 다음 세대의 의사들을 과학적인 훈련도 받고 교양도 있는 지도자로 만드는 수단이 되었다.

5 Heinrich von Staden, " 'Hard Realism' and 'A Few Romantic Moves': Henry Sigerist's Versions of Ancient Greece," in *Making Medical History: The Life and Times of Henry E. Sigerist,* Elizabeth Fee and Theodore M. Brown, eds. (Baltimore: Johns Hopkins University Press, 1997), 136-161. Michael Bliss, *William Osler: A Life in Medicine* (Oxford: Oxford University Press, 1999), 393.

6 Bliss, *William Osler*, 196.

이와 달리 지거리스트는 스위스 군대에서 짧게 복무하는 동안만 의료 활동을 했다. 과학에 관심을 두기 전에는 고전과 동양의 언어들을 공부했고, 의학이 모든 과학 중에서 가장 포괄적이라는 이유로 의학을 선택했다. 그 후에는 의학, 역사, 언어, 문학에 대한 그의 관심사를 결합하여 의학사 분야로 진출했다. 지거리스트는 가문의 재력 덕분에 노이부르거나 파겔과 달리 독립 학자의 삶을 영위할 수 있었다. 시간이 지나면서, 그가 의학사에 접근하는 방법에 몇 가지 큰 변화가 생겼다. 그는 이전의 관심사를 완전히 배제하지 않고, 칼 수도프의 문헌학적인 방식에서 막스 노이부르거의 철학 지향적 접근을 거쳐, 그가 특히 중요하게 생각한 사회 정치와 관련된 역사학 분야로 다가갔다. 라이프치히에서 시작하여 홉킨스에서 발전시킨 이 세 번째 단계에서 그는 현대 보건정책에 영향을 미치고 의사와 의대생들에게 사회활동주의를 고취시키려 했다. 즉 오슬러와 지거리스트가 알았다면 놀랐겠지만, 그들은 홉킨스 시절 동안 본질적으로 비슷한 목적을 공유했다. 둘 다 의사를 업으로 하는 이들의 미래를 조각하는 도구로 의학사를 이용하려고 했다.

40년이라는 기간 동안 그들의 직업에 극적인 영향을 미친 이 두 홉킨스 교수의 관심과 헌신을 비교함으로써 우리는 무엇을 배울 수 있을까? 의학사를 이용하여 미래 세대의 의사들을 형성하고자 열망했던 이 사람들이 역사가의 상징적인 역할 모델이 된 이유는 무엇인가?

윌리엄 오슬러 경: 세속적인 종교로서의 의학사

윌리엄 오슬러를 만든 지적, 도덕적 발달의 중요한 부분은 종교와 의학 사이의 명백한 모순 사이에 놓여 있다. 오슬러는 캐나다로 발령받은 영국 성공회 성직자의 아들로 태어나 처음에는 아버지와 같은 목사가 되려고 했다. 그러나 예비학교의 멘토와 큰아버지의 뒤를 이어 대학에서 의학에 종사하기로 결심했다. 토마스 브라운 경이 쓴 『의사의 종교(*Religio Medici*)』(1642년 초판)와의 극적인 만남이 이 길에 들어서는 데 도움이 되었다.[7] 17세기의 의사이자 자연주의자가 쓴 이 유명한 작품은 과학계와 종교계의 화해를 위한 지침이 되었다. 오슬러는 이 책을 '영감·지혜·위안의 원천'이라 부르며, 그의 동반자로 삼았다.[8] 그는 이 책을 어디나 지니고 다니고, 끊임없이 인용했으며, 심지어 무덤에까지 한 권을 가지고 갔다.[9] 학생들뿐만 아니라 영국 및 북미의 의사들에게도 대단한 영향을 미친 이 남자는 신성함과 세속을 개인적으로 화해시키기 위해 노력했다. 그는 아버지의 설교를 들으며 자랐고, 결국은 설교의 언어와 논쟁의 구조, 도덕적 열의를 의학사가의 고무적인 미사여구로 바꾸었다.

오슬러는 홉킨스에서의 초창기 시절인 1890년대에 의학사로 전향했다. 1889년 40세가 된 그는 삶을 재정비하고 새로운 직업을 찾는 등 인생에서 중요한 변화를 겪었다. 우선 필라델피아 의료계에서 가장 유명한 이름 중 하나였던 사무엘 그로스(Samuel W. Gross, 1837~1889)의 미망인 그레이스 린지 리비어 그로스(Grace Linzee Revere Gross, 1855~1928)에게 프러포즈했다. 양쪽 모두에게 매우 잘 맞는 결혼이었지만, 그레이스는 오슬러가 『의학의 원칙과 실제(*The Principles and Practice of Medicine*)』의 집필을 끝낼 때까지 결혼을 허락하지 않았다.

7 Thomas Browne, *"Religio Medici," Together with a Letter to a Friends and Christian Morals,* H. Gardner, ed. (London: William Pickering, 1845).

8 William Osler, "An Address on Sir Thomas Browne," *British Medical Journal,* 21 October 1905, 993-998.

9 오슬러는 생에 걸쳐 현존하는 브라운의 작품을 가장 많이 소장하게 되었다. Sir Geoffrey Keynes, "The Oslerian Tradition," *British Medical Journal*, 7 December 1968, 599-604.

약 1,050쪽에 달하는 이 교과서는 1892년 3월에 출판되었다. 이 책은 그때까지의 오슬러의 경력을 모두 종합한 훌륭한 책이다. 이 책에는 임상병리학적 해부학에 대한 깊은 지식, 질병의 발현에 대한 신중한 병상 연구와 사후 관찰의 연관성에 대한 예리한 이해, 세포병리학·박테리아학·신경학 같은 신진 분야의 흐름이 집대성되었다. 이 책은 순식간에 성공을 거둬, 처음 2년 동안 1만 4천 권이 팔렸고 영어권에서 가장 인기 있는 의학 교과서가 되었다.

『의학의 원칙과 실제』의 성공은 오슬러의 경력에 놀라운 전환점이 되었다. 이 책을 집필하는 데는 엄청난 에너지와 노력이 들었다. 회고적이고 종합적인 책이었기 때문에 현역 연구자로서 오슬러의 경력은 둔화될 수밖에 없었다. 이상적인 임상 선생이자 본보기로 완벽하게 자리 잡았음에도 불구하고, 오슬러는 볼티모어로 옮기면서 그의 초기 연구 분야인 해부 병리학(post-mortem pathology)과는 단절할 수밖에 없었다. 왜냐하면 홉킨스에서는 이 분야가 윌리엄 헨리 웰치(William Henry Welch)와 그의 연구원들의 영역이었기 때문이다. 블리스가 말했듯이, 활동적인 지적 에너지를 지녔던 오슬러는 이제 다른 관심사, 특히 문학적이고 역사적인 연구로 관심을 돌렸다.

윌리엄 헨리 웰치, 하워드 켈리(Howard Kelly, 1858~1943) 및 30여 명의 홉킨스 의사와 함께 오슬러는 1889년에 존스홉킨스 역사클럽을 설립했다. 이 모임은 곧 홉킨스 생활에서 중심이 되었다. 초기 모임에서 존 쇼 빌링스(John Shaw Billings, 1838~1913)는 '희귀 의서'에 대해 이야기했고, 하워드 켈리는 개인 소장품 중에 있는 보물을 보여주었으며, 윌리엄 헨리 웰치는 알렉산드리아 의학에 대해 강의했다. 1892년 겨울, 이 모임은 그리스 의학이라는 주제에 집중하기로 했다. 이 모임에서 오슬러의 첫 강의는 '플라톤에 묘사된 의술과 의사들(Physic and Physicians as Depicted in Plato)'이었다.[10] 그레이스는 1892년 7월 오슬러의 43번째 생일날 그에게 조웨트(Jowett)의 5권짜리 플라톤 작품 번역서를 선물했다. 이를 통해 오슬러는 『대화편(*Dialogue*)』을 심층적으로 연구할 수 있었고, 플라톤의 글에서 의학에 관해 언급한 내용을 발췌할 수 있었다.[11]

1890년대에 오슬러는 다양한 문학적·역사적 주제에 대해 논문을 썼다. 역사클럽에서 처음 발표한 뒤 《존스홉킨스 병원 회보(*Johns Hopkins Hospital Bulletin*)》에 게재된 많은 에세이는 쾌활한 악당을 소재로 한 「토마스 도버: 의사와 해적(Thomas Dover: Physician and Buccaneer)」, 차분하고 박식한 「존 키츠: 약제상 시인(John Keats: The Apothecary Poet)」, 교훈적인 영감을 주는 「앨라배마의 학생(Alabama Student)」과 같은 전기적인 글이었다.[12] 마지막 에세이에서는 "부름을 듣자 모든 것을 버리고 자신의 이상을 따라" 아내와 아이들을 떠나 파리로 가서 의학을 공부했다는 것 말고는 알려진 바가 없는 헌츠빌 출신 존 바셋(John Y. Bassett) 박사의 삶을 환기시켰다.[13] 여기에서 오슬러는 존 할리 워너(John Harley Warner)가 "도덕적 행위로서 파리 의학계를 기억

10 John Shaw Billings, "Rare Medical Books," *Johns Hopkins Hospital Bulletin* 9 (1890): 27-31. William Osler, "A Note on the Teaching of the History of Medicine," *British Medical Journal*, 12 July 1902, 93, 다음에 재간행되었다. *Collected Essays*, vol. 3:568-570; "Physic and Physicians as Depicted in Plato," presented to the Johns Hopkins Historical Club, 1893, 다음에 재간행되었다. *Collected Essays*, vol. 3:6-36.

11 *The Dialogues of Plato*, B. Jowett, trans. (Oxford: Clarendon Press, 1892).

12 William Osler, "Thomas Dover: Physician and Buccaneer," read to the Historical Club, January 1895, 다음에 재간행되었다. *Collected Essays*, vol. 3:53-70; "John Keats: The Apothecary Poet," read to the Historical Club, October 1895, 다음에 재간행되었다. *Collected Essays,* vol. 3:89-106; "An Alabama Student," read to the Historical Club, January 1895, 다음에 재간행되었다. *Collected Essays*, vol. 3:71-88.

13 Osler, "An Alabama Student," 72.

하라."고 규정한 전통을 따랐다.[14]

같은 전통을 지닌 더 중요한 에세이 『미국 의학계에 미친 루이의 영향(*The Influence of Louis on American Medicine*)』은 펜실베이니아 대학의 스틸레 소사이어티(Stillé Society)에서 발표되었다. 그 내용은 피에르 루이(Pierre Louis)의 영향 하에 파리의 임상의학이 이론적 추측에서 통계적 엄격함과 경험에 근거한 관찰로 변화하는 과정을 추적한 것이다.[15] 이어서 오슬러는 루이가 미국인 제자인 제임스 잭슨 주니어(James Jackson Jr)와 게르하드(W. W. Gerhard)에게 미친 영향을 논의하면서, 루이라는 위대한 사람이 제자들에게 얼마나 따뜻한 관심을 보여주었고, 제자들이 그의 가르침과 아버지와 같은 멘토링에 얼마나 열광했는지를 보여주는 서신을 길게 인용했다.[16]

오슬러는 엘리샤 바틀렛(Elisha Bartlett), 존 로크(John Locke), 윌리엄 보몬트(William Beaumont), 토마스 브라운(Thomas Browne)에 관한 일련의 긴 연구에서 그의 전기적인 역사 연구 방식을 더욱 발전시켰다. 각각은 '기억할 만한 가치'를 지니며, 각 분야의 '자랑'이었고, '공정하며 진리를 추구하는 정신'의 예시였다. 이러한 모범적인 삶에 대한 연구는 "인격에 안정성을 부여하고 삶의 복잡한 문제에 건전한 관점을 갖도록 도와주는 것"이었다.[17]

14 John Harley Warner, *Against the Spirit of System: The French Impulse in Nineteenth-Century American Medicine* (Princeton: Princeton University Press, 1998), 356.

15 William Osler, "The Influence of Louis on American Medicine," 1897년 펜실베이니아 대학의 의과대학 스틸레 소사이어티에서 발표한 것으로 다음에 재간행되었다. *Collected Essays*, vol. 3:113-134.

16 *Ibid.*, 134.

17 William Osler, "Elisha Bartlett: A Rhode Island Philosopher," 1899년 12월 7일 로드아일랜드 의학협회에서 한 연설로 다음에 재간행되었다. *Collected Essays*, vol. 1:100-150, 122; "John Locke as a Physician," 1900년 1월 펜실베이니아 대학의 의과대학 학생회에서 한 연설로 다음에 재간행되었다. *Collected Essays*, vol. 3 :186-225, 224; "A Backwoods Physiologist," 1902년 10월 세인트루이스 의학협회에서 한 연설로 다음에 재간행되었다.

1901년 보스턴 의학도서관의 창립식에서 오슬러는 의학 전기가 이 직업을 선택한 젊은 구성원들에게 삶의 밝은 가능성을 상상하도록 영감을 줄 수 있다고 설명했다. 과거는 '젖을 뗀 아이'를 위한 좋은 양육자이며, 학생의 임무는 삶의 모델로 삼을 수 있는 사람과 친해지는 것이다. 젊은 의사는 전기를 읽음으로써 '과거의 위대하고 선한 자를 돌아보고', '예전의 고귀한 이들로부터 천상의 감화'를 받아 '한 인물이 다른 이에게 미치는 조용한 영향'을 경험할 것이다. 실제로 오슬러는 도서관에 위인을 숭배하기 위한 제단을 세워야 한다고까지 말했다. "나는 각 도서관에서 특별한 경배를 위해 엄선한 불후의 위인들을 보고 싶다. 각 나라에는 그 나라를 대표하는 사람들을 위한 특별한 명예의 전당이 있을 것이다."[18] 1917년 오슬러는 조지 독(George Dock, 1860~1951)과 하비 쿠싱(Harvey Cushing, 1869~1939) 같은 믿을만한 미국인 친구들과 학생들을 공동 편집자로 하여 거의 영웅 숭배 수준의 고상한 학술지인 《의학사 논고(*Annals of Medical History*)》를 출간했다. 이로써 '명예의 전당'을 위한 작전에서 협력자를 모으는 데 거의 성공한 듯 보였다.

그러나 오슬러가 의학의 영웅을 위한 명예의 전당 건설을 주장하던 바로 그 순간, 그의 과학적인 명성은 의심의 대상이 되었다. 홉킨스에서 말년을 보내는 동안, 오슬러는 성공의 포로가 되었다. 1890년대 중반까지 그는 자신이 감당할 수 없을 정도로 많은 환자를 돌봐야 했다. 그는 볼티모어의 엘리트·국회 의원·백악관 사람들뿐만 아니라 홉킨스 대학의 학생·의사·간호사의 고문 의사였다.

Collected Essays, vol. 3:277-306, 291; "Sir Thomas Browne," 런던 가이스병원의 운동협회에서 1905년 10월에 한 연설로 다음에 재간행되었다. *Collected Essays* vol. 3:350-385, 384.

18 Osler, "Books and Men," 187-88.

오슬러는 의료 행위나, 홉킨스에서의 직책을 줄이고 싶어 하지 않았다. 그래서 점점 더 궁지에 몰렸고, 건강도 나빠졌다. 이러한 상황은 한동안 계속되었다. 1900년 오슬러의 소득은 그의 사적인 의료 행위 덕분에 3만 달러를 넘겼고, 1901년에는 4만 달러로 늘어났으며, 1903년에는 4만 7천 280달러에 달했다.[19] 그러나 동시에 볼티모어에 있는 동료들 사이에서 비판의 물꼬가 트이고 있었다. 오슬러는 여전히 뛰어난 사람인가? 블리스 박사는 일부 홉킨스 의과학자들이 오슬러가 학문의 선두에서 멀어진 것을 알고 있었다고 지적하였다. 왜냐하면 오슬러는 명민한 관찰자이자 질병 분류자로서 임상 강의와 사례 보고서를 발표했지만, 실험실에서의 적극적 연구는 그만두었기 때문이다.[20]

오슬러 또한 자신이 학계에서 명성을 잃고 있음을 알고 있었다. 그는 활동적인 연구자이자 내과라는 새로운 전문 분야의 리더라는 자신의 내적 이상에 부합하기 위해 고군분투하면서 의학 학술지에도 계속 논문을 게재했다. 그는 독일의 실험실 기반 연구 모델에 심혈을 기울인 존 아벨(John J. Abel, 1857~1938)과 같은 약학 교수를 홉킨스 대학의 일원으로 신규 채용하는 것을 적극적으로 지지했다. 또한 그는 윌리엄 하웰(William Howell, 1860~1945)과 하웰의 생리학 제자들이 개발한 기구를 사용한 발진티푸스와 폐렴 환자의 혈압을 다루는 선구적인 연구를 지휘했다. 그러나 오슬러는 괴팍한 동료이자 해부학 교수인 프랭클린 몰(Franklin P. Mall, 1862~1917)의 비난을 피할 수 없었다. 몰은 홉킨스 의과대학이 임상 실험이나 더 많은 수업으로 돈벌이를

19 Bliss, *William Osler*, 296, 297, 300. 블리스는 이 액수가 현재의 달러로 환산하면 30배에 해당하는 금액이며 소득세도 면제된 것이라고 추정하였다.

20 *Ibid.*, 303.

하는 곳이 아니라, 학문에 전념하는 선생들이 있는 대학 기반의 연구소가 되기를 원했다.[21] 1905년 몰은 오슬러의 학과에 필요한 사람은 "실험실 체계에 따라 오슬러의 의학적 연구를 수행하면서도 그 성과를 출판하지는 않을" 대학교수였다고 썼다.[22]

이 무렵 오슬러의 역사 저술의 성격에 현저한 변화가 생겼다. 그는 모범적인 삶, 즉 비범한 인격과 고귀함을 지닌 인물에 대해서가 아니라 의과학의 발전에서 나타나는 아이디어와 추세를 추적하는 데 초점을 맞추기 시작했다. 이 새로운 형태의 글쓰기에서 오슬러는 박테리아학, 생화학, 면역학의 위대한 진보로 대변되는 실험실 기반의 과학적 성취를 강조하고자 했다. 비록 예리하거나 완전하지는 않았지만, 결국 1905년에 저명한 의사들을 피에르 루이의 무덤으로 인도할 수 있었다(1905년 파리 결핵 회의에 참석한 오슬러와 미국 의사들이 결핵에 관한 연구로 유명한 프랑스 임상의 피에르 루이의 무덤을 방문한 사건을 뜻함-역주).[23] 그는 위대한 임상 관찰자인 히포크라테스를 현대의 의사들을 평가하기 위한 기준 정도로 폄하하고, 그 대신 과학적 기반을 지닌 조사자의 모델이자 선구적인 실험주의자로 평가받던 갈레노스를 지지하기 시작했다.

의학사에 대한 이러한 새로운 접근은 1901년 1월 존스홉킨스 대학 설립 20주년과 새로운 세기로의 전환을 기념하기 위해 역사클럽에 발표한 논문 「19세기의 의학」에서 뚜렷하게 나타난다.[24] 새로운 모습을 보여주려는 의

21 *Ibid.*, 304.
22 *Ibid.*
23 Warner, *Against the Spirit of System*, 364.
24 William Osler, "Medicine in the Nineteenth Century," 1901년 1월 역사 클럽에서 한 연설로 《뉴욕 선(*New York Sun*)》에 출판되었고 다음에 재간행되었다. *Collected Essays*, vol. 3 :228-276.

식적인 노력은 아니었을지 몰라도, 오슬러는 이제 갈레노스·하비·헌터부터 19세기 중반의 실험실 연구자를 계승하였다며 자신의 실험실 연구를 미화했다. 그리고 "지난 반세기 동안 생리학과 병리학 연구는 의학을 일상과 권위의 속박에서 해방시키는 데 히포크라테스부터 제너에 이르는 기간 동안 모든 의사가 한 일보다 더 많은 기여를 했다. 하지만 아직 시작일 뿐이다."라고 결론지었다.[25]

오슬러는 이 에세이의 상당 부분에서 박테리아학과 전염병의 점진적인 정복을 다루었는데, 그는 이를 세기의 가장 주목할 만한 업적이라 여겼다. 자신만의 실험 방식을 지닌 박테리아 과학자들은 '자연으로 통하는 비밀문 중 하나로 들어갈 수 있는 마법의 열쇠를 가진' 셈이었다. 클리닉이 아닌 실험실에서 명성을 얻은 새로운 신전의 영웅들, 즉 파스퇴르(Pasteur)· 코흐(Koch)· 콘(Cohn)· 폰 베링(Von Behring) 등은 미래의 가장 큰 희망이었다.[26]

1906년 왕립의사협회(Royal College of Physicians)의 연례 강연(Harveian Oration, 하비의 혈액순환 발견을 기념하여 왕립의과대학에서 매년 열리는 강연회-역주)에서 오슬러는 17세기 초 하비가 실험을 통해 혈액순환을 인식했던 위대한 발견에 초점을 맞추었다.[27] 비록 하비조차도 "시대의 신념에 붙잡힌" 경향이 있었지만, 그는 "자신의 관점으로 바라보고, 진리에 대한 본능 혹은 천재성을 지닌, 동료들이 살아가는 일상에서 벗어난" 보기 드문 사람 중 하나였다. 하비의 발견은 "청중의 시대"와 "눈의 시대"에서 "손의 시대", 즉 현대

25 *Ibid.*, 234.
26 *Ibid.*, 250-251.
27 William Osler, "Harvey and His Discovery," 1906년 10월의 왕립의과대학의 연례 강연에서 한 연설로 다음에 재간행되었다. *Collected Essays*, vol. 1:325-364.

실험의학의 시대로 넘어가는 과정을 보여준다.[28]

오슬러는 갈레노스를 실험의학의 아버지로 만들어 실험적 연구에 대한 신봉과 그리스 의학에 대한 찬미를 융합했다. 1907년 미국 내과와 외과 의사회(Congress of American Physicians and Surgeons)의 연설에서 오슬러는 비록 그리스인들이 일반적으로 실증과 관찰의 수준에 머물렀지만, 갈레노스는 "오늘날의 생리학 실험실을 집처럼 편안하게 느낄 수 있는 유일한 고대인"이라고 하였다.[29] 오슬러는 하비, 헌터, 19세기 후반의 제너를 통해 그가 '실험의학의 시대'라고 칭했던 갈레노스의 유산에 대해 청중인 임상의들에게 설명했다. 상황이 역전되었다. 임상의학은 이제 과학적인 진보를 따라잡아야 했다.[30]

오슬러는 이러한 주제를 여러 권으로 이루어진 총서 『근대 의학: 이론과 실천(*Modern Medicine: Its Theory and Practice*)』(1907)의 서문에서도 반복했다. 이 총서는 바쁜 의사들이 과학적 의학의 발전을 따라잡을 수 있게 하려고 선구적인 전문가들이 지은 책이다.[31] 오슬러는 또다시 히포크라테스보다 갈레노스에게, 시드넘보다 하비에게 찬사를 보냈다. 프랑스 임상의학으로부터 19세기 후반으로 도약하여 "감염병의 병리학적 개념에 대한 완전한 혁명"을 보여주었기 때문이다.[32] 오슬러는 이 저서의 주요 독자가 보통 '임상의학 지

28 *Ibid.*, 359-360.

29 William Osler, "The Historical Development and Relative Value of Laboratory and Clinical Methods in Diagnosis: The Evolution of the Idea of Experiment in Medicine," in *Transactions of the Congress of American Physicians and Surgeons, 1907;* 다음에 재간행되었다. *Collected Essays*, vol. 3:391-399.

30 *Ibid.*, 398.

31 William Osler, "The Evolution of Internal Medicine," introduction to *Modern Medicine: Its Theory and Practice*, vol. 1 (Philadelphia: Lea Brothers & Co., 1907), 다음에 재간행되었다. *Collected Essays*, vol. 2:303-322.

32 *Ibid.*, 315.

식의 현 상태를 계속 알리고 싶어 하는' 의사였다고 강조했다. 그러나 아무리 근면하다고 해도, 젊은 사람이 어떠한 도움도 받지 않고 화학과 세균학 실험실에서 쏟아져 나오는 최신의 과학적인 진보를 따라가기란 불가능했다. 소수의 실험실 담당의가 감독하는 잘 짜인 대학원 교육이 필요했다.

오슬러는 의학 교육과 실천의 본질적인 지각변동에 반응하여, 개업의의 어려움에 공감했고, 그 자신도 정점에서 미끄러질 위험에 처해 있음을 의식하고 있었다. 마침 옥스퍼드 대학에서 영어식 지위와 특권으로 가득한 명예로운 흠정 의학 교수직(Regius Professor of Medicine)을 제안해 왔다. 이를 기회로 삼아 오슬러는 홉킨스에서 탈출하여 좀 더 자유로운 환경에서 다시 시작할 수 있게 되었다. 오슬러의 아내 그레이스는 이 초대장을 읽고는, "어깨에서 큰 짐을 덜어낸 것 같다."면서 즉시 수락하는 전보를 보내라고 종용했다. 홉킨스에서 옥스퍼드로 옮기면서 오슬러는 의학사에 대한 새로운 초점을 개발할 기회를 얻었다. 이제 직업이나 실용주의적 교육 목표라는 요구에 훨씬 덜 얽매이게 되었다.

오슬러는 1905년에 옥스퍼드로 떠났으며, "최고의 작품을 완성한 사람에게는 조용하고 쉬운 직장"이 최선이라고 말했다.[33] 새로운 상황에 안착한 그는 할리 가(Harley Street)의 바쁜 의사들을 위한 자문의가 되거나 런던의 큰 교육병원의 자문의가 되는 길은 피했다. 교수로서 그의 의무에는 봄철에 몇 주간 의대생들을 검진하는 일과 학생이나 지역 의사를 위한 래드클리프 병원(Radcliffe Infirmary) 주간 클리닉 업무가 포함되어 있었다.

오슬러는 이제 실험실에서 보낼 시간을 확보했다. 그는 몇몇 저명한 과학자들과 협력했다. 아치볼드 개로드(Archibald Garrod, 1857~1936)와 함께 희귀

33 Bliss, *William Osler*, 314 인용.

한 비뇨기 질환을 연구하고, 아서 키스(Arthur Keith, 1866~1955)와 함께 스톡스-애덤스(Stokes-Adams) 질병 연구를 위해 새로운 심전도기를 사용했다.[34] 그러나 시간 대부분은 의학사에 바쳤다. 흥미롭게도 오슬러의 역사 연구는 과학의 진보를 점점 더 강조했고 시험적인 실험실 연구라는 이상이 발전되어 가는 과정을 보여주었다. 이러한 이상은 그의 직업 현장에서 점차 의미를 상실해 갔지만, 오슬러 자신에게는 전에 없던 강력한 힘을 발휘했다.

지적 방면에서 오슬러는 19세기 후반 고전의 부흥, 특히 고대 그리스 문화를 추앙하는 '그리스 애호'의 물결에 많은 영향을 받았다.[35] 그는 대학 언론사 대표로서 대학의 운영 기구인 평의원회(Hebdomadal Council) 위원, 보들리언 도서관(Bodleian Library) 큐레이터로서 계급 구조로 이루어진 제국주의 영국 사회와 옥스퍼드의 분위기에 빠져들었다. 그는 정기적으로 문헌학회의 회장에 재선되었다. 왕립의학회(Royal Society of Medicine)의 회장직은 거절했지만, 고전학회(Classical Association)의 회장직은 수락했다. 1911년에는 윌리엄 오슬러 준남작(Baronet)이 되었다. 오슬러는 1910년 '인간을 구원하는 인간'에 대한 '대중 설교'에서 에든버러 대학에 모인 2,500명의 청중에게 자신이 받아들인 가치에 관해 설명했다. 그는 청중들에게 모든 전통과 어떠한 결과에 대한 아이디어는 그리스인에게서 우리에게 전수된 것이고, 그리스인들은 근대 과학의 전체적 발전을 위한 초기의 아이디어를 주었다고 하였다. "지금까지 그리스 사상가는 독창적으로 관찰했고 일반화에 뛰어났다. 그래

34 William Osler and Arthur Keith, "Stokes-Adams Disease," in Clifford Allbutt and Humphrey Rolleston, eds., *A System of Medicine by Many Writers* (London: Macmillan, 1909), vol. 6:130-156.

35 Bliss, *William Osler*, 393. 다음도 참조. Heinrich von Staden, "Nietzsche and Marx on Greek Art and Literature," *Daedalus* (winter 1976): 79-96.

서 그들의 글에서 찾을 수 없는 근대적 발견이란 거의 없다."[36]

이 시기에 그가 반복적으로 사용한 은유에서 오슬러의 지적 접근을 효과적으로 살펴볼 수 있다. 그는 과학과 의학 지식에 나타나는 자연적이고, 필연적이며, 심지어 미리 정해진 성장을 강조하는 유기적인 암시를 좋아했다. 진실의 씨는 돌밭에 뿌려졌을지 모르지만, 적당한 조건이 주어지면 모습을 드러내 꽃을 피운다. "마치 생물의 유기체와 같이 진실은 성장하며, 그 점진적인 진화는 작은 세균에서 시작해 성숙한 산물이 되어 나타난다. … 아니면 세균이 시간의 충만함을 수세기 동안 기다리고 있었는지도 모른다."[37]

그가 좋아한 또 다른 은유는 빛, 맑은 시야, 눈앞에서 진리를 지각하는 능력이었다. 진리를 보지 못하는 사람들은 "장님"이고 그들의 눈은 "봉인되었"거나 그들의 "정신은 멀었다." 예를 들면, 혈액순환의 개념을 인정하지 않는 리올란(Riolan)은 "그를 쳐다보고 있는 진실"을 보지 못하는 사람이었다. 다른 이들은 진실의 "희미한 빛"이나 "볼 수 있는 눈이 있는 사람에게는 대낮처럼 명료한" 이미지가 "빛남"을 보았다.[38]

1913년 그는 예일대의 대백과사전적인 강의이자 그의 사후 『근대 의학의 진화(*The Evolution of Modern Medicine*)』로 출판된 실리만 강의(Silliman lecture)에서 이성(reason)의 등불은 여러 모양으로 깜빡거리고, 밝게 빛나고, 또 선명하게 타오르고, 꺼졌다고 하였다.[39] 예를 들면 "영광스러웠던 그리스와 장엄했던 로마를 지나 학문의 빛이 깜빡거리다가 거의 꺼지면서 문명 세계에

36 William Osler, *Man's Redemption of Man: A Lay Sermon* (New York: Paul B. Hoeber, 1915), 다음에 재간행되었다. *Collected Essays*, vol. 1:390.

37 Osler, "Harvey and his Discovery," 326.

38 *Ibid.*, 337, 339, 356, 357, 358.

39 William Osler, *The Evolution of Modern Medicine* (New Haven: Yale University Press, 1921).

황폐함이 찾아왔다." 그러나 16세기에는 "완벽한 날까지 점점 더 밝아지는 진정한 새벽"을 보았고, 후에 파스퇴르는 "세월이 흐를수록 지식이 더욱 충만해지는 것과 같이 점점 더 밝아지는 빛"을 가져왔다.[40] 따라서 비서구적 업적을 경시하고 그리스 사상과 유럽의 "문명화된" 과학 사이의 연속성을 과장하면서, 오슬러는 다시 한번 진실의 은유(metaphor of truth)를 때로는 느리고 어렵게 성장하지만 궁극적으로 그리고 필연적으로 꽃을 피우는 살아 있는 유기체로 만들었다.[41]

계속된 은유에도 불구하고, 고대부터 20세기까지의 의학사를 개괄하고 종합하려고 한 실리만 강의의 시도는 분명히 오슬러의 의학사 연구가 세 번째 단계로 나아갔음을 의미한다. 첫 번째 단계에서 오슬러는 홉킨스 의학 교육의 핵심적인 부분으로 의학사를 이용함으로써 '젖을 뗀 아이'들이 적절하게 높은 이상을 가지고 시대를 초월한 직업에 들어가도록 고무했다. 두 번째 단계에서는 홉킨스를 떠나 옥스퍼드에 정착할 준비를 하면서, 의사 그리고 자신을 위해 근대 의과학을 재구성하기 위한 실험적 방법의 중요성을 입증하고자 의학사 쪽으로 눈을 돌렸다. 세 번째 단계에서는 과학사 및 의학사에 대한 새로운 직업적 규율을 확립하려고 시도했다. 의학의 일부 혹은 의사의 이익을 위해서가 아니라, 서양 문명의 지적·문화적 역사에 대한 공헌으로서 말이다.

오슬러는 왕립의학회에 의학사에 관한 섹션을 조직하여 160명의 동료가 참여하도록 설득하고, 1912년 초대 회장이 되었다.[42] 1914년에는 역사

40 *Ibid.*, 84, 126, 208.
41 *Ibid.*, 219-220.
42 Lewis Pyenson, "What Is the Good of the History of Science?" *History of Science* 27 (1989): 353-389, 370.

분야의 일원인 찰스 싱어(Charles Singer, 1876~1960) 박사와 부인 도로시어(Dorothea Singer, 1882~1964)를 설득하여 옥스퍼드에 정착시키고 보들리언 도서관의 래드클리프 카메라(Radcliffe Camera) 건물에 과학사 전시실을 마련했다. 비록 보들리언에 싱어 부부를 정년직으로 취직시키려던 그의 계획은 성공하지 못했지만, 찰스 싱어에게 생물학사(史) 강사 직위를 주는 데는 성공했다.

오슬러는 미국으로 망명한 벨기에 학자이자 과학사의 선구자인 조지 사턴(George Sarton, 1884~1956)의 야심 찬 계획에도 관여했다.[43] 1917년과 1918년 사턴과 서신 왕래를 하면서 오슬러는 사턴에게 싱어 부부의 일을 알려 주었다. 사턴은《아이시스(*Isis*)》의 공동 편집자로 싱어를 영입했다. 이 잡지는 사턴이 1913년에 새로운 지식 분야를 만들려는 목적으로 창간하였다. 오슬러와 사턴은 더 많은 서신과 글을 주고받았다. 그의 생애 마지막 해인 1919년 5월, 오슬러는 고전학회에서 회장 연설의 주제로 '옛 인문학과 새로운 과학'을 선택했고 사턴의 '새로운 인문학'에 열렬한 지지를 보냈다. 사턴은 과학사가 가장 높은 수준의 인간의 사상과 문명을 다뤄 왔으며, 따라서 진정한 철학의 기초를 제공했다고 믿었다. "과학사는 인류의 화합, 숭고한 목적, 점진적인 구원의 역사다."[44]

이러한 주장은 오슬러의 진보적인 시각과 잘 맞아떨어졌다. 그는 사턴의 뜻을 본받아 고전학 학생들이 고전 과학을 배우고, 과학 학생들이 과학사를 공부하여 편협한 전문화 경향에 맞서 인문학과 과학의 격차를 해소해야 한

43 Arnold Thackray and Robert K. Merton, "On Discipline Building: The Paradoxes of George Sarton," *Isis* 63 (1972): 473-495.
44 다음에서 인용 *Ibid.*, 480.

다고 보았다. 이는 고귀한 야망으로, 의학의 실천이나 다음 세대의 '초보' 의사 배출과는 거리가 멀었다. 어쨌든 오슬러는 인간의 지식인 의학이 포괄적인 과학사의 한 부분에 불과하다는 사턴의 견해를 수용했다. 전문 의사를 배출하기 위한 하나의 도구로 의학사를 가르쳤던 존스홉킨스 대학을 뒤로하고, 오슬러는 옥스퍼드 대학으로 옮겨 좀 더 왕성한 지적 활동에 전념했다.

헨리 지거리스트: 낭만적 사회주의로서의 의학사

헨리 지거리스트는 윌리엄 오슬러의 여정이 끝난 후 자신의 역사학 여정을 시작했다. 1921년 11월 취리히에서 열린 의학사 객원 강사 취임 강연에서 그는 의학사 분야의 주요 목표 중 하나는 "오류의 바다에서 나온 진실의 일면이" 길고 험난한 발전의 결과로서 근대 의학이 서서히 성장했음을 의사들이 깨닫도록 돕는 것이라고 주장했다.[45] 의학사는 '보편적인 문명사'의 일부이자 과학과 인문학의 교량이며 새로운 인문학으로 나아가게 하는 촉진제였다. 그러므로 의학사 분야는 "젊은 의학도에게 이상주의, 그 어느 때보다도 바람직한 이상주의"를 심어 주는 수단으로서 특히 가치가 있었다.

1925년 지거리스트는 칼 수도프(Karl Sudhoff)의 뒤를 이어 라이프치히 의학사연구소(History of Medicine in Leipzig) 소장을 맡았고, 전임자를 좇아 의학사가 독립적 학문 분야로 발전하도록 계속 노력하면서도 좀 더 실용적인 교육학 방향으로 움직였다. 지거리스트는 수도프의 언어학적 접근 방식을 더 확장시켜 그의 학문을 좀 더 '문화적'인 방향으로 전환했다. 먼저 오스발트

45 마르셀 비켈(Marcel Bickel)은 지거리스트가 취리히에서 한 취임 강연을 인용하였다. "Family Background and Early Years in Paris and Zurich, 1891-1925," in Fee and Brown, *Making Medical History,* 15-41, 30-32.

슈펭글러(Oswald Spengler, 1880~1936)의 '문화적 형태론'이라는 일반적 개념을 의학사의 광범위한 시대 구분에 적용해 의학사에서 문화의 시대를 열었다. 그리고 그 시대의 의학 성과를 당시 일반적인 '양식'의 표현으로 이해하는 방법으로 미술사가 하인리히 뵐플린(Heinrich Wölffin, 1864~1945)의 유연한 문화상대주의를 채택했다.[46] 라이프치히에 있는 동안, 지거리스트는 연구소의 학문 활동과 교수 활동의 많은 부분을 전통적인 역사적 주제에서 벗어나 당대가 직면한 철학·윤리·사회·경제적 문제에 관한 연구에 집중했다. 이 학문들이 모두 의학과 연관되어 있었기 때문이다. 특유의 에너지를 가지고 그는 연구소에서 추진하는 오래된 연구 주제에 이러한 새로운 연구 주제도 추가했다.

라이프치히에서도 지거리스트는 철학적이고 사회적인 관점에서 바라본 의학사의 넓은 범위에 대해 강의하는 한편, 동시대의 정치·경제적 문제에 대한 다수의 콜로키엄을 기획했다. 그의 강의는 1931년 『의학 입문(*Einführung in die Medizin*)』로 출판되었다. 학생과 젊은 교수진이 지거리스트의 강의와 세미나에 몰려들어 라이프치히 의학부 교수진의 중추가 되었다. 모두들 지거리스트의 카리스마 넘치는 성격, 매력적인 교수 스타일에 매료되었는데, 그의 교수 스타일은 의학사라는 학문에 활력을 불어넣음으로써 의학이 다시 완전해지는 그의 비전을 가르치는 것이었다.

존스홉킨스 대학이 의학사의 전문화에 대해 진지하게 생각하기 시작했을 때 지거리스트가 부임했다. 윌리엄 헨리 웰치는 1925년에 의학사 교수직의 창설과 존스홉킨스 의과대학(Johns Hopkins Medical Institutions) 내 중앙 도서

46 Owsei Temkin, "Henry E. Sigerist and Aspects of Medical Historiography," in Fee and Brown, *Making Medical History*, 121-135, 126-127.

관 설립을 제안했는데, 둘 다 성공적인 의과학이 초래한 의도치 않은 결과와 분권적인 전문화 경향에 대항하고자 한 것이었다. 웰치는 나이 든 교양 있는 세대가 세상을 떠나고 과학에 사로잡힌 편협한 과학자가 자리를 잡으면서 의사가 "의사의 영향력을 넓히는 데 필요한 지적·문화적 배경이 없는" 단순한 기술자나 전문가가 될 수 있다고 우려했다.[47] 그는 의학사를 가르침으로써 "의사를 문화적 소양을 지닌 신사로 만드는" 데 필요한 "인간성"을 만들어 줄 수 있기를 바랐다.[48]

록펠러 재단의 총교육위원회(General Education Board)는 이 제안에 동의하면서, 웰치가 의학사 교수직을 수락해야 한다는 조건을 달았다.[49] 웰치는 비록 불편하고 내키지는 않았지만, 자금을 확보하기 위해 교수직을 받아들였다. 그리고 곧 적절한 후임자를 뽑기 위해 노력했다. 그는 먼저 윌리엄 오슬러가 적극적으로 승진을 시키려고 노력했던 찰스 싱어에게 교수직을 제안했다. 싱어가 거절하자 유명한 홉킨스 출신으로 신경외과 의사이며 오슬러의 전기(傳記)를 써 퓰리처상을 수상한 하비 쿠싱에게 교수직을 제안했다. 쿠싱이 거절하자 웰치는 쿠싱의 승인을 받아 이전에 유럽 여행에서 만났던 헨리 지거리스트에게 그 자리를 제의했다.

1932년 홉킨스 의학사연구소의 소장직을 물려받은 지거리스트가 첫 번째로 추진한 일은 라이프치히에서 수행했던 모든 프로젝트와 활동을 볼티

47 "Proposal for the Establishment of an Institute of the History of Medicine at the Johns Hopkins University," n.d., 1, The Ferdinand Jr. Archives of the Johns Hopkins University, Baltimore, Records of the Office of the President, 1903-63, file 28.9 (Institute of the History of Medicine).

48 *Ibid.*, 3.

49 Simon Flexner and James T. Flexner, *William Henry Welch and the Heroic Age of American Medicine* (New York: Viking Press, 1941), 418.

모어로 가져오는 것이었다. 그는 예전 제자 겸 조교인 오세이 템킨(Owsei Temkin, 1902-2002)의 임용을 주선했고, 두 사람은 "외국에 있는 독일식 교육 거점"을 마련했다.[50] 그러나 지거리스트는 최우선으로 홉킨스 연구소의 업무를 향상시키고, 더 크게는 미국 의학사 학계를 더 전문적인 학문 수준으로 향상시켜야 하는 추가적인 도전에 직면했다는 사실을 인지하고 있었다.

미국에서 교수직을 시작한 첫해(1932~1933)에 지거리스트는 이전에 라이프치히에서 제안했던 것과 유사한 강의와 세미나 프로그램을 홉킨스에서 시작했다. 예를 들면 의학사의 여러 문제, 해부학과 해부학 삽화, 생리학의 역사, 문명과 질병의 관계에 대한 강좌가 있었다. 지거리스트는 또한 중세 필사본에 대한 자신만의 언어학적·분석적 연구를 추구했고, 템킨의 여러 히포크라테스 문헌 연구를 장려했다. 그는 이러한 성과를 널리 알리기 위해 《의학사연구소회보(*Bulletin of the Institute of the History of Medicine*)》라는 학술지를 창간했다. 그는 미국의학사협회의 활동에 참여했고, 1937년에 의학사협회의 회장이 되었다. 지거리스트는 즉시 협회의 회칙을 개정했고, 1939년에는 협회의 공식적인 기관지로 《의학사회보(*Bulletin of the History of Medicine*)》라는 새로운 명칭을 채택하도록 했다. 그는 이 연구소에서 자신과 그의 전문적 교원들과 함께 공부하고자 전국 각지에서 홉킨스 대학원에 온 대부분 아마추어인 의학사가들을 위한 집중 워크샵으로 '대학원생 주간(Graduate Weeks)'을 만들었다.

라이프치히에서와 마찬가지로, 교육은 지거리스트에게 가장 중요한 관심사였다. 대공황의 영향으로 추가 자금이 필요해지자, 홉킨스 대학에서 그의 교육은 '사회학'적인 방향으로 빠르게 진화했다. 초기 실험 기간을 거

50 Sigerist, *Autobiographical Writings*, 81.

친 후 1934~1935학년도에 그는 야심 찬 '단계별' 커리큘럼을 고안했다. 그는 홉킨스 의대의 1학년부터 4학년까지 모두에게 단계별 수준에 맞춰 의학사의 일부를 가르쳤다. 따라서 그는 1학년 때는 주요한 역사적 시기를 개괄하고, 2학년 때는 약물학의 역사에 대해 개괄하고, 3학년 때는 임상의학의 역사적 도입을 설명하고, 마지막으로 4학년 때는 '의학의 사회적 측면'에 대한 최고 과정으로 시리즈를 완성하려고 했다.[51] 그의 동료들이 해부학과 생리학의 역사와 그리스 의학에 관한 주제를 가르치는 동안, 지거리스트는 그의 창의성과 에너지의 많은 부분을 4년 과정과 이에 따라 급성장하고 있는 파생물들에게 쏟아부었다. 록펠러 재단 보조금의 도움으로 지거리스트의 1935~1936학년도 교육 과정에는 두 개의 '사회학' 수업이 개설되었다. '의학의 사회적 측면'과 학생들이 기본적인 사회학 논문을 준비하도록 돕는 것이 주요 목적인 세미나가 포함되었다. 지거리스트는 또한 현대적 이슈와 발전에 대한 대화를 포함하는 학생 주도의 '사회문제 포럼'의 진전을 도왔다.

이러한 교육적 요소는 그의 학문적 연구를 확실하게 '사회학적' 방향으로 끌어내는 데 도움이 되었다. 이미 입문서에서 관련 사회문제를 살피고, 공중보건의 이력을 부각시켰으며, 과거 보건서비스를 형성한 사회경제적 여건을 분석했다. 사회학 수업을 확대하고, 사회학에 더욱 관심을 갖게 되면서 지거리스트는 의학의 사회적 차원에 관한 새로운 역사학 논문을 저술하기 시작했다.[52]

51 연구소의 활동에 관한 지거리스트의 보고서를 참조. *Bulletin of the Institute of the History of Medicine* 2 (1934): 123-139, 407-408, 512-513.

52 "The Physician's Profession through the Ages," *Bulletin of the New York Academy of Medicine* 2d ser., 9 (1933): 661-676; "Trends towards Socialized Medicine," *Problems of Health Conservation* (New York: Milbank Memorial Fund, 1934), 78-83; "An Outline of the Development of the Hospital," *Bulletin of the History of Medicine* 4 (1936): 573-581;

이러한 아이디어를 발전시키면서 지거리스트는 의학사의 새로운 방향을 놓고 조지 사턴과 논쟁에 휘말리게 되었다. 조지 사턴은 자신의 선구자적 과학사 학술지 《아이시스》에서 「과학사 대 의학사(The History of Science versus the History of Medicine)」라는 사설을 통해 첫 번째 기습 공격을 했다.[53] 사턴은 지거리스트가 의학사를 '과학사의 최선(最善)'이라 암시한 것에 대해 도를 넘었다며 날카롭게 비판했다. 사턴은 "과학사의 핵심은 의학사가 아니라 수학과 수리과학의 역사여야 하며, 과학의 다른 분야는 그 학문이 얼마나 수학과 연관이 있는지의 순서에 따라 다루어져야 한다."라고 주장했다.[54] 지거리스트는 의학사가 과학사와는 상당히 다른 학문이라고 응답했다. "매우 큰 의미에서 의학사는 의사와 환자 관계, 의료직과 사회의 관계에 관한 역사이다. … 주어진 기간의 질병률, 다시 말하면 의사가 직면한 끝없는 사회경제적 요인의 결과물이다. 만약 19세기 의학의 발전을 이해하고 싶다면, 먼저 산업혁명에 관해 연구해야 할 것이다."[55] 더욱이 의료에 대한 접근은 사회적 계층에 좌우되고, 사람들은 대부분 의학 연구에서 직접적인 이익을 얻지 못하기 때문에, 포괄적인 의학사는 사상사보다 사회경제사와 더 많은 공통점이 있다. 지거리스트가 특별히 강조했듯이, "의학은 과학의 분과가 아니며 앞으로도 그럴 일은 없다. 만약 의학이 과학이라면 그것은 사회과학일 것이다."[56]

지거리스트의 가장 큰 사회학 프로젝트는 1937년 저서 『소련의 사회주의

"Historical Background of Industrial and Occupational Diseases," *Bulletin of the New York Academy of Medicine* 2d ser., 12 (1936): 597-609.

53 *Isis* 23 (1935): 313-320.

54 *Ibid.*, 317.

55 "The History of Medicine and The History of Science," *Bulletin of the History of Medicine* 4 (1936): 1-13, 5.

56 *Ibid.*, 4, 5.

의료제도(*Socialized Medicine in the Soviet Union*)』로, 이 책은 소련의 의료체제를 그리스에서 시작되어 러시아에서 실행된 체제에서 정점을 찍은 긴 진화과정의 종점으로 파악했다.[57] 지거리스트는 세계 최초의 본격적인 사회주의 의료체계가 지닌 극적인 역사적 참신성을 포착하기 위해 노력했다. "5천 년에 달하는 의학사에서 지금까지 달성된 모든 것은 첫 번째 시대인 치료의학의 시대에 해당한다. 이제 새로운 시대인 예방의학의 시대가 소련에서 시작되었다."[58] 소련 의료체계 입문서이자 젊은 의료인들에게 사회주의를 소개하고자 고안된 이 책은 소련 체제를 지나치게 낙관적으로 지지했다.[59] 지거리스트는 소련 기관의 비효율성과 부적절함을 묘사하느라 '시간을 낭비'하지 않고, 단지 '긍정적인 성과'만을 강조하고자 했으며, 이러한 성과들이 '세상을 풍요롭게 할 것'이라고 확신했다.[60]

지거리스트는 당연하게도 소련의 명분을 지지하는 사람으로 간주되었다. 『소련의 사회주의 의료제도』가 출간된 지 일주일 후, 소련의 친구들은 뉴욕 카네기홀에서 러시아혁명 20주년을 기념하는 "가장 인상적인 축하 행사"를 열었다. 오케스트라는 러시아 음악을 연주했고, 소련 대사 트로야노프스키(Troyanovski)가 "끝없는 갈채"를 받았으며, 지거리스트는 공중보건 분야에서 소련의 업적에 대해 연설했다.[61] 홉킨스로 돌아온 그는 대학의 일상적 업

57 *Socialized Medicine in the Soviet Union* (New York: W.W. Norton, 1937); "Socialized Medicine," *Yale Review* 27 (1938): 463-481, 다음에 재간행되었다. *Henry E. Sigerist on the Sociology of Medicine*, Milton I. Roemer, ed. (New York: MD Publications, 1960), 39-53; "The Realities of Socialized Medicine," *Atlantic Monthly* 163 (1939): 794-804, 다음에 재간행되었다. *Henry E. Sigerist on the Sociology of Medicine*, 180-196.

58 *Ibid.*, 308.

59 Sigerist, Diary, 20 May 1937.

60 Sigerist, *Socialized Medicine*, 308.

61 Sigerist, Diary, 5 November 1937.

무 때문에 쉬지 못하고, 일상적 강의 자료에 집중하지 못하는 자신을 발견했다.[62] 그가 일찍이 "진정한 업무"라고 일컬었던 '순수한' 의학사는 일종의 선전 활동, 즉 그의 정치 활동을 대행한 것처럼 보였다. 예를 들어 그가 대학원생 주간을 조직한다고 할 때는, 사실 좋은 쇼를 보여주겠다는 의미 같았다.[63]

비록 그의 마르크스주의가 이 시점에서 다소 가식적이고 미흡해 보일지라도, 지거리스트는 이미 점점 자신을 마르크스주의자로 생각하기 시작했다. 그는 또한 자신의 지식에 한계가 있음을 느꼈고 근본적으로 다른 역사 접근법을 배우는 데 시간을 할애해야 할 필요가 있음을 절실히 깨달았다. "나는 많이 뒤떨어졌다."라고 그는 깨달았다. "내 경제사 지식은 피상적이다. 나는 경제사를 연구하는 데 적어도 1년은 할애할 수 있어야 한다. 곧 휴직을 요청해야겠다."[64]

그는 결코 경제사를 공부하기 위해 휴가를 내지 않았다. 마르크스주의를 진지하게 배우는 대신에, 그는 자신이 "마르크스적 태도"라고 개념화한 것을 적용했는데, 이는 "누구에게나 명백"했다.[65] 그는 학생들에게 마르크스 경제학을 가르치기 위해 의료경제학(medical economics)에 관한 과정을 시작하겠다고 발표했다.[66] 또한 홉킨스의 공산당 단체에 소속된 학생들과 점점 더 깊은 관계를 맺게 되었다.[67] 이 시점에 지거리스트는《볼티모어 선(*Baltimore Sun*)》보다 '훨씬 더 높은 수준'의 '훌륭한 신문'인《데일리 워커

62 *Ibid.*, 16 November 1937.
63 *Ibid.*, 15 December 1937.
64 *Ibid.*, 17 November 1937.
65 *Ibid.*, 1 January 1938.
66 *Ibid.*, 9 February 1938.
67 *Ibid.*, 11 January 1938; 12 February 1938; 18 February 1938.

(*Daily Worker*)》(미국 공산당이 뉴욕시에서 간행한 신문-역주)에 감탄했다.[68]

지거리스트는 그의 의학사 강의와 글쓰기에 집중하는 데 점점 더 많은 어려움을 겪었다. 1938년 2월, 그는 테리 재단(Terry Foundation)의 기금으로 예일 대학에서 요청한 세 개의 강좌를 매우 우려하면서 받아들였다.[69] 그 후 그는 '과학과 종교'라는 주제에 대해 초조해하며 생화학자이자 중국 과학사가이며 마르크스주의자인 조지프 니덤(Joseph Needham, 1900~1995)이 했다면 자기도 가능할 것이라고 스스로를 안심시키려고 애썼다. 그러나 강의 준비는 "극복할 수 없는 방해"로 인한 끔찍한 과정이었다.[70] 1938년 11월 마침내 그는 성공적으로 강의를 마치고 열광적인 대중의 환영을 받았다. 그러나 그는 여전히 심각한 실망감을 표했다. 왜냐하면 스스로 인정했듯이, "쉽지 않았다. 내가 한 말이 나에게는 새롭지 않았기 때문이다. 나는 최근에 연구를 많이 하지 않았고, 항상 하던 걸 반복하고 있다. 나에게 필요한 것은 1년 내내 강의 없이 연구에 전념하는 것이다."[71]

1940년에 완성되었지만 1941년에서야 『의학과 인간의 복지(*Medicine and Human Welfare*)』로 출판된 지거리스트의 테리 강의는 사실 대부분 이전 출판물의 케케묵은 반복이었다.[72] 몇 가지 새로운 요소가 있는데, 대체로 정치적으로 영감을 받아 삽입한 것이다. 예를 들어, '질병'에 관한 그의 강연에서, 지거리스트는 결핵이 광범위하게·일반적으로·역사적으로 감소했음에도 불

68 *Ibid.*, 13 February 1938.
69 *Ibid.*, 5 February 1938.
70 *Ibid.*, 29 October 1938.
71 *Ibid.*, 4 November 1938.
72 New Haven: Yale University Press, 1941. 지거리스트가 많이 인용한 초기 저작은 다음을 참조. "Die Sonderstellung des Kranken" (1929), 다음에 번역되어 재간행. *Sigerist on the Sociology of Medicine*, 9-22, and "Der Arzt and die Umwelt" (1931), 다음에 번역되어 재간행. *Sigerist on the Sociology of Medicine*, 3-8.

구하고, 여전히 가난한 사람들 사이에서 계속 많이 나타나고 있다고 언급했다. 결핵은 '빈민가에서 번지는 사회적 질병, 저소득층이나 미숙련 노동자 가정의 질병'이 되었다.[73] '건강'에 관한 강연에서 지거리스트는 고대 그리스 위생론이 귀족적이고 여유롭고 특권을 지닌 엘리트를 위한 교리이자 실천이라며 상세히 비판했다.[74] 마지막으로, '의사'에 관한 강연에서는 의사에게 전반적인 근로조건 개선, 종전(終戰), 의료의 보편적 확대를 위한 투쟁을 이끌 것을 요청했다.[75]

지거리스트가 이러한 투쟁을 주도한 이유는 자신의 활발한 정치 생활, 특히 의료서비스의 보편적 확장을 위해서였다. 몇몇 공산주의 전선과 기타 진보적 단체에 가입하거나 이름을 빌려주는 일 외에, 지거리스트는 국민건강보험과 사회주의 의료제도를 위한 전투에서 카리스마적 영감을 주는 세력이었다. 학생, 인턴, 의사 및 공중보건 전문가 세대는 지거리스트에게 영감을 받아 그가 지지하고 격려한 사안을 조직화하고 옹호하고자 노력했다.[76] 또한 지거리스트는 필라델피아와 그 밖의 장소에서 열린 '피플스 포럼(Peoples' Forum)'에서의 회담, 《예일 리뷰(*Yale Review*)》와 《애틀랜틱 월간지(*Atlantic Monthly*)》의 기사, 《타임지(*Time Magazine*)》와 《뉴욕 데일리 뉴스(*New York Daily News*)》의 인터뷰, CBS의 '타운 홀 미팅(Town Hall Meeting of the Air)' 출연과 같은 라디오 회담과 토론을 통해 일반 대중에게 손을 내밀

73 Henry E. Sigerist, *Man and Medicine: An Introduction to Medical Knowledge*, Margaret Galt Boise, trans. (New York: W. W. Norton, 1932), 46.
74 *Ibid.*, 63.
75 *Ibid.*, 133, 135, 139.
76 George A. Silver, "Social Medicine and Social Policy," *Yale Journal of Biology and Medicine* 57 (1984): 851-864.

었다.[77] 그는 정치적 옹호로 유명해졌고 사회주의 의료의 국가적 상징이 되었다. 1940년 5월 2일 지거리스트는 매일 밤 뉴욕의 약 선전 연극(medicine show) 무대 위에서 한 배우가 "지금 우리에게 필요한 것은 홉킨스의 지거리스트 박사 같은 사람들이다. 그게 바로 우리에게 필요한 것이다!"라고 외친다는 사실을 듣고 매우 놀랐다.[78]

특히 의대생과 젊은 의사와 연계한 지거리스트의 정치적 참여는 그가 교육적 열정을 쏟아부은 홉킨스의 '의료사회학' 과정에 활기를 불어넣었다. 1938년까지 이 과정에는 지거리스트가 이끄는 '현재의 사건'이라는 공식 강좌와 '미국의 의료경제학'에 관한 세미나가 포함되었다.[79] 1939년에는 '사회주의 의료제도' 세미나에 전념하여 의과대학(Medical School) 및 보건대학원(School of Hygiene and Public Health) 학생 28명을 배정하여 볼티모어와 메릴랜드주의 23개 카운티에서 인구통계, 사회, 경제, 보건서비스의 특징을 상세히 보고하도록 하였다.[80] 1940~1941년은 지거리스트의 사회학 강의가 정점에 이른 시기였다. 역사적 관점에서 본 의료의 사회적 측면, 의료경제학, 현재의 사건들에 관한 별도의 강좌도 열렸다.[81]

홉킨스 학생들의 열정에 고무된 지거리스트는 야심 차고 종합적인 사회학 보고서 작성 계획을 세웠다. 1938년에 그는 『의학의 사회학(*Sociology of Medicine*)』을 두 권으로 출판하겠다고 발표했다.[82] 1941년에는 의학의 경제

77 Elizabeth Fee, "The Pleasures and Perils of Prophetic Advocacy: Socialized Medicine and the Politics of American Medical Reform," in Fee and Brown, *Making Medical History*, 197-228.
78 Sigerist, Diary, 2 May 1940.
79 *Bulletin of the History of Medicine* 6 (1938): 863-864.
80 *Ibid.*, 7 (1939): 854.
81 *Ibid.*, 8 (1940): 1131 and 10 (1941), 381-386.
82 *Ibid.*, 6 (1938): 860.

학에 관한 자료까지 넣어서 네 권으로 확대하겠다고 하였다.[83] 1943년 "『의학의 사회학』의 계획은 … 빠르게 발전했다. 초기에는 다소 모호했지만, 그 윤곽은 해마다 뚜렷해졌다. … 한 권짜리 책은 곧 4권짜리 계획으로 발전했다."라고 썼다.[84] 지거리스트의 논문 일부는 그가 어떻게 이 네 권을 정리할 계획이었는지를 보여준다. 그는 이 네 권을 다음과 같이 정리하려고 했다.

의학의 사회학: 기본 계획

1. 사회과학으로서의 의학
2. 건강보험
3. 의료의 국가 관리
4. 각국의 문제들[85]

그러나 야심 차게 4권짜리 책을 쓰는 대신, 지거리스트는 사회보장법의 역사라고 하는 부분적으로나마 구체화한 다른 학문적 프로젝트에 몰두했다. 이 프로젝트는 1943년 4월 루스벨트 행정부의 아동부국장인 마사 메이 엘리엇(Martha May Eliot, 1891~1978)이 볼티모어에 와서 제2차 세계대전 이후 미국의 의료 조직을 계획할 소규모 비공식 집단에 참여하도록 지거리스트를 초청하면서 시작되었다.[86] 독창적인 에너지로 가득 찬 지거리스트는 그의 관심을 진정으로 사로잡은 주제를 발견했다. 바로 겉으로는 진보적으로 보이는 영국 정부의 정책과 베버리지 보고서(Beveridge Report, 윌리엄 베버리

83 *Ibid.*, 10 (1941): 373 and 12 (1942): 446.
84 *Ibid.*, 14 (1943): 253.
85 *Henry E. Sigerist on the Sociology of Medicine*, xii.
86 Sigerist, Diary, 14 April 1943.

지가 사회보장제도의 확대를 위해 구상한 보고서-역주)가 어떻게 보수적인 정치적 어젠다로 받아들여졌는가라는 주제였다. 이 연구가 바로 그의 논문「비스마르크에서 베버리지로: 사회보장법의 발전과 동향」이 되었다.[87] 새로운 역사적 통찰이 넘치고 활기에 찬 이 논문은 현대 사회복지정책의 창시자인 비스마르크가 동원하고 조작할 수 있었던 경제, 사회, 정치 세력에 대한 신선한 이해를 보여주었다.

지거리스트의 근본적 통찰은 19세기의 비스마르크가 비버리지와 루스벨트처럼 사회의 지배계급이 그들의 우월한 지위를 지키기 위해서는 산업혁명의 경제 현실로 인해 위험에 처한 노동자계급의 걱정에 응답해야 한다는 점을 이해하고 있었다는 것이었다.[88] 비스마르크는 노동자계급의 빈곤과 혁명을 모두 피하려면, 오래된 봉건 귀족과 새로운 자본가 귀족이 국가의 메커니즘을 사용하여 사람들에게 안전을 제공해 주는 사회보험제도를 만들어야 한다는 것을 깨달았다. "그리고 사회보험제도를 만듦으로써 사회주의 운동의 기선을 꺾고 파괴할 수 있다고 기대했다."[89] 처음에는 자유주의자와 사회민주주의자 모두 비스마르크의 입법 시책에 저항했지만 비스마르크는 반혁명파의 안정화라는 그의 장기적인 목표를 향해 끊임없이 움직이면서 타협안을 도출해 냈다.[90]

비록 사회보장법의 역사에 관한 지거리스트의 저서는 실현되지 못했지만, 그가 "흥미진진한 성과"라고 본 비스마르크에 대한 논문은 '사회학'에서

87 Henry E. Sigerist, "From Bismarck to Beveridge: Developments and Trends in Social Security Legislation," *Bulletin of the History of Medicine* 13 (1943): 365-388; Sigerist, Diary, 20 December 1942; 15 March 1943; 16 April 1943.

88 Sigerist, "Bismarck to Beveridge," 368.

89 *Ibid.*, 376.

90 *Ibid.*, 386.

'역사학'으로 되돌아가는 중요한 가교 역할을 했다. 1940년대 초, 그는 정치적 싸움에서 상처를 입고 우울한 승부에서 도망쳐 중세의 필사본에 관한 진지한 연구로 돌아왔다.[91] 그러나 그의 변함없는 야망은 1936년부터 생각한 웅대한 계획인 종합적인 8권짜리 『의학사(*History of Medicine*)』를 시작하는 것이었다. 1941년 그의 쉰 번째 생일날, 지거리스트는 지키지 못한 약속에 착수하겠다고 마음먹었다.

실제로 1945년 7월에 그는 『의학사』를 쓰기 시작했고, 두 달 만에 첫 번째 책의 225쪽을 완성했다. 1944년에는 지거리스트에게 몇 가지 중요한 일이 일어났지만, 아마도 그의 역사 프로젝트에 가장 큰 영향을 준 것은 그해 말 두 번의 여행이었을 것이다. 한 번은 인상적인 승리를 거둔 사회주의 정당에 진상 조사 및 건강 계획에 대한 자문을 제공하기 위해 캐나다의 서스캐처원(Saskatchewan) 지방으로 갔고, 다른 한 번은 보건 기구와 행정을 조사하는 특별 위원으로 미국을 대표하여 인도에 갔다.[92] 그는 이러한 여행을 『의학의 사회학』을 위한 연구 여행이라 합리화했지만, 여행에서 활력을 얻은 것도 사실이다. 그 당시에는 깨닫지 못했지만, 여행하는 동안 그는 『의학사』 집필을 위한 중요한 교훈을 얻었다.

이제 지거리스트는 의료사회학과 의료 개혁을 위한 노력이 그가 가끔 생각하는 것처럼 진지한 학문과 조화를 이루지 못하는 것은 아니라는 사실을 점차 깨닫게 되었다. 그러한 노력은 오히려 창의성의 열쇠였다. 왜냐하면 그가 학구적 자아와 정치적 자아를 통합하는 길을 걸을 수 있음을 보여

91 Michael R. McVaugh, "'I Always Wish I Could Go Back': Sigerist the Medievalist," in Fee and Brown, *Making Medical History*, 162-178.

92 Sigerist, Diary, 16 August 1944; 13 September 1944.

줬기 때문이다. 지거리스트가 1951년에 출판한 『의학사』 제1권의 서문에 썼듯이, "사회의학 분야의 현장 연구는 … 초기에는 나의 역사 연구와 아무런 관련이 없는 것처럼 보였다. 그러나 모든 여정 후에 나는 역사의 작용에 대해 더 깊이 이해하게 되었다."[93] 이제 지거리스트는 의학사 서술(medical historiography)의 새로운 양식을 그려 낼 수 있었다. 의료사는 그가 이전에 개발한 비교의료사회학의 통찰력과 성과에서 비롯되었으나, 현재는 과거 사회에서의 의료의 물질적 기반과 사회적 관계를 탐구하는 데 비판적이고 체계적으로 이용될 수 있었다.

지거리스트는 역사가들이 부자와 가난한 사람들이 주로 걸리는 질병을 조사해 과거 사회의 경제사회적 구조와 일반적인 건강 상태를 먼저 살펴야 한다고 주장했다. 역사가는 지리적·물리적·사회경제적 환경을 위시한 물질적 조건을 연구한 다음에, 사회의 경제구조와 식량·물자의 생산수단, 일·여가·주거·영양의 여건 등을 분석해야 했다. 역사가는 건강을 유지하고 질병을 예방하기 위해 어떤 방법을 사용했는지, 그러한 위생적인 조치가 어떻게 계층별로 분배되었는지 알아야 했다. 부자와 가난한 사람들은 스스로의 건강을 보호할 다른 기회를 얻었는가? 역사가는 다양한 의료 종사자의 존재와 이들이 각기 다른 분야의 인구에게 제공하는 서비스를 이해해야 했다. 또한 환자의 사회사, 의사와 환자 관계, 질병과 사회구조의 관계를 탐구해야 했다. 질병, 의료서비스, 의료 기관이 국민 생활에 미치는 영향을 이해하고 집단의 사회적 의무, 사회복지 정책, 공중보건의 발전 수준도 고려해야 했다.[94]

93 Henry E. Sigerist, *The History of Medicine*, vol. 1 (New York: Oxford University Press, 1951), xvii.

94 『의학사』 제1권에 수록된 지거리스트의 업적에 대한 더 많은 논의는 다음을 참조. Elizabeth Fee and Theodore M. Brown, "Intellectual Legacy and Political Quest: The

그러나 1권을 완성하기도 전에 지거리스트는 존스홉킨스에서의 상황을 받아들여야 했다. 그는 아프고, 피곤하고, 과로하고, 정치적으로 궁지에 몰리고, 행정적으로 지나치게 많은 업무를 맡아 한동안 점점 더 힘들어지기만 했다. 연구소 이사직은 더 부담스러워졌고, 1942년 10월부터는 웰치의학도서관(Welch Medical Library) 소장 대리를 맡으라는 요구도 받았다. 록펠러 재단에 있는 그의 친구 앨런 그레그(Alan Gregg, 1890~1957)는 안쓰러워하면서, "홉킨스는 그(지거리스트)를 평범한 도서관 관리자로 삼으려고 한다. … 그곳의 상황은 마치 유명한 스타인웨이(Steinway) 그랜드 피아노를 부엌 식탁으로 쓰는 것과 같다."[95] 지거리스트가 부담스러울 정도로 많은 행정적 책임을 맡게 된 이유는 전시라는 비상사태 때문이기도 했지만, 한편으로는 지거리스트의 정치적 활동과 평판을 골칫거리라 여긴 홉킨스의 학장 아이자이어 보먼(Isaiah Bowman, 1878~1950)이 내린 처벌이기도 했다. 지거리스트는 이를 해결하려면 아무리 고통스럽더라도 홉킨스를 떠나야 한다고 생각했는데, 그레그는 이 결정을 내리는 데 실질적으로나 심리적으로 도움을 주었다.[96]

보먼과의 대립이 심해지고 홉킨스에서의 소외감이 더 커졌음에도 불구하고, 홉킨스를 떠난다는 결정을 내리기는 쉽지 않았다. 여전히 학생을 가르치는 일, 작지만 점점 증가하는 실습생 집단과 교류하는 일에서 큰 기쁨을 얻었기 때문이다. 지거리스트는 계속해서 강연을 하고 의과대학과 보건대학원의 세미나를 이끌었다. 그 세월 동안 그는 함께 공부한 많은 사람들에게

Shaping of a Historical Ambition," in Fee and Brown, *Making Medical History*, 188-189.

95 Alan Gregg to Raymond E. Fosdick, 27 April 1945, Rockefeller Foundation Archive, Rockefeller Archive Center, Sleepy Hollow, N.Y., Record Group 1.1, Series 200, Box 93.

96 Theodore M. Brown, "Friendship and Philanthropy: Henry Sigerist, Alan Gregg, and the Rockefeller Foundation," in Fee and Brown, *Making Medical History*, 288-312.

각인되었다. 그의 매력, 카리스마, 활력, 그리고 열정으로, 그는 "마치 아주 많은 전등 스위치를 켜듯이 그들을 일깨우는 일"을 계속했다.[97] 이 기간에 지거리스트의 가장 헌신적인 학생 중 몇몇은 공중보건, 지역사회와 예방의학, 보건 조직의 핵심 인물이 되었다. 그 후의 경력에서 그들은 지거리스트가 가르쳐 준 교훈을 지역적, 국가적, 국제적 차원에서 행동으로 옮겼다.

지거리스트는 또한 젊은 세대의 의학사가, 특히 에르빈 아커크네히트(Erwin Ackerknecht, 1906~1988)와 조지 로젠(George Rosen, 1910~1977)에게 큰 영향을 주었다. 둘 다 지거리스트와 오랫동안 친분이 있었다. 아커크네히트와의 관계는 1920년대 후반 라이프치히에서 시작했고, 로젠은 1930년대 중반 베를린 특파원일 때부터 알았다. 지거리스트는 둘의 조언자로서 이들이 학구적인 관심사를 형성하도록 돕고, 경력에서 중요한 시점에는 조력도 아끼지 않았다. 1940년대 후반, 지거리스트는 존스홉킨스와 미국을 떠나 스위스에서 학자로서 은퇴 생활을 보낼 준비를 하면서, 의식적으로 새로운 의료사회사(New Social History of Medicine)의 책임을 젊은 세대에게 물려주었다. 그는 위스콘신대의 의학사 교수가 된 아커크네히트, 1946년 창간한 《의학 및 관련 과학사 저널(*Journal of the History of Medicine and Allied Sciences*)》의 편집장이 된 로젠이 미국에서 자신의 유산을 계승하기에 좋은 위치에 있다고 확신했다. 그는 아커크네히트와 로젠이 새로운 세대의 의료 및 공중보건 종사자를 양성하기 위해 의료사를 이용할 것이라고 여겼다.[98]

97 Leslie A. Falk, 교신, 1995.
98 Theodore M. Brown and Elizabeth Fee, "'Anything but *Amabilis*': Henry Sigerist's Impact on the History of Medicine in America," in Fee and Brown, *Making Medical History*, 333-370.

전기·유산·아이콘

우리는 이제 서론에서 암시한 의문점과 역설을 이해할 수 있다. 이후 세대의 박사학위를 지닌 역사가와 대학원생 역사가는 아커크네히트와 특히 로젠의 필터를 통해 지거리스트를 보는 경향이 있는데, 그 이유는 로젠이 지거리스트가 학문과 정치적 옹호 활동을 통합한 것을 칭송하고 모범으로 삼았으며, 지거리스트의 『의학사』 제1권을 '거대한 규모'에서 이루어진 거장의 훌륭한 종합적 업적이라 치켜세웠기 때문이다.[99] 또 역사가들은 지거리스트의 필터를 통해 오슬러를 보는 경향이 있다. 오슬러 학파의 회원들은 일반적으로 정치적인 의미가 있는 지거리스트와는 거리를 두고, 20세기경 존스홉킨스의 거룩한 임상의이자 교수로 신격화된 오슬러에게 의지한다. 어떤 집단도 자신의 우상 자체나 혹은 우상이 지닌 완전히 정반대의 모습은 보려 하지 않는다. 각 집단은 우상의 복잡한 경력 속에서 선택된 면만 본다. 두 집단 모두 홉킨스 시대에 특히 초점을 맞추는데, 비록 다른 방식이긴 했지만 오슬러에게도 지거리스트에게도 의학사는 젊은 의료진을 양성하기 위한 실용적인 교수법에 적용할 수 있다는 점에서 매우 중요했다. 이러한 선별적인 초점은 결국 또 다른 상징적인 강력한 힘, 즉, 20세기 미국 의학 교육의 가장 두드러진 상징인 존스홉킨스에 영향을 받았다. 홉킨스는 수준 높은 임상적 아이디어와 거만한 테크노크라시적 무관심이라는 두 얼굴을 지녔다. 어떤 얼굴을 보느냐는 어디에 서 있는가에 달려 있었다.

99 George Rosen, "The New History of Medicine: A Review," *Journal of the History of Medicine and Allied Sciences* 6 (1951): 516-522.

제2부

지난 세대의 성과

Locating Medical History

Locating Medical Hist

제7장

'위대한 의사들 너머' 재고

—의학의 '새로운' 사회사 시대

수잔 레버비(Susan M. Reverby) · 데이비드 로스너(David Rosner)

지난 30년 동안 미국 의료사 연구자들의 성장 이야기는 전통적 형태를 보였다. 젊고 건방진 애송이들은 어른의 지혜를 의심하고, 자신의 능력을 시험받기 위해 황야로 들어간다. 그리고 고난을 겪으며 성장한 후 공동체로 돌아갈 준비를 마친다. 그러나 이들은 인종, 계급, 젠더, 정치의 차이 때문에 환영받지 못하고 학계에 남지도 못한다. 우리가 보건사(history of health care)라고 부르고 싶어 했던 분야에서의 경험은 우리의 인생에서 매우 특별하다. 우리의 이야기는 1960~1970년대에 성년이 된 세대, 학계, 우리의 변화상에 대해 많은 것을 말해 준다.

아직 대학원생이었던 1970년대 후반, 우리는 '새로운' 의료사회사의 최첨단 작업을 묶은 책을 통해 일종의 성명서를 내고 싶었다. 마이클 에임스 편집장은 템플 대학 출판부 목록(Temple University Press list)을 부흥시키려 했고, 이 책을 살펴본 두 명의 선임 의료사가 제럴드 그롭(Gerald Grob)과 찰스 로젠버그(Charles Rosenberg)의 지지도 얻었다. 우리는 친구들, 다른 대학원생들, 심지어 데이비드의 지도교수에게도 접촉하였는데, 대부분 기꺼이 우리에게 초고 일부를 보내주었다. 이러한 노력의 결과가 『미국의 의료: 사회사 에세이(*Health Care in America: Essays in Social History*)』(1979)다. 이 책은 '의료정책에 대한 우려를 밝히고 의학의 과거의 미묘함을 탐구'하여 의료사를 합법화하려는 시도로,[1] 의학의 경계·의료 기관·전문가와 노동자로 나뉜 13편의 글을 담고 있다.

이러한 노력을 담기 위해 우리는 짧은 서문을 쓰려고 했고 이를 「'위대한 의사들' 너머」라고 불렀다. 다른 역사가들은 이 글을 '성명서'에 비유했다. 이 글은 학계가 혼란에 빠졌던 순간에 집필했는데, 새로운 의료사회사에서 진행 중이었던 논쟁이 미래의 작업에 대한 우리의 어젠다로 쏠렸다. 우리는 의학사를 "위대한 의사들과 그들의 책에 대한 역사 그 이상이다."라고 한 의사이자 역사가 헨리 지거리스트(Henry Sigerist)의 글에서 제목을 따왔다. 그리고 글 대부분을 우리의 사회사적 관심사와 몇몇 기존의 연구 사이에 연속성을 확립하려는 목적하에서 썼다. 새로운 어젠다를 학계에서 당시 진행 중이었던 연구의 전통과 연결시키려는 우리의 시도에도 불구하고, 이 책은 기존 의학사에 대한 도전이라는 평가를 받았다. 이는 사실 우리가 진정으로 의도한 바였다. 사회사 학술지에 실린 폴 스타(Paul Starr)의 서평은 이 책을 프랑스 미술에서 고전주의와 낭만주의의 전통에 도전한 19세기 젊은 인상주의자들의 '낙선자 전람회(salon de refusés)'에 비유하기도 했다.[2]

거의 25년이 지난 지금, 우리의 노력을 재검토할 필요가 있다. 우리 목표는 이 분야의 집단적 역사를 반성하고 그 문제와 역설을 논의하는 것이다. 이는 우리의 사회적·윤리적 관점이 어떻게 학문적 작업을 형성하고, 우리의

1 Susan Reverby and David Rosner, "Beyond 'the Great Doctors,'" in *Health Care in America: Essays in Social History*, Reverby and Rosner, eds. (Philadelphia: Temple University Press, 1979), 3-16, 3.

2 Elizabeth Fee and Theodore Brown, "Introduction: The Renaissance of a Reputation," in *Making Medical History: The Life and Times of Henry E. Sigerist*, Fee and Brown, eds. (Baltimore: Johns Hopkins University Press, 1997), 1-11, 5. Paul Starr, Review of *Health Care in America: Essays in Social History, Journal of Social History* 14 (1980): 142-143 참조.

삶을 정의하며, 직업의 집단적이고 윤리적인 경계를 형성하는지를 보다 엄밀히 정의하려는 논의를 자극하고자 하는 새로운 노력이다.

왜 '위대한 의사를 넘어'인가

우리는 『미국의 의료』의 서론에서 의료사 내의 사회사적 충격을 다루는 지성사를 완전하게 그려 내는 게 불가능하다는 걸 깨달았다. 우리의 희망은 냉전 시대에 잃어버린 것으로 믿었던 이 학계의 맥을 입증하는 것이었다. 우리는 의학의 사회적 관계에 초점을 맞추면서도 엄격한 역사적 기준에 부합하는 연관성 있고 유용한 역사가 존재했다고 믿었고, 이를 부활시켜야 한다고 보았다. 우리는 의사들과 여타 의료 전문가, 근로자, 소비자에게 영감을 줄 수 있도록 글로 된 학술서를 원했다. 문화사와 포스트모더니즘의 역사로 넘어가기 전에 쓴 이 책에서, 우리는 사회사적 훈련을 받은 사람들이 한 작업을 정당화하고 싶었다. 의식하고 있지는 못했으나, 우리도 지거리스트가 1943년에 글을 쓰면서 느꼈던 전통적인 의학사와의 거리감을 확실히 느끼고 있었다. "그들(쿠싱, 웰치, 클레브스, 풀턴 등)은 역사학의 즐거움을 추구하는 오슬러 학파(Osler school of historia amabilis)에 속한다. 그들은 역사를 공부하면서 '즐거운 시간을 보냈다'. 그들의 주제는 제한적이었고 전혀 공격적이지 않았다. … 나의 역사에는 즐거움이라고는 전혀 없지만, 사람들을 움직여 행동하게 한다."[3] 그때는 이해할 길이 없었지만, 우리도 '즐거움이라고는 전혀 없었'던 상태였기 때문에 당시 우리가 큰 위협으로 보였던 것 같다.

3 Theodore M. Brown and Elizabeth Fee, "'Anything but *Amabilis*': Henry Sigerist's Impact on the History of Medicine in America," in Fee and Brown, *Making Medical History*, 333-370, 333에서 재인용.

우선, 우리를 '위대한 의사들 너머'라는 글로 이끌고 우리의 지적인 열정을 만들었던 여정을 되돌아보아야 한다.

수잔: 나는 의사 집안에서 자랐다. 아버지는 의사였고 어머니는 지역 학교의 선생님이 된 임상병리사였다. 과학에 대한 부모님의 사랑에도 불구하고, 뉴욕주 북부의 작은 고등학교 화학 수업에서 사고를 많이 쳐서 생긴 손해배상금(breakage fee)과 여성이라는 성별은 나를 의학이 아닌 다른 미래로 이끌었다. 열일곱 살이 지닐 수 있는 최대의 명료함으로 나는 인사관리 일을 하기로 했다. 그러나 짧은 민권운동 경험, 런던정치경제대학(London School of Economics)에서 보낸 1년, 더 긴 시간 동안의 반전운동 참여로 정치에 관심을 갖게 된 후, 이 직업을 선택한 게 심각한 실수였음을 알게 되었다. 코넬 대학에서 산업 및 노동 관계 학사학위를 받은 것은 노동 역사에 대해 진정한 애정을 품고 여성들이 지식인이 될 수 있다고 실제로 믿었던 게르트 코먼(Gerd Korman)이라는 독특한 사회사가의 지도 덕분이었다. 그러나 그 당시에는 대학원 입학이 불가능해 보였다. 1960년대 후반의 많은 동기생들과 마찬가지로 나는 정부와 전쟁을 하기 위해 떠났고, 대신 뉴욕시에서 지역사회와 관련된 직업을 얻었다. 2년 후 미국학 대학원에 진학하였지만, 1970년 여성운동과 캄보디아 침공이 내 삶에 개입하면서 나는 대학원 중퇴자가 되어 버렸다. 일자리를 찾아다니다가 나는 여성노동사에 대한 높은 관심과 뉴욕시 합법적 낙태 클리닉에서의 짧은 경험을 가지고 건강정책자문센터, 즉 건강 PAC(Policy Advisory Center)로 알려진 곳에서 '건강정책 분석가'라는 직위로 간신히 일할 수 있게 되었다.

건강 PAC는 워싱턴의 좌파 자유주의 싱크탱크인 정책연구소에서 결성되었다. 건강 PAC에서 우리는 보건에 대한 좌파적 비판의 초점을 의사나 미국

의사회(AMA)에서 '의료산업복합체'로 바꾸려고 애썼다.[4] 나는 3년 동안 건강 PAC을 찾는 의료서비스 종사자, 공중보건 담당자 및 소비자를 대상으로 글을 쓰고 강연하는 법을 배웠다. 이러한 활동을 통해 많은 사람에게 의료운동과 의료서비스를 둘러싼 위기를 이해하기 위한 지적 틀을 제공하고 싶었다.

역사에 대한 나의 사랑, 애매모호함, 그리고 각주에 대한 고집 때문에 나는 종종 동료들의 저널리즘적인 성향과 대립했다. 나는 1년 동안 웨스트버지니아로 떠나 그곳에서 여성노동사에 관한 책을 공동 집필했다.[5] 그러나 1970년대 중반 나는 대학원으로 돌아갈 준비가 되었다. 예일 대학 의학사 교실의 고(故) 조지 로젠(George Rosen)의 학생으로 입학허가를 받았지만, 나는 의료사보다 여성노동사를 공부하고 싶었다. 내 첫 책 역시 여성노동사에 관한 것이었다. 개인적인 신념 때문에 나는 보스턴 대학교의 미국학 대학원 과정에 들어갔다. 처음에는 19세기 가사노동에 초점을 맞추려고 했지만, 결국 '건강'에 초점을 맞춰 논문을 작성하게 되었다. 경험도 있고 연구비도 지원받을 수 있는 분야였기 때문이다.

모든 이야기와 같이 우연한 기회는 이 이야기의 마지막에 큰 역할을 한다. 역사학과의 과학의학사가 다이애나 롱(Diana Long)은 곧 조언자 겸 친구가 되어 주었다. 나는 예일대의 프로그램에서 훈련을 받은 다이애나의 역사 방법론에 따라 전기적이고 서지학적인 형식으로 선행 연구자들에 대해 배웠다. 다이애나의 세미나에서 수도프(Sudhoff), 지거리스트(Sigerist), 템킨

4 *Health PAC Bulletins* (New York: Health PAC, 1968-1992); Lily M. Hoffman, *The Politics of Knowledge: Activist Movements in Medicine and Planning* (New York: SUNY Press, 1989) 참조.

5 Rosalyn Baxandall, Linda Gordon, and Susan Reverby, *America's Working Women: A Documentary History* (New York: Random House, 1976).

(Temkin), 아커크네히트(Acknerknecht), 로젠(Rosen), 로젠버그(Rosenberg)와 같은 위대한 인물들에 관해 배웠다. 페미니스트의 미사여구 외에, 나는 그들의 논지와 지성에 매료되었다. 동시에, 나는 스스로를 '활동가(activist)' 역사가라고 여겼다. 나는 다른 두 명의 동료들과 함께 매사추세츠 역사 워크숍(Massachusetts History Workshop)을 결성하고 보스턴과 그 주변의 노동자 커뮤니티에서 역사 연구를 지속했다. 또한 보건정책 활동가 및 실무자들의 건강 연구 그룹에 참여하고, 의료 종사자를 위한 역사 팸플릿을 작성했다.[6]

성별과 계급 사이의 긴장을 탐구하는 미국 간호사의 사회사에 관한 논문을 쓰기 시작했을 때, 데이비드 로스너와 다시 연락하게 되었다. 당시 그는 강 건너편의 하버드에서 논문을 마친 상황이었다. 우리는 내가 건강 PAC에 있고 그가 뉴욕시 정신위생과에 있을 때 잠깐 만났었다. 나는 이미 노동사를 젠더 관점으로 재정리하는 책을 공동 집필한 적이 있었기 때문에, 우리 같은 사람들의 역사 논문을 종합하는 작업이 그렇게 불가능해 보이지는 않았다.

데이비드: 나중에 내가 의학사 학계를 바라보는 방법을 만들어 준 것은 확실히 내 성장 배경이었다. 나는 뉴욕에서 노동자 계층/하위 중산층 가정에서 자랐다. 1960년대 중반까지 헝가리어 신문을 편집한 이민자인 아버지는 《뉴욕 포스트(*New York Post*)》의 식자공이 되었으나 1970년대 초 '열 간 금속 조판'이 쇠퇴하면서 기술이 필요없게 되자 강제 퇴직을 당했다. 어머니는 보수가 매우 적은 작은 사립학교의 보육교사였다. 두 사람 모두 수십 년 동안

6 James R. Green, *Taking History to Heart* (Amherst: University of Massachusetts Press, 2002). 매사추세츠 역사 워크숍의 세부내용과 이와 관련된 영국의 비슷한 역사적 노력은 *History Workshop Journal*에서 계속 진행중이다.

다양한 노동 투쟁에 깊이 관여해 왔다. 나는 저녁 식탁에서 노동자의 사회경제적 문제를 대화하는 게 당연한 세상에서 자랐다. 우리 가족은 확실히 중산층은 아니었다. 그러나 가난하거나 '취약계층'인 것도 아니었다.

사실 어머니가 선생님으로 일한 월든(Walden)의 보육원은 내가 사내 장학금으로 다닐 수 있는 작은 사립학교였다. 여덟 살 때부터 나는 좋은 집안 출신 아이들과 함께 학교에 다녔는데, 그중에는 부모가 의사인 아이들도 많았다. 1964년 내가 막 졸업한 해에 누나와 같은 반이자 내 동창의 형으로 학교의 최근 졸업생 중 한 명이었던 앤디 굿맨(Andy Goodman)이 미시시피에서 '자유의 여름(Freedom Summer)' 유권자 등록 운동을 하다가 행방불명되었다. 나는 여름 동안 대부분을 굿맨네 집에서 앤디를 찾았다는 소식을 기다리며 보냈다. 그의 시신은 미키 슈워너(Mickey Schwerner), 제임스 체니(James Cheney)의 시체와 함께 흙댐에서 발견되었다. 이는 확실히 내 인생의 대표적인 사건이었다.

나는 어머니의 말에 따르면 '최고의 뉴욕 직장인'을 위한 대학인 CCNY(뉴욕시립대)를 졸업했고, 당시 대부분의 CCNY 학생들이 그랬듯이, 궁극적으로 대학원에 진학할 것을 기대하며 곧바로 직업의 세계로 들어갔다.[7] 심리학 전공자로 나는 뉴욕주 정신위생과에 첫 일자리를 얻었고, 아프리카계 미국인과 히스패닉계가 절대다수인 아동 집단에게 미치는 환경적 피해의 영향을 평가하는 연구팀에 들어갔다. 우리가 본 피해의 대부분이 정신적인 것이

7 CCNY에서 데이비드는 다양한 시민권과 반전 활동에 적극적으로 참여했다. 그리고 1954년 브라운 대 교육위원회(*Brown v. Board of Education*)에서 대법원의 결정을 비판하며 인종차별과 아동에 대한 연구를 한 케네스 클라크(Kenneth Clark)와 함께 심리학 과정을 밟았다. 이러한 활동으로 다음 책의 공동저자가 되었다. Gerald Markowitz, *Children, Race, and Power: Kenneth and Mamie Clarks' Northside Center* (Charlottesville: University Press of Virginia, 1996; reprint, Routledge, 2001).

라기보다는 납 노출, 영양불량, 그리고 그와 비슷한 문제들이 초래한 결과라고 판단한 나는 매사추세츠 대학에 들어갔다. 그리고 2년 후 공중보건 석사 학위를 받았다.

나는 맨해튼 남부의 정신건강 서비스 집단의 이름뿐인 리더가 되어 뉴욕주 정신건강부로 돌아왔다. 이는 특히 '윌로우브룩 법령(Willowbrook decree)' 때문에 24살에게는 엄청난 책임이었다. 뉴욕주 법원은 스태튼 아일랜드에 있는 국영 윌로우브룩 학교를 폐쇄하고 발달장애 아동들을 지역사회에 복귀시키라는 결정을 내렸다. 이 결정은 정신건강 분야와 발달장애 관련 서비스를 완전히 붕괴시켰다.[8] 일련의 신문 보도와 텔레비전 방송에서 이 아이들이 '창고'에 있었다는 끔찍한 생활상을 폭로하면서 대중의 분노와 법원의 결정이 아이들의 '탈시설'을 이끌어냈다. 준비되지 않은 지역사회와 경제력이 없는 가정에 아이들을 돌려보내면서 내가 느낀 일말의 악몽 같은 책임감 때문에 나는 대학원으로 돌아갔다. 그때 나는 우연히 바바라 로젠크란츠(Barbara Rosenkrantz)를 만나게 되었는데, 그는 나에게 하버드에 와서 과학사와 공중보건에 관한 수업에 참여하지 않겠냐고 제안했다.

애당초 나는 역사를 정책의 진화를 이해하고, 특히 정신건강과 공중보건 시스템의 부족에서 비롯된 나의 좌절감을 덜어 줄 도구로 생각하도록 배웠다. 케임브리지에서 수잔을 알게 되었고, 하버드 과학사 교실에서 바바라 로젠크란츠 휘하에 모인 학생들과 방문 학자들도 알게 되었다. 바로 해리 마크스(Harry Marks), 엘리자베스 런벡(Elizabeth Lunbeck), 마사 버브러게(Martha Verbrugge), 마티 퍼닉(Marty Pernick)과 같은 젊은 역사가들이다. 그리고 엘리

8 David and Sheila Rothman, *The Willowbrook Wars* (New York: Harper & Row, 1974) 참조.

자베스 블랙마(Elizabeth Blackmar), 로이 로젠츠바이그(Roy Rosenzweig), 장 크리스토프 아뉴(Jean-Christophe Agnew)와 같은 대학원생들과 평생의 우정을 나눈 건 매우 중요한 일이었다. 왜냐하면 이 경험은 의학사가의 세계와 나의 첫 번째 '공식적인' 만남 직후에 일어났기 때문이다. 그중 한 명은 나에게 상당한 영향을 주었다.

1973년 6월, 대학원 1학년이 시작되기 직전, 나는 당시 《의학사회보(*Bulletin of the History of Medicine*)》의 편집장이었던 로이드 스티븐슨(Lloyd Stevenson)으로부터 두꺼운 봉투를 받았다. 3개월 전에 1890년대 진료소의 약 남용 논란에 관한 기사를 회보에 제출했기 때문에, 두꺼운 봉투에는 논평이 들어 있을 것으로 추측했다. 아마도 내가 꼼꼼하게 연구한 논문이 통과되었다는 소식일 것이라 기대하며, 이 논문이 나의 두 번째 출판물이 되기를 바랐다.

그러나 봉투를 열었을 때 나는 세 장짜리 거절 편지를 발견했다. 편지에는 내 논문에 대한 반감과 함께, 내가 논문에서 의사들의 동기를 의심했다는 점을 두고 나를 매우 교만하다고 비난하는 내용이 상세히 적혀 있었다. 스티븐슨은 "하버드 출신의 논문이라면 공부를 좀 더 했어야 한다."라고 썼다.[9] 매우 속상한 편지였다. 내 글은 심사자들에게 가지도 못했다.(다른 심사자에게 연락이 가기 전에 우선 편집장이 심사 요건에 맞는지 결정한다-역주) 선배이자 영향력 있는 구성원이 내가 이 학계에 있으면 안 된다고 생각했던 것이다.[10]

9 이 글은 데이비드의 웹사이트에서 볼 수 있다. www.columbia.edu/itc/hs/pubhealth/rosner/g8965.

10 그 논문은 결국 데이비드 책의 한 장이 되었다. *A Once Charitable Enterprise: Hospitals and Health Care in Brooklyn, New York 1885-1915* (New York: Cambridge University Press, 1982; reprint, Princeton University Press, 1986).

내가 이해할 수 없는 건 스티븐슨이 왜 그 편지의 많은 부분을 내가 제럴드 마코위츠와 함께 전년도에《계간 미국사(*American Quarterly*)》에 발표한 논문인「위기의 의사들」을 논하는 데 썼는가 하는 것이었다. 이 논문은 플렉스너 보고서(Flexner Report, 1910년 발간된 미국과 캐나다의 의학교육 조사-역주) 이전, 주요 재단이 의학 교육을 형성하는 데 어떤 도움을 주었는지 자세히 설명했다. 스티븐슨은 이 논문을 읽은 적이 없다고 했는데, 편지를 보니 논문의 제목만 보고도 몹시 불쾌했다는 게 분명했다.《계간 미국사》대신《의학사회보》에 투고했다면 아마 이 논문도 암울한 운명을 맞았으리라는 생각이 들었다.

나는 지도교수인 바바라 로젠크란츠가 암묵적으로 또는 공개적으로 스티븐슨의 의견에 동의할 수도 있다고 두려워하면서 그에게 편지를 보여주었다. 편지를 보고 그는 곧바로 "이 문제에 대해 조금도 신경 쓸 필요 없다."라고 했다. 이 문장은 그가 한 말을 순화한 것이다. 그는 내가 이 학과에 남아 있어야 한다고 나를 안심시켰다. 그리고 바바라의 관점을 지지해 준 찰스 로젠버그에게 사본을 보냈다. 이 사건이야말로 학계에 깊은 분열이 있음을 내가 처음으로 눈치채게 된 계기였다.

사회사와 의학의 함정

의학사 학계에 발을 들였을 때는 역사적 전통과 도전의 지뢰밭으로 들어가고 있다는 걸 깨닫지 못했다. 의학사도 일반적인 역사와 마찬가지로, 제2차 세계대전 전후의 사회사 전통에 따라 어떻게 의학이 대중에게 받아들여지고, 사회적 태도와 가치관으로부터 영향을 받았는지에 대한 다양한 사회적 측면에 초점이 맞춰져 있었다. 1960년대까지 찰스 로젠버그(Charles

Rosenberg)· 데이비드 로스만(David Rothman)·바바라 로젠크란츠(Barbara Rosenkrantz)· 제임스 캐시디(James Cassedy)·다이애나 롱(Diana Long)· 존 블레이크(John Blake)·제럴드 그롭(Gerald Grob) 등 미국의 의학사가들이 모여 만든 소규모 모임의 연구 성과가 지거리스트· 리처드 슈라이옥(Richard Shryock) 등이 일찍이 창안했던 사회사 영역으로 확대되었다. 수가 매우 적었기 때문에 그들은 임상 실습과 의사를 중심으로 한 오래된 역사학 전통에 훈련된 사람들에게 위협으로 보이지 않았다.

1970년대 초 의학사는 상당히 배타적이었다. 의학적·생물학적 문제는 역사적 주류에서 벗어나 있었다. 의학사가들은 고립된 상태에서, 일반적으로 의과대학이나 과학사 프로그램과 연계하여 연구했다. 많은 의학사가들이 처음에는 의사였다가 역사가가 되었다. 의료 센터에 한 명밖에 없는 의학사가의 경우, 의학 학위를 받은 후에 분야에 들어오거나, 아니면 의료 행위에서 은퇴한 후에야 의학사를 시작하게 되었다. 의학 학위가 없는 역사가들 역시 이 분야에 지속적으로 공헌했다. 그러나 대체로 학계는 회원들의 소속이 지배하는 편협성이 유지되었다. 간호의 역사에서도 비슷한 이야기가 나왔다.

이러한 분위기는 1970년대 후반에 이르러 대학 제도가 전반적으로 확대되고, 박사학위 취득자가 급격히 증가하면서 달라졌다. 스스로를 새로운 사회사가로 여긴 우리 중 상당수는 기성세대의 학생이었으며, 의료인이 아닌 사회사가로부터 지지를 받았다. 많은 문제에 대해 다른 의견을 가지고 있었음에도 불구하고, 우리는 인종· 성별· 계급· 정치와 관련된 이슈를 파헤치는 사회사적 연구가 무르익었다는 공통의 믿음을 지니고 있었다. 우리 집단은 안팎에서 순수한 과학적 혹은 기념비적이 아니라 사회적 기업으로서 의학사에 접근하고자 했다.

역사가들의 두 집단, 즉 나이 든 의사들과 다소 젊은 '전문가들

(professionals)'은 각각 그들만의 질문을 가지고 이에 관심 있는 학자들의 집단과 함께 상대적인 조화를 이루며 살고 있다.[11] '전문가들'이란 몇몇 임상의-역사가들이 우리를 부르는 표현이다. 그러나 1970년대 후반 점점 더 많은 사람이 주변부에서 학계로 진입함에 따라, 무게중심이 《의학사회보》 및 의학사연구소의 본거지였던 존스홉킨스와 같은 전통적인 의대라는 연구 중심지로부터 멀어져, 역사학 내에 더 넓게 퍼져나갔다.

반전· 민권· 여성운동과 같은 여러 사회적 격동에 뒤이어, 새로운 분야를 창조하고 있다는 우리의 순진한 견해는 일부의 기성세대에게 무시당하고, 최악의 경우 오만하다는 비판을 받을 것이 분명했다. 1970년대 후반부터 1980년대 초반까지 강력하고 때로는 독설적인 논쟁이 벌어졌다. 미국의학사협회(AAHM)의 연례 회의뿐만 아니라 미국의 두 주요 학술지에서도, 젊은 '전문가'들 중 일부는 편집자와 의사들이 쓴 서평과 논평을 통해 상당히 쓰라린 공격을 받았다.[12]

일부 사람들은 비임상적인 문제에 관해 글을 쓰는 젊은 역사가들의 수가 증가하고 있다는 사실에 매우 불쾌해했다. 《의학사 학술지(*Journal of the History of Medicine*)》의 편집자인 레너드 윌슨(Leonard Wilson)은 1980년 1월 〈의학 없는 의학사(Medical History without Medicine)〉라는 제목의 글에서 다음과 같이 선언했다. "의사(medical men)에 의한 의학사 연구는 의학 그 자체에 대한 깊은 관심에서 파생되었다. 그들의 관심은 역사의 과정을 통해 의학

11 예를 들어 1970년대 AAHM 회의에서 나이 많은 임상의-역사가가 젊은 여성 역사가의 팔을 잡고 술집으로 이끄는 경우를 자주 보았다. 우리는 여성운동이 동시대 사람들에게 대항하라고 가르쳐 준 행동이 때로는 비판할 가치도 없는 기이한 기사도적 관행으로 용인된다며 자주 비꼬았다.

12 다음 글에서 관련된 깊은 논의를 확인할 수 있다. David Rosner, "Tempest in a Test Tube: Medical History and the Historian," *Radical History Review* 26 (1982): 166-171.

이 어떻게 근대에 도달했는지 알고 싶도록 이끌었다."[13] 그는 의학사가들이 스스로를 "배움·가르침·글쓰기의 지속적인 전통 속에서 고대로 거슬러 올라가는 오랜 일련의 의사·과학자·교사의 일원으로 보아 왔다."라고 주장했다. 그는 이어서 "의학사가들은 그들의 선행 역사가들을 연구했고", "의료 동년배들이 존경하고 가치 있다고 생각하는 의료적 특성과 우수한 업적을 찾는 경향이 있었다."라고 주장했다. 그러나 그가 보기에 젊은 비의료인 역사가로 이루어진 새로운 세대는 이러한 전통을 무시하고 있었다. 윌슨은 자기도 의사가 아니었지만, 젊은 역사가들이 의사와 그들의 활동이라는 전통적인 역사 조사에 무감각하고 "실험실이나 진료소는 보지 않고 역사 강좌와 세미나에만 초점을 맞추"기 때문에 부족하다고 보았다.[14]

윌슨의 걱정 중 일부는 확실히 합리적이었고 때로는 예언 같기도 했다. 결국, 성별·인종·도시·정치·제도· 인구통계·문화사의 여러 주제로 확대됨으로써, 한 분야로서 의학사가 거대서사(master narrative)를 잃게 될 실질적인 위험이 있었다. 그러나 분노를 일으킨 것은 더 큰 힘이었다.

1960~1970년대 역사 직업의 변화만큼이나 의학의 통제와 지위 상실은 근대 의학에 대한 비판, 의과대학 내의 여성과 소수자를 위한 법적 행동의 촉진, 의학사를 쓴 박사(Ph.D.)들을 연결해주는 논설을 연료로 삼아 긴박감을 부추겼다. 그 분열은 결코 깔끔하게 의사 대 사회사가로 나눠지지 않았다. 학문 분야에는 임상 문제와 의학 연구에 세심한 주의를 기울인 '박사(Ph.D.)'도

13 [Leonard Wilson], "Medical History without Medicine," *Journal of the History of Medicine* 35 (1980): 5.

14 [Leonard Wilson], "History vs. the Historian," *Journal of the History of Medicine* 33 (1978): 127-128. 또한 다음을 참조. "Schizophrenia in Learned Societies: Professionalism vs. Scholarship," *Journal of the History of Medicine* 36 (1981): 5-8.

있고, 사회사 문제에 밀접하게 연관된 '의학박사(M.D.)'도 있었다. 그럼에도 불구하고 점점 더 많은 사람들이 의학이나 의학사를 비판적으로 바라보게 되었다. 우리를 후원하던 교수들이 다음 세대의 유력자들로 대체되고 있다는 점도 불안감을 키웠다. 학계의 미래는 당시 매우 위태로워 보였다.

몇몇 다른 논란들은 갈등이 표면화되었음을 보여준다. 1979년 1월, 산부인과의-역사가 고든 존스(Gordon Jones)는 출산과 산파에 관한 책 두 권을 경멸하는 서평을 썼다. 존스는 한 책에 대한 서평의 서두에서 "이 비전문가인 역사가는 편견을 가지고 산파와 가정분만을 지지하고 산부인과 의사를 적대시한다. 그녀는 산부인과 의사가 돈을 목적으로 산파업을 사양시켰다고 믿는다."라고 기술했다. 그는 두 번째 책에 대해서는 '사회화된 의학을 미국 의학의 모든 단점에 대한 궁극적이고 이상적인 해결책이라고 생각하는 사람들'에게만 흥미가 있을 것이라고 말하면서 비판했다.[15]

갈등은 AAHM의 공식 출판물인 《의학사회보》에서 고조되었다. 건강 정책/관리로 박사학위를 받은 하워드 베를리너(Howard Berliner)는 회보의 편집자인 로이드 스티븐슨(Lloyd Stevenson)의 의뢰를 받아 우리 책, 주디스 레빗과 로널드 넘버스가 편집한 또 다른 공중보건과 의료사회사 저서인 『질병과 건강(*Sickness and Health*)』 제1쇄, 그리고 보건 교육자/공중보건 전문가인 리처드 브라운(Richard E. Brown)이 쓴 비평 단행본 『록펠러 메디슨 멘(*Rockefeller Medicine Men*)』의 서평을 썼다. 베를리너는 의학사의 전통적인 경계를 넓히려는 상이한 시도를 높이 평가하면서 이 신간들을 칭찬했다. 이 서평에 대해 스티븐슨은 매우 불쾌해했다. 그는 베를리너의 서평과 책 자체

15 Gordon Jones, M.D., *Journal of the History of Medicine* 34 (1979): 112-114의 서평.

에 대해 전례 없는 다섯 장 반짜리 반론을 썼다.[16]

스티븐슨은 〈다른 소견(second opinion)〉이라고 적은 이 반론에서, 수많은 직업상 범죄를 저질렀다며 여러 저자들을 비난했는데, 일부는 타당했으나 일부는 그렇지 않았다. 그는 저자들이 의사를 충분히 존경하지 않는다고 보았다. 스티븐슨에 따르면, 박사에 의한 학계의 전문화가 '아마추어(즉, 의학박사)' 역사가를 위협했다. 그는 "이른바 '전문가(즉 Ph.D.)'에게 위협받은 의사들이 행동에 나서야 한다."라고 했다.[17] 그의 말이 '전문가'들을 숙청해야 한다는 것인지, 아니면 AAHM을 떠나 또 다른 '아마추어' 협회를 시작해야 한다는 뜻인지는 분명치 않다.

의학사의 윤곽선에 대한 논란, 즉 누가 해야 하는가, 무엇을 다루어야 하는가, 어떤 정치적 또는 사회적 내용을 포함해야 하는가의 밑바탕에는 의료 그 자체의 정의에 관한 좀 더 기본적인 문제제기가 전제되어 있다. 레너드 윌슨의 설명처럼 '의사' 역사가들에게는, "엄격한 의미에서 의료사회사는 심지어 의학사조차 아닐 수도 있다. 그런 사회사를 의학사라고 한다면 기초의학, 임상 방법, 개념이 없는 의학사, 즉 의학이 없는 의학의 역사다."[18] 그러나 우리 집단의 연구 성과는 평론을 거친 책을 주류 출판사에서 출판하면서 증명되었고, 그 시대의 역사적 시대정신을 반영했다. 우리 또한 우리가 받은 평가가 옳은지 궁금해지기 시작했다. 우리가 의학사학계에 설 자리가 있는가?

1980년 5월 보스턴에서 AAHM이 열렸다.[19] 위의 서평이 나왔던 때라 긴장

16 Howard Berliner and Lloyd Stevenson, *Bulletin of the History of Medicine* 54 (1980): 131-141의 서평.

17 Lloyd Stevenson, "Second Opinion," *Bulletin of the History of Medicine* 54 (1980): 135-136.

18 [Wilson], "Medical History without Medicine," 7.

19 수잔은 또한 협회의 선배 회원들에게 사회사적 맥락에서 의사의 생각에 관해 쓸 수 있음

감이 상대적으로 높았다. 당시 존스홉킨스 의학사연구소 소장이었던 의사-역사가 거트 브리거(Gert Brieger)와 대화하자는 레너드 윌슨(Leonard Wilson)의 농담 반 진담 반의 제안에 따라, 우리 중 몇몇은 조직을 떠날 생각까지 하면서 호텔의 술집에서 만났다.[20] 브리거는 세대 간, 분야 간 중재자 역할을 하며 AAHM 내에 우리를 위한 공간이 있다고 확인시켜 주었다. 어느 정도 화를 가라앉히고 우리는 학회에 남기로 했다.

그 무렵 우리 중 많은 수가 대학에서 자리를 잡기 시작했거나 테뉴어(종신 재직권)를 받기에 이르렀다. 우리는 공중보건, 의료 및 간호학교, 보건 정책 프로그램, 여성학, 그리고 전통 역사학과 등 광범위한 분야에서 직업을 얻을 수 있었다. 1980년대를 거치는 동안 우리 같은 의료사가가 내포한 위협은 우리가 나이가 들면서, 권위를 얻으면서, 기성세대가 은퇴하고 사망하는 것을 지켜보면서 줄어들었다.

데이비드: 1980년, 전통적 과학사 및 의학사 교실의 취업 시장이 꽉 막힌 데다가, 의료 정책 문제에 대해 계속해서 걱정하고 있었기 때문에 나는 뉴욕시 바루크 칼리지(Baruch College)에서 건강관리학과 조교수로 자리를 잡았다.

수잔: 2년 후인 1982년 나는 보스턴 지역에서 일자리를 구했다. 왜냐하면

을 보여주고자 했다. 1980년 모임에서 로이드 스티븐슨과 함께 청중들이 지켜보는 가운데, 그녀는 다음 논문을 발표했다. "Stealing the Golden Eggs: Ernest Amory Codman and the Science and Management of Medicine," *Bulletin of the History of Medicine* 55 (1981): 156-171. 논문이 출판될 무렵에는 캐롤라인 해나웨이(Caroline Hannaway)가 이 회보의 편집자가 되어 있었다.

20 우리와 함께한 사람 중에는 해리 마크스(Harry Marks), 마티 퍼닉(Marty Pernick), 주디 레빗(Judy Leavitt), 론 넘버스(Ron Numbers) 등이 있었다.

그때 테뉴어를 받은 학자와 결혼한 상태였고, 5살 된 딸도 있었기 때문이다. 나는 웰즐리 대학(Wellesley College)의 여성학 프로그램(역사학과가 아닌)에 처음으로 고용된 사람이었다. 이 프로그램은 시작된 지 일 년 정도 되었었고, 나는 반일제(half time)로 고용되었다.

우리의 많은 지지자는 여전히 AAHM을 자신들이 속한 기관의 직책 외에 전문적인 정체성을 부여할 원천으로 보았다. 사람들은 산발적으로 회의에 참석했고 다른 공중보건이나 역사 협회에 자리를 잡았다. 스티븐슨이 두려워한 것처럼, 다양한 직업적 정체성이 더욱 일반화되고 있었다.

AAHM 내부의 긴장은 1980년대를 거쳐 완화되었다. 1990년 엘리자베스 피(Elizabeth Fee)와 테드 브라운(Ted Brown)의 노력 덕분에 몇몇 역사가들(많은 우리의 지지자들)은 실제 AAHM 프로그램이 시작되기 전날, 오슬러협회(Osler Society)와 유사하게 AAHM 내에 별도의 섹션인 지거리스트 모임(Sigerist Circle)을 만들었다. 이 이름은 지거리스트 자신이 대표하는 활동가 및 학자적 전통과의 동일성을 보여준다. 이 모임은 소식지와 참고 목록(bibliography)을 꾸준히 내 준 에드워드 모먼(Edward Morman)의 성과를 통해 매년 학술회의를 계속 유지했고, 추가적인 정체성이 필요한 사람들에게 근거지를 제공함으로써 AAHM 멤버십을 학구적 노력 이상의 것으로 만들었다.

이 새로운 섹션의 설립은 의학사가로서의 정체성을 지키면서도 좀 더 현대 지향적인 사회사가에게 기관의 공식 허가를 내려 주었다. 따라서, 20세기 말까지 사회사가 중 의학에 그저 잠깐 머물렀던 사람들은 AAHM를 떠났거나 혹은 아예 가입하지 않았다. 의학의 사회사가, 사회활동가이자 학자로 계속 보이기를 원했던 다른 사람들은 지거리스트 모임을 근거지로 삼았다.

'의학사'로 볼 수 있는 분야가 넓어지면서, 《의학사회보》도 더 광범위한 주제의 기사를 싣기 시작했다. 1980년대 초, 회보에 게재된 전체 기사의 약 50%가 의사에게 집중되었다. 80년대 후반이 되자, 이 비율은 40% 아래로 떨어졌다. 1990년대 말에는 30% 이하로 떨어졌다. 의미 있게도, 젠더, 섹슈얼리티, 인종, 환자 자체에 초점을 맞춘 기사는 1980년대 초반 약 3%에서 20세기 끝날 무렵에는 10~15%로 증가했다.[21]

젠더·섹슈얼리티·인종·계급이 역사학의 중요한 범주로 부상하고 있었고, 이러한 영역들이 의학사 안에서도 부상할 수밖에 없었다. 한때 의학사의 지엽적인 주제에 불과했던 것이 중심이 될 수 있다는 것이 점점 분명해졌다. 더 나아가 새로운 연구는 이른바 주변과 관계되지 않으면서 의학사의 핵심이 존재할 수 있다는 생각에도 매우 문제가 많다는 것을 시사했다.

사회사 전통의 확대

1979년에 우리는 사회사로의 확장과 1960~1970년대 정치 운동에서 제기된 질문과 고민이 담긴 우리의 역사를 서로 연결해야 한다고 주장했다. 이후 세대의 역사가는 여성의 보건, 직업 건강과 안전, 에이즈 전염병, 의료체계와 결과의 인종적 불균형, 몸에 초점을 맞춘 이론적 작업을 둘러싼 사회운동에서 영향을 받아 의학사 연구를 시작하게 되었다. 포스트모더니즘과 후기구조주의의 움직임에 더 큰 충격을 받은 다른 사람들은 몸과 건강에 대한 다중 정체성과 문화적 담론에 대한 좀 더 이론적인 고찰에 관심을 가졌다. 이 학문 분야가 성장해 온 다른 방향을 간략히 살펴보면서, 우리는 젠더·계급·

21 콜롬비아 대학 공중위생의 역사와 윤리 프로그램(History and Ethics of Public Health)의 대학원생인 엘리자베스 로빌로티(Elizabeth Robilotti)는 회보에서 이 주제에 관해 연구하고 이러한 통계를 모았다.

인종 문제에 초점을 맞출 것이다. 우리는 학문 분야에서 광범위한 변화를 형성한 몇몇 과정을 재조사하여, 이 학문 분야가 처음에 나뉘기 시작한 방식으로 분류할 것이다. 그러나 이러한 분석 범주들은 별개의 것이 아니며, '교차적'인 이론적 입장을 공유한다.[22]

젠더

1970년대에 들어 여성사 자체가 확대된 데에는, 여성과 의학의 관계에 관한 설명이 중요한 역할을 했다. 여성의 사회적 구조를 설명하는 역사적 연구 결과는 여성의 몸에 대한 표현과 여성성을 정의한 기관의 권력에 대항하면서 등장했다. 초기의 책과 논문 일부는 19세기 의사의 터무니없는 주장을 인용하여 거센 비판을 받았다. 더 사려 깊은 연구는 의학 이론의 맥락 안에 더 일반적으로 여성의 신체에 대한 생각을 넣으려 했다.[23] 흥미롭게도, 여성의 신체에 관한 문헌 대부분은 의학사 관련 출판물이 아니라, 주류 출판물이나 여성학 잡지에 게재되었다.

또한 보건의료 체제(health care system)의 내부 작업에 실제로 참여했고 의

22 Kimberlé Crenshaw, "Demarginalizing the Intersection of Race and Sex," *The University of Chicago Legal Forum* (1989): 139-167. 또한 Valerie Smith, *Not Just Race, Not Just Gender* (New York: Routledge, 1998) 참조.

23 1978년 디어드리 잉글리쉬(Deirdre English)와 바바라 에렌라이크(Barbara Ehrenreich)라는 두 비역사가가 쓴 영향력 있는 책 『그녀 자신의 선을 위하여(*For Her Own Good*)』(New York: Anchor)는 여성에 대한 의학의 온정주의에 대한 가장 초기의 비평 중 하나이다. 페미니즘의 두 번째 물결(second-wave feminism) 초기에 반국가적 주장의 어조로 쓴 이 책은 이념과 실천을 구별하거나 여성에 대한 의학적 아이디어를 일반적인 의학 이론의 맥락에 포함하는 데에는 거의 도움이 되지 않았다. 또한 여성 쪽에 어떠한 힘이 있다는 관념은 조금도 허용하지 않았다. 이 때문에 대부분의 페미니스트 역사가로부터 공격을 받았다. 하지만 이 책은 의학 권력에 대한 설명을 듣고 싶어 하는 비역사가에게는 큰 영향을 미쳤다.

학과 과학 자체에 관심 있는 사람들은 여성의 경험과 젠더의 개념을 의학사에 통합하려고 했다. 이 학문 분야는 처음에 세 가지 형태를 취했다. 노동자와 의료 전문가로서의 여성의 경험에 대한 탐구, 여성의 질병·재생산·섹슈얼리티·보건의 필요성을 다루는 의학적 방법에 대한 비판, 그리고 과학의 중립성과 과학적 담론에 대한 통념의 해체였다. 이러한 모든 노력은 더 큰 역사 공동체에서의 논쟁으로 흔들리게 되는데, 첫째로 백인 중산층 여성을 모든 여성의 대표로 생각한 좁은 시각의 한계를 들 수 있다. 이러한 분석은 범주와 묘사를 어떻게 설명하는지에 대한 해체 없이도 여성의 경험을 알 수 있다는 본질주의자의 입장에 대한 비판으로 이동했다.

1970년대에 등장한 초창기 학문 대부분이 의학적 사고에 내재한 규범(prescriptions)과 이데올로기에 초점을 맞췄다. 그러나 이러한 연구에서는 이데올로기와 여성의 내면화된 신념·경험이 일대일로 대응한다고 가정했다. 이론적 틀이 더욱 정교해짐에 따라 의학권력이 어떻게 내면화되고, 작용하고, 비판받는지를 이해하려는 노력이 더욱 중요해졌다. 이러한 발전 과정에서 여성의 삶을 중심으로 여성사 전문가와 의학사가 사이에 많은 논의가 있었다.

학문의 밑바탕에는 아직 성장 중이었던 여성 건강 운동이 스스로의 과거와 맞서 싸웠던 기관에 대해 믿을 만한 역사적 이해를 갖도록 도우려는 열망이 깔려 있었다. 에이즈와 유방암의 유행이 확대되고 어렵게 얻은 재생산권에 대한 공격이 더욱 격렬해지는 상황에서, 역사는 이러한 경험을 이해하는데 도움을 줄 수 있다고 여겨졌다. 질병이 어떻게 정의되고, 누가 병에 걸렸으며, 그들의 몸이 어떻게 표현되었는지에 대한 역사적 설명은 필수가 되었다.[24] 새로운 학문은 여성의 신체를 감시하는 국가의 역할, '정상적인' 섹슈얼리티의 정의, 과거의 질병 통제와 관련된 우려, 공중보건에서 젠더의 중요성 등에 초점을 맞췄다. 어떤 사람들은 낙태에서부터 출산과 갱년기에 이르기까지 여성들의 광범위한 재생산 경험에 초점을 맞추었다. 이 작업의 초점은 전능한 의사의 존재를 가정하는 것에서 소비자, 근로자, 의사로서 다양한 형태의 여성의 정체성을 찾는 것으로 이동했다.

젠더 기반 의학에 대한 수요가 증가하는 상황에서, 역사가는 젠더와 성(sex)이 어떤 조건에서 어떻게, 그리고 왜 생물학적 연구 대상이 되는지에 대해 더 많은 이해를 계속해서 제공했다. '과학학(science studies)'으로 알려진 점차 성장하는 분야와 역사가의 연결 고리가 생겼다. 과학사가들은 이러한 설명을 뒷받침하는 여성의 신체에 대한 이해와 과학에서의 기초적인 젠더 관념에 대해 복합적인 역사 서술을 제공했다. 여성 보건서비스 제공자에 대해 연구한 학자들은 처음에는 이러한 여성(특히 의학에서)의 존재에 대한 기록에 매료되었고, 그들(우리)이 성차별과 차별을 다룬 방식을 이해하려고 했다. 다른 사람들은 여성 의사들 사이의 논쟁과 미묘한 차이점을 살펴보고 덜 음모론적이고 동질적인 역사적 이야기를 만들어 냈다. 1980년대에는 학문이 계급, 젠더, 인종에 대한 주제를 탐구하면서 간호의 역사가 의학사와 함께 진행되었다. 1990년대가 되면 간호사와 환자의 관계, 기술, 간호사와 산파의 자기 정의와 정치 조직의 이해에 공동체가 갖는 중요성에 초점을 맞췄

24 Susan M. Reverby, "Thinking through the Body and the Body Politic: Feminism, History, and Health Care Policy in the United States," in *Women, Health and Nation: Canada and the United States since 1945*, Georgina Feldberg, Molly Ladd-Taylor, Alison Li, and Kathryn McPherson, eds. (Toronto: McGill-Queen's University Press; Ithaca: Cornell University Press, 2003), 404-420.

다. 간호사가와 간호사가 아닌 역사가가 함께 쓴 학문적 성과는 독자층을 확대시켰다.[25]

1980년대 중반부터 1990년대 초까지, 여성성이 백인 여성들과 중산층 여성들에게만 맞는 범주인 것처럼 글을 쓴 사람들을 비난하는 비평 글이 다수 소개되었다. 여성, 여성과 의료의 관계, 여성과 국가의 관계를 연구한 초기 연구 성과 다수는 보편성이 부족하다는 비판을 받았다. 우리 중 많은 사람, 특히 노동사나 미국 흑인의 역사를 연구하는 이들은 젠더와 다른 분석 범주를 떼어놓은 적이 결코 없었다. 그러나 정체성과 누가 누구에 대한 글을 쓸 권리를 가졌는지에 대한 광범위한 정치적 논쟁 앞에서, 여성성의 정의에 대한 우려는 학구적인 논쟁으로 흘러갔다.

이와 동시에 역사 연구의 중심이 여성에서 젠더 개념으로 바뀐 것처럼, 의학사에서도 마찬가지 현상이 느껴지기 시작했다. 프랑스 역사가 조안 왈라크 스콧(Joan Wallach Scott)은 1986년 《미국역사평론(*American Historical Review*)》에 「젠더: 역사 분석의 유용한 범주(Gender: A Useful Category of Historical Analysis)」라는 새로운 길을 개척하는 글을 썼다.[26] '여성'이 안정된

25 간호사 내부의 정치도 초기에는 다소 유사한 운명을 겪었다. 1984년, 이후 미국 간호사협회라 불리는 집단이 첫 번째 회의를 열었다. 같은 학자적 보호막 아래에는 은퇴한 간호사, 학교에서 역사교육을 받은 간호사, 역사학 박사의 교육을 받은 간호사-역사가, 간호 경험이 없는 사회사가가 있었다. 간호사 연구에서 어려운 점은 전문직 내의 역사적 분열, 특히 인종과 계급에 의한 분열을 해명하기보다는 부정하려 했던 더 고상한 전통이었다. 시간이 흐르면서 간호사가 아닌 역사가(Ph.D)는 줄었고, 협회의 연례 회의는 점점 전문화된 간호사-역사가의 보금자리가 되었다. 그러나 역사학 박사학위를 소지한 간호사-역사가들에 의해 주도되는 조직은 역사적 기준을 높이잡았는데, 새로운 학술지, 시상, 우수강연을 통해 분야의 척도를 규정했다. 비록 그룹들 사이에 짧은 기간 동안 긴장이 존재했지만, 큰 분열을 지속하기에는 간호사라는 분야가 너무 좁았다. 영역 싸움은 또한 간호사가 아닌 역사가들이 간호대학에서 공중보건이나 의학적 간호를 가르칠 수 없고, 전임 역사가를 감당할 수 있는 학교가 거의 없다는 점이 명백해지면서 끝이 났다.

26 *American Historical Review* 91 (1986): 1053-1075. 2년 후, 스콧은 그녀의 지위를 더욱

역사학적 주제라는 개념은 스콧(Scott)과 다른 사람들의 공격을 받았다. 그들은 후기구조주의자들의 주장에 영향을 받아 정체성과 '실제 경험'이 일대일로 대응한다는 전제를 약화시키려고 했다. 초기 미국을 연구한 역사가 캐슬린 브라운(Kathleen Brown)이 지적했듯이, "이러한 접근법 중 많은 것들이 안정적이고 연속적이며 명료한 의미에 대한 탐구를 경쟁, 불연속, 불협화음의 분석으로 대체한다. … (이 글은) 많은 여성 역사가들이 이론적으로는 지지하지만 실제로 달성하기는 어려웠던 본질주의(essentialism)에 대한 거부를 반영한다. 역사적으로 본질주의란, 보통 몸으로 발현되는 정체성과 경험을 초월한 핵심에 대한 믿음이다."[27]

의학사 내에서는 달성하기 더 어려웠다. 내재화된 주체성, 국가 구조, 계급, 인종, 제국 사이의 연결 고리를 분석하려고 애쓰다 보니, 여성의 정체성은 훨씬 더 복잡해졌다. 이러한 젠더 분석이 의학사에서 계속 분리되었다. 레지나 모란츠 산체스(Regina Morantz-Sanchez)나 이블린 해먼즈(Evelynn M. Hammonds)와 같이 더 이론적인 작품을 쓴 사람들이 나타났는데, 예를 들면 해먼즈는 의학사 학술지보다 역사 이론이나 페미니스트 학술지에 자신의 연구 성과를 게재하는 경향이 있었다.[28] 일례로 1990년에 수잔과 해먼즈

확장해준 에세이를 출판했다. *Gender and the Politics of History* (New York: Columbia University Press, 1988). 스콧에 대한 비평은 다음 글을 참조. Laura Lee Downs, "If Woman Is Just an Empty Category, Then Why Am I Afraid to Walk Alone at Night? Identity Politics Meets the Postmodern Subject," *Comparatives Studies in Society and History* 35 (1993): 414-437.

27 Kathleen M. Brown, "Brave New Worlds: Women's and Gender History," *William and Mary Quarterly* 50 (1993): 311-328, 312.

28 예를 들어, 모란츠 산체스는 엘리자베스 블랙웰(Elizabet Blackwell)과 메리 자코비(Mary Putnam Jacobi)에 대한 비교 논문을 1982년 《계간 미국사(*American Quarterly*)》에 처음으로 발표했다. 그녀는 젠더 이론을 고려하여 블랙웰을 다시 검토한 논문을 10년 후에 《역사와 이론(*History and Theory*)》에 발표했다. 한편, 해먼즈(Hammonds)는 성별, 에이

는 젠더를 계급·인종·민족성·성별의 권력 개념과 연결하는 연구 의제를 수립하려고 했다. 이 작업을 돌이켜 생각해 보면, 우리는 의학사 모임에서 이 논문을 발표하려고 한 것이 아니라, 제8회 버크셔 여성사 컨퍼런스(Berkshire Conference on Women's History)의 패널로 발표하려고 한 것이다. 우리는 실제 신체와 그들에게 무슨 일이 일어났는지뿐만 아니라, 서로 다른 역사적 상황에서 교차성(intersection)이 사회적 형식에 미친 영향을 밝혔다. 우리는 "역사적 사건이 만들어지는 과정에서 언제 '몸'이 드러났고, 또 언제 몸이 겉으로 드러나지 않았는지를 인종·계층·젠더·성별을 함께 범주로 사용하는 매우 특별한 방법을 이용하여 밝히는 보건사(health care history)"를 쓰고 싶었다.[29]

그러나 이러한 담론이나 문화사가의 노력은 종종 좌우 양쪽에서 공격을 받았다. 우파는 역사가 횡설수설하면서 서술력을 잃고 역사학 밖으로 나가 버렸다고 여겼다. 좌파에서 보기엔 담론과 표상의 힘에 대한 분석이 개인과 집단에게서 변화를 일으킬 행위성이나 힘을 빼앗은 것처럼 보였다. 사실상 이러한 작업은 정치의 가능성을 거의 제거해 버리는 것처럼 보였다. 그러나 최근의 미국 의학사 연구는 탈식민주의와 하위문화(subaltern cultural studies) 연구의 영향을 받아 계급, 인종, 젠더에 관심이 있는 중심 의학사(central medical history)와 새로운 연관성을 보여주기 시작했다.[30] 새로운 분석의 초점

즈, 흑인 여성성에 관한 그녀의 더 이론적인 논문을 《급진적인 미국과 차이점들(*Radical America and Differences*)》와 같은 학술지나 문화 연구와 페미니즘에 관한 컬렉션에 게재하는 경향이 있었다.

29 Evelynn M. Hammonds and Susan M. Reverby, "Playing Clue: Do We Need the Bodies to Name the Crime? Race, Gender and Class in American Health Care History," paper delivered to the 8th Berkshire Conference on the History of Women, New Brunswick, N.J., 9 June 1990, 4. 수잔은 이 기회를 통해 자신이 쓴 『돌봄명령(*Ordered to Care*)』이란 책이 인종을 고려하지 않고 젠더와 계급에 초점을 맞추었다며 분석의 한계를 비판하였다.

30 예를 들면 Laura Briggs, "The Race of Hysteria: 'Overcivilization' and the 'Savage' Woman in Late Nineteenth-Century Obstetrics and Gynecology," *American Quarterly* 52 (2000):

들 또한 과학 연구, 특히 젠더, 인종, 계급이 신체 인식에 부합하는 방법을 연구하는 구체적인 이론에 근거한 이해에서 비롯된 학문으로부터 나왔다.

그러나 젠더 학문과 특히 권력 강조는 여전히 병원, 기술 혹은 의학의 역사를 연구하는 방식에 영향을 미치지 못하는 경우가 너무나 많다. 마치 별도의 선로가 존재하는 것 같다.

또한, 역사학 분야의 분석은 더 깊어졌지만, 보건정책과의 관련성이 명확한지는 불분명하다. 어쨌든, 다양한 건강정책 분석가들은 종종 역사학을 선택적으로 취함으로써 "역사적 '사실'을 서로 비슷하지 않은 정책적 '사실'로 바꾸었다."[31] 현대사회의 요구에 맞는 서술은 종종 더 미묘한 과거의 사실을 살펴보려는 역사 서술을 압도한다. '언어적 전환'과 다방면적인 경험, 겉으로 보기에 이항 대립(binary opposites, 의견이나 처지, 속성 따위가 서로 반대되거나 모순되는 두 가지가 이룬 짝-역주) 관계는 종종 더 정교한 역사를 만들어 냈지만, 그럼에도 불구하고 실무자와 소비자가 원하는 가이드라인을 항상 제공할 수 있는 건 아니었다.[32] 현대 정책에 대한 역사가들의 교훈은 몇십 년 전 우리가 순진하게 상상했던 것보다 훨씬 더 문제가 있다.

계급

'아래로부터 위로의 역사'는 1970년대와 1980년대에 사회사가들이 취했던

246-274.

31 S. Ryan Johansson, "Food for Thought: Rhetoric and Reality in Modern Mortality History," *Historical Methods* 27 (1994): 101-125, 101.

32 예를 들어, 이 관점을 소비자 청중에게 어떻게 제시하고 얼마나 많은 '경험'이 불투명한지를 생각하게 할 수 있느냐는 점이다. Susan M. Reverby, "What Does It Mean to Be an Expert? A Health Activist at the FDA," *Advancing the Consumer Interest* 9 (1997): 34-36 참조. 1993년과 1997년 사이에 수잔은 미국 식품의약국(U.S. Food and Drug Administration)의 산부인과 시설 전문가 패널(OB-GYN Devices Expert Panel)에서 소비자 대표로 일했다.

접근법을 가장 직접적으로 포착한 구절이다. 젠더와 인종, 이 둘과 계급의 교차성에 대한 관심은 이 분야를 다시 구성하고 보통 사람들의 경험에 대해 무수한 지역 및 국가 연구를 추진하게 했다.

이 새로운 접근법의 창조는 문화적, 문학적, 포스트모더니스트 및 통제와 공간을 다루는 역사문학에 대한 다른 접근법으로서 정확히 정의하기 매우 어려운 혼합된 분야를 만들어 냈다. 일반 노동자에 관한 관심이 높아지면서 의료에 관심이 있는 사람들에게는 질병의 사회적 생산과 사회 환경의 변화가 미국인들의 건강 경험에 미치는 영향을 탐구하는 새로운 길이 열렸다. 1980년대 중반과 1990년대 내내 많은 새로운 학문이 석탄과 경암(硬岩)을 캐는 광부(coal and hard rock miners), 라듐 다이얼 노동자(라듐 제품 제조 공장에서 시계 야광판을 색칠하던 중에 피폭당한 여성 노동자들-역주), 휘발유와 화학 공장 노동자, 그리고 다른 산업에서의 경험으로 나타난 아주 중요한 건강 문제를 연구하기 시작했다.

사회사적 연구에서 병원과 의료 전반에 대해 몇몇 기본적인 조사가 이루어지자 노동과 건강에 관한 연구가 나타났다. 특히 1980년대 초중반 병원에 관한 일련의 책들은 의학의 대상이자 의료 기관의 조직을 변화시키는 주체로서 환자의 역할에 점점 더 많은 관심을 불러일으켰다. 어떤 면에서는 병원 조직의 결정 요인으로서 사회적 계층에 관심을 집중시키려는 노력에도 불구하고, '아래로부터의 의료'의 역사에 대한 요구는 결코 이루어지지 않았다.[33]

33 이러한 초기 시도는 대부분 기관이 사회적, 계급적 차이를 조직 구조와 사회적 관계에 통합하는 방법을 검토하기 위한 것이었다. Morris Vogel, *The Invention of the Modern Hospital* (Chicago: University of Chicago Press, 1981); Charles Rosenberg, *The Care of Strangers* (New York: Basic Books, 1987); Rosner, *A Once Charitable Enterprise* 참조.

계급 관련 문제 중 분명 다뤄지지 않은 하나는 환자의 출신과 환자가 시설에 입소한 이유였다. 즉, 1880년에서 1920년까지 병원 수를 늘릴 필요성을 제기한 주요 원인은 산업재해였다. 모든 저자가 19세기부터 20세기 초반에 사회적·경제적 요인이 병원의 '탄생'에 기여한 것을 인정했음에도 불구하고, 우리는 병원이 발전해야 산업화와 도시화로 인한 근로자의 산재 증가를 개선할 수 있다는 점 때문에 이러한 요소들의 함축성을 무시했다.

1980년대 중후반부터, 노동자의 질병과 사고에 관한 새로운 형태의 연구가 나타나기 시작했다. 이 연구에서는 노동자의 직업 경험이나 위험한 미국 노동환경의 변화 모두를 더 자세히 살펴보았다. 노동사와 사회공동체사(community history)의 경계가 점점 더 뚜렷해지고 있을 때, 산업안전과 보건사(occupational safety and health history)는 정치·의료·문화사를 한 번에 완벽하게 융합한 것처럼 보였다. 예를 들어 앨런 데릭슨(Alan Derickson)의 서구의 경암 광부를 위한 병원 시스템 연구는 최근 등장한 병원의 새로운 제도적·사회적 역사와 새로운 노동사 사이의 경계를 넘어서는 획기적인 노력이었다.[34]

우리가 존재하는 데 중심이 되는 건강과 질병이 사회적으로 창조되었다고 하는 것은, 미국 사회의 사회적 투쟁과 긴장을 보여주는 일종의 거울과 같다. 그들은 의학사를 하위 전문 분야로 분리하여 단편화할 위험에 처해 있는 다양한 역사학적 전통을 연결했다.[35]

34 Alan Derickson, *Workers' Health, Workers' Democracy: The Western Miners' Struggle, 1891-1925* (Ithaca: Cornell University Press, 1988).

35 David Rosner and Gerald Markowitz, eds., *Dying for Work: Workers' Safety and Health in 20th-Century America* (Bloomington: Indiana University Press, 1987); *"Slaves of the Depression": Workers' Letters about Life on the Job* (Ithaca: Cornell University Press, 1987). David Rosner and Gerald Markowitz, *Deadly Dust: Silicosis and the History of*

1990년대 일련의 저서에서 등장한 중심 주제 중 하나인 직업위생의 역사를 다시 쓰는 과정은 의학 그 자체가 일련의 사회적 가정들을 인과관계에 대한 전문적인 사고에 포함시킨 과정이었다. 특히 교과서, 전문 협회, 그리고 병인학적 구성에서 직업의학을 환경의학과 구별하고, 의료계와 과학이 노동자를 나머지 지역사회로부터 분리해 어떻게 사회적 대립을 구체화했는지를 잘 보여준다. '산업'의학은 공장에 절대 발을 들이지 않는 사람들과 노동자를 구분하는 데 이바지했다. 그리고 발전소 밖에서 영향을 받는 사람들과 '직업적' 이슈가 있는 노동자들 사이에 연결된 '환경적' 질병에 대해 전문적이고 대중적인 이해를 더 세분화했다. 많은 책은 사회적 교섭의 산물이었고, 다른 질병과 직업적 질병의 분리는 노동자와 그 가족들에게 깊은 사회적 의미가 있었다.[36]

노동자들의 역사는 이제 공장 안과 밖에서 다양한 집단과 연결되어 어떤 좁은 정의나 한계를 정말로 초월하기 시작했다.[37] 세분화로 잃어버린 명확성은 끊임없이 진화하는 풍부한 질문과 폭넓은 이슈로 쉽게 보충할 수 있었다.

Occupational Disease in Twentieth-Century America (Princeton: Princeton University Press, 1991); *Deceit and Denial: The Deadly Politics of Industrial Pollution* (Berkeley: University of California Press/Milbank Memorial Fund, 2002).

36 Christopher Sellers, *Hazards of the Job: From Industrial Disease to Environmental Health Science* (Chapel Hill: University of North Carolina Press, 1997); Christian Warren, *Brush with Death: A History of Childhood Lead Poisoning* (Baltimore: Johns Hopkins University Press, 2000); Claudia Clark, *Radium Girls: Women and Industrial Health Reform, 1910-1935* (Chapel Hill: University of North Carolina Press, 1997)는 가장 최근의 연구이다. 데이비드가 제럴드 마코위츠와 함께 쓴 가장 최근의 저서 『기만과 부정(*Deceit and Denial*)』은 이 주제를 바탕으로 산업계의 위험에 대한 우리의 이해를 형성한 방법을 살펴본다.

37 가장 도전적인 새로운 노력은 다음과 같다. Samuel Roberts, "Infectious Fear: Tuberculosis, Public Health, and the Logic of Race and Illness in Baltimore, Maryland, 1880-1930" (Ph. D. diss., Princeton University, 2002)과 Amy Fairchild, *Science at the Borders: Immigrant Medical Inspection and the Shaping of the Modern Industrial Labor Force* (Baltimore: Johns Hopkins University Press, 2003).

인종

미국 의학사에서 인종에 대한 서술은 보통 아프리카계 미국인의 경험만을 의미하는 것으로 이해되는데 연구가 훨씬 덜 되어 있다는 점을 제외하면 여러모로 젠더의 발달과 유사하다. 인종차별이 학문에 미친 영향 외에, 인종을 온전히 다루는 데 실패한 원인에 대해 몇 가지 해석이 있다. 토드 새빗(Todd Savitt) 같은 몇 명의 주목할 만한 예외를 제외하면 1970~1980년대 백인 의학사가들은 대부분 이 분야에 뛰어들지 않았고, 흑인 학자들의 수는 거의 한 손에 꼽을 정도로 적었다. 결국, 아프리카계 미국인 역사가들은 의학 자체보다는 지역 연구, 이주, 성별, 또는 젠더에 연구의 초점을 맞추는 경향이 있었다. 이 분야는 과학적 인종차별과 우생학의 역사가 이미 대부분 연구되었다는 생각 때문에 다소 저평가되었다. 권력관계의 지표로서 인종 개념 혹은 의학적 사고에 내재한 기본적인 가설이 아니라 특정한 유색인종의 경험에 초점을 맞췄기 때문에 왜 인종이 의료의 역사에서 중요한지에 대해 이해하기 어렵다.[38]

젠더에 관한 연구와 마찬가지로, 초기 학문의 상당 부분은 전문직·의료 및 간호학교 설립·병원 설립·질병의 차등적 치료에서 소수 인종, 주로 아프리카계 미국인의 간격을 메우는 데 치중했다. 종종 큰 문제가 아니라고 여겨지거나 역사를 초월한 경험처럼 여겨지는 돌봄의 조직과 구성에 있어 인종차별의 구조와 경험에 계속해서 초점을 맞추었다.[39] 그럼에도 불구하고, 인

38 자세한 내용은 Evelynn M. Hammonds, *The Logic of Difference* (Chapel Hill: University of North Carolina Press, forthcoming) 참조.

39 W. Michael Byrd and Linda A. Clayton, *An American Dilemma: Race, Medicine and Health Care in the United States* 2 vols. (New York: Routledge, 2000, 2002) 참조. 저자는 의사들과 공중보건 전문가들이다. 이들은 "역사를 주요한 조직적이고 분석적인 도구로 활용했지만, 이 책은 순수한 역사나 의학사는 아니다."라고 분명히 말하였다.

종화된 경험의 서사를 제공하는 역사 만들기가 유용하다는 것이 입증되었다. 아프리카계 미국인의 경험을 뛰어넘어 다른 피부색의 공동체 안에서 의료를 탐구하는 학문의 시작은 환영할 만한 추세이다.[40] 의학사가 이블린 해먼즈와 키스 웨일루(Keith Wailoo)는 아프리카계 미국인의 신체를 둘러싼 담론의 이해를 도입하여 아프리카계 미국인, 젠더, 문화적 연구를 의학사로 세련되게 가져왔다.

그러나 여전히 의학사가들은 비의학사가가 지적했듯이 "인종의 주제는 근본적으로는 권력의 문제로, 우리가 좋아하든 싫어하든 간에, 심오한 정치적 문제인 것"이라는 점을 이해하지 못하는 경우가 많았다.[41] 또한, 유색인종 공동체 내에서 역사적으로 인종차별적인 의료 경험에 대한 지속적인 강조는 역사가들이 이러한 경험을 역사화하는 일을 어렵게 한다. 끊임없이 신뢰받는 '사실'이 있을 뿐만 아니라 반박하기 어려운 표준적인 서사도 있다. 이는 기억과 역사를 연구하는 역사가들이 지적했듯이, 인종을 연구하는 역사가들이 왜 특정한 진실과 서사가 계속 울려 퍼지고 힘을 지니는지를 고려할 필요가 있음을 시사한다.[42]

40 예를 들면 Nayan Shah, *Contagious Divides: Epidemics and Race in San Francisco's Chinatown* (Berkeley: University of California Press, 2001)과 Laura Briggs, *Reproducing Empire: Race, Sex, Science and U.S. Imperialism in Puerto Rico* (Berkeley: University of California Press, 2002) 참조.

41 Douglas A. Lorimer, "Race, Science and Culture: Historical Continuities and Discontinuities, 1850-1914," in *The Victorians and Race*, Shearer West, ed. (Aldershot: Scolar Press, 1996), 12-33, 12.

42 Stephen B. Thomas and Sandra Crouse Quinn, "The Tuskegee Syphilis Study, 1932-1972: Implications for HIV Education"; Vanessa Northington Gamble, "Under the Shadow of Tuskegee: African Americans and Health Care"; Amy L. Fairchild and Ronald Bayer, "Uses and Abuses of Tuskegee," reprinted in *Tuskegee's Truths: Rethinking the Tuskegee Syphilis Study*, Susan M. Reverby, ed. (Chapel Hill: University of North Carolina Press, 2000), 404-417, 431-442, 589-603; and Spencie Love, *One Blood: The Death and*

인종과 의학에 관한 역사적 연구는 최근 아프리카계 미국인 연구, 하위집단(subaltern) 및 후기 식민지 연구, 과학 연구, 그리고 다른 인종과 민족 집단에 관한 연구 등에서 빠르게 앞서 나가고 있는 정교한 분석을 활용하기 시작했다. 저항과 수용이라는 단순한 이분법을 벗어나서, 남부 의학(Southern medicine) 역사가들이 종종 해 왔던 것처럼 우리의 이해를 풍부하게 하는 좀 더 미묘한 형태의 지역적·시간적 가변성을 고려해야 한다. 백인성 연구(whiteness studies)라는 새로운 작업이 의학사에 어떤 영향을 미칠지는 두고 보아야 한다.[43]

이 분야에서는 의학 및 공중보건 과학, 인류학 및 집단유전학 내에서 인종 개념의 본질을 문제 삼는 작업이 점점 더 중요해지고 있다. 19세기부터 20세기 초의 인종 과학과 의학이 사라졌다는 가정에도 불구하고, 인종의 생물학적 기초를 찾는 연구는 계속되고 있다. 인종과 민족 공동체 내에서 이루어지는 정치적 요구와 공공 보건의료 종사자들에 의한 공동체 간의 건강 불균형에 관한 관심이 높아짐에 따라, 이제 의학·간호·공중보건에는 인종이나 민족에 따라 결과가 다르다는 가정에서 출발하는 분야가 존재한다.[44] 인종이 왜 그리고 구체적으로 어떻게 특정한 유형의 생물학적 범주가 되는지, 어떻게 이용되는지에 대한 선택의 역사학적 이해는 정치적이고 현대적인 관련성이 높다. 역사가들은 인종이 '자연'에 존재하는 범주라기보다는, 언제 계

Resurrection of Charles R. Drew (Chapel Hill: University of North Carolina Press, 1996) 참조.

43 Peter Kolchin, "Whiteness Studies: The New History of Race in America," *Journal of American History* 89 (2002): 154-173.

44 Waltraud Ernst, "Introduction: Historical and Contemporary Perspectives on Race, Science and Medicine," in *Race, Science, and Medicine, 1700-1960*, Waltraud Ernst and Bernard Harris, eds. (London: Routledge, 1999), 1-28.

급·영양·생활 조건·의료 접근성과 같은 요소를 대신하는 변수가 되는지 이해하는 데 크게 기여할 수 있다.

최근의 특별한 학술회의는 현대 학문의 다원적 뿌리를 제시하는 학문적 문화적 교차성 관점을 통해 얼마나 많은 것을 배울 수 있는지, 그리고 그것이 의학 사고(medical thinking)·질병·의료 기관에 대한 우리의 이해에 얼마나 많은 것을 제공하는지를 강조했다. 이것이 의학사의 주류에 영향을 미칠지는 두고 봐야 할 것이다.

'너머'를 넘어서

우리가 '위대한 의사들을 넘어서'라고 썼을 때, 우리는 우리처럼 의료사를 생각해 왔던 사람들이 이 분야의 미래라는 희망을 품고 있었다. 이 질문은 분명히 해결되었다. 우리 중 많은 사람이 전임 대학교수가 되거나 책을 출판했고 학자로서 존경받았다. 그러나 우리는 도입부에서 열심히 사회사 연구를 한 사람이 우리가 '세련된 호고(好古)주의자(sophisticated antiquarians)'라고 부른 사람이 될 위험성이 있을지도 모른다고 걱정했다. 우리가 이야기해야 했으나 이야기하지 못했던, 더 많은 대중에게 의미가 있는 역사 연구를 하고 싶었다. 무엇이 호고주의인지, 또 무엇이 다른 역사가나 실무자·소비자에게 유용한지를 말하는 건 생각했던 것처럼 쉽지 않다. 우리는 모든 역사가 현대 문제에 직접적으로 적용되어야 한다고 생각하지 않는다. 1970년대 후반에는 몰랐지만, 이제는 의학적이고 과학적인 아이디어와 실천이 어떻게 만들어지는지 이해하는 것이 중요하다는 사실을 알았다. 우리는 '내재주의자 대 외재주의자'라는 낡은 구분이 이제는 필요 없다고 생각한다. 이는 인종, 젠더, 성별, 계급, 제국의 교차성에 관한 최신의 연구 성과를 통해 명확히 밝혀졌다.

교육의 의도가 있었기에 성별·계층·인종을 분리하여 학문적 글쓰기가 어떻게 발전했는지 간단히 논의했지만, 더 풍부한 역사적 이해를 위해서는 이들을 통합하는 게 중요하다는 것을 잘 알고 있다. 만약 이러한 범주가 그저 몸이 지닌 특성이 아니라 권력 체제처럼 보인다면, 이는 가장 전통적인 역사학의 중심점에 집중하기를 원하는 의학사가에게도 많은 것을 제공할 수 있다. 우리가 연구하는 방향은 다시금 이 분야의 기회와 차이점을 반영하여 달라질 것이다.

데이비드: 아마도 내 정책 분석과 역사의 유용성에 대한 지속적인 관심을 결합하는 데 가장 흥미로운 방식은 데이비드 로스만(David Rothman)을 공동 소장으로, 로널드 베이어(Ronald Bayer)을 부소장으로 삼아 설립한 컬럼비아 대학교의 '공중보건과 의학의 윤리와 역사 프로그램'일 것이다. 나는 처음 컬럼비아 측에서 역사 교육과정이 공중보건대학에 통합될 방법을 고안하는 데 도움을 달라고, 그리고 나중에는 공중보건사(史) 과정을 설립해 역사학과의 교수진과 의과대학·공중보건대학이 함께 공중보건교육·정책·실천에 있어서 역사의 유용성을 학생들에게 가르칠 수 있도록 도와 달라는 요청을 받았다. 공중보건석사(M.P.H)와 박사학위(Ph.D.)를 모두 제공하는 이 프로그램은 학위와 공중보건 자격증을 모두 제공한다는 점에서 미국에서도 매우 독특한 제도이다. 감염병과 통계 연구를 위한 코호트 설계와 푸코의 『임상의학의 탄생(*Birth of the Clinic*)』에 대한 논쟁을 편안하게 생각하는 학생들을 배출하고 있다는 점에서 매우 만족스럽다.

나는 최근 교육과 연구의 의제를 확실히 넓혀 주는 컬럼비아 메일맨 보건대학원(Mailman School)의 새로운 공중보건의 역사와 윤리 센터의 소장으로 임명되었다. 우리는 지적인 핵심으로 역사를 이용하는 새로운 형태의 공중보건 윤리를 정의하는 데 다른 학자의 도움이 필요하다. 이 센터는 컬럼비아 대학의 교수진과 뉴욕 시립대학의 제럴드 마코위츠(Gerald Markowitz) 및 제럴드 오펜하이머(Gerald Oppenheimer), 뉴욕 의학 아카데미의 크리스천 워렌(Christian Warren)과 같은 놀라운 학자들을 모아 우리가 인구 건강을 다루는 방법을 형성하는 사회적 문제·태도·역사적 경험을 연구한다. 역사를 기본적인 학문 분야로 삼아, 우리는 윤리적 딜레마를 개별 의사-환자 관계에 전적으로나 기본적으로 기인한 것으로, 혹은 개인적 도덕성의 문제로 이해하는 함정을 피하고자 노력하고 있다. 수잔과 내가 25년 전 글에서 지적했듯이, 새로운 센터는 "기원과 변화에 영향을 줄 가능성 모두를 제공함으로써 생기는 현재의 건강 … 문제를 분석하기 위한 필수적인 도구와 학생을 제공"할 것이다. 도덕성, 윤리성, 사회적 책임감도 함께 제공할 것이다.

나는 역사가로서 공중보건 정책에 몸담았던 나 자신의 경험이 매우 중요하다고 본다. 제럴드 마코위츠와 함께한 나의 작업은 노동자들과 지역사회의 경험을 재정립하는 데 기여했다. 『치명적 먼지(*Deadly Dust*)』와 『기만과 부정』이 특정한 유형의 위험한 관행을 끝내고, 규폐증과 납중독, 화학 오염물질에 노출되어 어려움을 겪은 노동자 집단, 지역사회가 겪은 일련의 부당함에 대처하는 임무를 수행했다는 점에 특히 자부심을 느낀다. 『치명적 먼지』의 경우, 우리가 처음에는 불명확한 직업병으로 생각하고 학술적으로 역사를 연구한 것이 실제로 그 질병으로 고통받는 노동자들의 법정 소송에서 중요한 역할을 수행하였으며, OSHA·MSHA 및 NIOSH라는 3개 연방 기관의 국가적 노력으로 노동자들에게 위협이 되는 질병을 제거했다는 점은 매우 놀라웠다. 『기만과 부정』 자체는 우리가 석유화학제품에 의해 오염된 공동체와 납중독 피해자인 아동, 지방정부, 주정부 편에 서게 된 법률 사건에서 비롯되었다. 화학 산업에 관한 빌 모이어스(Bill Moyers)의 텔레비전 특집

방송 〈영업 비밀〉, 수상 경력이 있는 다큐멘터리 〈블루 바이닐(Blue Vinyl)〉, 《뉴스위크(Newsweek)》의 기사 그리고 다른 국가 간행물들은 과거의 해악에 대한 책임 문제를 해결하는 데 역사가 얼마나 중요한지 대중에게 알렸다.[45]

수잔: 20년 이상 여성학부에서 가르쳐 보니, 내 연구가 의학사보다 여성사나 아프리카계 미국인 역사의 이론적 발전에 더 영향을 받는다는 게 그다지 놀랍지 않다. 간호의 역사에 관해 쓴 내 책, 『돌봄명령: 미국 간호학의 딜레마(*Ordered to Care: The Dilemma of American Nursing*)』(1986)는 노동과 계급 연구에서 나온 논의를 돌봄의 역사에 대한 여성사적 관심과 섞은 것이다. 그러나 1980년대 후반에서 1990년대 초까지, 내게는 표현과 담론 이론(representation and discourse theory)에 대한 논쟁이 좌우의 다른 사람들이 주장했던 것처럼 결코 정치와 별개의 것으로 보이지 않았다.

내 연구는 여러 가지 방식으로 이 일을 해냈다. 철학과 과학 연구의 토론이 과학 수행에서 성 차이에 초점을 맞출 때, 나는 간호학의 틀 안에서 이론적이기보다는 철학적인 연구를 해 보려고 노력했다.[46] 나 역시 몸과 기억의 작업을 이론적인 시금석으로 사용하여 건강소비자운동 내에서 여성 활동의 역사에 대해 계속 생각해 왔다.

지난 10년 동안, 나는 미국에서 가장 길게 수행된(1932~1972) 비치료학(non-therapeutic research) 조사 '연구'인 악명 높은 터스키기의 매독 연구

45 〈영업 비밀〉은 2002년 3월 PBS 방송국에서 방영되었다. 주디스 헬판드(Judith Helfand)와 댄 골드(Dan Gold)의 〈블루 바이닐〉도 우리가 찾아낸 자료를 이용했다. Geoffrey Cowley, "Getting the Lead Out," *Newsweek*, 17 February 2003, 54-56 참조.

46 Susan M. Reverby, "A Legitimate Relationship: Nursing, Hospitals and Science in the 20th Century," in *The American General Hospital*, Janet Golden and Diana Long, eds. (Ithaca: Cornell University Press, 1989), 135-156.

(Tuskegee syphilis study)를 재고하기 위해 다각적인 노력을 해 왔다. 이 작업은 나에게 계급 정치, 인종 합의, 젠더 가능성(gender possibilities)에 대한 이해를 과학과 실험의 맥락 안에서 충족시킬 수 있는 기회를 제공했다. 또한 터스키기 연구의 생존자들과 후손부터 미국 공중보건국(U.S. Public Health Service) 직원까지 포함된 거대한 의료계와 함께 한 믿을 수 없는 경험이었다.

나는 이러한 연구를 이해하는 여러 가지 방법이 역사가들과 더 넓은 의료계까지는 미치지 못하고 있는 것을 걱정했다. 그래서 교육과 학습을 위한 실제 자료를 제공하기 위해 1차 사료 및 2차 논문을 편찬했다.[47] 이 프로젝트는 아마도 내가 시, 연극, 그리고 다른 형태의 표현을 추가한 것을 제외한다면 의학사에서는 흔한 전통적인 성과일 것이다. '정보 제공'을 위한 책을 출판하며, 나는 이제 왜 연구의 이야기가 이렇게 다른 방식으로 설명되는지에 대한 고찰을 끝맺고자 한다. 나는 이것이 통합적인 분석 개념과 살아 있는 경험으로서 권력, 과학관, 인종, 젠더, 성별, 계급에 대해 우리에게 무엇을 알려 주는지에 집중하였다. 나는 전혀 예상하지 못했던 방법으로 매독의 의학적 관점을 내재주의적으로 이해하는 것은 물론 미국인이 터스커기를 어떻게 상상하는지를 좀 더 문화적이고 정치적으로 분석하는 데 연루되었다. 이는 과학과 의학의 역사를 어떻게 이해할 것인지를 두고 의학사가들과 의료 행위자간의 서로 다른 견해에서 비롯된 지적인 갈등을 돌아보게 했다.

학부에서 가르쳤기 때문에 나는 대학원생 교육이라는 어렵지만 기쁜 일을 겪지 못했다. 내가 배운 것은 학계에서 다른 형태로 영향을 미쳤다. 여성학과에서 반일 근무에 1년짜리 직책으로 시작했지만 이제 4명의 교수가 있으며 계속 성장하고 있는 학과가 되었다. 나는 다른 동료들과 함께 건강

47 Reverby, *Tuskegee's Truths*.

과 사회 전공을 설립하고 있는데, 이 전공은 데이비드가 컬럼비아 대학원에서 시행 중인 윤리·역사·사회과학에 대한 관심을 학부 차원으로 흡수할 것이다.

학계는 1970년대 후반에 우리가 기대했던 것보다 차이점에 대해 더 개방적이 되었다. 사실상 모든 역사가들이 '사회사' 접근법을 적절하다고 생각하는 것은 아니기 때문에, 역사가들 사이의 방법론적 분리는 우리가 경험했던 것처럼 깔끔하게 떨어지지는 않는다. 그러나 특정 사안에 대해서는 누가 어떤 편을 들어줄지 예측할 수 없다. 이 분야의 단층선들(fault lines)은 위기 상황에 직면하여 계속해서 나타난다. 예를 들면 2001년 AAHM이 사우스캐롤라이나의 찰스턴에서 열렸을 때, 협회 내부에서는 남부군 깃발이 주의회 의사당에서 계속해서 흔들리는 것을 비판하는 NAACP(미국 흑인 지위 향상 협회)의 관광 불매운동(boycott of tourism)을 존중해 주기 위해 회의 장소를 다른 주로 옮겨야 하는지에 대한 논쟁이 있었다.[48] 아마도 우리 중 일부가 이 분야에서 높은 위상과 지위를 지녔기 때문에, AAHM에서 우리의 역할과 정치적 견해는 회의 장소를 옮길지 말지의 논의에서 불화를 초래했다. 결국 회의는 찰스턴에서 열렸고, 많은 이들이 불참했다.

마찬가지로 우리는 동료들이 때때로 미국인들에게 가장 끔찍한 해악을 끼친 몇몇 산업에서 나타나는 학대를 은폐하기 위해 그들의 역사적 기술을 사용하는 데 도덕적 거리낌이 거의 없다는 점에 깊은 실망을 느낀다. 물론 학문의 자유가 우리 모두를 보호하는 기능도 있으므로 이를 지지한다. 그러

48 그 전 해, 미국역사가협회(Organization of American Historians)는 10만 달러가 넘는 비용을 들여 인종 간 법적 분쟁을 겪고 있는 세인트 루이스의 아담스 마크 호텔(Adams-Mark Hotel)을 보이콧하고 전체 컨벤션 미팅을 같은 도시의 다른 곳으로 옮겼다. 그러나 두 결정 모두 협회가 파산할 수도 있다는 문제를 남겼다.

나 처음 대학원에 입학한 지 30년이 지난 지금, 우리는 저명한 의학사가들이 피해를 입은 소비자와 지역사회가 아닌, 납과 담배 산업을 대변해 소송에서 증언했다는 점을 우려하고 있다.[49] 펜실베이니아 주립대학의 로버트 프록터(Robert Proctor), 하버드의 앨런 브랜트(Allan Brandt) 같은 이들이 담배 회사의 활동으로 피해를 당한 사람들과 국가를 위해 전문가로 활동했다는 점은 고무적이다.

짐작건대 역사가 어떻게 해석되는지, 그리고 누구의 이익을 위해 우리의 이야기를 만들고 우리의 지식을 제공해야 할지에 대한 우리의 의견은 항상 다르다. 우리가 20년 전에 이해했던 것보다 역사를 윤리적 이해와 연결하는 것이 매우 중요하다고 믿는다. 우리는 여전히 사람들의 삶이 우리가 쓰고 말하는 것에 달려 있다고 느낀다. 우리가 납에 중독된 아이들, 규폐증으로 수명이 단축된 노동자, 사기와 비인간적인 치료 때문에 의료 제공자를 신뢰하지 않는 아프리카계 미국인 소비자를 걱정하든 혹은 치료의 희망으로 신기술이나 약물을 고수하는 여성에게 관심이 있거나 없거나 상관없이, 우리는 우리가 쓸 수 있고 증언할 수 있는 역사를 가장 진실하고, 미묘하며 신중하게 연구하고 논쟁해야 할 의무가 있다고 믿는다. 비록 우리 직업의 최고 기

49 Laura Maggi, "Bearing Witness for Tobacco," *American Prospect* 11 (27 March-10 April 2000) 참조. 역사가들이 전문가로서 수행한 역할에 대한 다른 관점은 David J. Rothman, "Serving Clio and Client: The Historian as Expert Witness," *Bulletin of the History of Medicine* 77 (2003): 25-44 참조. 우리 교수진들 사이에 서로 다른 견해가 존재한다는 것은 컬럼비아의 프로그램의 역동성을 증명한다. 소송에서 역사적 연구의 효과의 위험성을 경계하는 이야기는 엘렌 실버겔드(Ellen Silbergeld)의 논평에 잘 나타난다. "The Unbearable Heaviness of Lead," *Bulletin of the History of Medicine* 77 (2003): 164-171. 이 논평은 피터 잉글리쉬(Peter English)의 납중독에 관한 책의 서평으로, 역사가가 산업체에 고용될 때 발생할 수 있는 역사적 왜곡의 일부를 개략적으로 기술한 것이다. 한 가지 정정하고 싶은 점은 그녀가 잉글리쉬의 책을 비평하면서 안타깝게도 크리스천 워렌의 좋은 책을 포함시켰다는 것이다.

준을 충족했다고 하더라도, 여전히 우리와 우리 학생들이 서술하는 역사가 학문적 활동 이상의 것을 제공할 수 있다고 믿는다. 우리는 스스로의 역사적 관련성을 창조하면서, 참여적이고 배려 있는 시민일 뿐만 아니라 학자가 될 수 있는 역사가가 많다고 믿는다.

존 할리 워너(John Harley Warner)와 프랭크 하위스만(Frank Huisman)의 철저한 논평에 감사한다. 또한 공중보건의 역사와 윤리 센터의 엘리자베스 로빌로티(Elizabeth Robilotti)가 회보에 실린 기사를 제공해 준 것에 대해 감사를 전하고 싶다. 또한 니타냐 네드(Nitanya Nedd)가 맥과 윈도우를 서로 통하게 하는 매우 어려운 기술적 측면에서 우리를 도와준 것에 대해 감사한다. 이 글은 1979년 이후 우리의 첫 공동 집필이었다. 이 작업은 우리가 첫 작업에서 얼마나 즐거웠는지, 얼마나 많은 일을 했는지를 상기시켜 주었다.

Locating Medical Hist

제8장

영국 의학사 연구

로이 포터(Roy Porter)

우리 모두는 '7일 동안 20개국'을 돌아보는 패키지 휴가여행을 마친 후에 멍하고 어지러운 상태로 어딜 갔다 왔는지조차 전혀 기억하지 못하는 불쌍한 여행자였던 적이 있다. 내가 여기서 영국 의학사의 모든 주요 동향을 살펴보고자 한다면, 이 학문적 유람에서 비슷한 멀미를 유발하게 될 것이다. 우리의 정신건강을 위해 나는 최대한 간결하게 접근하고자 한다.

우선 나는 서구 학문의 전반적인 흐름에 대해서는 일절 다루지 않을 것이다.[1] 따라서 휘그주의 역사관의 진보주의에 대한 거부를 다시 반복하거나, 페미니스트 역사, 구조주의, 푸코식 지식-권력, 포스트모더니즘, 데리다의 텍스트 분석 및 더 광범위한 언어적 전환이 미치는 영향에 대해서는 다시 살펴보지 않을 것이다. 이러한 경향은 샌디에이고에서 상트페테르부르크까지 그리고 심지어 셰필드 및 사우샘프턴에서도 나타났다.[2]

1 참고문헌으로는 Gert Brieger, "History of Medicine," in *A Guide to the Culture of Science Technology and Medicine*, Paul T. Durbin, ed. (New York: Free Press, 1980); "The Historiography of Medicine," in *Companion Encyclopedia*, W. F. Bynum and Roy Porter, eds. (London: Routledge, 1993), 24-44; L. J. Jordanova, "The Social Sciences and History of Science and Medicine," in *Information Sources in the History of Science and Medicine*, Pietro Corsi and Paul Weindling, eds. (London: Butterworth Scientific, 1983), 81-98; Margaret Pelling, "Medicine since 1500," *ibid.*, 379-407 참조. *Companion Encyclopedia*에는 학계 최신의 연구가 다수 실려 있다.

2 서구의 반휘그주의나 사회 구성주의 경향에 대해서는 Johanna Geyer-Kordesch, "Women and Medicine," in Bynum and Porter, *Companion Encyclopedia, 884-910; Reassessing Foucault: Power, Medicine, and the Body*, Colin Jones and Roy Porter, eds. (London:

둘째, 나는 중세 연구 혹은 근대 의료서비스의 정치적 문제와 같이 내 능력을 벗어나는 분야와 시대에 대해서는 언급하지 않을 것이다.[3]

셋째, 영국 의학을 연구하는 영국의 역사가만 다루고자 한다. 독자들에게 한 가지 상기시키고 싶은 것은 최근 몇 년 동안 영국 학자들이 이룩한 훌륭한 연구 중 상당수의 주제가 영국이 아닌 다른 나라를 다룬 것이었는데, 예를 들면 로렌스 브로클리스(Lawrence Brockliss)와 콘 존스(Cohn Jones)의 권위 있는 저서인 『근대 초기 프랑스의 의료계(*The Medical World of Early Modern France*)』가 있다.[4]

네 번째, 이 글은 두 암초 사이를 지나가는 역사 서술의 배가 되기를 희망한다. 한편으로는, 추상적으로 -주의(-isms 및 -ologies) 등을 언급하지 않을 것이다. 지루할 뿐만 아니라, 영국 의학사의 관행이 사실상 이데올로기적으로 교조적 종파로 양극화되기보다는 건전한 다원주의와 다양성이 폭넓게 수용

Routledge, 1994) 참조. 일반 역사서술에서의 이러한 경향은 Richard Evans, *In Defence of History* (London: Granta Books, 1997) 참조.

3 이 글은 의학사에서 중요한 다수의 쟁점들을 모두 다루지 않는다. 그중 한 쟁점이 의학과 국가인데, 다음의 연구가 대표적이다. Charles Webster, *The Health Services since the War,* vol. 1: *Problems of Health Care. The National Health Service Before 1957* (London: Her Majesty's Stationery Office, 1988), vol. 2: *Government and Healthcare: the National Health Service, 1958-1979* (London: The Stationery Office, 1996). 개념적 논의와 선행연구에 대해서는 *The History of Public Health and the Modern State*, Dorothy Porter, ed. (Amsterdam: Rodopi, 1994) 참조. 이 글은 개괄적인 소개를 하는 것을 목적으로 하기 때문에, 학술지에 소개된 연구들은 생략하고 출간된 저서를 중심으로 한다.

4 Lawrence W. B. Brockliss and Colin Jones, *The Medical World of Early Modern France* (Oxford: Clarendon Press, 1997); Paul Weindling, *Health, Race, and German Politics between National Unification and Nazism, 1870-1945* (Cambridge: Cambridge University Press, 1989). 같은 맥락에서 David Arnold, *Colonizing the Body: State Medicine and Epidemic Disease in Nineteenth Century India* (Berkeley: University of California Press, 1993); Mark Harrison, *Public Health in British India: Anglo-Indian Preventive Medicine, 1859-1914* (Cambridge: Cambridge University Press, 1994)과 같은 영제국의 의학사에 대한 연구는 포함하지 않는다.

되는 분위기라서 그 부분에 대한 언급이 자칫 오해를 불러일으킬 수도 있기 때문인데, 역사가들 사이에는 영국식 개인주의가 여전히 작동한다.[5] 다른 한편으로, 어차피 독자들이 듣는 즉시 잊어버릴 만한 수백 개의 이름, 주제 및 제목을 무의미하게 언급하는 것을 자제할 것이다. 오히려 새로운 경향을 보여주고 해당 분야를 재고하는 데 중요해 보이는 몇 권의 책들을 좀 더 자세하게 다룰 계획이다. 그렇게 함으로써 독자들이 지식을 문제없이 받아들일 수 있으리라 생각한다.

이 프롤로그에서 이러한 학문적 경향에 대해서 뒷받침해 주는 제도적 발전에 대해 언급해 두고자 한다. 1960년대 중반에 처음 일을 시작했을 때, 영국의 의학사는 대체로 지적 추구의 대상이 되기에는 극히 평범하다고 여겨졌고, 일을 막 시작하여 자신만만하고 잘난 체하기 바빴던 나와 같은 신입 과학사가들에게는 그다지 매력적으로 느껴지지도 않았다. 의학사에는 포퍼(Karl Popper, 1902~1994)·라카토슈(Imre Lakatos, 1922~1974)·쿤(Thomas Kuhn, 1922~1996) 또는 파이어아벤트(Paul Feyerabend, 1924~1994)가 제기한 것 같은 큰 이슈도, 충돌도 없었다. 위대한 의사들이 치명적인 질병들을 어떻게 정복해 왔는가를 보여주는, 논란의 여지가 없는 연대기처럼 보였다.

그러나 이 모든 것이 바뀌었다. 지난 30년 동안 에이즈와 같은 새로운 질병들이 등장하여 인류의 진보를 위협하기 시작했던 반면, 과학적 의학(scientific medicine) 및 의료계에 대한 대중의 인식은 비판적이 되었다. 그로 인해 불가피하게 의학사 그 자체가 문제화되었다.[6]

5 이와 관련해서는 Alan Macfarlane, *The Origins of English Individualism: The Family, Property, and Social Transition* (Oxford: Basil Blackwell, 1978) 참조. *'그룹'으로 묶어서 평가되거나 평가하는 경향이 별로 없다는 뜻-역주.

6 Ivan Illich, *Limits to Medicine: The Expropriation of Health* (Harmondsworth: Penguin,

영국 학자들은 두 가지 발전 덕분에 이렇게 새로운 정치 사회적 동요를 잘 이용할 수 있는 유리한 입장에 놓이게 되었다. 이 전문 지식 분야는 젊은 역사가, 사회과학자 그리고 정치적으로 좌파 성향의 의료 전문가를 한데 모은 급진적 집단인 의료사회사협회(Society for the Social History of Medicine)의 창립과 발전 덕분에 지난 25년 동안 활기를 띠게 되었다. 매년 3회 발간되는 학술지인 《의료사회사(*Social History of Medicine*)》도 어느덧 발간된 지 10년이 되었다.[7]

웰컴 재단(Wellcome Trust) 또한 그와 견줄 만한 자극제 역할을 톡톡히 해냈다. 런던에 있는 웰컴연구소(Wellcome Institute), 옥스퍼드 및 케임브리지[8], 맨체스터 그리고 글래스고에 있는 지부, 그리고 30여 개 대학에서 강의를 지원함으로써 웰컴 재단은 한때 주로 은퇴했거나 일요일에만 의사 업무를 수행하는 의사들이 이끌던 의학사 연구를 적절한 학문적인 토대 위에 올려놓았다. 웰컴에 의해 지명된 사람들은 대부분 역사학과 내에서 혹은 역사학과와 협력하여 일하는 숙달된 역사가들이다. 여기에는 장단점이 존재하는데, 내 생각에 특정 연구 주제에는 전문 의료 지식과 경험이 정말 필요하다. 그러나 이는 의학사가 역사의 무역풍을 만나 역사학적으로 적절한 정교함을 가지고 연구될 수 있도록 한다.

지난 세기 동안 가장 영향력을 발휘했던 학문 부문은 전통적이면서도 좁

1977) 참조.

7 Dorothy Porter, "The Mission of Social History of Medicine: An Historical Overview," *Social History of Medicine* 8 (1995): 345-360; Ludmilla Jordanova, "The Social Construction of Medical Knowledge," *Social History of Medicine* 8 (1995): 361-382. (이 학술지는 1988년에 창간되었다.)

8 1998년, 케임브리지 웰컴지부는 웰컴 재단이 내린 개탄스러운 결정으로 인해 폐쇄된다. 대신 동 앵글리아 대학(University of East Anglia)에 유사한 기관이 생겼다.

은 의미에서의 의학사가 아니라, 의사에 의한 그리고 의사를 위한 해석이었다. 그것은 주로 건강, 특히 인구의 건강에 관한 내용이었다. 이런 점에서 건강한 사람들이 얼마나 건강했는지, 건강한 사람들이 얼마나 오래 살았는지, 그리고 그들을 죽게 만든 것이 무엇인지를 우리가 이해하는 데 〈케임브리지 그룹의 인구 및 사회구조 역사의 연구(Cambridge Group for the History of Population and Social Structure)〉만큼 영향력 있는 성과는 없을 것이다. 따라서 우선 영국 인구사를 확립하는 데 그들과 다른 역사적 인구통계학자가 성취한 업적에 대해서 경의를 표하고 싶다. 또한 전염병의 적극적 기제를 강조하고 의사들 간에 상당한 논쟁을 불러일으킨 저서인 맬서스(Malthus)의 『인구론(*An Essay on the Principle of Population*)』이 출판된 지 이제 200주년이 되기 때문에 특히 관련된 주제라고 할 수 있을 것이다.[9]

맬서스가 '자연은 끊임없는 투쟁'이라고 묘사한 것은 오랫동안 산업혁명 전의 유럽의 인구 역사에 대한 학술적 접근 방식에서 가장 중요한 특징이 되었다. 맬서스 학파의 정설에 따르면, 산업화 이전 사회는 매우 높은 출생률을 유지했다. 따라서 그들은 또한 그에 상응하는 높은 사망률을 겪었음이 틀림없다. 그리고 이는 실제 사실을 통해서 증명되지 않았는가? 결국 다른 나라에 비해 상대적으로 발전했던 프랑스조차도 18세기까지 기근으로 많은 사람이 죽었다. 흑사병 이후로도 유럽은 계속 전염병에 시달렸으며, 전쟁 또한 잦았다. 그런데도 주요 서구 사회에서 1800년경부터 산업화에 필수적인 인구 증가가 이루어졌기 때문에 마침내 맬서스의 덫이 우후죽순 생겨나기 시작했다.

9 맬서스가 인구학의 역사에 미친 영향은 Richard M. Smith, "Demography and Medicine," in Bynum and Porter, *Companion Encyclopedia*, vol. 2:1663-1692 참조.

그렇다면, 어떻게 그것으로부터 벗어나게 되었을까? 당시 죽음의 손아귀가 느슨해졌다는 설명이 전통적이다. 사람들이 정확히 어떻게 또는 왜 그런 놀랄 만한 속도로 죽지 않게 되었는지는 아무도 알지 못했지만, 맬서스 학파의 모델은 출생률이 항상 상한선에 근사했다고 가정했으므로 그 원인은 사망률에 있을 수밖에 없었다.

그러나 지난 30년 동안 이 인구 모델은 거센 비난을 받아 왔는데, 이들 수정주의자의 논의 중 권위 있는 연구는 1981년에 등장한 토니 리글리(Tony Wrigley)와 로저 스코필드(Roger Schofield)의 『영국 인구사(*The Population History of England*)』였다.[10] 그들이 성취한 바는 크게 두 가지였다. 400개 이상의 행정교구의 등록부를 면밀히 조사한 것을 바탕으로 범국가적 예측을 수행한 그들은 행정교구등록이 처음 시작되었던 1541년과 시민등록(civil registration)이 도래한 시점인 초기 빅토리아시대 사이에 발생한 사망, 출생 그리고 살아 있는 거주자들의 총인구에 대한 신뢰할 만한 인구 집계를 처음으로 확립했다.

더욱이, 그들은 변화의 역학에 대한 해석을 제안했는데, 이후 대체로 수용되었다. 맬서스 학파의 모델에는 미안한 이야기지만, 초기 현대 영국 사회(그리고 어느 정도는 다른 서유럽 국가들도 포함)는 가능한 생물학적 최대치보다 훨씬 낮거나 제3세계에서 현재까지도 흔하게 발견되고 있는 정도의 적당히 높은 출생률을 보여주었다. 또한 그에 상응하는 적당히 높은 사망률도 보여주었다. 이러한 균형은 재앙적인 맬서스의 적극적 기제가 아니라, 그가 저

10 E. A. Wrigley and R. S. Schofield, *The Population History of England, 1541-1981: A Reconstruction* (London: Edward Arnold, 1981). 이 논의에 대한 뒷받침은 Peter Laslett, *The World We Have Lost,* 3d ed. (London: Routledge, 1983)에서 찾을 수 있다.

술한 에세이의 후속 판에 등장했던 다른 유형의 기제, 즉 기준치를 초과하는 출산이 일어나지 않도록 해 주는 예방 기제에 의해 유지되었다.

무엇보다 리글리와 스코필드는 산업혁명 이전 영국의 인구 증가가 주로 결혼이 미뤄지면서 통제되었다고 주장했다. 전 세계적으로 보았을 때 영국은 통상적으로 결혼을 늦게 하는 편이었다. 1700년대에 여성들은 보통 25세가 되기 전까지 결혼을 하지 않았고, 남성들은 그로부터 몇 년 후에나 결혼했다. 이렇게 결혼을 늦게 하는 것은 효과적으로 출산을 억제시키는 역할을 했다. 혼인율에 초점을 맞춘 저자들은 1750년경부터 극적으로 인구가 증가하게 된 주된 원인이 결혼 관습의 변화라는 것을 보여주었다. 연인들은 좀 더 일찍 결혼하기 시작하여 좀 더 일찍 아이를 가지게 되었을 뿐만 아니라 이전보다 더 오랜 기간에 걸쳐서 다산을 경험하게 되었다. 이에 토마스 매큐언(Thomas McKeown)은 '현대 인구의 증가'가 사망률보다는 경제가 성장하고 위생이 발달하고 영양 상태가 좋아짐에 따라 자연스럽게 생겨난 현상이라는 데 초점을 맞춰 설명했다.[11]

영국의 인구사는 실로 거대하고 광범위한 집계 활동이었다. 지난해(1997년-역주) 발간된 이들의 후속 연구는 1580년부터 1837년까지를 다룬 『가족 재구성과 영국 인구사(*English Population History from Family Reconstitution*)』(1580~1837)로, 프랑스의 학자인 루이 앙리(Louis Henry)가 개척한 또 다른 방법인 가족 재구성을 참고하여 내용을 보충했다.[12] 쉽게 말해서, 가족 재구성의 목표는 교구등록부에 세례· 결혼 및 매장에 대한 정보가 기록된다는 점

11 Thomas McKeown, *The Modern Rise of Population* (London: Edward Arnold; New York: Academic Press, 1976).

12 E. A. Wrigley, R. S. Davies, J. E. Oeppen, and R. S. Schofield, *English Population History from Family Reconstitution, 1580-1837* (Cambridge: Cambridge University Press, 1997).

을 활용하는 것이다. 앙리는 등록부가 착실하게 유지되고 충분한 비율의 교구민이 자신의 교구에서 한평생 살아가면, 식별 가능한 개인들이 언제 결혼했는지, 그들의 자녀들이 언제 태어났는지, 그들이 언제 죽었는지를 정확하게 표시할 수 있다고 결론지었다. 다시 말해서, 그는 단순한 집계부터 시작하여 실제 개인과 집단의 삶에서 인구학적으로 유의미한 행위와 리듬까지 재구성할 수 있다고 언급했다. 이런 세분화에 따라 특정 집단의 개인들이 실제 결혼을 일찍 했는지 혹은 늦게 했는지, 아이를 짧은 기간에 많이 낳았는지 간격을 두고 낳았는지, 좀 더 자주 출산을 했는지 등을 문서화하는 것이 가능했다.

그렇다면, 이 후속편은 무엇을 보여주는가? 후속편은 몇 가지 사소한 예외 사항을 제외하고는 전편의 결론을 입증한다는 점에서 아쉽다기보다는 다행이라고 여겨진다. 그 둘 모두 인구조사그룹(PoP Group)의 결과물이며, 거의 동일한 미가공 데이터를 도출했다는 점을 감안하면, 그리 놀라운 일은 아니다. 그 두 편은 향후 사망률 패턴과 역학에 대한 모든 연구를 위해 필수적인 사실적 근거를 제공하게 되었다.

여러 방면에서 이와 유사한 연구로는 통계 및 인구통계학적 전문 지식에 의존하여 의학사에 잠재적으로 영향을 미칠 중요한 방법을 개발한 『신장, 건강 그리고 역사: 1750년부터 1980년까지의 영국의 영양 상태(*Height, Health, and History: Nutritional Status in the United Kingdom)*』(1750-1980)』를 들 수 있다. 인체측정학에 대한 도전적인 에세이로는 로드릭 플라우드(Roderick Floud), 케네스 웍터(Kenneth Wachter) 및 애나벨 그레고리(Annabel Gregory)의 연구가 있다.[13]

13 Richard Floud, Kenneth Wachter, and Annabel Gregory, *Height Health and History:*

산업혁명이 인류의 삶을 더 증진시켰는지 아니면 퇴보시켰는지의 여부는 오래전부터 제기된 질문으로 생활수준에 대한 논쟁을 불러일으켰다. 여기서 전통적으로 사용된 주요 증거는 임금률이었다. 그러나 데이터가 지닌 한계는 너무나 명확했다. 이와 대조적으로 『신장, 건강, 그리고 역사』의 저자들은 체격에 대한 데이터를 이용하여 새로운 답변을 제시했다.

생물학자들은 다른 조건이 다 동일하다면 키가 영양 상태를 대표한다고 보아 신장의 변화가 웰빙의 차이를 반영한다고 확신했다. 그렇다면, 영국인들의 체격이 어떻게 변했는지를 재구성하는 것이 가능할까? 플라우드와 그의 동료들은 18세기 후반부터 계속 측정되어 온 육군 신병들을 대상으로 체격 변화를 측정해 이를 증명해 보고자 했다.

무엇이 밝혀졌는가? 18세기 노동자의 평균 키는 아마도 161cm 미만으로 작았던 것으로 추정되었다. 평균 키는 1840년대까지 천천히 증가하다 다음 세대 동안에는 잠시 주춤했지만, 1870년대부터 현재까지도 우상향 곡선을 그리며 계속 증가하고 있다. 일반 사병들의 평균 신장은 한때 자신들의 상관들보다 12 또는 13cm 더 작았다. 실제로 상급 계층(더 우월하고 아마도 더 큰)이 하급 계층을 내려다본 것이다.

우리가 만약 신장부터 건강, 그리고 삶의 질까지 추론할 수 있다면, 이는

Nutritional Status in the United Kingdom, 1750-1980 (Cambridge: Cambridge University Press, 1996). 의학과 인구변동의 관계를 다룬 연구는 S. Szreter, *Fertility: Class and Gender in Britain, 1860-1940* (Cambridge: Cam bridge University Press, 1995)과 John Landers, *Death and the Metropolis: Studies in the Demographic History of London 1670-1830* (Cambridge: Cambridge University Press, 1993)을 참조. 음식의 역할에 대해서는 *Famine, Disease, and the Social Order in Early Modern Society*, John Walter and Rogers Schofield, eds. (Cambridge: Cambridge University Press, 1989)를 참조. 영양과 의학사에 대한 연구는 *The Science and Culture of Nutrition, 1840-1940*, Harmke Kamminga and Andrew Cunningham, eds. (Amsterdam: Rodopi, 1995)을 참조.

기존 연구에 의문을 제기하는 의미 있는 발견이 될 것이다. 이 발견은 산업화의 도래가 노동 계층의 생활수준을 악화시킨다고 해석했던 비관주의자들을 반박한다. 이 발견은 추정컨대 빅토리아 왕조 초기, 임금 인상에도 불구하고 충격적으로 점점 열악해진 도시 위생 상태로 인해 생존 가능성이 점점 낮아졌던 19세기 중반의 모습을 보여준다. 이 발견은 국가적 퇴보와 인종 자살에 관해 위기감을 조성했던 19세기 말 우생학자들의 주장을 약화시킨다. 그리고 이 발견은 건강 개선이 주로 영양 상태가 향상된 데서 비롯된다고 주장한 토마스 매큐언을 간접적으로나마 지원한다. 한편, 앤 하디(Anne Hardy)와 같은 의학사가들은 공중보건과 도시 개선이 건강을 개선하는 데 주요한 역할을 한다고 반박했다.[14]

위와 같은 연구 덕분에, 의학사는 생물학적 실체 및 사회적 행위자라고 간주되었던 몸에 대한 더욱 포괄적인 역사와 관련이 있을 수밖에 없게 되었다. 인구 역사와 의학사 간 또 다른 연결점은 섹슈얼리티 및 성적 행동에 대한 연구이며, 이는 페미니즘·푸코 그리고 일상에 대한 아래로부터의 역사에 의해서 관심이 확대되었다.[15] 이 글에서는 리글리와 스코필드 그리고 플라우드 무리가 활동했던 시기에 발표된 훌륭한 연구에 대해서 논해 보려고 한다. 팀 히치콕(Tim Hitchcock)이 집필한 『영국의 섹슈얼리티, 1700-1800(*English Sexualities, 1700-1800*)』란 저서가 있다.[16] 성 변화는 어떻게 이루어졌나? 그리고 그러한 변화는 의학사와 어떻게 맞물리게 되었나?

14 Anne Hardy, *The Epidemic Streets: Infectious Disease and the Rise of Preventive Medicine, 1856-1900* (Oxford: Oxford University Press, 1993); C. Riley, *Sickness, Recovery, and Death: A History and Forecast of Ill Health* (London: Macmillan, 1989) 참조.

15 이에 대한 논의는 Roy Porter, "History of the Body," in *New Perspectives on Historical Writing*, Peter Burke, ed. (Cambridge: Polity Press, 1991), 206-232 참조.

16 Tim Hitchcock, *English Sexualities, 1700-1800* (Basingstoke: Macmillan, 1997) 참조.

근대화가 전통적으로 금기시해 왔던 것을 극복했을 뿐만 아니라 성적 해방과 더 즐거운 성생활로 이어졌다는 에드워드 쇼터(Edward Shorter)의 견해와 해석[17]을 휘그주의라고 무시한 히치콕은 지역사회 내 남성과 여성의 관계 변화 그리고 성적 신체에 대한 새로운 해석의 맥락에서 섹슈얼리티를 고찰했다. 히치콕은 로렌스 스톤(Lawrence Stone)이 지나치게 강조했던 비전형적인 상류층에서 벗어나,[18] 이전에 우세했던 '공적인' 성문화와 이후에 생겨난 사적인 성 환경을 구별했다. 과거의 성문화가 커뮤니티 내에서 적절히 다루어진다는 전제하에 용인되었던 공적 유희의 일종이었다면, 히치콕이 추정하기에 18세기 중에는 포르노물이나 반(反)자위 문학 등의 현상과 관련된 새로운 사적인 성 환경이 생겨났다.

초기 모델은 성적 신체에 대한 노골적인 체액성 관점과, 토마스 라커(Thomas Laqueur)의 단일성(one-sex) 모델과 맞아떨어졌다.[19] 그것은 여성의 성이 지닌 힘을 강조한 신념의 보금자리였고, 연속적인 성적 호의의 제공이 결국은 결혼으로 이어지는 구혼 관행을 규정했다. 삽입성교를 하지 않는 한, 일상적인 혼전 성행위는 허용되었다.

우리가 상실하게 된 이 성적 세계는 점차 성적 기대와 젠더 관계에 대한 새로운 체제로 대체되었다. 생의학에 의한 가르침은 본질적으로 수동적인 성격을 띠는 여성의 성을 강조하기 시작했고, 여성의 오르가슴은 더 이상 임

17 Edward Shorter, *The Making of the Modern Family* (New York: Basic Books, 1975).

18 Lawrence Stone, *The Family: Sex and Marriage in England, 1500-1800* (London: Weidenfeld and Nicolson, 1977).

19 Thomas W. Laqueur, *Making Sex: Gender and the Body from Aristotle to Freud* (Cambridge, Mass.: Harvard University Press, 1990). 이 분야에 대해서는 또한 Roy Porter and Lesley A. Hall, *The Facts of Life: The Creation of Sexual Knowledge in Britain, 1650-1950* (New Haven: Yale University Press, 1995) 참조. 이 저서는 섹슈얼리티에 대한 규제에 있어서 의사와 의학적 믿음의 역할을 분석했다.

신에 필요하지 않은 것으로 여겨졌다. 그리고 활동적이고 남성 중심적인 남성과 연약한 처녀에 대한 서술은 젊은이들로 하여금 히치콕이 이성 간 의무적 이성애라고 칭한 것을 강조하는 성적 역할 모델에 관심을 갖게 하였고, 삽입성교가 점차 규범이 되었다. 히치콕의 모델은 그 자체로도 매우 설득력 있을 뿐만 아니라 섹슈얼리티를 다루는 가장 최근의 의학사와 사회사를 명시적으로 통합한다.

생명사회적(biosocial) 다양성으로서의 신체 건강에 대한 우리의 이해가 인구학적 역사와 섹슈얼리티 역사의 결합을 통해 증진된 것이라고 한다면, 최근 연구를 통해 새로운 결실을 맺은 또 다른 결합은 한편으로는 인구사와 역학사이고 다른 한편으로는 인구사와 환경사이다. 이런 연구의 뛰어난 예는 메리 돕슨(Mary Dobson)이 집필한 『근대 초기 영국의 죽음과 질병의 형세(*Contours of Death and Disease in Early Modern England*)』라는 저서로, 돕슨은 케임브리지 인구연구모임(Cambridge Population Group)이 수행한 인구통계학적 연구를 최대한 활용하고, 아날 학파(Annales school)적 전통을 이용했다.[20] 특히 장 피에르 구베르(Jean- Pierre Goubert)가 1974년에 쓴 브리타뉴 지역(Brittany)에 대한 이야기같이, 한 세대 전 아날 학파 역사가들은 인구 건강에 관한 몇몇 훌륭한 지역 연구들에 대해 반향을 불러일으켰다.[21] 케임브리지와 파리의 전통은 이제 역사적 의료 지형에 관한 돕슨의 선구적 연구를 포함하게 되었다. 서식스(Sussex), 켄트(Kent) 및 에식스(Essex)에서 지리학자로 활동했던 돕슨은 인구통계 데이터로 극적인 지역별 건강차이를 설명했다.

20 Mary J. Dobson, *Contours of Death and Disease in Early Modern England* (Cambridge: Cambridge University Press, 1997).

21 Jean-Pierre Goubert, *Malades et médecins en Bretagne, 1770-1790* (Rennes: Institut Armoricain de Recherches Historiques, 1974).

그녀는 매장/세례의 불일치(즉 죽음과 출생 사이의 불일치-역주)와 기타 지표를 이용하여 남동부의 특정 환경이 다른 지역의 환경보다 거주하기 좋은 환경이 아니었음을 밝혔다. 결과는 주로 등고선에 따라 나타났는데, 고지대에 살고 있는 사람들의 사망률이 가장 낮았고, 저지대에 살고 있는 사람들의 사망률은 가장 높게 나타났다. 거주민의 건강에 특히 해를 입힌 것은 롬니(Romney)의 습지대, 템즈(Thames)와 메드웨이(Medway) 하구 그리고 에식스(Essex) 해안에서 전형적으로 나타나는 염습지와 개울이었으며, 이러한 사실은 18세기의 선구적인 인구학자 토마스 쇼트 박사도 잘 알고 있었다.

오늘날의 역사인구통계학자들은 주로 도시 내 묘지에 대해 누누이 이야기해 왔다. 돕슨은 시골에도 폐기장이 있다는 근거를 대며 시골 지역을 건강과 명백하게 연관시키는 것은 실수를 저지르는 행위라는 것을 증명했다. 그녀는 또한 근대 초기, 주요 고속도로에서 멀리 떨어져 있고, 토양이 건조하고, 개울이 흐르고, 연료로 사용하기에 충분한 양의 목재가 있는 특정한 고산지대 거주민의 건강 상태가 평균적으로 좋다는 것을 밝혀냈다.

돕슨은 교구 데이터 및 의료기록을 활용해 해안가 변두리를 습격한 열병에 대해서 분석했는데, 양성 삼일열 말라리아라고 확신했던 습지열 혹은 학질에 관심을 기울였다. 또한 겨울철 혹독한 날씨 때문에 노인들의 사망률이 높아졌고, 여름철의 습한 환경 때문에 장티푸스가 만연하여 유아 사망률이 높아졌다는 것을 보여줬다.

돕슨은 지형의 특성이 사망률 변동에 얼마나 큰 영향을 미치는지를 강조하면서도 지리적 결정론의 덫에 빠지는 것을 피했다. 그녀는 질병의 증감률에 이주 패턴 및 재산, 계급 및 직업의 역할과 같은 사회적 요인도 작용한다고 강조했다. 또한, 그녀는 지역 의료 자원의 중요성을 이야기하면서도 이것이 궁극적인 사망 척도에 매우 강하게 기여하지는 않았다고 주장했는데, 적어도 19세기에 처음으로 말라리아에 대응하여 키니네가 널리 사용되기 이전에는 그렇다는 것이다. 오히려 그녀는 사망률을 낮추는 데 중요하게 작용한 것이 문명의 발달로 인한 자연의 변화라고 주장했다. 특히 1750년 이후 한때 인류의 건강에 치명적으로 작용했던 습지 지역은 습지 복원, 소택지에 공급된 배수 시설 그리고 새로운 필드 시스템과 같은 넓은 의미의 농업 개선으로 인해 인류의 건강을 덜 위협하게 되었다는 것이다.

이러한 발견은 인구통계학적 변화의 해석과 관련하여 다소 어려운 질문을 제기한다. 우리가 이전에 확인한 바와 같이 리글리와 스코필드는 1740년 이후 인구의 증가가 사망률의 감소보다는 출생률의 상승으로부터 더 많은 영향을 받았으며, 그러한 변화는 사람들이 전보다 더 어린 나이에 결혼했기 때문이라고 주장했다. 돕슨은 이와 대조적으로 사망률에 영향을 미치는 요소로서 지형을 강조하면서 자연히 출생과 혼인율보다는 사망에 초점을 맞췄다. 그러나 주로 국가적 맥락을 언급한 리글리와 스코필드도 지역별 차이를 배제하지 않았기에, 이 두 가지 접근 방식이 필연적으로 충돌한 것은 아니라고 할 수 있다.

지금까지 언급한 내용은 새로운 의학사에서 중요한 것이 바로 질병과 사회의 변증법에 대한 탐구였음을 시사한다. 지난 수십 년 동안 수많은 연구를 통해 이러한 역학 리듬과 인구통계학적 변화를 배경으로 한 특정 건강행동과 의료서비스가 사회 발전과 관련하여 조사되었다는 것은 그리 놀라운 일이 아니다. 나는 의료서비스를 통한 사회적 변화부터 의료 그 자체의 이론과 실행까지 다루는 모범적인 방식을 보여준 연구 한 편을 선정했다. 바로 메리 피셀(Mary Fissell)이 집필한 『18세기 브리스톨의 환자, 권력, 그리고 빈자들

(*Patients, Power, and the Poor in Eighteenth-Century Bristol*)』이다.[22] 어떤 면에서는 히치콕과 유사하게 산업화 시대 근대화 과정에 집중하면서 피셀은 17세기 중반의 전통적인 의료 환경부터 신 빈민구제법(New Poor Law)이 제정된 1834년에 이르기까지, 고급문화와 저급문화의 긴장 관계라는 맥락에서 보통 사람들의 의학적 믿음과 관행의 변화를 탐구해 왔다.

17세기 후반 브리스톨의 전형적인 하층계급 사람들은 복합적인 보건의료 체계에 참여했을 가능성이 크다. 여기에는 마술, 점성술, 그리고 신앙적 치료가 포함되었다. 이는 종종 당시 현명하다고 여겨진 여자 주술사들에 의해 행해졌고, 집에서 재배한 약초, 스스로 주조한 다양한 약, 특히 가난한 자들의 자금 사정으로는 벅찼지만 자선을 통해 얻을 수 있었던 일반적인 의약품들이 이용되었다. 환자들은 그중에서 자신들이 선호하는 형태의 치료 방법을 선택했다. 어떤 의미로 보면 당시 모든 사람들은 나름대로 의사 역할을 했던 것이다.

18세기에는 놀라운 변화가 일어났다. 신흥 소비사회에서 의료는 점점 상업화되어 갔다.[23] 의료 시장에서 여기저기 옮겨 다니며 약을 파는 사람들과

22 Mary E. Fissell, *Patients, Power, and the Poor in Eighteenth-Century Bristol* (Cambridge: Cambridge University Press, 1991). 또한 피셀의 "The Sick and Drooping Poor in Eighteenth Century Bristol and Its Region," *Social History of Medicine* 2 (1989): 35-58와 "The Disappearance of the Patient's Narrative and the Invention of Hospital Medicine," in *British Medicine in an Age of Reform*, Roger French and Andrew Wear, eds. (London: Routledge, 1992), 92-109 참조. 다른 지역에 대한 연구는 John V. Pickstone, *Medicine and Industrial Society: A History of Hospital Development in Manchester and Its Region, 1752-1946* (Manches ter: Manchester University Press, 1985) 참조. 이러한 연구의 쟁점은 Christopher Lawrence, *Medicine in the Making of Modern Britain, 1700-1920* (London: Routledge, 1994)에서 날카롭게 논의된다.

23 18세기 의료시장에 대한 논의는 Roy Porter and Dorothy Porter, *In Sickness and in Health: The British Experience 1650-1850* (London: Fourth Estate, 1988); Dorothy Porter and Roy Porter, *Patient's Progress: Doctors and Doctoring in Eighteenth-Century England*

그 약을 사는 단골손님들로 붐비기 시작했고, 그에 따라 새롭게 생겨난 약에 대한 선호를 충족시키기 위해 약국이 우후죽순 생겨났다. 이러한 의약품의 상품화는 중산층에 가장 큰 영향을 미쳤다.

이와 반대로 가난한 자들에게는 1696년에 설립된 브리스톨 구빈원과 그로부터 40년 뒤 설립된 브리스톨 병원(Bristol Infirmary)이 전환점이 되었다. 피셀은 조지 왕 시대의 병원을 죽음으로 가는 관문이라고 본 오래된 비난이 부당하다고 주장했다. 기록에 따르면 브리스톨 병원은 일반 평민들의 건강 상태를 개선하는 데 미흡하나마 긍정적인 역할을 했다.[24]

그러나 병원의 진정한 의미는 병을 고치는 데 있었던 게 아니라 대중 의료 서비스를 개혁하는 역할에 있었다. 병원 운영에 대한 실권은 머지않아 의료진 중에서도 특히 외과 전문의들의 수중으로 넘어갔다. 에든버러의 의학계에서 훈련받은 사람들은 자신의 일과 관련하여 굉장히 적극적이고 뛰어난 기량을 보였다. 마술 치료와 민간요법의 잔재는 사라져 갔다. 그리고 환자들이 의사에게 찾아가 자세히 늘어놓는 진술에 의존한 처방인 구식 진단 방식도 사라졌다. 이 모든 것들은 환자의 증상을 검사하는 의사로 대체되었으며, 이러한 증상은 과학적 의학의 기술 용어인 라틴어 어휘로 표현되기 시작했다. 사람들은 진보라는 미명하에 자신들의 고통에 의미를 부여했던 의학적 신념 체계를 병원과 유사 기관들에게 박탈당했다. 그런 식으로 대중 의료는 개혁되었다. 이제 더 이상 일반 사람들이 자신들의 병을 진단하고 치료하는 의사 역할을 수행할 수 없게 되었다. 이제 의사들은 환자 자신이 스스로

(Cambridge: Polity Press, 1989); Roy Porter, *Health for Sale: Quackery in England 1650-1850* (Manchester: Manchester University Press, 1989) 참조.

24 병원에 대해서는 Lindsay Granshaw and Roy Porter, eds., *The Hospital in History* (London: Routledge, 1989) 참조.

질병을 통제하기에는 의료가 너무 복잡하고 심각해졌다고 강조했다. 피셀의 주장에 따르면, 환자들은 이제 더 이상 자신들의 능력에 의존할 수 없게 되었고, 동시에 의료체계는 환자 중심에서 의사 중심의 의료 경제로 대체되었다. 이반 일리치(Ivan Illich)의 말을 빌리자면, 병원은 가난한 자들을 의료화(medicalizing)함으로써 그들의 건강을 전유했다.[25] 더 극적으로, 피셀은 브리스톨 병원이 수행했던 중요한 기능이 바로 병상에서 죽음을 맞이한 환자들을 해부한 것이라고 주장했다. 가난한 사람들의 시체는 교육상 매우 효과적으로 사용되었고, 외과 수술 그 자체는 추정컨대 비정한 의학적 실험 때문에 환자들의 공포를 자극하였다. 대중들에겐 병원과 감옥이, 그리고 약과 처벌이 다를 바 없었다.

해부를 언급하는 것은 사람들의 두 가지 몸(육체적, 문화적)에 대한 분석에서 새로운 의학사가 몸 역사의 발달에 의해 어떻게 자극되고 강화되어 왔는지를 상기시켜 준다. 이 부분에서 요점은 죽음과 시체에 대한 역사이다. 루스 리처드슨(Ruth Richardson)이 집필한 『죽음, 해부, 그리고 빈민: 인간 시체의 정치사(*Death, Dissection, and the Destitute: A Political History of the Human Corpse*)』가 확실히 보여주는 바와 같이 해부가 의사와 사람들의 마지막 만남의 장소로서 부상한 데 특히 많은 관심이 쏠렸다.[26]

그러나 앞서 말한 저서와 유사한 연구이자 조너선 소데이(Jonathan Sawday)가 집필한 상징적인 저서 『조각된 몸: 르네상스 문화에서의 해부 및 인체

25 Illich, *Limits to Medicine*.

26 Ruth Richardson, *Death, Dissection, and the Destitute: A Political History of the Human Corpse* (London: Routledge & Kegan Paul, 1987). 보편적인 죽음의 역사에 대해서는 Philippe Ariès, *The Hour of Our Death,* trans. Helen Weaver (London: Allen Lane, 1981); Nigel Llewellyn, *The Art of Death: Visual Culture in the English Death Ritual c.1500-c.1800* (London: Victoria & Albert Museum, 1991) 참조.

(*The Body Emblazoned: Dissection and the Human Body in Renaissance Culture*)』에 집중하고자 하는데,[27] 그의 연구가 의학사에서 학제 간 연구에 대한 가능성과 정석을 확실히 보여주었다는 의의가 있기 때문이다.

르네상스 시대 이후 몸에 대한 이해의 변화를 다룬 『조각된 몸』에서는 변화를 거듭하고 있는 의료 관행과 지적, 예술적 이미지 간 친밀한 상호작용을 확립하고자 했다. 몸에 영향을 미친 요소들 중 새로운 핵심은 바로 해부(학)였다. 벨기에의 해부학자였던 베살리우스(Vesalius)부터 영국의 해부학자였던 하비(Harvey)에 이르기까지 이전과는 전혀 다른 방식으로 칼을 사용하여 시체 해부가 이루어졌다. 해부학은 의학 연구와 의사의 훈련에서 중요시되었고, 게다가 17세기 영국에서 실제로 인체의 해부 장면을 관객들에게 보여주는 웅장한 해부극장들이 하나둘씩 세워짐에 따라 의료와 시민 권력 간의 동맹이 공개적으로 드러나게 되었다.

해부학의 혁명이 초래한 결과 중 하나는 중세 기독교 사회에서 지배적이었던 몸이 지니는 정신, 영혼 그리고 자아와의 관계에 대해 전통적인 사고방식을 지양하게 되었다는 것이다. 아주 오래전부터 지켜져 왔던 몸이 지닌 신성함에 대한 금기는 해부가 일상화됨에 따라 더는 유효할 수 없게 되었다. 어떤 측면에서 보면, 몸이 지니고 있는 존엄성이 타락하게 된 것이다. 다른 사람들이 적나라하게 목격할 수 있게 된 타인의 몸은 절단되고, 훼손되고, 실험의 대상이 되었다. 그러나 해부된 몸은 어떤 이에게는 기품 있어 보일 수 있었고, 미와 계산적 디자인의 걸작이나 신성한 지혜의 증거로도 여겨질 수 있었다.

27 Jonathan Sawday, *The Body Emblazoned: Dissection and the Human Body in Renaissance Culture* (London: Routledge, 1995).

그렇게 새로이 대중에게 공개된 해부된 몸은 일종의 은유적 의미를 담고 있었다. 외과 전공의가 해부한 시체가 범죄자들의 시체였기 때문에 해부는 일종의 형벌적 특성을 지닌 것으로 간주되었다. 그러나 칼이 몸을 훼손한다는 것은 유혈이 낭자했던 신대륙의 식민지화나 여성 혐오에 따른 여성 정복과 같이 여러 가지의 지배 방식을 시사하기도 했다. 해부(학)는 또한 로버트 버튼(Robert Burton)이 1621년에 발표한 『멜랑콜리의 해부(*Anatomy of Melancholy*)』에서 보이듯 인기 있는 문학과 철학 장르가 되기도 했다.

『조각된 몸』에서 가장 대담한 부분은 의학, 철학과 예술의 공생에 관한 탐구에 있다. 특히 1630년대 네덜란드 공화국에서 활동했던 화가들은 해부 장면을 자신들의 레퍼토리에 포함시켜, 해부학자의 석판에 표현되어 있는 시체에서부터 십자가에 못 박힌 그리스도의 피에타 전통까지도 대담하게 포함시켰다. 시체를 그린다는 것은 렘브란트(Rembrandt)의 〈니콜라스 튈프 박사의 해부학 강의(The Anatomy Lesson of Dr. Nicolaes Tulp)〉에서 보이는 바와 같이 외과 의사의 칼이 아닌 예술가 자신의 칼로 해부하는 것과 같았다. 소데이는 거의 같은 시기에 데카르트 역시 암스테르담의 정육점 근처에 살았고 직접 해부를 했는데, 이를 그저 우연의 일치로 봐야 하는지 되물었다.

해부학의 전통은 드디어 윌리엄 하비(William Harvey)에 이르러 절정에 달했다. 자신의 저서인 『심장운동에 관하여(*De Motu Cordis*)』(1628)를 통해서 심장은 단지 펌프 역할을 할 뿐이라고 언급해, 오래전부터 전해 내려온 심장이 왕이라는 원리와 이와 관련한 내용들을 무너뜨렸으며, 자신의 개인적 보수주의에 기반해 육체와 정신이 분리되어 있다는 데카르트의 이원론적 사상을 입증했는데, 이는 현대에는 마침내 과학의 일부이지만 별개의 영역으로 다루어지는 명제이다. 만약 해부학이 숙명이었다면, 의식은 형이상적이거나 기껏해야 기계 속의 유령이었어야만 했다. 소데이는 하비, 데카르트, 그리고 렘브란트가 공유한 사고방식이 새로운 육체/정신이라는 이원론을 만들어 냈다고 주장했다.[28] 이를 통해 철학사와 예술사에서 의학사의 중요성이 확립되었다.

마지막으로 간략하게 최근 몇 년 동안 영국에서 큰 관심을 불러일으키고 있는 학문 분야인 정신 질환의 역사에 대해서 언급하고자 한다. 오랜 기간, 정신의학의 역사는 배타적 접근 방식에서 나타나는 강점과 약점의 혼합 때문에 주로 정신과 의사에 의해서만 다루어져 왔다. 정신의학의 역사가 영국인들의 관심을 크게 끌지 못했던 것은 아마도 영국에는 정신병자의 치료법을 개혁한 피넬(Pinel), 독일의 정신의학자였던 크레펠린(Kraepelin)과 정신분석학의 대가였던 프로이트 같은 이들이 없었기 때문일 것이다.

1970년대 중반 이후로 많은 변화가 일어났다. 정신의학사는 부분적으로 정신의학 그 자체만으로도, 그리고 초기에는 반(反)정신의학 운동으로 인해서 많은 논쟁을 불러일으켰다. 지난 15년 동안 정신병원의 역사에 관한 광범위한 연구가 이루어졌다. 이제 우리는 처음으로 특정 제도에 대해 충분하고도 비판적인 연구들에 관한 자료를 확보하게 되었다. 환자 기록이 컴퓨터로 분석되어 진단과 치료, 입원 정책, 입원 기간 등의 상세한 프로필을 만들 수 있게 되었다.[29] 샬롯 매킨지(Charlotte Mackenzie)와 트레버 터너(Trevor Turner)

28 문학적 시선에서 본 초기 연구는 Francis Barker, *The Tremulous Private Body: Essays on Subjection* (London: Methuen, 1984) 참조. 몸에 대한 비교연구는 Joanna Bourke, *Dismembering the Male: Men's Bodies, Britain, and the Great War* (London: Reaktion Books, 1996) 참조.

29 개념적 논의는 Anne Digby, "Quantitative and Qualitative Perspectives on the Asylum," in *Problems and Methods in the History of Medicine*, Roy Porter and Andrew Wear, eds. (London: Croom Helm, 1987), 153-174 참조. 정신병원 역사에 대한 예는 *Let There Be Light Again: A History of Gartnavel Royal Hospital from Its Beginnings to the Present Day*, J. Andrews and I. Smith, eds. (Glasgow: Gartnavel Royal Hospital, 1993) 참조.

는 각자 부자들을 대상으로 한 가장 안락하고 고급스러운 사설 정신병원인 타이스허스트 하우스(Ticehurst House)를 연구해 해당 기관의 경영 방식과 정신의학적 범주를 살펴보았다.[30] 앤 딕비(Anne Digby)는 가장 권위 있는 자선기업인 요크 리트리트(York Retreat)에 대해서 조사했다.[31] 최근의 역사는 베들럼 정신병원(Bethlem)의 상황에 대한 선입견에 의문을 제기한다.[32]

당연하게도 그 결과는 오래된 내부 역사가 그린 진전에 대한 순수한 비전이나 반정신의학이 가정한 냉담한 착취나 사회적 통제에 대한 비전보다도 더 복잡하다. 몇몇 기관들이 불명예를 얻었다면, 다른 기관들은 잘 운영되었다. 정신병원은 낙천주의자들이 기대했던 엄청난 치료 효과를 절대 충족시키지 못했지만, 구빈원· 교도소 혹은 병자를 내버리는 쓰레기장에 불과한 장소로 전락하지도 않았다. 저먼 베리오스(German Berrios)와 휴 프리먼(Hugh Freeman)이 편집한 두 권짜리 책인『영국 정신의학 150년사, 1841-1991(*150 Years of British Psychiatry, 1841-1991*)』는 최근의 역사에서 매우 환영받을 만한 시도를 했다. 이 연구는 내부자들(정신의학자-역주)이 그들의 직업을 미화하는 역사를 쓴다는 역사가들의 조롱을 반박했다.[33]

30 Charlotte MacKenzie, *Psychiatry for the Rich: A History of Ticehurst Private Asylum, 1792-1917* (London: Routledge, 1993); T. Turner, "A Diagnostic Analysis of the Casebooks of Ticehurst Asylum 1845-1890," *Psychological Medicine, Monograph Supplement 21* (Cambridge: Cambridge University Press, 1992).

31 Anne Digby, *Madness, Morality, and Medicine* (Cambridge: Cambridge University Press, 1985)

32 Jonathan Andrews, Asa Briggs, Roy Porter, Penny Tucker, and Keir Waddington, *The History of Bethlem* (London: Routledge, 1997); P. Allderidge, *Bethlem, 1247-1997: A Pictorial Record* (London: Phillimore, 1996).

33 *150 Years of British Psychiatry, 1841-1941*, German E. Berrios and Hugh Freeman, eds. (London: Gaskell, 1991); *150 Years of British Psychiatry,* vol. 2: *The Aftermath,* Hugh Freeman and German E. Berrios, eds. (London: Athlone, 1996). 정신의학을 다루는 주요 연구는 다음과 같다. Roger Smith, *Trial by Medicine: Insanity and Responsibility in*

몸의 역사처럼 광기의 역사는 아래로부터의 역사와 담론 분석을 통해 의학사와 문화사가 상호 작용할 수 있는 또 다른 사례이다. 이에 대한 좋은 예는 앨런 잉그램(Allan Ingram)이 광인들의 글을 분석한 『언어의 정신병원: 18세기 광기를 쓰고 읽기(*The Madhouse of Language: Writing and Reading Madness in the Eighteenth Century*)』이다.[34] 고전주의 시대에는 정신이상이 침묵당했다(silenced)는 것이 역사 서술에서 정설이 되었다. 미셸 푸코(Michel Foucault)가 이 표현을 통해서 전하고자 했던 메시지는 광인에 대한 담론이 아무 의미 없는 것으로 받아들여졌고, 이에 따라 공권력이 주의를 기울이지 않았다는 것이다.[35] 앨런 잉그램은 이 해석적 틀 안에서 자신의 연구를 진행했다.

잉그램은 소데이처럼 문학사가의 언어기술을 자신의 연구에 적용했다. 정신의학과 관련된 저술, 소설, 자서전 등과 같은 다양한 유형의 글이 내포한 명시적 메시지와 의미 모두를 면밀히 조사한 그는 미셸 푸코의 말이 어느

Victorian Trials (Edinburgh: Edinburgh University Press, 1981). 다수의 새로운 연구들은 W. F. Bynum, Roy Porter, and Michael Shepherd, eds., *The Anatomy of Madness,* vol. 1: *People and Ideas* (London: Tavistock, 1985); vol. 2: *Institutions and Society* (London: Tavistock, 1985); vol. 3: *The Asylum and Its Psychiatry* (London: Routledge, 1988)에 소개되어 있다. 보다 풍부한 역사서술에 대한 논의는 Roy Porter, "History of Psychiatry in the U.K.," *History of Psychiatry* 2 (1991): 271-280 참조. 1990년에 출범한 이 신생 학술지 《정신의학의 역사》에는 최신 연구들이 많이 소개되어 있다. 최근에 부상하고 있는 연구는 정신박약에 대한 연구이다. *From Idiocy to Mental Deficiency: Historical Perspectives on People with Learning Disabilities*, David Wright and Anne Digby, eds. (London: Routledge, 1996) 참조.

34 Allan Ingram, *The Madhouse of Language: Writing and Reading Madness in the Eighteenth Century* (London: Routledge, 1991). 잉그램의 다른 연구인 *Boswell's Creative Gloom* (London: Macmillan, 1982)와 비교해보라.

35 Michel Foucault, *La folie et la déraison: Histoire de la folie à l'âge classique* (Paris: Librairie Plon, 1961)는 리처드 하워드(Richard Howard)가 번역 요약했다. Michel Foucault, *Madness and Civilization: A History of Insanity in the Age of Reason* (New York: Random House, 1965; London: Tavistock Publications, 1967). 푸코에 대한 평가로는 Arthur Still and Irving Velody, eds., *Rewriting the History of Madness: Studies in Foucault's Histoire de la Folie* (London: Routledge, 1992) 참조.

정도는 옳다는 것을 알게 되었다. 그러나 그의 연구는 주로 말장난같고, 자유분방하며, 혼란을 자처해 관심을 끄는 광인들의 언어에 지속적으로 특권을 부여한 전통을 강조했다. 그러나 그 의미는 변화를 거쳤다. 르네상스 시대에 광인의 언어는 신성하거나 비도덕적인 메시지를 전달하면서, 국가나 우주에 대해 사실을 드러내는 것으로 여겨졌다. 이와 대조적으로 계몽주의 시대의 감시관들은 그러한 담론을 개인의 정신과 성격을 전달하는 메시지라고 파악했다. 잉그램에 따르면 이러한 내면의 목소리(inner voice)를 심리화한 것은 로크의 관념의 연합(망상에 사로잡히면 생각의 사슬이 뒤틀리고 얽히게 된다)이라는 개념에 기반한다. 광인은 더 이상 침묵의 대상이 아니라 새로운 해석의 대상이 되었다.

돌아보니, 영국 의학사 내의 중요한 발전 중에서 내가 전혀 다루지 않은 부분이 너무나 많다.[36] 그러나 만약 이 글이 어느 특정 발전을 강조했다면, 이 글의 주요 주제에 합당하기 때문이다. 30년 전만 해도 의학사는 대체로 역사와는 전혀 관계가 없는 것처럼 여겨졌다. 오늘날 우리는 광범위한 학문적 관심을 받고 있는 의학사를 어디에서나 접할 수 있으며, 치유, 즉 가장 큰 의미에서 돌봄과 신체 훈육은 인구·섹슈얼리티·젠더·훈육 권력·제도사·재현의 역사 등에 관한 연구에 연결 고리가 된다. 관심 밖에 있던 이 주제는 이제 사람들의 관심을 끄는 중심에 서 있다.

36 이 글에서 언급되지 않은 매우 다양한 분야의 연구가 있다. 예컨대, 소아과의 역사, 임상의학, 실험의학, 의학교육, 소아과, 병원, 의학과 제국, 의학과 전쟁, 여성 의학, 의학경제, 수술의 역사 등이 그것들이다. 여기에서 다 다루지 못한 이유는 이들 분야의 연구가 축적되어 있지 않았기 때문이 아니라, 지면의 부족과 내 한계 때문인 것을 밝힌다.

Locating Medical Hist

제9장

20세기 후반 독일과 프랑스에서의 의료사회사

—의료사에서 보건사로

마틴 딩스(Martin Dinges)

의료사회사의 특징은 그 이전 연구와의 비교를 통해 두드러진다. 대체로 1970년대 이전까지의 의학사는 의사들에 의한, 의사들을 위한, 의사들에 대한 연구였다. 반면, 의료사회사는 의료진의 범위를 학술적으로 훈련되지 않은 치료사와 간호사들까지로 확대했고, 의료의 경제적 측면을 고려하며, 환자들에게 초기의학사에서는 전혀 언급되지 않던 주체성을 부여했다. 사실 의사들이 알기 훨씬 이전부터 환자는 건강을 생각했고, 마취학 같은 의학 분야가 출현하기 이전부터 사람들은 아파 왔다.

의학사에서 내가 주장하고자 하는 바는 권력의 문제와 기회의 불평등이다. 여기서 불평등은 역사의 주체가 되는 문제에서부터 삶의 기회와 의료적 치료를 받는 문제까지 다룬다. 의학사를 연구하면서 접하는 수많은 사료 중에 환자의 목소리는 거의 찾을 수 없는데, 이 사료들은 근본적으로 의사와 건강관리라는 행정적 사무를 위해 만들어졌기 때문이다.

당연히 '의료', '사회', '의료와 사회의 관계'라는 연구 대상별로 분야를 정의할 수도 있고, 혹은 이론이나 방법론의 접근법을 따를 수도 있다.[1] 위와 같

1 Robert Jütte, "Sozialgeschichte der Medizin: Inhalte—Methoden—Ziele," *Medizin, Gesellschaft und Geschichte* 9 (1990): 149-164. 슈프레는 특정 '이론' 개념을 추구한다. Alfons Labisch and Reinhard Spree, "Neuere Entwicklungen und aktuelle Trends in der Sozialgeschichte der Medizin in Deutschland—Rückschau und Ausblick," *Vierteljahrschrift für Sozial-und Wirtschaftsgeschichte* 84 (1997): 171-210, 305-321, 190, 196f 참조.

은 세 요소의 각기 다른 조합이 논의되기도 했다. 환자의 역할이나 전문화 같은 중범위이론(midium-range theories)이 분야의 틀을 잡는 데 일조했고, 역사유물론부터 사회계급론·근대화·최근의 인식론(theories of knowledge)에 이르는 상위 개념들도 일정 역할을 했다. 그러나 나는 이 글에서 특정 견해를 조명하기 위해 다른 견해들을 배제하는 방법이 아닌, 일반적 접근 방법인 질병의 사회적 구성이라는 연구분야에 집중하고자 한다.[2] 질병의 사회적 구성에서는 서로 다른 행위자인 환자, 치료인 전반, 당국(예컨대 국가), 제3자 이해집단 모두가 사회적으로 질환으로 여겨지는 것에 영향을 끼친다.[3] 이 행위자들의 지적, 상징적, 경제적, 정치적 자원은 세기마다 다양하다. 이러한 '장치(equipment)'는 행위자의 관점을 결정하기는 하지만, 하나의 특정한 질병에 관한 견해, 예컨대 의료적인 견해가 반드시 그리고 항상 다른 개념들을 규제한다고 가정할 필요는 없다.

나는 이 장에서 지난 세기 역사 서술이 밀접한 관련을 지니고 변화된 지점들을 살펴 보고자 한다. 우선 전염병 전파에서 행위자·제도·경험들이 더욱 분화되는 경향과 일반적인 태도에서 환자의 전염병 경험으로 진행된 것을 살핀다. 이후, 독점적 권력을 결집한 전문직화에서 다원화된 의료 시장의 다양한 건강관리 서비스에 대한 이해로, 그리고 위로부터의 의료화(medicalization)에서 수요의 힘으로 전환되는 지점들을 짚어 보고자 한다. 마지막으로, 사상과 이데올로기부터 실천 행위에 이르는 담론들을 살펴보겠

2 *The Social Construction of Illness: Illness and Medical Knowledge in Past and Present*, Jens Lachmund and Gunnar Stollberg, eds. (Stuttgart: Steiner, 1992) 참조.

3 예를 들어 전염병에 관련해서는 Martin Dinges, "Neue Wege in der Seuchengeschichte?" ; "Pest und Staat: Von der Institutionengeschichte zur sozialen Konstruktion?" 둘 다 *Neue Wege in der Seuchengeschichte*, Martin Dinges and Thomas Schlich, eds. (Stuttgart: Steiner, 1995), 7-24 and 71-103 참조.

다. 이 글에서는 방대한 문헌 연구 대신, 몇 개의 주요 사례를 중심으로 이러한 전환을 살펴보고자 한다.[4]

나는 근대 초 유럽의 사회사 전공자로서(1980년대 프랑스의 빈곤과 일탈 행위에 대한 연구도 병행했다), 제1차 세계대전까지의 근대 시기에 주목하겠다.[5] 지면 관계상, 정신의학은 생략한다. 정신의학은 그 자체로도 하나의 연구 주제가 될 만큼 방대한 분야이기 때문이다.[6] 독일어권 국가에 집중하되 프랑스의 사례를 비교군으로 종종 언급하고자 한다. 이러한 방법은 두 개의 다른 언어권 국가가 강력한 상호 관계를 맺은 것처럼 보이게 할지도 모르지만, 1980년대 열린 2개의 학술회의와 최근 두 권의 저서를 제외하고는[7] 절대 그렇지 않다. 라인강을 사이에 둔 양쪽의 두 언어권 연구는 오히려 영어권 출

4 Jütte, "Sozialgeschichte"; Labisch and Spree, "Neuere Entwicklungen"; *Medizingeschichte: Aufgaben, Probleme, Perspektiven*, Norbert Paul and Thomas Schlich, eds. (Frankfurt: Campus, 1998); Eberhard Wolff, "Volkskundliche Gesundheitsforschung. Medikalkultur- und 'Volksmedizin'-Forschung," in *Grundriβ der Volkskunde*, Rolf W. Brednich, ed. (Berlin: Dietrich Reimer, 2001), 617-635 참조. 프랑스의 경우에는 Olivier Faure, "Vingt ans d'histoire de la santé," *Revue historique Vaudoise* (1995): 315-327; "The Social History of Health in France: A Survey of Recent Developments," in *Social History of Medicine* 3 (1990): 437-451 참조.

5 제1차 세계대전 이후에 대해서는 *Medicine and Modernity: Public Health and Medical Care in Nineteenth- and Twentieth-Century Germany*, Manfred Berg and Geoffrey Cocks, eds. (Cambridge: Cambridge University Press, 1997), 17-33 참조.

6 Dirk Blasius, "*Einfache Seelenstörung*." *Geschichte der Psychiatrie in Deutschland* (Frankfurt: Fischer, 1994).

7 *Maladies et société (XIIe-XVIIIe siècles)*, Neithard Bulst and Robert Delort, eds. (Paris: Editions du CNRS, 1989). Isabelle von Bueltzingsloewen, *Machines à instruire, machines à guérir. Les hôpitaux universitaires et la médicalisation de la société allemande 1730-1850* (Lyon: Presses universitaires, 1997); Calixte Hudemann-Simon, *L'État et la santé. La politique de santé publique ou "police médicale" dans les quatre départements rhénans, 1794-1814* (Sigmaringen: Thorbecke, 1995). 독일에 대한 프랑스어 연구는 있는 반면, 프랑스에 대한 독일어 연구는 없다. Francisca Loetz, "Histoire des mentalités und Medizingeschichte: Wege zu einer Sozialgeschichte der Medizin," *Medizinhistorisches Journal* 27 (1992): 272-291 참조.

판물에 더 영향을 받았기 때문이다. 그럼에도 불구하고, 나는 독일과 프랑스 **에서** 수행된 연구들에 집중할 것이다. 리처드 에반스, 콜린 존스, 메리 린드만, 매튜 램지 등을 포함해 프랑스와 독일의 의료사회사 발전에 중요한 영향을 끼쳤던 영어권 역사가들이 저술한 독일과 프랑스에 **대한** 연구들은 과감히 생략한다.

이 분야의 역사를 알기 위해서는 제도, 인물, 논쟁에 대한 소개글이 필요하다. 오스트리아나 스위스와 마찬가지로 독일에서 의학사는 전통적으로 의학과로 제도화되었다. 의학사가는 대부분이 의사였고, 그중 소수, 예컨대, 크리스티안 프롭스트(Christian Probst)와 군터 만(Gunther Mann)이 의료사회사에 주목했다. 1960년대 후반, 에른스트 클레(Ernst Klee)가 서독에서 주요 주간지인 《디 차이트(*Die Zeit*)》에 평론을 썼고, 클라우스 도르너(Klaus Dorner)는 나치 시기에 문제가 있던 의사들을 고발했다.[8] 이 신문 기사들은 주로 윤리적 문제를 부각하지만, 의료에 미치는 정치와 사회적 영향을 재고하려는 첫 번째 시도였다. 정치와 사회는 의료 전문가 협회와 의과대학에 점진적으로 영향을 끼쳤고, 1980년대에 국한되기는 했지만 나치 시기 이들의 역할을 재고하는 연구 프로젝트로 이어지기도 했다. 정치적으로 덜 민감한 시기였던 1970년대에는 사회학자이자 의사인 알폰스 라비쉬(Alfons Labisch, 1946년생)가 학계 내에서 논쟁을 시작했다.[9] 그는 '건강정치(health politics)의 진보적 전통'을 재발견하자고 주장하였는데, 바이마르공화국 시기 노동운동을 사례로 들었다. 1980년대 그는 영어권 연구를 모델로 삼아 의료사회사를 의료의

8 Franz-Werner Kersting, *Anstaltsärzte zwischen Kaiserreich und Bundesrepublik. Das Beispiel Westfalen* (Paderborn: Schöningh, 1996) 참조.

9 Alfons Labisch, *Geschichte, Sozialgeschichte, Historische Soziologie der Medizin* (Kassel: FB Sozialwesen der Gesamthochschule Kassel, 1990).

역사사회학의 방법으로 접근하는 데까지 시각을 넓혔다.

그 당시에는 몸을 연구한 역사가인 바바라 두던(Barbara Duden)은 물론, 인구 변화를 연구하는 경제사가(라인하르트 슈프레(Reinhard Spree))도[10], 전문직화 연구를 하던 사회사가(우테 프레베르트(Ute Frevert), 클라우디아 후에르캄프(Claudia Huerkamp), 아넷 드레스(Anette Drees))[11]나 19세기 국가건강정치나 보험을 연구하던 사회학자들(게르트 괴켄얀(Gert Göckenjan))도[12] 이 분야에 뛰어들었다.[13] 해외로부터 역사인구학이 재소개되었다. 스위스 출신의 역사가인 아르투르 임호프(Arthur Imhof)는 노르웨이에서 몇 학기를 보낸 뒤, 이 주제로 책을 출간했다.[14] 이 저서들에서 다루는 주제들은 의료사회사의 특징을 잘 보여준다. 1982년부터 빌레펠트(독일 북부 도시-역주)에서 개최된 몇몇 학술대회를 통해 기존의 의학사가들과 새로운 방법론을 주창한 역사가들이 서로의 접점을 찾아보려 했으나 무위로 돌아갔다. 갓 대학에 자리를 잡은 라비

10 Reinhard Spree, *Health and Social Class in Imperial Germany: A Social History of Mortality, Morbidity, and Inequality* (1981; English trans., Oxford: Berg, 1988).

11 Ute Frevert, *Krankheit als politisches Problem 1770-1880. Soziale Unterschichten in Preuβen zwischen medizinischer Polizei und staatlicher Sozialversicherung* (Göttingen: Vandenhoeck & Ruprecht, 1984); Claudia Huerkamp, *Der Aufstieg der Ärzte im 19. Jahrhundert. Vom gelehrten Stand zum professionellen Experten: Das Beispiel Preuβens* (Göttingen: Vandenhoeck & Ruprecht, 1985); Annette Drees, *Die Ärzte auf dem Weg zu Prestige und Wohlstand* (Münster: Coppenrath, 1988).

12 Gert Göckenjan, *Kurieren und Staat machen. Gesundheit und Medizin in der bürgerlichen Welt* (Frankfurt: Suhrkamp, 1985).

13 Barbara Duden, *The Woman beneath the Skin: A Doctor's Patients in Eighteenth-Century Germany* (1984; English trans., Cambridge, Mass.: Harvard University Press, 1991); Maren Lorenz, *Leibhaftige Vergangenheit. Einführung in die Körpergeschichte* (Tübingen: Edition Diskord, 2000) 참조.

14 Arthur E. Imhof and Øivind Larsen, *Sozialgeschichte der Medizin. Probleme der quantifizierenden Quellenbearbeitung in der Sozial-und Medizingeschichte* (Oslo: Universitetsferlaget; Stuttgart: Fischer, 1976); Arthur E. Imhof, *Lebenserwartungen in Deutschland vom 17.-19. Jahrhundert* (Weinheim: VCH, 1990).

쉬처럼, 1987년 프레베르트도 당시의 의료사와 의료사회사간 차이의 핵심은 후자가 의료의 정치 사회적 조건을 고려하는 것에 있다는 데 동의했다.[15] 프레베르트는 기존의 의학사는 의학이라는 분과 학문의 역사에 매몰되어 있어서 의학사 전체가 현재의 영광스러운 역사로의 진보라고 잘못 이해하고 있다고 주장했다. 그녀는 또한 독일의 연구들이 영국이나 프랑스에 뒤처진다고 강조했다. 이에 질세라, 군터 만은 기존의 의학사도 프레베르트가 강조한 바를 이미 실현했으나, 사회사가들이 이런 성과를 충분하게 인식하지 못한 것 뿐이라고 강조했다.[16]

이러한 노력이 시작된 1980년대 이래, 역사학을 공부했거나 역사학과에 적을 둔 연구자들이 사회사 작업을 일구었다. 최근에는 의과대학에 적을 둔 의학사가들 역시 과학사, 의료 행위와 과학 분과, 의료 개념의 수용 등 기존의 연구 영역에서도 혁신적인 작업을 선보이고 있다.[17] '새로운 지성사'로 소

15 Ute Frevert, "Geteilte Geschichte der Gesundheit. Zum Stand der historischen Erforschung der Medizin in Deutschland, England und Frankreich," *Frankfurter Allgemeine Zeitung*, 28 January 1987, 31.

16 Gunter Mann, "Beschränktheit im Wissen. Eine Antwort auf Ute Freverts Thesen zur Medizingeschichte," *Frankfurter Allgemeine Zeitung*, 11 March 1987, 32.

17 *Anatomien medizinischen Wissens. Medizin, Macht, Moleküle*, Cornelius Borck, ed. (Frankfurt: Fischer, 1996). 실험실 연구에서 인간행동학적 전환은 다음을 참조. Thomas Schlich, "Wissenschaft: Die Herstellung wissenschaftlicher Fakten als Thema der Geschichtsforschung," in Paul and Schlich, *Medizingeschichte*, 107-129; Thomas Schlich, *Die Erfindung der Organtransplantation. Erfolg und Scheitern des chirurgischen Organersatzes (1880-1930)* (Frankfurt: Campus, 1998); *Instrument–Experiment. Historische Studien*, Christoph Meinel, ed. (Berlin: Verlag für Geschichte der Naturwissenschaften und der Technik, 2000); *Normierung der Gesundheit. Messende Verfahren der Medizin als kulturelle Praktik um 1900*, Volker Hess, ed. (Husum: Matthiesen, 1997); Volker Hess, *Der wohltemperierte Mensch. Wissenschaft und Alltag des Fiebermessens (1850-1900)* (Frankfurt: Campus, 2000). Andreas Holger Maehle, *Kritik und Verteidigung des Tierversuchs: Die Anfänge im 17. und 18. Jahrhundert* (Stuttgart: Steiner 1992); *Drugs on Trial: Experimental Pharmacology and Therapeutic Innovation in Eighteenth Century* (Amsterdam: Rodopi, 1999); Christian Bonah, *Les sciences*

개된 위의 연구들로 볼 때, 나는 독일식 접근이 새로운 지성사회사에 기여하지 않을 수 없었다고 본다.[18]

프랑스에서 별도의 학문으로 의학사가 제도화된 곳은 의과대학도 역사학부도 아니었다.[19] 1970년대 이래로 의학사는 과학사를 다루는 학과나 일반 역사학과 쪽에서 연구되었다. 혹자는 자크 레오나르(Jacques Léonard)를 '의료사회사의 아버지'라고 부를지도 모른다. 그는 19세기를 중심으로 의사, 의학 지식, 의료문화 등에 대한 방대한 저작을 남겼다. 1970년대에는 기존의 의학사가나 과학사가들이 레오나르의 사회사적 방법을 수용하지 않으려고 했다. 독일보다 더 발달한 프랑스의 의료사회사는 또 다른 기원을 역사인구학에 두고 있다. 역사인구학은 1960년대부터 아날 학파(*Annales* school)의 역사 서술에서 핵심적인 역할을 해 왔다.[20] 프랑수아 르브륀(François Lebrun), 모리스 가든(Maurice Garden), 장 피에르 구베르(Jean Pierre Goubert), 알랭 크로와(Alain Croix), 피에르 기욤(Pierre Guillaume)이 1970년대에 했던 작업에서 인구학적 관점을 다른 연구들에 접목했다는 것을 알 수 있다. 예컨대, 전염

physiologiques en Europe, Analyses comparées du XIXe siècle (Paris: Vrin, 1995); *Pathology in the 19th and 20th Century: The Relationship between Theory and Practice*, Cay-Rüdiger Prüll, ed. (Sheffield: EAHMH Publications, 1999); Johanna Geyer-Kordesch, *Pietismus. Medizin und Aufklärung in Preuβen im 18. Jahrhundert. Das Leben und Werk Georg Ernst Stahls* (Tübingen: Niemeyer, 2000).

18 예를 들어, Claudia Wiesemann, *Die heimliche Krankheit. Eine Geschichte des Suchtbegriffs* (Stuttgart: Frommann-Holzbog, 2000) 참조.

19 Jean-Pierre Peter, "Jacques Léonard, un historien face à l'opacité," in *Médecins, malades et société dans la France du XIXe siècle* (Paris: Sciences en situation, 1992), 9-19, 12ff.; *Pour l'histoire de la médecine. Autour de l'oeuvre de Jacques Léonard*, Michel Lagrée and François Lebrun, eds. (Rennes: Presses universitaires de Rennes, 1994).

20 이러한 국가적 차이의 배경에 대해서는 Christiane Dienel, *Kinderzahl und Staatsraison: Empfängnisverhütung und Bevölkerungspolitik in Deutschland und Frankreich bis 1918* (Münster: Westfälisches Dampfboot, 1995) 참조.

병(장 노엘 비라벵(Jean-Noël Biraben), 바르톨로메 베나사(Bartolomé Benassar)), 병원이나 고아원 같은 기관과 이들의 인구학적 영향, 그리고 건강관리에 관한 정치학(파트리스 부르델레(Patrice Bourdelais)) 등의 연구가 등장했다. 인류학과 역사학 연구의 연계는 더욱 긴밀했는데, 아마도 1970년대에 등장한 대중 의료문화연구(프랑수아 루(Francoise Lous), 필립 리샤르(Pilippe Richard))에서처럼, 이 분야의 문화사적 접근이라는 초기 경향을 더 잘 드러낼 수도 있다.[21]

1960년대와 1970년대 프랑스의 의료사회사는 또 다른 영감의 원천인 미셸 푸코 외에도 특별한 프랑스적 전통을 지녔다. 1980년대까지 영어권 저작은 매우 보조적인 역할에 그쳤지만, 근대 초 프랑스 의학사에서는 영국인 역사가 두 명이 주요한 기여를 했다.[22]

다음에서는 사회변동과 의학의 관계에 대한 거대 담론에서 비롯된 두 역사 서술이 개인의 고통을 진지하게 다루는 지엽적인 담론으로 변화하게 된 과정을 기술하고자 한다. 1970년대와 1980년대를 걸쳐 건강관리 시스템이 주류를 차지하고 있었던 반면, 1990년대부터는 인간행동학적(praxeological)인 전환이 이루어졌다.

21 Alain Corbin, *Le miasme et la jonquille: Odorat et l'imaginaire social XVIIIe-XIXe siècles* (Paris: Aubier Montaigne, 1982); Georges Vigarello, *Le propre et le sale: L'hygiène du corps depuis le Moyen-Âge* (Paris: Seuil, 1985); Jean Pierre Goubert, *La conquête de l'eau. L'avènement de la santé à l'âge de l'industriel* (Paris: Laffont, 1986).

22 Laurence Brockliss and Colin Jones, *The Medical World of Early Modern France* (Oxford: Clarendon Press, 1997).

전염병학의 전환과 질병 경험

1981년 출간된 죽음과 건강의 사회적 불평등에 대한 대작에서, 슈프레(Spree)는 독일 제국에서 건강 상태가 전반적으로 개선되었음을 증명했다.[23] 그는 매큐언테제(근세 이후 인구의 폭발적인 증가는 출생률의 증가가 아닌 사망률의 감소에 의한 것으로, 산업혁명 이후 경제성장에 따른 생활의 질의 향상과 영양 상태의 호전으로 면역력이 증가했기 때문이라는 주장-역주)에 기반해서 생활이나 도시 위생의 전반적인 개선이 의사나 병원 서비스 같은 직접적인 효과보다 더 중요하다고 강조했다. 그렇다고 그가 의사들이 위생의 근거로 사용하는 과학적 용어인 세균학의 간접적인 영향을 부정한 것은 아니다.[24] 기대여명이 현저하게 높아진 것은 주로 영아 보육과 관련이 있음을 발견하고, 이러한 변화를 설명하기 위해 사회경제적, 문화적 요인이 함께 작용하는 모델을 제시했다. 최근 슈퇴켈(Stöckel)은 베를린 사례를 통해 이 결론을 다듬었다. 그는 출생률의 감소가 얼마나 중요한지를 강조하면서, 처음엔 사조직에 의해서, 다음엔 시정부에 의해, 그리고는 1933년까지 제국에 의해 취해진 조치들이 사회적으로 차별화된 결과를 초래했다고 주장했다.[25]

19세기 후반 30여 년간 개별 도시에 구축된 공중보건 기반 시설에 대한 사례 연구는 토마스 매큐언(Thomas McKweon)과 그의 추종자들이 사용한 고도로 통합된 데이터의 문제를 능가했다. 일례로 비테 비츨러(Beate Witzler)는 『대도시와 위생(*Groβstadt und Hygiene*)』이라는 저서에서, 독일 도시 여섯 곳

23 Spree, *Health*.

24 다음을 참조. Patrice Bourdelais, ed., *Les hygiènistes: Enjeux, modèles et pratiques* (XVIIIe-XXe siècles) (Paris: Belin, 2001).

25 Sigrid Stöckel, *Säuglingsfürsorge zwischen sozialer Hygiene und Eugenik* (Berlin: De Gruyter, 1996).

의 건강관리 정치학을 비교했다.[26] 도시 모두에서 사망률은 콜레라 같은 전염병의 위험에 크게 좌우되었고, 19세기 말이 될 때까지도 영아 보육이라는 중요한 문제가 정치적 관심을 거의 끌지 못했다.[27] 비츨러는 도시 정치인과 전문가, 주민이 수행할 수 있는 보완적인 역할을 강조했다. 실행의 방향에 따라 위생 증진의 특징적인 경로가 좌우되었다. 국가의 규제 활동으로서의 보건 정치학은 도시 행정과 기술적 개입으로 크게 전환되었다. 1900년 이후에야 알코올중독과 성병 통제 같은 문제들까지 사회 위생적인 관심의 대상이 되었다.[28] 비츨러는 1900년 이후 병원이 시민 자긍심의 상징이 되어 병원에 대한 투자가 급격히 증가했는데, 도시 간 경쟁이 주요 동기가 되었다고 결론지었다.

푀겔레(Vögele)는 1998년도 저작에서 1870년부터 1913년 사이 독일과 영국의 주요 10대 도시의 사망률을 비교했다.[29] 수치화할 수 있는 건강 효과에 집중하면서, 그는 독일의 보건 상태가 당시에는 훨씬 열악했음을 발견했다. 그러나 '도시형벌'(urban penalty, 시골보다 도시에서 높은 사망률을 보임-역주)의 증거는 영국에서 더 두드러졌다.[30] 보건 개선에 대한 논의는 영국에서 먼저 시작되었으나, 실행 면에서는 독일이 빨랐다. 보건 관련 법제와 기반 시설이 처음 시행된 곳은 영국이었던 반면에, 독일에서는 전반적인 법제화보

26 Beate Witzler, *Groβstadt und Hygiene. Kommunale Gesundheitspolitik in der Epoche der Urbanisierung* (Stuttgart: Steiner, 1995).

27 François Delaporte, *Le savoir de la maladie. Essai sur le choléra de 1832 à Paris* (Paris: Presses universitaires de France, 1990); Patrice Bourdelais and Jean Yves Raulot, *Une peur bleue: Histoire du choléra en France, 1832-1854* (Paris: Payot, 1987) 참조.

28 Lutz Sauerteig, *Krankheit, Sexualität, Gesellschaft. Geschlechtskrankheiten und Gesundheitspolitik im 19. und frühen 20. Jahrhundert* (Stuttgart: Steiner, 1999) 참조.

29 Jörg Vögele, *Urban Mortality Change in England and Germany, 1870-1913* (Liverpool: University Press, 1998), 211ff.

30 *Annales de démographie historique* (1990) 참조.

다 각 지역 도시의 대응책이 더 중요하게 작동했다. 역설적으로, 프로이센의 3등급 선거제도(유권자가 자신의 납세액에 따라 3등급으로 나누어져 선거인단을 선출하는 간접선거제도. 유권자의 수에 따라 각 등급의 표의 비중이 달랐음-역주)는 값비싼 기반 시설 개혁을 촉진했는데, 각 도시 지배계급의 경제적 이익과 직접적으로 연관되어 있기 때문이었다. 반면에 영국인 유권자들은 값비싼 투자를 더 꺼려 했다. 모든 시기를 통틀어 독일에서는 소화기 질환이 더 주요 문제였다. 디프테리아가 주요한 사망 원인이었기 때문에 기반 시설을 개선하는 것이 더 효과적이었다. 생활환경의 개선은 비록 정비례하지는 않더라도,[31] 사망률 감소에 큰 영향을 주었다. 중앙 수도 공급과 하수 시스템 덕분에 인구 구성원들은 의사들이 그토록 홍보했던 개인위생 수칙을 지킬 수 있었고, 이런 행동의 변화를 이끌었던 것이야말로 의료 전문직이 사망률 감소에 기여한 부분이었다.[32] 지역과 국가적 차원의 다른 경로가 건강에 비교할 만한 개선을 이끌어냈음을 발견한 푀겔레는 이러한 다국적 비교와 미시사적 연구의 결합을 통해서만 역사가들이 변화를 설명하는 결정적인 요소를 분리할 수 있을 것이라고 결론지었다.[33] 의사와 공학자라는 두 전문 직업군이 개념화한 도시환경에 대한 비교가 특히 앞으로 유망한 연구의 길을 터 주었다.[34]

31 Patrice Bourdelais, "Épidémies et population: Bilan et perspectives de recherches," *Annales de démographie historique* (1997): 9-26, 19 참조.

32 Jörg Vögele가 설명한 복잡한 모델에 대해서는 *Sozialgeschichte städtischer Gesundheitsverhältnisse während der Urbanisierung* (Berlin: Duncker & Humblot, 2001), 140 참조.

33 Vögele, *Sozialgeschichte*, 237ff.; Yankel Fijalkow, "Territorialisation du risque sanitaire et statistique démographique: Les 'immeubles tuberculeux' de l'ilôt insalubre Saint Gervais (1894-1930)," *Annales de démographie historique* (1996): 45-60.

34 Sabine Barles, *La ville délétère. Médecins et ingénieurs dans l'espace urbain, XVIIIe-XIXe siècle* (Paris: Champ Vallon, 1999).

1990년대 이래, 도시 및 지역 환경 연구가 의료사회사와 타 학문의 연결고리를 제공하는 강력한 매개가 되었다. 19세기 초, 건강은 공장 개발에 대한 저항 논리로 주요하게 작용했다.[35] 리옹을 연구한 올리비에 파우레(Oliveir Faure), 베스트팔렌을 연구한 울리케 길하우스(Ulrike Gilhaus)는 오염 산업(polluting enterprises)에 대한 태도에서 사회 계급보다 경제적 이해관계가 더욱 크게 작용한다는 것을 보여주었다.[36] 도시에 사는 동물들에 대한 태도가 변화하는 부분도 최근 주목을 받는 건강 관련 이슈이다.[37]

19세기 보건 인프라 변화의 상징으로서 병원과 클리닉 연구는 프랑스와 독일에서 각각 다소 다른 역사기술의 자극을 받았다. 프랑스에서는 미셸 푸코의 1963년 작 『임상의학의 탄생(*Birth of the Clinic*)』이 이 기관들에 대한 새로운 관심을 이끌어 냈다. 1982년에 이미 파우레는 파리의 사례에만 집중되어 있던 푸코의 분석을 재해석했다.[38] 파우레는 리옹에서 이런 기관들의 의료 전문화가 뒤늦게 일어났다고 강조했다. 폰 부엘칭슬뢰벤(Von Bueltzingsloewen)은 괴팅겐(Göttingen)과 다른 도시들을 비교한 독일의 사례

35 Michael Stolberg, *Ein Recht auf saubere Luft? Umweltkonflikte am Beginn des Industriezeitalters* (Erlangen: Harald Fischer, 1994); Joachim Radkau, *Natur und Macht. Eine Weltgeschichte der Umwelt* (Munich: C. H. Beck, 2000), 274-283; *Le démon urbain,* Geneviève Massard-Guilbaud and Christoph Bernard, eds. (Clermont Ferrand: Presses universitaires, 2002).

36 Olivier Faure, "L'industrie et l'environnement à Lyon au XIXe siècle," *Cahier des annales de Normandie* 24 (1992): 299-311; Ulrike Gilhaus, "Schmerzenskinder der Industrie." *Umweltverschmutzung, Umweltpolitik und sozialer Protest im Industriezeitalter in Westfalen 1845-1914* (Paderborn: Schöningh, 1995).

37 다음의 특별호를 참조. *Cahiers d'histoire* 42, no. 3-4 (1997), "L'animal domestique. XVIe-XXe siècle," Eric Baratay and Jean-Luc Mayaud, eds.

38 Olivier Faure, *Genèse de l'hôpital moderne. Les hospices civils de Lyon de 1802 à 1845* (Lyon: Presses Univeritaires, 1982).

를 연구했다.[39] 빈이나 베를린 같은 대도시에서 주요 동력은 정치적 혹은 시정 권력에서 비롯되었고, 소수의 소도시들에서는 대학들이 핵심 역할을 했다. 지역 내 이익집단과 학생들 또한 이런 클리닉의 발전에 기여했다. 대학도시 외부에서는 치료 환자 수에서 볼 수 있듯이 주민들에게 미치는 의료화 정도가 매우 제한적이었다.

반면, 독일 역사가들에게 병원이 주요 연구 주제였던 이유는 역학적 변화(epidemiological transition)를 설명하고 탐색하는 병원의 역할 때문이었다. 요한나 블레커(Johanna Bleker)는 부어츠부르크(Wuertzburg)에 소재한 율리우스 병원(Juliusspital)의 환자를 다룬 1995년도 저서에서 『임상의학의 탄생』을 철저히 외면했다.[40] 이 혁신적인 연구의 핵심 논제는 환자의 사회적 배경과 율리우스 병원의 진단이었다.[41] 독일 임상의학의 선구자였던 율리우스 병원의 사망률은 6퍼센트로, 환자로 북적이는 베를린의 샤리떼(Charité, 자선병원-역주)보다 훨씬 적은 수치였다. 블레커(Bleker)의 연구는 병원 연구에서 최신 경향의 모범 사례이다.[42] 대체로 역사가들은 초기 클리닉을 어느 정도까지 의료 기관으로 인정할 것이냐에 대해서는 그다지 관심을 두지 않았다. 대신 입원 환자, 질병, 치료 등의 자세한 평가에 더 관심을 가졌다.

39 Bueltzingsloewen, *Machines*.

40 푸코에 대해서는 *Institutions of Confinement. Hospitals, Asylums, and Prisons in Western Europe and North America, 1500-1950*, Norbert Finzsch and Robert Jütte, eds. (Cambridge: Cambridge University Press, 1996) 참조.

41 *Kranke und Krankheiten im Juliusspital zu Würzburg 1819-1829. Zur frühen Geschichte des allgemeinen Krankenhauses in Deutschland*, Johanna Bleker, Eva Brinkschulte, and Pascal Grosse, eds. (Husum: Matthiesen, 1995).

42 Barbara Leidinger, *Krankenhaus und Kranke. Die Allgemeine Krankenanstalt an der St. Jürgen-Straβe in Bremen, 1851-1897* (Stuttgart: Steiner, 2000); Ulrich Knefelkamp, *Das Heilig-Geist-Spital in Nürnberg vom 14.-17. Jahrhundert. Geschichte, Struktur, Alltag* (Nürnberg: Selbstverlag des Historischen Vereins der Stadt Nürnberg, 1989), 301-330 참조.

아픈 사람이 병원을 찾는 이유에 대한 역사적인 분석이 이러한 경향을 반영한다. 파우레와 도미니크 데세틴(Dominique Dessertine)은 1991년의 저서에서 리옹 지역의 병원 몇 군데를 비교해 입원에 나타난 장기 경향(1866~1936)을 분석했다.[43] 그들은 불행이나 빈곤이 아닌, 젊음과 직업 및 지역적 불안정이 환자들이 병원을 찾는 핵심 요인이었음을 밝혔다. 병원을 방문한다는 것이 사회에서 버림받고, 나이가 들었기 때문이라거나, 혹은 배우자를 잃었기 때문이라기보다 개인의 선택의 문제이자 사회 통합의 신호였다는 것이다. 병원이 근대적 치료 관점에서 의학적으로 효과를 보이기 이전에 이미 사람들이 이 기관을 받아들인 것인데, 이는 19세기 전반 독일 병원의 상태를 방증하기도 한다.[44]

파우레와 데세틴은 병원과 전 세계의 인구를 비교하는 데 따른 방법론적 어려움을 토로했다.[45] 최근 독일에서의 연구가 병원 내부의 차이에 대한 추적을 강조하는 것은 20세기 동안 종합병원의 장기적인 의료와 행정의 발전에 대한 최근 연구 같은 이유에서일 것이다.[46] 가장 섬세하게 비교 연구를 시도한 군나르 스톨베르그(Gunnar Stollberg)와 잉고 탐(Ingo Tamm)의 2001년 저

43 Olivier Faure and Dominique Dessertine, *Populations hospitalisées dans la région lyon naise aux XIXe et XXe siècles* (Oullins: Imp. Bosc Frères, 1991)

44 Isabelle von Bueltzingsloewen, "Pour une sociologie des populations hospitalisées: Le recours à l'hôpital dans l'Allemagne du premier XIXe siècle," *Annales de démographie historique* (1994): 303-316.

45 의료적 효과에 대한 측정은 Jörge Vögele, Wolfgang Woelk, and Barbara Schürmann, "Städtisches Armenwesen, Krankenkassen und Krankenhauspatienten während des späten 19. und frühen 20. Jahrhunderts in Düsseldorf," in *Krankenhaus-Report 19. Jahrhundert. Krankenhausträger, Krankenhausfinanzierung, Krankenhauspatienten,* Alfons Labisch and Reinhard Spree, eds. (Frankfurt: Campus, 2001), 405-426, 418ff 참조.

46 *"Einem jeden Kranken in einem Hospitale sein eigenes Bett": Zur Sozialgeschichte des Allgemeinen Krankenhauses in Deutschland*, Alfons Labisch and Reinhard Spree eds. (Frankfurt: Campus 1996).

작은 19세기 초반부터 1914년까지 여섯 개 도시의 병원에 입원한 환자들을 대상으로 과학, 의학, 신분 중심, 경제, 사회적 차이를 연구했다. 이 연구에서 그들은 다른 집단의 환자가 도시에 따라, 각 기관의 법령에 따라 어떻게 포함되고 배제되는지를 보여주었다.[47] 그러나 여전히 기관에 대한 환자들의 태도에 대해서는 거의 알려진 바가 없다. 1996년 출간된 병원 연구는 노동계급 환자들의 자서전을 바탕으로 그들이 병원을 대체로 긍정적으로 받아들인다고 주장했다.[48] 옌스 라흐문트(Jens Lachmund)와 군나르 스톨베르그는 1995년 출간한 역사인류학 저서에서, 주로 부르주아의 자서전을 이용해 환자 역할 개념을 설명했다. 그들은 이들 계급이 병원에 대해 보이는 다소 다른 태도에 주목하여 입원이 환자들의 사회적 정체성을 전환시킴에 따라 발생하는 문제를 보여주었다.[49]

위에서 인용한 연구로부터 무엇을 얻을 수 있는지 차치하고라도, 우리는 여전히 질병률(morbidity)과 사망률(mortality)의 차이에 대해 아는 바가 거의 없다.[50] 역학적 변화 이외에 질병률에 대한 유일한 저서는 마를레네 엘러캄프(Marlene Ellerkamp)가 1991년도에 저술한 브레멘의 여성 직물노동자 연구이다.[51] 다른 공장들에서 일하는 여성 노동자들을 비교하면서, 그녀는 질병

47 Gunnar Stollberg and Ingo Tamm, *Die Binnendifferenzierung in deutschen Kranken häusern bis zum Ersten Weltkrieg* (Stuttgart: Steiner, 2001).

48 Barbara Elkeles, "Der Patient und das Krankenhaus," in Labisch and Spree, *Kranken*, 357-373.

49 Jens Lachmund and Gunnar Stollberg, *Patientenwelten. Krankheit und Medizin vom späten 18. bis zum frühen 20. Jahrhundert im Spiegel von Autobiographien* (Opladen: Leske & Budrich, 1995), 152-178, 20ff., 176.

50 노인의 사망률에 대해서는 Christoph Conrad, *Vom Greis zum Rentner. Der Strukturwandel des Alters in Deutschland zwischen 1830 und 1930* (Göttingen: Vandenhoeck & Ruprecht, 1994), 80-94 참조.

51 Marlene Ellerkamp, *Industriearbeit, Krankheit und Geschlecht* (Göttingen: Vanden hoeck

이 여성 노동자의 직장과 가정 내 생활환경에 위험을 초래한다는 것을 보여주었다. 잉그리드 폰 스툼(Ingrid von Stumm)은 보험 데이터를 이용해 1887년부터 1905년까지 라이프치히에서의 특정 질병률을 재구성했다.[52] 어디서 근무했는지가 남성보다 여성의 질병률에 더 중요한 결정력을 지니는 것처럼 보이지만, 사실 젠더나 고용의 특수 형태가 젠더에 따른 질병률의 결정 요인인지는 확실히 말할 수 없으므로, 후속 연구가 이루어져야 한다.

이미 초기 연구의 핵심이기도 했던 전염병은 인구학적 관심사에 영감을 받은 프랑스의 페스트나 한센병 같은 질병사 연구를 포괄했다. 그리고 HIV/AIDS의 발발 이래로, 전염병은 다시 한번 의료사회사 연구의 핵심이 되었다.[53] 예컨대, 1990년대 중세사가들은 시설에서의 치료에 대한 전통적인 연구를 뛰어넘는 저작을 생산해 냈다.[54] 1996년에 프랑수아 올리비에 투아티(Francois-Olivier Touati)는 한센병의 의미가 12세기에서 14세기 사이에 어떻게 변화되었는지 추적했다. 뚜렷한 단절이나 변화를 보여주는 단순 선형 궤적이 없을지라도, 이전 연구들에서 보였던 한센병과 성스러움의 조합에서 벗어나 한센병 수용소의 지형학과 담론을 연구함으로써 한센병 환자들의 소외화로 주제를 전환했다. 독일 북서부의 11개 중세 도시가 다른 전염병들에 어떻게 대응했는지를 다룬 비교 연구에서, 케이 페터 얀크리프트(Kay-Peter

& Ruprecht 1991).

52 Ingrid von Stumm, *Gesundheit, Arbeit und Geschlecht im Kaiserreich am Beispiel der Krankenstatistik der Leipziger Ortskrankenkasse 1887-1905* (Frankfurt: Peter Lang, 1995).

53 Bulst and Delort, *Maladies et société*.

54 Françoise Bériac, *Des lépreux aux cagots. Recherches sur les sociétés marginales en Aquitaine médiévale* (Bordeaux: Fédération Historique du Sud-Ouest, 1990); François-Olivier Touati, *Maladie et société au Moyen Age. La lèpre, les lépreux et les léproseries dans la province ecclésiastique de Sens jusqu'au milieu du XIVe siècle* (Paris: De Boeck & Larcier, 1998).

Jankrift)는 도시들이 전염병을 극복하기 위해 어떻게 지역적으로 가변적이고 내구적인 전략을 발전시켰는지 보여주었다.[55]

페스트에 대한 정서적 태도는 이미 장 델루무(Jean Delumeau)의 1978년 저작인 『공포의 역사』에서 다룬 바 있다.[56] 질병의 위협에 대응하는 연구들은 지난 2세기에 집중되어 있는데, 콜레라나 결핵, 매독 같은 질병의 사회적 구성을 조사해 왔다.[57] 예컨대, 19세기 상반기 동안 뷔르템베르크(Württemberg)에서 진행된 천연두 접종에 대한 사례 연구에서, 에버하르트 볼프(Eberhard Wolff)는 '대중 의료문화의 전통성'이 미흡한 개념이라고 비판하면서, '전통'과 '근대' 행동의 합리성과 비합리성을 밝혀냈다.[58] 동시에 그는 예방접종에 사람들이 저항한다는 지배적인 역사적 가정에 의문을 제기했다. 환자의 목소리와 사회경제적 배경을 주요하게 다루면서, 그는 시골의 가난한 부모가 다섯 번째 아이의 예방접종을 거부하는 행위가 '이성적' 전략일 수도 있다는 것을 보여주었다. 현실적으로 같은 상황에서 모든 가족이 다 살아남는다는 것이 불가능하며, 나머지 다른 가족을 생존시켜야 한다는 경제적 판단이 가

55 Kay Peter Jankrift, " 'Up dat God sich aver uns verbarmen wolde.' Formen, Strukturen und Entwicklungen der Auseinandersetzung mit Seuchen in westfälischen und rheinischen Städten im Mittelalter" (Habil. Phil., Münster, 2001). Cf. Martin Dinges, "Süd-Nord-Gefälle in der Pestbekämpfung. Italien, Deutschland und England im Vergleich," in *Das europäische Gesundheitssystem. Gemeinsamkeiten und Unterschiede in historischer Perspektive*, Wolfgang U. Eckart and Robert Jütte, eds. (Stuttgart: Steiner, 1994), 19-51.

56 Jean Delumeau, *La peur en Occident XIV-XVIIIe siècles. Une cité assiégée* (Paris: Facard, 1978), 132-187.

57 Jean-Pierre Bardet, Patrice Bourdelais, et al., *Peurs et terreurs face à la contagion* (Paris: Fayard, 1988); Michael Stolberg, *Die Cholera im Großherzogtum Toskana. Ängste Deutungen und Reaktionen im Angesicht einer tödlichen Seuche* (Landsberg: ecomed, 1995).

58 Eberhard Wolff, *Einschneidende Maßnahmen. Pockenschutzimpfung und traditionaleGesellschaft im Württemberg des frühen 19. Jahrhunderts* (Stuttgart: Steiner, 1998).

족 구성원의 삶에 드리워져 있다는 것이다.

어디에서나 마찬가지로 독일과 프랑스 역사가들에게도 결핵은 혜택받은 환자들의 질병 경험과 신념을 분석하기에 특히 매력적인 주제이다. 기용은 1986년 프랑스에 대한 연구에서, 결핵 클리닉 입원 환자의 실제 질병 경험 대신, 대중들이 결핵에 대해 갖는, 문학작품에 영감을 받은 이미지를 조사했다.[59] 그는 지식·제도·정치에 대한 기존의 사회사적 분석 방법을 적용하면서도, 개인의 경험에 대한 새로운 방법론을 통해서 연구의 중심에 환자들을 내세웠다. 환자 경험에 대한 다른 측면을 탐구한 질벨린 헤너-롬바흐(Sylvelyn Hähner-Rombach)는 제2차 세계대전까지 뷔르템베르크에 대한 장기 지역 연구를 진행했다. 평화 시기, 제1차 세계대전 시기, 국가사회주의 시기 동안 환자들에게 가능했던 선택지들을 짚어 가며 질병 경험의 정치 경제성을 강조했다.[60] 그녀는 대부분의 피고용 남성 노동자들이 클리닉을 이용할 수 있었던 반면에, 동일한 건강보험 혜택을 누리지 못한 여성들에게는 상당한 제약이 있었다는 것을 보여주었다. 여성들은 일자리를 얻어서 스스로 보험을 들거나(1900년 즈음에는 매우 드문 일이었다), 피보험자 가족이라는 특권을 누려야 했는데, 이는 전국에 걸쳐 각기 달랐다. 더구나, 어머니들은 '치료'를 위해 한두 달 가족을 떠날 수 있다는 생각을 하지 못했다. 어머니들에 비해 아버지들은 가족의 의무에서 다소 자유로웠다고 하지만, 본인의 '치료'를 위해

59 Pierre Guillaume, *Du désespoir au salut: Les tuberculeux aux 19e et 20e siècles* (Paris: Aubier 1986). 환자에 대한 보다 경험주의적인 연구로는 다음을 참조. Dominique Dessertine and Olivier Faure, *Combattre la tuberculose. 1900-1940* (Lyon: Presses universitaires, 1988), 155-174.

60 Sylvelyn Hähner-Rombach, *Sozialgeschichte der Tuberkulose. Vom Kaiserreich bis zum Ende des Zweiten Weltkriegs unter besonderer Berücksichtigung Württembergs* (Stuttgart: Steiner, 2000), 251-363, 324-328.

일을 그만둔다는 것은 가족들이 평상시 수입의 4분의 1로 살아야만 한다는 것을 의미했다. 그래서 기혼 남성들은 실제로 받아야 하는 횟수보다 적게 병원 치료를 받았다. 전체 남성 환자의 5퍼센트는 가족의 빈곤에 대한 두려움으로 도중에 치료를 그만두고 다시 일터로 돌아갔다. 남성 환자의 또 다른 5퍼센트는 규율을 지키지 않아 쫓겨났다.

여전히 많은 연구들이 질병 경험의 다양성을 조명하기 위한 방법으로 국가 간 비교를 이용한다. 값비싼 '치료'를 받는 것에 대한 제약은 영국의 경우에는 달랐다. 플루렝 콩드로(Flurin Condrau)는 2000년에 출간한 연구에서, 19세기 후반부터 제1차 세계대전까지 영국과 독일 제국을 예리하게 비교했다.[61] 빈민구제법에 기반한 영국식 시스템은 병원을 덜 강조하고, 입원 기간을 짧게 하며, 종종 환자 거주지에 가까운 곳에서 덜 비싼 형태의 치료를 권장했다. 이 연구에서 가장 흥미로웠던 점은 치료 중인 환자를 분석하기 위해 정량과 정성의 방법론을 매우 기술적으로 조합했다는 것이다. 영국의 병원에서는, 입원 환자의 3분의 1이나 그 이상이 여성이었다. 이러한 차이는 독일에서 광범위하게 이루어지는 성차(gender gap)가 경제적 여건에 기인한 것이지, 질병이 만연했다거나 남성이 의학 치료를 더 선호한다는 것에 기인한 것이 아니라는 것을 보여준다. 병원에 지속적으로 내원하는 환자에 대한 정량분석 결과를 통해서, 콩드로는 예컨대 환자들이 질병 경험을 '공동의 항해(common voyage)'라고 여긴다는 문학작품의 묘사가 완벽한 허구라고 결론지었다. 독일 환자들의 자서전적 자료나 일기를 이용한 콩드로의 환자 역할 분

61 Flurin Condrau, *Lungenheilanstalt und Patientenschicksal. Sozialgeschichte der Tuber kulose in Deutschland und England im späten 19. und frühen 20. Jahrhundert* (Göttingen: Vandenhoeck & Ruprecht, 2000).

석은 정말 뛰어나다. 그는 병원 내에서 환자들이 구성한 자체 조직도 분석했는데, 이 조직은 병원의 규율적 요구에 따르기도 하고 그것에 반하기도 하는 등 병원에서의 일상을 만들어 냈다.[62] 특히 흥미로웠던 점은 퇴원 후 개인의 사적이고 사회적인 문제를 보여주는 영국 자료였는데, 이 자료들은 이후 수십 년에 걸친 환자의 전기를 재구성할 수 있게 한다. 여성 의료복지 담당원은 퇴원 환자들이 병원과 연락을 취하도록 하며, 의학적 치료의 문제를 넘는 조언들도 전해 준다. 결핵을 앓는 삶은 어려움의 연속이며, 죽음은 희망의 시기가 도래한 후에도 언제든 갑작스레 찾아올 수 있었다. 퇴원 환자는 도움이 되는 것을 알기에 지속적으로 병원에 의지한다. 의료화는 이러한 특수 병원 연구에 적합하지만, 의료화의 개념은 환자의 관점을 수용하면서 수정되었다.

전문화, 의료화, 의료 시장

1970년대와 1980년대의 역사 연구는 18세기 이래 의료 시장에서 의사들을 중심에 두는 경향이 있었고, 의료서비스 제공에서 초기 현대 의사들에게 시대착오적으로 중추적인 역할을 부여했다. 이후 의학사 연구의 더 큰 특징은 의사 중심 연구에서 이용할 수 있는 다양한 의료 자원을 둘러싼, 좀 더 지구적인 관점으로 전환한 데에 있다. 초기 연구에서는 일부 역사가들이 18세기와 19세기 동안 치료인의 '부족함'을 나타내는 지표로서 의사의 수에 의존했는데, 실제로는 의료서비스 제공자 중 소수에 불과했던 의사의 중요성을 과대평가하게 되었다.

62 Guillaume, *Désespoir*, 278ff. 참조. 여기서 '중간 환자(median patient)'에 대한 관심도 드러난다.

1970년대와 1980년대에 널리 받아들여진 사회학적 개념인 전문화에 대한 관심은 사실상 역사가들의 의사에 집중하는 편협한 시각을 강화시켰다. 레오나드(Léonard)의 『19세기 서구의 의사들(*Les médecins de l'Ouest au XIXe siècle*)』(1978)과 같은 연구에서 알 수 있듯이, 전문화는 의학계가 더욱 전문적인 독립성을 얻고 점차 준독점적 시장 지위를 획득하게 되면서 역사적인 전성기를 누렸다.[63] 과감했던 초기 연구에서는 의사들이 1770년대부터 공중보건 정책뿐만 아니라 국가와 개인 모두의 건강과 관련된 거의 모든 것에 대한 조언자로서 역량을 발휘했다는 주장이 액면 그대로 받아들여져 그들의 중요성을 과대평가하게 되었다.[64]

20세기의 관점에서 볼 때, 의사 권력의 상승은 제도적으로, 이념적으로, 경제적으로 대단했다.[65] 예를 들어, 독일의 법정질병보험제도하에서, 의사는 병을 입증할 재량권을 가지고 있었고, 이것은 아픈 개인에 대한 국가 재정 원조의 전제 조건이었다. 전문화 패러다임은 최근 프랑스·독일·스위스에서 전문가 집단이 만들어지게 된 다양한 경로를 연구하도록 자극했으며, 이는 때때로 2류 전문가의 통합으로 이어졌다.[66] 예컨대 치과 의사 같은 하위 그룹의 전문화 연구가 계속되고 있다.[67] 더 혁신적인 것으로는, 내부에서 직업

63 Jacques Léonard, *Les médecins de l'Ouest au XIXe siècle* (Paris: Champion, 1978).

64 Chrisitan Barthel, *Medizinische Polizey und medizinische Aufklärung. Aspekte des öf-fentlichen Gesundheitsdiskurses im 18. Jahrhundert* (Frankfurt: Campus, 1989).

65 Frevert, *Krankheit*; Huerkamp, *Aufstieg*; Drees, *Ärzte*.

66 Calixte Hudemann-Simon, *Die Eroberung der Gesundheit 1750-1900* (Frankfurt: Fischer, 2000); Dominik Groβ, *Die Aufhebung des Wundarztberufs. Ursachen, Begleitumstände und Auswirklungen am Beispiel des Königreichs Württemberg (1806-1918)* (Stuttgart: Steiner, 1999), 188ff.

67 Dominik Groβ, *Die schwierige Professionalisierung der deutschen Zahnärzteschaft (1867-1919)* (Frankfurt: Lang, 1994). 원래의 개념이 희석되고 있는 것을 비판한 연구로는 Labisch and Spree, "Neuere Entwicklungen," 191 참조.

을 면밀히 조사하여, 전문직의 지위 향상을 위한 집단적 투쟁에 가려진 집단 내부의 경제적·정치적·문화적 차별성을 강조한 프랑스의 연구가 있다.[68]

의사에 대한 이러한 관심과 함께 다른 치료인(healer)의 중요성에 대한 고려도 있었다. 1993년에 파우레는 의사들이 의료서비스를 제공하는 많은 집단 중 하나에 불과했던 19세기 대부분 동안 프랑스에서 과밀화된 시장을 두고 벌어진 경쟁을 강조했다. 정치인들은 전문가들의 싸움에서 특정 편을 지지하지 않았지만 일반적으로는 질이 낮더라도 의료서비스를 아예 안 받는 것보다 받는 편을 선호했다.[69] 숫자는 질을 이겼고, 학문적으로 훈련된 의사가 진료를 한다 해도 1920년대까지는 비전문 수련자의 서비스보다 그다지 선호되지 않았다.

1930년대에는 독일 제국에 등록된 치료 인력의 5분의 1을 차지하는 비전문가들이 의료 시장에서 여전히 중요한 역할을 했다.[70] 잔더(Sander)는 1990년, 뷔르템베르크(Württemberg)에 사는 무학력 실무자들과 그 단체에 대해 연구를 진행했다. 이 연구는 18세기와 19세기 동안 전문가가 되고자 했던 그들의 실패한 투쟁을 분석했는데, 이 연구가 이 집단에 대한 더 나은 사회적·경제적·문화적 이해를 제공한다는 점에서 획기적이었다.[71] 개인의 사례를

68 Pierre Guillaume, *Le rôle social du médecin depuis deux siècles (1800-1945)* (Paris: Association pour l'étude de l'histoire de la sécurité sociale, 1996).

69 Olivier Faure, *Les Français et leur médecine* (Paris: Belin, 1993), 29, 40.

70 1913년 의료시장에서 비전문가들이 차지한 역할에 대해서는 Spree, *Health*, 112, 215; Hedwig Herold-Schmidt, "Ärztliche Interessenvertretung im Kaiserreich 1871-1914," in *Geschichte der deutschen Ärzteschaft: Organisierte Berufs- und Gesundheitspolitik im 19. und 20. Jahrhundert*, Robert Jütte, ed. (Cologne: Deutscher Ärzteverlag, 1997), 43-95, 59ff.; Martin Dinges, "Patients in the History of Homoeopathy: Introduction," in *Patients in the History of Homoeopathy*, Martin Dinges, ed. (Sheffield: EAHMH Publications, 2002), 1-32, 8-9 참조.

71 Sabine Sander, *Handwerkschirurgen-Sozialgeschichte einer verdrängten Berufsgruppe*

통해서, 그녀는 체계적 발전에만 관심이 있는 역사학을 초월하는 데 성공했다. 10년 후, 펠틴(Faltin)은 20세기 전반기 동안 독일 남서부의 여러 마을과 도시에서 비전문의와 그의 의료 행위의 이데올로기적 배경에 대해서 연구했다.[72] 1900년경 마을에 등록된 유일한 의료인으로서, 비전문 의료인은 일반적으로 모든 의료서비스를 제공하는 역할을 수행했고, 연령과 계급을 떠나 모든 사람들을 치료했다. 그러나 큰 도시의 더 경쟁적인 조건하에서 그의 시장점유율은 중년층으로 좁혀졌다. 생존하기 위해서는 좀 더 전문화되어야 했다. 이러한 최근 연구들을 통해 의사 권력이 제한적이었고, 의료 시장이 생각했던 것만큼 독점적이지는 않았음이 분명해졌다.

1980년 초 레오나드는 이들 치료사, 특히 간호사들의 중요성과 그들이 의사들과 맺는 부분적인 상호 보완성을 강조하였다.[73] 구제도에 대한 연구는 이러한 견해에 역사적 깊이를 더해 준다.[74] 프랑스의 연구는 그들의 의료 행위를 면밀히 살펴보면서 현재 의료화에서 여전히 과소평가되고 있는 의료인과 준의료인의 역할에 다시 주목했다.[75] 독일과 프랑스에 관한 1996년 비

(Göttingen: Vandenhoeck & Ruprecht, 1989); Sebastian Brändli, "Die Retter der leidenden Menschheit." *Sozialgeschichte der Chirurgen und Ärzte auf der Zürcher Landschaft (1700-1800)* (Zurich: Chronos, 1990).

72 Thomas Faltin, *Heil und Heilung. Geschichte der Laienheilkundigen und Struktur anti modernistischer Weltanschauungen in Kaiserreich und Weimarer Republik am Beispiel von Eugen Wenz (1856-1945)* (Stuttgart: Franz Steiner, 2000), 242ff., 270ff.

73 Jacques Léonard, "Femmes, religions, médecine. Les religieuses, qui soignent," *Annales E.S.C. 32 (1977): 887-903;* "Les guérisseurs," *Revue d'historie moderne et contemporaine* (이하, *RHMC*) 27 (1980): 501-516 참조.

74 François Lebrun, *Se soigner autrefois. Médecins, saints et sorciers aux 17e et 18e siècles* (Paris: Temps actuels, 1983) 참조.

75 Olivier Faure, "Introduction: Les voies multiples de la médicalisation," *RHMC* 43 (1996): 571-577, 574ff; *Français,* chap. 1. 간호사에 대해서는 다음을 참조. Joelle Droux, *L'attraction celeste. La construction de la profession d'infirmière en Suisse romande, XIXe-XXe siècles* (Geneva: Fac. de lettres, 2000); *Peu lire, beaucoup voir, beaucoup faire:*

교 논문에서, 이사벨 폰 부엘칭슬뢰벤(Isabelle von Bueltzingsloewen)은 19세기 동안 간호사들의 중요한 역할을 강조했다. 현대적 의미의 전문적 관행을 갖추기 훨씬 이전부터 간호사들은 병원의 청결함을 가르치는 선생이었을 뿐만 아니라, '현대적' 의학의 더 기술적인 표준에 적응할 수 있는 뛰어난 능력을 갖추었다.[76] 이 접근법은 또한 두 나라의 의료화 과정에서 교회가 다른 역할을 행했다는 점을 재고하게 했다.[77] 의료화를 자동적으로 세속화의 과정이라 간주하는 것은 확실히 너무 단순하다.

최근, 학자들은 동물에 대한 접종과 다른 방법들의 효과를 보여주는 수의사들의 공헌을 강조해 왔다. 로널드 허브셔(Ronald Hubsher)는 1999년 연구에서 19세기 전반기의 수의사들이 '돌팔이 의사(charlatan)'처럼 아마도 '연성적(soft)' 의료화의 행위자로 여겨져야 한다고 주장했다. 그들은 위에서 아래로의 확산보다는 문화화를 통해 주민의 의료화에 기초적 역할을 했다. 초기의 연구에서 얻은 결론과는 달리, 그들은 의사들의 경쟁자라기보다는 동맹자였을 수도 있다.[78]

Pour une histoire des soins infirmiers au 19e siècle, François Walter, ed. (Geneva: Zoe, 1992); Jutta Helmerichs, "Krankenpflege im Wandel (1890-1933): Sozialwissenschaftliche Untersuchung zur Umgestaltung der Krankenpflege von einer christlichen Liebestätigkeit zum Beruf" (Ph.D. diss., Göttingen, 1992); Gabriele Dorffner, "*…ein edler und hoher Beruf.*" *Zur Professionalisierung der österreichischen Krankenpflege* (Strasshof: Vier-Viertel, 2000); Urs F. A. Heim, *Leben für andere. Die Krankenpflege der Diakonissen und Ordensschwestern in der Schweiz* (Basel: Schwabe 1998).

76 Isabelle von Bueltzingsloewen, "Confessionalisation et médicalisation des soins aux malades aux XIX s.," *RHMC* 43 (1996): 632-652과 "Femmes soignantes (XVIIIe-XXe siècle)," *Bulletin du Centre Pierre Leon* 2/3 (1995).

77 *La charité en pratique: Chrétiens français et allemands sur le terrain social: XIXe-XXe siècles*, Isabelle von Bueltzingsloewen and Denis Pelletier, eds. (Strasbourg: Presses universitaires, 1999).

78 Ronald Hubscher, *Les maîtres des bêtes: Les véterinaires dans la société française* (Paris: Jacob, 1999).

이러한 연구들은 역사가들이 '의료화'를 언급할 때 의미하는 바를 변화시켰다. 의료화는 주로 19세기 이후 의료서비스의 성장을 포괄하는 것으로 개념화되었다. 의료 시장 이용자 수가 증가하고, 환자의 역할과 권력이 축소됨과 동시에 국가와 결탁한 의사의 역할과 권력이 증가했다는 것이다.[79] 그러나, 1980년대에는 전문 직업화(professionalization) 연구와 같이 의료화에 대한 연구가 여전히 톱다운(top-down) 과정으로서 의료화의 의미를 강화하면서 의사와 국가의 수사학에 초점을 맞추는 경향이 있었다.[80] 독일은 초기에만, 프랑스는 1930~1945년만 해당되었던 법정질병보험의 제도적 준비에 관한 연구 또한 '하류층의 강제 의료화'라는 개념을 제시했다.[81] 역사가들은 대다수의 환자들이 문화적으로 의사와 거리가 멀고 극히 필요한 경우에만 의료서비스를 이용했다고 추측했다.[82]

이러한 견해에 따르면, 의료의 계몽주의는 주로 입법 혁신의 과정으로 분석될 수 있다. 따라서, 베티나 비쉬회퍼(Bettina Wischhöfer)의 1991년 연구는 18세기 후반 동안, 리페 같은 작은 주(州)가 어떻게 '근대적인' 건강정치를 통해 스스로를 재건했는지를 강조했다.[83] 동시에 이 혁신적인 연구는 가난한

79 Francisca Loetz, "'Medikalisierung' in Frankreich, Groβbritannien und Deutschland, 1750-1850: Ansätze, Ergebnisse und Perspektiven der Forschung," in Eckart and Jütte, *Europäische Gesundheitssystem*, 123-161.

80 Göckenjan, *Kurieren*; Barthel, *Medizinische Polizey*.

81 Spree, *Health*, 178ff.; Frevert, *Krankheit*, 334.

82 예를 들어 Huerkamp, *Aufstieg*, 41, 303 참조.

83 Bettina Wischhöfer, *Krankheit, Gesundheit und Gesellschaft in der Aufklärung. Das Beispiel Lippe 1750-1830* (Frankfurt: Campus, 1991). 법령과 인구에 대해서는 Johannes Wimmer, *Gesundheit, Krankheit und Tod im Zeitalter der Aufklärung. Fallstudien aus den Habsburgischen Erbländern* (Vienna: Böhlau, 1991); Martin Dinges, "'Medicinische Policey' zwischen Heilkundigen und 'Patienten' (1750-1830)," in *Policey und frühneuzeitliche Gesellschaft*, Karl Härter, ed. (Frankfurt: Klostermann, 2000), 263-295을 보라.

사람들의 무료 의료서비스 요구가 주 예산에서 계획한 것보다 훨씬 더 빠르게 증가했다는 것을 보여주었다. 더욱이, 초기 근대 도시의 의료 시장에 대한 다른 연구들은 의사와 환자가 문화적 거리를 유지했고 인구의 대다수가 의사의 진료서비스를 받지 않았다는 가정이 명백히 잘못된 것이라는 사실을 밝혀냈다.[84] 건강은 모든 계층에게 중요한 문제였고, 환자들은 면허를 받은 사람들과 다른 치료인들 사이의 차이점에 대해 알았을 뿐만 아니라, 환자들이 생각하는 의료진의 능력에 따라 선별적으로 의료진을 선택하였다.[85] 프란치스카 로에츠(Francisca Loetz)의 1993년 바덴에 대한 사례 연구는 독일에서 의료화에 대한 전체적인 가정에 체계적으로 문제를 제기한 첫 번째 작업이었다.[86] 전체 개념을 비판하면서, 로에츠는 사회적 요구가 변화를 이끄는 중요한 힘이라고 주장했다.

동시에 파우레는 의료 제공에 대한 접근이 경제적 제약으로부터 자유로워질 때마다 의료에 대한 수요가 매우 빠르게 증가하는 경향이 있다고 강조했다.[87] 상호 보증을 통한 빈민 구호에서 법정보험체제로의 변화는 보험 체

84 Robert Jütte, *Ärzte, Heiler und Patienten. Medizinischer Alltag in der Frühen Neuzeit* (Munich: Artemis & Winkler, 1991); Annemarie Kinzelbach, *Gesundbleiben, Krankwerden, Armsein in der frühneuzeitlichen Gesellschaft. Gesunde und Kranke in den Reichsstädten Überlingen und Ulm 1500-1700* (Stuttgart: Steiner, 1995), 295ff.

85 Mary Lindemann, *Health and Healing in Eighteenth Century Germany* (Baltimore: Johns Hopkins University Press, 1996), 321; Wischhöfer, *Krankheit,* 90ff.

86 Francisca Loetz, *Vom Kranken zum Patienten. "Medikalisierung" und medizinische Vergesellschaftung am Beispiel Badens 1750-1850* (Stuttgart: Steiner, 1993).

87 Olivier Faure, "Demande sociale de la santé et volonté de guérir en France au XIXe siècle. Reflexions, problèmes, suggestions," *Cahiers du Centre de recherches historiques* 12 (1994): 5-11, 1987년 비엘펠트 학회에서 발표한 논문에 바탕을 두었다. Faure, *Français*. 다음은 의료 제공으로 야기된 수요 증대를 강조한다. Michael Stolberg, "Heilkundige: Professionalisierung und Medikalisierung," in Paul and Schlich, *Medizingeschichte*, 69-86, 80.

제에 통합된 사람들의 수를 크게 증가시켰다.[88] 이러한 체제에 대한 연구는 지출을 제한하려는 시도,[89] 기관들의 다양성,[90] 사적인 계획의 지속적인 역할[91]을 막 드러내기 시작했다. 특정 형태의 기금은 심지어 질병과 의료 전문화의 사회적 구성에도 영향을 미쳤다.[92] 의료서비스 기금에 대한 연구는 환자의 이익을 진지하게 고려함에 따라 추가적인 통찰력을 제공할 것이다. 어쨌든, 치료에 대한 수요는 의사와 환자의 문화적 격차에 대한 이전의 예측보다 훨씬 더 높아 보인다.

의료 계몽의 실행은 정부와 다양한 지역 세력들 사이의 단편적인 협상을 포함했고, 면허받은 의료인의 도입보다는 다양한 의료 자원 서비스 제공에 더 관심이 있었다.[93] 1794년과 1814년 사이에 라인 지역을 점령했던 프랑스

88 *De la charité médiévale à la securité sociale*, André Gueslin and Pierre Guillaume, eds. (Paris: Editions ouvrières, 1992); *Démocratie, solidarité et mutualité, autour de la loi de 1898*, Michel Dreyfus, Bernard Gibaud, André Gueslin, eds. (Paris: Economica, 1999); Olivier Faure and Dominique Dessertine, *La maladie entre libéralisme et solidarités (1850-1940)* (Paris: Mutualité française, 1994).

89 Folker Förtsch, *Gesundheit, Krankheit, Selbstverwaltung. Geschichte der allgemeinen Ortskrankenkassen im Landkreis Schwäbisch Hall, 1884-1973* (Sigmaringen: Thorbecke, 1995), 110-121.

90 Josef Boyer, *Unfallversicherung und Unternehmer im Bergbau. Die Knappschafts Berufsgenossenschaft 1885-1945* (Munich: C. H. Beck, 1995).

91 Catherine Duprat, *Usages et pratiques de la philanthropie. Pauvreté, action sociale et lien social à Paris au premier XIXe siècle,* 2 vols. (Paris: Comité d'historie de la sécurité sociale, 1996); Jean-Luc Marais, *Histoire du don en France de 1800 à 1939. Dons et legs charitables, pieux et philanthropiques* (Rennes: Presses universitaires, 1999).

92 Klaus-Dieter Thomann, *Das behinderte Kind. "Krüppelfürsorge" und Orthopädie in Deutschland 1886-1920* (Stuttgart: Gustav Fischer, 1995); Nicolas Postel-Vinay, "L'hypertension artérielle: Un chantier de travail pour l'historien?," *Cahiers d'histoire* 38 (1992): 231-246. Cf. Friedrich Dreves, "…*Leider zum größten Theile Bettler geworden*…" *Organisierte Blindenfürsorge in Preußen zwischen Aufklärung und Industrialisierung (1806-1860)* (Freiburg: Rombach, 1998).

93 Lindemann, *Health*.

행정부의 건강정치에 대한 방대한 연구에서, 칼릭스트 후드망 시몽(Calixte Hudmann-Simon)은 전쟁의 불리한 조건하에서 그리고 다른 의료정치의 유산(heritage)에 직면하여 생겨난 새로운 중앙집권적 질서의 이행이 가져온 구체적인 문제들을 짚었다. 제도와 입법의 측면에서 이 연구는 여기서 논하기 어려운 여러 가지 비교 문제에 대해 환기시켜 준다. 후드망-시몬은 또한 효율적인 정치 실행을 위한 전제 조건으로 '지역행정'을 강조해 왔다.[94]

젠더 역시 의료화 과정에 대한 연구에서 쟁점으로 남아 있다. 산파는 의료시장에서 권력과 젠더를 이해하는 데 여전히 주요 대상이다. 독일과 프랑스의 기존 연구에서는 산파를 남성 산부인과 의사들에게 비우호적으로 의료행위를 빼앗긴 피해자라고 묘사했다.[95] 의사는 출산자와 산파로서의 여성을 지배하려는 무한한 의지를 가졌다고 여겨졌는데, 이는 19세기 '그' 여성 본성에 대한 인류학과 현저히 유사하게 젠더를 존재론적으로 만들고 필수화시키는 과정이었다.[96] 초기의 비전은 젠더 문제를 확실히 드러냈지만, 1988년 젤리스(Gélis)가 처음으로 강조했던 의료서비스 전반의 수요에서 여성의 역할을 과소평가했다. 이러한 수요는 단순히 치료인의 성차로 나눠지는 것이 아니었다.[97] 최근의 연구는 어떻게 여러 다양한 마을이 1800년경 새로운 방식으로 훈련받은 산파의 서비스를 용인하라는 당국의 제안을 받아들였는지 보여준다. 이 결정은 새로운 서비스 비용을 '국가'가 지불해야 했는지, 아니

94 Hudemann-Simon, *L'État*, 509-510.

95 Jacques Gélis, Mireille Laget, and Marie-France Morel, *Entrer dans la vie: Naissance et enfance dans la France traditionelle (Paris: Gallimard, 1978);* Marita Metz-Becker, *Der verwaltete Körper: Die Medikalisierung schwangerer Frauen in den Gebärhäusern des frühen 19. Jahrhunderts* (Frankfurt: Campus, 1997).

96 Katrin Schmersahl, *Medizin und Geschlecht. Zur Konstruktion der Kategorie Geschlecht im medizinischen Diskurs des 19. Jahrhunderts* (Opladen: Leske & Budrich, 1998) 참조.

97 Jacques Gélis, *La sage-femme ou le médecin* (Paris: Fayard, 1988), 12.

면 마을 자체가 지불해야 했는지에 달려 있었다.[98]

에바 라부비(Eva Labouvie)는 이러한 역사적 변화에 대해 페미니스트적 시각에서, 최근 프랑스-독일 국경 지역인 자르(Saar)의 근대 초기 산파들을 연구했다.[99] 시골 지역을 조사지역으로 삼고 근대 초 이전까지 시간적 범위를 넓히는 등, 라부비는 의료화와 전문화에 대한 우리의 시야를 확장했다. 일찍이 겔리스가 그랬듯이, 그녀는 출산과 영유아 돌봄을 둘러싸고 여성이 지니는 사회성이 문화적으로 중요하다고 강조하여, 출산의 의학적 측면을 훨씬 더 넓은 문화 분야에 배치했다.[100] 라부비는 출산을 단순한 의학적 문제 이상으로 바라봄으로써 의학사가 얼마나 풍요로워지는지를 인식하고 있었으나, 남성 산부인과 의사의 역할 증대를 지나치게 단순하게 해석해, 남성이 권력을 장악하고 여성의 자조(self-help) 문화를 파괴하는 것으로 이해하고, 이것이 전문 산파의 돌봄으로 대체되었다고 해석했다.[101] 이러한 시각은 오히려 여성의 선택 능력을 경시하는 것이다.

임상 산부인과에 대한 페미니스트 연구 또한 여성 환자가 학생들의 '훈

98 Gunda Barth-Scalmani, "'Freundschaftlicher Zuruf eines Arztes an das Salzburgische Landvolk': Staatliche Hebammenausbildung und medizinische Volksaufklärung am Ende des 18. Jahrhunderts," in *Rituale der Geburt. Eine Kulturgeschichte*, Jürgen Schlumbohm et al., eds., (Munich: C.H. Beck, 1998), 102-118, 113ff.

99 Eva Labouvie, *Andere Umstände. Eine Kulturgeschichte der Geburt* (Cologne: Böhlau, 1998).

100 *Naissance, enfance et éducation dans la France méridionale du XVIe au XXe siècle*, Roland Andréani, Henri Michel, and Elie Pélaquier, eds. (Montpellier: Publications UPV, 2000).

101 Eva Labouvie, *Beistand in Kindsnöten. Hebammen und weibliche Kultur auf dem Land (1550-1910)* (Frankfurt: Campus 1999); *'Geschichte des Ungeborenen.' Zur Erfahrungs- und Wissensgeschichte der Schwangerschaft, 17-20. Jahrhundert*, Barbara Duden, Jürgen Schlumbohm, et al., eds. (Göttingen: Vandenhoeck & Ruprecht, 2002).

련 재료'가 된다며, 클리닉을 남성 억압의 기계로 묘사하였다.[102] 의심할 여지 없이 무료 클리닉은 산파와 산부인과 의사를 훈련할 필요성과 국가의 도덕적, 생명정치적 목적을 '환자'의 필요보다 더 많이 고려하도록 의도되었다.[103] 동시에, 사회적 분석을 통해서 알 수 있었던 것은 환자 대부분이 가정에서 출산하기에는 사회적 자본이 충분치 않고 사회적 지위가 낮은 젊은 여성이었다는 것이다. 이로 인해 그들은 때로는 수치스러운 규율적 통제를 받게 되었다. 그러나 19세기 동안 산부인과에 대한 수요는 계속 증가했는데, 바로 이 젊은 여성들을 통해 더 나은 대안이 없었다는 것을 잘 알 수 있다.

최근 수행된 괴팅겐, 빈, 파리의 클리닉에 대한 비교 연구 조사는 산파와 산부인과 의사들이 도구를 사용할 때 매우 다른 접근 방식을 취했다는 사실을 밝혀냈다. 괴팅겐과 빈에서보다 산파들이 더 중요한 위치를 차지했던 파리에서는 도구 사용을 더 꺼림칙하게 여겼지만, 괴팅겐에서 프리드리히 B. 오시안더(Friedrich B. Osiander)와 그의 동료들은 더 외과적인 수술을 실행했다. 즉, 도구 사용의 문제는 젠더의 문제라기보다는 개인차에 기인했다. 그들의 도구 사용 빈도는 빈 산부인과 의사들에 비해 100배는 높았기 때문이다.[104] 정량 비교 연구에서도 19세기 동안 이러한 유형의 출산 의료화가 지니는 제한적인 영향을 확인할 수 있다. 독일 여러 지역의 통계를 바탕으

102 Metz-Becker, *Verwaltete Körper*.

103 Jürgen Schlumbohm, "Der Blick des Arztes, oder: Wie Gebärende zu Patientinnen wurden. Das Entbindungshospital der Universität Göttingen um 1800," in Schlumbohm et al., *Rituale der Geburt*, 170-192, 184.

104 Verena Pawlowsky, *Mutter ledig-Vater Staat. Das Gebär- und Findelhaus in Wien, 1784-1910* (Innsbruck: Studienverlag, 2001); Schlumbohm, "Blick," 183; " 'Verheiratete und Unverheiratete, Inländerin und Ausländerin, Christin und Jüdin, Weiβe und Negerin': *Die Patientinnen des Entbindungshospitals der Universität Göttingen um 1800,*" in *Struktur und Dimension (Fs. K.H. Kaufhold)*, Hans Jürgen Gerhard, ed. (Stuttgart: Steiner, 1997), 324-343.

로 한스 크리스토프 자이델(Hans-Christophe Seidel)은 1900년을 훨씬 넘어선 1998년에도 대부분의 출산이 클리닉에서 일어나지 않았다는 것을 보여주었다.[105] 게다가 1880년대까지는 더 잘 훈련된 산파와 산부인과 의사들이 출산에 참여하는 경우가 늘었지만 그렇다고 사산이 증가하거나 감소하지 않았다. 일반적으로, 세기의 전반기에 산부인과 의사의 역할은 산파를 감독하고 출산에 문제가 생길 때만 관여하는 것이었고, 후반기에는 대도시의 의사들이 시간이 많이 걸리고 어려운 산파의 역할에 서서히 관심을 보였다.[106] 계급을 막론하고, 여성들은 산부인과 의사들이 외과적인 시술을 거부하면 더욱 실망했다. 의료화에 대한 역사적 이해는 일반적으로 양적 연구와 질적 연구의 결합을 요구하며, 젠더와 계급은 물론 시대별 의료 관행과 의료 시장의 변화를 함께 고려해야 한다는 것이 명백해졌다.[107]

이후 발전에서도 마찬가지다. 20세기 전반 3분의 1 시기, 독일과 여러 독일어권 국가에서 환자의 권력은 때때로 수만 명의 회원을 자랑하는 '자연 의학' 옹호 협회의 강력한 운동으로 나타났다.[108] 회의 참가자들은 수백 곳의 장소와 기관에 공기와 물 치료를 하는 공간을 만들면서, 일반적으로 의사들에 의해 통제되지 않는 위생과 자가 치료를 행하는 그들만의 방법을 표현했다. 이러한 집단적 이해는 정치적 결정에도 일정한 영향을 미쳤다.[109] 동종

105 Hans-Christoph Seidel, *Eine neue "Kultur des Gebärens." Die Medikalisierung von Geburt im 18. und 19. Jahrhundert in Deutschland* (Stuttgart: Franz Steiner Verlag, 1998), 417ff.; cf. Scarlett Beauvalet-Boutouyrie, *Naître à l'hôpital au XIXe siècle* (Paris: Belin, 1999), 356.

106 산파에 대한 초기 통제에 대해서는 Sibylla Flügge, *Hebammen und heilkundige Frauen. Recht und Rechtswirklichkeit im 15. und 16. Jahrhundert* (Frankfurt: Stroemfeld, 1998) 참조.

107 Seidel, *Kultur des Gebärens*, 425.

108 Cornelia Regin, *Selbsthilfe und Gesundheitspolitik. Die Naturheilbewegung im Kaiser reich (1889-1914)* (Stuttgart: Steiner, 1995).

109 *Medizinkritische Bewegungen im Deutschen Reich (ca. 1870-ca. 1933)*, Martin Dinges,

요법 환자들은 의료운동보다는 강도가 약하긴 했지만, 독일·스위스·오스트리아-헝가리 제국에서 자가 치료·의료서비스· 대체의학 홍보 활동을 전개했다.[110] 현재 이러한 대체의학 또는 보완의학의 수요가 증가한다는 점은 이전 연구들이 주장했던 의료 시장의 독점이라는 의료화의 전제가 환자의 요구를 진지하게 고려해야만 하는 다원적이고도 끊임없이 변화하는 의료 시장의 모습으로 대체되어야 한다는 것을 보여주기에 충분하다.[111]

발상(idea), 이데올로기, 그리고 인간행동학적 선회

내가 이 장의 마지막에 발상을 다루는 것은 발상이 사회적 영향을 미치는 한 의료의 사회사에 중요하기 때문이다. 1985년 괴켄얀(Göckenjan)은 건강에 대한 부르주아 담론의 이데올로기 연구에서 이를 잘 증명했다.[112] 그는 19세기 동안 주로 신진 의사들과 국가 건강정치 발전을 위해 쓰였던 이 이데올로기의 도구적 가치를 강조했다. 그는 또한 의사·위생 전문가 같은 관련 전

ed. (Stuttgart: Steiner, 1996); *Homöopathie. Patienten, Heilkundige und Institutionen. Von den Anfängen bis heute*, Martin Dinges, ed. (Heidelberg: Haug, 1996).

110 Eberhard Wolff, *Gesundheitsverein und Medikalisierungsprozess. Der homöopathische Verein Heidenheim/Brenz, 1886-1945* (Tübingen: Tübinger Verein für Volkskunde e.V., 1989); *Praticiens, patients et militants de l'homéopathie (1800-1940)*, Olivier Faure, ed. (Lyon: Presses universitaires, 1992).

111 Martin Dinges, "Patients"; *Weltgeschichte der Homöopathie, Länder-Schulen—Heil—kundige* (Munich: C. H. Beck, 1996); "The Contribution of the Comparative Approach to the History of Homoeopathy," in *Historical Aspects of Unconventional Medicine: Approaches, Concepts, Case Studies*, Robert Jütte, Motzi Eklöf, and Mary Nelson, eds. (Sheffield: EAHMH Publications, 2001), 51-72.

112 Göckenjan, *Kurieren*. 의료지식에 대한 첫 부분을 보려면 다음을 참조. Jacques Léonard, *La médecine entre les pouvoirs et les savoirs. Histoire intellectuelle et politique de la médecine française au XIXe siècle* (Paris: Aubier, 1981); *Archives du corps: La santé au XIXe siècle* (Rennes: Ouest France, 1986).

문가 집단이 정치적 행동에 공감대를 얻기 위해서는, 담론의 장에서 변화가 중요한 전제 조건이 되어야 한다는 것을 보여주었다.

건강에 대한 사고를 다룬 1992년의 저서 『위생적 인간(*Home Hygienicus*)』에서, 라비쉬(Labisch)는 새로워진 의학사의 중심 개념은 질병이 아닌 건강일 수 있다는 것을 보여주고자 했다.[113] 그는 '위대한' 텍스트와 베버의 이상형 개념(ideal types)을 사용하여 1500년부터 현재까지 개인과 공중보건의 다양한 개념을 재구성했다. 그 결과, '역사적 현실'에 존재하는 척 가장하지는 않지만, 미셸 푸코가 언급했던 다른 '에피스테메'와 공명하여 적절히 구성된 개념이 도출되었다. 라비쉬에게 건강의 이상형은 그것을 전파한 사람들과 느슨하게 연결되어 있어서 한 가지 이상형에서 다음 이상형으로의 변화를 설명하기 어렵다. 규범적 담론으로서 이 이상형은 사회에서 의사와 의학의 역할을 동시에 정의한다.

몇몇 저자들은 규범적인 발상이 일상생활에 미치는 영향을 밝히려고 노력해 왔다. 예를 들어 제네비에브 헬러(Geneviève Heller)는 스위스 보우 주에서의 주택 표준(property norms)의 시행에 초점을 맞췄다.[114] 라비쉬와 완전히 대조적으로, 그녀의 접근 방식은 매우 경험적이다. 헬러의 연구는 지역적 세부 사항은 밀도있게 드러냈지만 이론적인 틀은 완전히 결여되어 있다. 일견 마이클 프레이(Michael Frey)의 연구는 주택 표준을 문화적 근대화의 요소로 개념화했기 때문에, 이론과 경험을 절충한 것처럼 보인다.[115] 1800년경 부르

113 Alfons Labisch, *Homo hygienicus. Gesundheit und Medizin in der Neuzeit* (Frankfurt: Campus, 1992); cf. Georges Vigarello, *Le sain et le malsain. Santé et mieux-être depuis le Moyen-Âge* (Paris: Seuil, 1993).

114 Geneviève Heller, "*Propre en ordre*." *Habitation et vie domestique 1850-1930: l'exemple vaudois* (Lausanne: Editions d'en bas, 1979).

115 Manuel Frey, *Der reinliche Bürger. Entstehung und Verbreitung bürgerlicher Tugenden*

주아지가 만들어 냈다고 추정되는 주택이 들어선 이후, 19세기에는 주택 양식이 점점 더 통일되었다고 프레이는 말했다. 그러나 그는 귀족이나 도시 엘리트, 1800년도 이전의 농촌 인구가 사용한 제한된 주택 양식을 전제로 하고 있기 때문에, 이러한 집단의 행동 패턴이 지니는 양면성을 포착하지 못했다. 프레이는 근대화 과정을 설명하기 위해 일부 도시들에서 얻은 개략적인 경험적 증거를 이용했다. 그러나 공공 편의와 같은 새로운 제도에 대한 규범적인 텍스트나 소개는 새로운 행동 패턴의 효과적인 구현의 증거로 너무 자주 제시되었다. 마지막으로, 프레이는 바이에른(Bavaria)의 시골 지역에서 보이는 의료 지형과 같은 자료를 구축함으로써 대부분의 시골 거주자들이 계속해서 문화적 후진성을 보인다는 것을 설명하려고 노력했다. 그는 담론과 위생 행위 사이에 누락된 연결 고리를 다루고 있지만, 받아들이는 과정을 설명하는 데는 성공하지 못했다. 그의 방식은 문화 변동을 개념화하는 데 있어 결코 도움이 되지 않았던 문화적 이분법으로 석연찮게 회귀한 것이라고 말할 수 있다.[116]

누락된 연결 고리 중 일부는 푸코의 담론 형성 개념을 사용하면 더욱 정확한 증거가 될 수 있다.[117] 예를 들어, 필립 사라신(Philipp Sarasin)은 19세기 몸 담론에 대한 선구적인 2001년 연구에서 더욱 구체적인 담론 개념을 언급했고, '위대한' 텍스트를 훨씬 뛰어넘는 자료를 사용했으며, 내용·저자의 전략·

in Deutschland, 1760-1860 (Göttingen: Vandenhoeck & Ruprecht, 1997). 이 주제에 대한 뛰어난 연구로는 다음을 참조. Vigarello, Propre; cf. Julia Csergo, Liberté, égalité, propreté. La morale de l'hygiène au XIXe siècle (Paris: Albin Michel 1988).

116 Catherine Pellissier, "La médicalisation des élites lyonnaises au XIXe siècle," *RHMC* 43 (1996): 652-671 참조.

117 Maren Lorenz, *Kriminelle Körper—Gestörte Gemüter. Die Normierung des Individuums in Gerichtsmedizin und Psychiatrie der Aufklärung* (Hamburg: Hamburger Edition, 1999) 참조.

확산의 방법과 매체를 분석하였다.[118] 따라서, 양면적이고 차별화된 이 담론의 성격과 다양한 변화가 명백해진다. 그는 건강에 대한 사람들의 집착과 몸의 쇠퇴에 대한 두려움을 맥락화했고, 이전의 연구에서보다 담론의 효과를 유익한 행동으로 생각했으며, 담론 수용자들의 이해관계를 강조했다. 푸코주의적으로 말해 담론은 이전의 마르크스주의자나 베버주의자들이 다룬 의료화 이론보다 훨씬 더 많은 행위자들에게 힘을 실어 준다. 엘리트와 국가로부터의 전환은 중요하다. 상명하달식의 문화변용을 다수의 이해관계를 반영하는 담론의 장으로 이끌고 있기 때문이다.

이 담론적 접근은 의학에 제한되었던 초점으로부터 벗어나 건강의 역사라는 훨씬 큰 장을 열었다. 몸에 대한 관심이 일찍부터 이 지평을 열었다. 1987년에 발표된 여성의 몸 인식에 대한 획기적인 연구에서, 두던(Duden)은 여성의 경험을 구체적으로 보여주었다.[119] 당시 본질주의 페미니스트의 몸 개념에 영감을 받아, 그녀는 의사가 발표한 사례에서 여성 환자들이 자신의 몸을 어떻게 인식했는지 알 수 있으리라 기대했다. 그러나 그녀가 발견한 것은 대중화된 체액병리학의 한 형태였다. 원래는 '과학적'인 이 의학적 관용구가 환자들이 의사와의 상호작용을 통해 그들의 몸을 구성할 수 있게 해 주었다. 이렇게 담론에 대한 다소 무의식적인 전용은 환자의 편지, 자서전 및 일기를 포함한 다양한 자료와 간접적으로는 문학작품에서까지 나타난다.[120] 페스트, 치통, 출산 및 영웅적 치료 같은 개인적인 통증 경험이 연구되었

118 Philipp Sarasin, *Reizbare Maschinen. Eine Geschichte des Körpers, 1765-1914* (Frankfurt: Suhrkamp, 2001).

119 Barbara Duden, *Geschichte unter der Haut: Ein Eisenacher Arzt und seine Patientinnen um 1730* (Stuttgart: Klett Cotta, 1987).

120 문학자료에 대해서는 Udo Benzenhöfer and Wilhelm Kühlmann, *Heilkunde und Krankheitserfahrung in der frühen Neuzeit* (Tübingen: Niemeyer, 1992) 참조.

다.[121]

최근 여러 저자들이 환자의 편지를 체계적으로 연구함으로써 치료받는 동안 있었던 의사와 환자 사이의 상호작용을 재고하고 있다.[122] 최근의 연구에서 담론과 실천으로 향하는 인간행동학적 전환이라고 할 수 있는 것은 시간이 지남에 따라 건강과 그 의미에 대해 좀 더 차별화된 그림을 그릴 수 있게 할 것이다. 다만 이러한 자료들 중 대부분이 사회경제적으로 더 잘사는 이들에 집중한다는 점은 연구의 한계라고 할 수 있다.

환자에 대한 새로운 관심은 결국 다시 의료 행위로 이어진다. 의사와 환자 사이의 단순한 권력관계 문제를 넘어, 지식의 사회학은 의료 행위에 대해 새로운 접근을 허용한다. 근대 초기에 시체의 의미를 두고 의사, 당국 및 일반인들 간에 벌였던 논쟁은 당시 위기에 처했던 매우 민감한 문화, 즉 사회·종교·주술적 의미로 가득 차 있던 문화적 이슈를 보여주는 특히 흥미로운 사례이다.[123] 역사적으로 구성된 지식은 의사의 행위를 인도하고 권력관계를 형성하지만, 그것만으로는 설명할 수 없을 정도로 훨씬 더 복잡하다. 청진기 사용의 예를 이용하여, 라흐문트(Lachmund)는 환자의 신체 내부에 대한 새

121 *Medizin, Gesellschaft und Geschichte* 15 (1996)의 논문 참조; 제목이 제시하는 것보다 더 큰 내용을 담은 책으로는 *La douleur et le droit*, Bernard Durand, Jean Poirier, and Jean-Pierre Royer, eds. (Paris: Presses universitaires de France, 1997).

122 Michael Stolberg, "'Mein äskulapisches Orakel!' Patientenbriefe als Quelle einer Kulturgeschichte der Körper- und Krankheitserfahrung im 18. Jahrhundert," *Österreichische Zeitschrift für Geschichtswissenschaft* 7 (1996): 385-404. Philip Rieder and Vincent Barras, "Écrire sa maladie au siècle des Lumières," in *La médecine des Lumières: Tout autour de Tissot*, Vincent Barras and Micheline Louis-Courvoisier, eds. (Chêne-Bourg: Georg, 2001), 201-222; Martin Dinges, "Men's Bodies 'Explained' on a Daily Basis in Letters from Patients to Samuel Hahnemann (1830-1835)," in Dinges, *Patients,* 85-118.

123 Karin Stukenbrock, "*Der zerstückte Cörper.*" *Zur Sozialgeschichte der anatomischen Sektion in der frühen Neuzeit (1650-1800)* (Stuttgart: Steiner, 2001).

로운 의학 지식이 전적으로 환자의 통제를 벗어난 상태에서 만들어졌으며, 청진기 덕분에 의사는 진찰된 객관적 의미에 대해 배타적으로 결정할 수 있었다고 하였다.[124] 지역적 맥락에서 일어난 의료 행위는 의사, 도구 및 환자 간의 관계에 대해 좀 더 미묘한 그림을 제공한다. 1999년에 파우레는 의학 이론과 직업 구조, 의사-환자 관계 사이의 갈림길에 놓인 치료법을 연구 분야로 개척했다.[125] 예를 들어, 이 인간행동학적 전환은 1800년경 의사들이 특정 의약품을 받아들이는 데 환자와 의약품 생산자들이 중요한 영향을 미쳤음을 입증하는 것처럼 보인다. 이것은 다시 의학사에서 권력과 지식에 대한 전통적인 개념을 수정하도록 한다.

결론

지난 20년 동안 의료사회사는 오래 존재해 왔지만 거의 연구되지 않은 분야에 대한 새로운 목표를 발전시키면서 연구 분야를 무섭게 확장해 왔다. 프랑스어와 독일어 연구 간의 상호작용은 영어권 연구로부터 받은 영향보다 적게 이루어졌다. 그럼에도 불구하고, 일반적인 경향을 보면 두 나라의 역사 서술에서 주제 선택은 매우 유사한데, 심지어는 아직 연구되지 않은 분야에서도 그러하다. 보건의 경제학, 미디어(대중매체와 의료계에 특화된 것 모두),[126]

124 Jens Lachmund, *Der abgehorchte Körper. Zur historische Soziologie der medizinischen Untersuchung* (Opladen: Westdeutscher Verlag, 1997); cf. Hess, *Wohltemperierte Mensch*.

125 Olivier Faure, *Les thérapeutiques: Savoirs et usages* (Oullins: Collection Fondation Marcel Mérieux, 1999).

126 그 첫단계는 다음을 참조. *Médecine et vulgarisation XVIIIe-XXe siècles*, Claude Langlois and Jacques Poirier, eds. (Créteil: Université de Paris XII, 1991); *La médecine du peuple de Tissot à Raspail (1750-1850)*, Daniel Teysseire, ed. (Créteil: Conseil général du Val-de-

비의료인 및 보건 표준의 확산, 의료문화사 비교를 위한 여행 보고서(travel reports),[127] 의료인류학[128] 등이 그 예이다. 두 나라 역사서술의 차이는 특정 하위 분야를 개념화하는 방법과 관련이 있다. 그 차이는 두 나라에서 의료사회사가 만들어진 특정 기반의 영향을 계속 받는 반면, 일반 사회사(문화사)와 과학사는 두 나라 모두에서 영향력 있는 역할을 한다.

우선순위는 거대한 시스템에 대한 큰 비전과 가설에서 행위에 대한 좀 더 차별화된 관점으로, 그리고 상황에 대한 더 큰 관심으로 모든 분야에서 변화했다. 프랑스 정신사에서의 중간 '주체', 또는 역사인구학이나 역학에서 연구하는 통계상 평균적인 의사나 환자는 서서히 배경속으로 사라지고 있다. '하드코어' 양적 연구에서도 환자 그 자체가 서서히 역사적 행위자로 떠오른다. 기존의 연구들 덕분에 환자는 세련된 연대기, 사회적 차별화 및 담론의 효과에 대한 깊은 지식에 제대로 각인되어 있다. 의료사회사에서 인간행동론적이고 때로는 문화적인 전환은 건강의 역사라는 더 큰 분야를 열어주고, 그 분야를 이롭게 한 풍성한 학문 간 교류를 가능하게 한다.[129] 두 총체 혹은 두 국가 사이의 비교 패턴을 초월해, 삼각(triangular) 비교 등을 한다면, 비교연구는 이 분야를 더 풍부하게 할 것이다.[130]

Marne, Archives départementales, 1995).

127 Christoph Mörgeli, *Europas Medizin im Biedermeier anhand der Reiseberichte des Züricher Arztes Conrad Meyer-Hofmeister 1827-1831* (Basel: Schwabe, 1997)의 다큐멘터리적 접근과 비교하라.

128 *La philosophie du remède*, Jean-Claude Beaune and Jacques Azéma, eds. (Seyssell: Champ Vallon, 1993); cf. Maehle, *Drugs on Trial*.

129 제대로 개념화된 상호문화적 접근이 혁신을 이끄는 예는, *Maladies, médecins et sociétés-approches historiques pour le présent*, François Olivier Touati, ed. (Paris: L'Harmattan 1993).

130 *Cultures of Neurasthenia: From Beard to the First World War*, Marijke Gijswijt Hofstra and Roy Porter, eds. (Amsterdam: Rodopi, 2001) 참조.

제10장

교역 지대인가 성채인가?

—의학사에서의 전문 직업화와 지적 변화

올가 암스테르담스카(Olga Amsterdamska) · 안야 히딩아(Anja Hiddinga)

1982년 미국의 과학사가이며 의학사가인 로널드 넘버스(Ronald Numbers)는 지난 20년 동안 의학사 분야에서의 변화를 논의하는 논문을 출판했다.[1] 넘버스는 미국 의학사가 1960년대에 이미 의학의 하위 분야에서 역사학의 하위 분야로 변모하기 시작했다고 주장했다. 넘버스는 의료사회사의 출현과 의학을 연구 주제로 삼은 일반 역사가들에 의해 의사-역사가가 교체되는 현상을 연결하여 설명하면서, 직업적 차원의 변화를 지적 발전과 연관시켰다. 1970년대에 이르자 "지역적, 제도적, 전기적 연구들"은 "의학적 발전을 문화적 맥락 내에" 두고 "사상과 제도 사이의 연관성"을 탐구하는 연구로 대체되었다.[2] 의학사와 문화사, 지성사, 사회사 등 타 분야의 지적 친화력은 의학사가들이 엘리트 의사나 정통 의사를 포함하는 의료 종사자의 직업적이고 경제적인 이해관계에 더 많은 관심을 기울였음을 의미한다. 즉, 병원이나 정신병원과 같은 의료 기관의 발전을 그저 필수적인 진보라기보다는 진화의 과정으로서 간주하면서 그에 영향을 미친 광범위한 사회적·문화적 영향을 탐구했으며, 젠더 및 인종과 같은 문제들을 다루기 시작했다. 또한 넘버스는 그가 인용한 다른 사람들과 마찬가지로, 다양한 '사회-경제적 요인

1 Ronald L. Numbers, "The History of American Medicine: A Field in Ferment," *Reviews in American History* 10 (1982): 245-263.
2 *Ibid.*, 247, 250.

들'에 대한 관심이 의과학(medical science)의 역할과 의료(medicine)의 진화에서 일어난 지적인 변화를 모호하게 할 수 있다고 우려했다.

그로부터 3년 후, 존 할리 워너(John Harley Warner)도 의학사와 과학사 사이의 관계를 검토하면서, 새로운 의료사회사의 부상이 학자들의 관심을 "의학의 내용과 내적 논리에 대한 분석으로부터" 전환시켜, "의학의 발달에 대한 면밀한 연구"를 "호고주의적이면서 실증주의적인 것에 가까운 것"으로 여기게 되었다고 지적했다.[3] 그러나 워너에 따르면, 이렇게 사회사를 향하는 변화가 의료에 있어서 과학의 역할이 무시되는 것을 의미하지는 않는다. 오히려 '의과학의 인지적 발달에 대한 역사학적 연구'가 의료에서 과학이 지니는 문화적, 사회적, 경제적 역할에 대한 탐구에서 재구성되고 있었다. 새로운 역사가들은 과학적 사상의 발전을 따라가기보다는, 의료에서의 과학을 권위와 합법성의 원천으로 간주하거나 전문 직업적 발전의 수단으로 보았다.

워너는 이 논문에서 의학사가들이 의료에서의 기술적·과학적 변화가 지니는 사회적 함의들을 비판적으로 고찰하고, 생의학의 환원주의적 인식론을 비판하며 생의학의 발전이 사람들의 건강을 증진하는 데 미친 효과를 상대화함으로써 의료에서 과학이 지니는 진보적 역할을 의문시하게 되는 방식을 분석했다. 워너에 따르면, 사회적 통제의 수단이자 전문 직업적 권위의 원천으로서의 과학이 지니는 역할에 관한 연구는 의료에서의 과학이 이데올로기적으로 또는 "기술 자원이라기보다는 문화 자원"처럼 덜 논쟁적으로 간주되기 시작했다는 것을 의미한다.[4] 워너는 어떤 의미에서 의료에 관한

3 John Harley Warner, "Science in Medicine," *Osiris* 1 (1985): 37-58, 37.
4 *Ibid.*, 42.

새로운 역사 서술 경향이 '과학의 내용(content of science)'에 대한 역사가의 관심을 떨어뜨리는 경향이 있다는 넘버스의 우려를 공유한 셈이다. 그러나 워너는 이 문제를 다른 방향으로 돌렸다. 그는 이 문제가 의학보다는 역사학 분야에서 훈련된 새로운 역사가들이 지적 과정보다는 사회적인 것에 주목하는 성향이 있어서 생긴 것은 아니라고 주장했다. 대신에 워너는 의과학의 내용에 대한 상대적인 무관심을 '역사 서술의 환원주의' 탓으로 돌렸다. 이러한 환원주의로 인해 역사가들은 과학의 의미 자체를 제대로 역사화하기가 어려워지고, '의과학'을 실험실의 생의학적 연구와 동일하게 여기는 현대적 관점을 고수하게 된다. 워너는 어떤 시기든 간에 의료 분야에 실제 종사하는 사람들 사이에서, 그리고 포괄적인 대중의 신념 체계 속에서 드러나는 과학의 다양한 의미와, 서로 다른 시기와 장소에서 옹호되었던 의과학의 역사적 변화에 더 많은 관심을 두어야 한다고 주장했다.

워너는 10년 후에 쓴 리뷰 논문에서 사실상 같은 경고를 반복했다.[5] 의학사를 과학사보다는 사회사·경제사·문화사의 맥락에서 고려하라고 고무되는 가운데, 워너는 의학사가들이 과학이라는 용어를 너무 좁고 제한적인 방식으로 보면서 실험실 과학에만 제한적으로 사용하고, 과학 지식이 '적용될' 뿐 아니라 확립되고 발전하는 장소인 진료 현장(clinic)에 관심을 충분히 기울이지 않는다는 점을 우려했다. 이와 동시에, 워너는 의학사에 영향을 미친 다른 변화들에 대해서는 긍정적으로 평가했다. 즉, 휘그주의를 철저하게 거부하게 된 것이나, 질병을 사회적이면서도 생물학적인 현상으로 간주하는 온건하고 '합리적인(reasonable)' 버전의 구성주의 인식론으로 변화한 것 등이 긍정적이라고 볼 수 있다. 또한, 협소하게 정의된 (엘리트) 의료 전문직 외의

5 *Ibid.*, 42.

집단들, 즉 여성과 다양한 사회계층과 민족, 비정통 의사, 간호사, 비엘리트 의사 등이 지니는 의료적 관점들과 경험들에 대한 관심이 증가한 것도 긍정적이라고 보았다.[6]

1970년대 이후 의학사, 과학사, 그리고 과학사회학 분야는 과학의 거침없는 선형적 진보를 기술하는 서사를 거부하는 대신, 특정한 문화적·사회적 맥락 속에서 과학과 의학의 발전을 다루는 전면적인 역사주의를 수용하면서 서로 유사한 변화를 겪었다. 역사가들은 과학이나 기술에서의 변화가 과학이나 의학의 현 상태에 기여한 측면을 다루기보다는, 그러한 것을 도입하거나 구현하는 과정에 기여한 사람들에게 어떤 중요성이 있는지 다루게 되었다. 이에 따라, 과학사가와 의학사가 모두 추상적 지식의 구조와 재구성이나 그것이 일반적인 인식론적 문제에 갖는 함의보다는, 다양한 집단의 종사자들이 수행하는 일상적 업무에서 나타나는 국소적인(local) 활동들에 초점을 맞추는 경향이 있다. 과학사회학 분야의 학자들은 이와 유사한 인식론적 전환에 대해 적극적으로 논의해 왔다. 수많은 사례 연구가 지식이 국소적으로 구성되었다는 점, 지식이 사회와 문화에 내재되어 있다는 점, 지식이 창조되는 데 다양한 집단이 영향을 미친다는 점 등을 강조했다.[7] 더구나 의료

6 워너는 전통적인 의학사와의 이러한 싸움에서 이미 승리한 것으로 간주하고, 라이더와 스미스가 《의료사회사(*Social History of Medicine*)》의 첫 간행물에서 발표한 것과 같은 의료사회사에 대한 요구를 "오래전에 패배한 적과 싸우도록 군대를 불러일으키고, 더 이상 의미 없는 십자군의 추진력을 유지하기 위해 낙오자의 위험을 확대하는 것"으로 보았다 (Warner, "The History of Science," 174). 또한, Lynda Bryder and David Smith, "Editorial Introduction," *SHM 1* (1988): v-vii 참조.

7 과학사 및 과학사회학에서의 유사한 변화들에 대해 최근 이루어진 리뷰로는, 예컨대 Jan Golinski, *Making Natural Knowledge* (Cambridge: Cambridge University Press, 1998), John Pickstone, *Ways of Knowing: A New History of Science, Technology, and Medicine* (Chicago: University of Chicago Press, 2001), 또는 *Constructing Knowledge in the History of Science*, edited by Arnold Thackray, *Osiris* 10 (1995)에 담긴 글들을 참조.

와 의생명과학은 과학사회학 연구의 중요한 초점이 되어 왔다. 따라서 의학사와 과학사회학 사이의 연결은 그저 인식론적이 아닌 실질적인 것이 될 수 있다. 과학기술학(science and technology studies, 이하 STS) 분야에서 의료와 의과학에 대한 관심의 증가는 과학사회학 학술지들에서 의료 문제를 다루는 논문의 수, 전문적 STS 학회의 학술대회에서 의료 주제에 대한 기고자의 수 등에서 나타난다(예를 들어, 의료 주제에 관한 논문들은 1988년 과학사회학회 학술대회에서는 발표의 11%를 차지했지만 2001년에는 29%로 증가했다).[8]

이렇게 의학사·과학사·과학사회학에서 일어난 유사한 발전을 고려한다면, 이 세 분야들 사이에서 활발한 상호작용이 자리 잡을 것이라고 기대할 수 있다. 의학사 분야가 의료에서 과학의 다양한 의미, 의사 외의 다른 참여자들의 관점, 의사의 직업적 이해관계, 지역별 의료적 실천 등에 초점을 맞춘다는 것은 과학사와 과학사회학 분야의 구성주의적 전통에서 비롯된 의료에 대한 분석과 관심을 공유하고 있음을 암시한다. 이와 같은 관계는 워너가 제안한 바 있고 의학사에서 좀 더 큰 이론적 인식의 필요성을 역설한 루드밀라 조다노바(Ludmilla Jordanova)가 적극적으로 주창해 왔다.[9] 워너에 따르면, 과학사와 의학사는 "인문학과 사회과학의 광범위한 의제들과 통합되

8 주요 과학사회학 학술지인 《과학사회학(*Social Studies of Science*)》과 《과학, 기술, 그리고 인간적 가치(*Science, Technology, and Human Values*)》에서 의료 주제를 다루는 논문의 점유율이 유사하게 증가하는 것을 관찰할 수 있다. 1988-1990년 기간에 이 두 학술지에 발표된 총 115편의 논문 중 의료 주제를 다룬 논문은 9편 있었는데(8%), 1997-1999년에는 총 127편의 논문 중 31편(24%)이 있었다.

9 Ludmilla Jordanova, "The Social Construction of Medical Knowledge," *SHM* 8 (1995): 361-381.(이 책의 14장으로 재간행) 또한, "Has the History of Medicine Come of Age?" *Historical Journal* 36 (1993): 437-449 참조. Malcolm Nicolson and Cathleen McLaughlin, "Social Constructionism and Medical Sociology: A Study of the Vascular Theory of Multiple Sclerosis," *Sociology of Health and Illness* 10 (1988): 234-261에는 의료사회학에 사회 구성주의를 도입해야 한다는 주장이 제기되었다.

어 왔으며" 이로써 오늘날 "자연에 대한 지식이 구체적인 역사적 환경 속에서 생산되고 조직되고 배포되는 방식에 대한 탐구를 공유하면서 함께 묶여 있다."[10] 이와 비슷하게, 조다노바는 "의료사회사가들이 일화적이거나 서술적인 역사보다 더 많은 것을 시도하는 경우, 종종 이런저런 형태의 사회 구성주의(social constructionism)를 채택한다."라고 주장해 왔다.[11]

넘버스, 워너, 조다노바 등은 그 분야에 대한 폭넓은 지식을 바탕으로, 그들이 보기에 새로운 방향을 가장 잘 나타내는 연구들을 분석하여 의학사에서의 변화를 찾아냈다. 대체로 그들의 논문은 사실상 기획된 것이며 그에 맞게 구성되어 있다. 그들은 가장 문제가 있다거나 가장 유망하고 미래 지향적이라고 생각하는 분야의 사회적, 지적 특징에 초점을 맞추었다. 이에 따라 의학사에 대한 진단에서는, 해당 분야 종사자들의 전문 직업적 지향에서의 변화와 과학사와 과학학 분야가 광범위하게 발전하면서 함께 나타난 새로운 이론적 접근의 채택을 강조하는 경향이 있다. 그들은 의학사 내의 지적, 사회적, 제도적 조건들(예를 들어 의학사가 일반 사회사 및 문화사로 통합된 것 등)이 이러한 발전을 촉진하는 데 적절했다고 전제한다.

이번 글에서는 문헌정보학적(scientometric) 접근을 사용하여 미국과 영국 의학사의 발전에서 나타나는 특징들을 검토할 것이다.[12] 우리는 몇몇 저자

10 Warner, "The History of Science," 165.
11 Jordanova, "The Social Construction," 361.
12 성과나 성장 속도를 평가하는 대신 분과의 발전을 조사하는 수단으로서 문헌정보학적 데이터를 사용하는 작업으로는 Steven Cole, Jonathan Cole, and Lorraine Detrich, "Measuring the Cognitive State of Scientific Disciplines," in *Towards a Metric of Science: The Advent of Science Indicators*, Yehuda Elkana, Robert K. Merton, Arnold Thackray, and Harriet Zuckerman, eds. (New York: John Wiley, 1978), 209-252; Jonathan Cole and Harriet Zuckerman, "The Emergence of a Scientific Specialty: The Self-Exemplifying Case of the Sociology of Knowledge," in *The Idea of Social Structure: Papers in Honor of Robert K. Merton*, Lewis A. Coser, ed. (New York: Harcourt, Brace, Jovanovich, 1975), 139-174; Loet

들이 내놓은 뛰어난 문헌들에 제시된 이론적 혁신에 초점을 맞추기보다는, 네 개의 주요 의학사 학술지에 게재된 논문들을 살펴보고 누가 인용되었으며 어떻게 인용되었는지를 차례로 검토함으로써 더 전반적인 차원에서 의학사 분야의 변화를 그려보려고 한다. 넘버스·워너·조다노바에 이어, 우리도 의학사에서 전문 직업화가 어떻게 그 분야의 문헌 변화에 반영되어 왔는지를 묻는다. 그것이 과학사와 의료사회학의 관계에 어떤 영향을 끼쳤는가? 그러한 변화는 얼마나 광범위하고 심오한가? 오늘날 전문 역사가들은 의학사를 어느 정도로, 또 어떤 측면에서 주도하고 있는가? 과연 의학사는 사회사 및 문화사 일반에 더 가까워졌으며 실질적인 의료로부터 멀어진 것일까? 넘버스, 워너, 조다노바가 찾은 지적 변화가 출판과 인용의 패턴에서는 어느 정도까지 나타나는가?

우리는 미국 학술지 두 개와 영국 학술지 두 개를 선정했는데, 여기에 의학사 분야에서 1960년대 이후에 일어난 변화가 반영되어 있을 것이라고 기대했다. 이 학술지들 중 두 개의 학술지, 《의학사회보(*Bulletin of the History of Medicine*)》(이하 *BHM*)와 《의료사회사(*Social History of Medicine*)》(이하 *SHM*)는 의학사가들의 전문 기관으로부터 후원을 받고 있으며, 나머지 두 개의 학술지인 《의학 및 관련 과학사 저널(*Journal of the History of Medicine and Allied Sciences*)》(이하 *JHM*)과 《의학사(*Medical History*)》(이하 *MH*)는 두 국가에서 해당 분야의 주류를 대표한다. 인문학의 다른 분야와 마찬가지로 의학사에서도 아마 학술지 논문보다 단행본이 해당 분야가 발전하는 데 더 큰 영향을

Leydesdorff and Peter van den Besselaar, "Scientometrics and Communication Theory: Towards Theoretically Informed Indicators," *Scientometrics* 38, no. 1 (1997): 155-174 등이 있다. 또한, Paul Wouters, "The Citation Culture" (Ph.D. diss. University of Amsterdam, 1999)도 참조.

미칠 것이다. 그러나 학술지 논문을 살펴보면서 우리는 이 분야의 발전을 더욱 광범위하게 비교하면서 종합적으로 조사할 수 있었다. 게다가 논문은 생산 시간이 더욱 짧기 때문에 해당 분야의 지적 변화가 더욱 빨리 반영될 수 있다.

의학사와 다른 분야 사이의 연관성을 조사하기 위해 이러한 학술지를 사용하는 것은, 일반 역사학·과학사·의료사회학 또는 보건정책 등과 같은 분야에서 편찬된 학술지에 게재된 의학사가들의 기여를 간과하는 것이기도 하다. 의학사가들이 때때로 이들 학술지에 기고하고 여기서 출판된 연구가 타 분야 학자들과의 교류로 이어질 수 있지만, 그러한 기여는 너무 분산되어 있어서 체계적으로 연구하기가 어렵다.

전문 직업화와 지적 변화

알려진 바와 같이, 1960년대 이후 의학사는 은퇴한 의사의 소명이라기보다는 전문 역사가의 영역이 되었다. 이러한 전문 직업화는 지적 변화와 계속해서 연결되어 왔다. 예를 들어, 넘버스는 위대한 의사가 질병을 어떻게 정복했는지에 대한 영웅적인 이야기에서 의료사회사로 전환되는 현상은 전문 역사가들이 이 분야를 지배한 결과라고 주장했다. 이러한 추세를 연구하면서 넘버스는 미국 의학사 분야의 주요 저작을 쓴 저자들과 그들의 교육적 배경을 살펴보았다. 그는 1960~1980년에 이르면 역사가가 의사보다 훨씬 많아지기 때문에 "역사학이나 사회과학 분야에서 훈련을 받지 않은 의사가 의학사에 의미 있는 기여를 할 수 있는 시간은 지났다."라고 결론지었다.[13]

13 Numbers, "The History of American Medicine," 251.

넘버스와 달리, 우리는 *BHM*, *JHM*, *MH*에 게재된 논문을 작성한 '모든' 저자들의 직업적 배경을 조사하면서, 1960년에서 2000년 사이의 각 10년대에 2년 간격으로 의학박사와 일반 박사(Ph.D.)의 비율을 비교했다. *SHM*은 1988년부터 출판되었기 때문에 장기적인 비교가 불가능해서 배제했다. 저자의 학력이 저자의 직업적 정체성과 완전히 일치하지 않을 수도 있지만, 의학박사와 일반 박사의 비율은 해당 분야의 참여가 의료와는 다른 활동으로 간주되는 정도를 대략적으로 보여준다. 저자의 일반 박사학위가 역사학이 아닌 경우에 인문학, 사회과학, 자연과학 등의 여러 분야 중 어디에 속하는지 구별할 수 없었다는 점에도 주의할 필요가 있다.

예상대로, 최종 학위가 의학박사인 저자의 비율은 세 개 학술지 모두에서 크게 감소했다(〈그림10.1〉 참조). 1960~1961년에는 의학박사가 저자의 52%, 일반 박사는 29%를 차지한 반면, 2000~2001년에는 의학박사의 비율이 13%로 감소했고 일반 박사는 77%로 증가했다. 그러나 그림에서 알 수 있듯이,

〈그림10.1〉 세 개의 의학사 학술지 투고자들의 교육적 배경

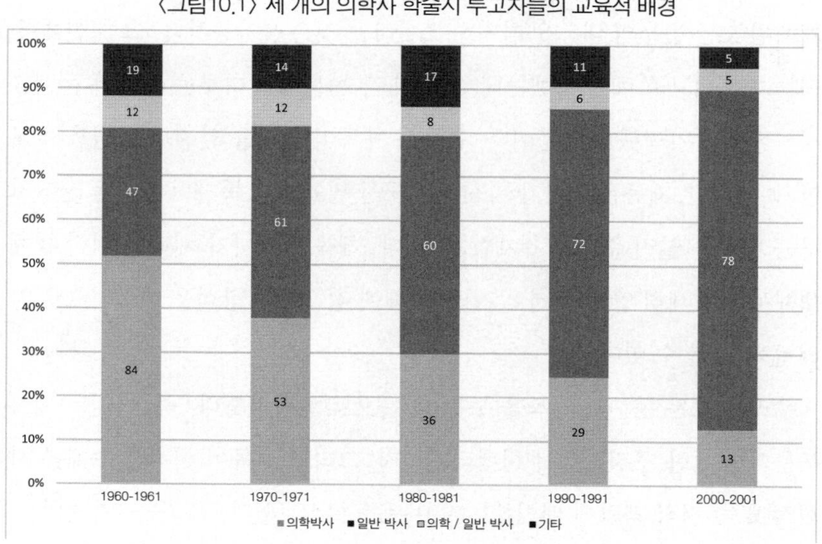

의학박사의 우세에서 일반 박사 우세로의 전환은 점진적이고 상대적으로 느리게 진행되었다. 1990년 말까지 의학박사는 여전히 저자의 4분의 1을 차지하여 해당 분야의 문헌에 의미 있는 공헌을 했다고 보인다. 이러한 패턴은 1960년대 영국 학술지에서 의사의 우세가 훨씬 더 두드러졌다는 점을 제외하면 세 학술지 모두에서 거의 비슷하게 나타난다. 1960년대 초기에 미국 의학사에서 전문 직업화가 잘 진행되고 있다는 넘버스의 관찰은 옳았지만, 넘버스는 전문 직업화가 일어나는 속도를 과대평가한 것으로 보인다.

세 개의 학술지에 투고한 저자들의 직업적 배경을 조사하는 것에 더해, 우리는 전문 직업화와 지적 변화 사이의 관계에도 관심이 있었다. 전문 역사가들은 일차적으로 의학 분야에서 훈련을 받은 의학사 투고자들이 다루는 주제와 다른 주제를 다루는가? 전문 직업적 전환으로 인해 학술지에 게재된 논문들에서 관심의 초점이 바뀌었는가? 이러한 전환이 주제를 다루는 방식의 변화와 부합하는가?

물론 시간과 자원에 한계가 있으므로 40년 동안 세 개의 의학사 학술지에 게재된 모든 논문의 내용을 철저히 조사하는 것은 불가능하다. 그 대신에 우리는 논문의 제목에 주목했는데, 제목이 각 논문에서 다루는 주제와 문제를 시사한다고 가정했기 때문이다. 논문의 제목이 내용을 완전히 반영하지 못할 수 있지만, 제목은 저자가 자신의 연구를 발표하고 독자의 관심을 끌고자 하는 방식을 알려 준다고 전제할 수 있다. 제목은 저자가 채택한 지적 틀에 대해서는 상세히 알려 주지 않지만, 주제에 접근하는 방식을 대략적으로 알려 준다고 볼 수 있다.

우리는 모든 논문의 제목을 두 개의 축으로 분류하였다. 즉, 어떤 주제가 논문의 주요한 초점으로서 선택되었는지, 그리고 제목이 이러한 주제를 사회적 또는 지적 맥락에 배치했는지 여부를 살펴보았다. 우리는 7가지의 주제 범주를 구분했는데, 각 논문을 전기· 기관사(institutional histories)·특정한 질병에 관한 연구·의료 직업 및 실행에 관한 연구·환자에 대한 연구·보건정책 또는 공중보건에 대한 분석·과학적 발전의 역사 등으로 분류했다. 예를 들어,「19세기 프랑스 수술에서의 경험주의」[14] 또는「르네상스 시대 베니스에서 의사의 지위」[15] 또는「미국에서의 살바르산(매독약-역주)의 수용」[16]과 같은 제목의 논문들은 모두 직업과 실행을 다룬다고 분류될 수 있다. 제목에 특정인의 이름이 의사 또는 과학자로서의 정체성과 함께 기재된 경우에만 전기로 분류했다. 제목이「하버드 의과대학의 개혁」[17]과 같은 단일한 특정 기관의 역사를 언급하거나「근동의 호스피스에서 병원으로: 후기 고대의 연속성과 변화의 사례」[18]와 같이 병원이나 의과대학과 같은 특정한 종류의 기관으로 발전된 것을 언급하는 경우에는 기관사로 분류했다.「사실적 홍역과 공상적 홍역」[19] 또는「독특한 질병(A Disease *Sui Generis*): 겸상 적혈구 빈혈의 기원과 근대 임상 연구의 출현」[20]과 같이 질병의 문화적·과학적 개념화에 관한 논문들이나,「뉴저지주 뉴워크(Newark)의 콜레라」[21]와 같이 특정한 조건에서의 질병을 다루는 논문들은 질병에 관한 연구로 분류했다. 공중보건 또는 보건정책에 대한 연구 범주에는「시민의 자유와 공익: 결핵 환자 구금

14 T. Gelfand, *Bulletin of the History of Medicine* (이하 *BHM*) 44 (1970): 40-49.
15 Guido Ruggiero, *Journal of the History of Medicine and Applied Sciences* (이하 *JHM*) 36 (1981): 168-184.
16 Patricia Spain Ward, *JHM* 36 (1981): 44-62.
17 Kenneth Ludmerer, *BHM* 65 (1981): 343-370.
18 Nigel Allen, *BHM* 64 (1990): 446-462.
19 Samuel X. Radbill and Gloria R. Hamilton, *BHM* 34 (1960): 430-486.
20 Keith Wailoo, *BHM* 65 (1991): 185-208.
21 Stuart Gallishoff, *JHM* 25 (1970): 438-448.

및 1984년 공중보건법」,[22] 「영국의 백신 반대 운동에서의 문제들」,[23] 「19세기 미국 매춘 여성의 의료 검사: 세인트루이스 실험과 그 후속」[24] 등의 제목을 단 논문들이 포함되었다.

대부분의 제목이 명확한 주제를 나타냈지만, 제목에 두 개 이상의 주제가 포함되어 있거나 둘 이상의 범주에 해당되는 논문들을 단일 범주로 분류해 넣는 작업이 쉽지만은 않았다. 예를 들어, 공중보건 기관의 역사는 공중보건에 관한 연구의 범주에 속할 수도 있고 기관사의 범주로 분류될 수도 있다. 우리는 제목의 나머지 부분을 살펴보고 적절한 분류에 대한 각자의 견해를 비교하여 모호함을 해결하려고 노력했지만, 이러한 과정은 때때로 다소 다른 분류로 이어질 수도 있었다. 따라서 숫자는 참고용으로만 보는 것이 적절하다. 이러한 분류가 문제시될 수 있는 논문의 수는 적었다. 이에 더해, 제목에 정보가 부족하거나 각각의 범주에 넣기에는 너무 특이한 주제를 다루고 있어서 제외해야 하는 논문이 42편 있었다. 우리는 1960년대부터 계속해서 출판된 세 개의 학술지에서 총 544편의 논문을 분류했다. 이러한 논문에는 교육적 배경을 확인할 수 있는 566명의 저자가 있었다. 앞서와 마찬가지로 우리는 각각 10년 단위로 두 해씩을 조사했다.

워너·넘버스·조다노바를 비롯한 여러 학자가 주장한 의학사에서의 변화가 학술지 문헌의 변화에서도 확인될 수 있는지, 또 그렇다면 어느 정도인지 추적할 수 있도록 범주를 설정했다. 예를 들어, 개인에 초점을 맞추는 것으로부터 의료 직업에 대한 관심으로 변화하는 것이 전기를 다루는 논문 수의

22 Richard Coker, *Medical History* (이하 *MH*) 45 (2001): 341-358.
23 Ann Beck, *MH* 4 (1960): 310-321.
24 John C. Burnham, *BHM* 45 (1971): 203-218.

감소와 전문 직업적 실행을 다루는 논문 수의 증가라는 차원에서 추적될 수 있는지를 관찰하고 싶었다. 마찬가지로, 이 분야에 전제된 변화들을 고려할 때, 의과학에 대한 관심이 감소하고 환자와 병자 및 그들의 경험에 대해 관심이 증가할 것으로 예상할 수 있다. 우리는 의료사회사에 대해 관심이 증가할 것으로 예상했기 때문에, 직업에 초점을 맞춘 논문이 증가하는 한편, 공중보건 및 보건정책을 다루는 논문의 수가 증가할 것이라고 예측했다. 특정한 질병에 관한 연구나 기관사에 관한 연구 등과 같은 범주는 의학사가의 전통적인 관심사를 반영하며, 우리는 이러한 제목들에서 찾을 수 있는 추세에 대해서는 구체적인 결론이 도출되리라고 기대하지는 않았다.

주제의 분류는 논문에서 채택된 접근 방식에 대해 많은 것을 알려 줄 수 없었다. 저자가 취하는 접근 방식을 보여주는 한 가지 지표는 그들이 발견한 내용을 제시할 때 특정한 사회적·문화적·제도적·전문 직업적·경제적·과학적·철학적 맥락을 언급하는지 여부에서 나타난다. 맥락적으로 다루었다는 점이 어느 정도는 제목에서 드러날 것이다. 따라서, 우리는 주어진 저자가 다루는 주제가 특정한 맥락에 놓여 있는지도 확인하려고 노력했다. 이러한 범주를 시작으로, 우리는 곧 많은 논문이 맥락을 하나 이상 언급했다는 점과, 여기에 언급된 맥락들, 예컨대 사회적 맥락과 문화적 맥락의 구별이 때때로 불가능하다는 점을 알게 되었다. 따라서 우리는 덜 세분화된 분류 방식을 택할 수밖에 없었다. 그 결과, 맥락을 언급하지 않은 제목, 사회적·문화적·전문 직업적·경제적·정치적 맥락을 드러내는 제목, 그리고 과학적·철학적 틀에 주제를 배치시킨 제목 등으로만 구별해야 했다. 예를 들어, 「19세기 영국에서 동성애의 의학적 구성과 법의 관계」[25]는 동성애에 대한 논의를

25 Ivan Dalley Crozier, *MH* 45 (2001): 61-82.

영국의 법적 맥락에 명확하게 배치하는 반면, 「천연두 예방 접종의 오디세이」[26]는 아무런 맥락도 나타내질 않는다. 의료의 사회문화사에 대한 관심이 높아짐에 따라, 제목에 광범위하게 정의된 '사회적 맥락'을 언급한 논문의 수가 크게 증가할 것이라고 예측할 수 있었다.

우리는 의학사에서 지적 변화와 전문 직업화 사이의 관계에 관심이 있었기 때문에, 제목 분류를 저자의 전문 직업적 배경과 교차 분석했다. 우리는 의사들의 기여가 더 전통적인 범주들, 즉 맥락에 대한 언급이 없는 전기 논문이나 기관사, 또는 아마도 과학적 맥락에서 의과학의 발전에 초점을 맞춘 논문에 집중되리라고 예측했다. 이와는 대조적으로, 일반 박사학위를 소지하고 주로 일반적인 역사학 분야의 배경을 지닌 의학사가들은 전문 직업적 실행이나 환자·공중보건 등에 관한 논문을 쓰고 그들의 주제를 사회적 맥락에 배치시킬 가능성이 더 높을 것이다.

1960년대와 1970년대에는 세 개의 학술지에 발표된 논문 중 의사나 과학자에 관한 전기가 가장 일반적인 범주였다(각각 39%와 36%). 그러나 1980년에서 1981년경 이 범주는 오늘날까지도 가장 인기 있는 주제인 전문 직업적 실행에 초점을 맞춘 논문들에 추월당했다. 1990년대에는 질병을 다루는 논문 또한 전기 논문보다 보편화되었고, 2000~2001년에는 전기 논문의 수가 12%로 감소했다. 개인의 삶에 대한 관심이 이렇게 감소한 것은 의학사 분야에서 연구자들이 계속해서 지적해 온 것과 일치한다. 그러나 전기 논문이 급격하게 감소했다고 해서 전문 직업적 실행이나 공중보건을 다루는 논문의 비율이 마찬가지로 급격히 증가하지는 않았다. 이러한 범주에 속하는 논문의 비율은, 전문 직업적 실행의 경우 1960~1961년의 26%에서 2000~2001년

26 John Z. Bowers, *BHM* 65 (1981): 17-34.

에 36%로, 공중보건 및 보건정책의 경우 3%에서 10%로 증가했을 뿐이다(공중보건 범주에 속하는 논문의 수가 적은 상태에서, 비율이 세 배 증가했다고 지적하는 것은 오해의 소지가 있다). 기관사나 질병의 역사를 다루는 논문의 비율은 작고 두드러지지 않는 정도로 증가했다(물론 이러한 논문들이 주제를 다루는 방법이 제목에 반영되지 않은 채 크게 변화했을 수도 있다). 우리의 예측과 달리, 환자와 그들의 경험에 초점을 맞춘 논문은 거의 발견되지 않았는데, 물론 그러한 주제가 다른 주제를 가리키는 제목을 단 논문에서 다루어졌을 수도 있다. 과학적 발전은 온건하지만 상대적으로 지속적인 관심 주제였다. 넘버스의 예상과는 달리, 과학이라는 주제가 의학사에서 점점 더 소외되는 것처럼 보이지는 않는다. 실제로 전문 직업적 실행은 오늘날 의학사에서 가장 많이 관심을 받고 있지만, 과학과 질병의 역사나 전기·기관사·공중보건의 역사 등과 같은 주제들도 역사가들이 초점을 두는 중요한 관심사로 남아있다. 우리가 관찰한 변화는 급진적인 관심의 변화라기보다는 다양화의 과정에 가깝다(〈그림10.2〉 참조).

예상대로 제목에서 맥락을 언급하지 않는 논문의 수는 크게 감소해왔다. 1960~1961년에는 전체 논문의 76%가 사회적 맥락이나 과학적 맥락을 언급하지 않았지만, 2000~2001년에는 그러한 논문이 36%로 감소했다. 이와 동시에, 제목에서 사회적·전문 직업적·정치적·문화적·경제적 맥락을 언급하는 논문은 10%에서 59%로 증가했다(〈그림10.3〉 참조). 지금까지 논문의 주제를 과학적 맥락이나 철학적 맥락에 두는 것이 흔했던 적은 없으며, 그러한 제목을 취한 논문은 약간 감소한 것 같다(1960~1961년 13%에서 2000~2001년 5%로 감소).

학문 분과에서의 지적 전환과 이 분야 투고자의 전문 직업적 배경의 변화 사이의 관계를 더욱 면밀히 조사하기 위해 저자의 학위가 의학박사인지 일

〈그림10.2〉 제목에서 나타난 주제에 따른 논문의 분류

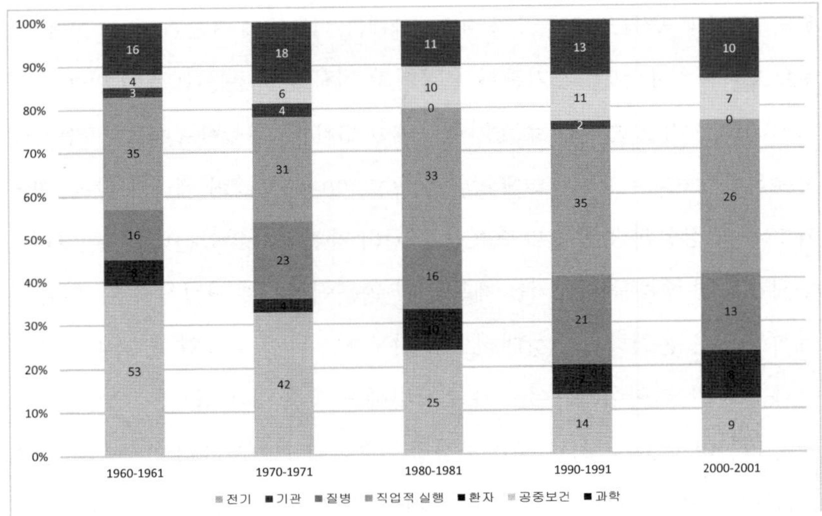

〈그림10.3〉 특정한 맥락에 주제를 둔 제목을 지닌 논문들

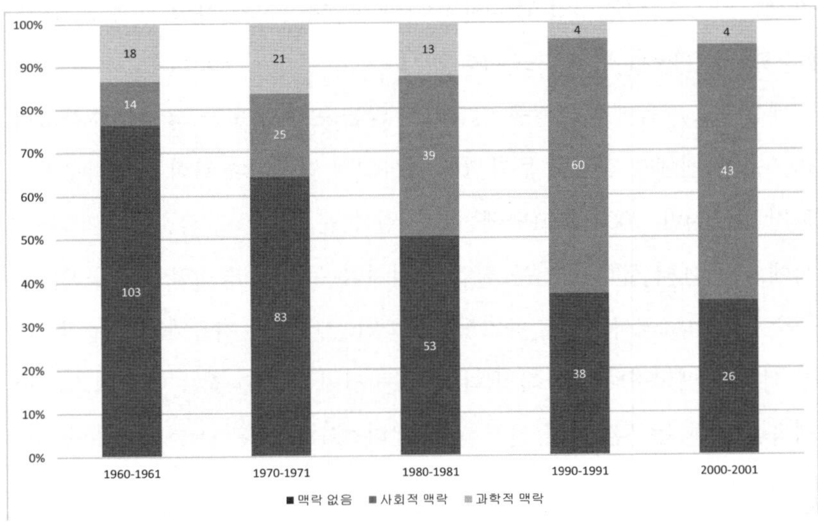

반 박사인지 여부에 따라서 제목을 분류했다. 우리가 분류할 수 있었던 세 개의 학술지에 출판된 544편의 논문에는 전문 직업적 배경을 분간할 수 있는 저자가 총 566명이 포함되어 있었다. 이러한 비교를 하기 위해 우리는 논문보다는 저자를 살펴봤고, 따라서 의학박사 저자와 일반 박사 저자에 의해 공동으로 작성된 논문은 중복해서 계산했다. 범주의 수를 단순화하기 위해 얼마 되지 않는 의학박사-일반 박사 이중 학위자(전체의 7% 미만)는 일반 박사로 분류했다. 이보다 더 작은(그리고 감소하는) 범주인 '기타'에는 저자 소개에 고등교육 학위(학사 또는 석사학위 이상)를 기재하지 않은 저자들이 포함되었다.

다소 놀랍게도, 의학박사가 작성한 논문과 일반 박사가 작성한 논문의 제목을 살펴보면 주요 관심 초점에서 극적인 차이가 나타나지는 않는다. 수년에 걸쳐 의사-역사가들과 역사학 분야의 일반 박사학위자들 모두에게서 전기 논문을 쓸 가능성은 줄어들었고, 의료 전문직이나 실행과 연관된 주제들에 관심을 기울일 가능성이 높아졌다. 비록 1960년대에는 일반 박사학위자가 의학박사학위자보다 후자의 주제에 대해 글을 쓸 가능성이 더 높았지만 말이다. 그러나 두 집단의 차이는 1980년대에 사실상 사라졌으며, 의학박사가 작성한 모든 논문의 29%와 일반 박사가 작성한 모든 논문의 31%가 전문 직업적 실행이라는 범주에 속했다. 기관사와 질병의 역사를 다루는 논문은 일반 박사에서보다 의학박사에게서 약간 더 성행했으며, 공중보건 및 보건 정책의 역사는 일반 박사학위를 가진 학자들에게서 더 인기 있는 주제였다. 그러나 이러한 범주에 속하는 논문 수가 너무 적어서 확실한 결론을 내릴 수 없다. 의학사의 전문 직업화가 의과학의 발전에 대한 관심을 감소시킬 것이라고 주장한 넘버스의 예측과는 달리, 의학박사가 이 주제를 다룰 가능성이 일반 박사에 비해서 더 높지는 않았다(〈표10.1〉 참조).

〈표10.1〉 주제별 저자의 직업적 배경(같은 종류의 학위를 지닌 저자의 총수 대비)

	전기			기관			질병			직업적 실행		
	의학박사	일반박사	기타	의학박사	일반박사	기타	의학박사	일반박사	기타	의학박사	일반박사	기타
1960-61	33(43%)	20(38%)	2	3(4%)	3(6%)	2	12(16%)	4(8%)	1	17(22%)	16(31%)	3
1970-71	17(35%)	18(28%)	8	2(4%)	1(1%)	1	16(33%)	8(12%)	0	7(14%)	19(29%)	5
1980-81	8(23%)	13(21%)	8	4(11%)	5(8%)	1	6(17%)	11(18%)	3	10(29%)	19(31%)	4
1990-91	4(15%)	9(13%)	1	2(7%)	3(4%)	3	8(30%)	14(20%)	1	9(33%)	23(33%)	4
2000-01	2(14%)	7(11%)	0	3(21%)	6(10%)	0	3(21%)	12(19%)	1	3(21%)	23(37%)	0
	환자			공중보건			과학			총합		
	의학박사	일반박사	기타	의학박사	일반박사	기타	의학박사	일반박사	기타	의학박사	일반박사	기타
1960-61	2	0	1	1	2(4%)	1	8(11%)	7(13%)	1	76	52	11
1970-71	2	0	0	0	6(9%)	0	5(10%)	13(20%)	1	49	65	15
1980-81	0	0	0	1	8(12%)	1	6(17%)	5(8%)	0	35	61	17
1990-91	0	0	0	2	8(13%)	1	2(7%)	11(16%)	0	27	70	10
2000-01	0	0	0	2	5(8%)	0	1(7%)	9(14%)	0	14	63	1
										201	311	54

의사와 일반 박사가 논문에서 분석한 주제를 어디에 배치시켰는지 그 맥락을 제목에 표시하는 경향을 비교하여 분석했을 때 더욱 유익한 결론을 도출할 수 있었다. 1960년대에는 일반 박사가 의학박사에 비해서 맥락을 표시할 가능성이 좀 더 높았지만(1960~1961년에 일반 박사의 17%, 의학박사의 5%가 그랬다), 어쨌든 이 시기에는 모든 저자들이 그러한 지표를 제공할 가능성이 낮았다. 맥락적 분석을 나타내는 지표는 일반 박사에게서는 훨씬 더 보편적이게 되었는데, 1980~1981년에 이르면 일반 박사의 절반 이상(52%)이 그들의 주제를 특정한 '사회적' 맥락에 배치했다. 이와 동시에, 의학박사는 여전히 제목에 주제에 대한 맥락적 분석을 나타낼 가능성이 낮았다(의학박사

의 14%만이 1980~1981년에 그러한 맥락을 표시한 반면 74%는 표시하지 않았다). 그러나 1990년대에 이르면 두 저자 집단의 차이가 좁혀지고, 2000~2001년에는 의학박사의 절반과 일반 박사의 59%가 우리가 사회사적 관점이라고 간주할 수 있는 제목을 사용했다. 다시 말해, 의학사에 대한 맥락적 접근 방식을 채택하는 데 의학박사가 일반 박사에 비해 다소 뒤처지긴 했지만, 지난 10년 동안 두 집단 간의 차이는 미미해졌다. 출판된 논문만이 아니라 학술지에 투고한 경향을 분석하지 않고는, 이러한 접근 방식의 불균형이 사라진 것이 의학사가들의 전문 직업적·교육적 배경의 차이가 미치는 영향이 감소해서인지, 아니면 학술지의 편집 기준이 변했기 때문인지 확실히 알 수는 없다(〈표 10.2〉 참조).

〈표10.2〉 논문 유형별 저자의 직업적 배경(같은 종류의 학위를 지닌 저자의 총수 대비)

	맥락 없음			사회적 맥락			과학적 맥락			총합			
	의학 박사	일반 박사	기타	의학 박사	일반 박사	기타	의학 박사	일반 박사	기타	의학 박사	일반 박사	기타	총합
1960-61	59(78%)	37(71%)	9(81%)	4(5%)	9(17%)	2(18%)	13(17%)	6(12%)		76	52	11	139
1970-71	37(76%)	40(61%)	7(47%)	2(4%)	16(25%)	6(40%)	10(20%)	9(14%)	2(13%)	49	65	15	129
1980-81	26(74%)	23(37%)	6(35%)	5(14%)	32(52%)	6(35%)	4(11%)	6(10%)	5(29%)	35	61	17	113
1990-91	11(41%)	23(33%)	5(50%)	14(52%)	45(64%)	5(50%)	2(7%)	2(3%)	0(0%)	27	70	10	107
2000-01	6(43%)	22(35%)	1(100%)	7(50%)	37(59%)	0	1(7%)	7(6%)	0	14	63	1	78

의학사의 지적 구성

의학사 연구의 초점이 변화하는 경향은 저자가 논문 제목에서 주제의 틀을 짓는 방식뿐만 아니라 자신의 연구를 의학사나 과학사, 그리고 다른 역사가 및 사회과학자의 연구와 연관 짓는 방식에도 반영된다. 다른 사람의 연구와 다른 곳에 게재된 연구를 참조함으로써 저자는 자신의 작업을 같은 분과의 동료 및 다른 관련 분야의 연구자가 한 작업과 연결 짓는다. 논문의 제목을 분석하여 해당 분야의 관심이 어떻게 분포되어 있는지 전반적으로 알 수 있지만, 논문 형태이든 책 형태이든 상관없이 몇몇 연구들은 다른 연구보다 더욱 중요하거나 중심적이거나 모범적이라고 간주된다. 지적 변화와 전문 직업화에 대한 우리의 연구 결과에 비추어, 우리는 의학사가들이 누구의 연구를 가장 자주 언급했는지, 그리고 어떤 저자 집단이 새로운 의료사회사의 핵심을 형성했는지 살펴보고자 했다. 이러한 관점에서 이 분야는 얼마나 지적으로 통일되었는가? 투고자의 전문 직업적 배경에서 나타난 변화는 가장 많이 인용된 저자의 집단에 반영되어 왔는가? 더 나아가, 이 분야의 전문 직업화는 의학사가 일반 역사학으로 더 강하게 통합되고, 의료사회사·과학사·과학사회학 사이의 이론적 유사성이 증가하면서 이루어졌다고 추정된다. 의학사가들이 자신의 연구를 다른 전문 분야에서 활동하는 연구자들의 연구와 어떻게 연결하는지 살펴봄으로써 이러한 변화를 식별할 수 있을까?

우리는 의학사 분야의 다양한 학술지에서 가장 자주 인용되는 저자들을 식별하고 의학사 학술지의 논문이 과학사나 과학사회학 분야의 문헌을 참조하는지 여부와 정도를 도출함으로써 의학사가들이 이렇게 더 포괄적인 영역에서 자신의 연구를 배치하는 방식을 분석했다. 우리는 1988년 이후 네 개 학술지에 출판된 논문이 인용한 모든 참고문헌을 포함시켰다. 분석을 위한 데이터는 웹 오브 사이언스(Web of Science, ISI)를 통해 인터넷에서 얻을 수 있는 과학 인용지수, 사회과학 인용지수, 인문학 인용지수로부터 도출되었다.[27] 전체적으로 1988년에서 1999년 사이에 학술지들에 게재된 582편의

27 전산에서 얻을 수 있는 데이터는 1988년 이전으로는 거슬러 올라가지 않는다.

논문에서 인용 횟수를 계산했다(*SHM* 데이터는 1991년 이후의 것이다).

네 개 학술지의 논문이 인용한 출판물, 저서, 논문 모두를 참조하여 가장 많이 인용된 의학사가들의 명단을 구성하고 각각의 학술지에서 상위를 차지한 10인의 목록을 만들었다. 그 결과 31명의 목록이 만들어졌는데, 이는 네 개 학술지 간에 겹치는 부분이 거의 없음을 시사한다. 가장 많이 인용된 10명의 이름 중 모든 학술지에 포함된 이름은 하나도 없었다. 찰스 로젠버그(Charles Rosenberg), 로이 포터(Roy Porter), 윌리엄 바이넘(William Bynum), 에르빈 아커크네히트(Erwin Ackerknecht) 등 네 명의 저자만 세 개의 학술지에서 상위 10위 안에 들어 있었다. 존 할리 워너(John Warner)·리처드 슈라이옥(Richard Shryock)·어바인 라우던(Irvine Loudon)·찰스 웹스터(Charles Webster) 등 네 명의 저자는 두 개의 목록에 동시에 들어 있었는데, 영국의 저자는 두 개의 영국 학술지의 목록에 있었고 미국인은 미국 학술지 목록에 있었다. 국가 간에, 그리고 개별 학술지 간에 겹치는 부분이 매우 적다는 점은 특정한 사회적 분산, 그리고 아마도 이 분야의 지적 분산을 암시한다. 마치 각 학술지가 고유한 문화를 지닌 것으로 보인다(〈표10.3〉 참조).

〈표10.3〉 1988~1999년 네 개의 의학사 학술지에서 가장 많이 인용된 역사가들(인용 횟수)

	BHM	*JHM*	*MH*	*SHM*	총합
Rosenberg, C.	87*	39*	20*	8	154*
Porter, R.	34*	13	46*	38*	131*
Warner, J. H.	53*	28*	7	14	102*
Bynum, W.	23*	21*	29*	19	92*
Ackerknecht, E.	40*	21*	18*	11	90*
Loudon, I.	13	9	36*	31*	89*

Risse, G.	17	21*	16	15	69*
Rosen, G.	28*	15	13	11	67*
Webster, C.	7	2	27*	31*	67*
Pelling, M.	13	5	25*	24	67*
McKeown, T.	18	11	7	31*	67*
Leavitt, J. W.	27*	16	6	4	53
Lawrence, C.	7	10	23*	12	52
Sigerist, H. E.	41*	3	4	3	51
Woods, R. I.	2	0	0	48*	50
King, L. S.	12	21*	12	4	49
Hardy, A.	5	2	10	30*	47
Szreter, S.	3	3	2	37*	45
Shryock, R.	22	17*	2	1	42
Arnold, D.	5	4	19*	14	42
Marland, H.	3	0	18*	21	42
Cassedy, J.	27*	9	1	3	40
Lewis, J.	6	1	6	26*	40
Stevenson, L. G.	6	25*	6	3	40
Foucault, M.	11	3	18*	7	39
Weindling, P.	8	2	4	25	39
Numbers, R.	23*	8	1	4	36
Riley, J. C.	5	2	1	28*	36
Ludmerer, K. M.	15	18*	1	2	36
Estes, J. W.	8	18*	7	2	35
Morris, J. N.	0	1	0	30*	31

JHM 및 *BHM*에서 가장 많이 인용된 저자 중 미국의 의학사가(찰스 로젠버그, 존 할리 워너, 로널드 넘버스, 주디스 레빗(Judith Leavitt), 제임스 캐시디(James H. Cassedy), 케네스 루드메러(Kenneth Ludmerer))가 많다는 점, 그리고 영국 의학사가, 특히 영국 공중보건의 역사가(찰스 웹스터, 크리스토퍼 로렌스(Christopher Lawrence), 마거릿 펠링(Margaret Pelling), 힐러리 멀랜드(Hilary Marland), 제인 루이스(Jane Lewis), 앤 하디(Anne Hardy))가 *MH* 및 *SHM*에서 가장 많이 인용된 저자라는 사실은 그리 놀랍지 않다. 그러나 국가적 분열이 너무나 명백하다는 게 놀랍다. 국가적 편향과는 별개로, *SHM*에서 가장 많이 인용된 저자 집단은 의료적·사회적 개입이 사망률(mortality)과 질병률(morbidity)의 장기적 변화에 미친 영향에 대해 논의한 연구자들이 지배적이다. 토마스 매큐언(Thomas McKeown)을 제외하고는 이러한 저자들 중 누구도 다른 세 개의 학술지에서 많이 인용되지 않았다. 이런 점에서 *SHM*은 우리가 조사한 학술지 중에 가장 명확한 이론적 초점을 가지고 있다고 볼 수 있다.

우리가 오히려 놀랐던 점은, 가장 인용이 많이 된 저자의 목록에 오래전에 주요 저작을 발표한 고전적인 저자들이 너무나 많이 포함되어 있다는 점이다. 헨리 지거리스트(Henry Sigerist), 에르빈 아커크네히트, 리처드 슈라이옥, 조지 로젠(George Rosen)과 같은 미국 의학사의 창시자들이 *BHM*에서 가장 많이 인용된 저자들의 목록에 있다는 점이 특히 눈에 띄었다. 이러한 목록에는 분명히 스스로를 의료사회학자로 볼 역사가가 많이 포함되었지만, 동시에 이 분야에서 더 전통적인 접근 방식을 대표하는 저자들도 있었으며, 식민지 의학이나 젠더 연구와 같은 현재 인기 있는 주제를 다루는 저자는 소수만 들어 있었다. 포스트모더니즘이나 구성주의의 흔적은 목록에서 거의 찾을 수 없다.

가장 많이 인용된 저자의 교육적 배경은 의학박사-일반 박사 이중 학위를 가진 저자의 과대 대표를 제외한다면, 해당 기간에 네 개의 학술지에 게재한 저자들의 배경과 크게 다르지 않다. 전체적으로, 가장 많이 인용된 의학사가의 약 42%(31명 중 13명)가 의학 학위를 가지고 있었다. 1980년대 초에 넘버스는 의학사 분야에서 가장 영향력 있는 연구로 언급된 책을 쓴 의사는 소수일 뿐이라고 주장했지만, 약 20년 후에 이르러 우리가 내놓는 증거는 의학 분야에서 훈련된 사람들이 여전히 가장 많이 인용되는 저자들 사이에서 눈에 띄게 존재한다는 점을 보여준다. 의학박사의 존재는 특히 *JHM*에서 가장 자주 인용된 저자의 목록에서 두드러지게 나타난다. 여기에 있는 10명의 저자 중 3명만이 의학 학위가 없다.

이 분야에서 나타나는 비교적 전통적이고 보수적인 성격과 분산성은 의학사 분야의 다양한 학술지 사이의 관계, 그리고 의학사와 관련 학문 분야 사이의 관계에 대한 탐구에서 더욱 확실해진다. 의학사가 잘 정의된 이론적 핵심과 대표적인 문헌들을 지닌 잘 통합된 영역이라면, 의학사 분야 내에서는 학술지 간에 참조가 많이 이루어질 것이라고 예측할 수 있다. 나아가, 의학사·과학사·과학사회학 등에서 채택한 이론적 접근 방식이 유사할 것이라는 점을 감안할 때, 이들 사이의 지적 교류가 각각의 문헌의 인용에서 나타나리라고 예측할 수 있다. 따라서, 우리는 네 개의 학술지에서 과학사와 과학사회학 학술지 인용을 상당수 찾을 것으로 예상했다. 교류의 정도를 추정하기 위해, 우리는 과학사 분야의 학술지(《아이시스(*Isis*)》, 《생물학사 연구(*Journal of the History of Biology*)》, 《생물학 및 생명과학의 역사와 철학 연구(*Studies in the History and Philosophy of Biology and the Life Sciences*)》, 《물리학 및 생물학의 역사 연구(*Historical Studies in the Physical and Biological Sciences*)》, 《맥락 속의 과학(*Science in Context*)》, 《영국 과학사 연구(*British Journal of the History of Science*)》, 《과학사 검토(*Revue d'histoire de science*)》)와 과학사회학 분야의 학술지(《과학사회학(*Social Studies of Science*)》, 《과학, 기술, 그리고 인간적 가치(*Science, Technology, and Human Values*)》, 《과학과 문화(*Science and Culture*)》, 《지식(*Knowledge*)》)를 인용한 사례를 모두 세었다. 의료사의 분과적 통일성을 탐구하기 위해, 우리는 조사한 네 개의 학술지에서 학술지 간의 인용, 즉 각각의 학술지 간의 인용과 의학사 분야의 다른 학술지(예를 들어 《클리오 메디카(*Clio Medica*)》와 《야누스(*Janus*)》)의 인용을 살펴보았다.

역사서술학(historiographic) 문헌에서의 주장과는 달리, 의료사·과학사·과학사회학 사이에서 추정된 이론적 친화성은 학술지 간 인용 패턴의 분석을 통해서는 발견되지 않았다. 총 45,284번의 인용 가운데, 이 분야들의 학술지 사이의 인용 빈도는 낮았다(〈표10.4〉 참조). 과학사 학술지 인용은 매우 적었고(144), 과학사회학 학술지 인용은 완전히 무시할 수 있을 만큼 적었다(12년 동안 네 개의 학술지에서 31번 인용). 가장 많이 인용된 저자의 목록에서 과학사 분야나 과학사회학 분야에서 저명한 학자의 이름은 나타나지 않았고, 다양한 분야의 경계에 위치한다고 간주될 수 있는 저자를 인용한 것까지 탐색의 범위를 확장했지만, 이들이 거의 완전히 나타나지 않는다는 점을 알게 되었다. 브뤼노 라투르(Bruno Latour), 배리 반스(Barry Barnes), 해리 콜린스(Harry Collins), 카린 크노르(Karin Knorr)의 연구 같은 과학사회학 분야의 이론적 작업에 대한 언급도 거의 없었다. 이러한 분야들 간의 지적 교류가 만약 존재한다고 해도, 그것은 너무나 비공식적이라서 문헌에서는 추적할 수 없는 형태일 것이다.

〈표10.4〉 1988~1999년 네 개의 의학사 학술지에서 의학사 및 관련 분야의 학술지 논문들에 대한 인용

학술지	논문 수	총 참고문헌	의학사 학술지 논문들의 인용	자기-인용	과학사 학술지 논문들의 인용	STS 학술지 논문들의 인용
BHM	202	14,345	499	223	79	6
JHM	183	10,391	430	101	35	4
MH	216	11,901	752	246	75	17
SHM	151	8,647	326	140	27	4
총합	582	45,284	1307	710	144	31

네 개 학술지의 논문에 포함된 수천의 참고문헌 중, 의학사 분야 학술지 논문의 인용조차 매우 작은 부분을 이루고 있다(45,284개 인용 중 대략 3%). 대부분의 인용은 2차 문헌(학술지 논문)보다는 원천 자료를 참조했다고 보인다. 학술지 간의 인용을 분석하면서 이 분야의 책에 대한 인용을 포함시키지는 않았지만, 가장 많이 인용된 저자들의 책까지 포함시켜 분석하면 우리가 내린 결론이 강화될 것으로 보인다. 즉 의학사는 다소 분산된 영역이자 경험적으로 탐구되는 학문 분야라고 결론 내리는 것이 적절하다. 의학사가들이 거듭해서 지향하는 핵심 (이론적) 문헌의 집합체가 존재한다는 증거는 없다. 개별 논문은 각자 단독으로 제시되며, 그 분야의 다른 문헌들과 광범위하고 체계적으로 연결되어 있지 않고, 다른 역사적 연구와 명시적인 논쟁을 벌이지도 않아 보인다.

의학사 분야 학술지의 논문들이 서로 강하게 연결되지 않는다는 점은 과학사회학 분야의 상황과 간단히 대조될 수 있다. 우리는 과학사회학 분야의 핵심 학술지인 《과학사회학》과 《과학, 기술, 그리고 인간적 가치》에서 1988~2000년 사이에 발표된 의료 문제 관련 논문 89편의 참고문헌을 검토했다. 여기서 가장 자주 인용된 저자 다섯 명(브뤼노 라투르, 해리 콜린스, 마이

클 멀케이, 수잔 리 스타, 아델 클라크)은 이 89편의 논문에서 모두 286번 인용되었다. 즉, 논문 10편당 이 저자들에 대한 인용이 평균 32번 이루어진 것이다. 대조적으로, 우리가 탐구한 네 개의 의학사 학술지에서 가장 많이 인용된 다섯 명의 저자(찰스 로젠버그, 로이 포터, 존 할리 워너, 윌리엄 바이넘 및 에르빈 아커크네히트)는 778개의 논문에서 569번 인용되었다. 논문 10편당 평균적으로 이 저자들이 7번 인용된 것이다. 또한 과학사회학 학술지는 의학사 학술지에 비해 더욱 외부 지향적인 것으로 나타난다. 우리는 과학사회학 분야의 논문이 과학사 및 의학사 분야의 학술지에 게재된 연구를 얼마나 자주 인용하는지 의학사 학술지에서의 과학사회학 및 과학사에 대한 인용의 빈도와 개괄적으로 비교해 보았다. 두 개의 과학사회학 학술지에서 '의료'를 다루는 논문이 과학사와 의학사 학술지에 발표된 연구를 인용하는 정도는 의학사 논문이 과학사와 과학사회학 학술지를 인용하는 정도의 두 배로 나타났다.

의학사의 독자

의학사의 논문이 서로 느슨하게 연결되어 있고 다른 동종 분야의 논문과 이처럼 완전히 분리되어 있다는 사실을 알게 되면서, 우리는 의학사 학술지 논문의 저자들이 어떤 독자를 염두에 두는지 궁금해졌다. 어디에서 의학사 연구를 읽고 참조하는가? 얼마나 빈번하게 인용되는가? 일반 역사학(사회사)으로 의학사를 통합하자는 주장이 자주 나온다는 점에서, 의학사 학술지에 게재된 연구는 일반 역사학 학술지에 인용되는가? 의학사의 독자는 과학사회학의 독자와 얼마나 다른가? 이러한 질문을 해결하기 위해, 1988년부터 2000년까지 우리가 살펴본 학술지들에서 가장 많이 인용된 논문을 5편씩 선택했다. 때로는 두 편 이상의 논문이 같은 횟수로 인용되었기 때문에 총 24

편의 논문이 선정됐다. 이 24편의 논문은 총 339회 인용되었다. 우리는 가장 많이 인용된 5편의 논문을 인용한 논문이 실린 학술지들을 분과 소속별로 분류했다(〈표10.5〉 참조). 놀랍게도, 이러한 역사적 논문들에 대한 인용의 거의 3분의 1이 의학 학술지(《미국의학협회지(*JAMA*)》 또는 《랜싯(*The Lancet*)》)에서 이루어졌다. 이러한 학술지에서 인용의 수는 의학사 학술지에서의 인용 수보다 약간 높았고, 일반 역사학(또는 과학사) 학술지에서의 인용 수보다 훨씬 높았다. 의학사가들의 주장과는 달리, 의학 연구자는 의학사 분야의 매우 중요한 독자이다. 이러한 맥락에서, 의학박사가 미국의학사협회(American Association for the History of Medicine) 회원의 52%를 차지한다는 점을 언급하는 것이 도움이 될 것이다. 비록 우리가 살펴봤듯이 의학사 학술지의 문헌에 기여한 의사의 비율은 훨씬 적지만 말이다. 더 나아가, 의학사 공동체의 저명한 회원들의 열망에도 불구하고, 일반 역사학과 사회사는 의학사 분야의 학술지를 위한 중요한 학술적 독자로 보이지는 않는다.

〈표10.5〉 의학사 학술지에서 가장 많이 인용된 논문 인용의 분야별 분포

	SHM	*JHM*	*BHM*	*MH*	총합
의학사	30	17	23	30	100(29%)
과학사	9	5	12	11	37(11%)
역사학(의학사 및 과학사 제외)	7	5	21	8	41(12%)
의학/공중보건/역학	24	29	21	34	108(32%)
사회과학(의료인류학 및 의료사회학 포함)	15	5	17	7	44(13%)
기타	1	1	3	4	9(3%)
논문 수	6	6	5	7	24
총 인용 수	86	62	97	94	339

우리는 두 개의 주요 과학학 학술지에서 가장 많이 인용된 의학 논문 5편씩의 인용을 검토하여 이 학술지들에 실린 의료 주제를 다룬 논문의 독자를 의학사의 독자와 비교했다. 11편의 논문(한 학술지에서 두 편의 논문이 공동 5위를 차지)에서 281개의 인용은 주로 과학사회학 분야와 더 일반적인 사회과학 분야의 학술지에 분포되어 있었다. 이 모든 인용의 47%는 과학사회학 이외의 사회과학 분야의 문헌들(예컨대 일반적인 사회학 학술지나 의료인류학 학술지)에서 나타났다. 의학사 학술지에서 이러한 논문들에 대한 인용은 단 한 건뿐이었고 의학 학술지에서 참조되는 비율은 매우 적었다(전체의 5%)(〈표10.6〉 참조).

〈표10.6〉 과학사회학 학술지에서 가장 많이 인용된 논문 인용의 분야별 분포

학술지의 분야	*Social Studies of Science*	*Science, Technology, and Human Values*	총합
과학사회학	64	41	105(37%)
의학사	0	1	1
일반 역사학	1	0	1
의학 및 공중보건	3	10	13(5%)
사회과학(의료인류학 및 의료사회학 포함)	87	46	133(47%)
과학사	8	2	10(4%)
기타	13	5	18(6%)
논문 수	6	5	11
총 인용 수	176	105	281

이에 더해, 과학사회학 분야 논문의 인용 비율이 의학사 논문의 인용 비율보다 상당히 높게 나타났다. 의학사 학술지에서 가장 많이 인용된 5개의 논문은 평균 14회 인용된 반면, 과학사회학 학술지에서 가장 많이 인용된 논문은 평균 25.5회 인용되었다. 압도적으로 현대 의료를 주로 다루는 과학사회

학의 의학 논문들이 의학 연구자들의 관심을 거의 받지 못하고 다른 사회과학자들로부터 많은 관심을 받는다는 것은 다소 아이러니하다. 의학 분야에서 이제 역사학 분야로 옮겨 갔다고 생각하는 의학사가들이 역사학 분야보다는 의학 분야에서 여전히 더 많은 관심을 받고 있는 상황에서 말이다. 인용 데이터는 두 분야가 거의 상호 작용하지 않으며 의학사 학술지의 문헌이 상대적으로 고립된 것처럼 보인다는 우리의 결론을 입증한다.

결론

의학사의 발달에 대한 우리의 문헌정보학적 분석은 해당 분야의 변화에 대해 일반적으로 유지되던 믿음을 여러 차원에서 입증했다. 오늘날 의학사는 실제로 의사보다는 역사가에 의해 쓰여지고 있으며, 현역 전문가들의 관심은 개별 의사에 관한 영웅적인 이야기나 그러한 의사들이 의학 지식의 진보에 기여한 점으로부터, 전문 직업화에 대한 더욱 진지하고 맥락화된 이야기와 의료의 일상적 실행으로 변화해 왔다. 공중보건 및 보건정책의 역사와 같은 주제 역시 더 많은 관심을 받아 왔다. 전문 역사가들이 이러한 변화를 주도해 왔지만, 현재는 서로 다른 종류의 교육적 배경을 지닌 저자들 사이의 차이가 그다지 뚜렷하지는 않다고 보인다.

변화의 속도를 측정할 방법이 없는 상황에서, 의학사에서의 이러한 변화가 급진적이었는지 아니었는지를 평가할 수는 없다. 하지만 본 연구의 몇 가지 결과는 상대적으로 점진적인 의학사 분과의 변화를 보여준다. 전문 직업화는 오랜 시간이 걸렸고, 주제 선정에서 나타난 변화도 관심사가 극적으로 변했다기보다는 다변화(diversification)의 과정이라고 보는 것이 더 적절하다.

그러나 몇몇 예측은 입증되지 않았다. 넘버스가 우려했던 것과는 달리 의

과학이 관심의 대상이 되지 않고 있다는 징후는 없다. 비록 역사가들이 '의료의 내용과 내적 논리'에 주의를 기울이는 것을 그만두었는지 여부를 평가할 수는 없지만, 주로 과학적 맥락이나 사회적 맥락에서 검토되는 의과학의 발전이라는 주제에 대해서 의사-역사가들뿐만 아니라 전문 역사가들도 지속적으로 관심을 갖고 있다. 이와 동시에 환자의 경험과 관점에 대해 관심이 증가하리라는 예측을 입증할 흔적은 찾을 수 없었다.

그러나 이 연구에서 가장 놀라운 점은 의학사 분야가 내부적으로 어떻게 조직되었는지, 그리고 의학사가들이 어떻게 자신의 작업을 다른 이들의 작업과 연결시켰는지 살펴보는 가운데 일어났다. 여러 측면에서 우리는 이 분야가 우리가 예상했던 것보다 더욱 전통적이라는 점을 발견했다. 즉, 가장 많이 인용된 저자들의 목록을 보면, 수년 전에 연구를 출판한 역사가 다수와 역사에 대해 다소 정통적인(orthodox) 접근을 취하는 현시대 연구자들 다수가 포함되어 있었다. 이렇게 가장 많이 인용된 저자들 중에서는 극소수만이 최신 유행이라고 여겨질 만한 주제를 다루고 있는 것 같다. 이들 중 의학박사의 비중도 과학사 전반을 다루는 학술지의 투고자 중 그들이 차지하는 비중에 비해 높았다. 이러한 연구자 집단이 특정하고 이론적으로 일관된 의학사 접근법을 대표했다는 흔적은 없었다.

우리의 데이터는 의학사 분야가 분산되고 내적으로 분열된 분야임을 보여준다. 이 연구에서는 여러 학술지에서 가장 많이 인용된 저자들이 거의 겹치지 않는다는 점이 드러났을 뿐만 아니라, 각 학술지가 국가에 귀속된 특징을 보여주었다. 개별 학술지와 개별 논문은 모두 단독으로 존재한다고 보인다. 게다가, 우리는 영국과 미국의 의학사가들이 서로의 연구를 상대적으로 적게 언급한다는 점을 발견했으며, 이러한 사실은 핵심 문헌이라고 할 만한 통일된 체계가 없다는 점과 의학사가들이 공통의 이론적 관심사를 논의하기보다는 특정한 경험적 사례에 굉장히 집중하는 경향이 있다는 점을 보여준다.

내적 분산은 이와 관련된 외적 고립을 수반한다고 보인다. 의학사·과학사·과학사회학 분야에서 유사한 이론적 지향이 나타날 것이라는 추정에도 불구하고, 우리는 이들 분야의 문헌 사이에 연결을 보여주는 흔적을 찾지 못했다. 이러한 지적 상호 교류의 부족은 서로의 문헌을 인용하는 패턴에서 명백히 드러난다. 의학사가 과학사와 STS, 나아가 더 광범위한 차원에서 사회과학· 인문학과 밀접하게 연결되기를 바라는 조다노바와 워너의 희망은 기획상의 야망(programmatic ambition)에 지나지 않는다.

이 분야에서 지속적으로 나타나는 전통으로의 지향과 명백한 지적 분열에 대해 설명하기 위해서 의료 전문가들이 의학사 분야의 독자층에서 중요한 비중을 차지하고 있다는 점을 상기할 필요가 있다. 의사들에 의한 의학사가 지배적이라는 점은 대체로 이 분야의 문헌 투고자가 지니는 특성의 차원에서 설명되곤 했다. 일단 역사가들이 저자의 대다수를 차지하게 되자, 의학사 분야가 사회사와 문화사 일반의 한 부분이 될 것이라는 기대(희망이든 두려움이든)가 있었다. 그러나 어떤 분야의 발전은 투고자들뿐만 아니라 독자에 의해서도 형성되며, 의학사의 독자는 여전히 의학적 권위를 가진 이들로 보인다. 의사들이 의학사의 독자로서 계속해서 존재한다는 점을 의학사가들이 어느 정도 인지하고 있는지, 그리고 의학사가들이 글에 어떻게 반영되고 있는지는 여전히 의문점으로 남아있다.[28]

28 이 질문에 대한 두 가지 대조적인 답변으로, Charles E. Rosenberg, "Why Care about the History of Medicine?" in *Explaining Epidemics and Other Studies in the History of Medicine* (Cambridge: Cambridge University Press, 1992), 1-6와 이 책의 13장, 로저 쿠터의 「의료사회사의 종말을 '프레임'하기」 참조.

제11장

규범권력

—조르주 캉길렘과 미셸 푸코, 그리고 의학사

크리스티아네 신딩(Christiane Sinding)

규범(norms)의 기원은 무엇이고, 생리적이든, 사회적이든, 규범이 지니는 권력은 어디서부터 비롯되었을까? 이는 조르주 캉길렘(George Canguilhem, 1904~1995)과 미셸 푸코(1926~1984) 두 명 모두 지식과 윤리의 경계라는 문제를 두고 계속해서 물은 질문이었다. 캉길렘과 푸코는 논의의 출발을 규범 그 자체가 아닌, 규범의 해체에서 시작했다. 바로 사회에서 '비정상'이라고 불리던 것들인데, 이들은 질병을 통해서 건강을 살폈고, 광기를 통해서 이성을 조명했다. 바로 이 사실 때문에, 규범, 특히 의료규범은 윤리적·정치적 문제를 야기했다. 캉길렘은 정상성(normality)과 규범성(normativity)을 대조해 인간이 새로운 규범을 창조하는 능력을 특징지었다. 또한 그는 사회적 규범의 비판적 분석도 발전시켰다. 푸코는 그의 스승 캉길렘이 연구한 규범의 양가성(bivalence) 논의를 더욱 발전시켰다. 푸코는 규범을 규제나 권력의 원천일 뿐만 아니라 생산력으로 간주했다. 캉길렘과 푸코 모두 역사를 소환했다. 푸코는 사회사, 정치사를 기반으로 폭넓은 지적 향연을 보여주었다. 캉길렘은 철학을 통해 구체적 문제의식을 풀어내는 철학자였다기보다는 의학과 생명과학에 집중했던 역사가였다고 할 수 있다. 윤리적이거나 정치적인 관심거리를 설명하기 위해, 이 두 학자는 전통적인 의학사에 직격탄을 날리는 비판역사학을 실천했다. 캉길렘의 경우 1943년에, 푸코의 경우는 1963년에, 이들의 논쟁적인 역사는 의사나 의학-전기사가가 쓴 실용주의·연속주의·회고주의적 역사에 경종을 울렸다. 의학사의 새로운 자극이 두 학자에 의해 어떻게 출현하게 되었는지 이해하기 위해서는 이들의 연구에 명시되고 생동하는 규범권력에 대한 특정 감수성을 파악해야만 한다.

캉길렘은 푸코와의 어색했던 첫 만남 이후[1] 푸코의 박사학위 지도교수가 되었다. 푸코는 자신이 중요하다고 생각했던 광기의 역사를 박사학위논문 주제로 택했다.[2] 그 후로 캉길렘은 푸코의 든든한 조력자가 되었다. 1966년 푸코는 『담론의 질서(*The Order of Things*)』를 출간했다. 프랑스어로는 말과 사물(Les mots et les choses) 인데 영어 번역인 담론의 질서가 프랑스어의 의미를 제대로 전달했다고 보긴 어렵다. 어쨌든, 그해에 캉길렘은 『담론의 질서』에 쏟아진 악평들에 맞서 푸코를 변호하는 논문을 썼고, 이 논문은 캉길렘의 최고 역작 중 하나가 되었다.[3] 푸코는 1978년에 출간한 캉길렘의 『정상적인 것과 병리적인 것(*Le normal et le pathologique*)』의 미국판 서문에서 프랑스 철학자들이 캉길렘의 업적을 인정하지 않는다는 점을 강조했다. 푸코는 프랑스의 지식철학(philosophy of knowledge)·이성철학·개념철학 등은 원래 가장 이론성이 강해 현실 정치의 문제와 담을 쌓은 학문이지만, 결과적으로 제2차 세계대전의 레지스탕스가 되는 지식인을 배출하게 되었다고 지적했다. 푸코는 이러한 모순을 설명하기 위해, 실증주의와 그 비판을 통한 이성의 힘

1 Didier Eribon, *Michel Foucault,* Betsy Wing trans. (Cambridge, Mass.: Harvard University Press, 1991), 102.

2 이 글은 *Folie et déraison: L'histoire de la folie à l'âge classique* (Paris: Plon, 1961)로 출간되었고 이후에는 *L'histoire de la folie à l'âge classique* (Paris: Gallimard, 1972)로 출간되었다가 『광기의 역사(*Madness and Civilization: A History of Insanity in the Age of Reason*)』, R. Howard, trans. (New York: Vintage, 1973)로 번역되었다. 영미권 학자들의 생각과 달리 푸코는 캉길렘의 지도를 받은 적이 없으며, 논문도 완성한 다음에 보여주었다.

3 Georges Canguilhem, "Mort de l'homme ou épuisement du cogito," *Critique* 24 (1967) 599-618은 캐서린 포터(Catherine Porter)에 의해 "The Death of Man, or Exhaustion of the Cogito?" in *The Cambridge Companion to Foucault*, Gary Gutting, ed. (Cambridge: Cambridge University Press, 1994), 71-91로 번역되었다.

이라는 문제에 초점을 맞추면서, 계몽(Aufklärung)이 프랑스에서 특정한 형태를 취했다는 것을 보여주었다. 그는 캉길렘의 연구만큼이나 자신의 연구도 대변하는 구절인 "폭정과 계몽은 이성의 양면"을 덧붙였다.[4] 이성의 이러한 양가성은 캉길렘과 푸코의 주된 관심사였기 때문에 이들의 의학사는 역사학적 목적보다는 윤리적이고 정치적인 목적을 지니게 되었다.

생명의 규범성(Normativity of the Living)

1904년 카스텔노다리(Castelnaudary, 툴루즈 인근)에서 태어난 조르주 캉길렘은 파리에 있는 앙리4세 중등학교에 다녔고, 그곳에서 국립고등사범학교(École Normale Supérieure) 입학시험을 준비했다. 그의 동기생 중에는 레이몽 아롱(Raymond Aron)과 장 폴 사르트르(Jean-Paul Sartre)가 있었다. 1943년 그는 '의료문화를 섭렵'하고 의학의 이해를 넓히기 위해 의학박사 자격을 땄다.[5] 1955년 소르본느의 과학·기술사 연구소(Institutt d'histoire des sciences et des techniques de l'université de Paris)에서 그는 가스통 바슐라르(Gaston Bachelard)의 후임이 되어 1971년 은퇴할 때까지 재직하고, 1995년 사망했다. 그의 연구는 대부분 생명과학과 의학에 관한 짧은 에세이였다. 캉길렘의 목표는 설

4 Michel Foucault, "La vie: L'expérience et la science," *Revue de métaphysique et de morale* 90 (1985) 3-14, 7. 이 글은 캉길렘의 『정상적인 것과 병리적인 것』의 미국판 번역에 실린 푸코의 서문으로 프랑스어 버전이다. 로버트 헐리(Robert Hurley)가 "Life: Experience and Science" in *Michel Foucault, Essential Works of Foucault, 1954-1984*, vol. 2: *Aesthetics*, James D. Faubion, ed. (London: Penguin Books, 200), 465-478, 470로 번역했다. *Essential Works of Foucault, 1954-1984*는 *Dits et écrits, 1954-1988*, Daniel Defert and François Ewald, eds., with the collaboration of J. Lagrange (Paris: Editions Gallimard, 1994) 총서 중 한 권이다.

5 Georges Canguilhem, *The Normal and the Pathological* (New York: Zone Books, 1989), 34.

명보다는 방법론의 주요 특징들을 문제화하고 정의하는 데 있었기 때문에 그의 연구들이 짧은 것은 의도한 바였다. 그의 역사학 연구는 반사(reflex)의 개념사와 다른 몇몇 논문에 한정되어 있었는데, 프랑스 대학에서 요구하는 기준에 비해 철학박사학위 논문으로는 매우 짧았다.[6] 그의 나머지 업적은 의철학과 생명과학에 집중되었고, 역사를 통해 본질적인 철학적 문제를 조명하였다.

캉길렘의 연구에서 나타나는 공통점은 생물의 독창성을 강조하는 데에 있다. 그는 물리화학적 상수의 합으로 축소될 수 없는 고유한 규범을 만들어 냈다.[7] 그가 처음으로 이 개념을 소개한 저서는 1988년 『정상적인 것과 병리적인 것』으로 번역된 *Le normal et le pathologique*(1966)였다. 캉길렘은 "의학이 구체적 인간 문제에 대한 서문에 해당하기를 기대했다."[8] 그리고 의학을 여러 과학이 만나는 지점의 예술이나 기술이라고 정의했다. 이 책의 앞부분은 1943년 제출한 「규범과 병리학에 관한 몇 가지 문제 연구」라는 그의 박사학위논문이었다. 여기서 캉길렘은 건강이 새로운 규범을 창조하고 장애를 극복하는 생명의 능력에 의해 정의되어야 한다고 주장했는데, 그는 이 능력을 생명의 **규범성**(normativity)이라고 불렀다. 1943년의 논문은 클로드 베르나르(Claude Bernard), 프랑수아 브루세(Francois Broussais), 오귀스트 콩트(Auguste Comte) 같은 실증주의자들이 옹호하는 병리학의 정량적인 개념을

6 Georges Canguilhem, *La formation du concept de réflexe aux XVII et XVIIIe siècles* (Paris: Presses Universitaires de France, 1955). 그의 가장 중요한 역사적 연구는 다음을 포함한다. "La théorie cellulaire," in *La connaissance de la vie* (1952; reprint, Paris: Vrin, 1980), 43-80과 "Pathologie et physiologie de la thyroïde au XIXe siècle" in *Études d'histoire et de philosophie des sciences* (Paris: Vrin, 1979), 274-294.

7 Pierre Macherey, "De Canguilhem à Canguilhem en passant par Foucault," in *Georges Canguilhem, philosophe, historien des sciences* (Paris: Albin Michel, 1993), 286-294, 288.

8 Canguilhem, *The Normal,* 34.

비판했다. 브루세는 질병에 대한 정량적 정의를 처음으로 제시했는데, 질병을 조직의 흥분성(excitability)의 과잉 혹은 부족에 비유했다. 베르나르는 이와 유사한 개념으로 당뇨병을 정의했다. 당뇨병 환자의 혈액과 소변에서 당이 올라가는 것을 보고, 정상과 병리적 원리가 정량적 차이에만 있다는 원리를 확립했다. 이러한 원리는 건강과 정상(normality)을 통계적 평균으로 등치시키는 데 유효했고, 질병을 과학의 대상으로 삼아서 이론상으로는 적절한 기법으로 치료할 수 있는 과학의 대상으로 만들었다. 근대 의학의 기초는 이렇게 세워졌다.

캉길렘에 따르면, 이 실증주의적 개념은 여러 문제를 야기했다. 정상과 병리적 상태 사이가 연속적인 것이라면, 어느 지점에서 병리학을 말할 수 있는가? 당뇨병에서 혈당의 경우, 리터당 혈당 3그램을 병리적 상태라고 이야기할 때, 혈당 수치가 리터당 1.1그램, 1.2그램, 1.3그램 혹은 그 이상이면 병리적으로 간주되는가? 건강한 사람의 소변에는 대개 당이 없는데, 당뇨(glycosuria)라 한다면 뭐가 많다는 것인가? 후자의 예는 정상과 병리적 상태 사이의 근본적인 불연속성을 나타내는 것이 아닌가? 캉길렘은 이러한 실증적 질문들에 이론적 문제를 덧붙였다. 베르나르와 콩트는 질병을 정의하기 위해 질적 용어를 사용해야 했다. 불협화음·불균형·변이 등을 말하고, '조화(harmony)'라는 용어로 건강한 상태를 특징지었다. 캉길렘은 이 용어의 과학적 의미보다는 도덕성과 미학을 강조했다.

캉길렘이 질병의 결과이기도 하고, 환경과 생활환경의 변화이기도 한 질적 변화를 강조한 것은 환원주의를 반박하고 생명이 무엇보다도 규범성에 의해 특징지어진다는 것을 강조하기 위해서였다. 질병, 스트레스와 생활환경의 변화는 **규범성**을 드러내는 기회가 된다. 캉길렘은 "건강하다는 것은 주어진 환경에서 정상적(normal)인 것뿐만 아니라, 이러저러한 상황에서도 규범적(normative)인 것"이며, "규범을 넘어설 가능성이 건강을 특징짓는다."라고 주장했다.[9] 질병은 신체적인 혁신 능력을 감소하게 하여 환자들이 축소된 세상에서 살게 하고, 환자마다 다른 새로운 규범을 만들게 했다. 특정한 주요 환경 변화에서도 살아남는 유일한 유기체는 혁신이 가능한 유기체이기 때문에, 생물학적 진화론은 또한 생명의 정상성에 대한 테제를 지지한다.

주요 규범에는 캉길렘이 역학에서 추출한 사례에서 보여줬던 사회적 요소가 있다. 각 사회는 고도·온도·거주지·음식 등의 고유한 생활환경을 만들어 왔고, 개인의 생물학적 규범은 사회가 만들어 온 환경과 일치한다. 그래서 캉길렘은 처음에는 정상성이 생명의 생물학적 성질을 의미한다고 보았지만, 나중에는 사회적 규범에 도전하기 위해 사용했다. 캉길렘은 『정상적인 것과 병리적인 것』의 「정상과 병리학에 관한 새로운 고찰(1963-1966)」이라는 장에서 이 개념을 '확장'해서 논했다.

캉길렘에게 규범성이라는 개념을 상술한다는 것은 여러 결과를 낳았다. 첫째, 생리학은 병리학 연구에 기반하고 있지만 그 반대는 성립되지 않는다. 질병은 상해를 입은 장기의 생리적 기능에 주목하게 하므로, 실험생리학은 사실상 실험병리학이다. 둘째, 정량적 설명은 질병이 전 유기체에 영향을 주거나 이를 변형시킨다는 사실을 무시한다. 셋째, 아마도 가장 중요한 것일텐데, 병리적인 것이 전적으로 객관적인 것이 아니라 주관성과 늘 관계가 있다는 것이다. 과학의 대상이 되기 전에, 질병은 무엇보다도 환자가 의사에게 보고하는 경험에 관한 것이었다. 만약, 실제로 객관적 검사만으로 진단이 이루어진다면, 이는 역사적으로 언젠가 환자가 의사에게 특정 증상을 이야기했고, 의사가 그 증상을 체계적으로 검사해 잠정적인 결론을 도출했기 때문

9 *Ibid.*, 115.

이다. 환자가 사망할 경우, 부검보고서와 임상보고서를 대조함으로써 새로운 결론이 나오는 것을 일컬어 '객관적'이라고 한다. 그러나 이 또한 환자의 주관적인 초기 설명과 관련이 있다. 캉길렘이 말한 대로, "우리는 **모든 과학은 처음에는 의식으로 시작한다고** … 그리고 기본적으로 환자의 관점이 옳다고 생각한다."[10]

이 철학자는 기존에 널리 퍼져 있던 여러 신념을 뒤집었다. 생리보다는 병리를, 객관보다는 주관을, 정량보다는 정성을, 기계론(mechanism)보다는 생기론(vitalism)을 우위에 두고자 했다. 「새로운 고찰」 장에서 캉길렘이 아치볼드 개로드(Archibald Garrod)가 1909년경에 심혈을 기울였던 신진대사 오류의 개념에 상당한 공을 들였다는 사실은 놀랍지 않다. 분자생물학이 유전적 메시지에 나타나는 오류를 통해 질병을 해석할 수 있게 되자, 1966년 캉길렘은 다시 이 오류의 관점으로 되돌아갔다.[11] 푸코는 캉길렘의 철학을 오류의 철학이라고 특징지었다. 푸코는 "극한의 생명에는 오류가 있기 마련이다."라며 "오류가 인간의 사고와 역사를 만드는 근간이었다."라고 말했다.[12] '부정적'이거나 혹은 그렇다고 간주되는 것을 가치화하는 것이야말로 캉길렘의 철학을 가장 잘 특징짓는다.[13]

1943년 논문의 서문에서 캉길렘은 하나는 규범, 하나는 기술과 과학의 관계라는 두 가지 질문을 탐구하고 싶다고 언급했다. 그에게 기술의 문제는 윤리의 문제와 밀접하게 결부되었다. 그는 인간이 '미래의 실험과학을 진보시

10 *Ibid.*, 92-93. 저자 강조.

11 Georges Canguilhem, "Le concept et la vie," *Revue philosophique de Louvain* 64 (1966): 193-223, *Études d'histoire*, 335-364으로 재출간.

12 Foucault, "Introduction," in Canguilhem, *The Normal*, 22

13 그러나 캉길렘은 생명의 '오류'와 병변이라는 오래된 개념 간의 관계를 실제로 명확히 하지 않았다.

키는 자연을 정복하는 권력(power)'에 대해 제한을 두지 않는 '창조의 진정한 감독관(veritable supervisor)'이라고 한 베르나르의 발언을 조명하여 조물주 개념이 질서윤리라는 점을 강조했다.[14] 캉길렘은 이에 반대하는 입장을 취했다. 그에게 인간 개인의 행위를 통제하는 것은 과학의 영역이 아니고, "사람은 삶의 규범을 과학적으로 명령하지 않는다."[15]

캉길렘의 철학에서 기술은 삶에 뿌리를 둔, 삶의 연장선이라고 할 수 있다. 치료법은 "완전하고 단순하게 어느 단일 형태의 지식으로 수렴될 수 없는 정상(normal)을 확립하거나 복원하는 기술"이다.[16] 치료법은 대부분 치료법을 개발하는 실증적 연구의 공동 풀(pool)에 의지해 왔고, 이론적 지식에 선행하거나 이끌어 왔다.

정상성과 병리학에 관한 캉길렘의 입장은 생명에 대한 그의 개념에서 비롯되는데, 다소 도발적이게도 그는 스스로를 생기론자라고 보았다. 그에게 생기론은 생명의 근본성에 대한 지각을 의미하거나, "방법보다는 요청이고 이론보다는 윤리적인 체계"를 의미했다.[17] 더구나 생명의 지성사에서 생기론은 그것을 방해하는 방해물보다 추진력이 더 뛰어났다. 캉길렘은 생기론과 가장 관련이 없어 보이고 기계론과 가장 큰 관련이 있어 보이는 영역의 특정한 힘인 반사학(reflexology)을 예로 들어 이를 증명하고자 했다.

14 "클로드 베르나르에 의하면, 실험방법은 실험실 기술 코드 그 이상이다. 그것은 도덕적 코드에 대한 내용이다." Georges Canguilhem, "Théorie et technique de l'expérimentation chez Claude Bernard," in *Études*, 143-155, 154.

15 Canguilhem, *The Normal*, 226.

16 *Ibid.*, 34.

17 Canguilhem, in *A Vital Rationalist: Selected Writings from Georges Canguilhem*, François Delaporte, ed., Arthur Goldhammer, trans. (New York: Zone Books, 1994), 288. 이 책 마지막 장에 카밀 리모게스(Camille Limoges)가 작성한 비판적 참고문헌 완전판이 나열되어 있다. 385-454.

1955년 출간된 『반사(reflex) 개념의 역사(*La formation du concept de réflexe aux XVII ème et XVIII ème siècles*)』에서[18] 캉길렘은 과거 속에서 현재를 찾으려고 하는 생물학 역사가들을 공개적으로 비판했다. 19세기에 생리학자와 역사가는 반사성을 기계론적 개념으로 제시했는데, 이들이 사회적·문화적 이해관계에 얽혀 있었기 때문이다. 그래서 그들은 반사성의 근간을 데카르트에서 찾고자 했다. 그러나 데카르트의 철학에는 반사성과 같은 개념을 설명할 내용이 전혀 없다. 반사성의 개념 형성에서 본질적인 사고인 '사건운동(incident movement)과 반사운동(reflected movement)의 동질성'은 데카르트의 동시대인인 영국인 토마스 윌리스(Thomas Willis)에게서 엿볼 수 있다.[19] 생기론적 의사(vitalist physician)이자 철학자인 윌리스는 생명을 빛에 비유하며, 반사운동을 묘사하기 위해 광학법칙을 적용했다. 19세기에 사회정치적 이해관계로 인해 체코의 생기론자인 게오르그 프로차스카(Georg Prochaska)가 반사 개념의 역사에서 지워졌으며, 반사의 역사는 전적으로 기계론자들의 역사가 되었다. 20세기에는 속도, 효율성, 자동화 등이 강조됨에 따라 이 왜곡된 역사가 굳어져 버렸다. 캉길렘의 역사적 재구성에서 문제가 된 것은 인간에 대한 특정한 개념이었는데 이는 자극과 반응의 조합에 의해 지배되는 일련의 기계론으로 환원될 수 없었다. 캉길렘에게 인간 생리학과 의학은 '인간학'에 꼭 필요한 요소였으며, 1951년에 그는 "도덕적 규정을 암시하지 않는 인간학은 없었기 때문에 인간 질서에서 '정상'이라는 개념이 항상 엄격한 철학적 의미를 지닌 규범적 개념으로 남아 있다."라고 저술했다.[20] 캉길렘의

18 Canguilhem, *La formation*.
19 Canguilhem, "The Concept of Reflex" in *A Vital Rationalist,* 179-202, 184.
20 Georges Canguilhem, "Le normal et le pathologique," in *La connaissance*, 169.

연구가 진행될수록, 정치적 문제도 더욱 명확해졌다. 아마도 그가 성숙해졌기 때문이기도 하고, 제도권에 들어갔기 때문이기도 했을 것이며, 그가 푸코를 읽었기 때문이기도 할 것이다.

임상규범의 탄생(Birth of Clinical Norms)

1926년 푸아티에(Poitier)의 부유한 의사 집안에서 태어난 미셸 푸코는 1946년 국립고등사범학교(École Normale Supérieure)에 입학하여 피에르 부르디외(Pierre Bourdieu), 장 클로드 파세롱(Jean-Claude Passeron), 폴 벤느(Paul Veyne)와 조우했다. 푸코의 교수는 헤겔 전문가인 장 이폴리트(Jean Hippolyte)였는데, 푸코는 그의 눈부신 강의에 매료되어, 위대한 독일 철학자인 헤겔에 대한 논문으로 박사학위까지 받게 되었다. 푸코는 곧 모리스 메를로-퐁티(Maurice Merleau-Ponty)와 루이 알튀세르(Louis Althusser)에게도 사사받았다. 그는 심리학도 공부했고, 정신의학계로 관심을 두어, 의학 공부를 고려하기도 했다.[21] 1955년 이후 푸코는 외국에서 10년이 넘도록 살다가 클레르몽-페랑 대학(Clermont-Ferrand)과 체제반항적인 파리 제8대학(Vincennes)에서 강의를 했다. 1970년에는 콜레주 드 프랑스에서 사고 체계의 역사(history of systems of thought) 학과장에 임명되었다.

1954년 출간된 푸코의 첫 단행본 『정신 질환과 성격(*Maladie mentale et personnalité*)』은 알튀세르가 편집한 총서에 포함된 책이었는데, 푸코는 이 책에서 의학의 대상이 되기 이전 광기가 사회 배제와 감금의 결과였음을 보

21 Eribon, *Foucault*, 42.

여주어 광기의 역사적 측면을 조명하고자 했다.[22] 마르크스주의 맥락에서 쓰인 이 글은, 광기의 존재에 의문을 제시한 것이 아니라, 광기에 대해 책임이 있는 자본주의사회를 고발했다. 그는 두 번째 저서인 『광기의 역사(*Folie et déraison*)』에서 이 테제를 완성시켰다.[23] 푸코의 첫 대작인 이 책에서, 그는 이성과 비이성 간의 공통점을 드러내기 위해 정상과 병리학을 구분하고, 이 둘의 관계를 분석했다. 그리고 도대체 어떻게 광기에 대한 중세의 인도주의적 경험이 현재 우리가 경험하듯 광기를 질환으로 제한하고 배제하고 소외시키게 되었는지를 고민했다. 푸코는 중세 시대부터 실증심리학이 출현하기까지 광기에 대한 '인식'이 어떻게 변화했는지를 추적했다. 이 발전의 과정에서 주된 '고안(invention)'은 바로 우리 문명의 독특한 방법인 감금(incarceration)이었는데, 이를 통해 정신병자를 부랑자·태만자·거지 등과 함께 가두어 놓게 된 것이다. 푸코가 관심을 가졌던 것은 당시 사람들에게 충격을 주었던 감금이라는 아이디어보다 행정 당국의 간섭과 그 밑바탕에 깔린 윤리적 의도였다. 캉길렘은 푸코의 논문심사서에 다음과 같이 적었다. "이 행정 당국의 관행과 감시는 윤리적 실행이다. 감금은 태만자, 사기꾼, 난봉꾼을 배척의 공간 경계 속에 섞어 버린다."[24]

금지(banning)와 감금의 법적 문제로 인해 의사는 광기를 정의하는 기준을 만들어야 했는데, 19세기까지만 해도 그 기준은 법에 의해 통제되었다. 프랑스대혁명 시기 광인의 '석방'은 '개혁'적 측면을 유지한 새로운 수감 기관인

22 Michel Foucault, *Maladie, mentale, et personnalité* (Paris: Presses Universitaires de France, 1954).

23 Foucault, *Madness*.

24 "Rapport de M. Canguilhem sur le manuscrit déposé par M. Michel Foucault, directeur de l'Institut français de Hambourg, en vue de l'obtention du permis d'imprimer comme thèse principale de doctorat ès lettres." 푸코의 박사논문에 대한 캉길렘의 보고서(19 April 1960)

종합병원으로 단순히 이양되는 것일 뿐이었다. 치료는 냉수마찰에서부터 금식, 체벌 등 처벌과 같았다. 푸코에 따르면, 광인을 공동으로 기관에 입소시키고 난 후에야, 광기에 대한 '긍정적' 지식이 발전했는데, 그 지식에서도 귀속과 훈육, 배제와 같은 방식의 흔적이 남아 있었다. "광기가 제명의 대상이 되고 나서야 지식의 대상이 된다는 사실이 우리 문화에서 중요하지 않은가?" 하고 푸코가 물었다.[25] 『임상의학의 탄생: 의학적 시선의 고고학』(이하 『임상의학의 탄생』이라고 번역되어 1973년 출간된 *Naissance de la clinique*(1963)를 칭한다.)의 결론에 나오는 다음의 문장과 비교해 볼 만하다. "죽음을 통해 개인을 알고자 한 과학적 담론은 앞으로도 우리 문명에 커다란 영향력을 행사할 것이다. 서구인은 과학의 대상으로서의 자신의 눈을 통해서 구성될 수 있었다. … 자기 자신을 파괴함으로써만 비로소 가능했다."[26] 이 문장을 종합해 보면, 우리가 지금 지니고 있는 사고와 표현, 행동의 모델을 파악하고 이해하기 위해서 푸코가 역사에 의문을 제기할 필요성을 얼마나 강하게 느꼈는지 알 수 있다.

『임상의학의 탄생』은 어려운 책이다. 문장은 매우 전문적이거나, 아니면 아름다운 만큼이나 모호한 표현으로 가득 차 있다. 번역하기가 매우 어려워서 언어의 불투명도를 악화시킨다. 우리는 폼(P. Pomme) 박사가 쓴 1769년 연구의 이해 불가한 인용문에서부터 폼보다 훨씬 더 친절하고 상당히 자세하게 '객관적' 묘사를 한 베일(A.L.J. Bayle)의 1925년 글에 이르기까지 힘겨

25 Foucault, *Madness*.

26 Michel Foucault, *Naissance de la clinique*, (1963; 6th ed., Paris: Presses Universitaires de France, 2000), 200-201, 셰리든(A. M. Sheridan)이 *The Birth of the Clinic: An Archaeology of Medical Perception* (London: Tavistock, 1973)으로 번역. 부제인 "Une archéologie du regard médical"은 1972년 푸코가 삭제했다.

운 독서의 길을 따라간다. 여기에 두 인용을 병치한 이유는 이 두 시기 사이에 매우 중요한 단절이 일어났음을 명확히 보여주기 위해서이다. 푸코는 시드넘(Sydenham)이 시작한 질병분류학의 의학에서 출발하지만, 이 중 가장 완전한 표현은 피넬(Pinel)의 『질병철학(*Nosographie philosophique*)』에서 찾을 수 있다.[27] 종(species)의 의학에서, 질병은 병든 몸 안에서 발현되지만 별도로 존재하는 독립체이며, 식물학 모델에 기반한 체제에서 분류될 수 있고 반드시 그렇게 분류되어야 한다. 혁명기에 정치적, 제도적, 사회적 환경이 충족되어 의학 지식이 재구성되었다. 첫째, 돌봄과 훈련을 전담하는 장소로 새로운 유형의 병원이 제도적으로 설립되었다. 그곳에서는, 개별 사례에 근거한 지식 체계의 구성을 가장 우선순위에 둔다. 환자는 더 이상 자신의 질병의 주체가 아니게 된다. 환자는 보편적인 한 사례에 불과해진다. 둘째, 빈부 간 암묵적인 합의를 통해 가난한 자가 무상돌봄의 대가로 실험 사례가 되었다. 동일 장소에서 다수의 환자를 모집함으로써, 개인을 지속적으로 관찰하고 비교해 볼 수 있게 되었으며, 이를 통해 새로운 **지식코드**를 만들어 '최초의 임상(protoclinic)'을 창조할 수 있게 되었다. 이 지식코드 중 두 개가 필수적이었는데, 첫째는 증상을 중요 요소로 전환해서 질병과 그 진실을 완전히 드러낼 수 있도록 하는 것이었다. 푸코에게 콩디약(Condilac)의 분석은 당시 질병을 해독하게 하는 언어 모델이었다.[28] 증상은 초기 의사들에

27 『임상의학의 탄생』에 대한 더 자세한 분석을 위해, C. Sinding, "La méthode de la clinique," in *Michel Foucault. Lire l'oeuvre*, Luce Giard, ed. (Grenoble: Jerôme Millon, 1992), 59-82 참조.

28 콩디약(Condillac, 1714-1780)에게 있어서 사상은 로크와 마찬가지로 원천적인 감정이나 최초의 사고에서 비롯된다. 그의 공헌은 언어가 생각을 표현하는 것뿐만 아니라 그것들을 형성하는 데에도 도움이 되고 집단으로 살아가는 인간들에 의해 발명된다는 것을 확인한 것이었다. 게다가, 자아는 서로 다른 기원을 가진 감정들의 조합의 결과인 독립적인 사고와 자의식적인 실체가 아니다. 따라서 자아는 개인에 대한 원자적인 개념이다.

게 징후적 가치가 있는데, 그들은 "차별성·동시성·연속성·주기성에 대해 민감하게" 반응했다.[29] 둘째는 라플라스(Laplace, 프랑스의 천문학자이자 수학자, 1749~1827-역주) 시대에 "그의 직접적인 영향 아래, 혹은 그의 생각에 동조하는 일련의 움직임에 의해"[30] 확률적 사고를 의학에 도입해서 기록된 모든 사건이 무작위로 그리고 무한정 연속적으로 일어날 수 있도록 하는 것이었다. 의학 지식이 불완전하다는 관념은 이제 그 자리를 잃었다.

질병의 알파벳식 나열 구조에 대한 신화는 질병이 명목상의 실재만을 보여주는 단순한 요소의 조합으로 보이게 만들었다. 의사의 목적은 이 요소들을 해방하는 것이었는데, 마치 화학자가 연소를 통해 원소를 해체하는 것과 같은 방식이었다. 죽음이 이 해방을 결론으로 이끌었다. 시체는 해부되었고, 비샤(Bichat)의 해부임상학적 의학 덕분에 보이지 않았던 것들이 결국 보이게 되었다. 조직(tissue) 개념의 창시자는 모르가니(Morgagni)의 병리학적 해부학을 재발견했는데, 이 재발견은 이탈리아 의사의 지역주의로부터 병리적 분석을 분리해 낸 임상 모델을 통해서였다. 비샤는 장기보다 조직에 영향을 주는 인체의 일반적인 병리학적 형태를 보여주어 임상의학의 교훈을 충실히 따랐다. 병리학적 분석에서 조직은 해독에 사용되는 요소였기 때문이다.

질병의 존재와 병변의 관계에 대한 의문은 여전히 남아 있었다. 국부적 염증은 질병이 외부로부터 삽입된 것이 아니라고 주장한 브루세(Broussais)는 질병의 존재론적 개념에 마지막 타격을 입혔다. 그는 조직의 자극성(irritability)의 과다 혹은 감소의 관점에서 질병을 설명하면서 할러(Haller)와 의학적 일원론으로의 회귀를 강력하게 비판했다. 그러나 그가 유기적 현상

29 Foucault, *Birth*, 94.
30 *Ibid.*, 97.

과 기능적 현상의 차이를 무시하고 무엇보다도 생리학의 필요성을 확립할 수 있었던 것은 바로 이러한 '오류' 때문이었다. 브루세는 게다가 외부 자극 요인이 질병의 원인이 된다는 인과성(causality)의 문제를 의학에 도입했다.

따라서 우리는 해부임상의학을 질병의 새로운 경험으로 구성할 수 있게 하는 개념, 제도, 정치적 설정에 대한 탐구의 종착점에 도달하게 된다. 푸코의 주장에 따르면, "임상의학이 하나의 지식으로 성립되려면 병원의 개념이 바뀌어야 했고, 사회 안에서 질병에 대한 새로운 개념이 등장해야 했으며, 질병을 둘러싼 국가의 원조나 지식의 체계가 다시 정립되어야만 했다. 환자는 집합적이고 동일한 공간 안에 모여 있어야 했다. 또한 언어에 새로운 장을 마련해야 했는데, 가시성과 발화 가능성의 상관관계에 근거한 객관적인 인식의 장이 새롭게 필요하기도 했다."[31]

여러 면에서 푸코의 처음 두 주요 작업은 매우 유사하다. 근대 주체는 자신을 부정적 인물과 구별함으로써 형성되어 간다. 광인, 환자 그리고 이후에는 『감시와 처벌(*Surveiller et punir: Naissance de la prison*)』(1975, 1977년에 영어로 번역)에 등장하는 범죄자와 구별하면서 말이다.[32] 이성과 인류애의 진보 덕분에 실증주의 지식이 구성되었다는 '신화'는 그러한 지식을 가능케 한 모호한 조건들을 탐색하는 것으로 대체되었다. 광인의 해방이 새로운 형태의 배제였던 것처럼, 『임상의학의 탄생』은 임상적 경험이 아무런 개념 없이 시선과 얼굴, 힐끗봄과 무언의 몸을 직접적으로 대면한 결과, 즉 단일한 신화로서의 의학적 만남의 결과가 아니라는 점을 보여주었다.[33] 그것은 바로 인

31 *Ibid.*, 196.
32 Michel Foucault, *Surveiller et punir* (Paris: Gallimard, 1975), A. Sheridan이 *Discipline and Punish: The Birth of the Prison* (New York: Pantheon, 1977)로 번역.
33 Foucault, *Birth*, xiv-xv.

식론적인 요건이었다. 마지막으로 두 저서는 새로운 지식의 구성을 통치하는 제도적 규제와 정치·윤리적 선택이라는 복잡한 역할을 강조했다.

『임상의학의 탄생』은 캉길렘의 흔적을 여과 없이 드러내며 『정상적인 것과 병리적인 것』과의 연속성을 보여준다. 『임상의학의 탄생』도 브루세의 생리학적 의학의 탄생을 다루는 마지막 장에서 『정상적인 것과 병리적인 것』이 시작한 연대순을 따를 뿐만 아니라, 두 저서 모두 의학사에 새로운 시각을 확립하기 위한 연구였기 때문에 주제 면에서도 유사하다.[34] 무엇보다도, 두 저작은 관련된 사고를 보인다. 캉길렘은 좋지 않은 건강이 생리학적인 것, 즉 생명을 설명한다는 것을 보여주었다. 푸코는 이러한 원리의 의미와 범위를 확장해 질병뿐만 아니라 죽음도 생명을 설명한다는 것을 보여주었다. 마지막으로, 캉길렘에게 관찰 결과로서의 통계적 규범의 문제는 선택으로서의 규범과 대조된다. 이 핵심 주제는 푸코도 인지했던 자유의 문제를 포함한다. 『임상의학의 탄생』에서 집합적이고 규범적인 의학 의식의 출현은 후속 작업인 생명권력이라는 개념에서 발전된다.

두 저자에 중요한 차이점도 있다. 『임상의학의 탄생』은 시간의 흐름에 따라 어떤 모호함·착각·혼란이 제거되는 것을 목격하는 인상을 준다는 점에서 푸코의 작업 중 가장 인식론적인 작업이지만, 과학적 개념은 그에게 주요 요지가 아니었다. 그는 임상의학의 탄생을 조건 짓는 사회, 정치적 과정을 분석하길 원했다. 의학 규범은 병원이라고 하는 제도에 소속된 사회적 몸인 의사에 의해 만들어진다. 환자는 역사의 배경에 놓여지고, 푸코의 저작에 나타나지 않는 개념이었던 규범성의 주체가 된다. 캉길렘이 환자의 실제체험이라

34 『임상의학의 탄생(*Naissance de la clinique*)』은 캉길렘이 편집한 갈리앙(Gallien) 컬렉션에서 Presses universitaires de France가 출간하였다는 것을 주목하라.

고 일컬었던 경험은 푸코에 이르러서는 익명성과 집단성으로 나타나고 제도에 의해 통제된다. 이러한 맥락에서, 환자는 감시자와 피감시자의 관계를 사회적으로 정당화하는 제도 안에서 의료 집단의 시선의 대상이 되는데, 여기서 의료 집단은 능력이 있다고 인정받기 때문에 규범을 구성하게 된다.

『임상의학의 탄생』은 의학사에 과학, 사회, 정치적 요소를 밀접하게 얽은 최초의 작업이다. 푸코는 학생이던 1950~1955년 당시에 "가장 큰 문제는 과학의 정치적 위상과 과학이 담당하는 이데올로기적 기능"이라는 것을 이미 인지하고 있었다. 의학의 장점은 "정신의학보다 훨씬 강한 과학적 구조를 띠지만 사회구조에 깊숙이 착근되어" 있다는 것이다.[35] 인터뷰나 강연·대화·논문에서 나타나는 의학에 대한 푸코의 후속 작업은 첫 번째 작업과 지속적으로 연관되어 왔기 때문에, 자주 그랬듯이 분리해서 논의될 수 없다. 저서에 나와 있듯이, 푸코의 주요 주제 중 하나는 의학 그리고 인간을 구성하는 정상과 병리적인 것의 구별이 수행하는 결정적 역할이었다.[36]

사회규범의 계보학(The Genealogy of Social Norms)

1963년과 1966년 사이에, 푸코를 읽은 캉길렘은 사회규범의 계보학의 개요를 서술했다. 그는 "교육, 보건, 사람과 재화의 기술적 수단의 정상화는 주어진 역사적 사회에서 전체적으로 볼 때 집단적 요구를 표현하는데, 이 요구는 구조 혹은 구조들에 자신의 이익이라고 생각되는 것을 참고하는 방법을

35 Michel Foucault, "Truth and Power," 알레산드로 폰타나(Alessandro Fontana), 파스칼 파스퀴노(Pasquale Pasquino)와의 인터뷰를 번역한 것으로 다음에 실렸다. *Microfisica del potere: Interventi politici*, (Turin: Einaudi, 1977), 3-28; *Essential Works*, vol. 3: Power, 111-133에서 재간되었다.

36 Foucault, *Birth*, 36.

정의한다."라고 주장했다.[37]

그러나 푸코의 연구에서 가장 널리 사용되고 논의된 사회의 정상화 및 '생명정치'와 '생명권력'의 개념에 대한 문제를 발전시킨 사람은 푸코 자신이었다. 위에서 지적한 바와 같이, 이 개념의 뿌리와 정당성은 『임상의학의 탄생』에 있는데, 여기서 임상의학이 주장하는 새로운 과학적 권위에 의해 정당화되는 의사경찰(medical police)의 개념이 출현했다.[38] 19세기에 의학은 의료와 정상화된 지식을 중앙집중화하고 조정함으로써 공중보건 기능을 담당했다. 의학은 또한 개인과 사회의 죽음·재생산·탄생을 담당하고, 새로운 지식의 매개 대상인 **인구**를 만들었다. 따라서, 무작위성(randomness) 문제에 대한 집단적 해결책이 마련되었다. 무엇보다도, 17세기의 의학과는 달리, 19세기 의학은 건강보다 정상에 따라 규제되었다.

처음에 이 정책은 전염병을 제한하려는 목적이 동기가 되었으며, 전염병과 사망률을 관찰하고 등록해 실제 인구 통치 기술의 발전을 목표로 했다. 18세기에는 이미 사회, 그리고 특히 건강정책의 첫 대상이 되는 가족의 의료화가 시작되었다. 건강의 유지는 의학을 사회적 통제의 권위로 전환시켰는데, 이는 국가의 노동력을 유지할 의도를 가진 것이었다. 이는 1942년 영국의 베버리지 보고서(Beveridge Report)가 발표된 이후 새로 생긴 목표였다. 복지국가의 첫 번째 모델이 개괄적으로 언급된 이 보고서에서 개인의 건강을 도모하는 것은 국가이지 그 반대가 아니었다.[39] 그렇다고 이런 상황이 의학

37 Georges Canguilhem, "From the Social to the Vital," in *The Normal*, 237-256, 238.
38 여기서 '경찰'이라는 단어는 현재와 같은 부정적인 의미를 갖고 있지 않지만, 일반적으로 질서와 건강유지를 보장하기 위한 모든 메카니즘에 사용되었다.
39 Michel Foucault, "Crise de la médecine ou crise de l'antimédecine?" *Dits et écrits,* Vol. 3: 40-58.

의 정상화 기능을 저해하지는 않았다. 반대로 당시 확립된 의학은 무한하게 의료화된 사회의 의학이었다.

푸코 자신도 항상 규범의 구속력을 강조하였고, 그것이 때로 그가 후회하는 해석을 낳은 것은 사실이지만, 그가 의학이 훈육 효과의 측면에서만 고려될 수 없다는 사실을 항상 강조했다는 점을 잊지 말아야 한다. 그는 "의학이 그러한 힘을 지닐 수 있는 것은 종교와 달리 과학적인 제도 안에 위치해 있다는 사실 때문"이라고 말했다. "우리는 단순히 의학이 규율적인 효과가 있다고 지적하는 것으로 만족할 수 없다. 의학은 사회 통제의 메커니즘으로 기능할 수 있고, 다른 기술적·과학적인 기능도 지니고 있다."[40] 그는 의학의 생산성과 긍정적인 효과를 강조하면서 1974년 브라질에서 한 강연에서 이반 일리치(Ivan Illich)와 구별되기를 열망했다.[41] 규범은 긍정적인 면과 부정적인 면 모두에서 강력하다. 규범은 권력에 복종하는 개인을 만들 뿐만 아니라 통제에 저항할 수 있다.

'자기 배려(le soucide soi)'에 대한 문제가 남아 있는데, 여기서 사람들은 푸코가 전작의 주제로 되돌아가 문제를 제기했다고 보았다. 『자기 배려(*The Care of the Self*)』(1986)로 번역된 *le souci de soi*에서 푸코는 자기 배려(self-care)와 사고(thinking), 의료 행위의 밀접한 상관관계에 대해 매우 분명하게 밝혔다: "의학은 질병이 있을 때, 단순히 치료와 수술에 의존하는 개입의 기술로 생각되지 않았다. 또한 의학은 지식과 규칙이 일체를 이룬 형태로, 생활 방식으로, 자신에 대한 성찰적 방식으로 정의해야 했다."[42]

40 Foucault, "L'extension," 76.

41 Foucault, "Crise." 특히, 푸코는 "자연과의 비기술적인 화해를 위해 의학을 급진적이고 목가적으로 거부"하는 것을 비판했다. 48.

42 Michel Foucault, *Histoire de la sexualité. III. Le souci de soi* (Paris: Gallimard, 1984), 136,

푸코의 저서를 가장 '긍정적'으로 해석하는 사람들은 성의 역사 삼부작 중 마지막 두 권과 그의 이전 작업 사이에 단절이 있다고 보지 않는다. 푸코가 사망한 후, 조르주 캉길렘은 "순전히 가치론적 의미에서 보면, 푸코가 윤리의 고증을 맡은 것은 정상이었다. 정상화를 마주하고 또 그것에 대항한 저서가 『자기 배려』였다."라고 언급하면서 『담론의 질서』, 『임상의학의 탄생』의 수용과 두 저작의 '폭발적 역할'에 대한 그의 분석을 결론지었다.[43] 자기 배려는 '자유의 실천'에 기여했다고 이해될 수 있다. 이는 푸코가 해방의 실천보다 선호하는 용어인데, 해방은 인간의 본성을 찾기 위해서 부숴야만 하는 '억압의 자물쇠(repressive locks)'를 호출하기 때문이다.

의학사가 캉길렘과 푸코

두 저자의 의학사적 관행은 어떻게 특징지어질 수 있을까? 우선 무엇보다도, 새로운 지식 형태가 생산되는 실제적인 조건을 은폐하는 거짓된 연속성과 날조된 연대기를 파헤쳐서 역사의 불연속성에 천착하고 실증주의를 거부한다는 것을 들겠다.[44]

캉길렘은 바슐라르가 그랬던 것처럼 이론이 아닌 개념의 역사에 집중했다. 개념의 역사를 통해 현재적 관점에서 과거를 판단하는 역사를 비판하면

로버트 헐리에 의해 다음으로 번역. *History of Sexuality,* vol. 3: *The Care of the Self* (New York: Pantheon, 1986), 99.

43 Georges Canguilhem, "Sur l'histoire de la folie en tant qu'événement," *Le débat* 41 (1986): 37-40.

44 Dominique Lecourt, *Pour une critique de l'épistémologie. (Bachelard, Canguilhem, Foucault)* (Paris: Maspero, 1973) 7, 벤 브루스터(Ben Brewster)가 *Marxism and Epistemology: Bachelard, Canguilhem, Foucault* (London: NLB, 1975)으로 번역.

서도 역사에 어떤 연속성이 있다는 가능성을 유지할 수 있다.[45] 개념에 집중하면 "문제의 영속성을 드러내고 그것의 현재적 의미를 밝혀낼 수 있다."[46] 또한, 하나의 개념이 반대되는 것으로 대체될 수 있다. 생기론과 기계론, 또는 생물에 대한 원자적이고 전체론적인 개념과 같은 길항의 이론이나 철학을 번갈아 가며 사용할 수 있다. 이 변증법적인 운동은 생명의 움직임에 해당하기 때문에, 개념의 역사는 그것의 대상인 생명에 특히 적합하다. 그러므로 '비과학'은 과학에 내재되어 있으며, 캉길렘은 이를 과학적 이데올로기라고 불렀다. 과학은 개념의 정교함에 중요한 역할을 하는 신화나 이미지와 같이 과학적이지 않은 것과 분리되어서는 안 된다. 과학적 이데올로기의 개념은 또한 진실과 거짓의 관계가 역사를 통해 끊임없이 변한다는 것을 보여줄 수 있다.

우리는 푸코가 1975년경까지 자신에 대해 받아들인 유일한 칭호가 지식의 고고학자였다는 것을 알고 있다. 지식의 고고학자는 문화를 심층에서 설명하는 것을 재구성하는 일에 헌신하는데 이를 그는 처음에 에피스테메(épistème)라고 불렀다. 그는 각 시대에 지식의 대상과 그것을 아는 서로 다른 유형의 주체 구성을 지배하는 암묵적이고 무의식적인 규칙을 찾고자 했다. 캉길렘에게 과학의 역사는 과학의 현재 규범에 의해 통제된 반면, 푸코는 과학이 진실의 핵심이라는 것을 거부하지는 않으면서, 무엇보다도 지식

45 일부 저자들이 인지하듯이, 푸코와 캉길렘은 바슐라르에 의해 발전된 인식론적 장애물에 대한 독특한 부정적인 개념의 연속성과 부정을 공유한다. 예를 들어 Gary Gutting, *Michel Foucault's Archaeology of Scientific Reason* (Cambridge: Cambridge University Press, 1989), 53; *Reassessing Foucault: Power, Medicine, and the Body*, Colin Jones and Roy Porter, eds. (London: Routledge, 1994), 7 참조.

46 Pierre Macherey, "La philosophie de la science de Georges Canguilhem," *La pensée* 113 (1964): 50-74.

의 구성을 가능하게 만든 것을 설명하려고 노력했고, 이를 위해 끊임없이 개정·수정·재구성하면서 자신만의 연구방법론을 발전시켰다. 푸코의 방법론은 많은 역사가들에게 비판을 받았는데, 특히 저술에서 2차 사료를 거의 언급하지 않고, 규제 제도·경찰 기록·익명의 증언·건축 계획·유토피아 도시계획과 같은 문헌 자료를 사용했다는 것을 들 수 있다.

이 방법론은 캉길렘이 했던 과학적 대상의 구성에 대한 연구가 아닌, 왜 인간 주체가 어떤 형태의 합리성과 어떤 역사적 상황을 통해 지식의 대상이 되었는지 문제 삼는 야심 찬 프로젝트에 적합하도록 만들어졌다.

의학사에서의 위치

캉길렘은 프랑스 밖, 특히 영어권 국가에서는 상대적으로 잘 알려져 있지 않다. 『정상적인 것과 병리적인 것』은 1978년에야 번역되었다. 그의 저작을 알리는 데 도움을 준 미국인들로는 스튜어트 F. 스피커(Stuart F. Spicker), 게리 거팅(Gary Gutting) 및 폴 래비나우(Paul Rabinow)를 들 수 있다.[47] 프랑스에서는 캉길렘이 전문가, 철학자 또는 과학사가 그룹에 의해 주로 읽히며 의학계에는 거의 알려져 있지 않다. 프랑스에서 의학사는 거의 제도화되어 있지 않고, 그 관행 또한 분산되어 있다. 이러한 상황에도 불구하고, 캉길렘은 학생들을 훈련시켰는데, 대부분 철학자들이었고, 그들 중 몇몇은 의학을 공부하기도 했다. 후자 중에서 프랑수아 다고네(François Dagognet)는 치료철학

47 Stuart F. Spicker, "An Introduction to the Medical Epistemology of Georges Canguilhem: Moving beyond Michel Foucault," *Journal of Medicine and Philosophy* 12 (1987): 397-411; Gutting, "Bachelard and Canguilhem," in *Michel Foucault's Archaeology*, 9-54; Paul Rabinow, "Introduction," in Canguilhem, *A Vital Rationalist*, 11-22.

에 관한 중요한 저작,[48] 파스퇴르에 관한 참고서 48권, 그리고 의철학과 의학사에 관한 책을 많이 저술했다. 클레어 살로몬 바예(Claire Salomon-Bayet)는 '제도주의적 인식론'을 적용했다. 제도주의적 인식론이란 생물학적 합리성이 어떻게 구성되는지를 연구하기 위해 제도·개념·방법론을 복잡하게 맞물려 놓은 틀로, 과학아카데미(Académie Royale des Sciences)의 지지를 받았다.[49] 그녀는 파스퇴르 총서도 편집했다.[50] 캉길렘의 프랑스 제자들은 생물철학과 생물학사에 더 집중했고, 내 생각이긴 하지만, 캉길렘의 독창성이 돋보이는 지식철학과 가치와 행동의 철학 간의 긴밀한 동맹을 따르는 것을 포기했다.[51]

푸코의 의학 연구가 어떻게 받아들여졌는지는 그의 다른 연구가 어떻게 수용되었는지와 따로 떼어 놓을 수 없다. 다른 연구에 대해서는 내가 언급할 만한 부분이 별로 없지만 말이다. 이 대조적인 반응은 1960년대 초반부터 실제 논란을 불러일으킨 『담론의 질서』 출판(1966)까지 떠들썩했다. 찬사부터 폭력적인 공격, 좀 더 온건한 비판까지, 프랑스와 영어권 국가의 비평가들은 이 철학자-역사가가 비판적 기제를 최소화하고, 2차 사료를 거의 사용하지 않았다고 비난했다. 더 심각한 문제는 그의 작업에 '실증적인(empirical)' 실수가 산재했다는 것이다. 마지막으로 독자들을 가장 괴롭혔던 것은 그가 계속해서 분석을 수정한 점인데, 즉 "단독 그리고 모든 것에 해당되는 시스템이

48 François Dagognet, *La raison et les remèdes* (1964; reprint, Paris: Presses universitaires de France, 1984).

49 Claire Salomon-Bayet, *L'institution de la science et l'expérience du vivant* (Paris: Flam marion, 1978).

50 *Pasteur et la révolution pastorienne*, Claire Salomon-Bayet, ed. (Paris: Payot, 1986).

51 프랑스에서는 프랑수아 델라포트(François Delaporte)만이 캉길렘과 푸코의 작업 간에 연속성을 살펴봤다. François Delaporte, *Disease and Civilization: The Cholera in Paris, 1832*, Arthur Goldhammer, trans. (Cambridge, Mass.: MIT Press, 1986)

부재"하고, "대상의 분야가 제한되"지 않는다는 것이다.[52]

그의 의학 연구에 대한 반응도 비슷한 어려움을 보여주었다. 프랑스에서 『광기의 역사』는 처음에 꽤 호평을 받았지만, 1968년 이후부터는 "사회운동에 전유되어" 이 책이 처음 등장했을 때는 없었던 정치적 색채를 띠게 되었다.[53] 그때부터 프랑스 정신과 의사들은 이 책을 공격했다. 미국에서는 이 저서의 방법론을 비판하는 평들이 꽤 일찍 나왔는데, 특히 《뉴욕 리뷰 오브 북스(*New York Review of Books*)》에 소개되었다.[54] 논쟁은 덜 했지만 영국 역사가들도 비슷한 비판을 가했다. 마이클 맥도널드(Michael MacDonald)는 "1961년 『광기의 역사』가 출간된 이후 서로 경쟁하던 역사가 집단이 각자의 버전으로 광기의 역사를 재생산하며 서로에게 저주를 뿜었다."라고 지적했다.[55] 콜린 존스(Colin Jones)와 로이 포터(Roy Porter)는 포터 자신을 포함한 많은 학자들이 이 책에 대해서 "실증적인 오류로 뒤덮여 있고, 프랑스의 예외적인 사례를 성급하게 일반화했다."라고 본다고 지적했다.[56] 그러나 "푸코는 그만의 해석을 승인하거나 실증적 오류를 고의적으로 모른 체하지 않고도 과거의 연구에 종종 매우 유익한 영향을 끼쳤다."라는 것도 인정했다.[57]

52 Luce Giard, "Foucault, lecteur de ses critiques," in *Au risque de Foucault*, Dominique Franche, Sabine Prokhoris, Yves Roussel, eds. (Paris: Centre Georges Pompidou, Centre Michel Foucault, 1997), 193-201. 루스 지아르는 미국 독자들이 이 이상한 역사가의 작업을 받아들이는데 어려움을 겪는 이유를 분석했다.

53 Eribon, *Foucault*, 124.

54 에리봉은 *The New York Review of Books*가 프랑스 지성인을 공격하는 책들은 모두 환영했다고 보았다. 다음을 참조. *Michael Foucault et ses contemporains* (Paris: Fayard 1987), 70.

55 Michael MacDonald, "Madness, Suicide and the Computer," in *Problems and Methods in the History of Medicine*, Roy Porter and Andrew Wear, eds. (London: Croom Helm, 1987), 207-229, 208.

56 Jones and Porter, *Reassessing*, 4.

57 *Ibid.*, 5.

『광기의 역사』의 2단계적 반응과 비교해서, 『임상의학의 탄생』은 의학사가와 일반 대중들 사이에서 거의 반향을 일으키지 않았다. 프랑스에서 다고네는 '의학사에 격변을 초래한 이러한 분석이 극도로 중요'하다고 언급하면서도 약간의 의구심을 제기했다.[58] 에리봉(Eribon)의 지적에 따르면, 자크 라캉(Jacques Lacan)은 『임상의학의 탄생』에 대해서 관심이 있었지만[59] 대부분의 역사가와 마찬가지로 대다수의 의사들은 이 책의 존재를 모르고 있었다. 푸코는 그의 책이 지닌 정치적 차원이 처음에는 인식되지 않았다는 점에 놀랐다. 1963년에는 이 책에 실린 고도의 기술적 내용이 정치적 측면을 압도했다. '항쟁'의 시기 이후(1968년의 혁명기를 의미하는 것으로 보임-역주), 특히 의료 권력의 면에서 이 책이 지닌 정치적 차원이 강조되면서 새롭게 주목을 받았다. 그러나 『임상의학의 탄생』은 『광기의 역사』가 누렸던 '두 번째 삶'을 실제로는 누리지 못했다. 몇 편의 서평에도 불구하고, 영어권에서 『임상의학의 탄생』은 사실상 주목받지 못했다.[60] 푸코가 자신의 견해 및 브라질에서 의료제도와 우리 사회의 '의료화'에 대한 강의로 주목을 끌기 시작했을 때, 의학사가들 사이에서 그의 산재한 저작들이 알려지기 시작했다. 저작 중에는 훈육 기관으로서 병원을 다루고, 푸코의 저서 중 가장 성공한 『감시와 처벌』도 포함되어 있었다.

그러나 최근, 푸코의 연구는 『파리 의학 구성하기(*Constructing Paris*

58 François Dagognet, "Archéologie ou histoire de la médecine? Michel Foucault, Naissance de la clinique," *Critique* 216 (1965): 436-447, 443.

59 Eribon, *Foucault*, 154.

60 F. N. L. Poynter, review of *Naissance de la clinique. Une archéologie du regard medical*, *History of Science* 3 (1964): 140-143, 142; Karl Figlio, "Review of *The Birth of the Clinic. An Archaeology of Medical Perception*," *British Journal for the History of Science* 10 (1977): 164-167.

Medicine)』에서 캐롤라인 해나웨이(Caroline Hannaway), 앤 라 버지(Ann La Berge), 그리고 그들의 몇몇 동료들에게 도전받고 있다.[61] 이 훌륭한 책은 '파리 임상의학 학파'의 '신화'를 부분적으로 탈구축한다. 지면이 부족하여 이 책의 전반적인 목적을 여기서 논할 수 없지만, 누군가는 저자들이 푸코를 명시적으로 인용하지 않는다는 점을 안타까워할 수 있다. 그의 저작은 파리 임상학파에 관한 선행 연구 중 단지 두 페이지로 요약되어 있을 뿐이다. '영어권 학계의 지적 지도자'로 특징지어진 푸코는 이 책에서 항상 에르빈 아커크네히트(Erwin Ackerknecht)와 함께 언급된다. 마치 두 사람의 이론, 목적, 방법이 비슷한 것처럼 말이다.[62] 확실히, 두 사람 모두 19세기 초에 중대한 약진이 일어났다고 생각했는데, 바로 프랑스혁명기에 새로운 형태의 병원이 등장했다는 것이다. 새로운 병원은 수많은 환자들을 불러 모아 철저하게 검사하고 비교했다. 만약 그 환자들이 죽는다면 부검을 해서 임상 증상을 해부학적 병변과 연관 짓는 것이 어렵지 않았다. 하지만 더 이상 비슷한 점은 없다. 아커크네히트는 주로 의학과 의학의 기술적·이론적 진보에 관심이 있었던 반면, 푸코는 의학에 관한 권력과 지식의 영향이 어떻게 얽히는지 파악하기를 원했다. 좀 더 일반적으로, 푸코는 그의 책을 평생에 걸쳐 연구한 근대적 주체에 대한 계보학을 중심으로 하는 좀 더 야심 찬 프로젝트의 일부로 생각했다. 『파리 의학 구성하기』에서는 『임상의학의 탄생』에 산재하는 역사 서술들만 언급되었을 뿐, 전반적 테제는 논의되지 않았다.[63]

61 *Constructing Paris Medicine*, Caroline Hannaway and Ann La Berge, eds. (Amsterdam: Rodopi, 1998).

62 Hannaway and La Berge, "Paris Medicine: Perspectives Past and Present" in *ibid.*, 1-69, 32-33.

63 이 책에 대한 사려 깊은 리뷰로는 조지 와이즈(George Weisz), "Reconstructing Paris Medicine," *Bulletin of the History of Medicine* 75 (2001): 105-109을 참조하라고 독자에게

푸코는 의학사가나 역사가인 척을 한 적이 없었고, "그의 반역사적 지향성을 강조"했다. 즉, 그는 자신이 역사적 '시대'를 연구하거나 심지어 역사적 '현실'의 포착에 그다지 관심이 없다고 강조했다.[64] 프랑수아 들라포트(François Delaporte)가 지적했듯이, 그는 "문서는 우리가 과거를 재구성할 수 있게 해 주지 않는다. 다량의 문서는 관통하는 구조와 일관성 그리고 관계성을 찾기 위해서만 사용되어야 한다."라고 생각했다.[65] 두 명의 영국 역사가들은 다음과 같이 강조했다. 푸코의 목표는 낯설게 하기인데, 이는 "자연스러워 보이는 범주를 말과 담론으로 표현된 구조로 드러내어, 정상으로 보이는 것이 지니는 급진적인 우발성을 피상적으로 강조하기 위해서이다. 역사에서 어떤 것도 당연하게 여겨질 수 없다. 모든 역사는 문화적으로 조작되었고 그래서 모든 것이 의문시되어야 했다."[66] 의심할 여지 없이, 이 해석은 잘못되게도 푸코를 선구자로 여겼던 문화 연구와 사회과학의 어휘에 예상치 못한 도움을 주었다. 그러나 이러한 분석은 프랑스 독자가 "주체, 사물, 지식, 권력 사이의 진실게임을 드러내게 하는 환상적인 선동(agitation)의 힘"이라고 부른 것을 분명히 강조한다.[67]

최근 프랑스의 한 심포지엄에서 푸코와 의학을 회고했다.[68] 이 철학자가

권한다. 다양한 공헌을 검토하고, 그 중 일부가 파리 학파의 '기준적 관점'에 가져온 질과 도전을 인정하면서, 와이즈는 그럼에도 불구하고 '수정주의자' 저자들은 "19세기 초에 파리가 주목할 만하고 독특한 의학 연구의 중심이었다"는 것을 인식해야 했다고 말한다.

64 Jan Goldstein, "Foucault among the Sociologists: The 'Disciplines' and the History of the Professions," *History and Theory* 23 (1984): 170-192.

65 François Delaporte, "The History of Medicine According to Foucault," in *Foucault and the Writing of History*, Jan Goldstein, ed. (Oxford: Blackwell, 1994), 137-149, 141.

66 Jones and Porter, *Reassessing*, 4.

67 Giard, "Foucault, lecteur," 197.

68 *Foucault et la médecine: Lectures et usages*, Philippe Artières and Emmanuel da Silva, eds. (Paris: Kimé, 2000).

무엇보다도 의료 기관에 대해 비판적인 읽기를 장려했다는 일반적인 생각에서 벗어나, 의학의 관점에서 푸코의 생각을 새롭게 이해하기 위해서였다. 따라서 심포지엄의 목표는 푸코가 의학에 대해 여러 각도에서 고찰한 다양한 사고를 지니고 있다는 사실에 주목하는 것이었는데, 이는 의료 기관 및 그 관행의 분석에서부터 그가 우리 사회의 의료화라고 일컬었던 것에 이르기까지 다양하다. 심포지엄의 주최자들은 또한 푸코의 업적이 역사가들에 의한 의학의 '새로운 정복'에 실질적으로 기여했다고 주장했지만 이 확언을 뒷받침할 수 있는 예를 거의 제시하지 못했다.[69] 사실 푸코가 의학사에 미친 영향은 광범위하게 퍼졌다고 볼 수 있으며 문서화하기가 쉽지 않다. 지면상의 이유로, 몇 가지만 예를 들겠다.

푸코를 광범위하게 사용한 의학사가 중 한 사람으로 존 픽스톤(John Pickstone)을 꼽을 수 있다. 픽스톤은 '푸코는 의학사가와 문화사가들의 버팀목'이라고 주장하며, 푸코의 에피스테메를 참고해 그의 '인식법(ways of knowing)'을 확실하게 발전시켰다.[70] 로이 포터 또한 종종 푸코를 비판적이면서 긍정적인 방법으로 인용했다. 섹슈얼리티와 재생산에 관련된 역사적 프로젝트는 푸코의 영향을 깊이 받았다.[71] 페미니스트 연구 중 페미니스트 역사 프로젝트 또한 푸코에 관심을 두었다.[72] 정신의학의 역사가들은 오랫

69 Philippe Artières and Emmanuel da Silva, "Introduction," in *ibid.*, 14.

70 John Pickstone, *Ways of Knowing: A New History of Science, Technology, and Medicine* (Manchester: Manchester University Press, 2000), 22.

71 여러 논의 중에 다음을 참조. Adele E. Clarke, *Disciplining Reproduction: Modernity, the American Life Sciences, and the Problems of Sex* (Berkeley: University of California Press, 1998); Alice Domurat Dreger, *Hermaphrodites and the Medical Invention of Sex* (Cambridge: Harvard Uni versity Press, 1998); Thomas Laqueur, *Making Sex: Body and Gender from the Greeks to Freud* (Cambridge: Harvard University Press, 1990).

72 Nelly Oudshoorn, *Beyond the Natural Body: An Archeology of Sex Hormones* (New York: Routledge, 1994); Anne Fausto-Sterling, *Sexing the Body: Gender Politics and the*

동안 '대감호(great confinement)'에 사로잡힌 사람들과 '진보의 행진'을 옹호하는 사람들로 나누어져 왔다.[73] 좀 더 최근에는, 탈식민 의학사가 푸코의 영향을 받은 것 같다.[74] 그러나 나는 의학사가들이 푸코를 충분히 자주 사용하지 않는다고 생각한다.[75] 로버트 마클리(Robert Markely)는 푸코가 과학사에 미치는 중요성에 대해 비슷한 의견을 제시했는데, 푸코는 "진지하게 연구된다기보다는 더 많이 호명되는(invoked)" 아이콘으로 다루어지거나, 아니면 완전히 무시된다는 것이다.[76]

사회학자·보건과 의료의 인류학자·그리고 학제 간 연구자들은 푸코의 의학 연구에 훨씬 더 많은 관심을 보였는데, 이 철학자의 목표가 무엇보다도 현재를 이해하는 것이라는 점을 염두에 둔다면 충분히 이해가 가능하다. 사회학자이자 역사가인 데이비드 암스트롱(David Armstrong)은 푸코의 업적이라는 전통에 분명히 자신의 자리를 둔 사람들 중 하나다. 그는 무엇보다

Construction of Sexuality (New York: Basic Books, 2000).

73 John C. Burnham, "Jack Pressman and the Future of the History of Psychiatry," *Bulletin of the History of Medicine* 74 (2000): 778-785, 779 참조. 번햄(Burnham)은 Elizabeth Lunbeck, *The Psychiatric Persuasion: Knowledge, Gender, and Power in Modern America* (Princeton: Princeton University Press, 1994)를 푸코주의를 충실히 따른 저서로 인용했다. 여기서 다시, 논평가들이 일반적으로 과소평가한 요점인 광인을 감금함으로써 긍정적인 지식이 생산되었다고 푸코가 주장했다는 점을 지적하겠다.

74 Alexander Butchart, *The Anatomy of Power: European Constructions of the African Body* (New York: Zed Books, 1998). 서평으로는 Warwick Anderson, "Where Is the Postcolonial?" *Bulletin of the History of Medicine* 72 (1998): 522-530 참조. '생명권력에 대한 질문이 생생'하게 드러나는 것 같다며 이 새로운 학문에 나의 주위를 돌려 준 아델 클라크에게 감사드리고 싶다.

75 이 책의 10장에서 이러한 인상을 확인할 수 있다. 분석의 대상이었던 4개 학술지에서 푸코는 가장 많이 인용된 31명의 역사가 중 25위를 차지했다. 그는 1988년과 1999년 사이에 39번 인용된 반면, 캉길렘은 두 개의 학술지에서 13번 인용되었다(올가 암스테르담스카와 나눈 개인적인 대화에서).

76 Robert Markley, "Foucault, Modernity, and the Cultural Study of Science," *Configurations* 7 (1999): 153-176, 153.

도 의료화와 의료 권력에 초점을 맞추고 있다.[77] 미국에서 폴 래비나우는 특히 드레퓌스(Dreyfus)와 함께 쓴 저서와 영어로 번역된 편집본을 통해 매우 일찍부터 푸코를 소개해 왔다.[78] 래비나우와 같은 인류학자인 데이비드 혼(David Horn)은 의학 분석, 특히 범죄의 의료화에 대한 역사 분석에도 푸코를 인용했다.[79] 아델 클라크(Adele Clarke)는 "역사적 연구에 여러 가지가 있는데, 오늘날 의료사회학, 의료인류학 등 관련 분야의 학자들이 푸코의 영향을 받아 깊이 있는 역사적 연구를 진행한다."라고 믿는다. 그녀는 "의료사회학과 의료인류학은 푸코에 의해 전환되었고, 그로 인해 훨씬 더 역사적인 연구가 되었다. '현재의 역사'라는 문구가 울려 퍼진다."라고까지 주장한다.[80]

전반적으로, 의학사에 관한 한 푸코는 확실히 프랑스보다 영미 국가에서 더 많이 언급되고 비판받으면서 인용되었다. 프랑스 연구에서 분산은 15년 전 조프 보커(Geof Bowker)와 브뤼노 라투르(Bruno Latour)가 프랑스 연구자들은 과학 연구에 관심이 부족하다고 설명하기 위한 논문에서 강조되었다.[81] 그 결과, 프랑스에서 과학 연구는 상당한 발전을 이룬 반면, 보커와 라투르의 근본적인 문제의식은 개선되지 않은 채 여전하다. 그들은 오랫동안

77 David Armstrong, *Political Anatomy of the Body: Medical Knowledge in Britain in the Twentieth Century* (Cambridge: Cambridge University Press, 1983)와 "Bodies of Knowledge/Knowledge of Bodies," in Jones and Porter, *Reassessing*, 17-27.

78 Hubert Dreyfus and Paul Rabinow, *Michel Foucault: Beyond Structuralism and Hermeneutics*, 2d ed. (Chicago: Chicago University Press, 1983); Paul Rabinow, *A Foucault Reader* (Harmondsworth: Penguin, 1986).

79 David G. Horn, *Social Bodies: Science, Reproduction, and Italian Modernity* (Princeton: Princeton University Press, 1994).

80 2002년 5월 29일에 있은 아델 클라크와 사적대화에서. 의료사회학자들이 푸코를 수용한 보다 철저한 분석은 *Foucault, Health, and Medicine*, Alan Petersen and Robin Burton, eds. (London: Routledge, 1997) 참조.

81 Geof Bowker and Bruno Latour, "A Booming Discipline Short of Discipline: (Social) Studies of Science in France," *Social Studies of Science* 17 (1987): 715-748.

지속되어 온 비판적·윤리적·정치적 담론에 대한 프랑스의 전통이 과학에 관한 한 즉시 사라지고, 합리성에 대한 열정이 프랑스 역사가들 또는 피에르 부르디외(Pierre Bourdieu)와 같은 사회학자들로 하여금 사회학 또는 역사학 분석에서 과학을 배제하게끔 해 왔다고 주장했다.

그러나 캉길렘이나 푸코에 대해서는 그 분석이 설득력이 떨어진다. 보커와 라투르는 캉길렘을 "과격한 불협화음의 철학자"로 묘사했는데, 그의 임무는 "그의 모든 저서에서 이데올로기와 과학을 분리하는 일"이었다고 전했다.[82] 나는 이 장에서 캉길렘의 입장이 얼마나 더 미묘했는지 보여주려고 노력했다.[83] 푸코에 대해서 저자들은 푸코의 '사회'가 이론에 지나지 않는 한, 푸코는 과학 학문의 구성에서 사회적인 것을 배제하고, 원칙적으로 자연 과학을 비판하는 것을 거부했다고 비난했다. 그럼에도 불구하고 『감시와 처벌』은 "사회사로 쉽게 읽힐 수 있기" 때문에 이러한 비판에서 벗어났다. 마지막으로 저자들에 따르면, '앵글로 색슨인'들은 푸코를 실제보다 훨씬 더 '급진적'이라 여기고 있다. 이 점에서 저자들이 아마 옳을 것이다. 그러나 내 견해로는 이 논문의 분석에 빠진 중요한 것이 있는데, 그게 바로 의학사이다.[84] 여기에 생물학이 순수하고 단순하게 의학을 낳은 과학으로 간주되는

82 *Ibid.*, 725.

83 내 분석을 뒷받침해주는 연구로 말콤 니콜슨(Malcolm Nicolson)의 한 논문은 의학사의 과학 사회 연구에 종사하는 연구자들이 캉길렘의 연구를 이용할 수 있다는 것을 말해준다. Malcolm Nicolson, "The Social and the Cognitive: Resources for the Sociology of Scientific Knowledge," *Studies in the History and Philosophy of Science* 22 (1991): 347-369 참조.

84 라투르의 연구에는 의학이 빠져있다. Bruno Latour and Steve Woolgar, *Laboratory Life: The Construction of Scientific Facts* (Princeton: Princeton University Press, 1986)와 Bruno Latour, *The Pasteurization of France* (Cambridge: Harvard University Press, 1988) 참조. 이 두 저서는 생물학적 연구의 관찰과 역사에 기초하고 있으며, 의학적 교리와 관행은 완전히 간과하고 있다. 이에 반해서 보커는 리 스타(Leigh Star)와 함께 의학적 관행과 의학적 분류법을 사용했다. Geoffrey C. Bowker and Susan Leigh Star, *Sorting Things Out:*

고전적인 사례가 있지만, 결국 연구 주제로는 중요성이 거의 없다고 치부된다.[85]

캉길렘과 푸코는 의학 자체는 물론 도덕과 정치적 요소를 삭제함으로써 왜 특정 시기에 의학이 과학으로 받아들여지는지 연구했다. 이것이 아마도 그들의 분석이 여전히 강력한 비판적 중요성을 지니는 이유일 것이다. 특히 두 저자의 작품을 함께 검토할 때 더욱 그렇다. 그들이 열어 둔 많은 문제에도 불구하고, 그들의 연구는 진지하게 읽을 만한 가치가 있으며, 푸코의 경우에는 오독을 교정할 만한 가치가 있다.

이 글을 꼼꼼하게 읽고 비평을 해 준 루스 지아르(Luce Giard), 일라나 로위(Ilana Löwy), 이사벨 바젱거(Isabelle Baszanger)와 뤽 벨리베(Luc Berlivet)에게 고마움을 전한다. 의학사가로서의 캉길렘과 푸코의 수용에 대한 절에 조언을 해 준 아델 클라크에게 특히 빚을 많이 졌다. 지면상의 이유로 그녀의 제안을 충분히 전개하지 못했다. 마지막으로 이 글의 번역을 맡아 준 엘리자베스 리브레히트(Elizabeth Libbrecht)에게 고마움을 전한다.

Classification and Its Consequences (Cambridge: MIT Press, 1999) 참조. 이 책은 푸코의 작업을 명시적으로 참조했다.

85 "환자가 의사를 호출한다. 생명을 돕기 위해 의료기술이 사용하는 모든 과학을 병리학적으로 규정짓는 것은 이 애처로운 호출의 메아리이다." Canguilhem, *The Normal*, 226.

제12장

의료의 탈식민지 역사들

워릭 앤더슨(Warwick Anderson)

《의학사회보(*Bulletin of the History of Medicine*)》 제1호에서 헨리 E. 지거리스트는 독자들에게 질병의 역사만이 아니라 질병의 공간적 분포를 신중하게 고려할 것을 제안했다. 19세기 후반부터 의학에서의 병리학적, 생리학적 연구는 아마도 열대지방을 제외하고는 질병의 특징과 분포에 대한 지리적 영향에 대한 조사를 소홀히 했던 것 같다. 이와 비슷하게, 과거의 의학사에서는 하나의 지역을 전제했던 반면, 이제는 어떤 역사 주제의 영토적 한계나 상황을 강조하는 것은 유행에 맞지 않게 되었다. 그러나 1933년에 지거리스트가 주장했듯이, "질병의 역사를 추적할 때마다, 우리는 이를 정해진 한 국가에서 한다. 그래서 우리는 페스트의 역사를 전체적으로 연구하지 못한다." 질병의 역사와 지리는 언제나 뗄 수 없는 관계였으며, 그 연결 고리를 분명히 해야 했다. 지거리스트는 이 새로운 학술지가 '전 세계'에서 이 연계된 주제들에 대한 '훌륭한 연구'를 한데 모으기를 바랐지만, 적어도 이 문제에서만큼은 매우 실망스러운 결과를 보였다.[1]

미국 의학사 학계의 원로 세대를 대표하는 필딩 H. 개리슨(Fielding H. Garrison)은 지거리스트와 역사적 감수성은 달랐을 수 있지만, 그 역시 공간

1 Henry E. Sigerist, "Problems of Historical-Geographical Pathology," *Bulletin of the History of Medicine* (이하 *BHM*) 1 (1933): 10-18, 17-18. 지거리스트는 아우구스트 히르쉬의 다음 책에 대해 경의를 표한다. August Hirsch, *Handbuch der Historisch-Geographischen Pathologie*, 2 vols., 2d ed. (Stuttgart, 1881-1886).

적으로 정보를 얻고 공간적 분포에 관심을 두는 의학사를 장려했던 스위스 이민자(지거리스트-역주)의 관심을 공유했다. 개리슨은 회보 창간 전 해인 1932년에 미래의 의학사가는 "몇 개의 선진 문명의 성취뿐만 아니라 전 세계의 의학과 위생에 관심을 가질 것"이라고 주장하였다. 개리슨은 넘치는 의욕을 드러내며 위대한 19세기의 질병의 지형에 대해 이야기하였다. 라브랑의 말라리아와 트리파노소마증에 관한 연구, 록펠러의 십이지장충 조사, 혁명 이후 러시아의 질병 패턴, 신세계 정착에서 질병의 영향, 북아프리카의 베르베르 의학, 브라질의 투피 치료 관행 등이 이에 포함된다. 개리슨은 '케냐 식민지'의 질병에 대해 상세히 보고했으며, '니그로'가 서구식 방식에 적응할 수 있을지에 대해 추측했다. 그는 1923년 싱가포르에서 열린 국제열대의학회의를 회상했는데, 이 회의에서 열대의 질병사는 "열대 의학에 관한 교과서에 나타난 패턴으로 축소할 수 있는 것이 결코 아니고, 이 지역들 각각은 사실 그들만의 독특한 형태의 열대 의학을 지니고 있다."라고 하였다.[2] 이렇게 질병의 분포와 의학적 개입에서 몇몇 지역을 국제적으로 비교한 뒤에, 개리슨은 인류학과 민족지학 학술지를 의학사 지망생들에게 추천했다.

지거리스트와 개리슨의 세계적 비전은 북미와 유럽의 학자들이 의료사회사를 위한 성명서를 썼던 1970년대에 이르러서 아쉽게도 희미해진 것 같다. 인정하건대, 세계 다른 지역에 대한 지거리스트와 개리슨의 관심은, 19세기 위대한 역사지리학적 병리학의 성과에 대한 찬탄에서 비롯되고, 주로 계획적인 성명으로 표현되었는데, 여전히 의학사상사와 과학 전기사에 집중된

2 Fielding H. Garrison, "Medical Geography and Geographic Medicine," *Bulletin of the New York Academy of Medicine* 8 (1932): 593-612, 612, 607. 축약버전: "Geomedicine: A Science in Gestation," *BHM* 1 (1933): 2-9.

자신들의 연구와는 긴장 관계에 있었다. 지거리스트에게 지적 사업이자 위대한 의사들의 전기로서의 서양의학은 분명히 사회적·지리적 맥락을 필요로 했지만, 그를 매료시킨 곳들은 일반적으로는 유럽이었고 북아메리카의 신유럽(neo-Europe)에 대한 관심은 상대적으로 덜했다. 제2차 세계대전 이후 의료사회사가 등장하고 1970년대에 확산되면서, 대개 서양 중심의 지역이나 국가에 대한 정교한 연구가 더욱 보편화되었다. 지거리스트와 그의 후임자인 리처드 슈라이옥(Richard Shryock)은 종종 질병과 건강관리의 새로운 사회사의 창시자로 언급된다. 수잔 레버비와 데이비드 로스너에 따르면, 이 선구자들은 "건강과 질병의 사회적 관심과 과학이 사회적 관계에 내재하는 방식에 대한 이해의 증대"를 도왔다.[3] 사회사를 개척함으로써 우리는 점점 더 구체적인 의료 현장, 즉 실험실·병원·지역 클리닉·공중보건 부서 등에 대해 알게 될 것이다. 또한, 건강과 치유의 사회적 기초를 더 잘 이해할 수 있을 것이다. 그러나 수년 동안 전통적인 의학사의 지리적 경계는 서유럽과 미국의 미시시피 동부 몇몇 지역을 벗어나지 못했다.

지금에 와서 질병과 의학의 세계사적 지형에 대해 지거리스트와 개리슨이 1930년대에 내세웠던 전망을 비판하는 것은 쉬운 일일 것이다. 그들은 학문 간 경계가 무너지고 있는 현실을 무시했고, 전파론자(diffusionist)들의 방식에 매달렸으며, 적어도 개리슨의 경우에는 인간의 차이를 조잡한 인종적 유형으로 파악했다. 게다가 이들의 역사 연구는 지속적으로 세계사를 연구

3 Susan Reverby and David Rosner, "Beyond 'the Great Doctors,'" in *Health Care in America: Essays in Social History*, David Rosner and Susan Reverby, eds. (Philadelphia: Temple University Press, 1979), 3-16, 4. 이 연구를 다시 읽으면서 사회사의 '정해진 위치'에 대한 개념이 얼마나 경시되었는지 알 수 있었다. 제목의 범위는 넓지만 미시시피강 동쪽과 메이슨-딕슨 선 북쪽만 다루고 있다.

하겠다는 야심을 배반했다. 그러나 후대 의료사회사가들과는 달리, 이론에 머물지언정 그들은 더 많은 지역이 포함된 역사와 의학 사상과 실천의 지구적 확산의 서사를 요하는 비교 연구를 계속 중시했다. 1970년대에 등장한 의료사회사는 지리적으로 축소된 형태에서도 우리에게 많은 것을 남겨 주었지만, 1930년대 역사가들이 예견했던 유일한 길은 아니었다.

자연과 정치는 역사 서술 경향의 변화와 상관없이 우리가 질병과 건강을 이해하는 데 지리와 공간적 패턴이 중요하다는 것을 계속적으로 상기시켜 주는 것 같다. 19세기에는 유럽의 팽창이 반복적인 콜레라 전염병과 결합되어 불가피하게 병리학의 역사적, 지리적 측면에 더 많은 관심을 기울이도록 했다. 20세기에 들어 개리슨은 1920년대 초 마닐라에서 복무한 경험을 들며, 인플루엔자 대유행과 세계 대공황으로 인해 질병과 의학의 세계적 분포에 대해 더 심각하게 생각하게 되었다고 인정했다. 1980년대 이후 에이즈와 같은 새로운 질병은 기업 및 문화적 세계화가 증대되고 인류학으로부터 통찰력 있는 지적 호소가 나오면서, 의학사가들에게 어떤 진료소나 실험실도, 아무리 하나의 국가 기관에 소속되어 있더라도, 사회적으로나 지적으로 단절되어 있지 않다는 것을 상기시켜 주었다. 식민주의 역사가들은 오랜 기간 권력과 영향력의 공간적 분포를 도표로 삼아 서구와 '나머지(the rest)' 사이의 복잡한 교류를 연구해 왔지만, 불행히도 최근까지 그중 질병이나 의료에 관심이 있었던 사람은 거의 없었다. 그러나 지난 20년 동안 의료와 식민주의의 결합을 다룬 수많은 역사적 연구는 질병과 의료의 이해가 더 포괄적이고 다양하며 비교적인 관점을 도입할 필요가 있다는 인식을 충족시키면서, 사회사의 치밀한 초기 성과를 누락하지 않으려고 노력했다.

이 장에서 나는 식민지 의료의 새로운 역사가 어떻게 발전했는지 개략적으로 설명하고 의학사에서 이것이 지니는 중요성에 대해 포괄적으로 논한다.[4] 의료와 식민주의에 관한 많은 연구들은 뒤늦게 세계의 나머지 지역, 즉 세계 인구의 대다수에게 의료사회사의 분석적 자료를 적용하여, 보건과 치유의 지역적·국가적 역사가 어디에나 발생할 수 있다는 점을 보여주었다. 그러나 나는 그러한 연구들이 사실 더 많은 것을 하고 있고, 나아가 좀 더 많은 것을 할 수도 있다고 생각한다. 그중에서도 데이비드 아놀드는 어떤 의미에서는 모든 의학을 몸과의 관계에서 '식민주의'라고 주장해 왔다.[5] 따라서 다양한 식민지 의료사는 의학과 공중보건에 대한 우리의 이해를 재정립하고 열대지역이든 추운 북쪽이든 연구되는 곳이면 어디든 생의학과 건강관리와 관련해서는 인종과 장소의 구성으로 관심을 돌릴 수 있는 잠재력을 가져야 한다. 즉, 의료사와 식민주의(식민지 의료사)는 심지어 유럽과 북아메리카처럼 다소 고립되고 관계가 없는 의료사에도 분석적인 범주로서 '식민지(colonial)'를 도입할 수 있다. 의료사에서 지리적 감각을 더 키워야 한다는 주장이 이런 식으로 탈식민주의 연구의 정치화된 공간성에 활용된다는 것을 지거리스트와 개리슨이 발견하게 되면 얼마나 놀랄지 상상만 할 수 있을 뿐이다.

열대지역, 열대 의료, 그리고 열대 질병

의료와 식민주의의 역사로 재조명되기 전까지는 열대 의학과 질병의 역사, 혹은 해외의 군이나 해군의 의료사로는, 좀 더 도구주의적(instrumentalist)

4 이 장에서 나는 아프리카와 아시아-태평양 지역에 집중하겠다. 때로는 라틴아메리카의 의학도 다룰 것이다. 아유르베다 의학이나 중국 의학은 여기서 다루지 않는다.

5 David Arnold, *Colonizing the Body: State Medicine and Epidemic Disease in Nineteenth-Century India* (Berkeley: University of California Press, 1993), 9.

인 형태로 다뤄졌다. 1890년대에 열대 의학의 교과서가 처음 발행되었는데, 유럽인들이 수 세기 동안 따뜻한 기후의 질병을 연구해 왔음에도 불구하고 이 주제의 역사는 너무 짧아서 짧은 입문서를 쓸 수도 없을 정도였다. 1920년에 알도 카스텔라니(Aldo Castellani)와 알프레드 찰머스(Alfred J. Chalmers)는 『열대 의학 매뉴얼(*Manual of Tropical Medicine*)』의 서문에 열대 의학에 대해 형식적이면서도 새로운 역사를 썼다. 그들은 열대 의학이 19세기 후반에 적도 지방에 만연한 질병의 원인이 된 기생충을 발견하고 나서야 출현했다고 주장했다. 과학적 연구는 근대 열대 의학을 온난 기후의 구식 임상적 관습주의(clinical routinism)와 구별 지었다. 따라서 열대 의료사는 최근에 발견된 기생연충학, 원생동물학, 균학, 곤충학, 그리고 좀 더 드물게는 세균학의 목록을 수반한다.[6] 그러나 몇십 년 후, H. 해럴드 스콧(H. Harold Scott)이 방대한 『열대 의료사』(1939~1942)를 편찬했을 때, 그는 카스텔라니와 찰머스보다 더 자유롭고 절충적이었으며, 마침내 열대 의료의 주제를 구성하게 된 여러 질병의 오랜 역사에 초점을 맞추었다. 물론 각 질병의 역사는 과학적인 설명이 주가 되었지만, 스콧 역시 그 지리적 분포와 발생에 대한 (이미 대체된) 이전의 믿음에 대해 설명할 준비가 되어 있었다. "어떤 질병의 발생에 관한 초기의 막연하고 경험적인 생각을 연구하는 것, 합리적 사고의 시작, 과학적 관념과 경험주의의 상호침투(interpenetration), 문제의 최종 해결책에 대한 의문의 안개를 점차 걷어 내는 것은 가장 매혹적인 일이었다."라고 스콧은 회상했다.[7]

6 Aldo Castellani and Albert J. Chalmers, "History of Tropical Medicine," in *Manual of Tropical Medicine*, 3d ed. (New York: William Wood & Co., 1920), 3-38.
7 H. Harold Scott, *A History of Tropical Medicine*, 2 vols. (Baltimore: Williams & Wilkins, 1939-1942), vol. 1: v. 프랑스 제국에 대해서는 다음을 참조. Paul Brau, *Trois siècles de médecine coloniale française* (Paris: Vigot Frères, 1931); Erwin Ackerknecht, *History and Geography of the Most Important Diseases* (New York: Hafner, 1965).

오늘날에도 여전히 유용한 그의 연구는 사상사가 거의 사장되어 가는 지리학적, 역사적 병리학을 되살리려 할 때 어떤 일이 일어나는지 보여주는 예였다.

스콧은 아열대기후의 질병에 관한 과학적 연구, 즉 '현대 열대 의료'를 창시한 이들에 관한 전기 여러 편으로 글을 마무리했다. 위대한 의사와 위대한 기관의 전기들은 이후 40년 이상 열대 의료의 역사를 지배했다. 찰스 모로 윌슨(Charles Morrow Wilson)은 선도적인 과학자들의 인생 이야기를 중심으로 미국 열대 의료사를 쓰고 『백의의 대사(*Ambassadors in White*)』(1942)라는 매우 적절한 제목을 붙였다.[8] 의미심장하게도 스콧과 윌슨 둘 다 열대 의료의 1세대 전문가들이 20년간 회고하고 회상한 내용을 돌아보며 1930년대 말에 집필을 했다. 먼 정글에서 질병과 싸우는 투사들의 허세 부리는 이야기와 복음주의적인 열성, 유혈 낭자한 사건, 그리고 경건한 자기만족이 결합되었다. 『미국 의사의 오디세이아(*An American Doctor's Odyssey*)』(그리고 이후의 『시암의 의사(*Siam Doctor*)』, 『버마 외과 의사(*Burma Surgeon*)』, 『천국의 양키 의사(*A Yankee Doctor in Paradise*)』)와 같은 책들은 대부분 영감을 주는 문학의 한 형태로 엄청난 인기를 누렸다.[9] 다른 노장 열대 전문가들은 자기애가 좀 덜했

8 Charles Morrow Wilson, *Ambassadors in White: The Story of American Tropical Medicine* (New York: Henry Holt, 1942).

9 Victor Heiser, *An American Doctor's Odyssey: Adventures in Forty-Five Countries* (New York: W. W. Norton, 1936); S. M. Lambert, *A Yankee Doctor in Paradise* (Boston: Little, Brown, 1941); Gordon S. Seagrave, *Burma Surgeon* (New York: W. W. Norton, 1943); Jacques M. May, *Siam Doctor* (Garden City, N.Y.: Doubleday, 1949); Howard A. Kelly, *Walter Reed and Yellow Fever* (New York: McClure, Phillips & Co., 1906); Ronald Ross, *Memoirs, with a Full Account of the Great Malaria Problem and its Solution* (London: J. Murray, 1923); M. D. Gorgas and B. J. Hendrick, *William Crawford Gorgas: His Life and Work* (New York: Doubleday, Page, 1924); Philip Manson-Bahr and A. Alcock, *The Life and Work of Sir Patrick Manson* (London: Cassell, 1927); Hermann Hagedorn, *Leonard*

는지, 대신에 그들이 설립한 기관에 관한 전기를 집필했다.[10] 이 모든 장르에서 열대 의학의 필수적인 술어인 식민주의는 거의 언급되지 않았고, 드물게 나온다 해도 온건하게 등장할 뿐이었다.

제2차 세계대전 이후 탈식민지화의 확산과 함께 새로운 민족국가의 경계로 구획된 많은 제도권 의료사와 보건사가 만들어졌다. 한동안 모든 나라가 국가 공식 보건사가 있어야 한다고 생각했던 것 같다. 이는 후에 모든 나라가 각 국가의 의료사회사를 기대하는 것과 같은 이치였다. 다시 말하지만, 이 초기 민족주의 역사가들은 그들이 기술한 사건들에 참여했던 경우가 많았고, 놀랄 것도 없이, 그들은 제국주의적 유산에서 탈피하기 위해 지방의 역할을 강조했다. 게다가, 그들은 유럽의 엘리트 연구자들과 교수들이 흥분하고 몰두했던 말라리아 같이 전형적으로 '열대성'인 질병들뿐만 아니라 광범위한 지역의 질병에 대한 반응을 검토하려는 경향이 있었다. 오늘날에는 이같은 접근의 연구들만이 유용성이 있는 반면, 다른 주장들은 지루한 행정 목록에 지나지 않으며 세련되지 못했다.[11] 최근 지역 전문가들은 식민지 국

Wood: A Biography (New York: Harper Bros., 1931); Douglas M. Haynes, *Imperial Medicine: Patrick Manson and the Conquest of Tropical Disease* (Philadelphia: University of Pennsylvania Press, 2001).

10 Philip Manson-Bahr, *The History of the School of Tropical Medicine in London, 1899-1940* (London: School of Hygiene and Tropical Medicine, 1956); Edmond Sergent and L. Parrot, *Contribution de l'Institut Pasteur d'Algérie à la connaisance humaine du Sahara, 1900-1960* (Algiers: Institut Pasteur, 1961); Willard H. Wright, *40 Years of Tropical Medicine Research: A History of the Gorgas Memorial Institute of Tropical and Preventive Medicine, Inc., and the Gorgas Memorial Laboratory* (Baltimore: Reese Press, 1970).

11 전자에 대해서는 다음을 참조. Ralph Schram, *A History of the Nigerian Health Services* (Ibadan: Ibadan University Press, 1971); P. W. Laidler and Michael Gelfand, *South Africa: Its Medical History, 1652-1898* (Cape Town: Struik, 1971); Michael Gelfand, *A Service to the Sick: A History of the Health Services for Africans in Southern Rhodesia, 1890-1953* (Gwelo: Mambo Press, 1976). 다음은 이 부류에서 선구적인 글이다. D. G. Crawford, *A History of the Indian Medical Service, 1600-1913*, 2 vols. (London: W. Thacker, 1914).

가의 성격과 영역을 보여주기 위해 아프리카와 가끔씩은 아시아의 공공보건에 대해 좀 더 비판적인 '국가적' 역사를 쓰려고 한다.[12] 1990년대 이후, 마크 해리슨(Mark Harrison), 르노어 맨더슨(Lenore Manderson), 헤더 벨(Heather Bell)같이 의료사회사에 어느 정도 관여하는 학자들은 새로운 민족국가의 공중보건과 식민주의에 대한 우리의 이해에 크게 기여했다.[13] 이 지역 전문가들과 의학사가들은 그들의 선대와 비교해 건강의 정치경제나 일반적으로 제국 기업에서 가장 이익이 많다고 여겨졌던 사회적 비용과 편익에 대한 계산을 수정하는 데 더 몰두했다. 나는 뒤에서 이 작품들의 몇 가지 두드러진 특징을 다시 다룰 것이다.

1976년에 출판되어 이제 고전이 된 에세이에서 마이클 워보이스(Michael Worboys)는 19세기 후반 영국에서 열대 의료가 출현하게 된 맥락을 묘사했다. 열대 전문 지식의 지적 발전을 연구한 최초의 의학사가인 워보이스는 그의 주제가 "과학적 특수성을 확립하는 데 '외부적인' 사회경제적 요소들을

12 Ann Beck, *A History of the British Medical Administration of East Africa* (Cambridge, Mass.: Harvard University Press, 1970); K. David Patterson, *Health in Colonial Ghana: Disease, Medicine and Socio-Economic Change, 1900-55* (Waltham, Mass.: Crossroads Press, 1981); Nancy E. Gallagher, *Medicine and Power in Tunisia, 1780-1900* (Cambridge: Cambridge University Press, 1983); Donald Denoon, *Public Health in Papua New Guinea: Medical Possibility and Social Constraint, 1884-1984* (Cambridge: Cambridge University Press, 1989); Arnold, *Colonizing the Body*.

13 Mark Harrison, *Public Health in British India: Anglo-Indian Preventive Medicine, 1859-1914* (Cambridge: Cambridge University Press, 1994); Lenore Manderson, *Sickness and the State: Health and Illness in Colonial Malaya, 1870-1940* (Cambridge: Cambridge University Press, 1996); Heather Bell, *Frontiers of Medicine in the Anglo-Indian Sudan, 1899-1940* (Oxford: Clarendon Press, 1999); Anne Marcovich, *French Colonial Medicine and Colonial Rule: Algeria and Indochina* (London: Routledge, 1988); Wolfgang Eckart, *Medizin und Kolonialimperialismus: Deutschland, 1884-1945* (Paderborn: Schoningh, 1997); Julyan G. Peard, Race, *Place and Medicine: The Idea of the Tropics in Nineteenth-Century Brazilian Medicine* (Durham, N.C.: Duke University Press, 1999).

유감없이 보여준다."라고 주장했다.[14] 과학사회학에서 파생된 개념 체계는 지금 약간 낡아 보일지도 모른다. 하지만 그 후 10년 동안 영국에서 열대 의료의 출현을 비판적으로 고려한 사람은 사실상 워보이스뿐이었다. 일련의 영향력 있는 논문에서, 그는 '건설적 제국주의'와 열대 의료를 긴밀하게 연결시켜 패트릭 맨슨(Patrick Manson)과 로널드 로스(Ronald Ross)의 서로 다른 접근과 권고에 대한 정치 관계를 살펴보았다. 1990년대까지 워보이스의 연구는 젊은 세대를 포함하는 영국의 여러 의학사가들을 자극하여, 영국의 열대 의료 학파의 역사뿐만 아니라 국제 보건 서비스 기관의 역사를 좀 더 일반적으로 조사하였다.[15] 물론 이 중요한 연구의 많은 부분이 실제로 특정한 제국적 환경 내의 임상 관행과 열대 위생의 관계보다는 영국(그리고 때로는 광범위하게 유럽, 그리고 드물게 북아메리카까지도) 의료 연구와 정책 수립이 어떻게 구

14 Michael Worboys, "The Emergence of Tropical Medicine: A Study in the Establishment of a Scientific Specialty," in *Perspectives on the Emergence of Scientific Disciplines*, Gérard Lemaine, Roy MacLeod, Michael Mulkay, Peter Weingart, eds. (The Hague: Mouton, 1976), 76-98, 76; "The Origins and Early History of Parasitology," in *Parasitology: A Global Perspective*, K. S. Warren and J. Z. Bowers, eds. (New York: Springer Verlag, 1983), 1-18; "Manson, Ross and Colonial Medical Policy: Tropical Medicine in London and Liverpool, 1899-1914," in *Disease, Medicine and Empire*, Roy MacLeod and Milton Lewis, eds. (London: Routledge, 1988), 21-37; "British Colonial Medicine and Tropical Imperialism: A Comparative Perspective," in *Dutch Medicine in the Malay Archipelago, 1816-1942*, G. M. van Heteren, A. de Knecht-van Eekelen, and M. J. D. Poulissen, eds. (Amsterdam: Rodopi, 1989), 153-167. 근대 열대의학의 선대 연구로는 다음을 참조. *Warm Climates and Western Medicine: The Emergence of Tropical Medicine, 1500-1900*, David Arnold, ed. (Amsterdam: Rodopi, 1996). '외부적 영향'과 '내부적 영향'을 구분하려는 노력에 대해서는 다음을 참조. R. H. Shryock, "The Interplay of Social and Internal Factors in Modern Medicine: An Historical Analysis," in R. H. Shryock, *Medicine in America: Historical Essays* (Baltimore: Johns Hopkins University Press, 1966), 307-332.

15 Helen Power, *Tropical Medicine in the Twentieth Century: A History of the Liverpool School of Tropical Medicine, 1898-1990* (London: Kegan Paul International, 1999); *International Health Organisations and Movements, 1918-1939*, Paul Weindling, ed. (Cambridge: Cambridge University Press, 1995).

성되었는지에 대해 더 많은 것을 밝혀냈다. 무엇보다도 이러한 연구들은 제국주의적 상상력과 일상적인 식민지적 욕구가 '메트로폴리탄'적 사상과 제도에 미치는 영향을 분명하고 반복적으로 시사했다. 열대 의료의 역사가 이 기간에 영국의 열정이 된 것은 놀랄 만한 일이다. 이는 어쩌면 아직 남아 있던 제국주의적 향수나 불편함이 반영된 것일 수 있다.

몇몇 특정한 질병은 열대지방이나 아열대기후와 관련지어져 왔다. 아우구스트 히르쉬(August Hirsch)와 스콧, 그리고 후에 에르빈 아커크네히트(Erwin Ackerknecht)는 이들의 역사를 추적했고, 질병은 점점 더 역사적 분석의 범주로 식민지와 학문 분야에서 다루게 되었다.[16] 개별 질병은 공간과 시간에 걸친 생물학적 상수로 간주될 수 있기 때문에 역사가에게 사회적·지적 또는 정치적 '샘플링 도구'를 제공하고, 서술에 어떤 일관성을 부여하며, 인과관계·경험·대응의 문제를 부드럽게 연결시킨다.[17] 게다가 특정 질병의 상황에 대한 역사가의 관심은 종종 질병을 이해하고 관리하는 생태학적 접근법과 일치하거나 중복된다.

'열대' 질병 중 가장 대표적인 질환인 말라리아는 고든 해리슨(Gordon Harrison)의 『모기, 말라리아, 인간(*Mosquitoes, Malaria, and Man*)』(1978)부터 최근의 말라리아 역사 네트워크의 집단적 노력에 이르기까지 가장 역사적인 연구를 촉발시켰다.[18] 마리네즈 라이온스(Marynez Lyons)는 질병생태학과 의

16 Ackerknecht, *History and Geography*. 다음도 참조. *Disease in African History: An Introductory Survey and Case Studies*, G. W. Hartwig and K. D. Patterson, eds. (Durham, N.C.: Duke University Press, 1978).

17 Charles E. Rosenberg, "Cholera in Nineteenth-Century Europe: A Tool for Social and Economic Analysis," *Comparative Studies in Society and History* 8 (1966): 135-162; *The Cholera Years: The United States in 1832, 1849, and 1866* (Chicago: University of Chicago Press, 1962).

18 Gordon Harrison, *Mosquitoes, Malaria, and Man: A History of the Hostilities since*

료인류학으로부터의 통찰력을 토대로 벨기에령 콩고에서 트리파노소마증, 즉 수면병의 역사를 정리했다. 발병은 사회적 이탈의 결과였고, 이 복잡한 질병에 대한 통제 전략은 식민지의 경제와 정치 구조를 형성할 수 있었다.[19] 다른 학자들은 황열병 등 질병의 정체성에 대한 논란이 사실상 학문에 초점을 부여해 이전에 숨겨져 있던 부분을 드러낼 수 있다는 것을 밝혀냈다.[20] 이와 유사하게, 존 팔리(John Farley)는 그의 야심 차고 다층적인 주혈흡충병(또는 빌하르지아(bilharzia)) 역사의 연구에서, '중앙'과 '주변', 그리고 영국과 미국 제국 모두에서 열대 의료의 발달에 대한 풍부한 질적 연구를 제공했다.[21]

1880 (New York: E. P. Dutton, 1978); Mary Dobson, Maureen Malowany, and Darwin Stapleton, eds., "Dealing with Malaria in the Last Sixty Years," *Parasitologia* 42 (2000): 3-182; Erwin H. Ackerknecht, *Malaria in the Upper Mississippi Valley, 1760-1900* (Baltimore: Johns Hopkins Press, 1945); P. F. Russell, Man's Mastery of Malaria (London: Oxford University Press, 1963).

19 Maryinez Lyons, *The Colonial Disease: A Social History of Sleeping Sickness in Northern Zaire* (Cambridge: Cambridge University Press, 1992); J. Ford, *The Role of Trypanosomiasis in African Ecology* (Oxford: Clarendon Press, 1971); Michael Worboys, "The Comparative History of Sleeping Sickness in East and Central Africa, 1900-1914," *History of Science* 32 (1994): 89-102; Luise White, "Tsetse Visions: Narratives of Blood and Bugs in Colonial Northern Rhodesia, 1931-9," *Journal of African History* 36 (1995): 219-245.

20 François Delaporte, *The History of Yellow Fever: An Essay on the Birth of Tropical Medicine*, trans. Arthur Goldhammer (Cambridge, Mass.: MIT Press, 1991); Nancy Stepan, "The Interplay between Socio-Economic Factors and Medical Science: Yellow Fever Research, Cuba and the United States," *Social Studies of Science* 8 (1978): 397-423; Rosa Medina-Doménech, "Paludismo, explotación y racismo científico en Guinea ecuatorial," in *Terratenientes y parásitos: La lucha contra el paludismo en la España del siglo XX*, E. Rodríguz-Ocaña, ed. (Granada: University of Granada Press, 2001); Ilana Löwy, *Virus, moustiques et modernité: La fièvre jaune au Bresil entre science et politique* (Paris: Archives d'histoire contemporaine, 2001).

21 John Farley, *Bilharzia: A History of Imperial Tropical Medicine* (Cambridge: Cambridge University Press, 1991); G. W. Hartwig and K. D. Patterson, *Schistosomiasis in Twentieth-Century Africa: Historical Studies in West Africa and Sudan* (Los Angeles: Crossroads Press, 1984).

나병과 같이 만성질환이면서 열대지방에서만 나타나는 것도 아닌 질병에 대한 연구도 전형(embodiment), 인종, 시민권의 식민지적 프레임을 보여줄 수 있다.[22] 따라서 특정 질병의 역사는 '벨기에령 콩고'와 같은 식민지의 경계를 되짚어 볼 수도 있고, 여러 다른 제국에서 그 원인과 결과를 추적할 수도 있다. 어느 쪽이든 질병은 역사가에게 강력한 분석 도구를 제공하지만, 좀 더 흥미로운 '열대' 질병에 초점을 맞추는 것이 일반적이고 일상적인 질병 유병 패턴을 모호하게 할 때가 있을 수 있다. 어쨌든 설사는 열대지방에서 예를 들면 황열병보다 더 흔했지만 역사가의 상상력을 사로잡은 적은 거의 없었다.

의학과 식민주의의 역사학을 전공하다 보면 1940년대 이후 레퍼토리가 얼마나 바뀌지 않았는지를 확인하고 새삼 놀라게 된다. 우리는 아직도 전기, 과정 및 분과의 역사, 목적론적 민족주의, 질병의 역사에 머물러 있다. 그러나 레퍼토리는 안 바뀌어도 콘텐츠는 바뀐다. 1980년대 이후 쓰인 식민지 의료사는 사회적, 정치적 환경에 더 중점을 두고 있다. 이는 열대 의료가 단지 과학적인 진보라는 주제에 대한 변주였다고 보지 않으며, 의료와 식민지 국가의 상호 관계를 조망하려는 경향을 보인다. 또 다른 두드러진 차이점은 대략 지난 15년 동안에 나타난 식민지와 식민지 이후의 의료에 관한 연구량의

22 Warwick Anderson, "Leprosy and Citizenship," *Positions* 6 (1998): 707-730; Suzanne Saunders, "Isolation: The Development of Leprosy Prophylaxis in Australia," *Aboriginal History* 14 (1990): 168-191; Megan Vaughan, "Without the Camp: Institutions and Identities in the Colonial History of Leprosy," in *Curing Their Ills: Colonial Power and African Illness* (Stanford: Stanford University Press, 1991), 77-99; Rita Smith Kipp, "The Evangelical Uses of Leprosy," *Social Science and Medicine* 39 (1994): 165-178, 176; Harriet Jane Deacon, "A History of the Medical Institutions on Robben Island, Cape Colony, 1846-1910" (Ph. D. thesis, University of Cambridge, 1994), chap. 6; Sanjiv Kakar, "Leprosy in British India, 1860-1940: Colonial Politics and Missionary Medicine," *Medical History* 40 (1996): 215-230.

증가인데, 그 대부분은 유럽이라는 '중심부'가 아니라 이전에 식민지였던 '주변부'에서 이루어지고 있다. 식민지의 또는 시기적으로 식민지 이후의 세계에서 건강과 치유에 관한 지식을 쌓는 데 기여한 다른 학문을 포함하면 관심의 깊이는 더욱 놀랍다. 예를 들어, 의료인류학자들은 아시아와 아프리카의 건강 신념과 비서구 의료시스템을 설명하는 데 점점 더 역사적 근거를 제시한다.[23] 여전히 사회학이나 경제학에서 온 이들은 1950년대 초 이후 '제3세계'라고 알려진 곳에서 건강의 정치경제, 특히 질병과 개발(development)의 관계에 대해 연구한다.[24] 20세기 말과 21세기 초에 왜 그렇게 많은 학자들이 의료와 식민주의 연구에 매력을 느꼈는지 의문을 제기할 만하다.

사회사에 열광하다

식민지 의료의 사회사를 쓰는 동기는 의학사가가 아니라 지역사가(regional historian), 특히 북아메리카의 '지역 연구'나 영국의 '제국과 영연방 역사'와 관련된 역사가로부터 나왔다. 지역사가는 결국 질병에 대한 연구와 의료적 대

23 영향력 있는 인류학적 연구는 다음을 참조. J. M. Janzen, *The Quest for Therapy in Lower Zaire* (Berkeley: University of California Press, 1978); Steven Feierman, "Struggles for Control: The Social Roots of Health and Healing in Modern Africa," *African Studies Review* 28 (1985): 73-147; John and Jean Comaroff, *Ethnography and the Historical Imagination* (Boulder: Westview, 1992). 다음에 수록된 논문들도 참조. *The Social Basis of Health and Healing in Africa*, Steven Feierman and John M. Janzen, eds. (Berkeley: University of California Press, 1992).

24 Vicente Navarro, *Medicine under Capitalism* (London: Croom Helm, 1976); E. Richard Brown, "Public Health and Imperialism in Early Rockefeller Programs at Home and Abroad," *American Journal of Public Health* 66 (1976): 897-903; Lesley Doyal, Imogen Pennell, *The Political Economy of Health* (London: Pluto Press, 1979); Lesley Doyal, Meredith Turshen, *The Political Ecology of Disease in Tanzania* (New Brunswick, N.J.: Rutgers University Press, 1984).

웅이 이전에 공개되지 않았던 개인적 경험, 사회 생활, 문화적 영향력에 접근할 수 있게 해 줄 것이라고 인식했다. 더구나 질병에 관한 연구는 제국주의의 생태계를 드러냈으며, 공중보건 당국의 운영은 식민지 국가의 기능을 특히 두드러지게 보여줄 수 있었다. 유럽과 북아메리카에서는 사회사가 이미 확립된 의학사에 부수적으로 개입할 수도 있지만, 다른 지역에서 질병과 의료가 역사 분석의 주제가 되면 처음부터 일반 사회사의 영역으로 연구되는 경우가 많았다.

특히 아프리카의 식민지 질병 연구에서 반복적으로 등장하는 주제는 전염병(epidemics)을 제국주의의 진행 과정과 연관시키는 것이다. 식민주의가 지역 생태계에 미치는 영향에 대한 광범위한 과학적 증명을 바탕으로 역사가들은 19세기 초까지 접촉과 소통의 증가, 전쟁, 농업의 변화, 도시화를 통해 질병이 어떻게 확산될 수 있는지를 다양한 환경에서 반복적으로 보여주었다.[25] '생태학적' 역사가인 앨프리드 크로스비(Alfred W. Crossby)와 윌리엄 맥닐(William McNeill)은 1970년대 초반경 세계사적인 측면에서 유럽의 침략자들이 신대륙의 환경 균형을 어지럽혀 질병이 취약 계층에 퍼졌다고 주장했다.[26] 그 뒤를 이어 지역사가들은 식민주의가 질병 패턴에 미치는 영

25 Ford, *Role of Trypanosomiasis*; C. C. Hughes and J. M. Hunter, "Disease and Development in Africa," *Social Science and Medicine* 3 (1970): 443-493. 아프리카 열대 연구에 환경학적 동기를 부여한 글로는 다음을 참조. Helen Tilley, "living laboratory": "The African Research Survey and the British Colonial Empire: Consolidating Environmental, Medical, and Anthropological Debates, 1920-1940," (D.Phil. thesis, Oxford University, 2001), chap. 5; Warwick Anderson, "Ecological Vision in Biomedicine: Natural Histories of Disease in the Twentieth Century," *Osiris* (forthcoming, 2003).

26 Alfred W. Crosby Jr., *The Columbian Exchange: Biological and Cultural Consequences of 1492* (Westport Conn.: Greenwood Press, 1972); William H. McNeill, *Plagues and Peoples* (New York: Anchor Books, 1976). 더 초기 역사에 대해서는 다음을 참조. P. M. Ashburn, *The Ranks of Death: A Medical History of the Conquest of America* (New York:

향에 대해 더욱 미묘한 연구를 내놓았다. 예를 들어, 1989년에 랜들 패커드(Randall M. Packard)는 1930년대까지 남아공 예비역 제도가 어떻게 빈곤과 질병의 증가로 이어졌는지 설명했다. '자본주의적 생산 패턴의 변화, 수요의 변화, 그리고 식민지 경제 내 노동 공급의 성질'은 많은 아프리카 질병을 발생시켰고, 아프리카인을 비하하는 표현을 낳았다.[27] 또한 르노어 맨더슨은 식민지 말라야의 질병에 대한 야심 찬 연구에서 "질병과 사망이 발생했는데, 이 모든 것은 식민주의의 구조에 의해 야기된 불평등·무력함·가난에 의해 형성되었다."라고 주장했다.[28] 식민지 전쟁의 효과에 대한 전례 없이 복잡한 인구통계학적 재구성에서, 켄 드 베부아즈(Ken de Bevoise)는 미국인들이 필리핀의 관습과 습관 때문에 발생했다고 주장한 필리핀의 질병이 실제로는 잔인한 미국 군사 운동의 결과, 즉 미국의 사회적 개입 때문에 발생했다는 것을 증명하였다.[29] 역설적으로, 식민지 역학의 다른 주요한 연구에서 필립 커틴(Philip Curtin)은 19세기 말까지 공중보건 노력이 제국 통치로 인한 해로운 영향의 일부를 막을 수 있었지만, 지역민은 이러한 혜택을 거의 받지 못했다고 주장했다.[30] 의료 개입은 정착민이든 체류자이든 간에 여전히 식민지 정복자의 복지를 위한 것이었는데, 20세기에 이르러서야 식민지 노동자들과 훗날 노동자를 생산하게 될 어머니를 위해 의료 개입이 광범위하면서

Coward-McCann, 1947).

27 Randall M. Packard, "The 'Healthy Reserve' and the 'Dressed Native': Discourses on Black Health and the Language of Legitimation in South Africa," *American Ethnologist* 16 (1989): 686-703, 688; *White Plague, Black Labor: Tuberculosis and the Political Economy of Health and Disease in South Africa* (Berkeley: University of California Press, 1989).

28 Manderson, *Sickness and the State*.

29 Ken de Bevoise, *Agents of Apocalypse: Epidemic Disease in the Colonial Philippines* (Princeton: Princeton University Press, 1995).

30 Philip D. Curtin, *Death by Migration: Europe's Encounter with the Tropical World in the Nineteenth Century* (Cambridge: Cambridge University Press, 1989).

도 종종 과도하게 지시되었다.[31]

식민지의 공중보건 조치는 지역사회에 더 많은 사회적 문화적 혼란을 야기시켰고, 이번에는 훨씬 더 병리적으로 깊이 식민지의 몸에 인종적 스티그마를 다시금 새겨 넣은 것으로 보인다. 처음에 식민지 개척자들은 자신들이 외국 환경에 취약하고 인종과 새로운 환경의 부조리에 취약하다고 생각했지만, 19세기 말에 미생물병리학을 폭넓게 수용하면서 원주민 인종을 포함한 지역 동물을 세균의 '원천'으로 보아 이들과의 접촉이 얼마나 위험한지에 초점을 맞추기 시작했다. '원주민'은 지역 질병 환경에 적응한 것으로 추정되었다. 만약 그들이 이러한 진화적인 일치에도 불구하고 병에 걸렸다면 그들은 매우 나쁘게 행동했거나, 아마도 '문명화'를 이루기 위한 노력이 부족한 결과로 적응을 잘못한 것이어야 했다. 따라서 의학 이론은 사회경제적 조건들과 제국주의의 영향에 면죄부를 주고 대신 희생자들을 비난했다. 패커드는 "도시 아프리카인들의 명백한 신체적·정신적 결함, 높은 사망률, 알코올 중독, 가족 와해, 범죄 등에 책임이 있는 것은 아프리카인들의 도시 산업 생활 경험 부족"이라고 했던 '옷 입은 원주민(dressed native, 도시화된 원주민-역주)'들의 신화를 묘사해 왔다.[32]

'건강한 원주민'이라도 백인 건강을 위협하는 세균을 모르는 사이에 전파할 수 있을 것 같았다.[33] 따라서 특히 남부 아프리카의 식민지 국가는 취약한 백인과 무책임하고 음란한 '원주민' 사이의 접촉을 점점 더 피하려고 했다. M. W. 스완슨(M. W. Swanson)을 비롯한 연구자들은 체계적인 인종차별을

31 Manderson, *Sickness and the State*.
32 Packard, "The 'Healthy Reserve' and the 'Dressed Native,'" 687.
33 Warwick Anderson, "Immunities of Empire: Race, Disease, and the New Tropical Medicine, 1900-1940," *BHM* 70 (1996): 94-118.

증명했다. 위생의 이름으로 합리화된 인종 분리가 많은 식민지 사회에서 일반화되었고 지역 노동 협정에 부합하는 한 유지되었다.[34] 식민지 의료 이론은 지역 인종 경제에 관련된 다양한 인구정책을 설명할 수 있을 것이다. 백인 인구가 적고 변동이 많은 경우, 그들은 위생을 이유 삼아 병영이나 공관에 백인을 분리하곤 했다. 오스트레일리아에서처럼 지배하고 머물 계획이었던 곳에서 그들은 미생물을 이유로 다른 인종의 송환과 배제를 정당화했다.[35] 또 다른 환경, 즉 '진보적'이고 낙관적인 제국주의자들(이들은 값싸고 비교적 건강한 노동력을 유지하는 데 더 신경을 썼다)은 아마도 질병을 치료하는 '원주민'의 교육과 재교육을 강조할 것이다. 필리핀에서는 오랫동안 군사작전을 본떠 왔던 식민지 공중보건이 복음주의 운동의 성격을 띠게 되면서 필리핀인들을 위생이라는 복음을 통해 변화시키게 되었다. 그들은 필리핀인들이 새로운 신앙을 따르고 있는지 가차 없이 감시하고 훈육했다.[36] 식민지 의학은 지역 경제와 인구 자원에 따라 다른 방식으로 표현되었지만, 제국의 이데올로기는 20세기 초반에 이르러 점차 의료화되었고, 식민지 개입은 더욱

34 M. W. Swanson, "The Sanitation Syndrome: Bubonic Plague and Urban Native Policy in the Cape Colony, 1900-1909," *Journal of African History* 18 (1977): 387-410; Philip D. Curtin, "Medical Knowledge and Urban Planning in Tropical Africa," *American Historical Review* 90 (1985): 594-613. 이에 대한 답변은 다음을 참조. John W. Cell, "Anglo-Indian Medical Theory and the Origins of Segregation in West Africa," *American Historical Review* 91 (1986): 307-333.

35 호주의 중농주의와 격리에 대해서는 다음을 참조. Alison Bashford, "Quarantine and the Imagining of the Australian Nation," *Health* 2 (1998): 387-402; Warwick Anderson, *The Cultivation of Whiteness: Science, Health, and Racial Destiny in Australia* (New York: Basic Books, 2003).

36 Warwick Anderson, "Excremental Colonialism: Public Health and the Poetics of Pollution," *Critical Inquiry* 21 (1995): 640-669; "Leprosy and Citizenship." 필리핀 내 미국의학의 초기 분리주의 논의에 대해서는 다음을 참조. Reynaldo C. Ileto, "Cholera and the Origins of the American Sanitary Order in the Philippines," in *Imperial Medicine and Indigenous Society*, David Arnold, ed. (Manchester: Manchester University Press, 1989).

공중보건 활동으로 표현되었다.

그러나 최근 일부 역사가들은 식민지 의료와 공중보건의 패권적 성격을 문제 삼게 되었다. 식민지 의학사가들이 종종 빈약한 기록 자료를 사용하면서 '아래로부터 역사'를 재구성하려고 했을 때, 그들은 지역 보건 관행이 서구의 의료 개입에 놀라울 정도로 저항적이며, 지역 정체성과의 관계는 식민지 국가가 개혁하거나 재편성하려는 시도에 상대적으로 영향을 받지 않는다는 것을 발견했다. 여기서 E. P. 톰슨(E. P. Thompson)이나 에릭 홉스봄(Eric Hobsbawm) 등 영국의 사회학자들의 영향을 감지할 수 있으나, 토착 문화의 지속성과 적응에 관한 인류학 연구도 한몫했다. 그렇지만 남아시아에서 중심에서 벗어나 자기 잇속만 차리는 엘리트의 증언에 관한 관심은 안토니오 그람시(Antonio Gramsci)의 이론을 따르는 하위(subaltern) 연구 그룹에서 가장 직접적으로 파생되었다. 그리하여 데이비드 아놀드(David Arnold)는 콜레라와 천연두 등 전염병에 대한 대응책으로 인도의 사회성과 친밀함을 교정하려는 시도를 꺼리는 인도 의료국의 태도를 묘사했던 것이다. 그람시는 아마도 영국의 의료 행위가 19세기 인도를 지배했을지 모르지만, 그 헤게모니마저 장악했다거나 모두의 합의에 의해 성립되었다고 하지는 않았다.[37] 그러나 심지어 인도에서도 국가는 결국 더 깊이 개입하기 시작했고, 아놀드가 그의 이야기를 끝내는 시점인 1914년까지 하층 인구의 계도와 '개혁'을 시도했다. 다른 나라에서는 식민지 당국이 이보다 더 일찍 그리고 더 효과적으로

37 Arnold, *Colonizing the Body*; "Gramsci and Peasant Subalternity in India" [1984], in *Mapping Subaltern Studies and the Postcolonial*, Vinayak Chaturvedi, ed. (London: Verso, 2000), 24-49; Roger Jeffrey, "Recognizing India's Doctors: The Institutionalization of Medical Dependency, 1918-39," *Modern Asian Studies 13 (1979): 301-326;* Gyan Prakash, *Another Reason: Science and the Imagination of Modern India* (Princeton: Princeton University Press, 1999).

사회 개혁에 개입했다. 의료 관리는 인도에서 했던 것보다 더 강력하고 내밀해졌고, 비록 그것이 완전히 헤게모니를 장악한 곳은 없었지만 20세기 초까지 다른 식민지의 의료는 일반적으로 아대륙(subcontinent)에서보다 정체성과 행동에 더 많은 영향력을 행사하게 되었다. 그럼에도 불구하고 우리는 이 시기에도 식민지 의료가 지역 엘리트들에 의해 논박되거나 전용되거나 각색되거나 단순히 무시당했다는 것을 알고 있다.[38] 식민지 정권들 중 가장 의료 정책이 발달한 정부인 필리핀에서도 보건서비스에 대한 무관심을 유지하거나, 식민지 지배 엘리트들이 원하는 사업으로 에너지를 쏟는 것이 가능했다.[39]

지역사회사라는 확립된 장르에 질병과 의술이 적용되면서 식민지 의료의 사회사는 자연스레 유럽과 북미의 의료사회사와 매우 다른 형태를 띠게 되었다. 식민지 의료의 최근 역사는 사회 또는 문화인류학과 정치 경제의 영향을 받을 가능성이 더 크다. 그들은 인종과 국가 형성에 더 초점을 맞추고, 생태학적 사고를 하는 오랜 식민지학 전통을 따른다. 질병 패턴의 사회 구조나 환경 구조를 설명할 때, 위생 개념이 사회적 경계와 정복민에 미치는 영향, 그리고 서양 의료의 다양한 문화적 가치와 영향력을 설명할 때, 식민주의의 역사가들은 의료사가들에게 그들이 어떤 국가를 연구하든지 상관없이 지금까지 말하지 못했던 오랜 문제들을 표현할 수 있는 풍부한 어휘를 제공했다.

38 *Western Medicine as Contested Knowledge*, Andrew Cunningham and Bridie Andrews, eds. (Manchester: Manchester University Press, 1997).

39 Warwick Anderson, "Going through the Motions: American Public Health and Colonial 'Mimicry,'" *American Literary History* 14 (2002): 686-719.

의료, 그리고 식민지 정체성 만들기

1990년대 말, 많은 식민지 의학사가들은 식민지 정복자와 식민지 정복민 정체성의 프레임을 형성하는 데 생의학(biomedicine)이 미친 영향에 초점을 맞추었다. 문화사가들은 제국주의 역사라는 더 오래된 가닥을 잡았고, 그것을 질병과 의학과 함께 엮어 사회적 경계와 인간의 차이에 대한 연구로 만들었다. 또한 의료가 인종과 성 정체성 개념을 포함하는 '정복민(subject positions)'을 생산했음을 강조했다. 많은 용어와 개념적 프레임은 미셸 푸코(Michel Foucault)와 에드워드 사이드(Edward Said)에서 차용되었지만, 질병의 이미지와 관련 보건 관행이 식민지의 정체성을 형성할 수 있다는 생각은 새로운 것은 아니었다.[40] 1964년에 필립 커틴은 질병 이론이 식민지 유럽의 자기 미화(self-fashioning), 아프리카와 아프리카인의 이미지 형성(representation)에 미치는 영향에 대해 논의했다.[41] '탈식민지 연구'의 창시자 중 한 명으로 간주되는 정신과 의사 프란츠 파농(Frantz Fanon)은 역사가들을 거의 인용하지 않지만, 서양의학이 어떻게 알제리 정복민을 재편성하고 무력화시켰는지에 대해 이야기했다.[42] 20세기 말에 많은 식민지 의학사가들은 인종, 젠더, 전형(embodiment), 심리(mentality), 그리고 시민권 등에 관한 초기 학자들의

40 많은 역사가들이 푸코의 책, 특히 『감시와 처벌』이 연구에 도움이 되고 자극이 되는 것으로 생각한다. 반면 사이드의 『오리엔탈리즘』의 영향은 남아시아 너머로 뻗어나가지 못했다. 너무 텍스트에만 집중하여 쉽게 무시당했던 것이다. Foucault, *Discipline and Punish: The Birth of the Prison,* trans. Alan Sheridan (Harmondsworth: Penguin, 1991); Said, *Orientalism* (New York: Random House, 1978).

41 Philip Curtin, *The Image of Africa: British Ideas and Action, 1780-1850* (Madison: University of Wisconsin Press, 1964).

42 Frantz Fanon, "Medicine and Colonialism," in *The Cultural Crisis of Modern Medicine*, John Ehrenreich, ed. (New York: Monthly Review Press, 1978), 229-245.

문제의식을 인식하고 증폭시켰다.

메간 본(Megan Vaughan)은 푸코의 이론을 격렬히 지지한 초기 논문에서 "의학과 그 관계 학문이 '아프리카인'을 지식의 대상으로 만드는 데 중요한 역할을 했고, 식민지 권력을 운영하는 데 핵심이 되는 분류 체계와 관행을 정교하게 다듬었다."라고 했다.[43] 그러나 광기, 나병, 보건교육에 관한 연구에서 본은 푸코가 유럽인들에게 있다고 한 개인의 주관을 아프리카의 식민지에 얼마나 심었는지에 의문을 제기했다. 아프리카 식민지의 생의학은 주로 개인이 아닌 집단 정체성을 생산하는 것으로 보였으며, 각각의 집단은 독특한 심리와 정체를 가지고 있었다.[44] 하지만 다른 식민지 의학사가들은 다른 시간과 장소에서 위생 관행이 정복민들의 개인적 정체성을 형성했음을 발견했다. 예를 들어, 아놀드는 비록 신체에 대한 적용에는 논란의 여지가 있었지만, 식민지의 남아시아가 "특히 적나라하고 강조된" 방식으로, 개인의 주관을 형성하는 문화적이고 정치적인 구성에 의료가 얼마나 중요한지 보여준다고 주장해 왔다.[45] 푸코와 달리 아놀드는 국가 권력이 생의학 주제의 형성에 직접적으로 관여한 방식들에 대해 언급하고, 지역의 저항이 위생 담론의 형성에 미치는 영향을 더 심각하게 여겼다. 푸코에 대한 아놀드의 비판적 수정은 국가 권력과 하위 기관을 포함했으며 식민지 의료사의 표준이 되었다.

43 Vaughan, *Curing Their Ills,* 8.

44 본의 주장과 대립하는 주장으로 다음을 참조. Comaroff and Comaroff, *Ethnography and the Historical Imagination*.

45 Arnold, *Colonizing the Body*, 9. 아쉽게도 헤게모니와 분과에 대한 더 깊은 연구가 시작되려할 때 아놀드의 분석은 끝난다. Nicholas Thomas, "Sanitation and Seeing: The Creation of State Power in Early Colonial Fiji," *Comparative Studies in Society and History* 32 (1990): 149-170.

최근에 의료와 식민주의의 역사는 '문화적 전환' 때문에 몸, 인종, 시민을 계도하는 것은 물론 아예 개조하는 데 위생의 중요성에 주목하게 됐다. 이 때문에 나는, 필리핀의 경우, 20세기 초 세균설이 인종 개념에 적용되면서 깨끗하고 금욕적인 미국인의 몸이 하나의 극을, 개방적이고 오염된 필리핀인의 몸이 다른 극을 나타내는 이분법이 만들어졌다고 주장했다. 그러나 그들의 '부패'를 인정하고 고백한 필리핀인들은 그 후 '문명화', 즉 현대화에 대한 열망을 밝히고 스스로 개조해야 하는 운명이 되었다. 이에 따라 진보적인 식민지 보건 당국은 '원주민'이 프롤레타리아 또는 시민으로 개조되는 이 험난한 통로를 감시하고 도태된 사람들을 징계했다. 어떤 의미에서 20세기 '복사본(copy, 원주민이 정복민을 모방하는 것-역주)'은, 이 경우에서는 정복민의 현대화를 의미하는데, 몸의 차이를 유형적으로 구성하는 것보다 흥미롭고 기능적인 것이 되었다. 물론 식민지 시대에는 이상적인 미국적 성인기(adulthood)에 이르는 이 '호의적 동화(benevolent assimilation)'가 성공적으로 완성되는 과정이 항상 지연되었고, 그 불완전성은 지속적인 식민지 감시와 통제를 정당화했다. 그러나 1930년대에 지역 엘리트들은 점점 더 공공의 건강이 위험한 신체를 관리하는 것만이 아닌 '인권'의 관점에서 규정될 수 있도록 민족주의적인 낙관론을 가지고 개발 프로젝트를 이어갔다.[46] 이 주장은 그러한 단순한 형태에서도 인종, 주관성, 시민에 대한 전통적인 이해가 식민

46 Anderson, "Going Through the Motions." 인종과 식민지 의학의 구체화에 대해서는 다음을 참조. Warwick Anderson, "The 'Third World' Body," *in Medicine in the Twentieth Century*, Roger Cooter and John Pickstone, eds. (Amsterdam: Harwood Academic, 2000), 235-246; P. M. E. Lorcin, "Imperialism, Colonial Identity and Race in Algeria, 1830-1870: The Role of the French Medical Corps," *Isis* 90 (1999): 653-679; Alexander Butchart, *The Anatomy of Power: European Constructions of the African Body* (London: Zed Books, 1998); Nancy Scheper-Hughes, "AIDS and the Social Body," *Social Science and Medicine* 19 (1994): 991-1003

지 의료의 연구에 얼마나 잘 나타나는지 보여준다. 더욱이 아놀드의 표현대로 식민지적 환경에서 가장 '적나라하고 강조된' 형태를 발견할 수 있긴 하지만, 과정이 특별히 식민주의적이지는 않다는 점을 분명히 해야 한다.

식민지 시설은 생의학적인 '정복민 형성'의 성공과 실패에 대한 주요 연구 장소가 되어 왔다. 물론 실패 쪽에 가까웠다. 본은 나이살랜드 시설(Nyasaland asylum) 수용자들을 아프리카 정복민 관념에 더 이상 부합하지 않고 재활의 여지가 없는 사람들로 묘사했다.[47] 이와 유사하게 조크 맥쿨로크(Jock McCulloch)는 로디지아(아프리카 남부의 옛 영국 식민지, 현재의 잠비아와 짐바브웨-역주)와 동아프리카의 영국 시설이 위험한 아프리카 직원들을 처분할 장소 이상도 이하도 아니었다고 주장한다. 그러한 환경에서 일하는 정신과 의사들은 정상적인 '아프리카 정신(mind)'을 폄하하는 이론을 개발했다.[48] 식민지 나이지리아의 광기에 대한 상세한 사회사에서 조너선 사도프스키(Jonathan Sadowsky)는 아이러니하게도 '문명화 임무'를 대표하는 지역 시설의 끔찍한 상태를 보고했다. 사도프스키는 환자들의 광기가 "사회적 압력과 모순"의 지표이며 식민지 사회의 스트레스를 표현하는 것으로 읽으려고 했다.[49] 식민지의 '병리학'을 이해함으로써 식민지 '정상성'의 정치학을 이해할 수 있을 것으로 보인다.

47 Vaughan, *Curing Their Ills*, chap. 5; Sander L. Gilman, *Difference and Pathology: Stereotypes of Sexuality, Race, and Madness* (Ithaca: Cornell University Press, 1985).

48 Jock McCulloch, *Colonial Psychiatry and "the African Mind"* (New York: Cambridge University Press, 1995).

49 Jonathan Sadowsky, *Imperial Bedlam: Institutions of Madness in Colonial Southwest Nigeria* (Berkeley: University of California Press, 1999), 75, 77; James H. Mills, *Madness, Cannabis, and Colonialism: The "Native Only" Lunatic Asylums of British India, 1857-1900* (New York: St. Martin's, 2000). 통찰력 있는 서평으로는 다음을 참조. Richard Keller, "Madness and Colonization: Psychiatry in the British and French Empire, 1800-1962," *Journal of Social History* 35 (2001): 295-326.

몇몇 식민지에서는 특히 1920년 이후 정신분석학의 '말하기 요법(talking cure)'이 때때로 식민지 정복자이든 식민지 정복민이든 엘리트의 신경증을 치료하고 그들을 적절히 현대적인 대상으로 재활시키는 데 사용되었다. 인도는 아마도 식민지 중에서 가장 '정신과가 잘 알려져' 있는 곳이었지만, 여기서도 분석을 받는 인도인이나 영국인은 적었다. 영국인 2명이 포함된 15명의 의사들이 1922년 인도 정신분석협회를 설립했는데, 주요 인물로는 벵골 의사인 지린드라세카르 보세(Girindrasekhar Bose)와 인도 의료원의 저항적인 일원이자 후에 비하르(Bihar)의 란치(Ranchi) 정신병원장을 역임한 오웬 버클리 힐(Owen Berkeley Hill)이 있다. 아쉬스 낸디(Ashis Nandy)는 정신분석이 식민주의와 함께 인도에 도입되었기 때문에 "심리학을 통해 새롭게 탄생한 사람(psychological man)은 식민지 정복민이어야 했다."라는 사실을 파악했다. 그것은 "심리학이 19세기 유럽인을 규정한 것처럼 인도인을 교정하는 일련의 기술 중 가장 최신의 것이어야 했다는 의미 같다."[50] 수디르 카카르(Sudhir Kakar)에 따르면, 식민지 정신분석은 "유럽 언어를 묘하게 잘 구사하지만 내적으로는 저자의 영국, 프랑스, 미국인 중간계급 친구들보다 온화하고 덜 복잡한 사람들의 이미지"를 생산했다.[51] 이러한 이유로 서방 출신이 아

50 Ashis Nandy, "The Savage Freud: The First Non-Western Psychoanalyst and the Politics of Secret Selves in Colonial India," in *The Savage Freud, and Other Essays on Possible and Retrievable Selves* (Princeton: Princeton University Press, 1995), 81-144, 139; Christiane Hartnack, "British Psychoanalysts in Colonial India," in *Psychology in 20th Century Thought and Society*, Mitchell G. Ash and William R. Woodward, eds. (Cambridge: Cambridge University Press, 1987), 233-251; "Vishnu on Freud's Desk: Psychoanalysis in Colonial India," *Social Research* 57 (1990): 921-949.

51 Sudhir Karkar, "Culture in Psychoanalysis," in *Culture and Psyche: Selected Essays* (Delhi: Oxford University Press, 1997), 1-19, 15; Françoise Vergès, "Chains of Madness, Chains of Colonialism: Fanon and Freedom," in *The Fact of Blackness: Frantz Fanon and Visual Representation*, Alan Read, ed. (Seattle: Bay Press, 1996), 47-75.

닌 심리 치료의 대상은 이해받지 못하고 문화에도 제대로 적응하지 못한 채, 심리적인 현대성(psychological modernity)에서 2등 시민 취급을 받았다.

식민지 정복민의 정체성에 생의학이 얼마나 영향을 미쳤는지에는 여전히 논란의 여지가 있지만, 식민지화를 시도한 사람들의 자기 미화에 결정적인 역할을 했다는 데에는 의심의 여지가 거의 없다. 역사가들은 식민지 의료가 유럽과 북아메리카의 정착민들과 체류자들의 신체적, 정신적 자기 인식을 어떻게 형성했는지에 대해 앞다투어 보고해 왔다. 식민지 정복자들은 일반적으로 식민지 정복민보다 더 적극적으로 의료적 조언을 구했는데, 이것은 어려운 환경에서 그들이 몸과 심리 상태를 이해할 수 있도록 돕는 중요한 자원으로 인식되었음에 틀림없다. 그들은 외국의 환경에서 무엇을 조심해야 하는지, 식민지에서 어떻게 행동하는 것이 타당한지를 배웠다. 만약 열대성 신경쇠약에 쓰러지거나 굴복하는 경우 정신과 의사들이 그들의 백인 지배 의식을 회복시키기 위해 면밀하게 작업했다. 의료는 또한 식민지에서 성별의 경계를 구축하고 강화했으며, 백인 남성성과 여성성의 특성을 구분했고, 필요하다면 회복시키려고도 했다. 최근까지 식민지 정복자의 문제의식의 틀을 규정하는 데 서양 의료가 기여한 점을 역사적으로 분석한 연구는 외국 기후와 장소에서의 인종적 적응에 관한 연구인 기후 적응 이론(theories of acclimatization)에 집중되어 왔다.[52] 그러나 이제 일부 역사가들은 20세기 초

52 David N. Livingstone, "Human Acclimatisation: Perspectives on a Contested Field of Inquiry in Science, Medicine, and Geography," *History of Science* 25 (1987): 359-394, "Climate's Moral Economy: Science, Race, and Place in Post-Darwinian British and American Geography," in *Geography and Empire*, Anna Godlewska and Neil Smith, eds. (Oxford: Blackwell, 1994), 132-154; "Tropical Climate and Moral Hygiene: The Anatomy of a Victorian Debate," *British Journal of the History of Science* 32 (1999): 93-110; Dane Kennedy, "The Perils of the Midday Sun: Climatic Anxieties in the Colonial Tropics," in *Imperialism and the Natural World*, John M. McKenzie, ed. (Manchester: Manchester

이동하면서 기꺼이 고립을 자처했던 백인의 몸과 정신이라는 부류가 등장했다고 설명하면서, 식민지 정복자들의 문화를 통해 의료 사고와 실행이 어떻게 더 일반적으로 퍼져 나갔는지를 연구한다.[53] 이와 같은 학문적 접근은 잠재적 불안정을 초래하는 불안과 식민 지배자들의 정체성의 불확실성을 드러내는 데 도움을 주고, 패권주의적 프로젝트가 내포한 긴장과 결함을 보여준다. 그러나 이 접근법의 인기가 높아지면 식민지 의료의 연구가 다시 식민지 백인 남성에 대한 연구로 전락하여 유럽과 북아메리카 학계 일부의 나르시시즘적 요구를 반영하게 될 위험이 있다.

의학의 탈식민주의 역사?

1988년 로이 맥리오드(Roy MacLeod)는 "아직 갈 길이 멀지만 먼 무대에서 활약하는 유럽 의료는 식민지 유산, 정복의 담론, 존경과 저항이라는 돈키호테식(quixotic) 정치에서 영속적인 부분을 형성했다."라고 주장했다.[54] 맥리오드와 밀턴 루이스(Milton Lewis)가 편집한 총서는(곧 아놀드도 유사한 것을 발표했다.) 새로운 학문 산업의 시작과 의료 및 식민주의에서 비판적 역사의 확산을 알렸다.[55] 내가 이 장에서 논하는 많은 책들이 이 총서에 기고한 글에서

University Press, 1990), 118-140; Mark Harrison, *Climates and Constitutions: Health, Race Environment, and British Imperialism in India, 1600-1850* (New Delhi: Oxford University Press, 1999).

53 Warwick Anderson, "'The Trespass Speaks': White Masculinity and Colonial Breakdown," *American Historical Review* 102 (1997): 1343-1370, 그리고 *Cultivation of Whiteness*. 유럽의 "봉쇄"에 관한 초기의 이해와 백인의 특권을 보존하기 위한 방책에 대해서는 다음을 참조. Waltraud Ernst, *Mad Tales from the Raj: The European Insane in British India, 1800-1858* (New York: Routledge, 1991).

54 Roy MacLeod, "Introduction," in MacLeod and Lewis, *Disease, Medicine and Empire*, 1-18, 4.

55 Arnold, *Imperial Medicine and Indigenous Society*.

출발했거나 그들의 광범위한 참고문헌에 언급된 논문에서 기원을 찾을 수 있다. 그러나 1990년대에 발표된 완성본들은 이전의 예측과는 상당한 차이를 보이는 경우가 많았는데, 알다시피 1990년대 말에는 식민지 의료 연구를 더욱 변화시킨 신세대 학자들이 합류했다. 비록 맥리오드가 알아낸 바와 같이 의료와 식민주의의 역사적 관계는 여전히 '완전히 확립된' 것은 아니지만, 그에 대한 우리의 이해는 15년 전보다 훨씬 더 뿌리가 깊어졌다.

의료와 식민주의의 관계에 대한 이러한 새로운 연구가 의료의 탈식민주의 역사를 구성하는가? 가장 기본적인 의미에서 이 연구들 대부분은 탈식민주의 연구다. 그것들은 공식적인 탈식민주의화 이후에 쓰였고, 종종 식민지에서 새로운 국가로의 이행을 암시한다. 그런 의미에서 식민지 의료의 비판적 역사조차도 의료 그 자체만큼이나 새로운 국가를 상상할 수 있는 수단이 된다. 결국 유엔의 모든 회원국은 세균설과 공중보건의 역사, 의료사회사를 갖게 될 것이다. 안 될 이유도 없지 않은가? 물론 전부 가능하지 않을 수 있지만, 모든 민족국가는 자신의 의료사를 보고 해석할 권리가 있다. 문제는 끊임없이 생산되고 있는 이런 국가사가 실망스러울 정도로 폐쇄적이고 자족적이라는 점이다. 우리는 식민주의와 함께 어떤 사상과 관행이 들어왔다가 그 이후에는 좀처럼 유통되지 않는 것을 목격한다. 이렇듯 급증하여 꼼꼼하게 자리 잡은 의료사회사에는 대개 예측 가능한 어조와 목적론이 있다. 더 일반적으로 국가사를 쓰면서, 디페쉬 차크라바티(Dipesh Chakrabarty)는 "모든 다른 역사는 '유럽의 역사'라고 불릴 수 있는 하나의 내러티브를 변주한 것에 지나지 않는다는 특징이 있다."라고 주장했다.[56] 종종 국가 의료시스템의 출

56 Dipesh Chakrabarty, "Postcoloniality and the Artifice of History: Who Speaks for 'Indian' Pasts?" *Representations* 37 (1992): 1-26, 1.

현으로 단정된 식민 의료사는 이후 국가의 국경에 의해 구분되는데, 이 또한 '현대 의학의 발전'이라는 내러티브를 지역에 따라 변주하는 경향이 있다.

그러나 의료와 식민주의의 관계에 관한 연구가 탈식민적이 될 수 있다는 또 다른 견해가 있다. 탈식민주의의 무수한 정의 중에서 스튜어트 홀(Stuart Hall)의 분석적 틀이 여기서 가장 적절할지도 모른다고 생각한다. 홀은 탈식민에서 '탈(post)'이 유용하게도 '삭제 중(under erasure)'으로 간주될 수 있으므로, 어떤 장소에서든 식민주의의 기능을 분석 자원으로 이용할 수 있다고 제안해 왔다. 그는 탈식민 연구가 "이전의 국가 중심 제국주의적 대서사를 탈중심, 분산적, 혹은 '지구적'으로 다시 쓸" 수 있도록 해야 한다고 주장한다. 즉 "'근대(Modernity)'를 '지구화(globalisation)'라는 틀 안에서 바꾸어 말"한다는 것이다.[57] 아마도 지역사가보다는 의료사가들이 유럽, 북아메리카, 그리고 '식민지'의 의료사들을 동일한 분석틀로 설명함으로써 서양 의료의 표준사를 분산시키고 '식민화'할 수 있다고 본다.[58] 이렇게 하려면 의료사가들이 스스로 많이 돌아다녀야 할 것이다. 질병·생의학·건강관리를 여러 현장에서 조사하고, 그들 사이의 은유·실천·돈·직업의 흐름을 추적해야 한다.[59] 우리

57 Stuart Hall, "When was 'the Post-Colonial'? Thinking at the Limit," in *The PostColonial Question: Common Skies*, Divided Horizons, Iain Chambers and Lidia Curti, eds. (London: Routledge, 1996), 242-260, 247, 250.

58 슐라 마크스는 유사한 논점을 제시한다. Shula Marks, "What is Colonial about Colonial Medicine? And What Has Happened to Imperialism and Health?" *Social History of Medicine* 10 (1997): 205-219.

59 식민지 간, 초국가주의적 논의는 이미 제시된 적 있다. Farley, *Bilharzia*; Philippa Levine, "Modernity, Medicine and Colonialism: The Contagious Diseases Ordinances in Hong Kong and the Straits Settlements," *Positions* 6 (1998): 675-705; Mary P. Sutphen, "Not What, but Where: Bubonic Plague and the Reception of Germ Theories in Hong Kong and Calcutta," *Journal of the History of Medicine* 52 (1997): 81-113, 112. 아메리카 대륙과 아시아에서의 십이지장충 전문가의 분포와 (록펠러재단에 의한) 순환은 유행이 지났다. *Missionaries of Science: The Rockefeller Foundation and Latin America*, Marcos Cueto,

의 의료사를 서술할 때 확산 경제와 식민주의의 논리를 포함한다면, 제국주의 전초기지와 유럽 및 북아메리카 중심도시 사이의 순환을 인식하면서 아이디어, 모델 및 실행의 이동성을 설명한다면 더 현실적이 될 수 있다. 의료는 결코, 그리고 그 어디에서도 전통적인 의료의 사회사에서 보이는 것처럼 절연되거나 제한되어 있던 적이 없다. 이런 의미에서 탈식민주의 의료사는 차크라바티가 "현대 제국주의와 (제3세계) 민족주의가 협력과 폭력으로 보편화한 '유럽'을 지방화하는 프로젝트"라고 칭했던 것이다.[60] 이는 좀 더 비판적인 우리의 스타일로, 1930년대에 지거리스트와 개리슨이 우리에게 권했던 역동적이고 다층적인 의료사를 쓸 수 있는 순간이 마침내 도래했음을 의미한다.

존 할리 워너와 프랭크 하위스만의 코멘트와 격려에 감사드린다. 제임스 베르논, 사라 홋지, 일라나 뢰비, 로사 메디나의 조언도 많은 도움이 되었다. 이 장의 이전 버전은 대만국립대학 사회학부에서 발표되었다. 앙겔라 륭과 리상젠 두 분께 감사드린다.

ed. (Bloomington: Indiana University Press, 1994); Stephen Palmer, "Central American Encounters with Rockefeller Public Health, 1914-21," in *Close Encounters of Empire: Writing the Cultural History of U.S.-Latin American Relations*, Gilbert Joseph, Catherine C. LeGrand, and Ricardo Salvatore eds. (Durham: Duke University Press, 1998), 311-332; Anne-Emanuelle Birn, "A Revolution in Rural Health? The Struggle over Local Health Units in Mexico, 1928-1940," *Journal of the History of Medicine and Allied Sciences* 53 (1998): 43-76; Anne-Emanuelle Birn and Armando Solorzano, "Public Health Policy Paradoxes: Science and Politics in the Rockefeller Foundation's Hookworm Campaign in Mexico in the 1920s,'" *Social Science and Medicine* 49 (1999): 1197-1213; 그리고 Anderson, "Going through the Motions"과 *The Cultivation of Whiteness*, chap. 6 참조.

60 Chakrabarty, "Postcoloniality," 20.

제3부

문화적 전환 이후의 세대

Locating Medical History

Locating Medical Hist

제13장

의료사회사의 종말을 '프레임' 하기

로저 쿠터(Roger Cooter)

마치 내 부고(訃告)를 쓰는 것과 비슷한 일을 하게 되었다는 점을 떠나, 의료사회사의 종말을 프레임하기[1]란 어렵다. 의료사회사라는 하위 분야가 무덤으로 굴러 들어가는 과정이 분명하거나 간단하지 않다는 단순한 이유에서다. 그 종말은 문자 그대로 소멸, 그러니까 어디서도 주목받거나 언급되지 않고 별다른 사건 없이 서서히 녹아 버리는 것에 가까웠다. 사실 이 분야에서 걸어 다니는 시체는 우리 중에도 여전히 많다. 의료 '사회'사라고 분명히 밝힌 글이 계속 쓰이고 있고 의료사회사라는 대학 과목도 여전히 개설된다. 같은 이름의 학술지도 계속 발행되고 있다. 참 이상한 일이다. 왜냐하면 10여 년 전 이 분야에서 잘 알려진 고참자인 찰스 로젠버그(Charles Rosenberg)가 의료사회사에서 '사회'를 몰아내 '프레임(frame)'으로 대체하자고 제안하면서 사실상 종말을 맞이한 것이나 다름없었기 때문이다.[2] 당시 그의 제안은 큰 지지를 얻었다.[3] 그러나 겉으로 나타난 동기(뒤에서 다루고자 하는 드러

1 '프레임하다'란 '구성하다'라는 용어를 대신해서 쓰였으며, 명망있는 의료사가인 찰스 로젠버그가 처음 도입했다. 프레임(frame)에는 만들다, 창조하다는 뜻도 있다. -역주
2 Charles Rosenberg, "Framing Disease: Illness, Society, and History," introduction to *Framing Disease: Studies in Cultural History*, Charles Rosenberg and Janet Golden, eds. (New Brunswick, N.J.: Rutgers University Press, 1992), xiii-xxvi. 이 서론은 로젠버그의 "Disease in History: Frames and Framers," *Milbank Quarterly* 67 (1989): 1-15를 개정한 것이다.
3 분명한 표식은 1990년대 '프레임'과 '프레임하기'가 의료사 연구비 지원서에 흔하게 등장했다는 것이다. 이 용어의 유행과, 용어를 사용할지 말지에 대한 연구로는 Michael Worboys, *Spreading Germs: Disease Theories and Medical Practice in Britain, 1865-1900*

나지 않은 동기도)는 실제의 연구사적(historiographical)인 동기와는 달랐다. 따라서 문자 그대로 종말이 '프레임'된(만들어진-역주) 동시에 의료사회사의 진짜 종말은 불분명해졌다. 이것이 내 주장이다. 그러므로 이 장은 의료사에서 '사회'가 죽음을 맞게 된 더 광범위한 배경을 주로 다룬다. 프레임하기를 프레임하는 방법으로 말이다(음모가 있다는 뜻은 아니다).

이러한 우려가 단순히 단어를 대체하는 것 이상이라는 생각이 처음 분명해진 것은 1990년대 중반이었다. 당시 나는 의료사회사를 써 달라는 매혹적인 청탁을 받았다. 이 분야를 구성해 온 다양한 주제 중 몇몇을 한데 묶을 기회였다. 예컨대 전문화의 정치, 대체 치료, 환자의 서사 연구, 복지 전략, 섹슈얼리티와 젠더의 구성, 광기, 일탈, 질병과 장애, 공중보건과 민간 치료, 윤리, 역학, 실험과 교육, 의료와 전쟁의 다양한 실제적·수사적 관계와 더불어 열대 의료와 제국주의, 의료와 기술, 의료와 예술, 의료와 문학 등등. 또한 이러한 표제 아래 장별로 지난 20~30년 동안 역사적·연구사적 이해가 어떻게 넓어지고, 선명해지고, 깊어졌는지 논평할 기회였다. 이러한 책이 필요했고 아마 여전히 필요할 것이다. 그러나 종이에 펜을 대자 나는 굳어 버렸다. 관련 연구의 개관은 만만찮은 작업이었지만 이게 문제가 아니었다. 오히려 전체적인 포장을 어떻게 할 것인지, 그리고 그러한 포장이 필요한지에 대한 문제가 더 컸다. 의료사회사라고? 1992년 앤드루 웨어(Andrew Wear)는 자랑스럽게 이 분야가 "어른이 되었다."라고 선언했지만, 루드밀라 조다노바(Ludmilla Jordanova)는 "아직 유년기에 있을 뿐"이라고 강하게 반박했다.[4]

(Cambridge: Cambridge University Press, 2000), 12-13 참조. 여기서 워보이스는 그의 접근 방식을 설명하는 데 있어 "최근 더 많이 사용되는 용어인 사회적 구성과 프레임하기보다 '구성'을 사용하기로 했다"고 밝혔다.

4 Andrew Wear, "Introduction," in *Medicine in Society: Historical Essays*, Andrew Wear,

그러나 내 펜을 멈칫하게 한 것은 어쨌든 1980년대와 1990년대 어딘가에서 모든 키워드가 의미의 확실성을 잃고, 어떤 것은 심지어 사라질 것이라는 위협을 받았다는 깨달음이었다. 이제 당연한 것은 없었다. '사회'만큼이나 '역사'와 '의료'가 심각한 문제가 되었다. 3부작의 경첩이 녹이 슬어 떨어지고 있었다. 연구사적으로 전체는 더 이상 필수 부분의 합이 아니었다. 이러한 깨달음은 정치적으로 상당히 염려스럽다. 분과의 통일성이 무너진다면 지난 4반세기 동안 사회 의료, 의료사회학, 그리고 사회사와의 동맹을 통해 다듬어진 연구의 비판적인(사회주의적이지는 않을지라도) 공격이 무력화될 것이기 때문이다. 토마스 매큐언의 급진적인 정치와 정책, 이반 일리치의 비평과 이론, 그리고 E. P. 톰슨이 대표하는 경험적 관행이라는 흔치 않은 혼합과 같은 연구들 말이다.

나는 의료사회사에서 '사회(the social)'를 꼭 지켜야한다고 생각하지는 않는다. 이 하위 분야가 예전의 정치경제사 때처럼 갈 데까지 갔고, 할 만큼 했다는 걸 인정하는 게 나을지도 모르겠다. 의료사회사 중에 지적으로 어색하고 이론 면에서 무분별한 연구, 즉 잘해 봐야 수정주의고 최악은 경험주의와 심지어는 과학주의(수많은 인구학적 업적을 넣는다면)에 지배당하는 연구가 많다는 걸 생각하면 떠나는 것도 나쁘지 않을 것이다. 이 장에서 내 의도는 더 단순하다. 왜 떠날 필요가 있었으며 앞으로 어떻게 될 것인지에 대한 더 광

ed. (Cambridge: Cambridge University Press, 1992), 1-13, 1; Ludmilla Jordanova, "Has the Social History of Medicine Come of Age?" *Historical Journal* 36 (1993): 437-449. 분야의 '성숙도'를 결정하는 조다노바의 4가지 척도 중 가장 중요한, '해석'을 장려하고, 정제하며, 필요하다면 급진적으로 바꾸기 위해 수준 높은 토론을 수행하는 것은 의료사회사 내에서 아직 이루어지지 않은 상태다(고델리베 반 헤테렌(Godelieve van Heteren) 역시 다음의 학회 발표에서 이 점을 지적했다. "Pourquoi Pas? The Absence of Radical Constructionism in the Social History of Medicine & SHM's Critical Potentials," "Medical History: The Story and Its Meaning," Maastricht, Netherlands, 16-18 June 1999.)

범위한 지적 정황을 포착하는 것뿐이다. 따라서 이 장은 주로 어떤 일이 일어났는지에 대한 기록이자, 역사나 역사 서술에도 끝이 있다면 그 '종말'의 연대기로 고안되었다.[5] 이러한 작업은 할 만한 가치가 있다. 지난 수십 년 동안 역사 전쟁이 문화 전쟁, 그리고 그 일부이기도 했던 과학 전쟁만큼이나 격렬하게 벌어지고 있지만, 정확히 무엇이 어떻게 그리고 왜 바뀌었는지는 전혀 분명하지 않기 때문이다. 의학사를 이제 막 공부하려는 사람은 더 파악하기 어려울 것이다.

역사 쓰기의 의미와 관습에 도전하는 최근의 급진적이고 다양하며 복잡하지만 불완전한 정황의 본질을 생각하면, 정확성이란 직접 성취하기보다는 요구하는 게 더 쉬울 수 있다. 따라서 의료사회사의 종말에 대한 사회 구성주의 연구사를 제공하는 것, 그러니까 사회경제적이고 정치적인 이해관계를 아우르는 지식 체계를 분석하는 것은 불가능하다. 의료사회사라는 하위 분야는 이렇게 할 만큼 '교육받지' 못했다. 사실 이 분야는 역사적 주류에 끼어 들어감으로써 게토에서 벗어나려는 열망과 항상 갈등했다. 근본적으로 같은 이유에서 기반 체계도 이를 뒷받침할 텍스트도 존재하지 않기 때문에, 연구사적 체계의 담론 분석이나 '텍스트'의 해체주의적· 기호론적 설명을 제공할 수 없다. 그러나 우리는 좀 더 넓은 지적(知的), 그리고 어느 정도는 사회정치학적 정황을 언급함으로써 이 주제를 문제시할 수 있다. 먼저 키워드에 초점을 맞춰 '의료' 자체에서 시작하는 게 가장 쉬울 것이다. 그다음에는 프레임하기에 대한 로젠버그의 소논문을 연구사적 변화의 정치 안에 두고 분석한다. 마지막으로 의료사회사라는 시체를 부검하고 후기를 적는

5 다음을 참조. Carolyn Steedman, *Dust* (Manchester: Manchester University Press, 2002), esp. chap. 7, "About Ends: On How the End Is Different from an Ending."

방식으로, 지금 역사에서 '사회'·'정치'·'의료'가 어디에 놓일 수 있는지 조망할 것이다.

'의료', '역사', 그리고 '사회'

가만히 생각해 보면, '의료'는 항상 골칫덩어리였다. 최근 존 픽스톤(John Pickstone)은 편리한 옴니버스 용어라는 점에서 의료가 '농업'이나 '엔지니어링' 혹은 '전기(電氣)'를 닮았다고 묘사했다.[6] 의료는 그저 공인받은 치유자가 경제, 정치, 사회적 배경하에서 전문적으로 의술을 행하는 것 이상의 무언가로 이루어져 있다. 또한 질병을 비롯해 아플 때나 건강할 때 신체에 영향을 주는 과정에 대한 지식과 신체적 개입에 사용되는 널리 알려진 기술 이상이기도 하다.[7] 체액설·진화론·환경론이나 기독교·공산주의·전체주의 같은 세계관과 이데올로기가 변화하는 담론·수사·표현과 같이 더 구체적인 요소만큼이나 의료에 필연적으로 중요한 부분이 되었다. '치유의 문화'와 '문화에서의 치유' 같은 연구 주제는 분석하는 사람이 원하는 만큼 개념적으로 넓히거나 좁힐 수 있다. 지식과 실천으로서의 의료는 마치 종교처럼 존재와 정치의 가장 밀접한 곳에서, 그리고 동시에 글로벌 이데올로기와 경제가 맞닿는 정

6 John Pickstone, *Ways of Knowing: A New History of Science, Technology, and Medicine* (Manchester: Manchester University Press, 2000), 6.

7 루드밀라 조다노바는 단어를 정의하는 문제에 지속적으로 관심을 기울였다. 가장 최근에는 *Nature Displayed: Gender, Science, and Medicine, 1760-1820* (London: Longman, 1999), 특히 part 2, "Body Management," 101에서 이 문제를 다뤘다. 슈프렝겔에서 지거리스트에 이르기까지 의료사 연구사 대부분에서는 '의료'가 '과학'인지 '예술'인지에 대해 논쟁이 있었다. 다음 논문을 참조. Charles Webster, "The Historiography of Medicine," in *Information Sources in the History of Science and Medicine*, Pietro Corsi and Paul Weindling, eds. (London: Butterworth Scientific, 1983), 29-43.

점에서 떨어지는 낙숫물을 통해 경험될 수 있다. 거기다 단순한 의미에서 그저 '경험되는 것'이 아니다. 푸코가 판단했듯이, 의료의 장소와 의료인은 정치적 사고가 현대의 정부 형태로 변모한 과정과도 역사적으로 밀접한 관계가 있다. 이러한 과정을 거치면서, 개인은 스스로를 건강과 질병의 언어로 묘사하고, '정상적인 것(normal)'과 '병리적인 것(pathological)'이라는 규범을 생사와 도덕적 존재의 경계를 정하는 토대로 받아들이게 되었다.[8] 그렇다면 분명 조다노바가 주장했던 것처럼, 우리는 의료를 단순히 지식으로, 혹은 그저 "또 다른 형태의 과학"으로 다룰 수는 없다.[9]

근본적으로 의료는 권력에 대한 것이다. "평화 시기든 전시든, 의사와 환자의, 교회·자선단체·보험회사·제약업체 같은 기관의, 그리고 특히나 정부의 권력" 말이다.[10] 그러나 최근 '의료'를 구성하는 권력의 본질과 행사에 대격변이 있었다. 우리의 시선이 냉전 이후의 동유럽, 중국, 식민지 시대 이후 가난한 아프리카 국가의 엉망진창인 보건서비스에 있든, 서구 의료체계의 급변하는 재조직에 있든, 상황은 10년 전이나 20년 전과는 상당히 달라졌다. 중요한 점은 복지 의료가 끝났다는 것이다. 국가의 보건서비스는 이제 민간 다국적 기업의 논리를 수용한다.[11] 영국 국가보건서비스(NHS)의 경

8 Nikolas Rose, "Medicine, History, and the Present," in *Reassessing Foucault: Power, Medicine and the Body*, Colin Jones and Roy Porter, eds. (London: Routledge, 1994), 48-72, 49.

9 Ludmilla Jordanova, "The Social Construction of Medical Knowledge," *Social History of Medicine* 8 (1995): 361-381, 362. 다음도 참조. John Harley Warner, "The History of Science and the Sciences of Medicine," *Osiris* 10 (1995): 164-193.

10 John Pickstone, "Medicine, Society, and the State" in *Cambridge Illustrated History of Medicine*, Roy Porter, ed. (Cambridge: Cambridge University Press, 1996), 304.

11 Rudolf Klein, "The Crises of the Welfare States," in *Medicine in the Twentieth Century,* Roger Cooter and John Pickstone, eds. (Amsterdam: Harwood Academic, 2000), 155-170; 같은 책에 있는 다음의 글을 참조. John Pickstone, "Production, Community, and

우, 새 병원을 짓는 데 민간자금주도(PFI)를 받아들이고 일반의를 내부 시장의 규칙에 따라 일하는 NHS의 '사원'으로 삼았다. 이러한 변화는 1980년대부터 시작된 '증거 기반 의료(evidence-based medicine)'의 강조 덕분에 실행이 가능해졌다. 이 구조는 이점이 있다는 통계적 증거가 나온 치료에만 정부가 돈을 지불할 수 있도록 하는 것으로, 관리자나 회계사에게 특히 큰 지지를 받는다. 이 변화는 대부분 미국에서 처음 시작되었는데, 미국에서 의사는 이제 소위 말하는 의료 개혁 과정에서 밀려나지 않기 위해 경영학 학위를 받으러 줄을 선다.[12] 여기서 알 수 있듯, 특히 영국과 미국에서 의료업이 자치권을 잃을지 모른다는 공포는 예전과 달리 더 이상 정부에서 직접 나오는게 아니라, 물론 정부가 부추겼을 수는 있으나, 경영이라는 합리화하는 힘에서 나온다. 미국에서는 의사 중 절반 이상이 이제 의료 기업에서 월급을 받는 고용인이고, 이에 따라 결국 '궁지에 몰린 직업'이라는 수사가 전반적으로 전문가적 권위가 하락했음을 보여주는 강력한 증거로 여겨지고 있다.[13]

의료에서 전문가의 권위 혹은 권력 역시 지금까지 전문적이고 성스러운 분야였던 임상의의 결정에 외부 요인이 개입하면서 심각한 도전을 받고 있다. 소위 '비난의 문화'에서 의사가 여전히 비난의 주요 표적이긴 하지만, 이제는 비용을 계산하는 관리자와 증거를 원하는 정부도 제삼자로 참여하여 결정을 내린다. 이전에는 이 직업의 자기 제재를 따랐던 정부도 의료사고와 전문가의 무능을 선정적으로 폭로하면서 발을 뺄 이유가 생겼다. 영국에서

Consumption: The Political Economy of Twentieth-Century Medicine," 1-19.

12 James S. Kuo, "Swimming with the Sharks–the MD, MBA," *The Lancet* 350 (20 September 1997), 828.

13 Henrika Kuklick, "Professionalization and the Moral Order," in *Disciplinarity at the Fin de Siècle*, Amanda Anderson and Joseph Valente, eds. (Princeton: Princeton University Press, 2002), 126-152.

의사의 자기 제재는 이미 1858년부터 의료등록법(Medical Registration Act)으로 존재했다. 이제 이 직업의 윤리적 관리는 법적 제재를 통해 법정으로 점차 넘어가고 있다.

의료를 둘러싼 권력의 재분배만큼이나 중요하고 긴밀하게 연결된 것이 의사-환자 관계의 변화이다. 변화의 정도는 '환자'라는 단어 또한 의미의 확실성을 잃고 논쟁거리가 되었다는 데서 드러난다.[14] 의료서비스를 제공하는 데 분열(fragmentation)·몰개인화(depersonalization)·다전문화(multiprofessionalization)가 벌어지는 상황을 맞아, '환자의 목소리를 가장 중요시'하는 윤리인 '서사(narrative) 기반 의료'를 추구하는 목소리가 높아지고 있다.[15] 한편 증거를 기반으로 제재받는 의료가 더 있어야 한다고 요구하는 동시에, 제재받지 않는 개업의에게서 검증되지 않은 치료를 받는 '보건 소비자'도 늘어나고 있다. 대부분 부유하고, 백인이며, 서구인인 이 같은 보건 소비자 중 많은 수는 로이 포터(Roy Porter)가 일전에 "의료의 맥도널드화"라고 명명한 현상에 참여한다.[16] 그들은 '생명의 슈퍼마켓'에서 자유롭게 쇼핑할 자유를 권리라며 요구하고, 백신·신장·심장 그리고 조력 자살만큼이나 거리낌 없이 출산 기술을 골라 쓴다. 보통 사람 중에도 웹사이트나 질병 지지 단체를 통해 의료 기술을 재습득하고 자율권을 갖게 된 경우가 많은데, 이들

14 R. J. Lilford et al., "Medical Practice: Where Next?" *Journal of the Royal Society of Medicine* 94 (November 2001): 559-562.

15 Anne Hudson Jones, "Narrative Based Medicine: Narrative in Medical Ethics," *British Medical Journal* 318 (23 January 1999), 255. 이 용어를 윤리와 연결해 사용한다는 것은 현대 의료 담론에서 증거 기반 의료가 지배적이라는 징후이다. 예를 들어 다음과 같은 논문이 있다. "Evidence-Based Art," *Journal of the Royal Society of Medicine* 94 (June 2001): 306-307.

16 Roy Porter, review of *Foucault: Health and Medicine*, *Social History of Medicine* 12 (1999): 178.

이 이제는 의료의 재판에 배심원으로 활동하게 되었다.[17] 다원화된 의료 시장에는 하나가 아니라 다변화된 권위의 원천이 있고, 수동적인 환자라는 사고는 이미 유행이 지난 지 오래이다.

이러한 권력의 재배열은 철학자 존 롤스(John Rawls)가 20세기 말이라는 시기를 위해 제안한 보편적인 도덕성과 그 작용에 대한 몇몇 의료윤리학자의 반박에도 반영되어 있다. 도덕적 합의, 즉 롤스의 '반성적 평형(reflective equilibrium)'은 사회적 동질성을 전제로 한다. 그러나 이것은 다문화주의와 다종교를 정치적으로 올바르다고 부추기는 자유민주주의에서는 상상하기도 힘들고 바람직하게 여겨지지도 않는다. 따라서 적어도 이론적으로 의료에서 윤리적인 것이 무엇인지에 대한 다양하고 '합리적'인 해석이 종교, 문화, 민족성에 기반하여 공존하게 되었다.[18] 이러한 발전 외에 현대 의료의 도구적 합리성(instrumental rationality)에 대한 도전이 있었다. 선형 발전 모델과 의료 과정의 합리적 통제에 대한 믿음은 생의학의 '발전'에서 전에는 예측할 수 없었던 위험의 징후와 부작용에 의해 심각하게 감퇴하였다. 이러한 감퇴는 울리히 벡(Ulrich Beck)이 말했듯 '단순한 근대'에서 '성찰적 근대'로의 전환이다.[19] 일단 이러한 위험이 보험회사·의료 전문가·의료 경영관리팀·국가

17 Simon Williams and Michael Calnan, "The 'Limits' of Medicalization?: Modern Medicine and the Lay Populace in 'Late' Modernity," *Social Science and Medicine* 42 (1996): 1609-1620, 1616.

18 Leigh Turner, "Medical Ethics in a Multicultural Society," *Journal of the Royal Society of Medicine* 94 (November 2001): 592-594. 물론 다문화주의의 정치적 올바름은 보편적인 도덕성의 또 다른 형태다. 롤즈의 '도덕적 합의'라는 개념은 서구 철학자 중 리처드 로티의 '연대성'이나 '커뮤니티'의 개념과 비교할 수 있는데, 이는 "신세계의 국가주의 철학의 예"로 비판받았다. Michael Billig, *Banal Nationalism* (London: Sage, 1995), 11-12, 162ff.

19 Ulrich Beck, *Risk Society: Towards a New Modernity*, M. Ritter, trans. (London: Sage, 1992); "The Reinvention of Politics: Towards a Theory of Reflexive Modernization" in *Reflexive Modernization: Politics, Tradition, and Aesthetics in the Modern Social Order,*

그리고 개인 '클라이언트'의 마음에 자리 잡기 시작하자, 생의학 연구가 지니고 있다고 믿었던 합리성이 모두에게 낱낱이 공개되었다. 여기에는 다국적 독점 제약 회사가 제품의 할당은 물론이고 대부분의 연구를 통제했다는 인식이 점차 높아진 것도 한몫했다. 대중은 점점 여러 실현 가능하거나 그럴듯한 과학적 주장 사이에서 갈등하기 시작했다. 뇌사를 재정의하라는 압력을 다룬 연구에서 지적했듯이, 정치 집단은 과학 전문가 의견과 이에 반하는 일반인의 의견을 통해 자신들이 가장 선호하는 실질적이고 법적인 해답을 추구하게 된다.[20]

의료가 역사적으로 사고되어 온 방식에 현대 의료의 관계·조직·소비, 그리고 전반적인 관념에 일어난 근본적인 변화가 영향을 미쳤다는 점은 놀랍지 않다. 특히, 1970년대와 1980년대에 발전한 의료사회사와 역사사회학의 기본이 되는 순종적 몸의 사회적 통제라는 개념은 분석 법규로 사용하기에는 시대에 뒤처진 것처럼 보였다. 의료를 단순히 '규율을 통한 정상화'에 힘입어 사회적 질서를 강제하는 강력한 방식으로 보는 것도 더는 당연하지 않다. 현재처럼 아마 과거에도 의료와 일반인 간의 관계는 자아(self), 사회, 지식 사이의 광범위한 사회 작용을 수반했는데, 이러한 작용은 상반되는 우선순위와 일상생활의 물질적 제약에 따라 변화했다.[21] 이같은 결론에 도달했다고 해서 몸과 욕망을 단속하고 또 자가 단속하기 위한 매개인 현대 의료 언어와 관습의 중대한 역할에 대한 푸코의 통찰력을 버려야 하는 것은 아니

U. Beck, A. Giddens, and S. Lash, eds. (Cambridge: Polity Press, 1994), 1-55.

20 Claudia Wiesemann, "Defining Brain Death: The German Debate in Historical Perspective," in *Coping with Sickness*, John Woodward and Robert Jütte, eds. (Sheffield: European Association for the History of Medicine and Health Publications, 2000), 149-169, 151.

21 Williams and Calnan, "The 'Limits' of Medicalization."

다. 오히려 의료 감시, 사회 통제, 그리고 환자의 탈숙련화(deskilling)와 관련하여 1970년대, 1980년대 전문화와 의료화의 역사적 서사에 등장했던 조악하고 저속한 역사를 버리는 것이 요구된다. 이러한 서사는 부분적으로 급진적 페미니스트와 비평가가 추구한 자기 잇속만 차리는 반(反)전문가주의(antiprofessionalism)가 자유 시장 이론가, 낙태 반대주의자, 환경운동가, 네오파시스트, 방탕아, '해커 운동가,' 그리고 이제 'DIY(do-it-yourself)' 문화를 구성하는 이들의 이해관계를 변증법적으로 뒷받침하게 되면서 1980년대와 1990년대에 스스로의 계략에 넘어갔다.[22]

인식론적이고 담론적인 대상으로서의 의료는 전문적 권력을 위한 의료와 혼동되지 말아야 하지만, '의료'(medicine, the medical을 다 포함한다-역주)라는 바로 그 사고가 불안정해졌다는 것은 맞는 말이다. 니콜라스 로즈(Nikolas Rose)가 지적했듯이, "우리가 의료라고 부르게 된 것은 여러 사건 간의 연결고리에 의해 구성되는데, 이러한 사건은 수많은 차원을 따라 각기 다른 역사·조건·표현 등으로 분류된다."[23] 의료는 더는 예전처럼 자족적인 존재가 아니다. 기술적으로 더 복잡하므로, 실제 이용하는 데에는 이에 걸맞게 초점과 목소리가 더 다양해진다. 의료의 경계가 덜 분명하고 더 틈이 많아졌기 때문에, 결과적으로 분석의 범주로서는 덜 날카로워졌다. 사방으로 퍼져 나가게 되면서, 어디에나 있고 아무 데도 없는 푸코의 '권력'처럼 전부이자 아무것도 아닌 듯 보일지 모른다. 그렇다면, 역사의 분석적 도구는 무엇에 적용되나? 그리고 어떻게 의료가 사회의 역사에 대한 분석적 도구가 될 수 있

22 다음을 참조. Tim Jordan, *Activism! Direct Action, Hacktivism, and the Future of Society* (London: Reaktion Books, 2002).
23 Rose, "Medicine, History, and the Present," 50.

을까? 역사가가 1960년대와 1970년대에 국가, 전문가 권력 그리고 과학의 측면에서 의료에 대해 세웠던 모든 가설은 1990년대의 현실로 인해 의심을 받게 되었다.[24] 연구의 목적 혹은 범주도 마찬가지였다.

그리고 '역사'라니? "헤로도토스와 투키디데스 때부터, 역사가는 과거를 연구하는 목적·방법 그리고 인식론적인 바탕에 거세게 항의해 왔지만",[25] 1980년대와 1990년대 이전에는 이러한 논쟁이 이 정도로 광대하거나 집중적이지 않았다. 마르크스를 따라, 1993년 로버트 퍼트넘(Robert D. Putnam)은 "개인은 제도(institution)를 '선택'할 수 있지만, 스스로가 정한 상황 속에서 선택하는 것이 아니고, 이 선택은 결국 그 뒤에 올 사람들의 선택을 좌우하는 규칙에 영향을 주기" 때문에 "역사가 중요하다."라고 주장했다.[26] 당연하다. 1980년대와 1990년대에 새로 등장한 것은 이러한 진부한 말을 지켜 내려는 긴박함이었다. 옛날의 보수적인 우파나 '선택'을 부정하는 지나친 결정론처럼 보이는 마르크스적 좌파가 아니라, 인습을 몽땅 타파하려는 포스트모던 아방가르드 철학자·문학이론가 그리고 문화비평가에 대항하고자 한 것이었다. 이들에 따르면, 역사는 직접적인 접근 기회라고는 가질 수도 없었던 과거의 이미지와 표현을 다루는 역사가의 '발명'에 지나지 않는다. 게다가 역사가의 사랑을 받은 시대 구분은 서사 종결을 위한 전략에 지나지 않는다. 따라서 역사적 '진실'과 역사적 실천은 과학지식사회학자(sociologist of

24 John Pickstone, "The Development and Present State of History of Medicine in Britain," *Dynamis* 19 (1999): 457-486, 484.

25 Lynn Hunt, "Does History Need Defending?" *History Workshop Journal* 46 (1998): 241.

26 Robert D. Putnam, *Making Democracy Work* (Princeton: Princeton University Press, 1993), 8; Karl Marx, "The Eighteenth Brumaire of Louis Bonaparte [1858]," *Pelican Marx Library: Political Writings,* vol. 2: *Surveys from Exile* (Harmondsworth: Penguin, 1973), 146.

scientific knowledge)가 구별해 낸 과학적인 '진실'만큼이나 우발적이고 주관적('발견이 아니라 만들어진 것')이다. 과거보다 새롭고 더 극단적인 방식으로, 객관성이라는 오래된 진부한 질문이 다시 의제가 되었다.[27]

전문 역사가들은 자신들의 방식과 전제에 대한 관심에 놀랐고 크게 위협을 느꼈다. 이를 방어하는 저서가 아서 마윅(Arthur Marwick), 브라이언 파머(Bryan Palmer), 조이스 애플비(Joyce Appleby)와 린 헌트(Lynn Hunt) 그리고 마거릿 제이콥(Margaret Jacob), 리처드 에반스(Richard Evans), 조프 일리(Geoff Eley), 에릭 홉스봄(Eric Hobsbawm), 라파엘 사무엘(Raphael Samuel), 개러스 스테드먼 존스(Gareth Stedman Jones) 등에 의해 쏟아져 나왔다.[28] 매우 다양한 정치적 지향에도 불구하고, 이 역사가들은 다 '포스트모던한 태도'에 대해 동일한 전문가적·정치적 의심을 어느 정도 공유했으며,[29] 정도는 달라도 그들 역시 이전의 합리적이지만 점차 힘을 잃은 계몽적인 객관성 추구에 협력했

27 Peter Novick, *That Noble Dream: The "Objectivity Question" and the American Historical Profession* (Cambridge: Cambridge University Press, 1988).

28 Arthur Marwick, *The Nature of History*, 3d ed. (Basingstoke: Macmillan, 1989), 후속작, *The New Nature of History: Knowledge, Evidence, Language* (Basingstoke: Palgrave, 2001); Bryan Palmer, *Descent into Discourse. The Reification of Language and the Writing of Social History* (Philadelphia: Temple University Press, 1990); Joyce Appleby, Lynn Hunt, and Margaret Jacob, *Telling the Truth about History* (New York: Norton, 1994); Richard Evans, *In Defence of History* (London: Granta Books, 1997); Geoff Eley, "Is All the World a Text? From Social History to the History of Society Two Decades Later," in *The Historical Turn in the Human Sciences*, Terrence J. McDonald, ed. (Ann Arbor: University of Michigan Press, 1996), 193-243; Eric Hobsbawm, "On History," in *On History* (London: Abacus, 1998), 351-366; Raphael Samuel, "Reading the Signs: Fact Grubbers and Mind Readers," *History Workshop Journal* 32 (1991): 88-109 and 33 (1992), 220-251; Gareth Stedman Jones, "The Determinist Fix," *History Workshop Journal* 42 (1996): 19-35; David Mayfield and Susan Thorne, "Social History and Its Discontents: Gareth Stedman Jones and the Politics of Language," *Social History* 17 (1992): 165-188.

29 이 구절은 다음에서 인용했다. Daniel Cordle, *Postmodern Postures: Literature, Science, and the Two Cultures Debate* (Aldershot: Ashgate, 1999).

음을 고백했다. 정치 문화가 우편향하면서, 혼란·냉담 그리고 불확실성이 자리 잡았다.

"포스트모던의 도전"[30]이 우려를 낳은 유일한 이유도 아니었다. 과거보다 더 새롭고 더 극단적인 방식으로, '역사'도 의료처럼 다양한 의견의 경합에 따라 조악하고도 미묘하게 '관리'되고 있었다. 의견의 경합은 실제로 포스트모던 저자들이 주목하는 현재의 특징이었다. 자유의 여신상 내부의 박물관에서, 그리고 수없이 많은 공공장소에서 역사의 표현을 통제하기 위한 정치적 전투가 격렬하게 이어지고 있었다.[31] 의료에서와 마찬가지로 역사도 학계 내에서는 연구비 지원과 연계된 평가 작업을 통해, 그리고 학계 밖에서는 상업적인 헤리티지와 레저 산업의 확장을 통해 점차 시장의 적나라한 힘에 종속되었다.[32] 이데올로기적으로 역사학부의 '합리화'와 함께 진행된 것은 자본 중심적인 '디즈니 역사'의 전 지구적 확장이었다. 특히 후자는 박물관학(museology)이라는 새로운 분야에 끝도 없이 사례를 쏟아부어 역사의 표현을 좌지우지한다. 약간 다른 성격을 띠지만, 덜 공개적이라 더 위협적인 힘

30 Georg G. Iggers, *Historiography in the Twentieth Century: From Scientific Objectivity to Postmodern Challenge* (Hanover, N.H.: Wesleyan University Press, 1997). 또 다음도 참조. *Poststructuralism and the Question of History,* Derek Attridge, Geoff Bennington, and Robert Young, eds. (Cambridge: Cambridge University Press, 1987).

31 Mike Wallace, "Hijacking History: Ronald Reagan and the Statue of Liberty," *Radical History Review* 37 (1987): 119-130. 1980년대에는 이 학술지에 "오용 가능한 과거"를 다루는 글이 정기적으로 실렸다.

32 다음과 같은 연구가 있다. Robert Hewison, *The Heritage Industry: Britain in a Climate of Decline* (London: Methuen, 1987); David Lowenthal, *The Heritage Crusade and the Spoils of History* (New York: Free Press, 1996); Tony Bennett, *The Birth of the Museum: History, Theory, Politics* (London: Routledge, 1995); Ludmilla Jordanova, "The Sense of a Past in Eighteenth-Century Medicine," *The Stenton Lecture* 1997 (University of Reading, 1999); *idem, History in Practice* (London, Arnold, 2000). 다음과 같은 연구도 있다. *Reconstructing History: The Emergence of a New Historical Society*, Elizabeth Fox-Genovese and Elizabeth Lasch-Quinn, eds. (New York: Routledge, 1999), xvii.

이 연구 재단의 역사 패널, 특히 의료사에서 작용했다. 점차 실용적인 적용성, 단기적인 정치 이익과의 '관련성', 의도가 있는 목표, 그리고 공개적으로 접근 가능한 생산물이 강조되면서, 재단의 경향은 인문학적 평가에서 과학이나 사회과학 모델로 옮겨갔다. 특히 영국에서는 역사가가 헌신적이며 비판적인 기질이 있는 지식인이라는 생각이 점차 상아탑의 유물이라며 조롱당했다. 관리주의의 썩은 냄새가 진동했다.

'사회'는 1980년대 중반 프랑스어권 기호학자들에 의해 '문화'에 흡수되었다고 여겨졌다.[33] 10년 후, '사회사의 종말'에 대한 전망은 제시되는 데 그치지 않고 실현되기도 했다.[34] 돌아보면 그 당시 지배 정당의 사고를 지적으로 패러디한 것처럼 피상적으로 보이지만, 프랑스어권 후기구조주의자들은 마거릿 대처(Margaret Thatcher)의 계급 합의적 주장인 "사회 같은 건 없다."의 완전한 버팀목이 되었다. 비록 대처와 그녀의 자유 시장 패거리는 경제와 정치의 특권을 빼앗고자 했던 장 프랑수아 리오타르(Jean-François Lyotard)와 그의 제자들과 전혀 달랐지만, 효과는 거의 같았다. "사회 분석이라는 오래된 틀에 대해", 특히 마르크스주의의 타당성과 관계성[35]에 대해 "정치적 식욕이

33 Jean Baudrillard, *In the Shadow of the Silent Majorities… or the End of the Social, and Other Essays* (New York: Semiotext(e), 1983). 보드리야르는 "더 이상 정치적 기표에 힘을 실어줄 사회적 기표가 없기" 때문에 사회가 문화에 흡수되었다고 주장했다(19). Catherine Casey, *Work, Self, and Society* (London: Routledge, 1995), 10 재인용.

34 Patrick Joyce, "The End of Social History," *Social History* 20 (1995): 73-91. 인식론적인 결핍이라는 측면에서 '종말'을 명료하게 설명한 연구로는 다음을 참조. Christopher Kent, "Victorian Social History: Post-Thompson, Post-Foucault, Postmodern," *Victorian Studies* 40 (1996): 97-133. 마르크스주의 에픽의 끝 무렵에서 사회주의 역사가의 인식론적 황무지를 언급한 글로는 다음을 참조할 수 있다. Raphael Samuel, "On the Methods of History Workshop: A Reply," *History Workshop Journal* 9 (1980): 162-176; Steedman, *Dust*, 79ff. 좀 더 일상적인 설명으로는 다음이 있다. Evans, *Defence of History*, 168ff.

35 Ulrich Beck, "How Modern is Modern Society," *Theory, Culture & Society* 9 (1992): 163.

상실"된 것이다.[36] 새로운 정치 엘리트가 새로운 "이데올로기의 종말"[37]을 내세워 이데올로기적 정화에 착수했지만, 후기구조주의자들은 구조·행위성·사회적 결정론이라는 개념을 모두 쫓아냈다. 19세기 말 니체가 처음 상세

36 프랑스어권 철학자와 언어학자가 반마르크스주의자라고 하려는 게 아니다. 라파엘 사무엘의 "Reading the Signs"는 많은 이들이 반마르크스주의자라고 넌지시 알렸고, 저명한 포스트모던 문학 이론가인 폴 드 만(Paul de Man)이 2차 세계대전 시 벨기에 점령 중에 파시스트와 연을 맺었다는 게 1987년에 밝혀지면서(Evans, *Defence of History*, 233ff), 많은 이들이 텍스트의 해석에 있어 저자의 의도가 무관하다고 주장한 문학적 해체주의자들의 주장에 그들의 반동적인 의제가 감춰져 있었다고 보게 되었다. 그러나 역사가 아서 마웍이 다음에서 보여주듯, 포스트모더니스트를 다 우파로 묶으려는 시도는 이들을 좌파와 연결 지으려는 노력만큼이나 설득력이 없다. "Postmodernist/Marxist junk"; "All Quiet on the Postmodern Front: The 'Return to Events' in Historical Study," *Times Literary Supplement*, 23 February 2001, 13-14. 담론 분석을 처음 시작한 프랑스어권 학자 중에는 레진 로뱅(Régine Robin), 미셸 페쇠(Michel Pêcheux), 드니스 말디디에(Denise Maldidier), 장-바티스트 마르셀레시(Jean-Baptiste Marcellesi), 자크 기요무(Jacques Guilhaumou), 장 피에르 파예(Jean Pierre Faye) 등, 마르크스주의자가 많았다. 그러나 1968년 5월 이후, 이들은 노동자 운동과 독단적인 마르크스주의자가 제안한 통념적 역사 설명을 꺼리게 되었다. "포스트모더니즘은 어찌 봐도 정치적으로 급진적이지 않은 사람들에게 큰 호소력을 갖는다"는 마웍의 주장에 귀 기울일만하다. 마르크스주의 문학 이론가 테리 이글턴(Terry Eagleton) 역시도 1983년에 해체주의자를 "엘리제 궁이나 르노 공장에서 일어나고 있는 어떤 일보다" 기표를 더 중요시하는 지적 엘리트라고 비난했다(Novick, *That Noble Dream*, 567). 노빅 또한 포스트모던한 사고가 "대체로 정치에 무관심하다"고 인정한다(Novick, 566). 후기구조주의자의 반마르크스주의적 경향에 대해서는 다음을 참조. Tony Bennett, "Texts in History: The Determinations of Readings and Their Texts" in Attridge, Bennington, and Young, *Poststructuralism*, 66-67. 그럼에도 불구하고, 차연(différance)이라는 기치 아래 모더니티를 공격한 것은 후기 자본주의의 물화한 합리성 문화(reifying rationality culture)에 대한 비판의 일부였다. 게다가 "언어적 전환"에 대한 반응에서 알 수 있듯이, '정치적'인 1970년대가 소진된 것 같으니 아방가르드 문학 이론을 채택하자는 데는 비정치적인 면이 전혀 없었다.

37 대니얼 벨(Daniel Bell)의 고전 『이데올로기의 종말(*The End of Ideology: On the Exhaustion of Political Ideas in the Fifties*, New York, Free Press, 1960)』은 1968년 이후에는 정말이지 시대착오적으로 보였지만, 1988년에 복간되었다. 벨의 연구가 이루어진 맥락에 대해서는 다음을 참조. Job Dittberner, *The End of Ideology and American Social Thought, 1930-1960* (Ann Arbor: UMI Research Press, 1979). "이데올로기의 종말"이라는 구절을 1946년에 처음 사용한 것은 다름 아닌 알베르 카뮈로 마르크스주의자의 유토피아처럼 스스로를 파괴하는 절대적 유토피아를 지칭했다. "정치의 종말"이라는 유토피아적 정치의 역사에 대해서는 다음을 참조. Jacques Rancière, *On the Shores of Politics*, Liz Heron, trans. (London: Verso, 1995).

히 서술한 모더니티의 심미적인 비평을 시작으로, 영어권에서 프랑스의 '신철학자'—사회 변화에 대한 모든 희망을 버렸다고 해서 유르겐 하버마스가 '젊은 보수주의자'라고 칭하기도 했다.[38]—라고 불렸던 자크 데리다(Jacques Derrida)·질 들뢰즈(Giles Deleuze)·리오타르·장 보드리야르(Jean Baudrillard) 등은 사람들에게 삶의 정치적 형태로부터 자유로워지고 '이성의 폭정', 테크노크라시의 합리주의 그리고 경제에 대한 오랜 강조를 거부하라고 요구했다.[39]

포스트모던 이전, 의식화되고 독단적인 마르크스주의에서 혁명의 과정을 해방시키고자 한 푸코[40]는 권력이 "언제나 경제에 종속되는 위치에 있는지"

38 "젊은 보수주의자들은 미학적 모더니티의 근본적인 경험인 중심에서 벗어난 주체성, 즉 이성적인 인식과 목적성에서, 노동과 실용성이라는 의무에서 자유로워진 주체성의 공개를 받아들여 현대사회에서 벗어난다. 그러므로 그들은 모더니스트의 태도를 가지고 비타협적인 반모더니즘의 기반을 다진다. 그들은 상상의 자발적인 힘, 자아와 감성의 경험을 동떨어지고 오래된 것으로 치부한다. 그리고 이원론적인 방법으로, 도구적 이성을 '환기(evocation)'를 통해서만 접근 가능한 원칙과 대치한다. 그것이 권력에 대한 의지나 주권이든, 존재나 시학의 디오니소스적 권력이든 말이다. 프랑스에서는 이러한 동향이 조르쥬 바타이유에서 푸코와 데리다로 이어진다. 1970년에 다시 깨어난 니체의 시대정신이 물론 그들 모두의 머리 위를 부유하고 있다." Jürgen Habermas, "Modernity versus Postmodernity," *New German Critique* 22 (1981): 3-14, Richard Wolin, "Introduction," Habermas, *The New Conservatism: Cultural Criticism and the Historians' Debate*, Sherry W. Nicholsen trans. and ed. (Cambridge: Polity Press, 1989), xxi-xxii에서 인용. 프랑스에서 '신철학자'라고 불렸던 이들은 앙드레 글룩스만(André Glucksman), 알랭 드 브누아(Alain de Benoist), 베르나르-앙리 레비(Bernard-Henri Lévy), 파스칼 브루크너(Pascal Bruckner)이다. 이 씨앗이 마르크스와 헤겔의 철학에서 나왔다고 보았기 때문에 그들은 모두 유럽의 전체주의에 반대했고, 몇몇은 보스니아 등지의 인권 문제에 깊이 관여했다. 이 정보를 제공한 이브 세귄(Eve Seguin)에게 고마움을 표한다.

39 대부분은 대처 이전 1960년의 사고에 바탕을 두었다. 실제로 어떤 면에서 이는 1930년대의 탈합리주의 사고를 반영하지만, 일반적으로 영미 학계에서 '신철학자'라는 개념은 1970년대 말과 1980년대에 수용되었다.

40 Michel Foucault, *Power/Knowledge: Selected Interviews and Other Writings, 1972- 1977,* Colin Gordon, ed. (Brighton: Harvester Press, 1980), 51, 57-58, 76. 푸코는 '포스트모더니스트'라는 꼬리표를 피했는데, 그럴 만도 했다. 로즈가 지적했듯이, "그가 일치(unities)를 거부한 것은 다양성을 경축하는 포스트모던의 형이상학을 바탕으로 한 게 아니라 [오

고려해 보라고 권유했을 뿐이었다.[41] 그러나 데리다와 언어학의 여러 해체주의자들은 폭력의 기술을 도구적 정치권력, 경제적 이해와 사회적 통제로 환원하는 것이 불가능하다고 강력하게 주장했다.[42] 『감시와 처벌(*Surveiller et punir: Naissance de la prison*)』에서 "권력과 지배의 관계를 부여받은 것은 주로 생산의 힘으로서의 몸이다."[43]라며 자본주의를 비판하는 것처럼 보였던 푸코는 아방가르드한 문학이론가로 점차 개조되었다.[44] 후자의 푸코는 주로 『성의 역사(*Histoire de la sexualité*)』에서 찾을 수 있는데, 그는 권력이 언제나 경제에 봉사하고 궁극적으로 책임이 있다는 것에 의문을 표하고, 오히려 몸을 구성하는 데 담론적 과장과 규칙을 강조했다.[45] 문화 연구로의 도피가 되어 버린 여느 분야처럼, 여기서도 사회학적 범주는 '서사 페티시즘'에서와 같이 정신분석학의 성향을 띠는 기호학적 범주에 밀려 쓰레기통으로 들어가 버렸다. 마르크스, 뒤르켐과 베버가 쓴 모더니티의 거대 서사가 담론으로의 문학적 전환, 즉 브라이언 파머가 "담론으로의 추락"이라 명명한 사건으로

히려] 그것이 우리가 생각하는 것보다 덜 결정되어 있고, 훨씬 더 우발적이라는, 냉철하고, 심지어는 역사적이라고까지 할 수 있는 확신에 바탕을 둔 것이었다." Rose, "Medicine, History and the Present," 70; Steven Best, *The Politics of Historical Vision: Marx, Foucault, Habermas* (New York: Guilford Press, 1995) 참조.

41 Foucault, *Power/Knowledge*, 89.

42 Jonathan Joseph, "Derrida's Spectres of Ideology," *Journal of Political Ideologies* 6 (2001): 95-115 참조.

43 Michel Foucault, *Discipline and Punish*, Alan Sheridan, trans. (London: Penguin, 1979), 25-26.

44 Simon During, *Foucault and Literature* (London: Routledge, 1992), 3. 1980년대 지적 변환에 있어서 푸코의 위치에 대해서는 다음을 참조. Kent, "Victorian Social History"; Mitchell Dean, *Critical and Effective Histories: Foucault's Methods and Historical Sociology* (London: Routledge, 1994)

45 Michel Foucault, *The History of Sexuality*, Vol. 1: *An Introduction*, Robert Hurley, trans. (London: Penguin, 1990), 7-12.

힘을 잃은 것이다.[46] 비록 에르네스토 라클라우(Ernesto Laclau) 같은 세련된 마르크스주의 이론가가 '사회'를 알기 쉽고 본질적인 전체로 해체하는 데 다른 누구 못지않게 개입했지만,[47] 그 누구보다도 문학과 언어학 이론가들이 서구 지식인에게 담론·구조·지식의 관계를 문제시하고 '구조'와 '지식'이 담론의 분석에서 설 자리가 있기나 한지 의문을 품게 했다.[48] 즉, 역사가로 하여금 '계급'·'국민'·'사회' 같은 개념의 역사성에 주목하여 이러한 개념을 필수적이고 자연적이거나, 신이 부여한 것이 아니라 시간이 지나면서 '자연스럽게 받아들여'진 역사적 산물로 보도록 강요한 것이다.

따라서 사회주의 생산양식과 사회적 체제가 무너진 이후 자본주의가 스스로를 독점적으로 그리고 지구적으로 재구성하는 동안, 이슬람 근본주의가 대두하고 민족 숙청이 지구를 휩쓰는 동안, 1960년의 전성기와 비교할 때 학계의 일자리가 줄어드는 동안, 서구의 지식인은 점점 반동성(reflexivity)을 추구하게 되었다. 반동성은 대상체(referent)가 없는 기표(signifier), 자유 행위자, 표상(representation), "단순화할 수 없는 모호성", 그리고 여러 다양한 정치와 허구의 장르 안과 사이에서 나타나는 상호작용, 반향(reverberation), 갈등의 열정적 탐구를 결합한 것이었다.[49] 역사를 전문적으로 실천하는 데 예전

46 Palmer, *Descent into Discourse*.

47 Ernesto Laclau, *New Reflections on the Revolution of Our Time* (London: Verso, 1990), 특히 chap. 2, "The Impossibility of Society."

48 John Law, "Editor's Introduction: Power/Knowledge and the Dissolution of the Sociology of Knowledge" in *Power, Action, and Belief: A New Sociology of Knowledge?* John Law, ed. (London: Routledge & Kegan Paul, 1986), 3. 다음과 같은 연구도 있다. Stuart Sim, *Derrida and the End of History* (Trumpington: Icon, 1999).

49 이러한 포스트모던의 우려를 역사적 소재에 적용한 훌륭한 연구가 두 편 있다. Judith Walkowitz, *City of Dreadful Delight: Narratives of Sexual Danger in Late-Victorian London* (London: Virago, 1992); Daniel Pick, *War Machine: The Rationalisation of Slaughter in the Modern Age* (New Haven: Yale University Press, 1993).

의 전체적인 사회 담론은 무너져 버렸다. 대신 정체성, 내면성 그리고 또 다른 '상상의 지리' 형성에 대해 관심이 증가했다. 역사가의 언어가 점점 미묘해지고 자기 지시적(self-referential)이 되면서, 정치적 행동과 엮였던 끈은 끊어졌다. 정치와 이성에 대한 모더니스트의 이해관계를 의심하게 되자, 지식인들은 자신들이 느낀 엄청난 회의감과 무기력함에 피를 빨렸다. 문화 연구에서는 차연(différance)과 더불어 도나 해러웨이(Donna Haraway)와 에드워드 사이드(Edward Said)의 젠더와 '오리엔탈리즘' 연구로 대표되는 '타자'[50]를 추구함으로써 해방정치가 새로운 경지에 도달했다. 이와 동시에 우연히 듣게 된 로버트 단튼(Robert Darnton)의 말처럼 살인과 살인 소설의 차이가 점점 희미해졌을 뿐만 아니라,[51] 헤이든 화이트(Hayden White) 덕분에 부분적으로는 이러한 차이가 그다지 중요하지 않게 되었다. 도살장과 아우슈비츠 사이에는 역사적으로 그다지 큰 차이가 없고, 사회 계급과 인종, 심지어는 사회적 정황의 틀 밖에서 논란과 투쟁의 텍스트적 장소만이 아니라 권력이 새겨진 장소로 부활한 '몸'[52]은 너무나 담론적이고 유동적이고 파편화되어 실체를 찾기 힘들 정도가 되었다.

보드리야르가 그랬듯이 가상현실 혹은 원본은 없고 끊임없이 복제품(비디오가 아이콘이 된)만 나오는 '하이퍼리얼리티'에 길을 내주었든지 간에, 모든 '실재(reality)'—메시아적 역사 유물론만이 아니라—는 진짜 엉망진창이었

50 Donna Haraway, *Simians, Cyborgs, and Women: The Reinvention of Nature* (London: Free Association, 1991); Edward Said, *Orientalism* (New York: Pantheon, 1978); *Culture and Imperialism* (New York: Knopf, 1993).

51 1997년 7월, 워윅 대학교의 〈경계를 허물며: 다음에 올 새천년(Third Millennium)을 향한 역사적 글쓰기〉 학회에서.

52 Mark Jenner, "Body, Image, Text in Early Modern Europe," *Social History of Medicine* 12 (1999): 143-154.

다.[53] 권력은 더 이상 총구나 군화 바닥에서 찾을 수도 없고, 심지어는 유물론적 세계에서 사회적 관계를 행사함으로써 협상할 수 있는 것도 아니었다. 권력은 이제 지식 생산이라는 담론의 장을 통해 퍼져 나간 거대한 물체였다. 모든 세계는 저자가 분명치 않고 중요하지도 않은 하나의 텍스트가 되었다. '계급'과 '사회'라는 개념 및 모더니티의 여타 과학적 허식과 더불어, '이데올로기'가 사실상 역사학의 사전에서 사라졌다. 프랜시스 후쿠야마(Francis Fukuyama)의 『역사의 종말(*The End of History and the Last Man*)』(1992)은 정치에서 '이데올로기의 종말'이라는 새로운 합의적 개념에 대해 논쟁했고, 이로 인해 이데올로기를 연구하는 포럼으로서의 사회사는 무한한 다양성·절충주의·불연속성을 사고파는 엄청나게 확장되고, 초인플레이션을 겪으며, 모조품을 몰아낸 포스트모던 시장의 바깥쪽에 남은 흔적 같은 부끄러운 옛것이 되었다. 이것은 완전히 무게가 없거나, 장식적이거나, 상업적이진 않더라도, 무정부주의에, 허무주의, 나르시시즘적으로 보이기도 했다. 이미 1980년이 되면, E. P. 톰슨이 씨를 뿌렸던 사회사의 정치적 지향이 "문화적 분석이 점차 퍼져 나가는 바다에 고립"된 듯했다.[54] 1990년에는 조수가 이것을 삼켜버렸다. '사회'처럼, 사회사는 현저한 침묵 속으로 가라앉았다.

역사 일반에서뿐만 아니라 의료사에서도 '사회'에 대한 부름은 없었다. 그 반대였다. 1995년 의료사회사학회의 25년을 돌아본 논평에서 "문화사

53 Williams and Calnan, "Limits of Medicalization"은 다음과 같이 결론지었다. "지나치게 포스트모던하게 들리고자 하는 바람 없이도, 실재(reality)는 실로 엉망진창이니 21세기로 바짝 다가가는 동안 이것을 잘 기억해야 한다!" 이 "엉망진창"에 대한 설명이 다음에 실려 있다. Paul Barry Clarke, "Deconstruction," in *Dictionary of Ethics, Theology, and Society*, P. B. Clarke and A. Linzey, eds. (London: Routledge, 1996), 216-223.

54 Geoff Eley and Keith Nield, "Why Does Social History Ignore Politics?" *Social History* 5 (1980): 267.

의 새로운 연구사 경향은 의료사회사만을 다루는 학회를 쓸모없게 만들지도 모른다."라고 한 도로시 포터(Dorothy Porter)의 결론은 절제된 표현이었다.[55] 포터의 논평과 같은 호의 《의료사회사》에 실린 〈의료 지식의 사회적 구성〉에서 조다노바는 "의료문화사라 부르는 것이 가장 좋다."라며 분야의 재명명을 제안했다.[56] 조너선 소데이(Jonathan Sawday)의 『조각된 몸(*The Body Emblazoned*)』(1995), 주디스 버틀러(Judith Butler)의 『중요한/물질인 몸(*Bodies that Matter*)』(1993), 엘리자베스 그로즈(Elizabeth Grosz)와 엘스페스 프로빈(Elspeth Probyn)의 『섹시한 몸(*Sexy Bodies*)』(1995), 아테나 브레토스(Athena Vrettos)의 『몸의 픽션(*Somatic Fictions*)』(1995), 그리고 그 누구보다 샌더 길먼(Sander Gilman)이 개척하고 추구했던 질병과 병의 시각적·문학적 표현에 대한 정신의학 연구보다는 린 헌트의 『새로운 문화사(*New Cultural History*)』(1989)가 이와 더 비슷한 맥락이었을 것이다.[57] 그러나 이때가 되면, 푸코가 좋든 싫든 모두에게 영향을 주고 있었다.[58] 섹스와 정신병을 넘어서, 그리

55 Dorothy Porter, "The Mission of Social History of Medicine: An Historical View," *Social History of Medicine* 8 (1995): 345-359, 359. 참조로 찰스 웹스터(Charles Webster)는 1983년에 "인구 전체의 건강이 변화하는 패턴을 최우선으로 하는" 의료사회사가 필요하다고 주장했다. "The Historiography of Medicine," 40.

56 Ludmilla Jordanova, "The Social Construction of Medical Knowledge," *Social History of Medicine* 8 (1995): 363, 이 책의 14장으로 재간행.

57 다음과 같은 연구가 있다. Sander Gilman, *Difference and Pathology: Stereotypes of Sexuality, Race, and Madness* (Ithaca, N.Y.: Cornell University Press, 1985); *Disease and Representation: Images of Illness from Madness to AIDS* (Ithaca, N.Y.: Cornell University Press, 1988); *The Jew's Body* (London: Routledge, 1991); *Inscribing the Other* (Lincoln: University of Nebraska Press, 1991); *Health and Illness: Images of Difference* (London: Reaktion Books, 1995); *Making the Body Beautiful: A Cultural History of Aesthetic Surgery* (Princeton: Princeton University Press, 1999).

58 에이드리언 데스먼드와 짐 무어의 『다윈』을 비평한 미국 평론가에게 짐 무어는 다음과 같이 답변했다. "요즘은 평론가가 인부들이 [욕을] 하는 것처럼 'F' 단어[푸코]를 마구 날리고 있다. 우리 둘 중 누구라도 푸코의 '고고학'이나 '인식론적 전환'에 빚지고 있다고 가정하는 것은 결례다. 데스먼드는 푸코가 쓴 책을 열어 본 적도 없다. 무어는 푸코식의 설명

고 젠더의 복잡성으로 들어와서, 문학에서 문화로 전환된 몸의 발굴이 빠르게 퍼져 나갔다. 모더니스트 멘털리티의 비판적 분석을 모더니티 자체에 대한 역사적, 사회학적 연구와 분리한 일 등에 대해서는 불만과 비판이 있었다.[59] 그러나 의심의 여지 없이, 문학과 문화 연구에서 새로운 역사주의(New Historicism, 문학을 통해 지성사를 이해하려는 문학이론-역주)라고 애매하게 불렸던 분야의 전문가들(주로 버클리 대학교에 있으며 주요 활동 학술지는 《레프리젠테이션(*Representations*)》이다.)은 의료사회사가의 도구를 빌리고는 이들의 영광을 빼앗았다. '몸으로의 전환'이 '영미 지식 활동에서 새로운 조직 원칙'을 제공하며 득세했다.[60]

몸 연구는 많은 면에서 문화 연구의 언어적 전환[61]을 대표했고, 아무리 구조주의적이 되고, 푸코를 따르고, 우연성을 강조하려 해도 근본적으로 의료사회사와 대척점에 있었다. 이는 단순히 몸 연구가 영문과에서 갈고 닦은 제유법, 은유, 비유, '자세히 읽기'와 여타 테크닉을 사용했기 때문은 아니다. 이들이 정황보다 텍스트에 비중을 두고, 몸에 새겨진 모더니티와 구체화된

을 계속해서 비판해 왔다. 우리는 인식론적 연구를 하는 데 그의 조언이 필요치 않았고, 『다윈』에 도움을 준 연구를 수행한 학자들도 그 점은 마찬가지였다." *Journal of Victorian Culture* 3 (1998): 152. 후자는 조다노바가 지적한 것으로 다음을 참조. "The Social Construction of Medical Knowledge," 368-369. Jones and Porter, *Reassessing Foucault*도 참조.

59 Roger Cooter and Steve Sturdy, "Of War, Medicine, and Modernity: Introduction" in *War, Medicine, and Modernity*, Roger Cooter, Mark Harrison, and Steve Sturdy, eds. (Stroud: Sutton, 1998), esp. 5.

60 Jenner, "Body, Image, Text," 143-154; Mark Jenner and Bertrand Taithe, "The Historiographical Body," in Cooter and Pickstone, *Medicine in the Twentieth Century*, 187-200.

61 여기에 대한 증거는 마틴 위너(Martin Wiener)가 근대 영국 역사에 큰 공헌을 했다고 리뷰한 책들의 성격에서 드러난다. "Treating 'Historical' Sources as Literary Texts: Literary Historicism and Modern British History," *Journal of Modern History* 70 (1998): 619-638.

(embodied) 문화적 관습을 의료와 보건에 나타난 모더니티 서사를 다루는 것보다 선호해서도 아니었다.(어떻게 보면 과학/의료의 지성사회사(social history of ideas in science and medicine)를 선도한 오세이 템킨(Owsei Temkin), 조지 로젠(George Rosen), 에르빈 아커크네히트(Erwin Ackerknecht)도 비슷한 일을 했다고 비난받거나 혹은 칭찬받을지 모르겠다.) 아니, 몸 연구는 의료사회사의 중심에 있는 환원주의적이거나 결정론적 전제, 즉 모든 것이 궁극적으로는 사회적으로 구성되었다는 개념을 훼손했다. 반대로 몸 연구는 데리다를 따라 그 무엇도 어떤 것으로 환원될 수 없다고 주장했다. 거의 모든 것을 담론으로 환원하려고 나아가면서 말이다. 가장 훌륭한 과학/의료사회사가 그렇듯 이러한 사고는 반실증주의적이고 반목적론적일 뿐만 아니라 반존재론적이었다. 근본적이거나 절대적인 구조, 양도할 수 없는 인간 본성, 그리고 '사회' 같은 본질주의 범주가 부정당했다. 모든 것이 새로 떠오르거나 내재한다고 보아야 했다. '예시화(instantiation)'가 선호하는 단어가 되었다.

이렇듯 의료사회사가는 몸을 그저 육체적인 존재로 다루고 '사회' 그 자체가 모더니티의 산물임을 인지하는 데 완전히 실패했다는 이유로, 패트릭 조이스(Patrick Joyce)가 그랬듯이 지적으로 순진하다는 비난을 받을 수도 있다.[62] "충분히 연구되지 않은" 환자의 경험과 의료 실천에서 일반인의 역할 같이 가장 참신한 연구[63]에서도 의료사회사가는 푸코를 배우지 못하고 프랑

62 Patrick Joyce, "The Return of History: Postmodernism and the Politics of Academic History in Britain," *Past and Present* 158 (1998): 212 n.18, 독자를 더 배려한 포맷인 다음 글에서 인용. "The Challenge of Poststructuralism/Postmodernism" in *The Houses of History: A Critical Reader in Twentieth-Century History and Theory*, Anna Green and Kathleen Troup, eds. (Manchester: Manchester University Press, 1999), 297.

63 비전문가를 연구한 사례의 예로는 다음을 참조. Cornelie Usborne and Willem de Blécourt, "Pains of the Past: Recent Research in the Social History of Medicine in Germany," *Bulletin of the German Historical Institute London* 21 (1999): 5-21.

크푸르트, 에든버러, 혹은 파리 학파의 과학적·의학적 지식의 인식론과 사회학만 맹목적으로 따르는 분별없는 경험론자처럼 보일 수밖에 없었다. 후퇴가 수순이었다. 잘해 봐야 시장을 잘 아는 의료사회사가가 '몸'이라고 재명명된 책과 학과 과목을 통해 오래된 술을 새 술병에 넣을 뿐이었다.[64]

더구나 1990년대에는 더 이상 의료사회사에 '사회'가 필요 없어진 듯 보였다. 1989년 찰스 로젠버그에 의하면, 가장 멍청한 사람을 제외하고는 누구나 "실험실, 도서관, 혹은 침대 맡에서 이루어졌든 간에 의료사의 모든 면이 필수적으로 '사회'"라고 이해할 만큼 글이 충분히 쌓였다.[65] '모든 것이 사회'라는 주제가 1970년대 중반부터 정황을 중시하는 하위 분야의 연구사적 임무가 되었기 때문에, 거기에 대해서는 더는 할 말이 없다는 것이었다. 임무는 끝났다. 로젠버그가 주장했듯이, 의료/과학사회사의 '사회'는 "'질병의 사회

64 Jenner, "Body, Image, Text" 143. 더 최근의 연구로는 Roy Porter, *Bodies Politic: Disease, Death, and Doctors in Britain, 1650-1900* (London: Reaktion Books, 2001) 참조. 포터는 "텍스트로서의 몸"이라는 방향을 옹호하면서도 "더 넓은 문화적 범주 안에서 [시각적 물질]을 맥락화하는" 데 집중한다.(12). 이런 점에서, 다른 연구에서와 마찬가지로, 몸 정치는 포터가 주장하듯 병자와 병자 장사(trade)에 대해 그가 전에 쓴 사회사의 후편 격이다.(35). 가장 푸코적인 몸 연구는 의료사회사가가 아니라 데이비드 암스트롱(David Armstrong), 니콜라스 로즈(Nikolas Rose), 데버러 럽턴(Deborah Lupton), 브라이언 터너(Bryan Turner)같이 역사주의적 관점을 가진 사회학자들에 의해 수행되었다. Armstrong, *Political Anatomy of the Body: Medical Knowledge in Britain in the Twentieth Century* (Cambridge: Cambridge University Press, 1983); Lupton, *Medicine as Culture: Illness, Disease, and the Body in Western Societies* (London: Sage, 1994); *The Imperative of Health: Public Health and the Regulated Body* (London: Sage, 1995); Rose, *Governing the Soul: The Shaping of the Private Self* (London: Routledge, 1989); Turner, *Medical Power and Social Knowledge*, 2d ed. (London: Sage, 1995). 또 다음을 참조. *The Body: Social Process and Cultural Theory*, Mike Featherstone, Mike Hepworth, and Bryan Turner, eds. (London: Sage, 1991). 예외적으로 사회사가 중 사회학, 인류학, 정치 이론을 이용해서 몸에 대해 쓴 사람으로 Barbara Duden, *The Woman beneath the Skin: A Doctor's Patients in Eighteenth-Century Germany*, T. Dunlop, trans. (Cambridge, Mass.: Harvard University Press, 1991)이 있다. 특히 chap. 1, "Toward a History of the Body"에 주목하자.

65 Rosenberg, "Framing Disease," xiv.

적 구성'만큼이나 동의어 중복"이 되었다. 어빙 고프먼(Erving Goffman)의 『프레임 분석(*Frame Analysis*)』(1975)을 따라, 로젠버그는 대신 '질병의 프레임'에 대해 말할 것을 제안했다. 그리고 이것이 그가 1989년에 쓴 에세이를 다시 실은 의료**문화**사 편저의 제목이 되었다. 따라서 의료사회사가는 연구사적으로 '사회'를 다시 이론화하라고 강요받기는커녕, 이를 그냥 무시하고 전과 다를 바 없이 일을 계속할 수단을 부여받았다.

내가 말했듯이, 나는 의료사회사의 '사회'를 옹호하려는 것이 아니다. 나는 그저 위에 적은 포스트모던한 전환과 '사회'를 '프레임'으로 교환하자는 로젠버그의 주장이 일치한다는 점을 지적했을 뿐이다. 질병의 프레임에 대한 그의 논문을 정황과 관련짓는 것은 논문 안의 연구사적 주장만큼이나 중요하다. 나아가 이러한 주장이 의료사와 의료의 역사사회학을 쓰는 데 미친 영향만큼이나 중요할 것임이 틀림없다(그래서 모순되게도, 질병의 사회 구성적 설명에 대한 글쓰기를 의료 전문가들이 하고 있다.).[66] 결국 의도적으로 중요한 이론적 글을 쓰려고 했던 것도 아니고, 그렇게 받아들여지지도 않았지만, 로젠버그의 논문을 더 자세히 살펴볼 필요가 있다.

로젠버그의 프레임

1980년대 말, 정책 학술지인 《밀뱅크 계간지(*Milbank Quarterly*)》에 실린 로젠버그의 논문은 AIDS에 따른 지적인 부담이라는 직접적인 정황 내에서 쓰였다. 실제로, 몇 년 전 로젠버그는 같은 학술지에 이 주제를 중심으로 글을

66 예를 들어 다음과 같은 연구가 있다. Robert A. Aronowitz, *Making Sense of Illness: Science, Society, and Illness* (Cambridge: Cambridge University Press, 1998).

졌다.[67] 많은 관찰자에게 AIDS의 생물학적 현실은 질병이 '단순히' 사회적 구성일 뿐이라는 주장을 혼란에 빠뜨렸다. 따라서, 로젠버그의 논문은 한쪽에는 과학적 실재론·합리주의·진실의 옹호자, 그리고 다른 쪽에는 철학자·각종 상대주의를 추구하는 과학사회학자를 두고 벌어진 훨씬 더 광범위하고 더 치열한 '과학 전쟁'에 대한 개입이기도 했다.

로젠버그의 논문은 역사가의 신성한 객관성 주장과 가정, 그리고 이에 도전한 문학적 해체주의자의 극단적 상대주의를 둘러싼 동시대 논쟁을 다루지는 않았지만 이러한 배경의 영향을 받았다. 1980년대 말 상대주의에 대한 토론이 미국에서, 특히 역사가 사이에서 다방면에 걸쳐 이루어졌는데, 부분적으로는 1988년 피터 노빅(Peter Novick)의 '객관성 문제'에 대한 권위적인 역사가 미국사의 관행에 불을 지핀 논쟁 때문이었다.[68] 노빅의 책에서 네 번째이자 마지막 부분인 '객관성의 위기'에는 과학사학과, 과학사회학과에 있는 로젠버그 같은 사람에게는 너무나 친숙한 경험이 기록되었다. 특히 1962년 토마스 쿤(Thomas Kuhn)이 『과학혁명의 구조(*Structure of Scientific Revolutions*)』를 출판한 이후에는, 이 학과에서 사실과 가치·과학·과학주의와 이데올로기·자연과 문화 그리고 생물학과 사회 간의 탈실증주의적 구분이 많이 토론되었다. 이런 곳에서 리오타르는 그저 한 명의 포스트모던 철학자가 아니라 특별히 과학의 본질을 다룬다고 주장하는 인물로 받아들여졌

67 Charles Rosenberg, "Disease and Social Order in America: Perceptions and Expectations," *Milbank Quarterly* 64, suppl. 1 (1986): 34-55. *AIDS: The Burdens of History*, Elizabeth Fee and Daniel Fox, eds. (Berkeley: University of California Press, 1988), 12-32 에 재간된 논문임.

68 Novick, *That Noble Dream*. 이 책의 리뷰 상당수는 다음 글에 기록되어 있다. Allan Megill, "Fragmentation and the Future of Historiography," *American Historical Review* 96 (1991): 693-698.

다. 부분적으로 쿤과 과학철학자 파울 파이어아벤트(Paul Feyerabend)의 통찰에 의존한 리오타르는 『포스트모던의 조건: 지식의 보고(*The Postmodern Condition: A Report on Knowledge*)』(1979; 1984년에 번역서 출간)에서 과학이 더 이상 진실을 찾지 않고 사실과 동떨어진 이론을 생산하는 일을 한다고 주장했다.[69] 다른 곳에서처럼 이러한 논쟁은 감정적이었고, 점차 공론화되었으며 정치적인 양상을 띠었다.[70] 실제로 매카시즘을 연상시킬 정도였다. 선두에 선 힐러리 퍼트넘(Hilary Putnam)은 『이성, 진리, 그리고 역사(*Reason, Truth, and History*)』(1981)에서 상대주의의 최첨단이 "우리가 가장 심오한 정신적, 도덕적인 통찰이라고 기꺼이 받아들였던 것 밑에는 권력욕, 경제적 이해관계, 그리고 이기적인 환상이라는 큰 솥이 끓고 있다."라고 가르친 마르크스, 프로이트, 니체에서 직접 유래되었다고 보았다.[71] 1990년대가 되면, 어떤 형태나 강도의 상대주의도 급진적 상대주의와 동일시되어 "당원이든 아니든, 공산주의와 연계되면 꼼짝 못 한 것"처럼 비난을 받게 되었다.[72]

로젠버그의 논문은 푸코에게 깨달음을 주었던, 질병이 정말로 생물학적인 현실이라는 것에 대한 반동적인 대응이 아니었다. 그 스스로가 중도파 상

69 Christopher Norris, *Against Relativism: Philosophy of Science, Deconstruction, and Critical Theory* (Oxford: Blackwell, 1997), 102. 리오타르에 관해서는 다음의 특별호를 참조. *Parallax* 6 (2001): 1-145.

70 많은 역사가를 위해 노빅은 다음과 같이 말한다. "중요한 것은 바로 그들이 인생을 바친 사업의 의미이면서, 그들 자신의 삶의 의미이다. 의사에게 '건강'이, 그리고 군인에게는 '용맹'이 그렇듯, '객관성'은 전문 역사가에게 정말로 숭고한 용어 중 하나였다." *That Noble Dream*, 11, 564ff.

71 다음에서 인용. Mary Douglas, "The Social Preconditions of Radical Skepticism," in *Law, Power, Action, and Belief*, 68-87, 81.

72 Liz McMillen, "The Science Wars Flare at the Institute for Advanced Study," *Chronicle of Higher Education*, 16 May 1997. 이 큰불의 불씨는 제럴드 게이슨(Gerald Geison)이 신화를 벗겨내고, 맥락을 부여하여, 사회구조적인 입장으로 쓴 파스퇴르의 전기였다. *The Private Science of Louis Pasteur* (Princeton: Princeton University Press, 1995).

대주의자인 로젠버그는 지식이 일시적이라는 본질에 대해 잘 알고 있었다. 그의 논문은 오히려 '급진적' 또는 '하이퍼' 상대주의의 특권을 빼앗아 당시 이를 둘러쌌던 정치적 분노의 화살로부터 의료사회사와 특히 사회 구성주의를 구하려는 시도로 읽을 수 있다. 이러한 정황에서 계획된 정치적 행동으로 '사회'를 단념하고 이를 '프레임'으로 대체한 것이다. '구성하다'는 동사가 사실은 "계획적인 (즉, 정치적인) 의미가 덜한 은유"라 할 수 있는 '프레임하다'로 바뀐 것이다.[73] 사회 구성주의의 정치적 의미로부터 주의를 돌리면서, 로젠버그의 '프레임'은 생물학적 사건과 개인적이고 집단적인 사건의 경험과 인식 사이의 관계를 강조했다. 즉, 이것은 절충된 상대주의와 역사의 다원적 접근 둘 다를 위한 전략이었다. '프레임하기'를 통해 역사적 증거의 조각은 통제되겠지만, 그렇다고 지나치게 서사화되지는 않을 것이다. 마찬가지로 어떤 하나에 과도한 결정성을 부여하지 않고도 사회적·지적·정치적 힘에 행위성을 부여할 수 있었고 개인의 역할을 보전할 수도 있었다. 따라서 로젠버그가 고프만의 프레임 사용 방식을 따랐다고 해서 이를 우연이라고 여겨서는 안 된다. 고프만이 자아의 사회 구성주의적 견해를 고수했기 때문이다.[74] 묘사의 범주로서 '프레임'은 어떤 특정 이해집단이나 역사가를 포함한 역사적 행위자들에게 책임이 부여되는 것을 막는다.[75] '프레임'은 여러 방면에서

73 Rosenberg, "Framing Disease," xv. 결국, '프레임'으로 '사회'를 대체하는 것은 이렇게 긴장된 환경에서 연구비 지원을 신청하는 사람들에게 정치적으로 훨씬 편리한 일이 되었다.

74 특히 다음을 참조. Erving Goffman, *The Presentation of Self in Everyday Life* (New York: Doubleday, 1959). 물론, '프레임하기'는 의료 및 다른 곳에서 또 다른 삶을 살아갔다. 예로는 다음을 참조. Harry Collins and Trevor Pinch, *Frames of Meaning: The Social Construction of Extraordinary Science* (London: Routledge, 1982); Adrian Edwards et al., "Presenting Risk Information: A Review of the Effects of 'Framing' and Other Manipulations on Patient Outcomes," *Journal of Health Communication* 6 (2001): 61-82.

75 특정 이해집단에게 비난을 가하거나 책임을 부여하지 않으려고 '프레임'을 한 역사적 사례에서 프레임하기가 어떻게 묘사의 범주로 사용되는지는 다음을 참조. Chris Feudtner,

사용될 수 있는 은유로, 구조의 형태는 지니나 특정한 이론적 건축이나 정치에 치우치지는 않는다.

그러나 미국의 뉴레프트(neoleft) 자유주의와 매우 유사한 바로 이러한 방식으로, 로젠버그의 공식은 '상식적인' 실용주의로 돌아가 합의점을 도출하려는 노력의 일부라 볼 수 있다. 이 공식은 마르크스주의처럼 이데올로기적으로 특별하지는 않지만 충분히 이데올로기적인 정치철학 내에서 의료사의 글쓰기를 다시 프레임하려는 행위의 일부이기도 하다. 이 정치철학의 특징 중 하나는 어떤 면에서는 포용하는 것처럼 보일지 모르나, 옛날의 개념적 구조와 연결된 다리를 모두 태워 버려 후퇴를 불가능하게 만든다는 것이다. 로젠버그가 그의 논문에서 헨리 지거리스트식 의료 지식이 낡아빠진 실증주의적 특징을 지녔다고 하면서도, 상대주의적 사회 구성주의 없이 어떻게 사회사가 쓰일 수 있는지를 보여주기 위해 이 사회주의자의 의료사회사 개척을 칭찬했다는 점은 주목할 만하다. 여기서 의료(그리고 의료사의 생산)와 정치경제적 목적 간의 관계는 사실 저급한 (실증주의적) 마르크스주의라고 무시당했다. 동시에, 과학사에서 동일한 "경박한 불한당 짓"을 다루었던 사이먼 셰퍼를 인용하자면, "자연 지식과 사회적 이해관계 사이의 (지나치게 강건한) 연결은 사회학적 상대주의라고 비난받았다."[76] 또 주목할 것은 지식의 일시성에 대한 로젠버그의 상당히 제한된 지지("지식은 일시적**일 수 있다**.")가 본

"'Minds the Dead Have Ravished': Shell Shock, History, and the Ecology of Disease Systems," *History of Science* 31 (1993): 377-420. 퓨트너는 로젠버그의 프레임하기 개념을 사용하여 "셸 쇼크를 '신화'나 '사회적 구성'으로 치부하여 무책임해 보이는" 것을 피했다. 380.

76 Simon Schaffer, "A Social History of Plausibility: Country, City, and Calculation in Augustan Britain," in *Rethinking Social History: English Society 1570-1920 and Its Interpretation,* Adrian Wilson, ed. (Manchester: Manchester University Press, 1993), 133.

인에게 역사적 수정("… **그러나** 지식의 연속적인 수정은 그로 인해 결코 덜 중요해지지 않는다.")을 할 권리가 있다고 주장하는 과정에서 만들어졌다는 것이다.[77] 이러한 교묘한 조치는 스튜어트 홀이 '담론적 저항'이라 불렀던 것과 일치하는데, 상반되는 이데올로기 또는 담론의 위신이 실추되면서 '이전의' 구조가 여러 구조 중 하나로 전락하게 된다.[78] 프레드릭 제임슨(Fredric Jameson)이 비평한 포스트모더니스트가 그랬듯이 모든 것은 다원주의 정신 안에 들어 있다. "다른 것과 마찬가지로, 1950년대에 잘 알고 지냈던 '이데올로기의 종말'이 포스트모던 시대에 새롭고 예상치 못했던 타당성을 가지고 돌아온 것과 같다."[79]

따라서 로젠버그의 '프레임(the frame)'이라는 의사(pseudo)구조적 개념은 프랑스어권 포스트모더니티가 추구한 비정치화라는 '프레임 안(within the frame)'으로 묘사하는 것이 더 적절할 것이다. '프레임하기'가 반실재론자인 데리다에 의해 탈구조주의적 목적을 가지고 사용된 개념이기도 하다는 점에서[80] 유사점이 있다고 제안하고 싶기도 하다. 그러나 이런 유혹을 뿌리쳐야 한다. 왜냐하면 이 둘은 철학적으로, 실질적으로 이보다 더 다를 수 없기 때문이다. 그럼에도 불구하고 로젠버그의 프레임하기는 느슨한 푸코적(회의적 상대주의) 문화주의의 흐름과 함께 간다. 프레임하기란 개념은 의료

77 Rosenberg, "Disease and Social Order," 29 (진한 글씨는 저자 강조).

78 다음에 인용. Fredric Jameson, *Postmodernism, or the Cultural Logic of Late Capitalism* (London: Verso, 1991), 397.

79 *Ibid.*, 398.

80 Nick J. Fox, "Derrida, Meaning, and the Frame," in *Beyond Health: Postmodernism and Embodiment* (London: Free Association, 1999), 134-135. 또한, 존 프라우(John Frow)는 '프레임'을 사용하여 문학적 공간을 구별했는데, 이 공간을 통해 "텍스트가 작동되는 '실재'과 '상징'을 역사적으로 배분"할 수 있게 했다. 프라우에게 프레임은 텍스트의 '안'과 '밖', 그리고 이들의 관계를 조직하는 것으로, 프레임의 기능은 문화에 좌우된다. Frow, "The Literary Frame," *Journal of Aesthetic Education* 16 (1982): 25-30.

지식에 대한 사회 구성주의적 접근이나 사회적 의료(라일(Ryle)에서 매큐언(McKeown)까지) 및 의료사회사(지거리스트에서 찰스 웹스터, 그리고 그 너머) 둘 다를 뒷받침하는 좌익 정치 전통을 완전히 무시하지 않지만 둘을 다 막는다. 좀 더 "충만하고 적절한 정황"[81]의 역사적 분석을 그저 장려하는 것처럼 보이면서 말이다. 만약 역사적이고 연구사적 지식 생산이 자본의 구조 조정(관행의 구조 조정 및 개선과 더불어)을 동반하는 지식 생산의 한 형태에 지나지 않는다면,[82] 의료사에서 '사회'를 '프레임'으로 대체하는 것이 당연하다고 볼 수 있을 것이다. 마르크스, 그람시, 퍼트넘을 흉내내자면, 역사가는 그들이 만든 상황에서 역사를 선택하지 못한다고 하겠다. 역사를 쓰는 행위가 텍스트를 창조하고 지식을 구성한다는 점은 명백하나, '자유' 경제 시장이 없는 것처럼 지성의 자유 시장도 존재하지 않는다. 20세기 말을 위한 롤스의 윤리적 합의나, 대처의 '사회의 종말'처럼, 앞으로 등장할 연구사적인 헤게모니, 즉 발명된 '합의'는 오직 막는 과정을 통해서라 할지라도 정치적인 일을 할 수밖에 없다. '프레임'에 의한 '사회'의 대체가 이러한 행위였다.

이것이 로젠버그의 '프레임'에 대해 고찰할 유일한 방법은 아니다. 프레임을 보는 시각은 역사를 재형성하는 것과 긴밀하게 연결되어 있다. 문제는 이 역사의 분석적 범주가 '후기 자본주의'의 의료와 사회만큼이나 불안정(혹은 전반적으로 엉망진창)해졌다는 것이다. 따라서 '프레임'의 환상은 구조보다는 안정의 환상이고, 총체화된 정황적 견해보다는 추정적인 일관성의 환상인

81 의료사회사가 단순히 "충만하고 적절한 정황"을 자세히 설명하는 것일 뿐이라고 비판한 글로는 다음이 있다. Roger Cooter, "Anticontagionism and History's Medical Record," in *The Problem of Medical Knowledge: Examining the Social Construction of Medicine*, Peter Wright and A. Treacher, eds. (Edinburgh: Edinburgh University Press, 1982), 87-108.

82 이 논문을 참조. Karl Figlio, "Second Thoughts on 'Sinister Medicine,'" *Radical Science Journal* 10 (1980): 159-166, 165.

것이다. 1990년대 의료사가가 프레임이란 아이디어를 따뜻하게 감싼 것은 이러한 환상의 측면에서 이해할 수 있다. 적어도 프레임은 분석적 용어에 진지하게 의문을 품지 않고도 의료사 쓰기를 가능하게 한다. 이것은 현대 역사의 개념적 디아스포라에 안락한 담요를 덮어 준다. 이것은 의료사회사를 비판적인 교전과 토론의 영역으로 만들자고 했던 조다노바의 제안이 왜 무시되고 말았는지를 부분적으로나마 설명해 준다.[83] 사실상 조다노바는 1990년대에 부상하던 의료사 연구사의 범주적 혼란을 탐구하고자 했다. 그녀의 제안은 예전의 실증주의자와 의사 중심 혹은 의료사를 정당화하는 집단에 대응하기 위해 의료사회사가 공급한 의료화·전문화·문화·표현·보건·질병·위생·섹슈얼리티·가족 같은 범주의 레퍼토리를 다시 검토하자는 것이었다. 반면 로젠버그의 '프레임'은 점점 더 드러나는 범주의 불안정성을 한편으로는 통제하고 다른 한편으로는 피하기 위해 이런 혼란과 검토에 어떤 식이든 뚜껑을 덮고자 하는 노력으로 보일 수 있다. 조다노바의 사명이 의료사회사의 기틀을 세우고 '성숙'하게 성장시키는 것이었다면, 로젠버그의 전략은 이 하위 분야가 정체성의 혼란을 겪는 것을 막고자 하는 것이었다.

포스트-프레임, 혹은 종말의 시작의 끝

역사는 프레임을 그것이 대체하고자 했던 '사회'만큼이나 여분의 것으로 만들었다고 할 수 있다. 프레임이 가능하기 위한 조건은 전반적으로 정치적

83 편파적이고 특이한 최근의 예외로는 다음과 같은 연구가 있다. David Harley, "Rhetoric and the Social Construction of Sickness and Healing," *Social History of Medicine* 12 (1999): 407-435. 여기에 대해 파올로 팔라디노(Paolo Palladino)는 다음과 같이 답했다. "그리고 답은… 42이다." *Social History of Medicine* 13 (2000): 142-151.

으로 덜 절망적이고 연구사적으로 덜 위험한 다른 조건에 굴복했다. 이것이 새천년의 변화와 함께 과거가 깨끗하게 씻겨 나가 지난 20~30년간의 인식론적 고뇌가 마법처럼 지워졌다는 것을 뜻하지는 않는다. 반대로, 포스트모던한 통찰력은 한 단계 올라섰다고 해도 여전히 예전 모더니즘의 확실성과 '사회' 분석 범주에 빌붙고 있다. 여기에는 보편적인 범주와 진실('사회' 같은)을 지속하는 게 불가능하다는 것, 본질주의나 근본적인 원인에는 오류가 있다는 것, 권력은 담론을 만드는 데 있으며, '오리엔트'든 '섹스'나 '불구'든 언어에 표현하는 것을 형성할 능력이 있다는 것, 그리고 원칙적으로 과학적 합리주의를 종교적 믿음 등과 구별할 수 없다는 것 등이 포함된다. 아직 이론 전쟁은 끝나지 않았지만, '역사의 영혼'을 탐색하는 일은 계속된다.

그러나 프랑스어권 지성과 여타 장소에서 정치로 돌아가자[84]는 신호가 있는 것처럼 역사의 실천에는 포스트모던한 변형(declension)이라는 개념과 "급진적 회의주의가 우리 모두를 이길지도 모른다."라는 공포를 넘어섰다는 표식이 있다. 이는 메리 더글러스(Mary Douglas)가 1980년대 중반에 언급했고, 철학자 페터 슬로터다이크(Peter Sloterdijk)가 『냉소적 이성 비판(*Critique of Cynical Reason*)』에서 싸웠던 것이었다.[85] 이 외에도 우리가 언어를 "사람이 생각할 수 있고 행할 수 있는 것"의 뿌리로 보는, 장차 헤게모니가 될 신결정론적 견해를 넘어섰다는 징후가 있다.[86] '포스트모더니즘'이 그 신성함을

84 *Democracy and Nature* 7 (March 2001) 중, 특히 사이먼 토메이(Simon Tormey)의 "Post-Marxism"과 타키스 포토풀로스(Takis Fotopoulos)의 "The Myth of Postmodernity," 27-76 참조.

85 Douglas, "Social Preconditions," 86. 더글러스에 따르면, "상대주의자의 지적인 위치는 권력과 권위를 행사하는 것이 부질없거나 부도덕하다는 생각에 좌우되는 것처럼 보일 수 있는데, 이는 사회 구조에서 이들이 차지하는 위치에 좌우되기도 한다." Peter Sloterdijk, *Critique of Cynical Reason* (Minneapolis: University of Minnesota Press, 1987).

86 Bryan Palmer, "Is There Now, or Has There Ever Been, a Working Class?" in *After the End*

상당히 잃었고, 담론성과 역사성 사이, 혹은 좀 더 광범위하게 보자면 '문화'와 '사회' 사이의 '내전'이 타협이 가능한 지점에 들어서서 문화의 특권을 줄이고 있다는 분명한 표식도 있다.[87] 몇몇 역사가에게 이는 보통 『문화적 전환을 넘어서(*Beyond the Cultural Turn*)』(1999)와 『역사의 재구성(*Reconstructing History*)』(1999)[88]처럼 다른 범주를 인식하고 조정하는 것을 뜻한다. 그러나 이들은 여전히 역사를 포스트모던 문화학의 강한 손아귀에서 구출하려고 한다. 여러 역사가는 '담론성'과 '현실' 사이의 상반된 논쟁에서 벗어나 이 논쟁이 벌어졌던 정치와 이데올로기적 정황을 다시 정치화하고자 한다.[89] 그러나 앙투아네트 버튼(Antoinette Burton) 같은 역사가에게, 이러한 전쟁은 예전의 분과적 경계를 정당화하고, 이들을 정적이고, 둔감하며, 일원론적으로 이해하는 방식을 새삼 장려할 뿐이다. 오히려 버튼은 '사회'와 '문화'라는 범주가 동시대 연구사에서 계속 자연스레 사용되고 있는 이유를 들여다봐야 한다고 주장했다.[90] 여기서 이러한 생각을 더 발전시키기는 어려우나, 연구사적 담론은 이미 사회 대(對) 문화라는 탈분리 정치를 넘어섰다. 실제로

of History, Alan Ryan, ed. (London: Collins and Brown, 1992), 100. 다음도 참조. Appleby et al., *Telling the Truth about History*, 230.

87 예를 들어 다음과 같은 연구가 있다. *A Cultural Revolution? England and France, 1750-1820*, Colin Jones and D. Wahrman, eds. (Berkeley: University of California Press, 2002).

88 *Beyond the Cultural Turn*, Victoria E. Bonnell and Lynn Hunt, eds. (Berkeley: University of California Press, 1999); Fox-Genovese and Lasch-Quinn, *Reconstructing History*. 다음도 참조. Gill Valentine, "Whatever Happened to the Social? Reflections on the 'Cultural Turn' in British Human Geography," *Norwegian Journal of Geography* 55 (2001): 166-172.

89 Geoff Eley and Keith Nield, "Farewell to the Working Class?" *International Labour and Working-Class History* 57 (2000): 1-30; "Reply: Class and the Politics of History," *ibid.* 57 (2000): 76-87.

90 Antoinette Burton, "Thinking Beyond the Boundaries: Empire, Feminism, and the Domains of History," *Social History* 26 (2001): 60-71. 다음도 참조. Carolyn Porter, "History and Literature: 'After the New Historicism,'" *New Literary History* 21 (1990): 253-272.

1995년에는 캐서린 케이시(Catherine Casey)가 『산업화 이후의 노동, 자아, 그리고 사회(*Work, Self, and Society after Industrialism*)』에서 담론 분석을 버리거나 유물적 사회관계만을 중시하는 기존의 사회 분석으로 돌아가지 않고도 어떻게 "비평적 이론에 사회를 돌려보낼" 수 있을지 잘 보여주었다.[91] 많은 면에서, 이것이 의료사에서 최근 등장한 가장 매력적인 연구 동향이다. 이 연구를 여전히 '의료사'라 칭하는 것은 시대착오적인 발상일지도 모르지만 말이다.[92]

연구 동향을 여기서 리뷰할 수는 없지만, 다음과 같은 세 가지 일반적인 요소를 지적하고 싶다. 첫째는 이 분야가 몸의 문화학, 특히 메리 푸비(Mary Poovey)의 『사회적 몸 만들기(*Making a Social Body*)』(1995)에 큰 빚을 졌다는 것이다. 푸비의 연구는 무엇보다 '텍스트'와 '사회'가 정반대거나 상호 배타적인 탐구 영역이라는 생각에 도전하였다.[93] 푸코와 자크 동즐로(Jqcques Donzelot)가 일전에 '사회'를 발명하는 데 의료가 그 형성에 큰 역할을 했다고 통찰력 있는 주장을 했으나,[94] 푸비는 이를 넘어서 '사회적 몸'이라는 모더니

91 Casey, *Work, Self, and Society*, 11. 케이시의 연구는 포스트모던 이론과 후기 자본주의 정치 사이의 관계를 가장 명확하게 드러낸 연구 중의 하나이기도 하다.

92 여기서 인용하지는 않았지만, 이 연구의 예로는 다음을 들 수 있다. Andrew Aisenberg, *Contagion: Disease, Government, and the "Social Question" in Nineteenth-Century France* (Stanford: Stanford University Press, 1999); Ian Burney, *Bodies of Evidence: Medicine and the Politics of the English Inquest*, 1830-1926 (Baltimore: Johns Hopkins University Press, 2000).

93 Mary Poovey, *Making a Social Body: British Cultural Formation, 1830-1864* (Chicago: University of Chicago Press, 1995). 이안 버니는 푸비의 연구에 힘을 입었는데, 버니의 라운드테이블 토론 참가에서 잘 드러난다. 다음을 참조. "The Making of a Social Body," *Journal of Victorian Culture* 4 (1999): 104-116.

94 Michel Foucault, "An Ethics of Pleasure," in *Foucault Live: Interviews, 1966-84*, S. Lotringer, ed. (New York: Semiotext(e), 1989), 261, 다음에서 인용. Gavin Kendall and Gary Wicham, "Health and the Social Body" in *Private Risks and Public Dangers*, Sue Scott et al., eds. (Aldershot: Avebury, 1992), 8-18, 9-10; Jacques Donzelot, *L'invention du social*

스트 관념 자체가 초기 빅토리아시대 국가에서 해부와 전염, 가난과 질병에 대한 문화적 정치적 불안에 대한 응답으로 발생했다는 것을 보여주었다. 에린 오코너(Erin O'Connor)의 『원재료(*Raw Material*)』(2000) 같은 후속 연구는 여기에서 한 걸음 더 나아가, 토마스 칼라일의 글에서처럼 빅토리아시대인의 사회적 비평뿐만 아니라 탈식민주의 담론과 그 비평 같은 동시대 문화적 실천, 그리고 문화학 실천 전반에서도 몸의 은유가 작동되었음을 드러냈다.[95]

둘째로, 이런 연구 중 어떤 것도 사실 의료사회사나 의료사에 이바지할 의도가 없었다(출판사가 의료사로 분류하기는 했지만). 다만 역사의 주류에 합류하고자 했던 하위 분야의 야심을 채워 주었다고는 할 수 있다. 짐 엡스틴(Jim Epstein)이 푸비 및 그와 비슷한 연구를 다룬 서평에서 논했듯이, 포스트모더니즘이 사회사를 위협한다는 우려 속에서, 이러한 연구는 "새로운 종류의 사회사와 문화사를 쓸 정말로 확실한 기회가 있다."라는 것을 증명한다.[96] 이 시점에서 볼 때, 의료사회사의 '종말'은 천적에서 전지(全知)로 이동하는 것과 거의 비슷하다.

셋째이자 마지막으로, 이 연구는 우리를 다시 정치로 데려온다. 최근의 문화학은 분과의 이익을 추구하고 모더니티의 문학사 안에서 벌어지는 흥미로운 갈등을 보여주기 위해 쓰였기 때문에 과도하게 자기 지시적인(self-referential) 거울의 방 형태를 띠었다. 이전의 문화학에 등을 돌린 새로운 연구는 몸을 (오코너에 따르면) "권력이 역사적으로 가장 끔찍하고 가장 해방적

(Paris: Fayard, 1984).

95 Erin O'Connor, *Raw Material: Producing Pathology in Victorian Culture* (Durham: Duke University Press, 2000). 오코너가 비판적으로 탐구한 비유 중에는 콜레라, 유방암, 신체절단, 괴물이 있다.

96 "Signs of the Social," *Journal of British Studies* 36 (1997): 473-484, 483.

인 현신으로 나타난"[97] 장소로 보는 푸코의 관점을 굳건히 기록할 뿐만 아니라 이제 문화적 이론에 범주의 제약을 넘어서는 사고의 변화를 야기할 가능성이 있다는 믿음을 열정적으로 받아들이고 있다. 따라서, 해러웨이로부터 힘을 얻은 오코너는 문화학이 "급진적이고 필수적인 형태의 행동주의"이며, 행동주의는 "문화가 진정으로 탐구적인 학문 연구의 가치를 인정하지도 이해하지도 않기 때문에, 이러한 연구가 흔적 구조, 즉 쓸모없고 보존 가치도 없는 부속물이 되고 있다."라는 깨달음에 좌우된다고 본다.[98] 일례로 로렌스 드리스콜(Lawrence Driscoll)은 약에 대한 빅토리아시대의 담론을 측량하여 어떻게 문화적 구성이 계속해서 사회적 사고와 정치적 행위를 (파괴적으로) 제한했는지 드러냈다. 드리스콜의 담론 분석의 핵심은 직접적으로 정치적 개혁을 초래하는 것이다.[99]

이러한 연구는 '사회(the social)'가 전반적으로 의료의 용어 안에서 이를 통해 발명되고 문제시된다는 것을 이해하도록 돕는 한편, 더 심오하게는 '사회(the social)' 구성 요소로서의 '의료(the medical)'를 문제 삼도록 장려하여 '정치(the political)'에 대해 생각하도록 만든다.[100] 대놓고 말하자면, 우리는 더는 '정치', '의료' 또는 '사회'를 말할 수 없다. 이 범주를 무엇이 한데 묶고 있는지 모르기 때문이다. 이러한 범주는 이제 잘해 봐야 가설에 불과하다고 보아야 한다. '자연'처럼, 설명을 하기보다는 설명이 필요한 범주인 것이다. 따라서 정치나 사회가 '의료' 안에 존재하거나 혹은 의료를 구성한다고 말할 수 없는

97 O'Connor, *Raw Material*, 215.
98 *Ibid*, 214.
99 Lawrence Driscoll, *Reconsidering Drugs: Mapping Victorian and Modern Drug Discourses* (New York: Palgrave, 2000).
100 이 문제에 대한 최고의 논의는 아직도 로즈의 "Medicine, History, and the Present"이다.

것처럼, 의료라 불리는 복잡하고 다양한 현상이 '정치'나 '사회' 안에 존재한다고도 말할 수 없다. 오직 의료와 관계가 있는 사물과 자료, 그러니까 기술, 전문성, 텍스트, 구조 그리고 이들과 같이 가는 유물론적 (실제의) 사회관계라는 조직을 통해서만 '의료'와 '정치'가 한데 묶이거나 행위성을 갖게 된다. 여기서 사회관계는 단지 의사와 환자의 관계만이 아니라 의사와 의사, 환자와 환자, 의사와 가족, 연구자와 정부, 제약 회사와 법, 기타 등등의 관계를 포함한다. 인정하건대, 의료의 유물론적 관계가 사람 사이를 연결하는 유일한 것은 아니며, 비록 중복되거나 갈등 관계에 있다 해도, 교육·소비주의·종교·군대·외교 그리고 법 등을 둘러싼 관계와 구분될 수 있다. 지금처럼 '의료화'된 세계에서 이것이 주된 관계인지는 논쟁의 여지가 있다. 여기서 더 강조해야 할 것은 담론적이고 인식론적인 고려보다 이러한 관계를 우선할 필요가 없다는 것이다. 오히려 이러한 유물론적 사회관계가 실제로 새로운 의료 담론과 인식론을 포함하는 정치(the political)를 생산한다는 것을 이해할 필요가 있다. 즉, '사회'와 마찬가지로 '정치'도 내재된 힘을 가진 초월적인 범주라고 여겨져서는 안 된다.

이로 인해 예전의 분과적 경계가 무너졌다 해도, 의료사의 영역과 실천은 널리 확장되었다. 의료 경제보다 의료윤리에 더 가치를 둘 이유가 없는 것처럼 '사회'보다 '문화'에 특권을 부여할 토대가 없다. 그리고 마찬가지로, 전문화·의료 엘리트의 사상·의료 지식의 기술적 내용 등등, 의료사에서 최근 사라졌다며 안타까워했던 오래된 주제를 재고할 기회도 있다.[101] 그러므로 의

101 존 할리 워너가 한 말이다. 워너는 포스트모더니즘의 힘에 의해서가 아니라 과학사에 대한 지나친 강조 때문에 이런 연구가 적법한 지위에서 물러나게 되었다고 본다. Warner, "History of Science," 173.

료사회사의 끝에서 본 전망은 '사회'가 재이론화되고 '프레임'되는 과정에서 잃어버린 무언가로의 회귀가 아니다. 오히려 다른 종류의 후기구조주의 '정치' 이해로 회귀이며, 이해할 현상은 더 비판적으로 가치와 시점과 목적을 인식하는 연구사적 프레임 안의 의료이다.

이 장의 예전 버전을 읽고 유용한 코멘트를 해준 데 대해 존 아놀드(John Arnold), 로드리 헤이워드(Rhodri Hayward), 엘스베스 히먼(Elsbeth Heaman), 리키 쿠클릭(Rickie Kuklick), 빌 러킨(Bill Luckin), 이브 세귄(Eve Seguin), 샐리 쉬어드(Sally Sheard), 스티브 스터디(Steve Sturdy)와 처음 이 내용을 발표했던 마스트리히트(Maastricht) 학회의 참가자들에게 감사를 전한다. 언제나 그렇듯 웰컴 재단(Wellcome Trust)의 후한 지원에 감사한다.

제14장

의료 지식의 사회적 구성

루드밀라 조다노바(Ludmilla Jordanova)

1970년대에 사회 구성주의 접근 방식은 '이론'을 흡수하고자 했던 영어권 커뮤니티에서 격렬한 토론 주제였다. 토론은 지금도 계속되고 있지만, 사회 구성주의는 별로 의심받지 않는다. 실제 사회 구성주의는 과학사회학이라는 이름하에서 제도화되었기 때문에 덜 위험하다고 여겨진다. 이 장의 목적은 어떻게 이러한 변화가 야기되었는지를 분석하거나 사회 구성주의가 제기하는 철학적 문제를 요약하는 것이 아니다. 이러한 접근 방법이 옳은지, 받아들일 만한 것인지를 역사가 사이에서 더 논의하는 것도 생산적이지 않을 것 같다. 내 입장은 단순하다. 일화 중심이나 서술적인 역사 연구 이상을 하려는 의료사회사가는 과학사가처럼 분명하게 드러나지는 않아도 어떤 식으로든 사회 구성주의의 개념을 활용해 왔다. 그러나 사회 구성주의가 열어 놓은 역사적 관점을 분명하게 밝히는 것이 필수적이다. 이를 위해, 우리는 사회 구성주의의 효과를 밝히고 나서 이것이 역사적 실천에 얼마나 도움이 될지 살펴봐야 한다.

이 장은 다섯 부분으로 나뉜다. 첫 부분은 사회 구성주의의 특별한 잠재력과 이를 가능케 한 지성적 흐름을 다룬다. 두 번째 부분은 사회 구성주의에 대한 몇 가지 우려를 다룬다. 다음 부분에서는 해결되어야 할 해석상의 쟁점을 보여준다. 네 번째 부분에서, 나는 과학과 의료 연구사를 비교한다. 마지막 부분에서는 이 가닥을 한데 엮고자 한다.

잘 알고 있듯이 의료사회사를 깔끔하게 정의하기란 불가능하다.[1] 『의료사회사』의 저자들이 보여준 것처럼 의료사회사에는 종류가 많다. 광의의 의료적 사고, 그리고 이러한 사고와 배경 간의 관계를 개념화하는 것 둘 다에 관심을 가진 이들에게는 사회 구성주의가 특히나 관련이 있다. 제목의 '의료 지식'이라는 구절은 사회 구성주의적 접근에 지식 주장(claims)이 차지하는 중심적인 지위를 반영한다.[2] '지식'이라는 용어는 중립적이지 않다. 어떤 식으로든 정당함을 인정받은 주장을 뜻하며 의료와 과학적 실천의 인식적 측면을 특히 중시하기 때문이다. 의료의 지식 주장을 의료 실천, 제도 등과 분리하는 것은 실수다. 다들 사회적으로 형성되었으므로, '지식' 면에서보다는 사고방식·사고의 양식·의료문화의 면에서 생각하는 것이 궁극적으로는 더 유용할 것이다. 지식은 인정할 수 없는 것의 배제를 의미하는 반면, 다른 범주는 더 느슨하고 포용력이 있기 때문이다.

'의료 지식'이라는 구절의 통용은 의료사가가 과학적 글쓰기에 진 빚을 드러낸다. 자연과학을 연구하는 사회 구성주의자들은 소위 경성과학(hard science)의 가장 복잡한 이론적 주장까지도 사회적으로 설명할 수 있다는 것을 보여주고자 했다. 즉, 이들은 '지식'을 다소 엄격하게 해석할 필요를 느꼈다. 의료 연구자의 어젠다는 약간 달랐는데, 심사자들이 의료와 과학을 더

1 *Companion Encyclopedia of the History of Medicine*, 2 vols., W. F. Bynum and Roy Porter, eds. (London: Routledge, 1993); Ludmilla Jordanova, "Has the Social History of Medicine Come of Age?" *Historical Journal* 36 (1993): 437-449; *Medicine in Society: Historical Essays*, Andrew Wear, ed. (Cambridge: Cambridge University Press, 1992); *The Problem of Medical Knowledge: Examining the Social Construction of Medicine*, Peter Wright and Andrew Treacher, eds. (Edinburgh: Edinburgh University Press, 1982).

2 David Armstrong, *Political Anatomy of the Body: Medical Knowledge in Britain in the Twentieth Century* (Cambridge: Cambridge University Press, 1983); Wright and Treacher, *The Problem of Medical Knowledge*.

철저하게 구분하게 되었기 때문이기도 했고, 과학의 역사철학이 학문 분야로 존재하게 되어 과학을 연구하는 이들이 연구에 내재한 철학적 주장에 더 몰두하게 되었기 때문이기도 했다.[3] 어떤 학자들은 '의료'가 문제가 있는 용어라고 느꼈다. 바로 '의료'가 아무 생각 없이 그저 과학의 또 다른 형태로 다루어졌기 때문이다. 이들은 '의료'가 정통 지식 체계를 뜻하게 되면서 암묵적으로 치유 관행뿐만 아니라 건강과 연계된 태도와 표현의 전 범주까지도 밀어내고 있다고 염려한다. 예전 이 분야의 접근 방법에 대한 공정한 비판이지만, 우리는 이제 의료 실천의 중요성을 초석으로 삼는 데 사회적 관점이 우리에게 의료에 대해 말하고 이론 이상의 무언가를 고려하도록 한다고 자신할 수 있다.

나는 관념(idea)에 대해 생각하는 것이 의료사회사의 중요한 목표로 남아 있다는 신호로서 제목에 '지식'이라는 단어를 사용했다. 사실, 사회 구성주의와 의료 관념에 대한 관심이야말로 의료문화사를 낳았다. 본문에서 논의할 사고의 기류가 최근 문화사에 대한 관심이 높아지는 계기를 마련했고 문화사를 구성하는 요소 대부분은 사회 구성주의 입장을 택한다.[4]

역사학적 실천의 잠재력

의료사회사가 차지할 수 있는 공간을 정립하는 게 사회 구성주의라고 생

3 다음 글을 참조. *The History of Science and Medicine*, Pietro Corsi and Paul Weindling, eds. (London: Butterworth Scientific, 1983); *Companion to the History of Modern Science*, R. Olby, G. N. Cantor, J.R.R. Christie, and M.J.S. Hodge, eds. (London: Routledge, 1990).

4 Roger Chartier, *Cultural History: Between Practices and Representations* (Cambridge: Polity Press, 1988); *The New Cultural History*, Lynn Hunt, ed. (Berkeley: University of California Press, 1989).

각하면 아마도 도움이 될 것이다. 과학과 의료의 관념과 실천이 주어진 정황 안에서 형성되는 방법을 강조하면서, 사회 구성주의는 역사가가 이 과정을 개념화하고 설명하고 해석하도록 한다. 이전의 휘그주의 역사 해석은 이러한 공간의 존재를 허락하지 않았다. 진보주의(휘그주의-역주) 서사에서 진실의 탐색은 막다른 골목에서 어쩌다 올바른 답을 찾는다는 식으로 설명되었다. 탐색의 과정은 여행하는 것과 비슷했고, 주된 강조점은 내용에 있었다. 설명항(explanans)과 피설명항(explanandum)이 딱 들어맞을 것이기 때문에, 이 둘 사이를 중재하는 과정이나 설명이 필요한 문제를 어떻게 정의했는지에 대해서는 의문이 없었다. 지식이 사회적 과정 안에서 이를 통해 생산된다는 것을 강조함으로써, 사회 구성주의는 역사가가 구성 과정을 개념화하고, 광범위한 1차 사료를 사용하여 그 과정을 재창조하는 독창적인 방법을 구상해 내도록 장려했다. 이 외에도, 국가·계급·제국주의·후원 등과 같이 다른 역사가들이 이용한 관념과 틀을 사용하여 이러한 과정을 설명하는 것이 중요해졌다. 상당히 간단해 보이지만, 우리는 여전히 신출내기에 불과하고 아직 잠재력이 충분히 연구되지 못한 상태다.

지난 20여 년 동안 많은 지적 조류가 사회 구성주의에 기여했다. 나는 8가지 사고(thinking) 형식을 간단히 언급하고자 한다. 몇 가지가 중복되긴 하지만, 이들을 구분하는 것이 분석하는 데 유용하다.

첫째, 과학철학이 과학 이론과 더 나아가 의료 이론의 인식론적 지위를 묻기 위한 도구를 제공하고 과학자들의 지적인 활용을 재구성하는 데 중요한 역할을 했다. 확실한 답이 도출되었다기보다는 자연적 지식이 어떻게 습득되었는지에 대한 많은 모델을 탐구할 수 있게 되었다는 것이다. '자연'과 그 이론을 분리하려는 노력이 무엇보다 도움이 되었다. 유물론적 세계와 우리의 표현 사이에는 이제 공간이 생겼고, 이를 연구하는 것이 역사가, 그리고 사회학자와 철학자의 일이었다.

사회 구성주의 접근 방법은 이 공간을 개념화하여 안에 무엇이 있는지 생각하게 한다. 특히 토마스 쿤(Thomas S. Kuhn)의 『과학혁명의 구조(*The Structure of Scientific Revolutions*)』 초판이 출판된 1962년 이후, 과학철학자가 시작한 이 과정에 많은 인물이 중요한 역할을 했다.[5] 사회 구성주의를 이용하지 않았지만 메리 헤스(Mary Hesse)의 글이 특히나 유용했다고 본 학자들이 있었다.[6] 무엇보다, 『과학의 모델과 비유(*Models and Analogies in Science*)』는 어떻게 언어가 자연과 과학을 중재하는 역할을 했는지 보여주었다.[7] 실제로 과학과 의료의 구술적이고 시각적인 언어를 분석하는 것은 사회 구성주의 프로젝트의 주요한 도구로, 미술사와 문학의 새로운 비평 방법에 영향을 받았다.[8] 이러한 공간에서 과학자들과 의료 전문가들의 실천에 대한 관심이 높아졌다. 처음에는 어떻게 발견이 이루어지는지에서, 구체적으로는

5 Thomas S. Kuhn, *The Structure of Scientific Revolutions* (1962; reprint, Chicago: University of Chicago Press, 1970).

6 Michael A. Arbib and Mary B. Hesse, *The Construction of Reality* (Cambridge: Cambridge University Press, 1986).

7 Mary Hesse, *Models and Analogies in Science* (Notre Dame: University of Notre Dame Press, 1966).

8 Gillian Beer, *Darwin's Plots: Evolutionary Narrative in Darwin, George Eliot, and Nineteenth-Century Fiction* (London: Routledge & Kegan Paul, 1983); Evelyn Fox Keller, "From Secrets of Life to Secrets of Death," in *Body/Politics: Women and the Discourses of Science*, Mary Jacobus, Evelyn Fox Keller, and Sally Shuttleworth, eds. (London: Routledge, 1990), 177-191; Bynum and Porter, *Companion Encyclopedia,* chaps. 9 and 51; Evelyn Fox Keller, *Secrets of Life, Secrets of Death: Essays on Language, Gender, and Science* (London: Routledge, 1992); Olby et al., *Companion to the History of Modern Science,* chap. 65; Mary Poovey, *Uneven Developments: The Ideological Work of Gender in Mid-Victorian England* (London: Virago, 1988); Steven Shapin and Simon Schaffer, *Leviathan and the Air Pump: Hobbes, Boyle, and the Experimental Life* (Princeton: Princeton University Press, 1985); Raymond Williams, *Keywords: A Vocabulary of Culture and Society*, 2d ed. (London: Fontana, 1983).

발견의 논리와 정당화를 어떻게 구별할지에 대한 관심에서 시작되었다.

이와 관련하여 두 번째는, 과학과 의료 연구에서 널리 사용되었고 실재론적 과학철학의 지지를 받은 휘그주의 역사 해석에 대한 전반적인 반란이었다. 휘그주의 역사 해석은 과학자와 의사가 그들 분야의 역사를 장악함으로써 유지되었다. 사용/오용(use/abuse) 모델이 계속 이용되는 것에서 잘 알 수 있듯이, '옳은 것'을 칭송하고 '그른 것'을 비판하려는 충동은 여전히 너무도 흔하다. 휘그주의 역사 해석에 대한 비판은 역사가가 정전(canon)의 사용과 보전, 무분별한 영웅화에 비판적이어야 한다는 것을 뜻한다. 이러한 승리주의를 헐뜯는 게 오랫동안 유행이었지만, 승리주의는 뿌리 깊게 남아 있다. 행위자의 시점에 공감한다는 임무는 '천재'와 '위대한 사상가'라는 개념이나 '정전(canon)'과 '영웅'이라는 개념을 재고하는 도전보다 더 매력적이었으며, 이 모두가 반-휘그주의 시점에 필수적이었다. 흥미롭게도 이러한 쟁점에 대한 일반적인 역사 서술은 더 이론적인 영역의 연구보다 과학의료사(History of science and medicine)에 영향을 덜 미쳤다. 허버트 버터필드(Herbert Butterfield)는 『역사의 휘그주의 해석(*The Whig Interpretation of History*)』보다는 과학혁명에 대한 연구로 더 잘 알려졌다.[9]

셋째, 지식의 사회학이 특히나 중요했고, 에든버러 학파(역사적 접근 방식을 강조한 사회학 학파-역주)의 설립에 주요한 추진력이 되었다. 사회학자, 철학자, 역사가가 함께 지식의 사회학이 과학과 의료에 어떻게 적용될 수 있을지 연구했다.[10] 역사가 중에는 배리 반스(Barry Barnes), 데이비드 블루어(David

9 H. Butterfield, *The Whig Interpretation of History* (1931; reprint, Harmondsworth: Penguin, 1973); *The Origins of Modern Science* (London: G. Bell, 1949).

10 Barry Barnes, *Scientific Knowledge and Sociological Theory* (London: Routledge & Kegan Paul, 1974); *Interests and the Growth of Knowledge* (London: Routledge & Kegan Paul,

Bloor), 스티븐 섀핀(Steven Shapin), 도널드 매켄지(Donald MacKenzie)가 아마도 가장 잘 알려진 인물일 것이다. 좀 더 일반적인 연구 중에는 피터 버거(Peter Berger)와 토마스 루크만(Thomas Luckmann)의 『실재의 사회적 구성(*The Social Construction of Reality*)』이 이러한 관점을 잘 보여주는 예이다.[11] 전문화와 권력의 연구 같은 다른 사회학적 접근법 또한 영향력을 행사했다.[12] 브뤼노 라투르(Bruno Latour)는 다른 이들도 사용할 수 있는 사회학 모델을 개발하고 본인의 구체적인 사례를 통해 가치를 증명함으로써 그의 지향점을 더욱 많은 청중에게 소개하는 데 성공했다. 과학의 실천을 중시한 라투르는 저서인 『젊은 과학의 전선(*Science in Action*)』에서 구체적인 사항을 관찰해야 한다고 강조했다. 그리고 힘 있고 생생한 글을 통해서뿐만 아니라 지식-생산 과정을 특히 중시함으로써 사회 구성주의에 호의적인 사람들의 관심을 사로잡았다.[13] 의료사에 대한 사회학적 공헌 중 가장 잘 알려진 것으로는 니콜

1977); *Natural Order: Historical Studies of Scientific Culture*, Barry Barnes and Steven Shapin, eds. (Beverly Hills: Sage, 1979); David Bloor, *Knowledge and Social Imagery* (London: Routledge & Kegan Paul, 1976); David MacKenzie, *Statistics in Britain 1865-1930: The Social Construction of Scientific Knowledge* (Edinburgh: Edinburgh University Press, 1981); *The Social Shaping of Technology*, David MacKenzie and Judy Wacjman ed. (Milton Keynes: Open University Press, 1985); Shapin and Schaffer, *Leviathan and the Air Pump*.

11 Peter L. Berger and Thomas Luckmann, *The Social Construction of Reality: A Treatise in the Sociology of Knowledge* (Harmondsworth: Penguin, 1967).

12 Bynum and Porter, *Companion Encyclopedia*, chap. 47; Terence J. Johnson, *Professions and Power* (London: Macmillan, 1972); Olby et al., *Companion to the History of Modern Science*, chap. 64; Noel Parry and José Parry, *The Rise of the Medical Profession: A Study of Collective Social Mobility* (London: Croom Helm, 1976); M. Jeanne Peterson, *The Medical Profession in Mid-Victorian London* (Berkeley: University of California Press, 1978).

13 Bruno Latour, *Science in Action: How to Follow Science and Engineers through Society* (Milton Keynes: Open University Press, 1987); Bruno Latour and Steve Woolgar, *Laboratory Life: The Construction of Scientific Facts* (Princeton: Princeton University Press, 1986); Bruno Latour, *The Pasteurization of France* (Cambridge, Mass.: Harvard University

라스 주슨(Nicholas Jewson)의 논문 2편을 들 수 있는데, 특히나 18세기를 연구하는 많은 학자가 후속 연구를 수행했다.[14] 나는 지식사회학이 과학사가에게 너무나 뛰어난 연구의 영감을 주었기 때문에, 의료사 연구자가 지식사회학을 어떻게 더 잘 이용할 수 있을지 탐구할 필요가 있다고 본다.

넷째, 이미 살펴본 경향과 관련하여, 사회문화적 인류학의 영향을 들 수 있다.[15] 각자의 연구가 과학과 의료의 사회적 본질과 연관된다고 주장한 인류학자들이 있긴 했지만, 로빈 호튼(Robin Horton)과 메리 더글러스(Mary Douglas)가 단연 눈에 띈다. 인류학의 영향으로 믿음 체계(belief systems)에 대한 언급이 흔해졌다. 비록 이를 통해 무엇을 얻을 수 있을지 구체적으로 논의한 사람은 드물었지만 말이다. 일반적으로, 마술과 의료를 진보주의적 궤도에서 연속으로 이어지는 단계가 아니라, 다르긴 해도 어떤 면에서는 동등한 『사고 방법(*Modes of Thought*)』으로 다루는 게 더 그럴듯해 보였다.[16] 마술의 해석이 과학사가나 의료사가뿐만 아니라 '비합리적'인 분야를 연구하는 사람이라면 누구에게나 주요한 연구사적 주제가 되었다.[17] 실제로 역사학계

Press, 1988).

14 Nicholas Jewson, "Medical Knowledge and the Patronage System in Eighteenth Century England," *Sociology* 8 (1974): 369-385; "The Disappearance of the Sick Man from Medical Cosmology," *Sociology* 10 (1976): 225-244; Malcolm Nicolson, "The Metastatic Theory of Pathogenesis and the Professional Interests of the Eighteenth-Century Physician," *Medical History* 32 (1988): 277-300.

15 Bynum and Porter, *Companion Encyclopedia*, chap. 60; Corsi and Weindling, *Information Sources*, chap. 4.

16 *Modes of Thought: Essays on Thinking in Western and Non-Western Societies*, Robin Horton and Ruth Finnegan, eds. (London: Faber, 1973).

17 Olby et al., *Companion to the History of Modern Science*, chap. 37; *Occult and Scientific Mentalities in the Renaissance*, Brian Vickers, ed. (Cambridge: Cambridge University Press, 1984).

의 관심을 인류학의 가치로 돌린 것은 마녀사냥을 연구한 역사가였다.[18] 마술, 의료, 자연철학, 유토피아니즘이 한데 섞인 피요 라탄시(Piyo Rattansi), 찰스 웹스터(Charles Webster) 같은 학자의 글과 함께 프랜시스 예이츠(Frances Yates)의 글이 마술을 중요하게 여길 필요가 있다고 시사했다.[19] 특히 메리 더글러스의 연구가 영향력을 발휘했는데, 우주론에 대한 관심에 다시 불을 붙이고 자연과 인간 본성을 중재하는 모든 범위의 상징적 밀도(symbolic density)는 물론 근본적인 사회 경계의 본질에 대해 새롭게 고찰하도록 격려했다.[20] 성찰적 학문 분야인 인류학은 타자의 존재를 호의적으로 이해하겠다고 서약함으로써 영감을 주는 학문이었다. 그 증거로, 인류학은 지적인 틀 이상을 제공했다. 인류학은 과학의료사가와 특별한 관련이 있는 인식 주체(knower)와 인식 대상(known) 사이의 관계를 구체적으로 보여주었다.

다섯째, 과학과 의료 권력에 대한 정치적 반응은 과학과 의료 분야에서 갈등과 투쟁을 조장했다. 정확히는 과학과 의료의 개념이 '사회적 관계'로 형성되고 전개되었기 때문에 갈등과 투쟁의 주요 분야가 되었다.[21] 특히 영향

18 Alan MacFarlane, *Witchcraft in Tudor and Stuart England: A Regional and Comparative Study* (London: Routledge & Kegan Paul, 1970); Keith Thomas, *Religion and the Decline of Magic: Studies in Popular Beliefs in Sixteenth-and Seventeenth-Century England* (London: Penguin, 1971).

19 P. Rattansi, "The Social Interpretation of Science in the Seventeenth Century," in *Science and Society 1600-1900*, Peter Mathias, ed. (Cambridge: Cambridge University Press, 1972), 1-32; Charles Webster, *The Great Instauration: Science, Medicine, and Reform, 1626-1660* (London: Duckworth, 1975); *From Paracelsus to Newton: Magic and the Making of Modern Science* (Cambridge: Cambridge University Press, 1982); Frances Yates, *Giordano Bruno and the Hermetic Tradition* (London: Routledge & Kegan Paul, 1964).

20 Mary Douglas, *Purity and Danger: An Analysis of Concepts of Pollution and Taboo* (Harmondsworth: Penguin, 1970); *Natural Symbols: Explorations in Cosmology* (Harmondsworth: Penguin, 1973).

21 Robert Young, "Science Is Social Relations," *Radical Science Journal* 5 (1977): 681-705.

력 있었던 것은 의료의 페미니스트 비평으로, 자연과학을 다룬 페미니스트 연구가 자리를 잡기 전에 의료 전문가와 환자 사이의 복잡한 관계를 조사했다.[22] 정확히는 여러 사회적 배경 안에서 의료 전문가가 동료 학자, 부하 직원, 경쟁자, 그리고 '소비자'로서의 여성과 상호 작용했기 때문에 여성성과 여성의 몸에 대한 사고를 사회적으로 분석할 수 있었다. 이것이 사고와 실천이 함께 분석되었던 예였다.[23] 바로 이 이유로 기술에 대한 과격한 비평도 중요해졌다. 이러한 비평은 원자력·환경오염·제국주의·과학적 경영 같은 현대 정치의 쟁점과 즉각적인 연관이 있었다. 따라서 20세기를 연구하는 학자들이 사회 구성주의의 형태를 개발했으며, 기술의 정치적 비평이 중심이 되었다.[24]

여섯째, 이 접근 방법 중 다수가 학자로 하여금 의료 이론과 실천을 형성하는 데 이해관계가 어떤 역할을 했는지 살펴보도록 했다. 사실 로버트 머튼(Robert Merton)이 1930년대에 청교도주의와 과학에 대해 연구한 적이 있으므로 완전히 새로운 이야기는 아니다.[25] 어떻게 '이해관계'를 연구할 수 있을지에 관한 질문은 역사가들에게 중심 주제로 남아 있다. 1970년대에 자리를

22 *Clio's Consciousness Raised: New Perspectives on the History of Women*, Mary S. Hartman and Lois Banner, eds. (New York: Harper & Row, 1974); Carroll Smith-Rosenberg, *The Male Midwife and the Female Doctor: The Gynecology Controversy in Nineteenth Century America* (New York: Ayer Company, 1974).

23 Olby et al., *Companion to the History of Modern Science*, chap. 8.

24 MacKenzie and Wacjman, *The Social Shaping of Technology; Gender and Expertise*, Maureen McNeil, ed. (London: Free Association Books, 1987); David F. Noble, *America by Design: Science, Technology, and the Rise of Corporate Capitalism* (New York: Knopf, 1977); Judy Wacjman, *Feminism Confronts Technology* (Sydney: Polity Press, 1991).

25 Robert K. Merton, *Science, Technology, and Society in Seventeenth-Century England* (1938; 2d ed., New York: Harper and Row, 1970).

잡은 것이 오늘날 과학의료사에도 적용된다. 이해관계란 직업적 지위 상승, 종교적 소속, 정치적 충성, 권력과 돈, 권위의 추구, 후원과 네트워크의 측면에서 해석되었다. 실제로 의료사가 중 상당수가 다양한 이해관계를 고려하려고 하지만, 지향점에 따라 여전히 어떤 이해관계에는 더 무게를 두고 다른 것은 깎아내리는 경향이 있다. 직업적 발전의 강조는 사회학 이론에 가장 열린 사람에게 반응하는 반면, 역사학 주류에 더 가까운 연구를 하는 이들은 종교적이고 정치적인 이해관계를 선호한다. 정치적인 비평을 쓰는 사람들은 전문성, 즉 전문화되고 권위 있는 지식과 함께 부상하는 이해관계를 특히 강조하지만, 후원과 네트워크의 탐구는 대부분 제도(institution)를 연구하는 사람들이 맡고 있다. 이 맥락에서 불러올 수 있는 가장 명백한 개념은 '계층(class)'이지만, 이것이 어떻게 정의되고 어떤 시기에 가장 잘 적용될 수 있는지에는 논란의 여지가 있다. 따라서 계층 같은 개념을 사용하는 데 불안이 남아 있고, 이는 이해관계를 개인적인 측면에서 이해할지, 집단적으로 이해할지 사이의 갈등과 연결된다. 우리는 여전히 이해관계가 경험되고, 형성되고, 표현되는 복잡한 방법에 거의 관심을 기울이지 않고 있다.

일곱째, 종종 마르크스주의 방식을 의식적으로 염두에 두고 자연 및 그와 유사한 단어의 사용에 대한 비평이 발전했다.[26] 다음과 같은 식의 주장이었다. 과학자나 의료 전문가가 자연에 대해 말할 때, 이들은 스스로의 이해관계에 따라서만이 아니라 자연의 사회적 기원을 숨기는 방식으로 그 용어를

26 Olby et al., *Companion to the History of Modern Science,* chap. 6; *Changing Perspectives in the History of Science: Essays in Honour of Joseph Needham*, Mikulas Teich and Robert K. Young eds. (London: Heinemann, 1973); Young, "Science Is Social Relations"; Robert K. Young, *Darwin's Metaphor: Nature's Place in Victorian Culture* (Cambridge: Cambridge University Press, 1985).

구성했다. 이 때문에 그들은 사회를 넘어서는 영역에 대해 배타적이고도 특권적인 접근을 주장함으로써 권위 있는 방식으로 그들의 전문성을 발휘할 수 있었다. 따라서 '자연'은 묘사의 범주를 가장한 규범적 범주이며 계급투쟁의 도구였다.[27] 개인을 건강하거나 건강하지 않다고, 멀쩡하거나 아프다고 규정하고, 만약 건강하지 않거나 아프다면 적절하다고 생각되는 대로 개입할 힘이 정통 의료에 있었다는 점은 이러한 요소를 잘 보여준다. 이러한 권력이 실제로 얼마나 복잡하게 작동하는지는 우생학에 대한 광대한 2차 연구와 그 뒤를 이은 연구사적 논쟁에서 찾아볼 수 있다.[28] 이 입장에는 경제적 변종이 있는데, 여기서는 의료가 노동력의 크기와 구성을 통제하는 도구가 된다.[29]

이같은 조류는 역사가가 탐구할 공간을 열어 놓았다. 의료와 과학의 구성 과정이 강조되었고, 우리가 '의료'라 부르는 그 혼합물의 사회적 배치를 그려내기 위해서 더욱 복잡한 틀과 모델을 만들어 내라는 요구가 있었다.

마지막으로, 내가 지역주의(localism)라고 부르는 독특한 접근 방법이 있다. 이는 의료적 훈련을 받지도 않았고 과학사나 과학철학의 사상적 영향도 받지 않은 역사가들이 건강과 의료에 대해 연구할 때 나온 것이다. 반대로 이들은 온갖 종류의 특이점을 보고, 제도 및 제도 밖에서 의료서비스를 형성했던 힘을 감지하도록 훈련받았다. 한편에 있는 자연 그리고 다른 한편에 있

27 Olby et al., *Companion to the History of Modern Science*, chap. 57.

28 Bynum and Porter, *Companion Encyclopedia,* chaps. 20 and 51; Olby et al., eds., *Companion to the History of Modern Science,* chaps. 33 and 67; Paul Weindling, *Health, Race, and German Politics between National Unification and Nazism, 1870-1945* (Cambridge: Cambridge University Press, 1989); *Health, Medicine, and Mortality in the Sixteenth Century*, Charles Webster, ed. (Cambridge: Cambridge University Press, 1979).

29 Karl Figlio, "Sinister Medicine? A Critique of Left Approaches to Medicine," *Radical Science Journal* 9 (1979): 14-68.

는 과학이나 의료가 서로 들어맞을 거라고 믿지는 않았지만, 역사가들은 사회적 과정이 그 틈새를 메웠다는 것을 당연하게 받아들이는 경향이 있었다. 어떤 의미에서 역사가들은 본인도 모르는 새에 사회 구성주의자가 되었다. 그러나 그들은 '대중적인' 관행, 자선단체 등을 연구하는 것을 선호하여 이론적이거나 기술적인 문제를 한쪽으로 제쳐 놓았기 때문에 종종 사회가 어떻게 의료적 이론과 믿음을 형성하는지 분석하는 데 실패했다.[30]

사회 구성주의적 접근은 의료의 모든 면에 유용하게 적용될 수 있다. 이 방법이 적용되지 못했던 한 가지 이유는 사용/오용(use/abuse) 모델이 계속해서 우위를 점했기 때문이다. 우리는 이 접근 방법을 고려하는 동시에 사회 구성주의에 대한 주된 오해를 몇 가지 풀어야만 한다. 사회 구성주의에 대한 철학적 논쟁은 필연적으로 계속되기 마련이고, 따라서 역사가를 훈련시키는 경험적 도구로서의 사회 구성주의와 그 이론적 지위를 구별할 가치가 있다. 이 지위를 분명히 하려는 시도가 역사학적 실천에 영향을 미칠 수는 있으나, 논의가 너무도 관념적인 수준에서 열렸기 때문에 별 소용이 없기도 하다. 내 관심은 사회 구성주의의 경험적 역량에 있다.

오해

과학적이고 의료적인 관념과 이들의 오용을 구별 짓는 것은 가치중립성을 확정하고, 지식의 생산과 전개를 분리하는 것 둘 다를 위해서이다. 사회 구성주의자는 이론적인 주장과 경험적 주장을 통해, 관념이 필수적으로 가

30 Anne Digby, *Madness, Morality, and Medicine: A Study of the York Retreat, 1796-1914* (Cambridge: Cambridge University Press, 1985); Hillary Marland, *Medicine and Society in Wakefield and Huddersfield, 1780-1870* (Cambridge: Cambridge University Press, 1987).

치를 지니거나 전달하며, 지식의 형성과 사용이 깔끔하게 구별될 수 없고, 자연 지식의 사회적 의미를 이해하는 것이 행위자의 적합성에 대한 도덕적 판단을 내리는 것보다 더 바람직하다는 것을 보여주고 싶어 한다. 사용/오용 접근 방법에 대한 최근의 예로는 신시아 러셋(Cynthia Eagle Russett)의 『섹슈얼 사이언스(*Sexual Science*)』를 들 수 있다. 여기서 그녀는 주로 미국과 영국의 예를 사용하며, 여성과 젠더의 차이를 이해하는 데 19세기 과학과 의료의 과잉을 웃음거리로 만들었다.[31] '성차별적'인 선언이 내려지거나 관행이 이루어졌을 때, 러셋은 행위자가 좋은 과학을 적용하는 것은 아니라고 보았다. 리버럴 페미니즘이 과학의 '오용'을 비판하는 이유가 된 것이다. 이 책에서는 젠더의 생물학에 대한 이전 접근 방법이 그저 우스우면서도 암담하다고 가정했다. 나는 이 모델을 사용하는 것이 매우 방어적이라고 본다. 이것은 과학과 의료를 인식론적으로 그리고 정치적으로 온전하게 내버려 둔다. 두 종류의 역사학적 게으름이 뒤를 따른다. 첫째, 여기 내재한 도덕적인 틀이 사람들이 어떻게 이리도 다르게 생각할 수 있는지 이해하는 일을 불필요하게 만드는 듯하다. 왜냐하면 이 틀은 사람들이 좋은 과학자가 아니었거나 그들의 연구가 타인에 의해 나쁜 목적으로 사용되었다는 단순한 답을 내놓기 때문이다. 이러한 도덕성의 부여는 사회 구성주의 프로젝트에 반하는 것이다. 둘째, 사용/오용 모델은 '가장 좋은' 과학과 의료가 진리이자 받아들일 만한 것이고 가치 있는 목적을 위해 사용될 수 있기 때문에 역사화하지 않은 채 남겨 둔다. 그 결과, 사용/오용 모델에서 역사가는 지식의 생산에 포함된 중재 과정을 명백하게 밝히지 않아도 된다.

31 Cynthia Eagle Russett, *Sexual Science: The Victorian Construction of Womanhood* (Cambridge, Mass.: Harvard University Press, 1989).

이제 사회 구성주의와 연관된 세 가지 오해를 없애 보자. 첫 번째는 '의료화(medicalization)'와 관련된다. 이것은 전에는 그렇지 않았던 삶의 영역이 의료 전문가, 그리고/또는 의료 이론의 수호를 받게 되는 과정을 일컫는다. 즉, 의료화의 시작점으로 가장 빈번히 꼽히는 18세기나 19세기 이래로 의료 권력(medical power)은 천천히 그러나 굽히지 않고 성장했다. 프랑스 역사가들은 정해진 숫자의 사람당 훈련받은 행위자 수가 얼마인지를 의료화의 척도로 삼았다.[32] 이는 암묵적으로 전문화를 가장 중요한 역사적 과정으로 다룬다. 의료화라는 용어를 사용하는 영어권 역사가들은 대부분 행위자의 수보다는 의료 권력의 질적인 성장에 더 신경을 쓴다. 사실 '의료화'와 사회 구성주의 접근 방법이 근본적으로 연결되어 있지는 않다. 어떤 면에서 이들은 오히려 연구사적으로 갈등 관계에 있다. 전자에는 근대화라는 목적론이 들어가 있는 한편, 후자는 여기에 반대하며, 현재 중심적인 접근 방법에 전반적으로 꽤 적대적이기 때문이다.[33] 의료화라는 접근 방법을 옹호하는 사람들은 의료 권력이 상대적으로 쉽게 획득되었거나, 심지어는 그저 전유된 것이라고 보는 경향이 있다. 사회 구성주의자는 긴장의 지점, 즉 특정한 종류의 권위가 획득되거나 획득되지 않는 타협과 갈등의 과정들을 탐구하고, 관계된 사회적 집단을 더욱 정확하게 명시할 가능성이 크다.

두 번째 오해는 지금도 때때로 나오며 사회 구성주의 접근 방법이 처음 논쟁거리가 되었을 때 자주 언급되었던 혐의로, 말하자면 이러한 접근 방법이 삶의 물질적 차원을 무시한다는 것이다. 이는 사회 구성주의의 근저에 있는

32 *La médicalisation de la société Française, 1770-1830*, Jean-Pierre Goubert, ed. (Waterloo: Historical Reflections Press, 1982).

33 Antony D. Smith, *The Concept of Social Change: A Critique of the Functionalist Theory of Social Change* (London: Routledge & Kegan Paul, 1973).

철학적 주장에 대한 오해에 기반을 두고 있다. 비평가들은 사회 구성주의가 질병이 진짜가 아니라는 주장을 한다며 탓하고 과학과 의료가 실제로 작동한다는 것을 부인한다고 하면서 이를 종종 우스꽝스럽게 만든다. 이러한 비판에는 사회 구성주의가 순간의, 우발적인, 정확히는 '진짜'가 아닌 것을 다룬다는 뜻이 내포되어 있다. 이 주장에는 논리적인 기반이 없다. 역으로 물질적 세상은 인간의 행동과 의식을 통해 끊임없이 형성되고 해석된다. 사회 구성주의는 이것을 주요 교리(tenet)의 하나로 삼고, 막 설명한 역동적인 관계 없이는 세상이 의미를 지니지 않는다고 주장한다. 이것이 관념론의 한 형태는 아니다. 그러나 사회 구성주의는 다양한 해석과 의미를 위한 자리가 있다고, 합의나 '지식' 뒤에는 사회적 과정이 있으며 그러한 과정은 공공연하고도 암묵적인 협상과 갈등을 포함한다고 주장한다. 즉, 내가 이전에 사용한 은유를 들자면, 사회 구성주의는 다양한 방법으로 채워질 수 있는 공간을 상정한다. 이에 따라 지식의 형태와 그것이 형성된 사회적 과정에 학문의 우선순위가 주어지며, 물질성(materiality)과 물리적 구현(physical embodiment)이 부정되지 않는다.

세 번째 오해는 소위 내재적이고 외재적인 접근 방법의 구별에 관한 것이다.[34] 이 구별에 들어 있는 것은 '사회적'인 것이 의료와 과학의 핵심 '외부에' 있다는 가정이다. 왜냐하면 의료와 과학의 중심은 지식 주장이라 여겨지고 있으며 지식은 비사회적이라는 범주에 해당하기 때문이다. 따라서 사용/오용 모델에서처럼, 지식 주장은 사회학적 분석이라는 문제로부터 안전했다. 지금은 내용과 맥락을 이런 식으로 분리하는 것이 전혀 도움이 되지 않는다

34 Ludmilla Jordanova, "The Social Sciences and History of Science and Medicine," in Corsi and Weindling, *Information Sources*, 81-96.

는 점이 명백하지만, 둘의 통합이 겉보기보다 훨씬 쉽지 않으므로 매우 구체적인 사례 연구가 중요하다.[35] 사회 구성주의가 외재주의(externalism)와 연계된다는 가정도 있지만, 그렇지 않다. 반대로, 이러한 접근 방법의 대표 주자들은 내재/외재 같은 안이한 이원론에 대해서 전반적으로 회의적이었다.

오해라는 문제를 끝내기 전에, 나는 흔히 사회 구성주의의 창시자라 오인되는 미셸 푸코에 대해 잠깐 언급하고 싶다. 사회 구성주의를 장려한 경향은 어떤 한 인물의 영향보다 광범위하고 더 일반적이며, 푸코가 큰 영향력을 행사하기 훨씬 전부터 영어권 역사가들 사이에서 확고한 지위를 지니고 있었다. 『광기의 역사(*Madness and Civilization*)』는 1960년대 정신의학의 가식과 기만을 해체하고자 했던 여러 연구 중 하나였다.[36] 논의 주제에서 훨씬 더 중요했던 저서는 『임상의학의 탄생(*The Birth of the Clinic*)』, 『담론의 질서(*The Order of Things*)』, 『지식의 고고학(*The Archaeology of Knowledge*)』이었다.[37] 이 셋에 다 들어 있던 주장은 보는/아는 방법(에피스테메, episteme)에 나름의 논리와 한계가 있고 에피스테메의 급진적인 전환이 상대적으로 단기간에 일

35 Adrian Desmond, *The Politics of Evolution: Morphology, Medicine, and Reform in Radical London* (Chicago: University of Chicago Press, 1989); Karl Figlio, "Chlorosis and Chronic Disease in Nineteenth-Century Britain: The Social Constitution of Somatic Illness in a Capitalist Society," *Social History* 3 (1978): 167-197; "How Does Illness Mediate Social Relations? Workmen's Compensation and Medico-Legal Practices, 1890-1940," in Wright and Treacher, *The Problem of Medical Knowledge,* 174-224; Latour, *The Pasteurization of France*; McKenzie, *Statistics in Britain*; Simon Schaffer, "States of Mind: Enlightenment and Natural Philosophy," in *The Languages of Psyche, Mind, and Body in Enlightenment Thought,* G. S. Rousseau, ed. (Berkeley: University of California Press, 1990), 233-290.

36 Michel Foucault, *Madness and Civilization: A History of Insanity in the Age of Reason* (New York: Pantheon Books, 1965).

37 Michel Foucault, *The Order of Things: An Archaeology of the Human Sciences* (London: Tavistock Publications, 1970); *The Archaeology of Knowledge* (London: Tavistock Publications, 1972); *The Birth of the Clinic: An Archaeology of Medical Perception* (London: Tavistock Publications, 1973).

어났다는 것으로, 이는 영향력을 행사했을 뿐 아니라 논쟁을 불러일으키기도 했다. 『광기의 역사』 그리고 덜 알려진 초기 연구인 『정신질환과 정신의학(*Mental Illness and Psychology*)』에서처럼 과학과 의료 권력을 향한 혐오가 분명 이러한 연구에 들어있지만, 에피스테메에 대한 주장은 여전히 더 지적으로 도전적이었다.[38] 이런 식으로 설명하면 우리는 왜 푸코와 패러다임이라는 개념을 통한 쿤의 영향력이 비슷한 방향을 향했는지 알 수 있다. 그러나 역사가들은 이 둘 사이에 매우 중요한 차이가 있다고 보았다. 쿤은 일련의 사례 연구를 통해 어떻게 하나의 패러다임이 다른 것에 밀려났는지를 보여주려고 했고, 여기에 포함된 과정이 근본적으로 사회적이지는 않다고 해도 중요한 사회적 측면을 지닌다고 개념화했다. 반면에 푸코는, 하나의 에피스테메에서 다른 것으로의 이동이 복잡한 변환의 과정이라기보다는 게슈탈트 전환처럼 보인다며, 각각의 에피스테메가 무엇으로 구성되어 있는지 매우 강력하지만 다소 정적인 인상을 만들어 내곤 했다. 실제로, 그는 에피스테메의 출현을 허용한 과정이나 그들 사이에 정확히 어떻게 전환이 일어났는지에는 큰 흥미가 없었던 듯하다.

누군가는 푸코가 담론, 특히 의료 담론에 대한 흥미를 자아냈다고 할 것이다.[39] 그가 무엇보다 문학비평가의 관심을 이 주제로 돌렸고 더 많은 청중에게 효과적으로 의료사를 소개했다는 것은 의심할 나위 없는 사실이다. 그러나 의료문화사에 관심을 가진 사람들은 광범위한 지적 모델로부터 영감을 받았다. 실제로 푸코에 영감을 받은 역사는 역사적 질감이 없어 다소 '밋밋'

38 Michel Foucault, *Mental Illness and Psychology* (New York: Harper & Row, 1976).

39 Jacobus, Fox Keller, and Shuttleworth, *Body/Politics*; Olby et al., *Companion to the History of Modern Science*, chap. 9.

하기 쉽다. 특히 병원의 역사에서 그가 대중적으로 알린 일반적인 '진실'을 바로잡는 데 상당한 노력을 기울여야 했다.[40] 푸코의 지향에 영감을 받은 가장 좋은 연구는 담론 분석 이상을 하며, 밋밋하지 않기 때문에 성공한다. 과학과 의료 담론에 대한 관심은 푸코에 의해서만큼이나 레이먼드 윌리엄스(Raymond Williams) 같은 학자에 의해 성장했다.[41] 텍스트란 치밀한 것이며 이를 염두에 두고 해석되어야 한다는 깨달음은 생산적이었다. 무엇을 텍스트로 봐야 하는지, 텍스트가 어떤 역사적 통찰을 지니는지는 논의의 대상으로 남아 있지만, 언어가 사고를 전달하고 형성하고 바꾸는 방식을 더 잘 이해하는 것은 큰 도움이 된다. 문제는 담론이 다른 역사적 과정과 분리될 때, 그리고 적은 수의 텍스트가 맥락으로부터 분리된 채 과도한 설명을 감당하게 될 때 발생한다.

해석상의 쟁점

나는 사회 구성주의가 더 많은 논의와 설명이 필요한 여러 쟁점을 불러올 잠재력을 지닌다고 피력했다. 우리가 의료사회사를 역사의 일반 분과 중 하나로 보고 문화사와의 연관성을 탐구하고자 한다면 이러한 논의는 특히 중요하다. 이 어젠다를 간략히 논의하는 데 필요한 네 가지 쟁점은 다음과 같다.

첫째, 이해관계이다. 이해관계는 종종 믿음의 변화를 설명하고 믿음의 내

40 *William Hunter and the Eighteenth-Century Medical World*, William F. Bynum and Roy Porter, eds. (Cambridge: Cambridge University Press, 1985), chap. 8; Bynum and Porter, *Companion Encyclopedia*, chap. 49.

41 Raymond Williams, *Culture and Society, 1780-1950* (London: Chatto & Windus, 1958); *Keywords*.

용과 사회적 속성이 일치하게 되는 상황을 설명해 준다. 이해관계의 역할이 강조되면서 에피스테메가 특별한 메타적 지위를 가졌고, 어떻게든 전반적으로 의식을 구성하는 능력을 지녔다고 본 푸코의 전 지구적 접근 방법이 허물어지게 되었다. 이해관계 역시 의식을 구성할 수 있지만, 이 개념에서는 무엇보다 특수성과 차별성이 강조된다. 이 용어는 정의 가능한 특성을 지닌 집단이나 이데올로기 사이에 발생하는 갈등과 경쟁을 암시한다. 흔히 이해관계는 의료에 '외재적'이라고 보이기 쉬워서, 의료이론처럼 의료계 외부에서 작동하는 사회적 힘으로 여겨진다. 따라서 누구보다 사회 구성주의에 적대적인 자들에 의해, 이해관계는 당면한 진짜 비즈니스와 무관한, 단순히 사회적 과시 요소로 간주될 위험이 있었다. 사회 구성주의 접근 방법에 동정적이었던 사람들도 이해관계를 독립적인 변수나 근본적으로는 그저 경제적인 것으로 취급하곤 한다. 예를 들어, 18세기 병리학 관념이 사회적으로 어떻게 구성되었는지에 대한 말콤 니콜슨(Malcolm Nicolson)의 흥미로운 주장은, '비즈니스 이해관계'를 뒷받침하는 특정한 이론인 전이(metastatis)를 제시한다.[42] 사실 그는 전이성(metastatic) 이론을 "직업적 이해관계와 사회적 통제의 도구"라고 칭함으로써 범위를 넓히지만, 여기서조차 도구주의(instrumentalism)가 드러난다.[43] 이해관계에 우선순위를 부여한 결과는 대부분 기계적인 설명으로 끝난다. 이것은 이해관계의 중요성을 부인하려는 게 아니라, 단지 이해관계가 어떻게 작동하는지 보여줄 더 복잡한 모델을 개발해야 한다고 제안하기 위해서이다. 특히나 개인과 집단에게 셀 수 없이 많은 실질적 혹은 잠재적 이해관계가 있고, 이들이 상충될 가능성이 있다는 것을

42 Nicolson, "The Metastatic Theory," 298.
43 *Ibid.*, 300.

고려하면 개발이 더 중요해진다.

과학의료사가들 사이에서 종교에 대한 우려가 커지면서 이러한 쟁점을 확장하는 데 도움이 되었다.[44] 예를 들자면 마거릿 제이콥(Margaret C. Jacob)·짐 제이콥(J. R. Jacob)·찰스 웹스터 등의 연구에서 정치적·종교적 우려(이 둘은 분리될 수 없으므로)가 의료적·과학적 믿음과 실천의 내용을 형성했다는 주장이 나왔다.[45] 따라서 기독교의 특정 교파가 받아들여지고 정치적 권력과 정당성에 대한 가정(assumption)에 통합된 방식은 사실상 자연철학의 형태와 동일했다. 내가 기독교라고 말한 이유는 이 분야에서 가장 훌륭한 글이 17~18세기 영국에 관한 것이기 때문이다. 이 접근 방법은 최근 연구에서도 여전히 힘을 발휘한다.[46] 예를 들어 『18세기 의료 계몽주의(*The Medical Enlightenment of the Eighteenth Century*)』에 실린 글에서 로버트 킬패트릭(Robert Kilpatrick)은 퀘이커 교도 존 코클리 렛섬(John Coakley Lettsom)과 그의 의료적이자 박애주의적인 행동에 특별한 관심을 기울인다. 18세기 말 런던에서 반대 입장에 섰던 의사들에 대해 말하면서, 그는 다음과 같이 서술했다. "나는 그들의 의료와 그들이 의료를 발전시키기 위해 설립한 기관과 단체를 종교적, 정치적 믿음의 측면에서 설명하는 게 가능하다는 것을 보여줄

44 Bynum and Porter, *Companion Encyclopedia*, chap. 61; Olby et al., *Companion to the History of Modern Science*, chap. 50.

45 J. R. Jacob, *Robert Boyle and the English Revolution* (New York: B. Franklin, 1977); Margaret C. Jacob, *The Newtonians and the English Revolution, 1689-1720* (Hassocks: Harvester, 1976); *The Cultural Meaning of the Scientific Revolution* (New York: Knopf, 1988); *Newton and the Culture of Newtonianism* (Atlantic Highlands, N.J.: Humanities Press, 1995); Webster, *The Great Instauration*.

46 *The Medical Enlightenment of the Eighteenth Century*, Andrew Cunningham and Roger French, eds. (Cambridge: Cambridge University Press, 1990); *The Medical Revolution of the Seventeenth Century*, R. French and A. Wear, eds. (Cambridge: Cambridge University Press, 1989).

것이다."[47] 그는 이해관계가 그저 직업에서뿐만 아니라 정치적·종교적 정체성으로 해석되며, 의료 실천 조직에서 복합적인 역할을 할 수 있다는 흥미로운 주장을 내세웠다. 그러나 킬패트릭은 "렛섬은 첫째로는 퀘이커였고, 둘째로는 의사, 그리고 셋째로 박애주의자였다."라고도 말했다.[48] 이게 도대체 무슨 주장이란 말인가? 전기(傳記)적인 주장인가? 믿음의 정도에 대한 것인가? 그리고 각주도 없는데 도대체 어떤 증거가 이를 뒷받침하는 것인가? 나는 이렇게 변수를 분리하는 것이 불편하다. 이해관계라는 개념을 이렇게 구체화해서 사용하는 게 의료사회사에 도움이 될까?

이해관계는 일반적으로 믿음의 내용을 전기적인 특징과 연계하는 데 사용된다. 한 가지 문제는, 특히 지난 10여 년에 걸쳐 열정적인 전기학자가 된 과학사가와는 완전히 반대로, 의료사가가 써먹을 만한 구체적인 근대 전기가 상대적으로 드물다는 것이다.[49] 더 광범위하고 더 세련된 전기 연구는 학자들이 의료 행위자의 삶을 구성하는 요소 간의 관계를 더 정확하게 재구성하게 해 준다.[50] 전통적인 연구 형태임에도 불구하고, 전기는 사회 구성주의가 내던진 해석적 도전을 해결할 수 있다. 구체적인 예가 도움이 될 것이다.

윌리엄 헌터(William Hunter, 1718-1783)의 예를 들어보자. 인간 몸의 해부와 생리, 그리고 이를 어떻게 가르치고 표현해야 하는지에 대한 그의 생각은

47 Robert Kilpatrick, "'Living in the Light': Dispensaries, Philanthropy, and Medical Reform in Late-Eighteenth Century London," in Cunningham and French, *The Medical Enlightenment of the Eighteenth Century*, 254-280, 257.

48 *Ibid.*, 259.

49 Janet Browne, *Charles Darwin: A Biography* (London: Jonathan Cape, 1995); A. Desmond, *Huxley, the Devil's Disciple* (London: Michael Joseph, 1994); Adrian Desmond and James Moore, *Darwin* (London: Michael Joseph, 1991).

50 Roy Porter, *Doctor of Society: Thomas Beddoes and the Sick Trade in Late-Enlightenment England* (London: Routledge, 1992); K. Wellman, *La Mettrie: Medicine, Philosophy, and Enlightenment* (Durham, N.C.: Duke University Press, 1992).

그가 세운 학교 및 로열 아카데미에서의 해부학 교육과 여타 의료인·학생·예술가·출판업자·판화가와의 협업으로 결정되었다. 그의 아이디어는 그가 고객이자 후원자로서 경험했던 여러 후원 관계에 의해서도 형성되었다. 헌터가 영향력 있는 예술품 수집가였고, 궁정화가 앨런 램지(Allan Ramsay)가 그의 초상화를 그렸으며, 예술 감식안이 있어 산부인과 참고서를 만들 때 매우 뛰어난 화가·판화가·출판업자와 일했을 뿐만 아니라 이를 둘러싼 미적 추구를 구체화할 수 있었다는 것은 그의 의료 업적과 결코 무관하지 않다. 따라서 완전한 전기는 의료 실천와 궁정 생활의 관계, 의료·정치·예술 분야에 있었던 당대의 후원 네트워크, 사업으로서의 의료, 다양한 직업군과 제도적 기반, 예술가· 해부학자·출판업자 등과의 협업에 중요한 통찰을 제공한다. 이 중 일부는 알려져 있지만, 더 큰 그림이 계획적으로 한데 그려진 적은 없었다.[51] 헌터가 전형적인 인물은 아니라고 할 수 있겠으나, 사실 그의 의료가 제도, 직업 그리고 엘리트, 즉, 상류사회의 여러 양상과 연계되었다는 점에서는 전혀 특별하지 않다. 비교의 대상이자 지식이 어떻게 형성되었는지 보여줄 모델로 삼을 동시대 의료인에 대한 여러 연구가 나오기 전까지 어떻게 그와 그의 업적을 판단할 수 있을까? 찰스 벨 경(Sir Charles Bell, 1774~1842, 스코틀랜드의 의사, 해부학자, 신경학자-역주)에 대해서도 비슷한 주장을 내세울 수 있을 것이다.

그렇다면 두 번째 쟁점은 맥락이다. 맥락은 이원적인 의미를 지니고 있기 때문에 정확히 말해서 우리가 꼭 필요로 하는 개념은 아니다. 맥락과 내용을 짝지을 때, 이 둘은 연관이 있지만 서로 다르다는 함의를 내포하고 있다. 이

51 Bynum and Porter, *William Hunter; Dr. William Hunter at the Royal Academy of Arts*, Martin Kemp, ed. (Glasgow: University of Glasgow Press, 1975).

결과, 내재/외재와의 유사성이 부각되는데, 여기에는 유감스럽게도 오해의 소지가 있다. 그럼에도 불구하고 맥락은 가장 유용한 용어이다. 나는 전기 연구가 초점을 확실히 하고 있기 때문에 더 구체적인 맥락의 의미, 예를 들면 마이클 백샌덜(Michael Baxandall)의 '시대를 보는 눈(period eye)'처럼 특정 시공간에서 사물이 어떻게 보이는지를 제시할 수 있다고 주장했다.[52] 물론 맥락을 생성하는 다른 방법도 많다. 제도를 잘 분석한 연구도 그렇고, 특정한 상태·질환·질병·전문 분야 등에 관한 연구 역시 동일한 효과가 있다. 특정한 의료적 주제에서 뻗어 나가는 가닥을 가능한 한 많이 따라감으로써, 이러한 행동을 자각함으로써, 그리고 이렇게 발견된 관계를 개념화함으로써, 의료에 대한 사회 구성주의 접근 방법이 발전될 것이다. 맥락을 매우 구체적으로 정해서 연구 결과가 다른 사례 연구에는 적용될 수 없을 정도로 하는 것과 그 자체로 설명이 될 만큼 구체적이지는 않은 도식을 사용하는 것 사이에서 균형을 잡기란 쉽지 않다.

세 번째 쟁점은 연대기적 특수성이다. 20세기를 연구하는 사람들은 17세기 연구를 하는 사람과는 맥락에 대해 꽤 다른 식으로 생각하는 경향이 있다. 주어진 역사적 배경에서 전체적으로 그리고 비목적론적인(nonteleological) 방식으로 무언가 특별한 것을 끌어낸다는, 시대를 보는 눈과 유사한 개념이 특히 도움이 된다. 목적론은 여전히 의료사회사를 지배한다. 우리가 승리주의를 거부한다 해도, 전문화와 국가 개입에 대한 가정과 더불어 사망률의 변화에 대해 알려진 사실은 의료가 근대화라는 목적을 향해 움직인다는 가정을 거부할 수 없게 만든다. 특히나 의료에서 연대기를 개념화하는 데 더 주

52 Michael Baxandall, *Painting and Experience in Fifteenth-Century Italy* (1972; reprint, Oxford: Clarendon Press, 1988).

의를 기울이면 우리가 마침내 철저히 사회적 용어로 의료사 개론을 쓸 수 있다는 긍정적인 결과가 나온다. 게다가 이러한 글이 생산할 틀은 이 분야에서 진중한 비교 연구를 가능케 하는 첫 번째 발걸음이라 하겠다. 이후에 등장할 역사서는 우리가 지금 가지고 있는 단편적인 형태와는 꽤 다를 것이 분명하다. 그러나 이것은 모든 역사적 기간에 관한 연구가 활발하게 이루어질 때만 가능하다. 역사 분야의 일반적인 기류는 가까운 과거의 연구를 향한 것처럼 보인다. 이해는 하지만 이렇게라면 더 큰 그림을 그릴 수 없게 될 것이다. 사회 구성주의 형식으로 쓰인 구체적인 역사 연구는 특정 기간의 중요성을 강조하는 사례 연구의 형태를 띠곤 했으나, 시공간의 측면에서 왜 더 야심 찬 다른 틀을 사용해서는 안 되는지에 대해서는 논리적인 이유가 없다.

마지막 해석적 쟁점은 모델의 사용이다. 과학사는 과학철학과 가까우므로 과학적 과정과 과학적 사고 모델을 다양하게 사용할 수 있었고, 구체적인 역사적 연구에서 이러한 모델을 열정적으로 '시험'해 왔다. 그 결과 이 분야는 인류학과 사회학 모델을 고려하게 되었다. 《과학사회학(*Social Studies of Science*)》이라는 학술지는 특히 현대 자연과학과 기술을 연구하는 사람들이 어떻게 이 전략을 채용했는지 보여준다. 그러나 이 방법은 의료사회사가에게는 그다지 호응을 얻지 못했는데, 모델과 사례 연구가 잘 연결되지 않는다는 것이 문제였다. 이 둘 사이를 잘 '번역'하는 게 어렵다. 따라서 더 다양한 접근 방법을 사용하고, 엄밀하게 말하자면 모델보다는 토대 이론의 측면에서 연구를 진행하는 것이 더 매력적이다. 그러나 모델의 사용도 유용한데, 예측을 위해서가 아니라 체험적인 도구로서이다. 모델을 찾아 다른 분야로 시선을 돌리기보다, 역사가들은 스스로의 모델을 생성하려고 더 애써야 한다. 역사가들이 남성 중심주의적인 이론 영역을 위해 자료를 제공한 '나는 타잔, 너는 제인' 같은 접근법은 한때 흔했으나 이미 사라진 지 오래다. 실제로 의료사가들 중에는 그들의 도식이 다른 사례에도 적용될 수 있게 글을 쓴 사람들이 있다.

과학과 의료의 연구사

이미 수행된 연구와 미래 연구 분야에 관한 예를 더 들기 위해, 나는 이 글을 관통하는 주제로 돌아가려 한다. 과학과 의료의 연구사 비교 말이다.[53] 위에서 나는 과학사와 의료사의 차이가 신진 학자들에 의해 점차 명확하게 확인된 이 두 영역 간의 차이라는 측면에서 부분적으로 설명될 수 있다고 밝혔다. 신진 학자들은 두 영역의 차이가 오랫동안 유효할 것이라고 주장한다. 여기에 대한 열쇠는 의료의 두 가지 양상에서 찾을 수 있다. 첫째, 인구 대부분은 이러저러한 행위자와의 사회적 상호작용을 통해 처음 의료를 경험하게 되었다. 둘째, 이 상호작용은 그들에게 즉각적인 중요성을 지니며, 신체의 웰빙이라는 가장 친밀한 측면에서, 그리고 사회에 널리 퍼진 언어와 이미지를 통해서 이해되었다.[54] 따라서 대부분의 사회에서 건강하거나 아프다는 것은 과학의 어떤 양상보다도 훨씬 더 흔하고 직접적이다. 이 점에서 의료사는 과학사보다는 기술사에 더 가깝고, 따라서 《기술과 문화(*Technology and Culture*)》 학술지와 기술에 대한 급진적인 글에 나타난 접근 방법이 의료사회사가에게 특별한 가치가 있을 것이다.[55]

이처럼 의료는 확산되고 사회적으로 통합된 성격을 지니기 때문에 특정

53 Bynum and Porter, *Companion Encyclopedia,* chap. 1; Corsi and Weindling, *Information Sources*, chap. 2; Olby et al., *Companion to the History of Modern Science*, chap. 3.

54 Bynum and Porter, *Companion Encyclopedia*, chaps. 30 and 53; François Loux, *Le Jeune Enfant et son corps dans la médecine traditionelle* (Paris: Flammarion, 1978).

55 McKenzie and Wacjman, *The Social Shaping of Technology;* Noble, *America by Design*.

종류의 연구사적 접근 방법, 특히 지역주의적(localist) 방법을 개발하기가 더 쉽다. 이는 부분적으로는 1차 사료의 성격에 기인한다. 공식이나 반공식 자료를 제외하고, 1차 사료는 수많은 산별적이고 단편적인 참고문헌으로 구성되어 있다. 지역의 문서보관소에서 거의 무궁한 수의 관련 자료에 관한 연구가 막 시작되고 있다. 이러한 자료는 일반적으로 의료의 세 가지 양상과 관련이 있다. 의료 행위자의 삶, 환자의 경험과 행동, 그리고 지역 차원에서 운용되는 법·자선·교회·빈민구제 등의 기관과 의료의 상호작용이다. 다른 문서보관소 역시 흥미로운 사실을 드러낸다. 예를 들어, 유럽 대륙의 역병이나 정치가의 심각한 질환같이 의료가 정부에 영향력을 행사했을 때는 런던 공공 기록소(Public Record Office)의 18세기 국내 정부 자료(State Papers Domestic)에서 참고 자료를 찾을 수 있다. 큐(Kew) 지역의 공공 기록소에 있는 수많은 의료 자료가 서서히 빛을 보고 있다. 이제는 신문이 얼마나 가치 있는 자료인지 분명하다. 그러나 한 가지 어려움은 이렇게 광범위한 자료가 철저히 분석되지 않는다면, 랠프 조셀린(Ralph Josselin, 1616-1683, 영국 성공회의 성직자이자 일기 작가-역주)의 일기 같은 소수의 자료가 패러다임의 지위를 얻게 된다는 것이다.[56] 일화주의(anecdotalism)를 피하는 것이 무엇보다 중요하다. 피상적으로는, 이런 자료를 연구할 때 특정한 이론적 지향을 추구하거나 주장의 철학적 기반을 분석할 필요가 없다. 즉, 따로 수정하지 않아도 '지역주의'가 완벽하게 작동된다고 볼 수 있다. 그러나 특별히 많은 관심을 받고 있는 브

56 Lucinda M. Beier, "In Sickness and in Health: A Seventeenth Century Family's Experience," in *Patients and Practitioners*, Roy Porter, ed. (Cambridge: Cambridge University Press, 1985), 101-128; Lucinda M. Beier, *Sufferers and Healers: The Experience of Illness in Seventeenth-Century England* (London: Routledge & Kegan Paul, 1987); Alan MacFarlane, ed., *The Diary of Ralph Josselin, 1616-1683* (London: Oxford University Press for the British Academy, 1976).

리스톨 같은 지역을 포함해, 의료사회사에서 등장하는 지역주의 연구는 해석적 쟁점이라는 장에서 살펴본 문제점을 해결하는 데 더 분석적인 접근 방법이 필요하다는 것을 보여준다.[57]

반대로 과학사가들은 꽤 다른 식으로 일을 진행하는 경향이 있다. 이들의 자료는 성격상 더 체계적일 가능성이 크다. 전체적으로, 과학사가는 논리적 활용을 더욱 명쾌하게 밝히고, '과학'에 어떤 영향을 지니는지 설명할 필요를 느낀다. 그 결과로 보건과 의료보다는 과학에서 사회 구성주의적 방법을 더 철저히 따르는 연구가 수행된 듯하다. 게다가 보건과 의료에 대한 최고의 연구는 과학사·과학철학·과학사회학에 관심을 가진 사람들에게서 나왔다. 과학사가는 글에 다른 사람들이 따라 할 만한 특별한 종류의 개념적 일관성을 부여할 수 있었다. 과학과 의료의 차이에도 불구하고, 확고한 개념적 초점, 문제가 되는 이론적 쟁점에 대한 분명한 이해, 그리고 체계적인 모델을 가진 연구의 이점은 의료 사례에도 적용될 수 있다.

과학사에서 고전이 된 연구 다수는 생체통계학자와 멘델주의자, 퀴비에주의자(Cuvierian)와 라마르크주의자, 자연신학자와 유물론자 간의 논쟁같이 격렬하지만 정말로 명백한 논의에 대한 것이었다.[58] 이 정의 가능한 주장은 아무리 복잡하다 하더라도 세대·정치·종교·계층 같은 다른 변수와 비교하며 논의할 수 있으므로 효과적이었다. 비록 의료에도 논란거리가 많았지만, 의료는 더 단편적이고 분산되어 있어서 행위자와 연구자의 사고 과정이

57 Jonathan Barry, "Piety and the Patient: Medicine and Religion in Eighteenth-Century Bristol," in Porter, *Patients and Practitioners*, 145-175; Mary E. Fissell, *Patients, Power, and the Poor in Eighteenth-Century Bristol* (Cambridge: Cambridge University Press, 1992).

58 Toby Appel, *The Cuvier-Geoffroy Debate: French Biology in the Decades before Darwin* (New York: Oxford University Press, 1987); Desmond, *The Politics of Evolution; Biology, Medicine, and Society*, Charles Webster, ed. (Cambridge, 1981).

중심이 되는 게 아닌 이상, 양극화된 논의나 발견의 과정을 통해 연구하기가 쉽지 않다. 실험실에 기반한 의료 연구는 과학적인 모델을 사용하여 조사할 수 있지만, 대부분의 의료는 그렇지 않다. 따라서 의료사 중 특정한 조건의 연구에서 사회 구성주의가 특히나 잘 작동했다는 것은 놀랍지 않다.[59] 이러한 조건은 개념적인 초점(conceptual focus)으로 작동할 수 있으므로 토론·논쟁·이론과 비슷하지만, 동시에 의료 실천과 질환을 둘러싼 문화·문학·예술·영화·조건이 이끌어 내는 사회적 합의와 반응처럼 '분산되어' 있다. 이렇듯 분명한 초점과 역사적 풍부함이 서로를 보완할 수 있다.

정통 서구 의료는 자의식적으로 체계화되고 전문화된 여러 이론이 중심이 된다는 점에서 자연과학과 유사하다. 의료서비스와 의료 교육 조직은, 매우 복잡한 방식으로라도 의료 노력(medical endeavor)의 중심부에 자리한 관념을 체화한다. 이를 대체할 수 있는 다른 체제 역시 같은 방식으로 나아간다. 이는 의료사회사가 이론이든, 흔한 가정이든, '집단적 무의식'의 일부이든, 표상(representations)이든 간에, 관념을 피할 수 없다는 주장을 반복하기 위함이다. 의료나 다른 분야에서도 관념의 사회사는 특히 영국에서 아직 발전되지 않은 분야로 남아 있으며, 아마도 지금 그 어느 때보다 관심을 받는 문화사로 대체되고 있다.[60] 그러나 이 두 분야를 구분할 수는 있다. 관념의 사회사는 관념이 사회에서 어떻게 이동하며, 소수만 이해하는 매우 기술적이고 제한적인 관념이 제대로 다루어지는지 조사한다. 문화는 정의하기가 아무리 어렵다해도 관념 이상의 것이다. 소위 말하는 새로운 문화사는 러브

59 Figlio, "Chlorosis"; C. Rosenberg, *Explaining Epidemics and Other Studies in the History of Medicine* (Cambridge: Cambridge University Press, 1992).

60 Roger Chartier, *Cultural History: Between Practices and Representations* (Cambridge: Polity Press, 1988); Hunt, *The New Cultural History*.

조이(Arthur O. Lovejoy)를 따른 학자들이 그랬던 것만큼의 철학적 깊이를 가지고 어려운 관념 사고에 접근하지는 않는다.[61] 그렇지만 만약 관념을 중요하게 다루게 된다면, 과학과 의료에서 가장 생산적인 접근 방법은 아마도 문화사에서 나오게 될 것이다. 관념과 사회적 과정을 함께 분석할 수 있는 형태여야겠지만 말이다. 이러한 작업이 이루어지기 시작했다는 증거도 있다. 어떤 면에서 문화사는 의료사회사에 관심을 가진 문학비평가가 편안함을 느낄 수 있는 우산 밑과 같기 때문이다.[62]

과정

여기 내포된 것은 우리에게 건강, 치유, 아픔이라는 관념이 어디까지 그 상상력을 발휘할지 설명할 수 있는 연구사가 필요하다는 것이다. 의료의 관념은 우리가 어떻게 이 상태를 경험하고, 반응하고, 실행하고, 중요하게 만드는지 알려 준다. 이러한 관념은 경험과 행동의 바탕이 되고, 우리의 의식에 깊이 박혀 의식적으로 조작하기가 쉽지 않다는 두 가지 면에서 태고의 가치가 있다. 문제는 어떻게 관념이 변하는지 설명하는 것과, 다양한 집단의 사람들에게 동일한 믿음을 부여하고자 하는 유혹을 뿌리치는 것이다. 이것을 문화사의 영역이라 친다면, 질병이 구성되는 과정이 어떻게 구분될 수 있는지 이해하는 게 더 쉬워진다. 문화사는 건강과 질병을 둘러싼 '집단 무의식'을 제대로 다루고자 하는 노력을 비롯해 광범위한 방식과 접근 방법을 포괄할 수 있는 큰 교회와 같다. 이에 따라 모델을 개발할 수 있는데, 정확한

61 Arthur O. Lovejoy, *Essays in the History of Ideas* (New York: Capricorn Books, 1960).
62 Poovey, *Uneven Developments*.

형태는 문제가 되는 시기와 조건에 달려 있어, 여기서 수많은 영역 간의 상호작용이 개념화될 수 있다. 상호작용의 범위는 어마어마할 것이며, 이들을 중재하는 언어적·시각적 언어가 해체되어야만 의미가 통할 것이다. 이것은 건강과 아픔에 대한 공통의 언어가 있고, 꽤 분명하게 정의 가능한 조건이 있는 곳에서 잘 작동할 것이다.

사회 구성주의가 중요한 연구사적 진전을 대표한다는 데에는 의심의 여지가 없다. 논리 정연한 대안이 없는 상황에서 우리는 이 잠재력을 최대한 시험할 수밖에 없다. 내 생각에, 사회 구성주의의 뛰어난 공헌은 역사가로 하여금 전에는 보이지 않았고, 부정당했고, 문제없어 보였던 과정과 상호작용에 관해 더 열심히 생각하게 했다는 것이다. 특히 세 가지 과정이 중요한 역할을 했다. 첫째는 '환자의 시점'이라는 구절로 요약되곤 하지만, 환자와 의사 사이의 관계를 이해하는 것에 더 가깝다.[63] 환자가 절대적으로, 혹은 상대적으로라도 수동적이라는 추정은 신뢰를 잃었는데, 환자가 경제적인 협상 능력을 지니는 바로 그 맥락에서 이 둘의 관계를 연구하기가 가장 용이하다. 이러한 관계를 탐구하는 데 사용된 자료와 해석의 폭을 넓히는 것이 우선순위여야 한다.

둘째는 노동 분업이 형성되고 재형성된 방식에 관한 것이다. 여기서 나는 '노동 분업'을 느슨한 의미로 사용하여 정신과 육체노동 간의 구별, 개별 기술의 정의, 조직·전공·분과의 분리, 그리고 그 결과 등장한 사회문화적 형태를 포함한다. 더 이전 시기에 관한 연구는 의료 행위자가 매우 전문화되었음

63 Bynum and Porter, *Companion Encyclopedia*, chap. 34; Fissell, *Patients, Power, and the Poor*; Porter, *Patients and Practitioners; Medicine in Society. Historical Essays*, A. Wear, ed. (Cambridge: Cambridge University Press, 1992).

을 보여주었다.[64] 일생을 거쳐, 그다지 돈이 없는 사람까지도 여러 치료자의 손을 거친다. 치료약을 판매한 사람들을 포함하면 더 많아진다. 펠링이 밝혔듯이, 치료약이라는 개념이 극히 느슨해서 화장품과 분리할 수 없을 때가 많았기 때문이다.[65] 예를 들어 18세기에는 돌팔이의 정의를 통해서 그리고 전문화라는 이슈를 두고 의료 행위자 간에 공공연한 경쟁이 붙었다. 이 상황은 『건강을 팝니다(*Health for Sale*)』가 보여주듯, 질병의 성격과 원인에 대해, 그리고 치료에 대해 협상하는 데 노동 분업이 얼마나 핵심적이었는지 드러낸다.[66] 의료적 우위를 차지하는 데 쓴 시간·돈·노력의 양은 의료와 관련된 모든 것이 얼마나 부서지기 쉽고 불안정한지, '제대로 된' 정통 의학이 논의되고 구성된 과정이 얼마나 정교했는지를 암시한다.[67]

19세기 말 유럽에서 나타난 것과는 매우 다르지만, 미국에도 사실 노동 분업이 있다. 북미에서는 의료 노동의 분업이 매우 다른 양식을 따랐기 때문에 비교사적으로 중요하다. 실제로 사회 구성주의에는 비교주의 방법이 내재해 있다. 하나의 예나 사례는 논리 면에서 볼 때 사회 구성주의가 추구하는 주장을 표현하기에 좀 약하기 때문이다. 지식과 기술은 노동 분업의 전환에 의해 형성된다. 가장 명백한 것은 19세기 말 이래로 간호사와 의사의 관계에 나타난 변화가 돌봄의 정의, 기술의 배분, 위험과 위험 요인의 이해, '환자 관

64 Margaret Pelling and Charles Webster, "Medical Practitioners," in Charles Webster, ed., *Health, Medicine, and Mortality in the Sixteenth Century* (Cambridge: Cambridge University Press, 1979), 165-235; Margaret Pelling, "Appearance and Reality: Barber-Surgeons, the Body, and Disease," in *London 1500-1700: The Making of the Metropolis*, Lucinda Beier and Roger Finlay, eds. (London: Longman, 1986), 82-112.

65 Pelling, "Appearance and Reality."

66 R. Porter, *Health for Sale: Quackery in England, 1660-1850* (Manchester: Manchester University Press, 1989).

67 *Medical Fringe and Medical Orthodoxy, 1750-1850*, W. F. Bynum and Roy Porter, eds. (London: Croom Helm, 1986); Bynum and Porter, *Companion Encyclopedia*, ch. 28.

리,' 그리고 의료의 사회적 관계 전반에 걸쳐 끊임없는 전환을 요구해 왔다는 것이다.[68] 의료 노동의 분업에 더 많은 관심을 기울이는 것과 함께 의료직과 전문화 과정 전반이 더 신중하게 분석되었다.[69]

세 번째 과정은 의료의 인식적 측면에 대한 것으로, 특히 건강과 질병이 개념화되는 과정을 다룬다. 사회의 많은 부분이 이러한 과정에 이바지하며, 건강 문제를 둘러싼 정치나 정책 수립 같은 더 명백한 분야에서뿐만 아니라 대중문화·광고·예술·문학을 통해서 이루어진다. 사회 구성주의자는 의료를 형성하는 데 사용 가능한 문화적 자원을 좀 더 살펴보려고 할 것이다. 이것은 임상의 시각적 차원을 연구하는 데 특히 잘 통하는 접근 방법이다. 의료 실천은 근본적으로 시각적이다. 따라서 보는 것이 어떻게 의료의 거의 모든 양상을 형성하는지 연구하지 않으면 핵심적인 역사 주제를 간과하게 될 것이다.[70] 의료에서 시각적 경험의 중요성은 미술사· 영화학· 문화학에서 배우는 등 학제 간 접근 방법을 요한다. 사회 구성주의는 학제 간 역사를 양성하지만, 그렇다고 꼭 다른 분야의 틀을 역사적 자료에 적용하는 것은 아니다.

미래에 특히 중요하게 될 것은 사회 구성주의 방안에 흔하게 내재된 '탑다운(topdown, 공식 기관에 의존하는 방식-역주)' 접근 방법을 '바텀업(bottom-up, 의료서비스 사용자 중심-역주)' 방법과 통합하는 것이다. 꼭 공식적인 의료에 의해 정의된 질병에만은 아니라 해도 특정한 조건에 초점을 맞추는 것이 다소 다른 두 가지 분석 스타일을 합칠 수 있는 방법이라고 본다. 실제로 이것은

68 Bynum and Porter, *Companion Encyclopedia*, chaps. 54 and 55.

69 Roger Cooter, *Surgery and Society in Peace and War* (London: Macmillan Press, 1993); George Rosen, *The Specialization of Medicine with Particular Reference to Ophthalmology* (New York: Froben Press, 1944).

70 *Medicine and the Five Senses*, W. F. Bynum and Roy Porter, eds. (Cambridge: Cambridge University Press, 1993).

또 다른 중요한 목적을 달성한다. 가장 기술적이고 난해한 건강과 의료의 일면까지 설명하는 것은 물론, 의료 언어와 관념이 어떻게·언제·왜 반응을 불러일으키는지 알려 줌으로써 그 침투성(pervasiveness)을 밝히는 역사적 분석말이다.

사회 구성주의는 건강·의료·치유를 연구하는 역사가에게 귀중한 관점이다. 물질적 삶을 무시하기는커녕, 이 삶을 이데올로기·이미지·관념과 통합하는 유일한 접근 방법인 것이다. 사회 구성주의가 효과적인 이유는 다른 접근 방법을 약화시키는 완고한 양극성(rigid polarity)을 삼가기 때문이다. 여기서는 이론과 아카이브(archives, 역사적 자료-역주)가 완전히 호환 가능하다. 여기서는 관념이 실천과 분리되어 있지 않다. 여기서는 과정을 강조하여 내재적 요소와 외재적 요소, 내용과 맥락, 좋고 나쁜 과학 간의 비생산적인 분류를 저지한다. 이론적 주장은 거의 없지만 동일한 질문을 다루는 사회사와 이론적 주장이 있는 사회 구성주의 사이에는 중요한 차이점이 있다. 치유와 병을 둘러싼 행위는 너무도 분산되어 있어서 지역주의를 조절하지 않으면 일화 중심의 역사로 이어질 위험이 있다. 또 다른 가능성은 이러한 문제를 가장 선호되는 대체품인 종교·사회정책·자선 같은 비의료적 틀 안에 넣는 것인데, 특정한 사례에서는 괜찮지만 아마 건강과 질환이 전체 사회에서 어떻게 작동하는지는 보여줄 수 없을 것이다. 이 문제는 정말 중요하다. 왜냐하면 의료가 반감과 동의를 반영하고 도덕적 가치를 자생적인 형태로 표현할 가장 강력한 수단을 자아내기 때문이다. 질병과 건강의 이미지가 개인과 집단의 관계에서뿐만 아니라 국가, 심지어는 대륙에서도 강력한 힘을 지닐 때는, (안그런 때가 있나?) 관념을 분석할 방안이 필수적이다. 사회 구성주의자는 관념을 강조한다. 다른 모든 것의 중요성을 부인하기 위해서도, 엘리트 집단의 영향을 과장하기 위해서도 아니고, 이들이 태고의 힘을 절실하게 이해하기 때문이다. 관념은 중재자로서 작동하고, 의식과 무의식 둘 다의 경험을 형성하며, 조직과 사회생활에서 역동적인 역할을 할 수 있는 능력이 있다는 점에서 중요하다. 의료가 지니는 사회적·문화적 특성을 낱낱이 밝혀내기 위해서는 보건이든 질환이든 치유든 간에 관념을 정말로 매우 중요하게 여기는 역사적 접근 방법이 필요하다. 지금까지 사회 구성주의만이 이 작업에 지원했다. 앞으로 할 일은 사회 구성주의가 이를 얼마나 잘 수행하는지 지켜보는 것이다.

후기

1995년에 의료 지식의 사회적 구성에 관해 쓴 글을 재독하면서, 얼마나 많은 주제가 훗날 『역사학적 실천(*History in Practice*)』에서 발전되었는지 깨닫고 깜짝 놀랐다.[71] 책에서는 역사학적 실천에 관해 좀 더 일반적으로 말하고자 했다. 특히 과학과 의료를 두고 이전에 발전시켰던 사고가 중심이 되었다. 여기서 내가 도달한 결론 하나는, 이 장에서 언급했던 이유대로, 과학의료사의 적용 범위가 생각보다 넓어서 광범위한 개념적 쟁점을 철저히 따져볼 수밖에 없었다는 것이다.

내 책은 이 글보다 상당히 직접적으로 우리가 역사적 분야를 어떻게 이해할 수 있는지를 다루었다. 나는 책에서 우리가 언제나 우리 스스로의 실천을 기록하는 역사가가 되어야 하며, 이 실천의 시발점과 일대기를 이해해야 한다고 제안했다. 또한 학술지, 분야와 세부 분야의 명칭, 제도적 구성 등에 들

71 Ludmilla Jordanova, *History in Practice* (London: Arnold; New York: Oxford University Press, 2000).

인 전문가로서의 노력을 논의했다. 우리는 '사회사'나 '문화사' 같은 개념이 그저 편리한 라벨이고, 직업적 정체성을 강조하는 등 여러 목적을 위해 이 개념을 사용한다는 것을 알아야 한다. 이들이 무엇을 지칭하는지는 확실히 논의되지 않았다. 이 글을 썼을 때 나는 그 당시 관심을 많이 받던 분야인 문화사 쪽에 적을 두고 있었다. 문화사의 매혹이 사라졌다고 생각하지는 않지만, 내게 문화사라는 관념은 중요도 면에서 달라졌다. 나는 여전히 나 자신을 문화사가라 생각하지만, 이는 편리하고 안전한 우산 그 이상은 아니다. 1996년 내가 미술사학과에서 직책을 맡게 되었을 때, 내 직업적 실천에 엄청난 전환이 있었다. 그 이후로, 나는 역사의 여러 형태에 주의를 기울였다. 이것만으로도 하나의 주제가 되지만, 여기서 내가 알리고자 하는 것은 학과를 옮기면서 '사회사'라 불리는 것이 얼마나 중요한지를 뼈저리게 깨닫게 되었다는 점이다.

미술은 과학과 의료처럼 그 중심에 굵직한 개념이 있고 눈에 띄는 기운(aura)과 자체적으로 정교한 게이트키핑(gatekeeping) 구조를 지니고 있다. 특별히 강력한 주장처럼 들리지는 않겠지만, 이 모든 현상은 사회적이다. 사실 사회적이라는 것은 이 장에서 강조했듯이, 실천과 과정에 주의를 기울이자는 뜻이다. 이 장을 쓴 후, 나는 의료를 비롯한 네트워크에 훨씬 더 관심을 갖게 되었다. 의료인의 초상화에 관한 내 연구는 이 가치를 가장 분명하게 증명했다. 이들의 문화적 밀도는 오직 사회적 설명을 세심하게 쌓음으로써만 완전히 표출될 수 있다. 즉, 이들이 무엇을 어떻게 의미하는지 이해하려면 후원·의뢰·모델 서기·소유하기·전시하기에 관한 수많은 사회적 정보를 알아서 함께 잘 엮는 것이 중요하다. 의료 기관이 큰 관심을 보였던 이러한 실천은 공들여 기록할 필요가 있다. 그러고 나면 시각적이고 물질적인 문화 요소의 문화적 풍부함과, 개인적이고 집단적인 의료 정체성이 형성되는 연계 및 계보를 전달할 능력을 이해하게 된다.

이 예는 사회사와 문화사가 자연스러운 동맹이며 둘 사이를 확실히 구별한다고 해서 얻을 수 있는 게 아무것도 없다는 점을 보여주기 위한 것이다. 지난 20년간 쇠퇴해 왔던 경제사의 지위를 언급함으로써 더 광범위한 주장을 뒷받침할 수도 있을 것이다. 사회사와 마찬가지로 경제사는 사실 예전만큼 흥미롭지는 않아 보인다. 일반화이긴 하지만, 학생 수요 같은 표식이 이를 증명한다. 경제사처럼 구식이고 심지어는 난해하다고 인식되는 분야는 물론, 더 '실증적'인 분야까지도 촌스러운 게 되어 버린 곳도 있다. 또한 일반적으로 학제 간 연구와 이론이 왠지 '좋다'는 생각도 있다. 나는 이러한 양극단을 거부하고자 한다. 사회 구성주의 접근 방법은 여전히 많은 것을 제공한다. 정확히는 역사적 세부 사항의 복잡성을 다루고, 사회 안에서 문화를 발견할 수 있고, 인간의 관행을 따뜻하게 바라보지 않고는 이론이 아무 쓸모가 없다는 것을 이해할 만큼의 융통성이 있기 때문이다. 마지막으로 의료사가에게 물질적이고 시각적인 문화가 점차 더 중요하게 될 것이라는 점만 추가하려고 한다. 학제 간 연구를 하겠다는 추상적인 다짐에서가 아니라, 의료 그 자체처럼 의료사가 사회적·문화적 세계의 바로 중심에 있기 때문이다.

케임브리지 대학의 클레어 칼리지(Clare College), 런던의 과학박물관, 에식스 대학, 앨버타 대학에서 이 장의 예전 버전을 발표했다. 모든 관계자, 재정 지원을 해 준 웰컴 재단(Wellcome Trust), 도움과 조언을 준 캐시 크로포드(Cathy Crawford), 루크 데이비드슨(Luke Davidson), 칼 피글리오(Karl Figlio), 리처드 스미스(Richard Smith)에게 감사를 전한다. 이 장은 연구 논문이라기보다는 성명서이다. 연구를 인용할 때에는 내 자신의 사고에 도움을 준 연구를 강조했다. 원작자들이 스스로를 꼭 '사회 구성주의자(social constructionists)'로 본 것은 아니다.

Locating Medical Hist

제15장

주변부로부터 의미 만들기

—새로운 의료문화사

메리 E. 피셀(Mary E. Fissell)

문화사라는 프로젝트를 요약하는 방법의 일환으로 '주변부로부터 의미 만들기'라는 문구를 생각해 내자마자, 내 생각을 꽤 경제적으로 포착했음에도 불구하고 이 문구가 거슬렸다. 내 제목이 나를 성가시게 했다. 역사를 괴상하고 기이하다고 희화화하게 된 이유인, 문화사가 주변부에 집착하는 경향을 나타내기 때문이다. 대영도서관에서 연구를 하던 내 친구와 만나 차를 마셨는데, 그 친구가 어떤 책을 보자마자 바로 나를 떠올렸다고 말했다. 그 책은 방부 처리의 초기 역사에 관한 것이었다. 내가 뭐라고 말할 수 있었겠는가? 문화사는 꽤 심각한 적대감을 불러일으켰고, 이 적대감은 사회사가가 종종 일탈의 분류화를 좋아한 것처럼 문화사가 주변부나 초월적인 것을 애호하는 성향 때문에 생겼다. 나는 앞으로의 공격에 무기가 될 수 있는 정보를 주고 싶지는 않다. 이 장에서 나는 문화사와 의료사가 어떻게 교차했는지 탐구하고 싶고, 문화사가 제공하는 새로운 연구 가능성을 포교하고자 한다.[1] 차차 밝혀지겠지만, 이것은 개종한 자의 설교이다. 나는 '밑으로부터의 역사'를 추구하고자 한 사회사가로 내 역사적 경력을 시작했고, 다른 많은 이들과 더불어 사회적 과정뿐만 아니라 문화적 과정에도 관심을 갖게 되었다. 어떤 면에서, 이 장은 내게 우리가 어떻게 여기까지 오게 되었으며 그 과

1 이 장은 선행연구라기보다는 사설(think-piece)이다. 따라서 밑에 인용된 연구는 의료문화사의 최근 연구 중 일부로, 근대 초기에 대한 내 관심과 다양한 취향을 반영한다.

정에서 무엇을 얻고 잃었는지 고찰할 기회를 주었다.

도대체 문화사란 무엇인가?

나에게 문화사는 1970년대와 1980년대에 시작된 인류학, 문화적 유물주의, 망탈리테의 역사 등에 의해 여러모로 영향을 받은 역사학의 붐을 칭한다. 이 시기는 도널드 켈리(Donald Kelley)가 '구식 문화사'라고 부른 상류층 문화의 역사가 '구식'이 된 때였다.[2] 그러나 '구식' 문화사를 구식으로 만든 것은 미학적이거나 예술적인 연구의 정석을 생산하는 것에 관한 관심뿐만 아니라 그 방법이었다. 지금부터 나는 사회사에서 문화사로의 전환을 강조하면서, 의료문화사의 새로운 연구에 드러난 방법론적 특징 중 몇몇을 보여줄 것이다.

문화사에 불손한 태도를 취하고 싶어질 때면, 나는 문화사를 '반문맹인과 그 친구들의 지성사'라고 정의한다. 내가 자극적인 타블로이드지인 《주간 월드 뉴스(*Weekly World News*)》의 17세기 판 역사를 쓰고 있다고 놀리는 사람들은 이러한 정의를 지지한다. 좀 더 진지해질 때면, 나는 문화사의 중심이 의미 만들기, 즉 과거의 사람들이 어떻게 그들의 삶, 자연 세계, 사회적 관계, 그들의 몸을 이해했는지에 대한 관심에 있다고 주장한다. 이 정의는 의미가 내재된 것이 아님을, 즉 부름받기를 기다리면서 텍스트나 관행 속에 머물러 있는 게 아니라는 것을 뜻한다. 의미는 균일하거나 역사를 넘어서거나 심지어는 명백한 것도 아니다. 의미는 만들어져야만 하는데, '만들기'는 쉽거나 단순한 과정이 아니다. 이것은 분투를, 아마도 대결까지도 인정한다.

2 Donald Kelley, "The Old Cultural History," *History of the Human Sciences* 9 (1996): 101-126.

만들어진 의미는 없어지거나 다시 만들어질 수 있다. 어떤 면에서, '의미 만들기'는 포스트모던식으로 볼 때 우리 자신의 역사 만들기 자체를 의미할 수도 있다. '의미 만들기'의 이러한 측면은 모두 우리가 주제뿐만 아니라 방법에 대해서도 생각해야 한다는 것을 암시한다.

그러나 내가 농담조로 비지성인의 지성사라고 정의했던 데에는 분명 진실도 있다. 문화사는 지성사의 방법과 "왜 그렇게 생각했지?" "이걸 어디서 배운 걸까?" 와 같은 질문을 가져와 예전에는 역사적으로 흥미롭다고 여겨지지 않았던 사회 구성원의 사고에 적용하려는 시도로 이해될 수 있다. 카를로 진즈부르그(Carlo Ginzburg)의 『치즈와 구더기: 16세기 한 방앗간 주인이 품은 우주관(*The Cheese and the Worms*)』(영어 초판은 1980년에 출간)은 이러한 시도의 모범이자 그 이상의 저작이다.[3] 이 책에서는 이단자인 방앗간 주인의 생각이 매우 신중하게 분석된다. 그가 무슨 책을 읽었지? 그가 그의 우주론을 어떻게 구상했지? 누구와 대화했지? 왜 그런 생각을 할 수 있었지?

우리 분야의 발전과 전망에 대한 이러한 지성사는 세대 변화에 대한 좀 더 개인적인 이야기이기도 하다. 나는 어떻게 보면 역사가로서 내 경력, 그리고 좀 더 넓은 분야의 역사에서 문화사의 위치를 이해하는 것 둘 다의 중간 지점에 있다. 나는 의료사회사의 전성기를 이끈 학자 중 하나인 찰스 로젠버그에게 훈련을 받았다. 내 첫 책은 18세기 브리스톨의 빈민 보건 연구로, 19세기 병원의 사회적 양상에 대한 로젠버그의 뛰어난 분석은 물론, 좀 더 일반적인 사회사에서 나온 다짐인 '밑으로부터의 역사'에 영향을 받은 이야기였

3 Carlo Ginzburg, *The Cheese and the Worms: The Cosmos of a Sixteenth-Century Miller*, John and Anne Tedeschi, trans. (Baltimore: Johns Hopkins University Press, 1980). 4.

다.[4]

그러나 지금 나는 다른 방식으로 다른 시대를 연구하고 있다. 지금 내 프로젝트는 근대 초 영국의 싸구려 출판물에 나타난 여성의 몸 연구로, 여성의 몸이 어떻게 종교개혁과 영국 청교도혁명 같은 역사적 변화를 표현하고 논의하는 문화적 장소가 되었는지 탐구한다. 첫 책의 동기를 부여했던 것과 같은 우려가 이 연구에도 해당된다. 권력이 어떻게 세밀하고도 평범한 방식으로 작동하는지? 인간의 몸 혹은 이에 대한 관념이 어떻게 이러한 권력의 미시 구조 안에서 작동하는지? 환자와 의사가 정보를 얻기 위해 몸의 외부에 의존해야 하는 때에 몸의 내부가 어떻게 상상되고, 진단되고, 묘사되는지? 새로운 우려도 있다. 여성이라는 것이 무엇이며 이 의미가 어떻게 변하는지? 젠더 관계가 어떻게 우리 스스로의 몸에 대한 상상을 구성하는지? 젠더 관계가 정치적 변화와 몸에 대한 관념 사이의 중심점인지? 어쩌면 어떤 분야에서든 중년이 된 많은 행위자가 그렇듯 나도 젊은 무법자에서 제도권의 인물로 절대 우아하지 않은 변화를 경험하고 있다. 그러나 나는 나와 내 동기들을 단련시켰던 신념이 우리 학생들에게는 꽤 이질적이라는 데에 신경이 쓰이기도 한다. 나는 똑똑하고 재능 있는 내 학생들이 '사회'라는 분류가 무엇을 수반하고 설명하는지에 대해 별생각이 없는 것 같아 걱정이다.

회상을 통해 내가 말하는 이 세대 변화가 무엇인지를 분명히 해 보자. 나는 언제 문화적 분석의 잠재력을 깨달았는지 꽤 정확하게 기억한다. 그러나 그 통찰은 사회사의 세부 사항에 바탕을 두고 있었다. 첫 책에서 나는 1834년 이전 영국의 복지 체제였던 구 빈민구제법(Old Poor Law)하에 교구(教區)

4 Mary E. Fissell, *Patients, Power, and the Poor in Eighteenth-Century Bristol* (Cambridge: Cambridge University Press, 1991).

민생 위원이 작성한 기록을 집중적으로 사용했다. 각각의 교구는 세금이나 '요금(rate)'을 거두고 이 돈을 '가치 있는' 빈민에게 지급했다. 사회사가는 '가치 있는'이라는 분류가 시간이 흘러감에 따라 구성되고 재구성된 많은 방법에 대해 잘 알고 있었다. 나는 이 체제의 보건 분야와 구 빈민구제법이 빈민에게 상당히 관대하게 의료서비스를 제공한 방법에 초점을 맞추었다. 노트북(laptop)이 등장하기 전이었으므로, 나는 수혜자당 인덱스카드 한 장을 쓰는 식으로 한 교구가 지급한 돈을 일련의 인덱스카드에 재구성했다. 나는 의료서비스가 사회복지의 중요한 요소였고 복지가 종종 인생의 긴급 상황에 부양책이 되었다고 주장했다. 복지는 어린 자녀가 많은 데다 가장이 아픈 바람에 곤경에 빠진 가족을 일으켜 세웠고, 자녀들이 부양하려 하지 않는 나이 든 과부를 도왔다. 내 분석은 기본적으로 사회적이었으며, 세례· 결혼· 장례를 적은 교구 기록에서 얻은 인구통계학적 사실에 바탕을 두었다.

그러나 책을 끝낸 지 얼마 후, 나는 분리된 영역(separate spheres)이라는 이데올로기가 규범집(prescriptive literature)에 언급되어 있을 뿐만 아니라 1834년의 신 빈민구제법(New Poor Law) 같은 법령에 체화되었다고 슬쩍 언급한 레오노어 다비도프(Leonore Davidoff)의 논문을 읽게 되었다.[5] 갑자기, 내가 사용한 회계 장부의 사회적 사실이 문화적으로 구성되었다는 것을 알게 되었다. 한편에서는 교구 민생 위원이 갑자기 고아가 된 아이들, 결혼을 약속한 남자에게 버림받은 미혼모, 마을의 자원 재분배를 통해 이웃의 부양을 받는 일할 수 없는 노인같이 인구통계학적 불운에 의해 창조된 사회적 문제를

5 Leonore Davidoff, "The Separation of Home and Work? Landladies and Lodgers in Nineteenth- and Twentieth-Century England," in *Fit Work for Women*, Sandra Burman, ed., (London: Croom Helm, 1979), 64-97, 64.

다루고 있었다. 그러나 다른 한편으로, 민생 위원은 '가족'이 무엇인지에 대한 개념을 수행하고 규정했다. 가족이 죽거나 떠난 이들에게 자원을 제공함으로써, 민생 위원은 남자가 가장인 가족이 사회의 기본 경제 단위라는 생각을 뒷받침했다. 사실상 민생 위원은 요리와 청소를 하고 배우자가 없는 아픈 남성을 간호하게 하려고 나이 든 여성을 고용하거나, 가사 일을 배우도록 고아 소녀의 도제 고용계약(indenture) 비용을 지불함으로써 일시적으로 가공의 가족을 창조했다. 이들은 남자에게 그의 아이를 낳은 여자와 결혼하도록 종용하거나 산파를 시켜 산통 중인 미혼모에게 아이 아버지를 물어보게 하여 좀 더 영속적인 가족을 창조했다. 따라서 이들의 노력은 공백을 메꾸어 줄 대체재를 창조해 본연의 '진짜' 가족을 지지했다. 동시에 이들은 자원의 제공을 통해 '가족'에 대한 특정한 개념을 재생산했다.

다음으로 나는 사회사에서 문화사로의 이행이 문화사가 무엇인지 명확히 하기 위한 방법이자 이 전환에 따른 득실의 반영이라고 강조할 것이다. 물론 사회사와 문화사 사이의 구분은 내 분석이 제안하는 것처럼 딱 떨어지지 않는다. 카를로 진즈부르그의 초기 책은 사회사로 쓰였지만, 대중문화를 억누르거나 개혁하려는 엘리트 문화의 시도와 구별되는 진정한 대중문화의 존재에 대한 논의도 분명히 포함하고 있었다. 마거릿 펠링(Margaret Pelling)의 논문 두 편은 어떻게 문화적 분석이 이전에 의료사회사가 차지했던 공간을 영유하기 시작했는지 보여준다.[6] 1987년에 발표된 첫 번째 논문에서 펠링은

6 Margaret Pelling, "Medical Practice in Early Modern England: Trade or Profession?" in *The Professions in Early Modern England*, Wilfred Prest, ed. (London: Croom Helm, 1987), 90-128; "Compromised by Gender: the Role of the Male Medical Practitioner in Early Modern England," in *The Task of Healing. Medicine, Religion and Gender in England and the Netherlands 1450-1800*, Margaret Pelling and Hilary Marland, eds. (Rotterdam: Erasmus Publishing, 1996), 101-134.

무능하고 미신에 사로잡힌 의료 행위자로 가득한 일종의 지옥세계에서 길을 잃은 몇몇 진보적인 의사협회(College of Physicians) 회원 덕분에 근대 초에 의료가 성장할 수 있었다는 '의사직의 성장' 서사에 의문을 표했다. 그녀는 행위자들이 의료업을 오갔다는 것을 보여주었는데, 예를 들자면 약제상이 잡화점 주인·향신료 판매자·미용 도구 판매원으로도 일했다는 것이다. 이 논문은 평범한 행위자를 연구하고 '직업'이라는 사회학적 범주에 의문을 표하는 모범적인 사회사이다.

1996년에 발표한 후속 논문에서, 펠링은 의료 연구와 연계된 풍성한 의미를 탐구하여 예상치 못한 통찰을 얻었다. 그녀는 의료 행위자의 지위에 대한 쟁점이 젠더 문제와 긴밀하게 연결되었다고 주장했다. 엘리트 행위자인 의사협회 회원에 대한 논의에서, 그녀는 이 집단의 행동과 실천을 이해할 수 있도록 돕는 지위와 젠더의 모호성을 조명했다. 의사협회는 분명 다 남성으로 이루어져 있었지만, 협회의 이미지는 젠더 모호성과 여성성을 지녔다. 협회는 런던시의 길드와 정치 참여라는 남성적인 세계와 거리를 두고 궁정의사(Royal Physicians)의 멤버십을 통해 그 운명을 궁정과 연결 지었다. 그러나 궁정 의사는 특이한 틈새시장을 차지하고 있었다. 그들은 왕실의 일원이었는데 엘리자베스 여왕의 긴 재위 동안 이렇게 몸의 시중을 드는 하인은 주로 여성이었다. 그러나 제임스 1세의 즉위 후에는 궁정 문화 전체가 젠더 모호성이라는 특징을 보였고, 왕이 총애하는 남자들이 권력을 놓고 힘을 겨뤘다. 이에 따라 시중도 점차 여성적인 일이 되었다. 펠링은 의술과 오랫동안 연결되어 온 요리가 어떻게 외국인 요리사, 호화롭고 퇴폐적인 음식, 따라서 특정한 여성성과 연계되었는지 보여준다. 의사가 독살에 대해 잘 알고 있으리라는 점은 이들을 비열하고, 비밀스러우며, 전적으로 여성적이라 여겨진 살인 방법과 연결지었다. 즉, 의료 행위자는 의사협회 회원처럼 사회적으로 구분된 사람이라 해도 고정된 사회적 정체성을 갖지 않았다. 오히려, 그는 요리사에서 스파이까지, 갖가지 가능한 표상 사이를 넘나들었고, 이 문제는 한 세기를 거쳐서야 해결되기 시작한 젠더와 지위의 모호성 때문에 더 복잡해졌다. 펠링의 두 번째 논문은 의미가 어떻게 역사적 행위자에 의해 구성되었는지를 조사한 문화사의 좋은 예이다. 이러한 의미는 명백하지 않다. 나만 해도 불길한 궁정 의사/독살의 행간은 물론이고, 의사의 일이 지닌 여성적 함의에 대해서도 생각해 본 적이 없었다.

지금 와서 생각해 보면 문화사는 우세하게 될 수밖에 없던 게 확실하다. 1973년에 출판된 클리포드 기어츠(Clifford Geertz)의 『문화의 해석(*The Interpretation of Cultures*)』은 문화사 창조의 초기작으로 간주되었으며, 1980년대 초 내가 대학원에 들어갔을 때 역사가의 책장에 꼭 꽂혀 있던 인류학책이었다.[7] 역사가들은 기어츠로부터 사건이 텍스트처럼 읽힐 수 있고, 폭동이나 행진이나 고양이 학살이나 여타 비문학적 산물이 역사가가 되찾아 분석할 수 있는 상징적 의미를 지닌다는 생각을 배웠다. 그러나 동시에 영국의 마르크스주의 역사가들은 사회적 상호작용의 상징적 측면에도 관심을 가지게 되었다. 잘 알려진 모음집인 『대영제국의 치명적 나무(*Albion's Fatal Tree*)』(1975)는 영국의 지배층이 형사 법정을 일종의 권력 무대로 삼아 상징적인 방법을 통해 어떻게 사회적 역할을 재생산했는지 논의했다.[8] 프랑스의 아날학파는 '대중문화'라는 범주의 성격에 대해 논쟁하면서 망탈리테를 정교하게 분석해왔고, 이 범주를 논쟁할 가치가 있도록 만든 연구 대부분을 수행했

7 Clifford Geertz, *The Interpretation of Cultures* (New York: Basic Books, 1973).

8 Douglas Hay et al., *Albion's Fatal Tree: Crime and Society in Eighteenth-century England* (New York: Pantheon Books, 1975).

다. 진즈부르그 같은 이탈리아 역사가는 특정한 인물이나 사건을 종교재판소 사례처럼 여러 유사한 예시와의 관계를 통해 해석하고 자세하게 연구하는 '미시사' 형태를 창조했다.[9]

이렇게 다양한 가닥이 영미 연구사에서 수렴되었고, 언어의 역할이 반성적(reflective)이라기보다는 생산적이라고 보는 새로운 생각과 더불어 '새로운' 문화사의 취임을 위한 조건을 창조했다.[10] 『새로운 문화사(*The New Cultural History*)』라는 제목으로 1984년에 출판된 여러 편의 에세이 모음집이 이 세부분야의 도착을 알리는 표식이라 하겠다.[11] 친구에게 내가 문화사에 대한 에세이를 쓰고 있다고 말하자, 그는 "흠, 우리 다 그렇지 않아?"라고 중얼거렸다. 어떻게 보면 그가 맞다. 20년 전 역사 서술을 지배했던 사회사나 지성사 종류는 더 이상 순수한 형태로는 만날 수 없다. 마치 사회사와 지성사가 서로 섞여 들어간 듯하다.

그러나 문화사를 전도한다고 할 때, 나는 사회사와 지성사의 교차에 의해 창조된 중간 지대보다는 좀 더 구체적인 무언가를 말하고자 한다. 다음 장에서 나는 의료사가에게 가장 적절해 보이는 '새로운' 문화사의 세 가지 양상인 의미 만들기, 패턴에서 과정으로의 전환, 실수·오류·생략과 같은 스토리텔링의 형태 등에 대한 관심을 살펴본다.

9 예로는 다음의 연구가 있다. *Microhistory and the Lost Peoples of Europe*, Edward Muir and Guido Ruggiero, eds., Eren Branch, trans. (Baltimore: Johns Hopkins University Press, 1991); *Jeux d'échelles: La micro-analyse à l'expérience*, Jacques Revel, ed. (Paris: Gallimard Seuil, 1996).

10 문화사의 개관을 작성하는 데 다음을 참조했다. *Explorations in Cultural History*, T. G. Ashplant and Gerry Smyth, eds. (London: Pluto Press, 2001); *The Postmodern History Reader*, Keith Jenkins, ed. (London: Routledge, 1997); *Beyond the Cultural Turn: New Directions in the Study of Society and Culture*, Victoria E. Bonnell and Lynn Hunt, eds. (Berkeley: University of California Press, 1999).

11 *The New Cultural History*, Lynn Hunt, ed. (Berkeley: University of California Press, 1984).

문화사와 의료사

그러나 이 주제에 대해 논의하기 전에, 우리는 문화사와 독특한 관계를 지니는 의료사의 최근 궤적을 더 자세히 살펴볼 필요가 있다. 문화사는 의료사의 두 분야인 질병의 사회사와 몸의 역사에서 특히나 중요했다. 1970년대 사회학은 도시 폭동을 연구하든 과학 실험실에서의 행동을 연구하든 간에 역사가가 도움을 받은 패러다임 분야였다. 지식의 사회학은 과학사가에게 과학의 내재적 발전론과의 연결고리를 자를 수 있는 칼을 제공했다. 이들의 연구는 대체 의료와 질병 관념의 역사에 영향력을 발휘했다.[12] 나는 대학원 1년 차 내내 스티븐 섀핀(Steven Shapin)이 쓴 골상학 논문의 마법에 완전히 빠져있었는데, 여기서 그는 골상학자가 뇌의 구조를 이해한 방식이 그들의 사회적 세계를 이해하는 것과 연결되었음을 보여주었다.[13] 나는 대학원 과정 초기에 쓴 보고서에서 몸과 사회 구조를 이렇게 깔끔하게 연결할 수 있는 다른 예를 찾고자 했다.

의료사가가 섀핀과 다른 학자들이 실천했던 과학적 지식의 해체를 질병의 범주에 적용하기 시작했다는 것은 놀랍지 않다. 이 연구 중 어떤 것은 자

12 *Natural Order: Historical Studies of Scientific Culture*, Barry Barnes and Steven Shapin, eds. (Beverly Hills, Calif.: Sage, 1979); Roger Cooter, *The Cultural Meaning of Popular Science: Phrenology and the Organization of Consent in Nineteenth-Century Britain* (Cambridge: Cambridge University Press, 1985); Adrian Desmond, "Artisan Resistance and Evolution in Britain, 1819-1848," *Osiris* 3 (1987): 77-110.

13 Steven Shapin, "Phrenological Knowledge and the Social Structure of Early 19th-Century Edinburgh," *Annals of Science* 32 (1975): 219-243; "Homo Phrenologicus: Anthropological Perspectives on an Historical Problem," in Barnes and Shapin, *Natural Order*, 41-71; and "The Politics of Observation: Cerebral Anatomy and Social Interests in the Edinburgh Phrenology Disputes," in *On the Margins of Science: The Social Construction of Rejected Knowledge*, Roy Wallis, ed., *Sociological Review* Monograph no. 27 (1979): 139-178.

위나 신경증과 같이 '쉬운' 질병을 살펴보았다는 점에서 '부드러웠다.'[14] '쉽다'나 '부드럽다'는 경멸조가 아니다. 이들의 연구는 내게 중요했고 가르치면서 행복한 시간을 보내게 해 주었다. 대신 이 형용사는 콩트 철학파의 위계질서를 뜻하는데, 여기서는 맞든 아니든 간에 분자물리학이나 전파천문학 지식보다 식물학이나 골상학 지식을 형성한 사회적 힘을 보여주는 것이 더 쉽다고 간주된다. 그러나 1982년 출간된 라이트(Wright)와 트리처(Treacher)의 에세이 모음집인 『의료 지식의 문제(*The Problem of Medical Knowledge*)』는 '쉬운' 질병에서 광부의 안구진탕증(振盪症), 천식, 유전적 질병으로 이동했다.[15]

찰스 로젠버그가 1992년에 발표한 『질병을 프레임하기(*Framing Disease*)』라는 모음집은 사회적 모델 자리에 문화적 모델을 제안하여, 질병의 사회적 구성에 응답한다.[16] 로젠버그는 질병의 사회적 구성이 동어 반복, 즉, "남자와 여자가 스스로를 문화적으로 구성한다는 진리를 전문적으로 다시 쓴 것"이라 주장하여 그 힘을 축소했다. 그러고 나서 그는 "의료의 역사에 나타나는 모든 양상은 '사회적'일 수밖에 없다."라며 '의료사회사'라는 단어의 힘 또한 축소했다.[17] 계속해서 그는 질병의 사회적 구성이 생물학적 근거가 알려지지 않았거나 논란이 있는, 문화적으로 의미 있는 진단, 즉 앞에서 말한 '부

14 Barbara Sicherman, "The Uses of a Diagnosis: Doctors, Patients, and Neurasthenia," *Journal of the History of Medicine and Allied Sciences* 32 (1977): 33-54; H. Tristram Engelhardt, "The Disease of Masturbation: Values and the Concept of Disease," *Bulletin of the History of Medicine* 48 (1974): 234-248.

15 *The Problem of Medical Knowledge: Examining the Social Construction of Medicine*, Peter Wright and Andrew Treacher, eds. (Edinburgh: Edinburgh University Press, 1982).

16 *Framing Disease: Studies in Cultural History*, Charles E. Rosenberg and Janet Golden, eds. (New Brunswick, N.J.: Rutgers University Press, 1992).

17 *Ibid.*, xiv.

드러운' 진단 몇 개에만 집중한다고 탓했다. 더구나 그는 질병의 사회적 구성 모델을 비판했다. 왜냐하면 그가 보기에는 그 모델이 지식의 공급자를 억압자로 간주하면서 지식이 어떻게 사회적으로 통용되었는지에 대해 구시대적인 이해 방식을 취했기 때문이다.[18]

질병을 '구성'하는 대신, 로젠버그는 그가 생각하기에 논란이 더 적은 은유인 질병의 '프레임하기'를 선택했다. 그는 질병이라는 독립체가 고통받는 개인·치유자·사회 비평가를 위한 사회적 주자가 되는 여러 방법을 세련되게 짚었다. 흥미롭게도 그는 오세이 템킨(Owsei Temkin)이 질병의 존재론 모델 대(對) 생리적 모델을 설명했던 1963년의 에세이에 대해 논하고 나서, 아서 클라인만(Arthur Kleinman)이 강조한, 의료에 의해 이해되는 독립체로써의 질병과 환자가 경험하는 질환의 차이를 중심으로 하여 클라인만을 템킨과 비교했다.[19] 매년 개론 수업에서, 나는 '존재론'과 '생리학'을 칠판에 쓰고, 다른 수업에서는 '질환'과 '질병'을 쓴다. 그러나 로젠버그의 글을 다시 읽을 때까지, 나는 둘을 같이 생각해 보지 않았다. 로젠버그는 사이에 낀 번잡한 부분에 관심이 있다. 행위자와 환자 사이, 환자의 가족과 행위자 사이, 기관과 행위자 사이의 공간같이 질병의 개념이 "관계를 중재하고 구축하는" 장소 말이다. 로젠버그가 제안한 것은 '새로운 문화의' 역사라기보다는 의료 실천을 중요하게 여기고 질병을 보다 완전하게 사회적으로 이해하는 것이었다. 그

18 *Ibid.*, xv

19 *Ibid.*, xxii-xxiii. 로젠버그가 언급한 연구는 오세이 템킨의 "The Scientific Approach to Disease: Specific Entity and Individual Sickness," in *Scientific Change: Historical Studies in the Intellectual, Social, and Technical Conditions for Scientific Discovery and Technical Invention from Antiquity to the Present*, A. C. Crombie, ed. (New York: Basic Books, 1963), 629-647; Arthur Kleinman, *The Illness Narratives: Suffering, Healing, and the Human Condition* (New York: Basic Books, 1988)이다.

러나 그의 모델이 가진 풍부함은 우리에게 '문화'와 '사회'가 체험적인 구조이지, 배타적인 신념은 아니라고 일깨워준다.[20]

질병의 문화적 분석은 『질병을 프레임하기』가 추구했던 분석과 다르게 독자적으로 발전했다.[21] 1996년의 논문에서 콜린 존스(Colin Jones)는 페스트에 대한 사회사가 많이 있지만 페스트의 의미를 이해하는 연구는 부족하다고 주장했다. 흥미롭게도, 존스와 로젠버그 둘 다 만성질환(로젠버그)이나 영아사망(존스)같이 좀 더 일상적인 고통의 강조와 전염병의 출현에 중점을 두는 역사 서술 간의 갈등에 주목한다. 존스의 사명은 페스트가 논의되고 토론되었던 주된 공간, 즉, 페스트 관련 소책자에 드러난 "은유와 상징을 짚어보는" 것이었다. 그는 264권의 책을 조사했는데, 이중 다수는 엄청나게 반복적이고 심지어는 "무미건조"하기도 했다. 즉, 존스는 전파의 양상이나 유행병으로 인한 혼란이 사회 구조를 드러내는 방법에 초점을 맞추기보다는 페스트의 상징적 측면을 탐구했다. 의학·종교·정치의 세 가지 언어가 이러한 텍스트를 특징지었다. 존스는 17세기 중반 페스트에 대한 종교와 의료 담론이 절대주의 언어로 쓰인 정치적 각본으로 수렴되기 시작한다고 주장했다. 그러나 존스는 이러한 현상이 단순히 절대주의 국가의 승리일 뿐이라고 주장하지는 않았다. 대신 "번잡하고 복잡한 쌍방" 통행이 자리했다.[22] 예를 들어

20 사회사와 문화사의 결합은 로젠버그의 연구 대부분에서 나타나는 특징이다. 예를 들어, 그의 첫 책은 콜레라에 대한 생각의 변화를 19세기 뉴욕시의 사회적 특수성과 한데 엮었다. Charles E. Rosenberg, *The Cholera Years, the United States in 1832, 1849, and 1866* (Chicago: University of Chicago Press, 1962).

21 Colin Jones, "Plague and Its Metaphors in Early Modern France," *Representations* 53 (1996): 97-127. 다음도 참조. Giulia Calvi, *Histories of a Plague Year: The Social and the Imaginary in Baroque Florence* (Berkeley: University of California Press, 1989), 이 책은 페스트 전파 양상의 사회적 분석을 1633년에 페스트가 발발했을 때 성인으로 추대받았던 한 수녀를 통해 문화적 분석과 혼합했다.

22 Jones, "Plague," 116.

국가는 방역선(cordon sanitaire, 전염병이 돌 때 이동을 통제하기 위한 격리 방침-역주)이라는 의료적 방안을 받아들였다. 절대주의와 페스트 둘 다가 서로를 구성했다.

넓은 의미에서 문화사와 특별한 관계를 갖는 의료사의 두 번째 양상은 몸의 역사이다. 여기서 관계란 대체로 부재(不在)의 관계이다. 나로서는 그 이유를 완전히 알 수 없지만, 의료사를 연구하는 역사가 대부분은 몸을 문화적 장소로 보려 하지 않았다. 반면, 몸의 역사 대부분은 조너선 소데이(Jonathan Sawday) 같은 문학 비평가나 캐롤라인 바이넘(Caroline Bynum)처럼 스스로를 '의료사가'라 보지 않는 역사가들이 썼다.[23] 토마스 라커(Thomas Laqueur)는 일종의 교차점이다. 그의 첫 책은 19세기 영국 성경학교의 사회사였다. 그의 초기 연구에서도 몸이 중요했다. 몸·죽음·빈민 장례에 대한 라커의 논문은 1987년《레프리젠테이션(*Representations*)》첫 호에 발표되었다. 그러나 몸을 다룬 대성공작을 썼을 때, 그는 어떻게 의대에서 처음 2년을 보냈는지 설명하면서 스스로를 역사보다는 의료 안에 위치시켰다.[24] 루드밀라 조다노바(Ludmilla Jordanova)의 『섹슈얼 비젼(*Sexual Visions*)』이나 몸·죽음·해부·섹슈얼리티에 대해 쓴 캐서린 파크(Katharine Park)의 에세이는 우리에게 의료사와 몸

23 Jonathan Sawday, *The Body Emblazoned: Dissection and the Human Body in Renaissance Culture* (London: Routledge, 1995); Caroline Walker Bynum, *Holy Feast and Holy Fast* (Berkeley: University of California Press, 1985). 미셸 페어(Michel Feher)가 편집한 몸의 역사책은 엄청난 영향력을 발휘했고 의료적 내용도 많았지만, 저자 중에는 의료사가가 많지 않았다. *Fragments for a History of the Human Body*, Michel Feher, ed. (New York: Zone, 1989).

24 Thomas W. Laqueur, *Religion and Respectability: Sunday Schools and Working Class Culture, 1780-1850* (New Haven: Yale University Press, 1976); "Bodies, Death, and Pauper Funerals," *Representations* 1 (1983): 109-131; *Making Sex: Body and Gender from the Greeks to Freud* (Cambridge, Mass.: Harvard University Press, 1990).

의 역사가 어떻게 서로를 발전시킬 수 있는지 보여준다.[25] 여기서, 의료에 대한 저자의 깊이 있는 지식은 '의료적,' '비의료적' 몸의 분석 사이에 있는 해석의 장벽을 무너뜨리도록 돕는다. 바바라 두덴(Barbara Duden)의 책은 의사의 사례집에 등장하는 '의료적' 몸의 설명을 남에게 공개되지 않은 고상한 부르주아의 몸 발달같이 몸의 역사에 나타나는 고전적인 주제와 통합하려 한 보기 드문 연구 중 하나이다.[26] 아프거나 고통스러워하는 몸은 의료사가의 영역으로, 건강한 몸과는 완전히 다르게 구성되곤 한다. 반면에 건강한 몸은 문학비평가, 미술사가, 문화학 교수가 주로 다룬다.

의미 만들기: 미시사와 민족지학

해럴드 쿡(Harold J. Cook)은 요하네스 그로네펠트(Johannes Groenevelt)에 관한 그의 수상작에서 의사협회와 갈등을 빚은 의료인(practitioner)의 이야기를 전한다.[27] 이 책은 의료사가가 미시사 방법을 대놓고 채택한 드문 예이다. 쿡은 이 장르의 고전적 예인 진즈부르그의 『치즈와 구더기』를 인용했다. 그로네펠트가 방앗간 주인 메노키오(Mennocchio) 같은 특징을 지니지 않은 데

25 Ludmilla Jordanova, *Sexual Visions: Images of Gender in Science and Medicine between the Eighteenth and Twentieth Centuries* (Madison: University of Wisconsin Press, 1989), Katharine Park, "The Life of the Corpse: Division and Dissection in Late Medieval Europe," *Journal of the History of Medicine and Allied Sciences* 50 (1995): 111-132; "The Criminal and the Saintly Body: Autopsy and Dissection in Renaissance Italy," *Renaissance Quarterly* 47 (1994): 1-33; "The Rediscovery of the Clitoris. French Medicine and the Tribade, 1570-1620," in *The Body in Parts: Fantasies of Corporeality in Early Modern Europe*, David Hillman and Carla Mazzio, eds. (London: Routledge, 1997), 171-194.

26 Barbara Duden, *The Woman beneath the Skin* (Cambridge, Mass.: Harvard University Press, 1991.

27 Harold J. Cook, *Trials of an Ordinary Doctor: Johannes Groenevelt in Seventeenth-Century London* (Baltimore: Johns Hopkins University Press, 1994).

에 약간 실망한 독자도 있겠다. 쿡이 인정했듯이, 우리에게는 그뢰네펠트의 속마음을 밝혀 줄 일기도, 친밀한 편지도, 개인적인 기록물도, 경험의 구성도 없다. 종교재판의 증언을 통해 매우 기상천외할 뿐만 아니라 개인적인 혼합주의를 드러낸 진즈부르그의 방앗간 주인이 지녔던 매혹적이고 때로는 마음을 산란케 하는 이국적 정서가 여기에는 없다.

그러나 쿡은 독자가 저자와 함께 추측할 수 있게 하는 매우 개인적인 책을 써서 통상적인 미시사 요소의 부족을 상쇄했다. 이 책은 개인적이지만, 페이지를 넘길 때마다 포스트모던한 저자가 텍스트에 등장하지 않는다는 점에서는 구식이다. 그러나 이 점이 매우 만족스럽다. 예를 들어, 우리는 그뢰네펠트가 그에게 주어진 운명을 어떻게 이해하거나 해석했는지 알 수 없다. 하지만 쿡은 이 네덜란드 의사가 활용할 수 있었던 틀 몇 가지를 우리에게 상기시킨다. 저자가 장로에 대한 그뢰네펠트의 칼뱅주의 개념이나 그의 심오한 고전주의 교육이 어떻게 그에게 고통을 자아냈을지 설명해 주면, 우리 역시도 이데올로기와 개인의 관계가 알고 싶어진다. 쿡은 우리에게 다음과 같이 말한다. "시간은 모든 것을 가져가고, 어떤 현대 마술도 우리로 하여금 17세기 사람들의 진짜 목소리나 모습을 불러오게 할 수 없다. 우리가 가진 것은 말과 사물뿐인데, 대부분은 종이 위의 잉크 형태로 남은, 사라진 영혼의 가시적 표시이다. 그러나 연민을 가지고 기록된 말을 사용하면 그뢰네펠트와 그의 지인들이 걸었던 세계의 무언가를 감지하기 시작할 수 있다."[28] 이 겸손한 해석은 책을 매우 매력적으로 만든다. 쿡의 서술 능력은 이전 세대의 학자를 연상시킬지도 모르나, 우리가 채워야만 하는 구멍과 틈과 질문이 있는 이야기를 기꺼이 썼다는 것은 그의 세련됨과 영민함을 보여준다.

28 *Ibid*, xvii.

교육을 잘 받고 궁정의사회의 일원이기도 했던 그뢰네펠트가 협회와 틀어진 것은 우연이 아니었다. 쿡은 리처드 브라운(Richard Browne), 크리스토퍼 크렐(Christopher Crell)과 함께 그뢰네펠트가 어떻게 치료법과 의료의 위계질서를 개혁하고자 했는지 보여주었다. 1687년 요금에 차등을 두는 단체 의료 클리닉을 열었을 때, 경험과 실험이 치료법 개혁에 필수적이었음에도 그뢰네펠트와 그의 동료들은 자신들이 단순한 경험주의자와는 다르다는 것을 보여주려 애썼다. 이 단체가 출판한 『아픈 사람을 위한 신탁(*The Oracle for the Sick*)』은 영어로 된 최초의 선다형 대중 의료서였다. 치료를 받고자 하는 환자는 의사가 보통 물어보는 질문을 읽고 여러 답 중 어떤 것이 그의 고통에 가장 잘 들어맞는지 밑줄을 그었다. 상처를 입거나 몸에 병이 생긴 환자는 책에 제공된 사람 그림 위에 해당 부위를 표시했다. 환자가 클리닉에 책을 가져오면 의사는 재빨리 그것을 읽고 맞춰서 처방했다. 그뢰네펠트는 의사·외과의·약제사 간의 위계 구분을 대놓고 무시했을 뿐 아니라 클리닉의 의료 행위를 간소화했는데, 이 방식은 의사가 습관적으로 행하던 구체적이고 매우 개인화된 상담을 은연중에 비판하는 것이었다. 재주가 덜한 역사가였다면 이 에피소드를 그저 의사협회가 존 그린필드(그뢰네펠트의 영국식 이름)라는 비공인 의료 행위자 한 명을 탄압했던 임의적 순간으로 그렸겠지만, 쿡은 개인적 관계, 지적인 믿음 그리고 여기에 부여된 정치적 의미가 어떻게 이 사건을 만들어 냈는지 보여주었다.

비록 이 이야기는 미시사라고 알려져 있으나, 쿡은 각기 다른 국가적 맥락에서 유래된 다양한 방안과 방식을 차용했다. 어떤 면에서, 개인적인 삶에 대한 주의 깊은 설명은 이탈리아의 맥락에서 본 미시사라기보다는 폴 시버(Paul Seaver)가 재구성한 런던의 녹로공(wood turner) 느헤미야 월링턴

(Nehemiah Wallington)의 삶과 믿음과 더 비슷하다.[29] 시버와 쿡 둘 다 주제의 맥락에 대한 풍부한 지식을 사용하여, 종교적이거나 의료적인 관념과 실천이 풍부하게 담긴 미니어처를 생산했다. 그리고 둘 다 주제를 이해하기 위해 문화사의 여러 조류를 사용하여 방법론적으로 다양화를 꾀했다. 귀도 루지에로(Guido Ruggiero)가 마르가리타 마르첼리니(Margarita Marcellini)의 죽음에 대해 쓴 최근의 논문은 방법 면에서 더 표준적인 의료 미시사를 대표한다.[30] 루지에로는 수천의 종교재판 기록을 읽고 이 여인의 이야기를 개념화하기 위해 그의 방대한 지식을 이용했다. 마르첼리니가 1617년에 죽었을 때, 주술에 걸렸다는 의혹이 있었다. 루지에로가 보여주었듯 우리가 무슨 일이 있었는지 이해한다고 생각하는 바로 그때, 또 다른 의미와 다른 해석의 가능성이 등장한다. 친정이 지참금을 돌려받게 하려는 욕심에 마르가리타의 자매인 그라지마나(Grazimana)가 주술을 건 걸까? 아니면, 남편에게 매독이라고 할 수 있는 '프랑스 병(mal francés)'이 옮아 죽은 건가? 루지에로는 종교재판관이 그랬던 것처럼 우리에게 혼란스럽고 상반되는 표시를 이해하라고 강요하며 종교재판 기록에서 어떻게 상충되는 이야기를 찾을 수 있는지 보여준다. 여기서 우리는 모두 의미를 만드는 데 관여하고 있다.

미국의 맥락에서, 미시사는 종종 민족지학같이 매우 다른 분야로부터 유래한 자생적 전통과 혼합되거나 병치된다. 수년 동안 인류학자인 클리포드 기어츠와 함께 프린스턴에서 가르친 로버트 단튼(Robert Darnton)은 인류학 방법의 여러 측면을 역사적 실천에 옮기고자 했다. 기어츠는 사건을 텍스트

29 Paul Seaver, *Wallington's World: A Puritan Artisan in Seventeenth-Century London* (Stanford: Stanford University Press, 1985).

30 Guido Ruggiero, "The Strange Death of Margarita Marcellini: Male, Signs, and the Everyday World of Pre-modern Medicine," *American Historical Review* 106 (2001): 1141-1158.

처럼 읽을 것을 옹호했다. 닭싸움처럼 겉보기에는 덧없는 어떤 것에 대해서도 정식으로 상징적 분석을 추진하라는 의미였다. 물론 인류학자는 관찰할 사건이 있는 반면, 역사가는 그들이 공부하는 사건에 참여하기 어렵다. 따라서 '텍스트-비유'는 단튼의 유명한 고양이 대학살 분석처럼 텍스트로 기록된 사건에 적용된다.[31]

의료사가는 이러한 접근 방법을 사용하지 않았는데, 왜 이 방법이 더 인기를 끌지 못했는지 모르겠다. 이 방법으로 외과 수술이나 해부 폭동, 병례 검토회라는 의식을 자세하게 읽을 수 있을 것이다. 민족지학의 방식이 인류학 내에서 비난을 받고 있다는 것을 고려하면, 방법론적 차용의 순간은 이미 왔다가 지나갔는지도 모른다.[32] 얼마 안 되는 의료 의식(ritual) 분석 중 하나는 의학생이 어떻게 부인과 검진을 하는지에 대한 테리 캡살리스(Terri Kapsalis)의 연구이다. 그러나 영감을 주는 이 연구는 인류학이 아니라 공연이론(performance theory, 우리 모두의 일상생활이 우리 자신과 타인이 무대에 올린 '공연'과 같다는 이론-역주) 훈련을 받은 저자가 쓴 것이었다.[33]

패턴에서 과정으로: 페미니즘, 후기구조주의, 그리고 전용

의료문화사의 또 다른 주제는 범주와 개념이 어떻게 끊임없이 만들어지

31 Robert Darnton, "Workers Revolt: The Great Cat Massacre of the Rue Saint-Séverin," in *The Great Cat Massacre and Other Episodes in French History* (New York: Vintage Books, 1985), 75-106.

32 *Writing Culture: the Poetics and Politics of Ethnography*, James Clifford and George E. Marcus, eds. (Berkeley: University of California Press, 1986).

33 Terri Kapsalis, *Public Privates: Performing Gynecology from Both Ends of the Spectrum* (Durham, N.C.: Duke University Press, 1997). 이 책을 알려준 크리스틴 러거(Christine Ruggere)에게 감사를 표한다.

고 다시 만들어지는지와 관련이 있다. 이것은 패턴에서 과정으로, 즉 사회적 범주를 꽤 정적인 독립체로 이해하는 것에서 문화적 범주가 어떻게 계속되는 협상의 종류로 작동하는지 분석하는 것으로의 전환이다. 적어도 세 가지의 상당히 다른 학문 조류가 과정에 대한 관심을 불러일으켰다. 첫째, 다른 연구도 있긴 하지만, 젠더 역할을 수행으로 본 주디스 버틀러(Judith Butler)의 연구는 남성과 여성을 고정된 독립체라기보다는 움직이는 타깃으로 만들었다. 예를 들자면, 근대 초기 런던의 남성성같이 정적이었던 것이 이제는 수없이 많은 역사적 행위자의 행동을 통해 상연되고, 건축되고, 재건축되는 역할이나 범주가 되었다.[34] 둘째, 부분적으로는 소위 언어적 전환으로 인해 계층이나 인종 같은 사회역사적 분석의 필수 범주가 끊임없이 생산되고 재생산되는 범주로 새롭게 이해되었다.[35] 세 번째 조류는 로저 차티에(Roger Chartier)가 1984년에 발표한 전용(appropriation)에 대한 초기 연구에서 나온다. 여기서 그는 문화 유물을 소비하는 것이 일종의 생산이며 집단에 따라 같은 텍스트를 매우 다른 방식으로 읽을 수 있고 또 그래야 한다고 주장했다.[36] 이러한 점에서, 발라드의 출판은 역사가가 이해할 필요가 있는 많은 순간 중 하나이다. 발라드를 술집 벽에 붙여 놓거나, 거리에서 부르거나, 극작

34 Judith Butler, *Gender Trouble: Feminism and the Subversion of Identity* (London: Routledge, 1990); Laura Gowing, *Domestic Dangers: Women, Words, and Sex in Early Modern London* (Oxford: Oxford University Press, 1996).

35 예로는 다음을 참조. Gareth Stedman Jones, *Languages of Class: Studies in English Working-Class History, 1832-1982* (Cambridge: Cambridge University Press, 1983), Patrick Joyce, *Visions of the People: Industrial England and the Question of Class, 1848-1914* (Cambridge: Cambridge University Press, 1991); *Democratic Subjects: The Self and the Social in Nineteenth-Century England* (Cambridge: Cambridge University Press, 1994).

36 Roger Chartier, "Culture as Appropriation: Popular Cultural Uses in Early Modern France," in Steven L. Kaplan, ed., *Understanding Popular Culture: Europe from the Middle Ages to the Nineteenth Century* (Berlin: Mouton Publishers, 1984), 175-191.

가가 '진지한' 연극 작품에 발라드의 제목을 빌리거나, 원작에 대한 화답으로 혹은 패러디로 발라드를 작곡하는 순간에서 우리는 예전의 좀 더 정적인 초점과 비교할 때 이동성, 심지어는 불안정성까지 느끼게 된다. 패턴에서 과정으로의 전환을 야기한 이 세 가지 영감은 각각 페미니즘, 해체주의, 후기구조주의, 영국의 문화적 마르크스주의, 프랑스의 대중문화학 같은 여러 연구사적 전통에서 나온다. 역사적 맥락으로부터 이들을 떼어 놓는 것이 해석적인 폭력이라는 느낌이 좀 들긴 하지만, 각각의 등장은 우리가 사회적 과정을 훨씬 더 유동적인 것으로 이해하도록 도왔다.

캐롤린 스티드먼(Carolyn Steedman)의 연구는 과정에 대한 후기구조주의적 관심 및 정체성과 범주의 재형성에 대한 예를 제공한다. 『이상한 전위(*Strange Dislocations*)』에서 스티드먼은 괴테(Goethe)의 『빌헬름 마이스터(*Wilhelm Meister*)』에 등장하는 특이한 아동 곡예사 미뇽(Mignon)을 일종의 움직이는 기표(shifting signifier)로 보아 자아와 내면성이 19세기의 유년 시절에 대한 관념과 어떻게 연결되는지 탐구했다.[37] 스티드먼은 성장과 발전이라는 주제에 대한 19세기 중반의 생리학적 매혹과 그 뒤를 이은 진화론적 전환이 어떻게 프로이트가 제창한 내면성, 즉 우리 안에 유년기가 억압되고 잊혀진 방식으로 살아 있다는 주장의 전제 조건이 되었는지 보여주었다. 이렇게 보면 우리는 이 연구를 지성사로 오해하게 될지도 모른다. 그러나 스티드먼은 유년기라는 의미가 어떻게 무대와 런던의 거리에서 상연되었는지에 대한 분석으로 자리를 옮긴다. 가난한 아이들에 대해 끊임없이 나온 사회적 보고와 1870년대 아동 곡예사를 '구조하자'는 캠페인을 통해 우리는 유년기에

37 Carolyn Steedman, *Strange Dislocations: Childhood and the Idea of Human Interiority, 1780-1930* (London: Virago, 1995).

대한 이러한 생각이 이용되고 인지되었음을 알 수 있다. 1884년의 『팬터마임을 하는 부랑아(*Pantomime Waif*)』나 1872년의 『꼬마 곡예사와 그의 어머니(*The Little Acrobat and His Mother*)』 같은 신파극을 생산해 낸 아동 곡예사에 대한 매혹은 유년기의 의미와 이에 내포된 상실의 함의에 대한 심오한 문화적 연구의 일부였다. 스티드먼의 책이 일구어 낸 성과 중 하나는 유년기에 대한 이러한 의미가 창조되고 또 재창조된 장소와 과정에 초점을 맞춘다는 것이었다.

매우 다른 방식으로, 보건의 사적 측면에 대한 낸시 톰스(Nancy Tomes)의 논문은 우리에게 같아 보이지만 다른, 혹은 달라 보이지만 같은 범주를 만들고 다시 만드는 과정을 보여준다.[38] 스티드먼과 톰스 둘 다 사회사가로 지적인 경력을 쌓았지만, 그들은 꽤 다른 문화사적 지성의 뿌리를 지닌다. 스티드먼의 후기구조주의적 분석은 페미니즘 탐구와 문화적 마르크스주의에서 성장한 반면, 톰스는 소비와 정치적 정체성의 역사에 기반을 둔다. 톰스는 세균설 이전의 전염에 대한 생각에서 나온 청결함과 더러움이라는 개념이 집을 건강하게 만들고자 했던 중산층 미국인과 그들의 부인에 의해 어떻게 이용되었는지 보여주었다. 비누에서 배수관까지 온갖 종류의 물품을 제조한 업자들이 이러한 선입견에 편승했다. 세균설의 도래는 흔히 예상했던 것처럼 질병의 원인이 대체로 냄새에 있다는 인식을 극적으로 바꾸지는 못했다. 대신 세균설은 더러움을 질병과 연결 지은 예전 관념에 편입되었다. 따라서 제조업자들은 살균제를 청소용품에 끼워 팔거나 일반 청소용품보다

38 Nancy Tomes, "The Private Side of Public Health," *Bulletin of the History of Medicine* 64 (1990): 509-539. 톰스는 그 뒤에 펴낸 다음의 연구에서 이 논의를 통합했다. *The Gospel of Germs: Men, Women, and the Microbe in American Life* (Cambridge, Mass.: Harvard University Press, 1998).

조금 나은 것 정도로 치부했지, 대체 불가능한 별도의 제품으로 여기지 않았다. 세균설은 오랜 관념과 관습에 전유되고 포괄된 과정을 통해 변화했다.

톰스의 에세이는 의료사가가 아직 많이 탐구하지 않았던 문화사 분야인 물질문화로 향한다. 세 번째 주제인 수사와 스토리텔링을 다루기 전에, 나는 물질세계에 더 관심을 가져 달라고 호소하고 싶다. 지난 20여 년간, 역사가는 '상품의 세계'나 소비의 역사에 대해 생각해 왔다. 이러한 여러 연구의 중심에 있는 것은 사람들이 소비 패턴을 통해 정체성을 형성하는 방식에 대한 질문이다. 환경 중시 소비자운동의 모순을 보여준 시기이자 많은 이들에게 경제적 붐의 시기였던 1990년대에, 역사가들은 18세기를 로이 포터가 "푸딩 먹을 시간"(최적기-역주)이라고 표현했던 순간으로 다시 만들었다.[39] 좀 더 최근의 역사를 다루는 역사가들은 광고의 역사와 광고의 복잡한 문화적 역할을 고찰했다.[40]

의료의 물질문화에 대한 역사 연구는 많지 않지만, 몇몇 예가 이러한 연구의 잠재력을 보여줄 수 있다. 재클린 무사키오(Jacqueline Musacchio)는 매우 흥미로운 책에서 르네상스 시대의 부유한 이탈리아인들이 소비했던 출산 관련 물품을 탐구했다.[41] 그녀는 채색 그릇과 쟁반에서부터 다산을 상징하는 옷을

39 Lorna Weatherill, *Consumer Behaviour and Material Culture in Britain, 1660-1760* (London: Routledge, 1988); Carole Shammas, *The Pre-industrial Consumer in England and America* (Oxford: Oxford University Press, 1991); *Consumption and the World of Goods*, John Brewer and Roy Porter, eds. (London: Routledge, 1993).

40 T. J. Jackson Lears, *Fables of Abundance: A Cultural History of Advertising in America* (New York: Basic Books, 1994); Thomas Richards, *The Commodity Culture of Victorian England* (Stanford: Stanford University Press, 1990); Timothy Burke, *Lifebuoy Men, Lux Women: Commodification, Consumption, and Cleanliness in Modern Zimbabwe* (Durham, N.C.: Duke University Press, 1996).

41 Jacqueline Musacchio, *The Art and Ritual of Childbirth in Renaissance Italy* (New Haven: Yale University Press, 1999).

입은 여자들 그림에 이르기까지 출산에서 물질문화의 일종을 보여주었다.[42] 최근 존 스타일스(John Styles)는 특허약인 털링턴의 발삼(Turlington's Balsam)이 18세기에 포장되고 재포장된 방식을 통해 특허약같이 시시한 물건에서 혁신과 새로움이 어떻게 작동했는지 연구했다.[43]

소비의 역사는 주로 사용보다는 생산에 주목한다. 마치 이야기의 끝이 물건의 구매인 것처럼 말이다. 그러나 물질적 대상을 다루는 역사에서 구매는 그저 과정일 뿐이다. 예를 들어, 다이앤 휴즈(Diane Hughes)의 매우 흥미로운 논문은 중세 시대 말 북부 이탈리아 도시에서 귀걸이의 의미가 변화하는 과정을 추적했다.[44] 처음에 귀걸이는 일종의 이국적인 것을 뜻했으나, 후에는 유대인 여성과 더 밀접하게 연관되었다. 어떤 도시에서는 원을 그린 천이나 차이를 뜻하는 표식을 남편이 붙였듯이, 유대인 여성은 법적으로 귀걸이를 해야만 했다. 그러나 이러한 관련성도 유대인이 게토에 분리되거나 쫓겨나는 등, 사실상 다른 방식으로 표시됨에 따라 결국 빛이 바랬다. 여성의 패션이 여성의 어리석음이 아니라 남편의 부를 뜻하게 되면서 부유한 여성이 귀걸이를 착용하기 시작했다. 이 이야기에서 귀걸이의 생산은 대체로 상관이 없다. 중요한 것은 귀걸이에 부여된 의미의 변화이다.

새라 페넬(Sara Pennell)의 논문은 생산과 소비가 어떻게 연결되어 물질적 대상에 대해 더 풍부한 설명을 제공해 주는지 보여준다.[45] 그녀는 1727년 옥

42 Jacqueline Musacchio, "Weasels and Pregnancy in Renaissance Italy," *Renaissance Studies* 15 (2001): 172-187을 참조.

43 John Styles, "Product Innovation in Early Modern London," *Past & Present* 168 (2000): 124-169.

44 Diane Owen Hughes, "Distinguishing Signs: Earrings, Jews, and Franciscan Rhetoric in the Italian Renaissance City," *Past & Present* 112 (1986): 3-59.

45 Sara Pennell, "'Pots and Pan History': The Material Culture of the Kitchen in Early Modern England," *Journal of Design History* 11 (1998): 201-226.

스퍼드셔(Oxfordshire) 교구에서 사생아를 임신한 여자(메리 베셀(Mary Bassell)-역주)가 전당포에 맡겼던 냄비를 교구 민생 위원이 되찾아왔다고 설명했다. 이 순간, 민생 위원은 메리 배셀을 경제적으로 자립할 수 있도록 하는 동시에 교구 내 가구(household)에 도덕성을 정립하고자 했다. 이처럼 냄비 같은 일상의 도구에 여러 복합적인 의미가 부여될 수 있다. 그러나 가치 역시 조리용 솥 위에 문자 그대로 새겨져 있었다. 페넬은 손잡이에 "죄의 삯은 사망"이라고 쓰인 솥 그림을 보여주고, "빈자를 불쌍히 여기라."라고 쓰인 다른 그림을 언급했다. 창피를 주기 위한 지역사회 의식(skimmington)에서 솥을 두드리거나 부딪치는 것은 화덕·집·부인을 다스리지 못한 부족한 남편을 향한 것이었다. 따라서 작고 단순한 사물이 여러 의미를 지닌 것으로 이해될 수 있는데, 일부는 사물의 본질에 내재되어 있고, 또 일부는 겉에 새겨져 있거나 함께 작용했다. 이러한 설명은 건강과 치유에서 사용되는 여러 물질적 대상으로 확장될 수 있다.

귀걸이와 냄비는 의료와 한참 동떨어진 것처럼 보일지 모르나, 근대 초기에는 이들 사이에 간격이 크지 않았다. 몸에 표식을 새기는 방법이나 식사와 식이요법 기술은 우리로 하여금 물질적인 것에 대해 생각할 수 있게 해 준다. 의료는 서사를 통해서만이 아니라 도구로도 실행되었다. 예를 들어, 나는 오랫동안 근대 초기 수술 교과서에 나오는 기구 그림에 대한 훌륭한 분석을 읽고 싶었다. 여기 의사가 연약한 인간의 몸에 갖다 대야 하는 흉포해 보이는 무기가 있다. 기구 그림이 동네 대장장이나 금속 노동자가 사용하는 패턴이 될 수 있다는 것은 이해하기 쉽다. 그러나 나는 그림이 다양한 역할을 했다고 본다. 루시아 데이컴(Lucia Dacome)은 루드밀라 조다노바의 선구적인 연구에 바탕하여 18세기 볼로냐의 밀랍으로 만들어진 해부 모형과 모형

제작자에 관해 연구를 시작했다.[46] 의학 교육의 물질문화에 대해서는 더 탐구할 것이 많다. 20세기 초 동태 기록기나 실험실 도구, 혹은 19세기 미국 의사의 사무실이라면 어디나 걸려 있던 해골 같은 학창 시절의 기념품 말이다.

물질에 주의를 기울이는 의료사를 하자는 내 호소는 내가 의미라고 부르는 것과 물질성을 함께 논의해 보고자 하는 더 큰 그림의 일부이다. 문화사는 과거의 경제적, 사회적 측면에 바탕을 두지 않고 자유롭게 부유하는 것처럼 보일 수 있다. 텍스트를 정교하게 신경 써서 읽는 것 못지않게, 인물이 섬세하게 조각된 근대 초기 나무 침대 역시 상상력을 자극한다. (아담과 이브인가? 나체로 묘사될 사람이 또 누가 있을까?) 재활용 쓰레기를 깜빡하고 내다 놓지 않으면 캔과 유리병이 산을 이루는 '상품의 세계'에서 살다 보니, 거의 모든 물질적 대상이 너무나 익숙하면서도 일평생 사용하는 동안 많은 의미를 지니게 되는 희소한 항목이었던 근대 초기의 집을 상상하기 힘들다.

수사적 형태: 언어학적 전환 후의 이야기 듣기

의료사에서 물질은 대체로 무시당하지만, 언어는 그렇지 않았다. 의료문화사의 가장 강력한 주제 중 하나는 수사적 형태, 즉 메시지뿐만 아니라 매개에 대한 새로운 관심이다. 부분적으로, 서사에 대한 관심은 근대 초기 프랑스 남녀가 어떤 식으로 법정에서 그들의 주장을 내세웠는지에 대해 생각했던 나탈리 데이비스(Natalie Zemon Davis) 같은 역사가에게서 나온다.[47] 수사에 대한 관심은 언어학적 전환 이후의 사고방식이기도 하다. 언어가 반성

46 Jordanova, *Sexual Visions*.
47 Natalie Zemon Davis, *Fiction in the Archives: Pardon Tales and Tellers in Sixteenth-Century France* (Stanford: Stanford University Press, 1988).

적이라기보다는 구성적이라고 생각하게 되자, 우리는 내용뿐만 아니라 형태를 통해서도 의미가 어떻게 전달되는지 고려하게 되었다. 이 예술을 가장 영민하게 실천한 사람은 스티븐 스토우(Steven Stowe)이다. 그는 의료계의 주류가 아니었던 평범한 의사들이 병과 치유에 대한 이야기를 통해 어떻게 종종 피투성이가 되거나 성공하지 못했던 그들의 일을 의미 있고 심지어는 구원자적인 것으로 만들 수 있었는지 분석했다.[48]

그는 의학 학술지의 논문이 편지와 일기 같은 자전적 형태의 글과 관련된 방법을 보여주었다. 내가 앞서 논의했던 콜린 존스의 페스트 관련 논문에서, 존스는 페스트에 관한 글쓰기 방식이 페스트의 위협이 사라져 감에 따라 어떻게 변했는지 설명했다. 저자들은 더 '문학적'이 되었다. 토마스 라커의 주장을 따라, 존스는 고통받는 몸이 더 이상 페스트로 죽지 않고 공동묘지로 끌려가지도 않게 되자, 이러한 몸이 텍스트로 적혀 독자들에게 공포와 동정심이라는 감정을 끌어내는 방법이 되었고, 독자들이 비로소 인도주의적 행위를 취하게 되었다고 보았다.

내 다른 두 주제인 '의미 만들기'와 '패턴보다는 과정'처럼, 수사에 대한 최근의 관심은 사회사와 지성사 둘 다에서 유래한 문화사의 근본에 의해 형성되었다. 자세히 읽는 습관과 설득의 방식에 대한 관심은 부분적으로는 관념의 역사에서 나오고, 밑으로부터의 역사를 하려는 사회사의 책임은 광범위한 이야기와 이야기꾼에게 관심을 기울여 왔다. 이러한 전환은 특히 구술사

48 Steven Stowe, "Seeing Themselves at Work: Physicians and the Case Narrative in the Mid-Nineteenth-Century American South," *American Historical Review* 101 (1996): 41-79. 편지 읽는 과정의 고찰에 대해서는 스토우의 다음 논문을 참조. "Singleton's Tooth: Thoughts on the Form and Meaning of Antebellum Southern Family Correspondence," *Southern Review* 25 (1989): 323-333.

에서 분명하게 나타난다. 원래 구술사는 사회사의 일부로, 역사가 다루지 않았던 일반인에게 목소리를 주고자 한 관행이었다. 케이트 피셔(Kate Fisher)가 최근 발표한 논문은 이러한 종류의 사회사가 지니는 가치를 잘 보여준다.[49] 피셔는 노년의 남녀 노동자를 인터뷰해 전간기 피임 관행에 대해 물었다. 놀랍게도 인구학적 변화는 여성보다는 남성의 행동 때문인 것처럼 보인다. 피셔가 인터뷰한 여성들은 종종 그런 종류의 일은 모두 남편에게 맡겼다고 말했다. 가장 놀라운 점은 첫 번째 결혼에서 피임에 대한 지식을 활용했던 여성도 두 번째 결혼에서는 남편보다 더 많이 아는 게 점잖지 않은 것 같아 아무것도 모르는 척했다는 것이다. 대부분의 역사가와 공공 정책 입안자는 여성이 임신을 하기 때문에 피임법을 사용하는 데 가장 중요한 역할을 했다고 가정했었다. 피셔는 이러한 가정에 문제를 제기해야 한다고 주장했다.

피셔에 따르면 면담자는 이렇게 민감한 문제에 대해 뭐라고 말할지 이미 정해 놓고 있었고, 그녀가 들은 이야기는 여기에 바탕을 두고 형성되었다. 그러나 서사의 수사 어구는 누가 콘돔을 샀는지에 대한 사실 그 이상을 우리에게 알려 준다. 피셔는 구술사 과정에 관한 풍부한 설명을 발전시켜 기억과 의미가 어떻게 뒤얽히는지 보여준 이탈리아 역사가 학파에 의지한다. 알레산드로 포르텔리(Alessandro Portelli), 루이자 파세리니(Luisa Passerini), 그리고 다른 학자들은 구술사가가 보통 탐구하던 방식을 뒤집었다.[50] 사실에 역점

49 Kate Fisher, "'She Was Quite Satisfied with the Arrangements I Made': Gender and Birth Control in Britain 1920-1950," *Past & Present* 169 (2000), 161-193.

50 예로는 다음을 참조. Alessandro Portelli, *The Death of Luigi Trastulli and Other Stories: Form and Meaning in Oral History* (Albany: State University of New York Press, 1991); *The Battle of Valle Giulia: Oral History and the Art of Dialogue* (Madison: University of Wisconsin Press, 1997); Luisa Passerini, "A Memory for Women's History: Problems of Method and Interpretation," *Social Science History* 16 (1992): 669-692.

을 두기보다 이들은 하지 않은 일·착각·회피 등 내가 주변부라고 부르는 것에 관심을 두었다. 이들의 주장은 바로 이러한 주변적인 순간이야말로 사람들이 목격하고 경험했던 사건에 어떤 의미를 부여했는지 말해준다는 것이다. 다른 역사가는 별것 아니라고 여겼을 언급에 대한 강조는 정신분석학적 탐문과 프리울리언의 방앗간 주인 메노키오에 대한 진즈부르그의 분석을 떠올리게 한다. 썩어 가는 치즈에서 벌레가 나온 것과 마찬가지로 세상이 형성되었다는 메노키오의 주장은 오늘날뿐만 아니라 그의 시대에도 기괴하다는 평을 받았다. 그러나 이 오해의 순간에서 진즈부르그는 농부가 지닌 정신세계의 가능성을 잘 보여주는 전유와 적용의 창조적인 과정을 보았다.

린 마리 폴(Lynn Marie Pohl)의 에세이는 이 새로운 구술사를 사용하여 미국 남부의 병원 인종 통합을 연구했다. 폴은 그녀의 면담자가 다양한 현상을 잘 포장하기 위해 어떻게 이야기를 만들었는지 보여주었다.[51] 예를 들어, 흑인 환자를 돌본 백인 의사는 개별 사례에서 인종을 신경 쓰지 않는다고 강조했지만, 이들이 종사했던 보건의료 기관 내의 심각한 불평등은 인정하지 않았다. 폴은 우리에게 할 말이 많아 보이는데, 면담자의 기억이 형성된 방법에 대한 그녀의 분석은 너무 짧다. 예를 들어, 많은 면담자가 병원 인종 통합과 그들이 '하이테크' 의료라고 불렀던 것의 도래라는 두 가지 매우 다른 변화를 혼용했다. 폴은 기술이 발달하기 전에 '돌봄'의 의료가 있었다는 생각이 백인 남부인 사이에서 흔했던, 인간적이고 배려로 가득한 농장 생활의 신화에 기인한다고 주장했다. 나는 그녀가 이러한 통찰을 중심으로 전체 논문을 구

51 Lynn Marie Pohl, "Long Waits, Small Spaces, and Compassionate Care: Memories of Race and Medicine in a Mid-Twentieth-Century Southern Community," *Bulletin of the History of Medicine* 74 (2000): 107-137.

성하여 인종 분리를 '배려로 가득하고', '인간적인' 의료와 동급으로 만든 게 무엇을 의미하는지 탐구했으면 한다. 폴의 연구가 있기는 하지만, 이탈리아 역사가의 영감을 받은 구술사 방식은 기억의 과정에 대한 관심에도 불구하고 의료사가에게 별로 받아들여지지 않았다.[52]

유럽사나 북미사를 연구하는 역사가에게 구술사의 쟁점은 현대사를 연구하는 게 아니라면 그다지 중요하지 않게 느껴질 수 있다. 하지만 아프리카사 연구자에게는 그렇지 않다. 글로 된 기록이 없는 아프리카 문화를 연구하는 역사가는 구술 전통을 이해하고 해석하기 위해 정교한 방법론을 발전시켜 왔는데, 부분적으로는 보통 글로 된 기록에나 부여되었던 진지함을 구술 증언에도 부여하기 위해서였다. 최근 루이즈 화이트(Luise White)는 동아프리카의 뱀파이어 이야기에 관한 연구에서 이러한 개념을 뒤집었다.[53] 그녀는 다른 역사가들이 분명한 공상이라고 제쳐 둔 자료를 사용하여 이 자료가 문화에 대해 무엇을 말해 주는지 묻는다. 산림관리인과 소방대원이 사실은 인간의 피를 먹는 뱀파이어라는 믿음은 화이트에게 아프리카인들이 식민 시기의 트라우마를 경험하고 변화시킨 방법을 시사했다.

끝맺으면서, 혹은 내 후회와 씨름하기

나는 의미 만들기, 패턴에서 과정으로, 수사적 형태에 대한 관심이라는 문화사의 세 가지 측면을 다룬 위의 논의를 통해 사회사에서 문화사로의 전환

52 John Harley Warner, "Remembering Paris: Memory and the American Disciples of French Medicine in the Nineteenth Century," *Bulletin of the History of Medicine* 65 (1991): 301-325.
53 Luise White, *Speaking with Vampires: Rumor and History in Colonial Africa* (Berkeley: University of California Press, 2000).

을 지적했다. 이제 이 에세이의 초반에 말했던 일화인 구 빈민구제법에 대한 깨달음의 순간으로 돌아가고자 한다. 이 일화가 사회사가와 문화사가 사이에 빈번한 적대감을 해명해 주기 때문이다. 갑자기 과정에 대해, 즉 교구 민생 위원과 도움을 찾는 사람 사이의 갈등에 대해 생각해야 했다. 사회사에서 이러한 갈등은 도움을 찾는 사람이 스스로가 '가치 있다'는 것을 보여주고자 하는 형태를 띤다. '가치 있는'이라는 범주는 어떤 역사적 순간에도 꽤 안정적이고 고정되었다. 문화사적 관점에서는 양쪽이 다른 범주를 가져와서 사용한다거나, 이 관계에서 사용 가능한 여러 안을 가져온다거나 하면서 협상을 한다. 문화사적 관점의 장점 중 하나는 사회적 범주가 어떻게 규정되면서 또 항상 재협상되는지 볼 수 있다는 것이다. 탄원자가 그 나름의 '가치 있는' 서사에 호소하듯, 민생 위원도 가족과 의존성에 관한 그의 생각을 활용한다. 양쪽 다 가족이라는 모델을 재생산하고 있다. 이 가족 모델이 잘 작동하지 않는 순간들을 보상하기 위해 고군분투하면서 말이다.

주의를 기울이지 않는다면, 교구 민생 위원과 탄원자 간의 근본적인 불평등과 이 교류에 내재된 심오한 경제적 불의를 방관하게 될 수 있다. 나는 사회사와 문화사 간의 갈등 중 일부가 중요한 무언가를 망각하고 있다는 생각에서 나온다고 본다. 의존성과 '가치 있다'는 범주를 이해하는 것은 우리가 사회적 불의를 분석할 수 있고, 이 분석이 불의에 도전하는 발걸음이 될 것이라는 느낌을 준다. 문화사는 이러한 약속을 하지 않는다. 문화사의 분석은 너무 큰 동시에 너무 작다. 가족, 젠더 관계, 일에 대한 관념같이 문화적 구조의 큰 틀이 특정한 예에서 예상치 못했던 형태로 작동한다. 일반적으로 사용되는 의미와는 달리, 문화사에서는 정치적인 것이 정말로 개인적인 것이다.

물론 이러한 전환은 훨씬 더 일반적이다. 로버트 퍼트넘(Robert D. Putnam)

이 잘 말했듯이 우리가 정말로 "혼자 볼링을 치고 있는"지, 즉 공동 행동의 가능성이 줄어들면서 우리의 지역사회가 더 핵화되고 사적이 되었는지 나는 알지 못한다.[54] 그러나 나는 우리 모두 가능성의 지평선이 축소되는 것을 경험했다고 생각한다. 최근의 어떤 순간에, 사회적 세계를 급진적으로 재배치하는 것이 가능한 것처럼, 심지어는 이미 정해진 듯이 보였다. 집단행동이 우리의 상상력과 때로는 행동까지도 사로잡았다. 당연하게도 그때 쓰인 역사중에는 이러한 희망과 신념이 담겨 있었다. 그러나 나는 문화사라는 사업을 '사소한 신념'을 지닌 것으로 묘사하여 도덕적 권위를 빼앗고 싶지는 않다. 물론 우리의 작업과 삶 사이에는 다른 종류의 연결도 있다.

나에게 근대 초기 영국 여성의 재생산적 몸이 어떻게 정치적, 사회적 갈등의 장소가 되었는지 이해하는 것은 현대의 관심과 매우 밀접하게 연결된 연구 목표이다. 내가 현재 추진하는 프로젝트는 아직 나도 잘 모르지만, 개인적으로 매우 중요하다. 물론 모성적 몸의 구성에 관해 책을 쓰는 것과 나 자신의 모성을 이해하고 결국 아들을 입양하게 된 것 간의 관계를 받아들이는 것에는 깊은 분석이 필요치 않지만 말이다. 그러나 이것이 오로지 개인적이지만은 않다. 지난 20여 년 동안 우리 문화에는 여성에 대한 여러 제약과 더불어, '아이'를 더 가치 있는 것으로 보는 이상한 풍조가 있었다. 태어나지 않은 아이에 대한 사회적 관심 대 임신한 여성의 권리에서 균형은 아이 쪽으로 기울었다. 나 자신도 임신한 여성이 코카인을 하는 게 좋다고 생각하지는 않지만, 태어나지도 않은 아이에게 마약을 공급했다는 명목으로 이들을 교도소에 가두는 미국의 여러 법적 대응에는 반대한다. 재생산과 관련된 모든 정

54 Robert D. Putnam, *Bowling Alone: The Collapse and Revival of American Community* (New York: Simon & Schuster, 2000).

치는 로 대 웨이드(Roe v. Wade, 낙태를 합법화한 1973년 미국 대법원 판결-역주)의 유산이 남긴 복잡함으로 뒤죽박죽이 되었다. 이 모든 것은 어떻게 종교개혁이 여성의 몸을 재구성했는지, 어떻게 영국 청교도혁명이 여성의 자기의 몸에 관한 지식을 문제시했는지에 대한 내 주장과 꽤 거리가 있어 보인다. 하지만 대부분의 역사가가 그렇듯 내가 과거를 연구하는 과정은 오늘의 패턴과 유사하거나 연관성이 있다. 그러나 이러한 종류의 문화사가 우리를 집단행동으로 이끌지는 않는다. 그 대신, 나는 역사가가 다른 방식으로 중요한 역할을 할 수 있다고 본다. 내 친구가 열두 살짜리 딸에게 19, 20세기 미국의 몸 이미지를 다룬 조안 제이콥 브룸버그(Joan Jacob Brumberg)의 훌륭한 책을 주었더니, 그 딸이 자신과 친구들을 새로운 방식으로 보게 되었다 같은 식으로 말이다.[55]

적어도 나에게 여기서 빠진 것은 정의를 위한 일종의 분노나 욕망이다. 나는 하나는 사회적이고, 다른 하나는 문화적인 두 가지 대표적인 연구에 관해 생각해 봄으로써 끝을 맺고자 한다. 루스 리처드슨(Ruth Richardson)의 『죽음, 해부, 그리고 빈민(*Death, Dissection, and the Destitute*)』(1987)과 마이크 새폴(Mike Sappol)의 『시체매매(*A Traffic of Dead Bodies*)』(2002)는 둘 다 해부학자, 도굴꾼, 그리고 부검인의 테이블에 오르게 될까 봐 두려워하는 사람들 간의 복잡한 관계를 다루며 19세기의 풍부하고 구체적인 지식에 통달해 있다.[56] 리처드슨의 책은 해부학과 1834년 영국의 해부법이 미친 영향에 관한 사회

55 Joan Jacobs Brumberg, *The Body Project: An Intimate History of American Girls* (New York: Random House, 1997).

56 Ruth Richardson, *Death, Dissection, and the Destitute* (London: Routledge & Kegan Paul, 1987); Michael Sappol, *A Traffic of Dead Bodies: Anatomy and Embodied Social Identity in Nineteenth-Century America* (Princeton: Princeton University Press, 2002)

사이다. 그녀는 평범한 이들이 죽은 자, 특히 막 죽은 자에 대한 적절한 태도가 무엇인지에 대해 가졌던 생각을 당시 떠오르던 해부 문화가 얼마나 심오하게 모독했는지 보여주었다. 전에는 최악의 범죄자에게만 해당되었던 처벌이 이제 주립 시설에서 불행히도 빈민으로 죽은 모든 사람에게 어떻게 뻗어 나갔는지 보여줌으로써 그 행동의 정치학도 분석했다. 그녀는 해부에 대한 저항이 차티즘(Chartism) 같은 다른 정치적 운동과 어떻게 연계되는지 탐구했다. 이 역작은 이성이 미신과 감정에 승리를 거두어 의료사에서 승리의 순간으로 여겨졌던 것이 결국 영국의 정치와 계급 구조에 깊이 새겨진 갈등을 반영했음을 보여준다.

새폴과 리처드슨의 연구가 어떻게 다른지는 여러 역사적 특수함을 통해 설명할 수 있다. 어쩌면 미국의 계급 관계는 영국과 달라서 정부가 명한 빈민의 해부에 관한 의미도 달랐을 것이다. 아마도 새로운 공화국에서 대중 해부의 역할은 영국과 달랐을 것이다. 아마도 영국과 비교할 때 미국 의학 대학의 화려함과 수적 우위는 해부학을 위한 해부를 일종의 정치적인 뜨거운 감자로 만들었을 것이다. 이러한 추측 외에도 두 책을 다르게 만드는 것은 그들이 말하는 이야기와 관련된 위치 선정이다.

리처드슨처럼 새폴도 좋은 이야기를 잘 듣는 귀가 있지만, 그는 뒤로 물러나 리처드슨이 하지 않는 방식으로 이야기의 문화적 작용을 보여주었다. 책의 가장 끝부분에 새폴이 간단히 언급하기를, 1886년 한 노파가 볼티모어에서 살해당했고 그 시체가 메릴랜드 대학 의과대학에 15달러에 팔렸다. 널리 보도된 이야기지만 여기에는 에든버러 살인마인 버크(Burke)와 헤어(Hare)와 달리 '민속적인 악명'이 붙지 않았다.[57] 1886년에 이르면 해부학자는 주나

57 Sappol, *Traffic*, 318.

지역 시설에서 죽은 사람 중 아무도 찾아가지 않은 시체를 의과대학에 넘기는 해부학법을 통과하도록 주정부에 로비를 하는 등, 이러한 이야기를 자신의 이익을 위해 사용할 수 있었다. 새폴은 이야기 자체보다는 이 이야기가 전파되는 방식을 강조했다.

리처드슨의 책을 읽을 때, 나는 그녀가 말해 주는 시체 도난과 폭력의 이야기에 빠져든다. 나는 분노하고, 화나고, 괴로워진다. 리처드슨은 독자가 해부법 전과 후 둘 다에서 해부의 위기에 놓인 빈민과 자신을 동일시하게 한다. 법 제정 전, 묘지에서 가장 '부활'할 만했던 것은 빈민의 시신이었고, 해부 판결을 받은 것은 좀 더 가난한 계층의 범죄자였다. 법 제정 후에는 공공기관에서 죽어 가는 빈자라면 누구나 해부당할 수 있었다. 리처드슨은 몸과 죽음에 관한 대중적 믿음을 담은 강렬한 장으로 책을 시작하여 우리로 하여금 왜 범죄자가 처형은 따르면서 해부를 피하려고 절절하게 애원했는지 이해하게 한다. 그녀는 우리의 동정을 끌어내고, 이 동정은 우리가 해부법을 공포의 눈으로 바라보게 한다.

새폴의 문장은 더 냉정하고 초연하며, 리처드슨이 그녀의 독자에게 들려준 그런 이야기의 영향을 연구한다. 따라서 새폴은 부르주아 전문가라는 자아의 구성과 해부학적 사고방식의 역할 간의 관계에 대해 매력적인 질문을 던질 수 있다. 새폴이 해부라고는 당할 일 없는 의사에게 가난한 자의 몸을 허락한 계급 정치에 눈을 감았다는 뜻은 아니다. 다만 그는 이러한 이야기에서 한 걸음 물러나 이들이 다양한 영역에서 어떻게 작동했는지 바라보았다.

각각의 책은 매우 다른 형태로 끝난다. 포스트-포스트모던의 순간에 글을 썼던 새폴은 우리에게 열린 결론을 남겼다. 1880년대가 되면서 변화가 왔다. 의학자들이 스스로를 정의하는 데 중심적인 역할을 했던 해부학은 생리학·미생물학 그리고 다른 '실험실' 과학에 밀리기 시작한 반면, 더 새로운 사회과학이 해부학의 은유와 이에 부여된 권위를 빌렸다. 다른 한편으로 새폴이 경쾌하게 인정했듯이, 해부학적 몸은 서구 문화를 완전히 지배하고 있다. "우리 내장의 지도는 해부학에 바탕을 두며 앞으로도 한동안 그렇게 남아 있을 것이다."[58] 따라서 1920년대의 임파선 열풍같이 더 새로운 기술은 종종 해부학적 기반에 의존했다.

리처드슨의 결론은 훨씬 더 통렬하다. 그녀는 두 가지의 대비되는 순간으로 책을 끝맺는다. 그녀는 1978년에 노년의 남성이 그의 펍 단골 중 하나가 빈민 장례의 치욕을 피할 수 있도록 모금에 돈을 보탰다고 인터뷰한 기억을 떠올렸다. 그녀는 노동자층이 빈민 장례에 품은 이 깊은 반감을 해부법이 승인한 폭력과 엮는다. 이전에는 형을 선고받은 범죄자에게 부여되던 끔찍한 처벌이 정부가 빈자에게 가한 일상의 깊은 오욕이 된 것이다. 계속해서 그녀는 세 단계의 침묵이 당대의 의식으로부터 해부법을 가렸다고 주장했다. 해부를 위한 시신을 구하는 일을 맡은 정부 관료제, 빈민이 희생양이 되었다는 것을 알려고 하지 않은 사회 전반, 그리고 마지막으로는 노동자층 스스로의 깊은 침묵이 그것이었다. 리처드슨은 조지 스타이너(George Steiner)의 "언어보다 전, 혹은 언어의 바깥 어딘가에서 느꼈던 것이 실제로 일어날 수 있다."라는 말을 인용했다. 그녀는 빈민 장례에 대한 심오한 혐오가 "가난이라는 불행이 죽음 후에도 한 사람을 절단할 자격이 될 수 있다는 사실은 너무도 고통스러워 생각할 수도 없다."라는 데서 나왔다고 보았다.[59] 페이지를 넘기면, 리처드슨은 암묵적으로 독자들에게 과거의 죄에 대해 회개하라고 종용한다. "시신 기증은 이제 복지국가 이전 해부법이 대표했던 사회적 불의가

58 *Ibid.*, 327.
59 Richardson, *Death*, 280, 281.

더 이상 작동하지 않도록 한다. 시신을 해부 용도로 기증하고 싶은 독자가 있다면…" 그리고 리처드슨은 해부시찰단(Inspectorate of Anatomy)의 주소를 알려 준다.[60]

스스로에게 남부끄럽지 않은 장례를 치러 주려는 빈민의 절실한 시도에 의해 해부의 공포가 어떻게 저지되었는지 관심을 둠으로써 리처드슨은 잠시 사회와 문화를 함께 엮는다. 독자에게 해부용으로 시신을 기증하라고 제안하며, 리처드슨은 그녀가 묘사했던 불의의 무게를 상상해 보라고 종용했다. 나에게, 두 책의 결말은 우리가 무엇을 얻고 무엇을 잃었는지 암시한다. 나는 리처드슨의 설명이 자아낸 감정적인 공유와 그녀의 설명이 어떤 식으로 심오한 도덕적 이야기가 되었는지 둘 다를 중요하게 본다. 우리는 드러내 놓고 개선을 촉구하는 글쓰기의 한 종류로서의 역사가 오래전에 사라졌다고 생각할지 모른다. 그러나 리처드슨이나 다른 사회사가의 글을 재독하면서 이러한 역사가 바로 얼마 전까지 있었음을 깨닫게 된다. 이야기를 깊이 파고들거나 서술의 구체성과 구조를 통해 내 정신뿐만 아니라 감정을 사로잡으려고 하지 않아 짜증이 나기도 했으나, 새폴의 이야기는 나를 지적으로 자극한다. 이 분야에서 내가 설득에 특히 쉽게 넘어갔을지도 모르지만, 나는 해부와 해부적으로 상상된 몸이 19세기 미국인이 스스로를 이해하는 데 지배적인 역할을 했다는 그의 주장을 완전히 납득했다. 우리가 지적인 복잡성을 위해 도덕적인 목적을 희생했다고는 말하고 싶지 않다. 그러나 결말을 열어 놓음으로써 스스로에게 의문을 제기하지 않는 이야기를 쓸 가능성이 커졌다. 노스탤지어는 흔해 빠졌고, 아마 사회사에 함의된 도덕적인 개입을 추구하고자 하는 내 바람 역시 별로 다르지 않을 것이다. 리처드슨의 책을 읽

60 *Ibid.*, 283.

은 후, 내가 내 몸을 '과학에' 맡긴다는 이 애매하고도 고상한 문구를 따를 것인가? 말도 안 되는 소리.

이 장의 초고를 읽고 좋은 코멘트를 해 준 루시아 데이컴(Lucia Dacome), 메리 헤닝어-보스(Mary Henninger-Voss), 해리 마크스(Harry Marks)와 이 책의 편집자에게 정말로 고마움을 표한다.

제16장

문화사와 사회 행동주의의 학문, 정체성, 그리고 인터섹스 권리 운동

앨리스 도머랫 드레거(Alice Domurat Dreger)

몇 년 전, 나는 노스웨스턴 대학의 생명윤리학자인 친구이자 동료 토드 챔버스(Tod Chambers)에게 인터섹스 학회를 위한 기금 모금 일을 너무 많이 하고 있어서 새로운 역사 학문을 추구할 시간이 없다고 이메일로 불평했다. "아, 그렇지, 역사를 기억하는 사람들은 기금 모금의 저주를 받았지." 토드가 답장했다. 나는 조지 산타야나(George Santayana)의 유명한 경고인 "과거를 기억할 수 없는 사람들은 반복의 저주를 받는다."에 대한 언급이라는 것을 알아챘다. 토드의 답변은 나를 웃게 했고, 인터섹스 학회의 일이 정말 중요하기 때문에 불평할 이유가 없다는 것을 깨닫고는 원통하기도 했지만, 나는 왜 내가 현대판 변종, 즉 추구하는 학문으로 인해 그 학문을 둘러싼 행동주의의 삶을 살게 된 인본주의자처럼 보이는지 의아하지 않을 수 없었다.

나는 이 책에서 이런 개인사를 탐구하고 의료사, 특히 의료문화사가 의료 구성원의 현재와 미래를 형성할 수 있는지, 어떤 식으로 그렇게 하는지에 대해 이야기해 달라고 부탁받았다. 이 장은 의료사와 개혁 운동의 관계에 대한 궁극적인 설명은 절대 아니지만, 나는 이 장이 사회적 변화를 야기하기 위해 의료사를 이용하려는 학자에게 지침이 될 수 있으리라 희망한다. 나는 또한 이러한 면에서 어떤 영감을 줄 수 있기를 희망한다. 내가 여기 서술하는 지난 십 년간의 일은 신체적으로, 감정적으로 소모적이었지만, 내 삶에서 가장 보람차고 의미 있는 부분이기도 하다. 미래를 바꾸기 위한 역사를 연구할 수 있었다는 것은 내게 큰 선물인 듯하다.

그러면 어디서 시작할까? 친애하는 독자여, 당신이 내가 만난 대부분의 사람과 같다면, 내가 인터섹스를 공부하고 최근 북미 인터섹스회(Intersex Society of North America, SINA) 위원회의 창립 의장으로 3년의 임기를 마쳤다고 말할 때, 당신은 이 분야에 개입하게 된 이유가 내가 인터섹스이기 때문인지 궁금해할 것이다. 직접 만나면 이 질문은 보통 이렇게 포장된다. "자, 당신 **거기**에 왜 관심이 있죠?" 병원에 관심 있는 역사가에게는 이런 질문을 거의 하지 않는다. 내가 임신했다는 것이 눈에 보이자, 질문은 다음과 같이 바뀌었다. "항상 궁금했던 건데, 인터섹스인 사람도 임신할 수 있나요?" 우리 운동이 상대적으로 성공했음에도 불구하고 여전히 대뜸 이렇게는 물어볼 수 없다. "당신, 웃기게 생긴 성기를 가지고 태어났어요?" 아마도 다행이겠지만.

미학적으로 볼 때 우아한 무릎 같은 게 없는 것과 마찬가지로 모두가 웃기게 생긴 성기를 지니고 태어났다고 믿게 되었지만, 나는 인터섹스가 아니다. 그리고 특정 전문성의 부족을 고백하는 김에, 내가 의료사가로 훈련받지는 않았다는 것을 말해 둔다. 나는 의학을 완전히 다른 것으로 보아 온 학과에서 과학사와 과학철학의 박사학위를 받았다. 이것이 휘그주의 역사가 아니라는 것을 분명히 하기 위해, 역사 겸 행동주의로 가는 길이 다양하게 열려 있음을 제안하기 위해, 과거로 잠깐 돌아가 보겠다.

조지타운 대학에서 1년을 보낸 후인 1985년, 제도권 교육에 지겨움을 느낀 나는 학교를 그만두고 모기지(mortage) 중개인이 되었다. 유급이었고, 19살짜리를 기꺼이 고용했던 보스도 있었다. 몇 년 후에는 지겨워지기도 했고, 모기지 사업이 벌인 예금과 대출 위기가 우리에게 되돌아오는 것을 보고, 나는 일을 하면서 학교에 다시 돌아가 가장 싸고 가장 가까운 곳이었던 SUNY(뉴욕주립대학교-역주) 올드 웨스트버리 대학에서 학위를 마치기로 결심했다. 그때는 아마 부동산법 쪽으로 가지 않을까 생각하고 있었다. 비교 인문학과에서 학사학위를 끝마칠 무렵 학교 친구 하나가 인디애나 대학의 과학사 및 과학철학(History and Philosophy of Science, HPS) 대학원 프로그램에서 공부할 수 있는 펠로우십을 받았다는 것을 알게 되었다. "펠로우십이 뭐예요?" 나는 지도교수에게 물었다.

그는 "책 읽으라고 돈을 주는 거야."라고 대답했다.

정말 좋아 보였다. 이미 넘치게 재정 지원을 받은 교외 거주지에 다시 자금을 대고 등기업체와 싸우는 것과는 매우 달랐다. 아마 우연은 아니었겠지만, 그때쯤에는 한 2년간 상담을 받았던 심리치료사로부터 내가 치유되었다는 선언을 받았고 빨리 뉴욕을 벗어난다면 재발하지 않을 것이라는 소견을 들었다. 그래서 나는 1990년 4월에 인디애나 대학의 HPS 프로그램에 지원했다. 언제나 인문학과 과학을 사랑했고, 거기서 내 학부 지도교수가 학위를 받았으니 지원 마감일이 한참 지난 후에도 내 서류를 받아 줄지 모른다고 생각했기 때문이었다.

학교 측은 적어도 1년은 자비로 다녀야 한다는 조건으로 나를 받아 주었다. 비서 중 하나가 나중에 말하길, 나를 받아 준 것은 학교 측에서 내 지원서를 잃어버렸는데 하나 더 보내 달라고 하기가 난처해서였고, 내가 보기에도 HPS처럼 좋은 프로그램이 그다지 인상적이지도 않은 학위를 소지한 모기지 중개인을 왜 받아 줬는지에 대한 유일한 논리적 설명이었다. 어쨌든, 24살이었지만 마치 50살 먹은 사람처럼 나는 모기지 중개업 퇴직금 계좌를 털어 등록금과 기숙사비를 내고, 자동차 협회에 인디애나 주가 어디 있는지 알려 달라고 하고는 내 소지품 대부분을 팔아 떠났다.

1990년의 가을이었다. 내가 들은 첫 번째 대학원 수업인 역사방법론은 생물학 역사가인 프레드 처칠(Fred Churchill)이 가르쳤다. 그 학기에 프레드는 내가 장차 논문의 주제로 자웅동체(hermaphrodite, 인간이 아닌 생물을 지칭할 때 사용하는 단어로 이 외에는 반음양으로 번역한다-역주)라는 주제에 집중하도록 도왔다. 그는 내가 젠더, 특히 페미니즘에 관심이 있다는 것을 알고, 나에게 자웅동체증이 무르익었으나 무시당한 주제라고 생각한다고 말했다. 수년이 지나고서 나는 유명한 외과의인 프레드의 아버지가 바로 내가 운동가로서 도전하게 된 오늘날의 의료 행위를 하는 외과의 중 여럿을 교육했다는 것을 알게 되었다.[1] 뭐, 자웅동체? 나는 다윈의 따개비나 비교태생학 같은 걸 연구할 수 있으리라 생각했다. 그러나 프레드는 계속해서 "의료를 보라."라고 말했다. 나는 왜인지 이해할 수 없었다. 인간 자웅동체에 대해서는 들어 본 적이 없었기 때문이다. 몇 년 후 타 학과에서 들은 의료사회사 수업에서, 빅토리아시대를 다루는 의료사가인 M. 진 피터슨(M. Jeanne Peterson) 역시 나에게 "의료를 보라."라고 말했다. 그래서 이번에는 그 말에 따랐다. 《서전 제너럴 도서관(Library of the Surgeon General)의 인덱스-카탈로그》 첫 번째 시리즈에서 내가 읽을 수 있는 언어인 영어와 프랑스어로 된 논문 300여 편을 발견하고 깜짝 놀랐다. 나는 전부를 상호대차로 신청했고, 프레드가 추측한 대로 페미니즘적 분석에 적합한 것이 여기에 많다는 사실을 깨달았다.

행동주의는 분명 상황만큼이나 성격과 관련이 깊다. 내 경우에는 지속되는 씁쓸한 낙관론과 끈질긴 자기중심주의 같은 성격이다. 나는 대학원 1년차에 이미 일종의 운동가였고, 사실 인디애나에서 스티븐 켈러트(Stephen Kellert)를 포함한 여러 교수에게 운동가로서 지지를 받고 있었다. 나는 대학

1 프레드 처칠이 빌려준 다음의 책을 읽고 이 사실을 깨달았다. G. Wayne Miller, *The Work of Human Hands: Hardy Hendren and Surgical Wonder at Children's Hospital* (New York: Random House, 1993).

원생의 상황을 개선하기 위해 동료와 함께 일했고, 대중을 위한 과학(Science for the People) 책인 『사회적 무기로서의 생물학(*Biology as a Social Weapon*)』을 따라 내가 직접 이름지은 학부 1학년 과정을 가르치기도 했다.[2] 나는 인간 게놈 프로젝트에 욕을 퍼부으며, 제임스 왓슨(James Watson)과 그의 회사가 많은 주류 생물학자의 반대에도 불구하고 의회에 이 프로젝트를 팔기 위해 사용했던 그럴듯한 은유를 비판하는 글을 썼다. 사실 나는 운동가로 자랐다. 내 부모님은 임신중절반대협회(Right-to-Life)의 열성 회원이었고, 내게는 어린 시절 주말에 낙태 클리닉 앞에서 시위를 했던 기억이 많다. 오늘날에는 자신을 설명하는 데 이 용어를 쓰려고 하지 않으시지만, 내 어머니는 여성의 권리를 위해 누구와도 항상 논쟁했던 적극적인 페미니스트였다. 어머니는 낙태를 권리라고 보지 않았고, 지금도 그렇게 생각하신다. 내가 대학원으로 떠난 후, 역사학을 전공으로 골랐다고 어머니가 한탄했던 기억이 난다. 역사학이 사장된 분야라고 생각했기 때문이었다. "너는 뭔가 다른 걸 쓰고, 뭔가 새로운 걸 하고 싶지 않니?" 과거에 대한 연구가 현재에 의미 있는 무언가가 될 수 있음을 깨닫지 못한 어머니가 물었다. 그래서 나는 항상 지금 무언가를 하고 있어야 한다는 생각을 지니고 있었고, 정신의 세계에 너무 빠져들게 되면 어떤 죄책감을 느꼈다.

대학원 3년 차에는 인디애나에서 배우고 있던 매우 일관된 과학지성사에 여전히 큰 흥미를 느꼈지만, 계속되는 페미니스트 정치 투쟁과 연관된 무언가를 공부할 수 있다는 가능성에도 매료되었다. 그래서 나는 논문에서 19세기 후반 영국과 프랑스의 반음양 치료에 초점을 맞추기로 결심했다. 프레드

2 Ann Arbor Science for the People Editorial Collective, *Biology as a Social Weapon* (Minneapolis: Burgess Publishing Company, 1977).

처칠과 인디애나 역사학과의 의료사가 앤 카마이클(Ann Carmichael)이 내 공동 지도교수가 되었는데, 둘은 내가 하려는 반음양의 의료-임상적 치료와 과학적-이론적 치료에 대한 연구를 지도하기에 적임자였다. 나는 이 연구가 오늘을 사는 여성에게 도움을 줄 잠재력이 있다고 믿었고, 나중에는 역사가이자 의사인 버논 로자리오(Vernon Rosario)의 지원을 통해 이 연구가 오늘을 사는 게이와 레즈비언들에게도 도움을 줄 수 있다는 걸 깨달았다. 그때는 인터섹스로 태어난 많은 사람에게 도움을 줄 것이라고 전혀 생각지 못했다. 내 앞의 모든 증거에도 불구하고 여전히 인터섹스가 엄청나게 드물다고 믿었기 때문이었다.[3]

내 논문 주제는 젠더 정치와의 연관성 때문에 몇몇 교수들을 당황하게 했다. 내가 다닌 대학원 학과는 매우 전통적이라 예전에 과학사와 과학논리학과로 알려졌을 때의 기원으로부터 절대 지나치게 벗어난 적이 없었다. 그러나 공산주의와 사회주의의 몰락이 좌파적 비판을 포기할 이유라고 보지 않았던 사회정신을 가진 학생들이 갑자기 유입되면서, 1990년대 초 우리 학과는 프로이트 버전의 과학 전쟁을 직접 겪게 되었다. 많은 교수가 엄정함과 목적이 없다고 비판했고 우리가 '외재적' 연구라고 불렀던 것을 여러 학생이 하겠다며 들고 일어난 것이다. 내 기억으로는, 모호한 학칙에 따라 내가 박사과정을 수료하기 전에 학과 교수 전원이 내 논문 프로포절을 승인해야 했는데, 문제는 학과에서 적어도 한 명이 내가 선택한 주제가 적절하지 않다고 보았다는 것이다. 내 심사위원이 아니기는 했지만, 그 사람은 바로 노레타

3 인터섹스가 나타나는 빈도의 문제에 대해서는 다음을 참조. Alice Domurat Dreger, *Hermaphrodites and the Medical Invention of Sex* (Cambridge, Mass: Harvard University Press, 1998), 40-43.

코어지(Noretta Koertge)로, 여성학 분야와 과학에 관한 페미니즘적 연구를 적극 비판했다.

노레타는 내가 성을 '그저 사회적 구성'이라고 주장하는 엉성한 사회 구성주의에 빠질지도 모른다고 걱정했다. 어느 날 블루밍턴의 굿바디 홀(Goodbody Hall) 복도에 서서 노레타가 내게 물었던 것을 정말로 분명히 기억한다. "이게 네가 중학생들이 보건 수업에서 배우길 원하는 거니? 여자아이가 **자신은** 임신할 수 있지만 남자친구는 그럴 수 없다는 걸 아는 게 중요하다고 생각하지 않니? 이 아이가 **여자는** 자궁경부암에 걸릴 수 있지만 남자친구는 그럴 수 없다는 걸 아는 게 중요하다고 생각하지 않아?"

나는 이 대화를 너무나 잘 기억한다. 다루기 힘든 질문이었기 때문이다. 내가 성을 사회적 구성이라고 말한다면, 사람들이 진짜 남자아이가 임신하고 자궁경부암에 걸릴 수도 있다고 생각할까? 어 잠깐, 만약 그럴 수가 없다면, 이게 사회적 구성이었나? 그녀의 질문은 중요했다. 그리고 **흥미로웠다**. 평균적 신체를 가진 10대가 그들의 몸을 이해하는 법에 영향을 미칠 수 있을 만큼 사람들이 진짜 이 연구가 중요하다고 생각할까? 1971년에 처음 출판된 『우리의 몸, 우리 자신(*Our Bodies, Ourselves*)』이 매우 많은 여성을 해방시켰듯, 이 연구도 10대를 해방시킬 힘을 가질 수 있을까? 나는 이전 대화를 통해 노레타와 내가 둘 다 해방에 관심이 있다는 것을 알고 있었다. 어떤 이야기가 해방을 시킬 수 있을지에 대해서는 서로 매우 다른 생각을 하고 있었지만 말이다. 이 사건은 내가 올드 웨스트버리에서 배웠던 기독교의 역사를 상기시켜 주었다. 구성주의자들은 과학을 역사화하고 그 과정을 **인간**의 발걸음이라 보면서, 근본적으로 과학에 대해 더 수준 높은 성경적 비판을 하고 있었다. 진정한 신도는 이를 이단으로 보았지만, 나에게 이것은 과학 해방신학의 **유일한** 약속이었다.

우리는 모두 과학의 의미와 목적과 천성에 대한 굉장히 열정적인 논쟁에 묶여 있었다. 내 프로포절이 만장일치로 승인을 받지는 못했으므로 공식적으로 박사 수료는 못했지만, 나는 일단 앞으로 나아갔다. 나는 친구들에게 "책이 나오면 논문 프로포절을 승인해 주겠지."라고 농담을 했다. 모순되게도 내 프로포절과 박사 수료를 승인해 준 것은 행동주의에 대한 제도적 지지였다. 인디애나 대학에는 존 에드워즈 펠로우십(John Edwards Fellowship)이 있었는데, 분야에 상관없이 강한 사회적 책임감을 지닌 대학원생을 대상으로 했다. 나는 에드워즈 펠로우십을 받았고, 어떻게 보면 내 이력서의 이 중요한 한 줄 때문에 대학 측은 나를 미국 인문학 재단(National Endowment for the Humanities, NEH) 펠로우십 후보로 지명하고 싶어 했는데, 그러려면 내가 박사 수료생이어야 했다. 따라서 여전히 반대하는 사람이 있었을지는 모르겠으나 나는 진급했다. NEH 펠로우십을 받지는 못했지만 나는 종교나 윤리적 문제를 공부하는 학생을 대상으로 한 장학금인 샬럿 뉴콤 박사논문 펠로우십(Charlotte Newcombe Doctoral Dissertation Fellowship)을 받았다. 에드워즈와 뉴콤 펠로우십을 받으면서, 적어도 위에 있는 권력자 중 몇몇은 사회적 지향성을 지닌 연구, 심지어는 행동주의까지도 보고 싶어 한다는 것이 분명해졌다. 따라서 나는 펀딩의 압박은 말할 것도 없고, 일종의 의무감으로 내 연구를 지적으로 그리고 정치적으로 공공연히 페미니즘적, 말하자면 억압적인 젠더 규범에 비판적이게 만들고자 했다.

그러나 심지어 1995년까지도, 나는 논문을 끝내는 동안 학문이나 행동주의에 있어서 오늘날 인터섹스의 치료에 이렇게 연루되리라고는 기대하지 않았다. 나는 스스로를 진정한 역사가로 보았고, 동시대에서는 어떤 것도 연구하지 않는다는 보수적인 역사 개념을 갖고 있었다. 심지어 현재와의 어떤 연관성도 무시해야 하며, 그렇게 하지 않는 것은 학문적으로 세련되지 못하다고 생각하기도 했다. 젠더의 사회적 구성에 관한 획기적인 연구로 이미 잘 알려진 사회심리학자 수잰 케슬러(Suzanne Kessler)는 1990년《사인스(*SIGNS*)》지에 오늘날 인터섹스의 치료에 대한 뛰어난 비평을 출판했고, 잘 알려진 생물학자이자 페미니스트 과학 비평가인 앤 파우스토-스털링(Anne Fausto-Sterling) 역시 1993년《더 사이언스(*The Sciences*)》와《뉴욕타임스》에 두 개의 성(sex)이라는 신화에 대한 지성적인 비평을 출판했다.[4] 당시 진 피터슨이《타임스》지 비평을 복사하라고 내게 주었는데, 대학원 사무실 비서가 〈몇 개의 성(sex)이 있는가?〉라는 제목을 보더니 내게 "두 개 아냐?" 하고 물었던 기억이 있다. 나는 눈살을 찌푸렸으나 대답은 하지 않았다. 그때는 확신이 없었기 때문이다. 오늘날에는 이 질문이 매우 흥미롭지만, 당시에 나는 진정한 역사가로 보이고 싶었다. 그리고 이것은 진정한 역사가가 다룰 문제가 아닌 것 같았다.

그래서 나는 1995년에 내 논문의 일부를 사용하여 처음으로 완전한 역사 논문 두 편을 써냈다. 하나는《빅토리아시대 연구(*Victorian Studies*)》에, 다른 하나는 1994년 과학과 동성애에 대해 열렸던 첫 번째 주요 과학사학회(History of Science Society, HSS) 세션에 기초하여 버논 로자리오가 편집할 책에 실릴 것이었다.[5] 다음에 일어난 일들로 인해 이 논문들은 내가 쓴 글 중

4 다음을 참조. Suzanne Kessler, "The Medical Construction of Gender: Case Management of Intersexual Infants," *SIGNS: Journal of Women in Culture and Society* 16 (1990): 3-26; Anne Fausto-Sterling, "The Five Sexes: Why Male and Female Are Not Enough," *The Sciences* 33 (1993): 20-25; Anne Fausto-Sterling, "How Many Sexes Are There?" *New York Times*, 12 March 1993.

5 Alice Domurat Dreger, "Doubtful Sex: The Fate of the Hermaphrodite in Victorian Medicine," *Victorian Studies* 38 (1995): 335-369; "Hermaphrodites in Love: The Truth of the Gonads," in *Science and Homosexualities*, Vernon A. Rosario, ed. (New York: Routledge, 1997), 46-66.

전적으로 역사만을 다룬 유일한 연구가 되었다. HSS 세션에서 과학사가 스테파니 케넌(Stephanie Kenen)과 나는 인터섹스의 역사에 대해 논했는데, 그 후에 그녀가 내 이름과 이메일 주소를 인터섹스 상태로 태어난 사람들(people with intersex conditions)에게 주었던 것 같다. 그래서 내 이름이 그 이메일 리스트에 올라갔고, 어느 날 한 여성으로부터 《빅토리아시대 연구》에 실린 내 글을 읽었으며 자신이 일종의 '가성반음양(pseudohermaphroditism)'을 갖고 태어났다는 내용의 이메일이 왔다. 그녀는 왜 내가 이 이슈에 관심을 갖게 되었는지, 내가 인터섹스를 선천적 기형이라고 언급했을 때 도대체 무엇을 의미한 것인지 알고 싶어 했다. 그 메시지의 어조는 조건반사를 일으켰다. 이 사람은 내 연구가 정치적으로 올바르지 않다고 공격하려는 거구나. 인터섹스가 병리학적인 것으로 구성될 필요가 없다는 것을 깨닫기 시작했지만, 내가 '기형'이라는 단어를 사용했다고 지적하는 것은 지나쳐 보였다. 내 기억으로, 나는 애매한 답장을 보내고는 몸을 사렸다.

1996년 초 나는 박사학위를 받았고, 미네소타 대학교의 과학기술사 프로그램의 객원 조교수가 되었다. 그해 3월에는 버클리와 스탠포드에서 내 연구에 대한 발표를 해 달라고 초청을 받았는데, 샌프란시스코에 기반을 둔 인터섹스회 회원들이 발표장에 난입해서 방해할까 두려운 나머지 2월에 화해를 청하기로 했다. 나는 단체의 주소인 info@isna.org로 이메일을 보내 내가 발표를 할 예정이라고 알렸다. 그러고는 "내가 하고 있는 역사적인 연구가 단체 회원의 흥미를 자아내고 도움이 되리라 희망합니다. 나는 이 연구를 가능한 한 접근하기 쉽게 만들고자 합니다. 단체에서 관심을 가진 회원에게 정보를 제공하려면 어떻게 해야 하는지 알려 주십시오."라고 덧붙였다.[6] 북미

6 Alice Dreger, personal communication to ISNA, 21 February 1996.

인터섹스회의 창립자인 셰릴 체이스(Cheryl Chase)가 다음과 같이 답장을 보냈다. "당신의 연구는 정말로 흥미롭습니다. 나는 많은 반음양인이 의료적 개입 전에도 꽤 잘 살고 있었다고 생각합니다. 오늘날 의료계 권위자들은 의료적 '교정' 없는 반음양인의 삶이란 생각할 수도 없고, 가치도 없다고 주장합니다. 아직 당신이 쓴 논문을 살펴볼 기회는 없었지만, 우리가 의학적 주장의 권위를 무너뜨리는 데 도움이 되지 않을까 합니다."[7]

열렬한 독서가이자 재기 있는 여성인 셰릴은 그녀의 사명을 이루기 위해서라면 어떤 일이든 하려는 것처럼 보였고, 곧 내게 엄청난 은폐 행위(concealment practices) 이전 시기에 대해서 역사가 뭐라고 하는지 직접 묻기 시작했다. 그녀는 내게 인터섹스에 대한 과도한 의료 행위가 시작되기 전에는 에르퀼린 바르뱅(Herculine Barbin)이 그랬듯 반음양인 모두가 자살했다고 생각하는 의사들을 믿지 않는다고 했다.[8] 나는 그녀를 안심시켰다.

> 네, 당신이 맞는 거 같네요. 많은 반음양인들이 전에도 의학적 개입 없이 잘 지냈어요. 내가 연구했던 사람 중에는 보통이 아니라는 것도 인지하지 못했던 이들이 있던 듯합니다. 그래서 의사의 말이 문제의 원인이 되었지요. "하지만 여성분, 당신 남자에요!" 여기에 그 여성은 이렇게 대답했어요. "당신 미쳤군요. 고마워요. 내가 낼 돈이 얼마죠?" 어떤 사람들은 뭔가 보통이

7 Cheryl Chase, personal communication to Alice Dreger, 21 February 1996. ISNA 창립과 인터섹스 권리 운동의 시작에 대한 셰릴 체이스의 설명에 대해서는 다음을 참조. Cheryl Chase, "Hermaphrodites with Attitude: Mapping the Emergence of Intersex Political Activism," *GLQ: A Journal of Gay and Lesbian Studies* 4 (1998): 189-211.

8 에르퀼린 바르뱅에 대해서는 다음을 참조. Michel Foucault, *Herculine Barbin, Being the Recently Discovered Memoirs of a Nineteenth-Century Hermaphrodite,* R. McDougall, trans. (New York: Colophon, 1980).

아니라는 것을 알았고, 몇몇은 무슨 일이 벌어지고 있는지 꽤 잘 알았지만, 엄청난 트라우마를 야기하지는 않았어요. 물론, 당신도 잘 알듯이 어떤 사람들은 가족·연인·지역사회에 거절당했죠. 사례들이 정말 다 달라요.[9]

셰릴은 더 알고 싶어 했다. "어떤 요소가 다른 결과를 내는지에 대한 가설이 있나요?"[10] 나는 대답했다.

국적·민족·계층·가족·나이·결혼 여부·배우자의 태도·지역사회의 규모 및 풍조·시기·개입한 의사의 성격 및 지위 등등. 우리가 **최선의** 상황이 무엇인지에 대한 결론을 많이 끌어낼 수 있을지는 잘 모르겠습니다만, 어떤 것이 긍정적인 효과를 내지 **않을 것인지**에 대해서는 어느 정도 결론을 내릴 수 있을 듯합니다. (생물학적으로 남성·여성 혹은 '진정한 의미에서' 둘 다거나 둘 다가 아닌 것이 무엇을 의미하는지 정확하게 정의하려고 노력하는 것이나, 스스로 판단할 수 없는 정체성을 그래도 취해야 한다고 강요하는 것 같은 거죠.)[11]

나는 셰릴이 인내심 있는 선생이고 내 연구를 과하게 단순화하지 않는 사람이기에 감사했다. "지금 어떤 일이 일어나야 하지?"에 단순한 대답을 제공하지 않았다는 점에서 역사가 복잡하다고 그녀에게 말하자, 그녀는 내 전문성을 반박하지도, 역사가 쉽거나 '옳은' 답을 줄 수 없다며 포기하지도 않았다.

9 Alice Dreger, personal communication to Cheryl Chase, 22 February 1996.
10 Cheryl Chase, personal communication to Alice Dreger, 22 February 1996.
11 Alice Dreger, personal communication to Cheryl Chase, 23 February 1996.

마침내 셰릴은 피할 수 없는 질문으로 옮겨 갔다. “어떻게 이 연구를 하게 됐죠? 당신은 누구인가요?”[12] “당신은 우리 중 하나인가요?”를 의미하는 암호구였다. 내 설명에도 불구하고, 나는 나중의 대화를 통해 그녀가 나를 아직 정체성을 밝히지 않은 인터섹스나 레즈비언 같은 **무언가가** 틀림없다고 생각했다는 것을 알았다. 음핵절제술에 관심을 표한 학계의 페미니스트들과는 대화가 성공적이지 못했던 탓이다. 케슬러와 파우스토-스털링, 그리고 《뉴욕타임스》의 나탈리 앤지어(Natalie Angier) 역시 셰릴의 연구를 열렬히 지지했지만, 이들은 예외였다. 셰릴이 만났던 다른 이들은 음핵절제술이 아프리카에서만 행해지고 있다거나 인터섹스 상태로 태어난 사람들은 실제로는 트랜스섹슈얼이고 따라서 페미니스트의 도움을 받을 가치가 없다고 주장했다.

이 이메일은 왜 내가 더 일찍 ISNA에 연락을 취하길 주저했는지에 대해 셰릴에게 한 설명을 보여준다. 이제 인터섹스 상태로 태어난 사람들과 실제로 말하게 되면서 내가 이 연구에 대해 매우 다르게 생각하기 시작했다는 것을 보여주기 때문에 흥미롭다.

> 여러 차례 당신들에게 연락할까 생각했지만 주로 두 가지 이유로 참았어요. (1) 먼저, 나는 인디애나에서 내 연구를 마치느라 끔찍한 시간을 보냈는데, 만약 내가 당신과 연락을 취했다는 것을 알면 이 보수주의자들이 역사가로서의 내 ‘객관성’이 손상되었다고 주장할 방법으로 사용할까 봐 두려웠어요. 근거가 없진 않았죠. 물론 100년 전의 생물학자를 연구하고 있는데 오늘날의 생물학자와 대화한다고 해서 당신이 연구를 계속할 자격을 잃게된다고 생각하는 사람은 없겠지만요. (2) 나는 지지단체(support group)인 당신

12 Cheryl Chase, personal communication to Alice Dreger, 24 February 1996.

들이 사적 자유를 누릴 자격이 있고 인터섹스로 태어나지 않은 사람이 당신들의 대화와 경험에 파고드는 것을 원치 않을 거라 생각했어요. 연구를 하면서 배운 게 있다면, 그것은 문제가 벌어질 때면 주로 타인의 사적 자유와 그들이 커뮤니티/관계를 정의할 권리를 존중하지 않아서 발생했다는 것이었어요. 이제 와 보니, 당신들이 지지단체 그 이상이라는 것을 알고, 왜 당신들이 지지단체를 필요로 하고/원하는지에 대한 역사를 다루는 내 연구가 어떤 면에서는 당신들의 사적 자유를 침해할 수밖에 없다는 것도 알게 되었습니다. 나는 항상 내 연구가 어떻게든 당신들의 흥미를 얻고 쓰일 수 있으리라 생각했어요. 그렇게 된 것 같아서 기쁩니다.[13]

셰릴은 오늘날의 시스템에 대해 더 배우라고 나를 밀어붙였고, 내 파트너인 애런 수사(Aron Sousa)가 나를 도왔다. 나는 그를 1994년에 만났는데, 의과대학 4년 차였던 애런은 내가 이 연구를 시작하는 데 필요한 책과 지식을 가지고 있었다. 처음에는 셰릴과 인터섹스 상태로 태어난 다른 이들이 오늘날의 시스템이 얼마나 해로운지에 대해 과장하는 게 틀림없다고 생각했지만, 아직 완전하지는 않았어도 최근 연구서를 검토하면서 이들과 수잰 케슬러, 그리고 앤 파우스토-스털링이 옳았다는 것을 알게 되었다. 전체 시스템이 클리닉 밖에서는 인터섹스라는 게 존재하지 않는 것처럼 행동하도록, 수사적으로·외과적으로·호르몬적으로 이들을 덮어 버리게 고안되어 있었다. 그 결과 의도하지 않았더라도 아이와 가족은 부끄러워하며 침묵했고, 기능상이나 외양 면에서 미심쩍은 성기를 남겼다. 연구서는 또한 공공연하게 성차별적이고 이성애 중심적이어서, 여성의 섹슈얼리티를 꿰뚫을 수 있는 구

13 Alice Dreger, personal communication to Cheryl Chase, 24 February 1996.

명과 동일시했고, '정상성'을 추구한다는 명목으로 오르가슴에 도달할 수 있는 능력을 무시하거나 제거했다. 이들은 재생산을 여성성의 핵심으로, 음경을 남성성의 핵심으로 보았다.

곧 셰릴과 그녀가 내게 소개해 준 인터섹스 상태로 태어난 다른 이들의 격려에 힘입어, 나는 내 연구가 실제로 인터섹스 상태로 태어난 사람들의 사회적·의학적 치료를 향상시키는 데 도움이 될 수 있다고 확신하게 되었다. 그리고 이것은 인터섹스가 아닌 이성애자 여성, 게이 남성 그리고 레즈비언을 위한 연구보다 내게 훨씬 더 중요하게 되었다. 나는 셰릴에게 말했다. "아마 이런 것들이 실질적인 의학적 논의의 대상이 되도록 내가 도울 수 있을 거예요. 이런 논의에 침투할 방법이 있거든요. 의과학사(history of medicine & science) 박사학위가 전에는 닫혀 있던 문을 많이 열어 주지요."[14]

나는 내 논문을 바탕으로 한 책이 중요한 영향력을 행사하는 것을 보고야 말겠다고 결심했다. 아직도 그녀를 직접 만나지는 못한 채로, 나는 1996년 3월 셰릴에게 이메일을 썼다. "내 책을 루틀리지(Routledge) 출판사에서 낼까 고려하고 있어요. 어떻게 생각해요? 대학 출판사 사람들이 계약하자고 했지만 너무 이론 중심이고 이 책이 분명한 언어와 메시지를 갖는 게 얼마나 중요한지 전혀 이해를 못 하더라고요. 메시지를 더 널리 퍼뜨리는 데 필요하다면 대중 서적 출판사로 곧장 가는 것도 고려하고 있습니다."[15] 이 동기가 진짜였다고 확신하지만, 읽을 만하고 접근하기 쉬운 '좋은 책'을 쓰겠다는 내 생각은 학계를 숨겨진 작가로서의 역량을 발휘할 수 있는 편안한 장소로 보았다는 데서 나왔던 것도 같다. 비록 자녀들에게는 글을 쓴다는 것을

14 *Ibid.*, 23 February 1996.
15 *Ibid.*, 20 March 1996.

감출 때도 있었지만, 내 어머니는 작가였고 영어를 너무나 사랑한 나머지 아침을 먹으며 우리에게 스트렁크(Strunk)와 화이트(White)의 『글쓰기 첫걸음(*Elements of Style*)』을 읽어 주기도 했다. 나도 어릴 때부터 글쓰기를 좋아했다. 4학년 때 '어른이 되면 무엇이 되고 싶은지'라는 에세이 주제로 나는 작가가 되는 것에 대해 썼다. 안타깝게도 커즈미어 선생님은 "그건 진짜 직업이 아니"라고 알려 주었고 내게 다시 써 오라고 말했다. 그래서 나는 오랫동안 직업으로서의 글쓰기에 접근-회피 방법을 썼고, 유망한 페미니스트들이 다들 그렇듯 결국에는 '진짜 직업'을 갖고 싶었다. 훗날 내가 애런과 사랑에 빠진 데는 언어에 대한 사랑이라는 공통의 관심사가 있었다. 그는 학부에서 화학을 전공했지만, 영문학 학위를 받기에 거의 충분한 학점을 따기도 했다. 병동에서 하루를 보낸 뒤 지친 그가 토니 모리슨(Toni Morrison)이나 마크 트웨인(Mark Twain), 혹은 제인 오스틴(Jane Austen)이 쓴 좋은 읽을거리를 들고 소파에 몸을 누인 것을 기억한다. 그는 곧 나만의 편집자가 되었고 읽을 때 정확성과 독창성만큼이나 스타일에도 신경을 썼다. 좋은 작가로 만방에 인정받고 싶다는 이기적인 욕망은 내가 어떻게 쓰고 어디서 출판할 것인지 결정할 때 내 마음속에 있었다. 내가 포스트모던 이론에는 별로 능하지 않다는 것을 알고 있었기 때문에 푸코 같은 젠더 이론을 많이 원하는 편집자와 일하기가 좀 부끄러웠다는 점만큼이나 말이다.

나는 셰릴과 애런의 격려와 도움에 힘입어 내 모든 강연에서 오늘날의 의학적 치료라는 주제를 꺼냈고, 강연을 홍보할 때는 꼭 인터섹스를 치료하는 의료인들이 오게끔 만들려고 했다. 초대에 주로 응한 이들은 외과의였는데, 다른 어떤 전문 분야 집단보다 의료사에 관심을 가졌기 때문이다. 실제로 어떤 대학에서 새로 열린 의료사 강독 모임에 합류하라고 초대를 받았을 때 내가 알게 된 것은 누구든 관심 있는 사람이면 올 수 있는 모임이었음에도 불구하고 참가자가 다 모두 외과의였다는 것이다. 나는 이렇게 관심이 한쪽으로 치우친 이유가 외과 수술이 여전히 대체로 도제제도에 의해 교육되기 때문이라는 가정에 이르게 되었다. 따라서 외과의는 계보, 그러니까 역사에 대해서 다른 의사보다 훨씬 더 잘 알고 있고, 우리 앞 세대에 누가 있었는지가 중요하다는 것을 믿고 알 확률이 높았다. 이유가 무엇이든, 이제 **나의** 대의가 된 인터섹스회의 대의에는 엄청난 행운이었다. 외과의들이야말로 돌이킬 수 없는 자국을 남기는 이들이었기 때문이다.

그러나 의사들이 내 역사 강연을 얼마나 재미있게 들었든지 간에, 그들은 오늘날의 시스템에 대한 내 비판을 기괴하고, 맹목적으로 정치적인 올바름을 추구하며, 참을 수 없고, 괴상하고, 틀렸다고 보았다. 물론 강연이 그들에게 익숙한 위대한 인물의 역사라기보다는 사회학에 가깝다고 보았기 때문에 재미없어한 사람도 있었다. 셰릴 역시 가까스로 인터섹스 임상의와 대화를 나누게 되었을 때, 같은 대접을 받았다. 나는 그녀에게 이메일을 보냈다.

> 나는 우리가 미국 의료 조직에 대해 비판할 때 마주치는 분노를 어떻게 완화할지 방법을 찾으려고 하고 있어요. 진짜, 다들 왜 그렇게 화를 내는 거죠? 나도 왜 그런지 알긴 하지만요, **왜 그럴까요**? 나는 이 사람들에게 어떻게 분노에서 생산적인 사고, 그리고 변화까지 갈 수 있을지 보여줘서 그들이 변할 수 있게 할 방법을 찾으려고 하고 있어요. 분노 단계에 있는 한 그들은 발전할 수 없거든요. 좋은 생각이 있으면 알려 주세요. 나는 그 사람들에게 그들의 목표가 환자를 돕는 것이라는 사실을 내가 얼마나 잘 알고 있는지, 그리고 이게 무슨 의미인지 깊이 생각할 필요가 있다는 것을 말하려고 합니다. 예를 들어 의사들의 의료 행위가 이상화된 '영웅적'인 것임을 인정하되, 영웅적이고자 하는 욕망보다는 필요한 변화를 추구하도록 방향을

트는 것이죠. '영웅적 외과의'의 의미를 바꿔야 한다는 거예요. 아마 이게 효과가 있을 거라 생각합니다. 그들이 외톨이가 되어야만 한다거나, 일어난 일을 모두 한꺼번에 처리해야 한다고 느끼지 않는 한은 말이죠. 분노는 대체로 일어난 일을 마주하고 싶지 않다는 심오한 욕망에서 오는 거라고 확신합니다.[16]

그러나 임상의가 아닌 사람들은 현재 시스템의 비판에 매우 관심이 있었으며, 이것이 우리를 계속하게 했다. "여기 미네소타에서 어제 〈반음양의 생의학적 치료에 대한 역사적·윤리적 분석〉이라는 강연을 했어요. 놀라울 만큼 다양한 관객층이 왔는데 다들 공감하는 것 같았어요. 어디서든 다 같아요. 세심하게 설명하고 뒷받침할 증거를 많이 제공하면 사람들은 ISNA의 비평이 정말로 정당하고 시급하다는 것을 알게 되더라고요."[17]

하지만 역사가 얼마나 유용할까? 별로 그렇지 않다. 역사는 외과의를 끌어들였지만, 외과의들은 내가 그들의 현재 관행을 비판하자 표정이 굳어졌다. 역사는 진보, 오락, 자존심, 롤 모델 등과 같이 무언가 다른 것을 다루어야 했다. 실제로 내가, 외과의가 대부분인 의료사 강독 모임에서 위대한 인물의 역사 말고 다른 것, 그러니까 새로운 사회사 같은 것을 읽자고 제안했더니, 한 명이 화를 냈다. "그건 사회학이지 역사가 아니에요!" 내가 진짜로 당황해하자, 그는 역사를 통해 스트레스가 쌓인 직원, 불합리한 보험회사, 지나친 요구를 하는 환자, 매정한 상사로 가득한 그의 하루를 견뎌 낼 수 있기를 원했다고 설명했다. 그는 역사를 통해 리스터(Joseph Lister, 영국의 외과

16 *Ibid.*, 7 April 1996.
17 *Ibid.*, 16 April 1996.

의사-역주)가 이 모든 것에도 불구하고 어떻게 버틸 수 있었는지 알고자 했다. 만약 다른 사람들도 그와 같다면, 그리고 내가 보기에는 실제로도 그렇지만, 새로운 사회사는 그 자신이나 환자와의 관계에 어떤 것도 해 줄 수 없었다.

한편, 산부인과의나 소아 내분비과의는 오늘날의 관행에 대한 비판을 더 잘 듣고 중요하게 여기는 편이었지만, 역사에 대해서는 정말로 그다지 신경 쓰지 않았다. 그들은 내 강연의 역사적 부분을 흥미롭게 들었으나, 이 모든 것이 지금 우리에게 어떤 의미가 있는지를 들으러 온 것이 더 컸다. 여전히 역사와 사랑에 빠진 채였지만, 나는 우리에게 필요한 것이 훌륭한 윤리적 분석과 의료서비스 표준에 대한 양질의 후속 연구이지, 1800년대 파리에서 루이즈 바베(Louise Bavet)라는 사람에게 무슨 일이 생겼는지에 대한 지식이 아니라는 데 점점 동의하게 되었다.[18]

그러나 역사가 인생을 바꿀 변화를 야기한다는 것을 알게 된 한 집단이 있었으니, 바로 인터섹스 사람들 자신이었다. 내 연구는 인터섹스의 경험이 어떻게 시간·장소·국적 같은 우연, 즉 내가 셰릴과 대화를 시작했을 때 언급했던 요소와 그 외의 것에 좌우되었는지 보여주었다. 이는 인터섹스 상태로 태어난 사람들이 느꼈던 깊은 수치심인, 그들이 기형이며 '재건' 수술에 의해 훼손되어야만 한다는 느낌이 **필수적인 것이 아니라** 어쩌면 구성된 것임을 의미했다. 자연은 그들을 괴물로 만들지 않았다. 그들의 문화가 그리했다. 나는 어떻게 그들이 이전에 여성·동성애자·흑인이 성공적으로 통과한 기형 인간에서 병리, 변이 그리고 온전한 사람으로의 역사적 전진을 경험하고 있는지 보여줄 수 있었다. 그들이 승리하면 **우리도 승리할 것이었다**. 셰

18 루이즈 바베에게 무슨 일이 생겼는지는 다음 글을 참조. Dreger, *Hermaphrodites*, 114.

릴과 나는 여기에 대해, 성공적인 민권운동의 역사에 대해 이야기하며 인터섹스에게도 어떻게 이런 일이 일어나게 할 수 있는지 알아내고자 했다. 나는 셰릴이 로널드 베이어(Ronald Bayer)의 『호모섹슈얼리티와 미국의 정신의학: 진단의 정치학(*Homosexuality and American Psychiatry: The Politics of Diagnosis*)』과 마틴 루터 킹 주니어(Martin Luther King Jr.)의 자서전을 읽으며 독학한 것을 알고 있다.[19] 후자는 우리의 권리 운동이 그들이 겪은 것과 같은 것을 겪었음을 보여주었고, 우리는 이에 위안을 얻었다. 우리도 내부자 간의 분쟁과 더불어, 남성 할례에 반대하는 집단 같이 그들의 쟁점과 요구가 우리의 것과 같다고 주장하려는 다른 집단의 시도 등을 경험했던 것이다.

때로 역사는 인터섹스 상태로 태어난 사람들을 도왔다. 바로 이들이 혼자 남겨졌다고 느끼지 않도록 해 주었기 때문이다. 나는 그들 전에 살았던 사람들의 이야기를 계속해서 해 줄 수 있었고, 그들은 자신이 드물거나 이국적이거나 기괴하지 않다는 것을 깨달았다. 그들은 사람이었다. 모든 문화에서 모든 시기에 나타났던 사람 말이다. 어떻게 여성이 투표권을 얻었는지에 대한 이야기를 배우는 것이 소녀 시절의 나를 치유했던 것과 마찬가지로, 이 역사는 많은 인터섹스에게 명백한 치유 효과가 있었다.

인터섹스 상태로 태어난 사람들에게 감사 편지를 받는 것은 보람찼지만, 점점 많은 사람에게 연락을 받다 보니 그들을 대변해 말한다는 게 이상하게 느껴졌다. 나는 1996년 4월에 셰릴에게 이메일을 보냈다.

19 Martin Luther King Jr., *Autobiography of Martin Luther King, Jr.*, Clayborne Carson, ed. (New York: Warner Books, 1998); Ronald Bayer, *Homosexuality and American Psychiatry: The Politics of Diagnosis* (Princeton: Princeton University Press, 1987).

인터섹스 경험이 있는 사람들의 목소리를 빼앗지 않는다는 게 나에게는 정말 중요했습니다. 그러니까 그들을 위해 말하려고 하기보다 이 목소리의 연출을 도우려고 했다는 것이죠. 그러나 이 모든 검열과 당신들이 쓴 매우 이성적인 글이 억압되는 것을 보면서, 그리고 앤(파우스토-스털링)과 그녀의 브라운 대학 동료나 내 말은 다 상대적으로 공정하게 들어주는 것을 보면서, 적어도 얼마 동안은 망할 놈의 '전문가'인 우리들, 그러니까 ISNA 회원은 아니지만 ISNA를 지지하는 학계와 의료계의 친구들이 말을 많이 해야 할 것이라는 점이 분명해졌어요. 당신보다 우리가 하는 말을 듣는 사람이 많을 테니까요. 무지 짜증 나는 일이죠.[20]

셰릴은 나를 쉽게 놓아주지 않았다. 그녀는 이렇게 답했다. "모두를 대변할 수는 없지만, 내가 아는 한 우리는 당신이 주는 도움은 다 이용할 수 있어요. 인터섹스인 사람들(intersexual)이 1인칭으로 하는 말을 듣는 데 엄청난 저항이 있어서일 뿐만이 아니라, 인터섹스인 사람들 모두가 능력 있는 작가/역사가/사회 분석가인 건 아니고 이런 행동을 하는 것으로 생계를 꾸려나갈 수도 없기 때문이죠. 그리고 능력이 있다 해도 종종 여러 종류의 감정적 피해로 인해 목소리를 높일 수 없게 된답니다."[21] 그래서 나는 이 대의를 위해 내 경력을 사용하기로, 그리고 의료윤리학에 대한 훈련이 부족함에도 불구하고 이제 인터섹스 상태로 태어난 사람들의 말을 들어야 한다고 요구하는 강력한 윤리적 비평을 쓰기로 결심했다.

1996년 미네소타 대학을 떠나 미시건 주립대학의 정년직으로 옮기려고

20 Alice Dreger, personal communication to Cheryl Chase, 17 April 1996.
21 Cheryl Chase, personal communication to Alice Dreger, 17 April 1996.

준비하고 있을 때, 나는 하버드 대학 출판사에 내 논문에 기반을 둔 책을 내겠다고 제안했고 기쁘게도 원고를 읽어 주겠다는 답을 받았다. 윤리적 비평이 포함되는 것은 꺼렸지만 말이다. 실제로 내가 원고를 보냈을 때 그들은 마지막 장인 윤리적 비평이 부족하다고 보았고 잘 맞지 않는 데다 적절한 근거가 부족해 보이니 뺄 것을 제안했다. 맞지 않는다는 앞의 주장은 어떻게 보면 사실이었지만 신경 쓰지 않았다. 그러나 뒤에 나온 설득력의 문제는 피할 수 없는 사실이었다. 제때 원고를 보내려고 서두르느라 마지막 장은 얇고 부실한 상태였다. 그럼에도 불구하고, 나는 윤리적 비평 장에 대한 부정적인 심사평을 쓴 사람이 내가 그 장에서 실명을 들어 가며 비판한 인터섹스를 치료하는 임상의라는 것을 알고 좌절했다. 이는 우리의 음모론을 부추겼다. 애런과 셰릴의 도움을 받아 나는 더 강력하고 완전한 근거를 바탕으로 그 장을 다시 썼는데, 그 임상의이자 심사자가 내 주장을 꽤 설득력 있다고 생각해 이제는 내 자료를 보고 싶어 한다는 말을 듣고 놀랐다. 출판사는 비평을 '에필로그'로, 이것이 오늘날과 무슨 상관이 있는가를 다룬 내 서문을 '프롤로그'라 이름 붙이기로 했다.

내가 책을 쓰는 동안, 애런은 깐깐한 편집자 모드가 되어 일반 독자로서, 그리고 미시건 주립대학의 내과 레지던트가 되었으므로 의사로서도 글을 읽어 주었다. 그는 내가 쓴 책의 앞부분 몇 문단을 17차례 거절하면서 나에게 암송으로 문학작품의 가장 훌륭한 첫머리를 상기시켜 주었고, '사회적 구성'이라는 용어를 사용하지 말라고 자주 경고했다. 과학 전쟁을 주도한 보수주의자가 내 연구를 무시하게 만들고, 과학 전쟁의 급진주의자가 그것을 오용하며, 의사가 책을 내려놓고 더 나은 독서거리를 찾게 할지 모른다는 것이었다. 내 편집자인 마이클 피셔(Michael Fisher)와 하버드의 원고 편집자 엘리자베스 그레츠(Elizabeth Gretz) 역시 이 프로젝트에 엄청난 공헌을 했다. 특히 엘리자베스는 내 주장을 어떻게 하면 가장 잘 들리게 할 수 있을지 나와 이메일로 항상 대화했다. 에필로그는《헤이스팅스 센터 보고서(*Hastings Center Report*)》에 논문으로 수정해서 출판했는데, 의료윤리학자들은 더 이상 내게 인터섹스가 잘 연구된 병리의 의료적 치료에 대한 것이므로 윤리적 쟁점이 아니라고 말하지 않았다.

내 책『반음양과 성의 의학적 창조(*Hermaphrodites and the Medical Invention of Sex*)』(1998)는 전반적으로 좋은 반응을 얻었고 하버드 대학 출판부 덕택에《뉴잉글랜드 의학저널(*The New England Journal of Medicine*)》과《미국의학협회지(*JAMA*)》를 비롯한 주요 의학 학술지에 서평이 실렸다. 그렇다고 이 중에 매우 기묘한 서평이 없었던 것은 아니다. 한 의학 학술지에 기고한 어떤 임상의는 내 에필로그가 이미 시대에 뒤떨어졌다고 주장했다. 이제는 임상의가 인터섹스인 환자들에게 거짓말을 하지 않기 때문이라는 이유였다. 그러나 사실 당시 우리는 바로 그 임상의의 시설에서 적극적인 거짓말을 들어온 한 어머니와 서신을 주고받았다. 다른 서평은 내가 다윈의 따개비에 대해 언급하지 않았다고 불평했는데, 이 주제에 있어서 내가 처음에 하려고 했던 것을 생각해 보면 매우 유쾌한 불평이었다. 다행히도 셰릴은 다윈이 자웅동체 따개비에 대해 어떻게 생각했는지 내가 분석하지 않았다고 해서 인터섹스의 대의가 지체된 것은 아니라고 확신시켜 주었다. 그러나 인터섹스 상태로 태어난 사람들과 그들의 부모는 전적으로 이 책을 고맙게 여기는 것 같았다. 그리고 시스템에 문제가 있다는 말이 그 어느 때보다 크게, 그리고 이제는 '하버드 대학 출판부'라는 딱지를 붙이고 퍼져 나갔다. 이제 인터섹스 상태로 태어난 사람들이 셰릴과 그녀가 조직한 학계·의료계 동지들의 연구 덕분에 정체성을 드러낼 수 있게 되었다. 나는 대변인으로 대중매체에 출연하기 시작했고 〈의학이 정상성을 추구하다 선을 넘을 때(When Medicine Goes

Too Far in the Pursuit of Normality)〉라는 제목으로《뉴욕타임스》에 글을 기고했다.[22] 셰릴과 나는 같이 매체에 출연하기 위해 함께 다녔는데, 기존 관행이 옳고 절대로 바뀌지 않을 것이라 주장하는 외과의를 만났을 때는 한 차례 이상 윈스턴 처칠의 "역사가 나의 정당함을 증명할 것이고, 내가 그 역사를 쓸 것이다."를 인용했다. 이것이 외과의들의 주의를 끌었다.

어떤 지점에 이르니 이것이 학문이라는 느낌이 사라지고 꽤 분명하게 행동주의가 되었다. 내 행동주의는 물론 학문의 지지를 받았지만, 내가 읽은 글과 내가 받은 질문은 모두 사명을 통해 걸러졌다. 비정형적인 성적 신체 구조를 타고난 사람들이 부끄러움, 비밀스러움 그리고 원치 않은 성기 수술 없이 사는 세상을 만드는 사명 말이다. 셰릴은 내 가장 친한 친구 중 하나가 되었고, 애런과 나는 그녀와 미래에 대해 계획을 세우고, 술을 마시고, 공상에 잠기면서 시간을 보냈다. 이제 토드 챔버스에게 불평했듯이 나는 학문에 있어서 새로운 것을 할 시간이 없었다. 그러나 셰릴과 이동하면서 그녀의 이야기를 다시 듣다 보면 새로운 학문은 전혀 중요해 보이지 않았다. 매번 조금씩 다른 이야기가 있었고, 그녀의 과거에 대한 구체적인 사항이 더 나와 내 머릿속에 저장되었다. 1999년 4월 토드와 로욜라 대학의 생명윤리학자인 데이비드 오자(David Ozar)가 시카고에서 4차례 연속으로 강연을 잡은 날, 셰릴이 그녀의 이야기를 하는 걸 4번이나 들어야만 했던 때를 기억한다. 집에 돌아가는 길에 나는 어떤 식으로도 그녀의 역사를 의미 있게 다시 쓸 수는 없을 것이라는 엄청난 무력감에 빠져 너무나 많이 운 나머지 94번 주간 고속

22 Alice Dreger, "When Medicine Goes Too Far in the Pursuit of Normality," *New York Times*, 28 July 1998, B10. 이 글은 다음의 학술지에 재간행되었다. *Health Ethics Today* 10 (August, 1999): 2-5.

도로에서 차를 세워야 했다.

그때쯤 의사들도 마침내 돌아서기 시작했다. 미시간 주립대학에서 나와 만나 이야기를 나눈 후 소아 내분비과의인 브루스 윌슨(Bruce Wilson)은 완전히 ISNA 편에 섰고, 미시간 주변의 병례(病例) 검토회에서 그의 동료들에게 '패러다임 전환'의 올바른 쪽에 붙는 게 좋을 거라고 경고했다. 우리가 이 수사를 썼어야 했다는 깨달음을 얻었지만, 역사가로서는 패러다임이란 용어를 사용하기가 좀 꺼려졌다. 시카고 여행 전, 우리는 아동 기념 병원(Children's Memorial Hospital)에서 강연할 생각에 두려워했다. 바로 그 병원으로 인해 1985년 자신의 클리토리스를 잃었다고 안젤라 모레노(Angela Moreno)가 공개적으로 비난하는 내용이 담긴 비디오를 틀 예정이었기 때문이다.[23] 그러나 우리는 할 일을 했다. 토드와 윤리학 수업을 들었던 소아 내분비과의인 호르헤 다불(Jorge Daaboul)은 동료들에게 우리의 이야기를 들어야만 한다고 했다. 호르헤는 발표 후에 그의 사무실에서 내 책을 들고 사인을 해 달라고 부탁했다. 그리고 우리와 함께 제도권과 싸우려는 그의 친절함과 의지가 너무 고마워 나는 갈릴레오의 "그래도 지구는 돈다."를 인용했다. 로욜라 대학에서는 데이비드 오자가 소아 외과의인 데이비드 해치(David Hatch)와 대결하도록 자리를 마련해 주었는데, 나는 해치가 우리 발표에 대한 소감을 말하기 시작할 때 떨면서 앉아 있었다. 셰릴이 듣고 있던 이야기를 나는 몇 분이 지나서야 이해할 수 있었다. 그리고 나는 마침내 왜 그녀가 피가 통하지 않을 정도로 내 손목을 꽉 잡았는지 이해했다. 그는 우리가 옳다고 말하고 있었다.

23 Intersex Society of North America, "Hermaphrodites Speak!" (color video, 26 minutes). 해당 비디오는 ISNA Website, www.isna.org를 통해 구할 수 있다.

호르헤는 그때도 그리고 지금까지도 인터섹스의 역사를 읽고 변화한 몇 안 되는 의사 중 하나이다. 호르헤는 2000년 메릴랜드주 베데스다의 미국의학사협회(American Association for the History of Medicine)에서 내가 조직한 〈역사의 연구가 임상 실습에 영향을 주는가? 인터섹스 사례 연구〉라는 세션에서 글을 발표했고, 다음과 같이 의견을 냈다.

> 19세기까지 의료에는 매우 강한 역사성이 있었습니다. 그 후로 의료는 역사적 선례에 대한 경의를 잃었습니다. 나는 이것이 의료 관행에 유해한 영향을 미쳤고 환자의 치료에 해를 입혔다고 주장하고자 합니다. 지난 100년의 기술적인 진전이 진단과 치료에서 정확성을 높였지만, 우리의 전임자들이 얻은 통찰과 지식은 여전히 유효합니다. 그러나 기술적인 뛰어남을 추구하고자 무모하게 뛰어든 나머지, 우리는 이러한 통찰을 잃었고 우리의 전임자가 알고 있던 질병과 상태에 대한 인간의 반응을 오늘날 다시 배워야 하게 되었습니다.[24]

호르헤는 인터섹스에 대해 그가 받은 교육이 그의 동료들과 거의 완전히 똑같이 이루어졌다는 점, 즉 인터섹스 운동가들이 '죽음의 별'이라고 불러 온 장소인 존스홉킨스 대학의 로슨 윌킨스(Lawson Wilkins)와 존 머니(John Money)의 가르침에서 이어진 과정을 자세히 짚었다. 호르헤와 그의 동료들은 젠더가 출생 이후 구성되며 인터섹스 상태로 태어난 아이들을 대부분 외

24 Jorge Daaboul, "Does the Study of History Affect Clinical Practice? Intersex as a Case Study: The Physician's View," 메릴랜드주 베데스다에서 열린 미국의학사협회에서 2000년 5월 19일에 발표한 내용이다.

과적 수술을 통해 그럴싸한 소녀로 만들 수 있고 그래야만 한다는 가르침을 받았다. 인터섹스는 비용이 얼마가 들든 간에 외과적으로, 수사적으로 감춰져야 할 것이었다. 호르헤는 다음과 같이 기억했다.

> 머니·윌킨스의 전통을 배운 우리는 모두 그들의 충고를 따랐습니다. 우리는 인터섹스 아이들의 부모에게 거짓말을 했고, 아이들에게 거짓말을 했으며, 인터섹스인 개개인에게 '교정' 수술을 시켰죠. 비록 막연하게 거북함을 느끼고는 있었지만, 당의 노선을 따랐다는 것을 인정합니다. 3년 전 운 좋게도 시카고 대학에서 윤리학 펠로우십을 받게 되었는데, 내 전공이 사전 동의라는 규범과 환자 자율성에 대한 존중을 의도적으로 위반하고 있다는 것을 깨닫고 내 막연한 거북함은 공포로 바뀌었습니다. 내가 동료들에게 이 문제를 제기하자 실질적으로 두 가지 주장이 현재의 관행을 옹호하기 위해 사용되었습니다.

첫째, 이렇게 많은 똑똑한 선조들이 틀릴 가능성은 없다고 호르헤의 동료들이 대답했다. 둘째, 인터섹스 상태로 태어난 사람들은 '고쳐**져야**' 했다. 그들은 다른 사람들과 같지 않았기 때문에 다른 사람들처럼 취급받을 수 없었다. 그러니까 "인터섹스인 사람은 인터섹스이기에 정상적인 삶을 살 가능성이 없었다. 행복과 심리적인 건강을 얻기 위한 유일한 기회는 확실한 남성 또는 여성이라는 젠더 정체성을 수립하는 것이었다. 우리 사회에서 인터섹스인 개인이 정상적인 사람으로 살아갔다는 선례는 아예 없었다. 이 주장은 반박하기 어려웠습니다." 호르헤에 따르면, 그 후 『반음양과 성의 의학적 창조』를 읽고 인터섹스인 사람들이 수술의 시대 이전에 꽤 잘 살았다는 **역사적** 증거가 실제로 있다는 것을 깨달았다고 한다. 호르헤가 깨달은 것은,

19세기 의학은 경성과학(hard science)을 '발견했고' 인간의 모든 기능을 해부되고 분석될 기계적인 과정으로 축소하고자 했습니다. 신체적인 정상이 수립되었고 규범과 다른 것이라면 무엇이든 비정상으로 간주되었습니다. 분명, 호모포비아 같은 여러 사회문화적 요소가 인터섹스의 사례에서 작동했지만 나는 인터섹스인 개인을 병에 걸렸거나 비정상이라고 분류한 추진력이 통계적인 정상을 수립하려는 19세기 의학의 집착에서 나왔다고 믿습니다. 일단 정상성이 인위적이고 통계적인 방법으로 정의되자, 규범에서 벗어난 것이라면 무엇이든 당연히 비정상으로 분류되었지요.

호르헤에게 역사는 계시였다. "나에게 역사의 연구는 인터섹스에 대한 접근 방식을 구상하는 데 매우 귀중했습니다. 인터섹스인 개인이 행복하고 정상적으로 생산적인 삶을 살았다는 역사적 선례가 있음을 깨달은 순간, 나는 인터섹스에 대한 내 접근 방식을 수정했고 최소한의 개입을 강력하게 옹호하게 되었습니다. 인터섹스의 역사에 대한 연구는 이 상태에 대한 내 접근 방식을 개선하고 정제할 지식을 주었습니다. 그 결과 나는 내 환자에게 더 좋은 의사가 되었지요." 그러나 호르헤처럼 감화된 경우는 특별한 사례이다. 호르헤가 그의 동료들에게 이 역사를 알리자, 그들은 이것이 현재의 실행과는 관계가 없고, 그들이 필요한 것은 **현재의** 증거이지 '고대사'가 아니라고 응수했다.

사실 인터섹스에 대한 내 연구에서, 증거 기반 의료에 대한 애런의 커져가는 관심에서, 출산의 의료화에 대한 내 친구이자 동료인 리비 보그단-로비스(Libby Bogdan-Lovis)의 연구에서, 그리고 이에 반대하는 행동주의에서 배우게 된 것은 오늘날 실행되는 의료의 많은 부분이 과학적 증거라는 엄밀한 개념에 관한 것이 아니라는 점이다. 이것은 나쁜 종류의 구술사, 즉 무엇이

'사실'인가에 대해 담당의에서 레지던트로, 그리고 학생으로 전해져 내려오는 일련의 형태 없는 믿음에 대한 것이다. 따라서 인터섹스에서는 인터섹스로 태어났지만 '치료받지 않은', 즉 외과 수술로 변화되지 않은 청소년이 자살했다는 출처가 불분명하고 추적도 어려운 신화가 있다. 출산에 대해서는 병원이 집보다 훨씬 안전하다는 신화도 있다. 더 과학적인 증거가 있는데도 따르지 않는 것은 모든 의사가 두려워하는 최악의 시나리오이다. 하워드 브로디와 제임스 톰슨은 이것이 의료 실천에서 '최소극대화(maximin)' 전략의 원천이라고 밝혔다. 이 전략에 따르면, 의사는 최악의 결과가 발생할 것이라는 확률을 최소화하려는 희망에서 개입을 최대화한다. 적어도 산과학에서 "이러한 접근 방식은 개입의 위험을 과소평가하고 최소극대화 전략의 효용성을 과대평가하는 경향이 있었다."[25] '최소극대화' 행위의 근저에 있는 공포스러운 이야기는 클리닉에서 벌어지는 사건을 구성하는 데 학문적 역사보다 훨씬 더 강력하게 작동한다. 그러니까 2001년 임상의 모임에 인터섹스 사례 강연 초청을 받았던 토드는 그 사례에 임했던 외과의가, 이전 사례에서 소아과 중환자실의 간호사들이 "여아인데 페니스가 있다."라며 걱정했으니 이번에는 그렇게 되는 것을 피해야 한다고 설득했음을 알게 되었다(인터섹스로 태어난 아이의 성기 크기를 보고 남아라 간주하여 페니스를 그냥 두기로 한 뒤 중환자실로 보냈는데, 간호사들이 페니스가 작은 남자아이라고 걱정하는 것을 보고 그렇다면 성기를 제거해 여아로 만들자고 했다는 내용-역주). 외과의는 이전에 그랬듯이 새로운 환자의 클리토리스를 잘라 내려는 의도로 충만했다. 이 만남에

25 Howard Brody and James R. Thompson, "The Maximin Strategy in Modern Obstetrics," *Journal of Family Practice* 12 (1981): 977-986, 977. 이 참고문헌에 대해서는 리비 보그단-로비스에 감사한다.

결실이 아예 없지는 않았다. 토드는 그 어떤 의료 분야에서도 보지 못한 논리에 완전히 화가 난 나머지 ISNA에 거액을 기부했고 내가 ISNA 뉴스레터에 이 이야기를 기록하도록 했다.[26]

내 생각에, 수술의 시대 전에 인터섹스 상태로 태어난 사람들에게 어떤 일이 벌어졌는지에 대한 역사적이기만 한 이야기는 오늘날 인터섹스 상태로 태어났지만 수술 없이 자란 사람들이 더 잘 살 것이라 확신시켜 줄 수 없다. 첫째, 우리는 그 당시 웰빙에 대해 실질적인 결론을 내릴 만큼 어떤 일이 벌어졌는지 충분히 알지 못한다. 둘째, 문화적 배경이 너무나 달라서 하나를 다른 하나의 예보자(predictor)로 이용할 수가 없다. 마지막으로, 셰릴과 나는 19세기 언젠가에 벌어졌던 '아무것도 안 하기'를 옹호하는 게 아니라, 유년기 인터섹스의 경우, 남아나 여아라는 젠더가 배정되고, 유능한 정신건강 전문가가 처음부터 가족에 개입하며, 신체 건강을 보장하기 위해 의학적으로 바람직한 절차를 밟고, 스스로 동의할 수 있을 만큼 성장한 이들이 수술을 원할 때, 오직 그때에만 성형수술이 제공되어야 한다고 주장한다. 다만 셰릴이 AAHM에서 발표한 내용에서 알 수 있듯이 우리가 이 문제에 대해 아무리 좋은 글을 쓰더라도 "의사는 안 읽을 것"이므로, 셰릴이 생각하기에 학문적인 역사 연구는 의사의 실행을 바꾸는 데 아무런 도움이 못 될 것이었다.[27]

나는 역사가 적극적인 차원에서 도움이 될 수 있다고 생각하지는 않는다. 그러니까 역사가 우리에게 무엇을 **해야만 하는지** 말해 줄 수는 없다는 것이다. 하지만 나는 우리에게 무엇을 그만할지 알려 준다는 점에서 역

26 Alice Dreger, "Why Do We Need ISNA," *ISNA News* (May 2001): 2-5 참조.

27 Cheryl Chase, "Does the Study of History Affect Clinical Practice? Intersex as a Case Study: The Patient-Advocate's View," 메릴랜드주 베데스다에서 개최된 미국의학사협회에서 2000년 5월 19일에 발표된 내용이다.

사가 소극적인 도움은 될 수 있다고 생각한다. 예를 들어, 인터섹스의 치료 역사를 연구하는 것은, 의사로 하여금 오늘날 여전히 사용되는 반음양의 '세 가지 형태'('진성 반음양(true hermaphroditism)', '남성 가성반음양(male pseudohermaphroditism)', '여성 가성반음양(female pseudohermaphroditism)')라는 분류표가 과학이 아니라 사회적인 이유로 125년 전 종결된 우습고 소용없고 심지어는 해로운 분류 체제임을 깨닫게 할 수 있다. 실제로, 나는 소아 비뇨기과의와 소아 내분비과의가 주도하는 북미 인터섹스특별위원회(North American Task Force on Intersex)라는 집단이 인터섹스의 명명법을 좀 더 정확하고 환자 중심으로 바꾸도록 하는 데 약간의 성과를 거두었다.

인터섹스 상태로 태어난 사람들의 사회적, 의료적 치료를 개선하고자 하는 우리 ISNA의 일은 끝나지 않았다. 대부분의 의료 행위가 여전히 로슨 윌킨스와 존 머니의 은폐 체제를 이용하고 있는 듯하지만, 이러한 치료법을 다룬 철저하고 장기적인 연구는 거의 없다. 한편 우리에게는 진전도 있었다. 2001년 7월《랜싯(*The Lancet*)》은 "불명료한 성기를 가진 아이들의 성기를 여성화하는 수술을 했을 때 나타난 장기적 결과에 대해서는 데이터가 거의 없다."라고 공개적으로 인정한 연구 논평을 실었다. 저자들은 44건의 사례를 소급해서 연구했고, "(좋지 못한 결과에 대한) 정보가 수술을 계획하는 부모와 임상의에게 알려져야만 한다. 신생아의 성기 성형술은 이러한 결과에 비추어 재평가될 필요가 있다."라고 결론 내렸다.[28] 2001년 12월, 영국 의학 학술지는 "대부분의 유아기 질(vaginal) 수술이 미뤄져야만 한다."라고 주장하며

28 Sarah M. Creighton, Catherine L. Minto, Stuart J. Steele, "Objective Cosmetic and Anatomical Outcomes at Adolescence of Feminising Surgery for Ambiguous Genitalia Done in Childhood," *The Lancet* 345 (14 July 2001): 124-125.

첫 문단에 ISNA의 웹사이트를 인용한 논평을 실었다. 논평의 결론은 1998년까지만 해도 셰릴과 내가 결코 보지 못하리라 생각했던 것이었다.

> 인터섹스를 치료하는 임상의인 우리는 인터섹스 상태를 관리하는 우리의 접근 방식을 재고할 필요가 있다. 우리는 비공개 정책을 포기하고 다양한 학제 간 팀을 통해 환자를 관리해야 한다. 인터섹스 상태로 태어나 어른이 된 이들을 장기적으로 추적 연구하는 것이 중요하다. 그러나 이러한 연구는 인터섹스 상태로 태어난 사람들과 또래 지지집단이 동등하게 개입하고, 인터섹스를 관리하는 임상의 전부가 협력해야만 가능하다. 이러한 문제를 공략하기 시작하고, 진보적이고 환자에게 권한을 주는 의료서비스를 향해 나아가기 위해, 주요한 인터섹스 연구협력단체를 만들 때이다.[29]

의료사와 인터섹스 권리 운동에 내가 제공했던 역사적인 조언은 이러한 전환의 토대를 쌓는 데 작은 역할만을 했을 뿐이다. 나는 반대하는 제도적 권력이 너무나 커서 이러한 전환이 완성되는 것을 결코 보지 못할 것이라고 여전히 생각한다. 그러나 내 역사적인 연구가 셰릴, 호르헤 그리고 이 과정에서 만난 다른 사람들에게 중요한 지원을 해 주었다고 생각한다. 분명 이 연구는 인터섹스 상태로 태어난 많은 사람을 위로했다. 이 위안이 내 연구가 성취한 전부라 해도 나는 이러한 연구가 가치 있었다고 만족할 수 있다. 돌이켜 보면 아마도 내가 했던 가장 쓸모 있는 일은 셰릴을 진지하게 받아들이고 역사에 대한 의사의 호기심을 이용해 셰릴과 다른 이들이 문 안으로 들어

29 Sarah Creighton and Catherine Minto, "Managing Intersex," *British Medical Journal* 323 (1 December 2001): 1264-1265.

와 개인적 이야기를 말하게 한 일일 것이다. 환자가 그들 자신의 삶에 대해 의사에게 증언하도록 하는 것보다 더 강력한 것은 없었다. 내 책 때문에 그의 의료 행위를 바꿨다고 주장하는 호르헤조차도 또 다른 개종 이야기를 했다. 오랫동안 돌봤던 환자가 그가 수년간 말하기를 거부했던 사실, 그러니까 그녀가 Y염색체를 가졌다는 것을 우연히 알게 되자, 와서 그의 뺨을 문자 그대로 후려치고 자신에게 거짓말했다고 호되게 꾸짖었다는 것이다.

과거를 기억하는 사람들은 행동주의와 기금 모금의 삶을 살아야 하는 저주를 받은 것인가? 아마도 자주 있는 일은 아닐 것이다. 나에게 이 일은 보람차고 즐겁기까지 한 운명이었다. 과거를 기억하지 못하는 자들은 과거를 반복하는 저주에 걸렸다고 한 산타야나의 말은 옳았다. 그러나 나는 이제 과거**만** 기억하는 사람들은 어떤 면에서 과거만 보다가 미래를 바꾸지 못하는 저주에 걸렸다는 것을 안다.

Locating Medical Hist

제17장

생의학의 두 문화를 넘어서기

—의학의 역사와 의학 내 역사

알폰스 라비쉬(Alfons Labisch)

과학 지식은 항상 '자연의 법칙'이라고 명명된 일반화된 결론을 목표로 한다. 의료에서 중요한 것은 질환이 있을 경우 도움을 원하는 각 인간의 요구를 충족시키는 것이다. 과학 중심적 의료의 딜레마는 다음과 같이 특징지을 수 있다. 환자와 만난 즉시, 의사는 일반화된 과학 지식을 실천에 적용하여 환자의 개인적인 상태와 필요를 다루어야 한다. 이렇게 의사-환자의 만남에서 의과학의 과학적 대상화는 의료 행위에서 환자 중심으로 바뀐다.

21세기 초반 더 진전된 생명과학은 '자연의 법칙'이라는 시공간을 넘어 적용되는 궁극의 진리를 찾고자 하지 않는다. 그리고 시간과 개별성(individuality)의 범주가 과학의 대상이 되면서 자연과학과 인문학 사이의 차이도 모호해지기 시작한다. 시간과 개별성은 역사 분석에도 필수적인 범주이다. 1969년에 노벨상을 수상한 물리학자이자 생물학자인 막스 델브뤼크(Max Delbrück, 1906~1981)는 이 궁극적인 발전에 대해 언급했다. "살아 있는 세포라는 복잡한 성취는 처음에 언급한 특징의 본질적인 부분으로, 어떤 세포도 물리학적 사건보다는 역사적 사건을 대표한다는 것을 말한다."라고 델브뤼크는 1966년에 주장했다. "이 복잡한 것들은 무생의 물질에서 자발적인 발생을 통해 매일 생겨나는 게 아니다. 만약 그랬다면, 이들은 용액결정화에 비견될 만한, 진짜로 재생 가능하고 시간을 초월한 현상일 것이며, 물리학 분야의 연구 주제가 될 것이다. 아니, 살아 있는 세포는 모두 그 조상이 이룩한 수억 년의 실험 경험을 지니고 있다. 몇 마디 간단한 말로 이 오래된 지혜를 설명할 수는 없다."[1]

그 결과, 변화하는 과학과 기술로 세계를 전유하는 것, 그리고 일반 사회세계와 개인의 서로 다른 내면세계를 전유하는 것은 상반되는 것이 아니라 포괄적인 문화적 과정의 일부로 여겨졌다. 예를 하나 들자면, 신경과학은 물리·화학·생물학의 쟁점이 분과의 경계를 넘어서 다루어지나, 사회과학과 인문학에 관련된 문제가 정기적으로 나타나기도 하는 현대적 분야이다. 신경해부학· 신경생리학· 신경병학·최신 영상 기법· 행동 연구· 인식 철학· 인류학· 신학· 종교와 상호작용을 통해, 신경과학은 질문·방식·결과의 응집체로 성장했다. 이 거대 조합은 '자연과학 대 인문학'이라는 엄격하게 정의된 분류를 터무니없는 것으로 만든다. 전통적인 과학 분야, 전통적인 주제, 그리고 전통적인 학문 분야가 이렇게 해체되는 것은 문제가 아닌 기회로 받아들여져야 한다. 경제학처럼 과학도 세계화하는 세상에서 스스로를 변화시켜야 한다.

이 새로운 발전을 바라보는 통합적 방법은 영미권의 인문학 개념에 이미 잘 발달되어 있다. 실용적인 면에서 보자면, 이 분야는 한편으로는 기술적, 다른 한편으로는 경제적, 또 한편으로는 사회적이고 정치적인 현상과 결정을 지향한다. 영미문화권의 실용주의는 유럽 대륙의 전통에 비춰 볼 때 절대 충분치 않다. 중요한 것은 전 지구적으로 산업화된 문화의 형태를 복잡하고 통합적인 시선으로 바라보는 것이다. 우선, 점차 달라지는 지식, 기술, 활동의 형태를 수용해야만 한다. 의학을 재고하는 데 이것이 얼마나 중요한지를 파악하기 위한 시발점은 새로운 지향점, 새로운 해석을 발전시키는 일이다.

1 Max Delbrück, "A Physicist Looks at Biology," in *Phage and the Origins of Molecular Biology*, J. Cairns et al., eds. (Cold Spring Harbor: CSHLabPress, 1966), 9-22, 10ff.

그리고 적절한 질문이 꼭 필요하다. 이러한 도식에서, 인문학은 이미 일어난 발전에 대해 그저 언급함으로써 과학과 기술에 보충하는 역할만을 하는 게 아니다. 오히려 인문학은 설명을 요구하는 오늘날의 복합적 현상에 접근하기 위한 일반적인 방식에서 필수 불가결한 요소가 될 수 있다.

이 장의 주요 목적은 과학이자 행동 분야(Handlungswissenschaft)인 의학의 구체적인 특징을 역사성이라는 특별한 시각을 바탕으로 설명하는 것이다. 본격적으로 시작하기 전에 말해 두자면, 이 책의 편집자들은 내게 역사가 사이에서 의사로서 일하고, 의사 사이에서 역사가로서 일한 것에 대해 몇 가지 자전적인 의견을 제공하여 입체적으로 이야기를 해 달라고 청했다. 나는 아헨과 쾰른에서 철학·고전·역사·사회과학·의학을 공부한 후, 1979년부터 카젤의 사회과학과 사회안보 분야의 교수로 보건정책과 의료사회학을 가르쳤다. 이 외에도 시간제로 일반 진료와 공중보건 분야에서 의사로 일했다. 따라서 나는 고도로 발전된 사회체제 안에서 의료서비스 조직을 가르치는 동시에 의사로서의 삶도 경험했다. 보건과 사회의 상호 연관성 및 공중보건의 사회학과 역사를 연구하는 것은, 국가적 차원에서는 공중보건 정책에 대한 실용적이고 실제적인 노력으로, 국제적 차원에서는 기본 보건의료 정책에 대한 계획으로 이어졌다.[2]

2 예를 들어 다음과 같은 연구가 있다. Alfons Labisch, "Die 'gemeinschaftliche Gesundheitssicherung' (Primary Health Care) in der Bundesrepublik Deutschland und in der europäischen Gemeinschaft. Bericht über die Ergebnisse einer internationalen Arbeitsgruppe der EG-Kommission/Brüssel," *Öffentliches Gesundheitswesen* 43 (1981): 500-506; "The Public Health Service in the Federal Republic of Germany," in *Public Health and Industrialized Countries*, P. Duplessis et al., eds. (Quebec: Les publications de Québec 1989), 113-131; "Emergence de la profession médicale et de l'assurance maladie en Allemagne (1883-1931): Un compris institutionalisé au fondement de la société industrialisée," *Espace social européen, dossier spécial no. 4: Les politiques de santé en France et en Allemagne*, Bruno Jobert, Monika Steffen, eds. (Paris: Observatoire européen

그런데 1991년 의과대학에서 의학사를 가르치게 되면서 내가 역사학·사회학·의학의 거의 완벽한 합일이라고 여겼던 것이 무너지기 시작했다. 보통 독일의 의과대학은 의학이론에서 임상 실습까지 다루는 거대 학문 기관으로, 해부학·생리학·생화학 같은 기초 의과학 분야, 병리학·미생물학·방사선학 등의 전문 임상 기초 분야, 그리고 모든 전문 분야를 다루는 의료 임상실을 포함해 50~60곳 정도 되는 독자적인 기관으로 구성되어 있다. 그 후에 바로 인문학부 교수로도 발탁되었기 때문에, 나는 다시 한번 의학을 안쪽과 바깥쪽 둘 다에서 볼 기회를 얻었다.

나는 공중보건의 역사사회학 분야와 의학·건강·사회의 상호 의존성 분야에서 연구를 계속했지만, 곧 이 일이 실패하고 있다는 게 분명해졌다. 인문학과의 학생이나 동료들은 의학에 적용된 역사학이 무엇을 의미하는지 이해하지 못하는 듯했다. 동시에 의과대학의 학생이나 동료들도 행사 때 제공되는 개회사와 역사 강의를 제외하고는 그들의 일과에 역사학이 어떤 의미가 있는지 이해하지 못하는 듯했다. 어떤 시험에서든 다량의 과학적 기초를 기억해 낼 수 있지만, 역사에 관해서는 사리에 맞는 문장 세 개를 만들어 내는 게 완전히 불가능한 의대생이라니? 책에는 열중하지만 좋아하는 선생이나 동료 집단을 벗어나서는 역사학의 더 큰 의미를 이해할 수도, 관련된 실용적인 질문에 역사학을 적용하지도 못하는 역사학도라니? 1998년부터 의과대학의 부학장으로, 2002년부터는 학장으로 일하면서 대학 클리닉의 조

de la protection sociale, 1994), 23-39; "La salud y la medicina en la época moderna. Características y condiciones de la actividad en la modernidad," in *La medicalización de la sociedad*, J. P. Barran et al., eds. (Montevideo: Nordan, 1993), 229-251; Alfons Labisch, Yasutaka Ichinokawa, "Bunmeika no Katei ni okeru Kenkou-Gainen to Iryou," *Shiso* 878 no. 8 (1997): 121-154.

직 안으로 더 들어갈수록 두 세계는 서로 멀어졌다. 일과 중에 어떻게 이처럼 매혹적이지만 완전히 다른 인문학과와 의과대학의 사람들을 만날 수 있을까? 의학과 역사학을 결합하는 것이 역사 전반에 대한 진정한 과학적 접근 방식이자 합당한 도구가 되고, 특히 현대 의학의 문제를 해결할 수단이 된다는 것은 어떤 의미일까?

오늘날 내가 받은 인상은 학생들이 대학 교육을 시작하기 전에 과학·연구 활동·직업 수행에 어떻게 접근할 것인지 기본적인 결정을 내린다는 것이다. 의대생들은 근본적으로 아픈 사람을 돕고 싶어 하지만, 과학 지식이 허용하는 한에서 그러길 원한다. 따라서 대부분은 과학 문제를 기술적 질문으로 분석하는 데 관심이 있는데, 무엇보다도 **행동하는** 데 흥미를 보인다. 그들은 이론적인 질문을 하거나 이론적인 문제를 연구하는 데는 거의 관심이 없으나, 의사가 하듯이 상황을 분석하는 것에는 꽤 관심을 보인다. 역사학도는 반대로 처음부터 이전 시대의 사건과 과정을 분석하는 데 흥미를 보인다. 주제에 더 빠져들수록, 그들은 인문학의 방법론적 무기고에 더 관심을 두게 된다. 그러나 대부분은 빨리, 즉각적으로 결정을 내려야 할 때면 좀처럼 행동을 할 수가 없다. 의대생이 도서관에서 어쩔 줄 모르듯, 역사학도는 중환자실에서 어쩔 줄 모른다. 이렇게 기본적인 결정을 내리는 과정은 성격과 관계가 있지만, 인문학과 의학의 교육 문화와 자격 요건에도 영향을 받는다.

그러나 오늘날 의학이 분자화될수록, 우리는 사람들의 삶 속에서 의학의 경계가 근본적으로 재형성되고 있음을 인정해야 한다. 의학이론과 의료 관행에 대한 대중의 이해는 체외수정·착상 전 진단·인공임신중절 등 출생과 안락사같이 죽음에 관련된 근본적인 질문 안에서 시험받고 도전받는다. 그리고 인간 게놈 프로젝트나 줄기세포, 혹은 유전자 치료처럼 종류는 다르지만 근본적인 질문을 던지는 기술적 발전 속에서도 재차 시험받고 도전받는

다. 의사와 환자의 만남에서뿐만 아니라 현대 의학의 사회적 의의를 파악하는 데에도 인문학의 공헌이 필수적이다.

19세기에 있었던 일련의 근본적인 논쟁은 의학이 자연과학(Naturwissenschaft)이 아니며 결코 그럴 수 없다는 사실을 밝혔다. 이는 인간의 행동을 다루는 의학 내에서 이러한 '과학'이 무엇을 의미하는지에 질문을 던졌다. 이것은 정신과학(Geisteswissenschaften), 즉 가장 넓은 의미에서의 인문학이다. 다음의 논의는 인문학의 수많은 주제와 방법으로부터 의학 **내의**, 그리고 의학**을 위한** 역사적 사고가 무엇을 의미하는지 도출해 내고자 한다. 주요 질문은 다음과 같다. 의학에서 역사적 사고의 근본적인 의미가 무엇인가? 어떤 종류의 역사적 사고가 드러날 수 있는가? 이들의 범위와 기능은 무엇인가?

과거의 빛나는 예

의학은 적용(application)과 행동(action)을 목표로 하는 분야이다. 참조점으로서의 환자는 행동할 것을 끊임없이 상기시킨다. *ut aliquid fiat*(무언가를 해야 한다)라는 고전적인 어구에서는 고유한 정확성을 통해 행동하고자 하는 노력을 알 수 있다. 개개의 인간 대상을 지칭하기 때문에, 의학은 특정한 필요의 상황에서 개개의 인간에게 개별적으로 적용되는 특정한 지식을 요한다. 그 결과 의학은 과학 이론과 철학과 관련하여 애매한 상황에 놓여 있다. 과학자들은 아리스토텔레스 이래로 단일한(singular) 진술과 개별(individual) 사례가 결코 과학적 지식을 생산할 수 없다고 배웠다. *de singularibus non est scientia*(개별성은 과학을 구성할 수 없다).

의학에 과학적으로 접근한 방식이 있던 이래로 이전 시대에 호소하는 의학사도 있었다. 고대부터 근대 초기까지 의학은 히포크라테스와 갈레노스의 체액병리학에 기반을 두었다. 이렇게 생리학·병리학·요법을 모두 포괄한다는 점에서 의학사는 전문화된 사고방식이라기보다는 사고의 필수 부분이었다. 수 세기 동안 의학사 저자들은 여러 도그마와 요법을 자유롭게 논의했다. 체액병리학에서는 그저 '사례'가 아니라 개인으로서의 환자인 인간이 관심의 중심이었다. 따라서 이러한 논의는 병자의 개별화된 역사에 특히나 적절했다. 우리가 보기에는 비역사적이지만 수 세기를 거친 이런 논의가 환자의 개인적 역사에 의해 묘사되었다. 산부인과의이자 의학사가인 파울 디프겐(Paul Diepgen, 1878~1966)은 이런 식의 역사적 논증을 다음과 같이 표현했다. "히포크라테스가 말한 환자의 역사는 지금도 부르하버(Boerhaave, 네덜란드의 임상의학자-역주)가 말한 환자의 역사와 같은 가치를 지녔다."[3]

의학은 사례에 중점을 두기 때문에, 역사적 접근 방식과 역사적 정당화는 19세기에 의학이 '유물론적 단계'에 접어들었을 때조차도 논증에서 흔하게 나타나는 형태였다. 과학자들에게도 마찬가지인데 이들은 '철학적으로 불확실'하다고 비판받은 의학의 낭만적인 형태를 의식적으로 포기한 영웅으로 여겨지고 있다. 임상의학 분야에서 이는 칼 아우구스트 분더리히(Carl August Wunderlich, 1815~1877)와 그의 친구들 사이에서 나타나며, 이론 의학 분야에서는 병리학자인 루돌프 피르호(Rudolf Virchow, 1820~1902)와 그의 동료들이 예가 된다. 체계적인 체온 측정법을 클리닉에 소개한 라이프치히의 의사 분더리히에게 역사적 접근 방식은 지식을 얻는 본질적인 방법이었다. 이것은 의학이론과 임상 관행에서 의학과 그 자신 둘 다가 역사적으로 좌우되며 비판적인 성찰을 통해 역사에서 새로운 통찰을 끌어낼 수 있다고 이해하

3 Paul Diepgen, "Aufgaben und Bedeutung der Medizingeschichte," Geistige Arbeit. *Zeitung aus der wissenschaftlichen Welt* 1, no. 14 (1934): 1.

는 것이었다.[4] 《생리학을 위한 아카이브(*Archiv für physiologische Heilkunde*)》를 만든 유명한 단체에는 분더리히, 마부르크의 의사 빌헬름 로제르(Wilhelm Roser, 1817~1888), 정신의학자이자 신경의학자인 빌헬름 그리징어(Wilhelm Griesinger, 1817~1868)가 있었는데, 질병을 바라보는 근대의 '존재론적'인 과학 이론이 환자에게 갈 관심을 빼앗았다며 비판했다. 그리징어 같은 경우는 존재론적 모델에 저항했고, 환자의 "개별성에 대한 역사를 다차원적으로" 그렸다.[5]

피르호는 일생 동안 의학이 다른 어떤 과학보다 역사 지식을 필요로 한다고 주장했다.[6] 피르호의 동료 중에는 유행병학자이자 빈민을 무료로 치료하도록 국가에 고용된 '빈민-의사'인 살로몬 노이만(Salomon Neumann, 1819~1908)이 있었는데, 피르호와 함께 의학의 사회적 맥락과 사회적 책임을 계속 강조했다. 따라서 피르호가 수행한 수많은 역사 연구는 양과 질에서 전문 의학사가가 평생 수행한 연구에 필적할 정도였으며, 사회적으로 중요한 질병과 의학 기관 둘 다를 다루었다. 이렇게 보면, 의학은 의학의 특정한

4 다음을 참조. Carl August Wunderlich, *Wien und Paris. Ein Beitrag zur Geschichte und Beurtheilung der gegenwärtigen Heilkunde in Deutschland und Frankreich* (Stuttgart: Ebner und Seubert, 1841); "Die medicinische Journalistik," *Archiv für physiologische Heilkunde* 1 (1842): 1-42. 널리 알려진 예로는 다음과 같은 연구가 있다. *Geschichte der Medicin. Vorlesungen gehalten zu Leipzig im Sommersemester 1858* (Stuttgart: Ebner und Seubert, 1859). 분더리히(Wunderlich)에 대해서는 다음을 참조. Volker Hess, *Der wohltemperierte Mensch. Wissenschaft und Alltag des Fiebermessens (1850-1900)* (Frankfurt: Campus, 2000).

5 Wilhelm Griesinger, *Die Pathologie und Therapie der psychischen Krankheiten. Für Aerzte und Studirende*, 2d ed. (Stuttgart: Krabbe, 1861), 133.

6 여러 예가 있으나 대표적으로 다음과 같은 연구가 있다. Rudolf Virchow, "Die naturwissenschaftliche Methode und die Standpunkte in der Therapie," *Archiv für pathologische Anatomie und Physiologie und für klinische Medicin* 2 (1849): 3-37; "Ueber die Standpunkte in der wissenschaftlichen Medicin," *Archiv für pathologische Anatomie und Physiologie und für klinische Medicin* 70 (1877): 1-10.

문제만을 다루는 역사 서술이 내재되었기 때문에 '실용적'일 수밖에 없었다. 피르호도 이 전일론적(holistic) 시각을 바탕으로 19세기 말에 의학사가 별도의 학문적 분야로 소개되는 것을 막으려 했다.

수십 년이 지나자 현대적으로 전문화된 임상의학사가 과학적 연구의 특정 분야에 대한 지식을 전달하였다. 이런 부류의 의학사를 주도한 것은 에밀 폰 베링(Emil von Behring, 1854~1917)으로, 현대 면역학과 혈청요법의 창시자이자 1901년 노벨 생리의학상의 최초 수상자였다. 베링은 인문학과 과학에 대해 종합적인 지식을 가지고 있었고 의학사의 심오한 지식과 이해에 기반하여 면역이라는 개념을 발전시켰다. 『면역으로 보는 디프테리아의 역사(*Geschichte der Diphtherie unter besonderer Berücksichtigung der Immunitätslehre*)』에서, 그는 유행병학의 역사·임상 역사· 디프테리아의 병리학을 꼼꼼하게 분석하여 면역·면역 조치·혈청요법에 대한 그의 생각을 발전시켰다.[7] 이 외에도 베링은 동료들, 특히 당시 '의학의 교황'으로 존경받았던 피르호같이 실제로 그랬거나 그럴 것이라 생각되는 과학계의 반대자[8]에게 그의 연구를 설명하기 위해 이 의학의 역사를 사용했다.[9]

이런 유형의 전문화된 임상 역사는 처음에는 과학적 진보의 과정에서 새로운 방법의 문을 여는 역할을 했다. 예를 들자면, 세균학자였다 유행병학자, 마침내는 프로이센과 독일의 건강관리 주역이 된 아돌프 고트슈타인(Adolf Gottstein, 1857~1912)은 베링의 혈청요법을 역사와 유행병학의 측면에

7 Emil Behring, *Die Geschichte der Diphtherie. Mit besonderer Berücksichtigung der Immunitätslehre* (Leipzig: Thieme, 1893).
8 *Ibid.*
9 Emil Behring, *Gesammelte Abhandlungen zur ätiologischen Therapie von ansteckenden Krankheiten* (Leipzig: Thieme, 1893).

서 분석했다. 공청회가 뒤를 이었다. 임상 대 공중보건같이 여러 의학적 접근 방식이 토론을 부추겼지만, 보수주의 대 민주주의 그리고 독일인 대 유대인이라는 국가적, 인종적 편견으로 인해 그 기반이 약화되었다. 논쟁은 마침내 파울 에를리히(Paul Erlich, 1854~1915)로 하여금 임상 면에서 혈청 생산을 철저히 관리하게 하고, 모자(母子) 의료 역시 향상시키는 결과로 이어졌다.[10]

현대의 실험은 의과학과 연구에서 역사에 대한 의존을 끝냈다. 독일의 수많은 예 중 하나는 1905년 노벨상을 수상한 로베르트 코흐(Robert Koch, 1843~1910)와 그가 주도한 모범적인 실험세균학 학파였다. 코흐가 지식 생산 수단으로서의 역사에 대놓고 등을 돌리지는 않았지만, 사실상 새로운 지식에서 유일하게 용인되는 증거의 원천은 실험 방법이었다. 그리하여 19세기 말의 몇십 년간 의학의 지식 생산에서 논쟁의 역사적 형식은 그저 사라져 버렸다. 의학연구자의 추론 수단으로서의 의학사가 자취를 감추었다. 의학의 역사는 호고주의적 관심이라는 전통의 일환이 되어 주류 의학에서 점점 멀어졌다. 그러나 19세기 임상의학사는 **정당성을 부여하는** 기능도 포함할 수밖에 없었다. 이것은 훗날 의학서 저자, 의학적 발명 혹은 발견을 역사적 과정의 마지막에 놓아 그 저자를 진보의 정점에 두기 위한 수단으로 퇴보했다. 따라서 의생(medical life)에서 의학사는 약간 다른 목적을 가지고 살아남았다. 바로 특정한 의학서 저자, 특정한 의학 과정, 개념, 혹은 요법, 특정한 의학교를 정당화하고 과학적인 배경을 부여하며, 마지막으로는 저자나 강연

10 Adolf Gottstein, *Geschichte der Hygiene im neunzehnten Jahrhundert* (Berlin: Schneider, 1901); *Das Heilwesen der Gegenwart. Gesundheitslehre und Gesundheitspolitik* (Berlin: Deutsche Buch-Gemeinschaft, 1924); *Die Lehre von den Epidemien* (Berlin: Springer, 1929). 아돌프 고트슈타인에 대해서는 다음을 참조. Gottstein, *Erlebnisse und Erkenntnisse. Nachlass 1939/1940. Autobiographische und biographische Materialien*, Ulrich Koppitz and Alfons Labisch, eds. (Berlin: Springer, 1999).

자의 학문적·문화적 세련됨을 전시하는 것이었다.[11]

그러나 19세기 중반 많은 명망 있는 의사가 바랐던 의학의 완전한 과학화는 원치 않은 반향을 불러일으켰고, 1890년대는 과학 기반 요법이라는 야심찬 시대가 고취했던 희망이 꺾였다. 로베르트 코흐의 투베르쿨린은 결핵 치료약으로는 수치스러운 실패였고, 후에 새로운 디프테리아 혈청요법의 임상 효과도 공개적으로 논란이 되었다. 이러한 실망은 지속 반응을 불러왔다. 환자들은 독일인답게 '자연'으로 관심을 돌렸고 동시대 문명을 비판하며 당시 자리를 잡고 번성하던 자연치유 운동으로 돌아섰다.[12] 의학에서는 실험실에서 과학 지식을 단순히 생산하고 적용하는 것과 반대로 임상 실습이 다시금 관심을 독차지했다. 새로운 행동 지향적 개념이 발전했는데, 이 중에는 체질이론(Konstitutionstheorie, Konstitutionshygiene)이 포함되어 자연과학·임상·유행병학 분야에서 지지를 받았다.

이러한 변화 과정에서 의학이 인문학에 빚지고 있다는 점이 주목을 받았고 재평가를 거쳤다. 1861년 전반적으로 인기 없던 철학 시험(tentamen philosophicum)이 과학 시험(tentamen physicum)에 밀려 폐지되었다. 그러나 19세기가 끝날 무렵, 의학 시험 체제의 개편과 함께 저명한 교수와 행정관

11 이런 이상한 행동이 오늘날 수많은 의학 관련 과학 논문과 강의에서 여전히 관찰되고 있다. 수천 년의 의학사를 다루는데 2문장이나 3문장이면 충분하다고 여겨진다. 처음이자 필수적으로 히포크라테스, 그리고 갈레노스가 언급될 것이고, 독일에서는 아마도 파라켈수스(Paracelsus, 1493-1541), 영국과 미국에서는 토마스 시드넘(Thomas Sydenham, 1624-1689), 그 다음에는 아마도 현대의 '주요 권위자' 중 하나, 그리고 마지막으로는 저자 자신이다. 이것이 강연자가 보여주고자 하는 순서로, 이렇게 해서 '선구자'가 창조된다. 다음의 명료한 논문을 참조. Marc Andresen, "Die Konstruktion von Vorläufern in der Wissenschaftsgeschichtsschreibung. Bemerkungen zu einer Fiktion," *Berichte zur Wissenschaftsgeschichte* 22 (1999): 1-8.

12 다음 논문을 참조. Robert Jütte, "The Historiography of Nonconventional Medicine in Germany: A Concise Overview," *Medical History* 43 (1999): 342-358.

리자 사이에서 의학의 역사를 필수과목으로 하자는 움직임이 나타났다. 이 필수 요건은 1901년 5월 28일에 선포된 시험 규정에는 포함되지 않았지만, 보상하는 의미로 의학 시험이 각 과목의 역사를 고려해야 한다고 발표되었다.[13] 따라서 의학의 역사는 의학 교육에서 필수과목은 아니었으나 의학 시험의 필수 부분이 되었다. 의학의 역사는 의학 내에서 그리고 의학을 위해 새롭고 독립적인 지위와 의미를 점차 획득해 나갔다. 역사 교육은 과학적으로만 고안된 의학을 현실적 이성으로 이끌기 위한 것이었다.[14]

19세기 말 역사적이고 문헌학적(philological) 지향을 띤 의학의 역사에서 눈에 띄는 주인공은 정신의학자이자 의학사가로 1879년에 빈 대학의 부교수, 1888년에는 교수가 된 테오도르 푸쉬만(Theodor Puschmann, 1844~1899)과 학계에는 공식적으로 소속되지 않고 빈민 의사이자 건강보험 의사로 생계를 꾸려 나간 베를린의 율리우스 파겔(1851~1912)이다.[15] 푸쉬만, 파겔, 그리고 빈 대학에서 푸쉬만의 뒤를 이은 신경학자이자 의학사가 막스 노이부르거(Max Neuburger, 1868~1955)는 당대의 역사적·문헌학적 기준을 충족시킨 의학의 역사를 대표했다. 이들은 종종 광범위한 분야의 의료 관행을 경험했

13 Hans-Heinz Eulner, *Die Entwicklung der medizinischen Spezialfächer an den Universitäten des deutschen Sprachgebietes, Studien zur Medizingeschichte des neunzehnten Jahrhunderts,* vol. 4 (Stuttgart: Enke, 1970), 434.

14 *Die Institutionalisierung der Medizinhistoriographie. Entwicklungslinien vom 19. ins 20. Jahrhundert*, Andreas Frewer and Volker Roelcke, eds. (Stuttgart: Steiner, 2001).

15 Theodor Puschmann, *Geschichte des medicinischen Unterrichts von den ältesten Zeiten bis zur Gegenwart* (Leipzig: Veit, 1889). Julius Pagel, *Einführung in die Geschichte der Medicin. Fünfundzwanzig akademische Vorlesungen*, Geschichte der Medicin, vol. 1 (Berlin: Karger, 1898); *Biographisches Lexikon hervorragender Ärzte des neunzehnten Jahrhunderts. Mit einer historischen Einleitung* (Berlin: Urban und Schwarzenberg, 1901); *Grundriss eines Systems der Medizinischen Kulturgeschichte. Nach Vorlesungen an der Berliner Universität* (Wintersemester 1904/05) (Berlin: Karger, 1905)

고 역사적 사고와 전문적 분석을 동시대 의학에 적용하려던 의학의 역사적 접근 방식을 대변했다.[16] 1879년 푸쉬만은 과학과 예술 형태가 시작부터 현재에 이르기까지 어떻게 발전했는지 인식할 수 있는 자에게만 "진정한 지식과 기술"이 부여되어야 한다고 주장했다. 사실을 "진정으로 그리고 완전히" 이해하고자 하는 자들은 "그 기원에 대한 역사를 공부해야만 한다."[17] 이러한 역사 이해 방식만이 의학적 혁신을 믿을 만하고 독립적인 방식으로 평가할 수 있게 했다. 이것 말고도 다른 분과와의 연관성을 유지함으로써 의학의 보편적인 특성을 지킨 것이 의학의 역사였다. 의학의 역사는 일반 문명의 역사 일부를 대표했다. 따라서 과학의 특별한 분파로서의 의학은 그 한계에도 불구하고 인도주의적이고 문학적인 노력과 계속 연결되어 있었다.

아들인 병리학자 발터 파겔(Walter Pagel, 1898~1983)이 훗날 회고하기를, 율리우스 파겔도 역사의 특별한 지위, 그리고 역사가 의학에 지니는 임무를 비슷한 식으로 보았다.[18] 의학사는 현대 의학 전체를 포괄한다. 의학사는 의학에 미친 문화적, 사회적 영향을 드러낸다. 역사만이 현대의 학자로 하여금 적절한 시각으로 그의 시대를 평가하고 시대의 경향과 위치를 이해할 수 있게 할 것이다. 역사는 위대한 역사적 인물이 사용한 방법과 결과의 옳고 그름을 재조사하여 우리가 의학 업무를 할 때 영감을 주어야 한다. 그리하여,

16 과학적 연구사를 의학의 특별한 과제에 초점을 맞춰 실용주의 접근방식과 결합한 훌륭한 예로는 다음을 참조. Neuburger's "Einleitung," *Handbuch der Geschichte der Medizin, begründet von Theodor Puschmann*, vol. 2: *Die neuere Zeit*, Max Neuburger and Julius Pagel, eds. (Jena: Fischer, 1903), 3-154.

17 Theodor Puschmann, "Die Geschichte der Medizin als akademischer Lehrgegenstand," *Wiener Medizinische Blätter* 44 (1879): 1069-1072; 45 (1879): 1093-1096; cf. "Die Bedeutung der Geschichte für die Medizin und die Naturwissenschaften," *Deutsche Medizinische Wochenschrift* 15 (1889): 817-820.

18 Walter Pagel, "Julius Pagel and the Significance of Medical History for Medicine," *Bulletin of the History of Medicine* 25 (1951): 207-225.

역사는 적어도 겸손을 가르치게 된다.[19] 따라서 의학의 역사에 부여된 임무는 의학의 현행 문제를 전체의 맥락 안에서 보고, 이를 평가하며, 의사의 실제 행위에 대해 결론을 내리는 것이었다.

의학이 자연과학의 성격을 지녔는지 응용과학의 성격을 지녔는지에 대한 토론은 20세기 초까지도 계속되었다. 이러한 논의에서 의학의 역사는 항상 의학에서 인문학이 차지하는 지배적인 부분을 대표한다고 여겨졌다.[20] 철학자, 역사가, 의사였던 프랑크푸르트의 리하르트 코흐(Richard Koch, 1882~1949)는 의학에서 **행동**(action)에 새로운 관심을 불러일으켰다. 의료 행위자이자 의학이론가였던 그는 의과학이 의사의 행동이 되면서 두각을 드러냈고, 그때 역사적 주장을 도입했다.[21] 코흐는 근대 의학의 역사가 원래의

19 *Ibid.*, 212ff.

20 의학사 쪽에 대한 논의를 간결하게 요약한 글로는 다음을 참조. Werner F. Kümmel, "Vom Nutzen eines 'nicht notwendigen Faches': Karl Sudhoff, Paul Diepgen und Henry E. Sigerist vor der Frage 'Wozu Medizingeschichte?'" in *Geschichte und Ethik in der Medizin. Von den Schwierigkeiten einer Kooperation*, Medizin-Ethik, vol. 10, Richard Toellner and Urban Wiesing, eds. (Stuttgart: Fischer, 1997), 5-16; "'Dem Arzt nötig oder nützlich'? Legitimierungsstrategien der Medizingeschichte im 19. Jahrhundert," Frewer and Roelcke, *Die Institutionalisierung der Medizinhistoriographie*, 75-89; "'Ein Instrument medizinischen Lebens': Henry E. Sigerist und die Frage 'Wozu Medizingeschichte?'" *Gesnerus* 58 (2001): 201-214.

21 다음을 참조. Richard Koch, "Die Bedeutung der Geschichte der Medizin für den Arzt," *Fortschritte der Medizin* 38 (1921): 217-225; cf. "Die Geschichte der Medizin im Universitätsunterricht," *Klinische Wochenschrift* 6 (1927): 2342-2344; "Die Geschichte der Medizin im Universitätsunterricht," *Archiv für Geschichte der Medizin* (*Sudhoffs Archiv*) 20 (1928): 1-16. 리하르트 코흐에 대해서는 다음과 같은 글이 있다. Karl E. Rothschuh, "Richard Hermann Koch (1882-1949). Arzt, Medizinhistoriker, Medizinphilosoph (Biographisches, Ergographisches)," *Medizinhistorisches Journal* 15 (1980): 16-43, 223-243; *Richard Koch und die ärztliche Diagnose,* Frankfurter Beiträge zur Geschichte, Theorie und Ethik der Medizin, vol. 1, Gert Preiser, ed. (Hilde-sheim; Olms 1988). 튀빙겐에서 우르반 비징(Urban Wiesing)과 프랑크 퇴프너(Frank Töpfner)가 리하르트 코흐의 개인 문서 출판을 준비하고 있다.

범위와 과제에서 벗어나, 이제는 학문적 세련됨과 새로운 역사 지식 생산을 목표로 한다며 비판했다. 자연과학에서와 마찬가지로 전체, 그리하여 필수적인 것을 인식하지 못하게 되었다는 것이다. 그 대신 의학의 역사는 의사를 위한, 의사로부터의 역사가 되어야 했다. 이 역사는 진보를 언급하여 의과학의 현재 상태를 정당화해서는 안 되었다. 오히려 역사는 병자를 돕는 의사의 과제, 즉, 역사를 통해 감정적으로 재경험되어야 하는 과제를 언급해야 했다. 코흐에 따르면 의사의 행위에서 과학 지식은 오직 수단일 뿐, 핵심은 행동하고 돕는 것이었다. 결과적으로 의학 연구는 철학적·역사적 혹은 문헌학적일 수도 있다. 1921년 코흐는 이렇게 강조했다. "행동하는 의사가 외로움을 돌파하고자 하는 충동, 이것이 의학과 의학의 역사 사이의 첫 번째 진정한 참조점(point of reference)이다." "의학의 역사와 의학 사이의 유일무이한 진정한 참조점은 행동을 중심으로 하는 의학의 특수성에 있다. 이 외의 참조점은 이 행동의 목적이 무엇이냐에 달려 있다. 의사의 관심 대상은 아픈 환자로, 의사는 환자에게서 일반적이고 개별적인 두 가지 다른 통찰을 끌어내야 한다."[22] 따라서 코흐는 외로운데다 언제나 의심으로 가득찬 결론을 내려야 하는 의사가 역사적 관조에서 피난처를 찾도록 하는 일종의 선험적 심리(psychological a priori, 우리가 세상을 인식할 수 있도록 해주는 심리적이거나 유전적인 자질-역주)를 소개했다.

이 시점에서, 칼 수도프(Karl Sudhoff, 1853~1938)를 언급해야겠다. 20세기 초 수도프는 독일어권에서 역사-문헌학(historico-philological)에 기반한 의학

22 다음을 참조. Koch, "Bedeutung," 223f; 리하르트 코흐와 의학사에 대해서는 Urban Wiesing, "Die Einsamkeit des Arztes und der 'lebendige Drang nach Geschichte'. Zum historischen Selbstverständnis der Medizin bei Richard Koch," *Gesnerus* 54 (1997): 219-241 참조.

사의 대부까지는 아니더라도 지도자 역할을 했다. 비록 그는 의료 행위자로 길고 성공적인 경력을 쌓았지만, 전문 의학사에 나타난 실용적인 양상은 무엇이든 없애 버렸다.[23] 율리우스 파겔의 유명한 『의학사 개론(*Einführung in die Geschichte der Medizin*)』을 1915년에 다시 펴내면서, 수도프는 의학사의 의미와 가치를 다룬 파겔의 첫 번째 장을 뺐다.[24] 훗날, 수도프는 의대의 전문 역사-문헌학적 의학사에 무언가 빠져 있다는 것을 눈치챈 게 분명했다. 이것이 아마도 1920년대 초에 그가 프랑크푸르트에서 리하르트 코흐의 학문적 경력을 지원했던 이유일 것이다. 비록 코흐는 분명 의학사가라기보다는 의철학자가 맞지만 말이다.

'의학의 위기'[25]가 절실히 느껴진 전간기에, 명망 있는 임상의조차도 역

23 이는 라이프치히 대학의 신임 의학사학과 학장에 대한 주장에서 분명하게 나타난다. 다음을 참조. N. N. [J. Hermann Baas], "Die Puschmann-Stiftung für Geschichte der Medizin," *Münchener Medizinische Wochenschrift* 51 (1904): 884ff; Max Seiffert, "Aufgabe und Stellung der Geschichte im medizinischen Unterricht," *Münchener Medizinische Wochenschrift* 51 (1904): 1159-1161; Karl Sudhoff, "Zur Förderung wissenschaftlicher Arbeiten auf dem Gebiete der Geschiche der Medizin," *Münchener Medizinische Wochenschrift* 51 (1904): 1350-1353. 그리고 마지막으로 다음을 참조. Karl Sudhoff, "Theodor Puschmann und die Aufgaben der Geschichte der Medizin. Eine akademische Antrittsvorlesung," *Münchener Medizinische Wochenschrift* 53 (1906): 1669-1673.

24 Julius Pagel, "Erste Vorlesung: Einleitung, Begriff, Werth, Object, Quellen und Eintheilung der medicinischen Geschichte," *Einführung in die Geschichte der Medicin* (Berlin: Karger, 1898), 1-22. 재판은 다음과 같다. Karl Sudhoff, *J. L. Pagels Einführung in die Geschichte der Medizin in 25 akademischen Vorlesungen, durchgesehen, teilweise umgearbeitet und auf den heutigen Stand gebracht von*…, 2d ed. (Berlin: Karger, 1915). 오세이 템킨에 따르면, 파겔의 첫 번째 장은 "실용적 관점에 대한 가장 포괄적인 개요 중 하나"였다. ("An Essay on the Usefulness of Medical History for Medicine," *Bulletin of the History of Medicine* 19 (1946): 9-47, 37).

25 Eva-Maria Klasen, "Die Diskussion um eine 'Krise' der Medizin in Deutschland zwischen 1925 und 1935" (M.D. thesis, Mainz, 1984); *Medizinkritische Bewegungen im Deutschen Reich* (ca. 1870-ca. 1933), *Medizin, Gesellschaft und Geschichte*, suppl. 9, Martin Dinges, ed. (Stuttgart: Steiner, 1996).

사적 반성을 일종의 규제 수단으로 사용하려는 생각을 지지했다. 예를 들어 1926년, 유명한 외과의인 페르디난드 자우어브루흐(Ferdinand Sauerbruch, 1875~1951)는 대학에서 "의과학이 문화적으로 규정되고 시간의 경향을 따라 이리저리 움직이기 때문에 의학의 역사는 그 자체로 목적이 아니라 치유라는 살아 있는 예술과 연계되어 있다."라는 것을 가르쳐야 한다고 주장했다.[26]

그렇다면 의학 **내** 역사적 사고는 동시대의 의학 지식과 실천에 관한 문제와 질문을 다루기 때문에 인문학으로 말하자면 응용사고방식이라 할 수 있다. 이 중요한 깨달음은 종종 위협을 받아 왔다. 의학이 지니는 과학적 세련됨과 의학 연구사에서 보이는 학문적 세련됨 둘다 때로 의학 연구와 의료 관행에서 나온 역사적 주장을 무시하게 만들었다. 주로 의학 기관 외부의 의학 전문가에 의해 수행된 역사비평적 의학의 역사는 전문화된 분과가 된 한편, 의학은 순수과학으로 여겨지게 되었다. 이로 인해 역사와 의학이 소원해지는 크나큰 손실이 야기되었다. 의학사는 의학**의** 역사와 의학 **내** 역사를 구별지음으로써 의학에 속할 수 있었다.

의학의 역사성: 의학사의 두 가지 방식

실제 의료를 행할 때 의사는 어디서 역사적 지식을 필요로 하는가? 의학적 결정을 내리는 과정 중 어떤 부분에서 역사에 이끌리는가? 확실히 오늘날 자주 일어나는 일은 아니지만, 역사의 문제는 생각하고 치료한다는 관습

26 Ferdinand Sauerbruch, "Heilkunst und Naturwissenschaft," *Die Naturwissenschaften* 14, no. 48-49 (1926): 1081-1090, 1090.

적인 일과가 정당성을 잃을 때마다 드러난다. 이러한 순간에는 의료 행동의 지침에서 시간의 차원이 명백해진다. 이 지점에서 의학과 역사의 상호 관계에 대해 더 심도 있는 분석이 시작된다. 이러한 분석은 시간과 일시성이라는 변화의 경험에서 출발한다. 그러나 사물을 보는 새로운 방법과 새로운 행동 과정이 분명한, 그러니까 흔히 말하듯 '자연스러운' 것으로 널리 인정받자마자, 어떻게 행동할지에 대한 역사성과 불확실성은 둘 다 중요하지 않게 된다. 이는 분자 의학과 의료윤리 간의 논쟁, 그리고 이제는 잊혔지만 1970~1980년대 심장이식을 둘러싼 논쟁 간의 대비에서 바로 드러난다. 그러나 모두가 오늘날 경험하듯이, 과학에서의 변화는 극적으로 가속화되고 있고, 우리가 흔히 받아들인 지향성과 행동이라는 지표 또한 변화하고 있다. 이것이야말로 불확실성을 자극한다.

의학은 과학적 기준틀을 가지고 있지만, 지금도 앞으로도 개인 주체에 주로 집중하는 응용과학일 것이다. 도움을 필요로 하는 인간을 중심으로 특정 시공간에서 주체 지향적이고 개별적인 행위를 강조하는 것은 개인적이고 사회적인 요소와 관계가 있다. 따라서 행동 지향적이므로 실용적인 인문학 접근 방식은 지금도 앞으로도 의학 지식과 실제행위에 중요한 구성 요소가 될 것이다. 의학적 사고에 대한 여러 접근 방식은 특정한 목적과 방법을 지닌 인문학에서 야기된 것으로, 이 장에서는 구체적으로 논의하기 어렵다. 다만 의학이론/과학 이론·윤리/도덕 이론/가치 이론·심리학/개개인의 상호작용·사회학/사회적 상호작용·심신의학/개인 안의 행동·일반 의학/의사와 환자의 상호작용 등을 들 수 있는데, 이렇게 다양한 인문학 분과 중에서 특정 시대의 지식과 행동이라는 범주가 의학을 역사적으로 분석하는 데 구체적인 대상이 된다. 과학과 사회의 변화라는 맥락에서, 지식을 추구하는 의사의 실제행동에서, 일시성·역사성·우연성이 주목을 받게 된다.

과학적 분석으로서의 역사 서술은 주로 당시의 행동, 특히 끝이 난 행동으로 향한다. 역사는 주어진 시기에 어떤 사례가 있었는지를 다룬다. 이 특별한 사례를 이해하기 위해서, 역사가는 맥락·우연·가능한 선택지 그리고 할 수 있다면 결정과 결과의 이유를 분석해야 한다. 역사가는 과거의 유품이라 할 수 있는 사료를 찾고 해석하는 데 방법론적인 기술을 사용하여 역사 연구를 소설이나 신화와 구별한다. 역사적 맥락과 역사적 사건에 의해 결정되는 우연성은 집단 기억과 경험의 일종으로 광범위한 비교와 예시를 가능하게 해 준다. 의학의 역사에서 진정한 대상은 내재적으로는 의학적 행동, 외재적으로는 사회적 행동뿐만 아니라, 의료 사례와 관련된 행동 분야에서도 찾아볼 수 있다. 주요 관심사는 역사적 관찰자 본인의 시대에 등장한 문제와 비교 가능한 특징을 지닌 행동 형태에 있다. 시간이 지남에 따라 이 관계는 역사적 관련성을 보여준다.

의학사의 범위에 대한 질문은 바로 의학의 범위 자체가 어느 정도인가 하는 질문과 관련이 있다. 인간이라는 존재의 자연 생물학적 토대로 인해 의학은 사회에 통합되었다.[27] 건강이라는 개념은 문명별로 걸맞은 해석을 통해 인간의 사회적·자연적 요구 사이를 중재한다. 건강 개념의 해석과 영향력은 한 사회에서 의학의 위치와 의료 행위의 범위를 결정한다. 한편, 질병이라는 개념은 개인과 공중의 의료 개입을 촉구한다. 이러한 해석과 행동 모두를 함께 묶는 것은 인간의 몸으로, 개인의 몸 또는 공중의 몸으로 인식된다. 근대

27 특히 다음과 같은 글을 참조. Alfons Labisch and Norbert Paul, "Medizin, 1. Zum Problemstand," *Lexikon der Bioethik*, Wilhelm Korff et al., eds. (Gütersloh: Gütersloher Verlagshaus, 1998), vol. 2:631-642. 일반적으로는 다음 글을 참조할 수 있다. Alfons Labisch, *Homo hygienicus. Gesundheit und Medizin in der Neuzeit* (Frankfurt: Campus 1992).

적 합리화의 과정에서 이 몸은 과학적으로 고안된다. 오늘날 우리 모두는 일상의 삶에 과학이 개입하고 삶의 모든 양상이 이론상으로는 합리적으로 조직되는 것에 익숙하다.

연속성과 변화, 그리고 역사성에 종속된 채로, 위에서 말한 몸을 합리화하는 과정은 계속되고 있다. 변화가 더 빨리 일어나서 현재가 '압축되는(shrinking)' 것처럼 보인다면, 이 과정은 일상생활에 분명하게 드러날 것이고, 역사가 필요하게 될 것이다.[28] 인간의 경험 범위와 기대치는 역사를 향한 의식적인 전환에 반영된다. 이 반영의 기저에 깔린 논거는 시간에 따른 경험이다. 개개인이 연속성과 변화에 종속되어 있듯이 이런 경험은 어떤 시기에나 내재하는 역사성이라고 인식된다.[29] 여기서 역사는 일시적인 활력을 얻어 일상의 혼란스러운 사건을 한데 엮고 이를 통해 다양한 인간상을 통일성 있게 그림으로써 실용적인 효과를 낸다. 물론 이것은 모든 사람의 인생에, 예를 들자면 기억과 경험이라는 제목을 달고 나타난다. 이것은 또한 전문 역사 서술이라는 특별한 방식으로 합리성에 의존하는 사회에서 나타난다.

21세기에 접어들면서 우리는 두 과정을 동시에 관찰하고 있다. 첫째는 의학이 사회의 모든 부분을 관통하는 일상적인 제도로 발전하고 있다는 것이다. 둘째는 믿음 같은 고전적인 의미와 종교와 교회처럼 삶에 의미를 부여하

28 헤르만 뤼베(Hermann Lübbe)는 "현재의 압축(shrinking of the present, 현대 사회가 변화하는 속도가 빨라지면서, 제도나 관행에 있어 과거 경험에서 나온 예상이 미래에 이루어지까지의 시간 역시 점차 줄어들고 있다는 주장-역주)"이라는 현상을 조사했다. 다음을 참조. "Erfahrungsverluste und Kompensationen. Zum philosophischen Problem der Erfahrung in der gegenwärtigen Welt," in Lübbe et al., *Der Mensch als Orientierungswaise? Ein interdisziplinärer Erkundungsgang, Alber-Broschur Philosophie* (Freiburg: Alber, 1982), 145-168.

29 Reinhart Koselleck, *Vergangene Zukunft. Zur Semantik geschichtlicher Zeiten* (Frankfurt: Suhrkamp, 1979); *Zeitschichten. Studien zur Historik* (Frankfurt: Suhrkamp, 2000).

는 고전적인 제도가 중요성을 잃는다는 전 세계적인 변화를 인지할 수 있다는 것이다. 이럴 때는 서양 문화권이라면 거의 모든 곳에서 관찰할 수 있듯이 역사서가 쏟아져 나온다. 그리고 이럴 때는 의학이 사회적 영향을 미치는 영역과 의학의 내적 발전에서 의학사의 특정한 책무를 찾을 수 있다. 사회에서 의학의 영향이 계속 커져감에 따라 외부로부터 의학에 대해 점점 더 많은 질문이 나온다는 점을 강조할 필요가 있다. 따라서 의학사의 사명은 의학만큼이나 사회를 향해야 한다. 이는 세속화되는 세상에서 역사 전반, 특히 의학사가 삶의 필수 요소가 되었음을 의미한다.

"그러면 비판은 안 하나?" 지금쯤이면 나올 거라 예상되는 질문이다. 이 질문은 역사적이라고 분류할 수 있다. 1970년대와 1980년대 의학사를 쓰던 특별한 시기에 속하기 때문이다. 첫 번째 답은 전문적인 역사 연구의 척도가 '모든 것을 역사적으로 적합하게' 만드는 것도, 주로 혹은 전적으로 비판적이어야 하는 것도 아니라는 것이다. 적절한 역사 서술 방법을 통해 타당한 답변을 연구하거나 제공하는 것은 일상의 자기양식화(self-stylization)와 더불어 집단행동이라는 역사적 신화를 명료하게 만든다. 이는 전문적 역사 연구가 그 자체로 비판의 문제임을 뜻한다.

그러나 특히 (의료)윤리의 측면에서 볼 때, 의학에서 역사 연구가 지니는 비판적인 기능에 대한 질문은 여전히 또 다른 답을 요한다. 역사 분석은 거리를 만들어 낸다. 역사 서술의 대상은 언제나 이미 일어난 행동이다. 앞으로 일어날 행동을 즉시 평가하는 것은 역사 서술의 과제가 아니라는 뜻이다. 인간의 행동에서 근접성과 거리 사이의 이 관계에는 특이점이 있다. 의학의 경우, 이러한 관계는 역사 분석의 장점으로 볼 수도 있으므로 심사숙고하여 행할 필요가 있다. 여기서 적절한 질문과 방법은 여러 견해와 접근 방법의 생산적인 잠재력을 펼쳐 가능한 행동 범위 내에서 현행 문제를 풀 수 있도록 하는 것이다. 좀 더 철학적으로 말해 보자면, 역사적 분석은 즉각적으로 의사를 결정해야 한다는 압박 없이 우연의 영역을 더 명확하게 예측하게 해 준다. 따라서 역사 서술은 닥쳐오는 문제로부터 필요한 만큼 거리를 둔다. 내가 앞으로 거리에 대해 말할 때는 지금 언급한 정말로 비판적인 이 기능을 말하는 것이다.

위에서, 나는 일반 역사, 그리고 특히 의학사가 일상에 꼭 필요하게 되었다고 언급했다. 이 분석의 증거로, 오늘날 의학사는 일반 역사 분야에서 점점 더 중요해지고 있다. 특히 영국과 북미에서는 일반 역사 쪽에서 매년 의학사 책이 더 많이 출판되고 있다. 한때 의대에서 설립하여 독점했던 분야인 의학사는 대체로 인문학부에 자리를 내주고 있다. 이는 현대사회에서 의학이 점차 중요해지고 있음을 보여주는 또 하나의 징후이다. 따라서 **의학사를 일반 역사의 일면**으로 연구할 공간이 점점 늘어나고 있다. 이런 의학사 분과에서 요구하는 일반적인 기준은 일반 역사 연구의 방법, 질문, 접근 방법과 꽤 밀접한 관계가 있을 것이다.

의학사 중에서 전통적이자 지금도 여전히 주요한 분야는 **의학사를 제도로** 보는 것이다. 여기에는 제도로서의 의학과 조직의 발전에 대한 자기 반성(self-reflective)적 연구를 의미하는 **외재적**인 의학**의** 역사, 그리고 의학 지식과 실천의 내재적 발전에 대한 자기 반성적 연구를 의미하는 **내재적**인 의학**의** 역사가 있다. 외재적 시점에서는 공중보건의 역사나 병원의 역사처럼 의료서비스의 형태와 범위가 중요하다. 이식 의학, 출산 의학, 다양한 수정 방법, 삶의 시작과 끝에 관한 새로운 질문에서 의료 과정이 일상에 미치는 효과도 마찬가지다. 내재적 시점은 의학의 과학적이고 실질적인 실용적 문제에 대한 견실한 지식을 필요로 한다. 전통을 이어 나가는 것도 옳지만, 장기적 시점을 분명히 하여 새로운 의학적 발전을 도모하는 것이 필수적이다.

의과학과 의료 관행의 변증법적 관계 내에서 우리는 일반 지식을 개별 사례와 연결함으로써 **의학 내 역사**의 대상과 필요성을 인식한다. 그러나 사례 중심적인 실제행위도, 고도의 전문 의학 지식도 '의학(medicine)'이 구성하는 행동 분야를 분석할 수 없다. 시간적 역학 안에서 '의학'이라 불리는 행동 분야의 특정한 측면을 바라보는 시각은 의학의 내재적 자가 평가와 외재적 인식 둘 다를 위해 불가피하다. 의학이 개인과 사회생활에서 그 어느 때보다 영향력 있는 제도가 된 이상, 내재적 관점에서 외재적 시점을 반성(reflect)하는 것도 마찬가지로 불가피하다. 역사적 주장은 새롭게 부상하는 의학의 이해를 대중에게 전달하는 수단이 된다. 무엇보다 의학 **내** 역사가 수행할 과제는 안팎을 두루 연구하며, 잘 정의된 질문을 통해 의학 지식과 의료 관행이 언제 어떻게 변화하는지 분석하는 것이다.

이처럼 간결하고 밀도 있는 글에서는 '사회', '문화', '시간', '의학', 마지막으로 '과학 지식'과 '의료 관행' 같은 추상적인 개념을 가지고 주장을 해야 한다. 역사적인 연구에서 스스로 작동하는 것처럼 보이는 이런 구체적이고 '객관적'이며 추상적인 개념은 젠더·계층·민족에 의해 구별되는 주체적인 개개인뿐만 아니라 과학과 실행에서 의학을 대표하는 많은 직업군을 포함한다. 특히 치료보다는 돌봄에 개입된 모든 이를 포함한다. 이 에세이에 적용된 의학 내 과학과 행동이라는 개념에서 추론할 수 있듯이, 그 자신의 세계 안에서 환자야말로 의학의 모든 생각과 행동을 지시하는 개인적인 주체이다. 고대부터 과학과 연계된 이후 의학은 꾸준히, 그리고 필연적으로 과학과 행동 사이를 오갔다.[30] 그러므로 긴급한 상황에 놓인 개개인의 환자야말로 지식

30 예로는 다음을 참조. Albert Jori, "Wissenschaft, Technik oder Kunst? Verschiedene Auffassungen der Medizin im Corpus Hippocraticum," *Historizität. Erfahrung und*

과 경험의 여러 분야를 독특한 행동으로 통합한다. 환자 없는 의학은 그저 또 다른 과학이나 기술에 불과할 것이다. 즉, 이것은 의학 내에서 과학과 행동의 변증법이 환자를 향할 뿐 아니라 환자에 의해 조정됨을 뜻한다. 그리하여 환자는 의학을 구성한다. 그 누구도 히포크라테스가 첫 격언 편에서 그랬던 것만큼 짧고 종합적으로 이렇게 특이한 의학의 기반을 설명하지는 못했다. 환자는 의학-역사적 분석의 중요한 대상이 되어야만 한다.

'의학 **내** 역사'는 시간의 흐름에 따른 변화라는 특수한 관점에서 의학 지식과 실제 의료 행동의 조건을 돌아보는 것을 의미한다.[31] 의학 **내** 역사는 역사적 분석의 형태가 현재의 의료 문제 해결을 돕는 것에 즉각적으로 초점을 맞추고 있음을 뜻한다.[32] 임상이 중심이 되는 의료윤리와 달리, 이것은 더 거리를 둔 형태로 자리한다. 즉, 행동의 역사적 영역을 탐구하여 현재의 영역에 비추어 보거나, 매우 거리가 있긴 해도 과거와 현재의 특정 행동 간에 유사

Handeln in Geschichte der Medizin, Naturwissenschaft und Technik (Sudhoffs Archiv, Beiheft), Ulrich Koppitz and Alfons Labisch, eds. (Stuttgart: Steiner, 2003).

31 적절한 이론과 방법론을 사용한 의학사 연구로는 다음의 뛰어난 연구를 참조할 수 있다. Karl E. Rotschuh (1908-1984), *Konzepte der Medizin in Vergangenheit und Gegenwart* (Stuttgart: Hippokrates, 1978). 프리츠 하르트만(Fritz Hartmann (b. 1920))의 종합적인 연구 중에서는 다음의 주요 논문을 들 수 있다. "Krankheitsgeschichte und Krankengeschichte (naturhistorische und personale Krankheitsauffassung)," *Sitzungsberichte der Gesellschaft zur Beförderung der gesamten Naturwissenschaften zu Marburg* 87, no. 2 (1966): 17-32. 에두아르드 자이들러(Eduard Seidler (b. 1929))의 다음 논문도 언급할 가치가 있다. "Gedanken zur Funktion der historischen Methode in der Medizin," *Medizinische Klinik* 70 (1975): 726-731.

32 회의론자를 위해서는 최근의 예를 들 수 있다. 1980년대 말, WHO는 말라리아의 종 위생(모기는 종이 다양한데 말라리아를 전파하는 종은 특정 지역에서 2~3가지에 지나지 않기 때문에 이 종만을 대상으로 위생 작업을 하는 것-역주)이라는, 근절의 시기에 묻혀버린 이 잊힌 지식을 다시 이용할 수 있게 하려고 역사적 분석을 의뢰했다. Willem Takken et al., *Environmental Measures for Malaria Control in Indonesia. An Historical Review on Species Sanitation*, Wageningen Agricultural University papers, 90-7 (reprint, Wageningen: Agricultural University, 1991).

점을 찾는 것을 뜻한다. 의학 **내** 역사는 역사 서술의 방법론적 기준에 빚을 지고 있다. 그러나 그 주제는 현재 의학 발전의 내재적 문제에서 나온다. 따라서 의학 내 역사는 언제나 **응용되었고**, 이런 의미에서 **실용적인 의학의 역사**이다.

여기서 의학**의** 역사와 의학 **내** 역사 구분은 주로 가능한 대상과 문제의 범위를 가리킨다. 이 구별은 적절한 적용 방법과 다양한 적용 영역을 포함한다. 달리 말하면, 우리는 역사 서술의 독특한 방식과 방법도 구분할 수 있다. 우리는 일반 역사가든 의학사가든 역사가의 영역인 **관조적인 의학사**(의학**의** 역사)를 의사 혹은 의료 문제를 잘 아는 역사가의 영역인 **'행동하는' 의학사**(의학 **내** 역사)와 구별할 수 있다. 이러한 특징은 더 명확하게 분류될 수 있다. 회고적 관점을 통해 역사적 맥락과 우연성을 그 자체의 목적으로 보는 **맥락 안의 의학**(의학**의** 역사)과 역사적 맥락과 우연성을 의학 문제와 관련된 미래적 관점으로 분석하는 **행동하는 의학**(의학 **내** 역사)으로 말이다.

에필로그

여기서는 의학 역사 서술의 다양한 형태를 분류하는 방법을 제시했다. 이는 의학의 성격에 대한 특정한 가정과 맥락성, 역사성, 우연성에 대한 철학적인 전제에 기반을 두고 있다. 미래는 이 분류와 여기서 파생된 과제가 의학의 역사와 역사 서술에 대한 현재의 논의에 어떤 도움이 될 지 보여줄 것이다. 생의학이 다차원적인 문제에 봉착했을 때, 의학사는 우리가 수십 년간 알아 온 의학 내부의 의학사에서 여전히 반추되고 있는 자기 정당화를 뛰어넘어 중요한 개념적인 도구를 제공할 수 있다. 그러나 변화를 야기하고 의학에 진정으로 기여하기 위해서는 의학사가 의대 커리큘럼에 통합되어야만

한다.

내가 지적했듯이, 19세기가 끝날 무렵 명망 있는 의학 교수들 사이에서 의학의 역사를 필수과목으로 의대 커리큘럼에 포함하고자 하는 움직임이 있었다. 비록 의학의 역사는 1901년에 발표된 시험 규정에서 필수교과가 되지 못했지만, 시험이 각 과목의 역사를 고려해야 한다고 명시되었기 때문에 의학사가 의학 안에서 의학을 위한 새롭고 독립적인 위치와 의미를 지니게 되었다.

독일에서는 새로운 의대 커리큘럼이 공개된 1939년에서야 의학의 역사가 필수교과 과목이 되었다. 결정적인 계기는 인종차별적인 생각을 가르치고, 의학의 '독일적 특징'을 구별하며, 새로운 의료윤리를 퍼뜨리기 위해 국가사회주의자들이 역사를 이용할 생각을 했기 때문이었다. 의학의 역사는 "유전적으로 건강하고 인종적으로 순결한 아리아 '민족(Volk)'"의 특정한 의학을 승인했다. 유대인 의대생으로 나치 독일 초기에 의학사를 공부했던 조지 로젠(George Rosen, 1910~1977)은 뉴욕 컬럼비아의 보건대학원(School of Public Health and Administrative Medicine)에서 보건교육 교수로 일했던 1960년대에 미국의학사협회에서 다음과 같이 발언했다. "제2차 세계대전 전의 독일에서는 거의 모든 대학에서 의학사를 가르쳤지만, 당시 의대생에게는 아무 영향도 미치지 못했다는 것을 알고 있을 거라 생각합니다."[33] 이 발언을 언급한 것은 의학에서든 어디서든 인문학 정신이 지니는 관조적인 태도가 그 자체로는 질은 물론 도덕적·윤리적 성향도 보장하지 못한다는 것을 강조하기 위해서이다. 1945년 이후 의학의 역사는 다른 독일 과학과 마찬가지로 대가를

33 *Education in the History of Medicine: Report of a Macy Conference*, Bethesda, Maryland, June 22-24, 1966, John B. Blake, ed. (New York: Hafner, 1968), 49ff.

치러야 했다. 저명한 인사들이 다 빠져나간 자리를 다시는 채우지 못했기 때문이다. 예를 들자면 헨리 지거리스트, 루트비히 에델슈타인, 오세이 템킨, 발터 파겔, 에르빈 H. 아커크네히트 등이 모두 미국으로 이주하여 국제적으로 의학사의 새로운 장을 열었고, 리하르트 코흐는 소련으로 이주한 후 크림반도에서 스파(spa) 의사로 살아남았다.

그러나 21세기 초 독일에서 의학사의 제도적인 정착을 가능케 한 결정은 의학의 역사 내부에서 야기된 것이 아니라 외부에서 나왔다. 1960년대 초 독일의 '과학위원회(Wissenschaftsrat)'는 모든 의대에 의학사라는 과목을 설립하라고 권고했다. 1960년대 말에는 새로운 의사 면허등록법(Approbationsordnung für Ärzte) 시험이 "의학적 사고, 지식, 수행의 역사 안에서 문화적, 사회적 기본을 쌓고 건강과 질병에 대한 사고를 바꾸는 것"을 목적으로 삼았다. 이로써, 의학과의 "관련성을 증명할 영구적 의무" 없이, 의학의 역사는 구독일 연방 공화국에서 결정적으로 제도적인 중요성을 얻게 되었다.[34] 그 이후로, 독일 의대에는 의학사나 그에 필적하는 기관의 장이 자리를 잡았고, 과학과 비과학 분야 직원이 배속된 이런 학문 기관이 30여 개 이상 있다.[35] 독일에는 의학사 관련 기관에서 일하는 전문 의학사가가 다 합해서 대략 150여 명 이상 있으며, 외부 재원으로부터 지원을 받는 이들을 포함

34 Cf. Hermann Lübbe, *Geschichtsbegriff und Geschichtsinteresse. Analytik und Pragmatik der Historie* (Basel: Schwabe, 1977).

35 독일 의학사의 최근 발전양상과 현재 상황에 대해서는 다음을 참조. Nachrichtenblatt der Deutschen Gesellschaft für Geschichte der Medizin, *Naturwissenschaft und Technik* 매년 첫 번째 호에서 각각의 기관의 상황에 대한 통계를 제공한다. 가장 최근은 52권 1호였다. 국제적 통계는 다음 글을 참조. Christoph Meinel, "Geschichte der Naturwissenschaft, der Technik, und der Medizin in Deutschland, 1997-2000/History of Science, Technology, and Medicine in Germany, 1997-2000," *Berichte zur Wissenschaftsgeschichte* 24, no. 2 (2001): 77-146.

한다. 정규직 의학사가는 의학·과학·철학 분야의 학위 소지자로 나뉘어 있다. 명망 있는 학자들의 1/3 정도가 의과대와 인문대 둘 다에서 박사학위를 취득했다.

오늘날 의학사의 존립을 막는 가장 위험한 위협은 주제 그 자체와 인문학 내의 다른 발전으로부터 나온다. 의학의 역사는 다시금 역사 서술에서 적절한 수준의 방법론을 구사하기 직전이지만, 의학의 역사가 필요로 하는 의학 자체의 관심을 잃을 위험에 처해 있기도 하다. 그러므로 의학 교육의 필수 부분으로서의 의학사는 의과대학으로부터 멀어질 위기를 맞고 있다. 의학에 의미를 부여하고 행동하게 하는 요소는 인문학에 빚을 지고 있는데, 이것이 점차 의료윤리에 좌우되고 있다. 그러나 실제 의학과 마찬가지로 의료윤리는 본질적으로 사례 중심적이다. 그러므로 의료윤리가 의학 지식과 실제 행위에서 연속성과 변화라는 시간적 차원을 인지할 수 있는 것은 오직 예외적인 사례에서뿐이다. 나치 의학에 특별한 의료윤리가 있었다면, 의료윤리에도 그만의 역사성이 있다.

그러나 도움은 때로 외부에서 온다. 5년 이상의 열띤 논쟁 끝에 2002년 4월 26일 새로운 의사자격등록법이 독일 연방 상원을 통과했다. 이 법은 의학의 역사·이론·윤리를 함께 묶어 의학 교육의 임상 단계에서 필수과목으로 지정했다. 장기적으로, 더 많은 기관이 의학의 역사·이론·윤리를 가르치게 될 것이다. 하노버에 1988년 이후로 계속 있었던 것처럼 이런 기관은 이미 흔했지만 말이다. 의학의 역사·이론·윤리는 틀림없이 그 자체로 독립적인 학문 과목이다. 그래서 이 도전적인 환경에서 역사가 어떻게 살아남을지는 미래에 달려 있다.

이렇게 보자면, 적절한 의학의 역사는 융합 학문을 전개하는 데 핵심적인 위치를 차지한다. 이러한 의학사는 과학적 접근 방법의 전 범위를 향해 있다. 개개인을 대상으로 하는 접근 방법을 통한 생명과학에서부터 사회과학과 인문학의 범위까지 말이다. 의학사의 책임 분야는 일반 대중과 의학 양쪽으로 확장될 것이다. 이 발전은 이미 유전학과 분자 의학 분야뿐만 아니라 몸의 역사, 젠더 연구, 과학 연구, 건강과 질병의 역사, 그리고 많은 다른 분야에서 나온 의학-역사 분야 출판물, 주제, 질문의 붐에서 명백하게 드러난다. 의학의 역사에 거대한 분야가 열리고 있다. 의학사에는 다양한 문화권에서 수천 년간 계속되었던 질문인, 어떻게 행동할지에 대한 예가 가득 있다. 역사적 사례의 분석은 오늘날 의료 문제의 우연성을 이해하여, 이제 우리가 문제를 풀 수 있게 돕는다.

의학의 문제에 중점을 두는 의학의 역사 서술은 우리에게 필요한 학습법과 해석학을 마련해 줄 수 있다. 대상과 즉각적인 개인적 결정 둘 다에 거리를 두기 때문이다.

그러나 이 분야는 의학사가들이 더욱 분발해서 정복해야 한다.

도움과 조언을 준 뒤셀도르프의 울리히 하딩(Ulrich Hadding)과 마인츠의 베르너 F. 퀴멜(Werner F. Kümmel)에게 감사한다. 도쿄 대학교의 DESK(코마바의 독일-유럽연구센터, Deutschland-und Europa-Studien in Komaba)팀, 교토 도시샤 대학의 오사무 가와고에(Osamu Kawagoe)가 주관한 사회-역사 포럼의 도움을 받았다. 도쿄의 야스타카 이치노카와(Yasutaka Ichinokawa)에게도 감사를 전한다. 이 외에도 이 에세이의 예전 버전을 수정해 준 괴팅겐의 안드레아스 프레베르(Andreas Frewer), 뤼벡의 폴커 뢸케(Volker Roelcke)에게 감사한다. 뒤셀도르프에서는 타냐 지제머(Tanja Ziesemer)가 독일어 원고를 번역했고, 마리타 브루인스-푀츠케(Marita Bruijns-Pötschke), 울리히 코피츠(Ulrich Koppitz), 산드라 레스만(Sandra Lessmann)이 번역을 감독했다. 이들 모두에게 정말로 감사한다. 마지막으로 마스트리흐트의 프랭크 하위스만(Frank Huisman)과 뉴헤이븐의 존 할리 워너(John Harley Warner)에게 특히 힘을 얻었다. 이들의 고무적인 비평이 내 글을 훨씬 더 낫게 바꿔 주었다. 의학사의 역사(history of medical history)에 개인적으로 더 참여하라는 조언에는 여전히 확신이 서지 않지만 말이다. 물론 개념, 스타일, 그리고 남아 있는 오류는 다 나의 책임임을 밝혀 둔다.

제18장

히포크라테스 삼각형

—역사, 임상의-역사가, 미래 의사

재클린 더핀(Jacalyn Duffin)

과거를 공표하고, 현재를 진단하고, 미래를 예언하라. 이러한 행위를 실천하라. 질병에 관해서는, 두 가지를 습관화하라. 즉, 도움을 주거나, 적어도 해를 끼치지는 말아라. **이 기술에는 질병, 환자, 의사라는 세 가지 요소가 있다.** 의사는 이 기술의 하인이다. 환자는 그 질병과 싸우는 데 의사와 협력해야 한다. - 히포크라테스, 『전염병에 관하여』, 1, 11.[1]

사례: 산책

매주 목요일 오후, 나는 오른쪽 주머니의 청진기(피를 상징하는 적색)와 왼쪽 주머니의 처방전 패드(거의 사용 안 함)를 확인하며 가운을 입는다. 외투도 없이 영하 20℃에도 나는 스튜어트 가를 걸어서 혈액학 클리닉까지 간다. 이 짧은 길은 의대, 의대 도서관과 실험실을 지나고, 학장들의 창문 아래를 지나고, 킹스턴 종합병원(국립역사유적지)의 옛 입구와 새 입구를 가로지르며, 두 개의 주요 강의실 근처, 그리고 임상의와 환자지원 부서를 배치하기 위해 사무실로 개조한 호화로운 집 몇 채 사이를 지난다.

산책은 효율적이다. 교수진과 길목에서 만나면 행정적인 문제를 신속히 처리할 수 있다. 그러나 더 효과적인 것은 의대생들과의 만남이다. 그들은 미

1 Hippocrates, "Epidemics I," *Hippocrates*, W. H. S. Jones, ed. and trans., 20 vols. (London: W. Heinemann; New York: G. P. Putnam's Sons, 1923), vol. 1: 147-211, 165. (저자 강조)

소를 짓거나 목례한다. 몇몇은 수업, 연애, 시험, 그리고 레지던트 생활에 대한 열망을 들려주기 위해 멈춘다. 새로 온 사람들 몇몇은 이 복장을 한 나를 알아보고 깜짝 놀라기도 한다. 다음 역사 수업 때 그들은 좀 더 주의 깊게 들을 것이다. 혈액학을 하는 것이 나를 더 나은 의학사가로 만드는 것은 아니지만, 미래 의사들이 집중하도록 만드는 데 도움이 된다.

의료원에서 일하는 임상의-역사가로서 나는 편집자들로부터 지난 20년 동안 임상의가 쓰고 읽은 역사가 어떻게 변화했는지, 그리고 어떻게 강의에 사용될 수 있었는지에 대해 생각해 보라는 요청을 받았다. 미래의 의사들에게 과거의 어떤 이야기들을 들려줘야 할까? 그들이 역사가이자 임상의 말에만 귀를 기울인다면, 의사가 쓴 역사가 최선일까?

명백히 주관적인 이번 장에서 나는 역사적 실행과 의학적 실행 사이의 관계를 방법론적으로나 개념적으로 탐구한다. 의사·환자·질병의 히포크라테스 삼각형을 역사가·그가 이용하는 사료·그의 독자 그리고 그 모두가 만들어 가는 역사와의 관계와 대비시켜 본다. 그런 다음 지난 몇십 년 동안의 소위 임상의사의 역사라고 불린 장르를 조사하여 실제로 그런 것은 없다는 결론을 내린다. M.D.라는 학위는 주제, 방법, 스타일에 대한 예측 변수가 아니다. 역사는 개인이 쓰는 것이다. 마지막으로, 나는 독자, 특히 의대생들의 역할을 살펴본다. 의대생인 나의 독자들은 내가 쓰는 역사에 영향을 미칠 뿐만 아니라, 적어도 내가 그들에게 영향을 주고 싶은 만큼 개인으로서의 나에게 영향을 미친다. 임상의사의 역사가 하나의 장르라는 점은 부인하지만, 나로 하여금 내가 임상의인 것(혹은 임상의로 인식되는 것)이 역사가로서 나의 정체성의 일부분이라는 점을 일깨워 주는 것은 독자다.

히포크라테스의 삼각형: 의학의 유비로서의 역사

사례: 역사적 관행과 의학적 관행

나는 특히 목요일 정오에 내 임상 능력에 대해 의심을 품곤 한다. 오늘이 바로 내가 누군가를 해치는 날이 될까? 그러나 복도 끝에 있는 간호사실과 외래 직원의 따뜻한 인사말은 나를 편안하게 한다. 집처럼 느껴진다. 여기서 나는 과제, 농담, 유머, 12호실 환자의 비장 이상음에 대한 레지던트의 급한 삐삐 알림, 그리고 요청을 주의 깊게 완수하는 것의 중요성을 알고 있다(매주 변경되는 것 같은 그들의 배치와 형식에 대한 업데이트가 늘 필요하지만).

상담실에서, 나는 환자와 대화하면서 이야기를 이끌어내는 것을 좋아한다. '이상한 것(illicit)' 말고 '이끌어내는 것(elicit)' 말이다. 그래도 연결 고리를 만들려면 유인책이 꽤나 필요하다. 일이 잘 풀리면 방법은 즐거운 대화로 변모한다. 대화가 끝날 때쯤 가능한 설명(질병)에 대한 감별 진단이 나온다.

신체 검진 역시 상담에 필수적이다. 어떠한 관련 증상도 그냥 방치해서는 안 된다. 나는 검진할 때 촉진이라는 친밀한 의식을 형성한 수 세기의 지혜에 대해 생각하고, 가릴 곳을 가리고 드러낼 곳을 드러내는 결정의 섬세함을 흠모한다. 나는 청진을 할 때마다 라에네크를 생각한다. 그러고 나서, 혈액검사, X선검사, 스캔, 조직검사 등 추가 조사를 명령한다. 이것은 환자가 다시 방문할 때 문제를 설명할 수 있도록 하는 이론(질병/진단)을 지칭하는 일련의 기호들이다. 그러고 나서 나는 환자의 이야기를 다시 써서 환자 기록을 작성하고 진단 과정을 위한 증거로 삼는다. 클리닉이 끝나면 나는 과거에 안전하게 머물러 있는(역사를 연구하는-역주) 다른 주거지로 돌아가는데, 다시금 의심이 생긴다.

환자 기록은 이야기의 내용, 리듬, 순서 등으로 하나의 이야기를 형성하고 이를 알려진 질병의 표준(고통의 이론)과 비교하여 만들어진다.[2] 신체검사는 단지 그 이야기에서 파생된 진단적 인상을 걸러 내거나 확증하는 데 도움이 되는 징후를 찾기 위해 몸에 대한 기록을 훑어보고 증거를 수집하는 일일 뿐이다. 실험실 조사는 접근하기 어려운 부분을 검사한다.

역사의 관행처럼 임상 관행은 경험, 훈련, 이야기를 수집하는 방법을 활용하고 여기에 의미를 부여한다. 그것은 설득력 있는 증거를 요구하며, 의학적 사고가 바뀔 수 있기 때문에 당시 학계의 중론에 따른다. 이는 기계적인 것과는 거리가 멀며, 실험의 선택·해석·치료는 상상력과 학식을 필요로 한다. 진단은 환자에게 설명되어야 한다. 만약 그 결과가 특이하다면, 그것은 의사 전체에 전달되어야 한다. 각각의 개별 진단은 질병 개념 자체에 인식론적 영향을 미칠 수 있다. 역사학적으로 진단은 '2차 사료'가 될 수 있다는 얘기다.

지금까지 여러 해 동안 역사가들은 질병의 사회적 구성에 대해 인지하고 있었는데, 여기서는 질병·환자·의사라는 히포크라테스 삼각형이 결정적인 역할을 한다. 질병에 대한, 그리고 서로에 대한 의사와 환자의 의견은 질병을 고통에 대한 사회적·일시적 발상으로 만들기 위해 결합된다. 이 유명한 삼각형은 또한 학문의 역사에 훌륭한 유추를 제공한다. 같은 방법으로 역사는 저자와 청취자들에 의해 그들의 욕망과 욕구를 반영하는 방식으로 형성된다.

카를로 진즈부르그(Carlo Ginzburg) 역시 역사와 의학에 대해서 비슷한 유추를 끌어내어, 둘 다 우리 주변 세계에 있는 기호를 형이상학적 개념을 가

2 이 과정에 대해 더 알고 싶다면 다음을 참조. Kathryn Montgomery Hunter, *Doctors' Stories: The Narrative Structure of Medical Knowledge* (Princeton: Princeton University Press, 1991).

리키는 증거로 해석하는 기호학적 학문이라고 묘사했다.[3] 나는 이 기호학적 비유를 독자와 그들 목소리의 문제로 더 깊이 발전시킬 것이다. 임상 관행과 역사 관행에서 두 사람 또는 한 집단(의사/역사가와 환자/사료)이 (역사 또는 의학의) 형이상학적 개념을 중심으로 조직된 상호 합의된 관계를 시작한다. 그들의 궁극적인 임무는 일반화할 수 있는 의미(진단/역사)를 특정 질병이나 과거 사건에서 도출하는 것이다. 이 과정에서 의사와 역사가에게는 최소한 두 가지 단계가 발생한다. 첫째는 (듣고 보는) 수용적인 것이고, 둘째는 (해석하고 소통하는) 능동적인 것이다. 의사와 환자가 번갈아 가며 청자와 화자의 역할을 맡는다. 역사가들과 그들의 사료/독자도 그렇다(〈그림18.1〉 참조).

〈그림18.1〉 히포크라테스의 삼각형

1. 임상의 생성과정

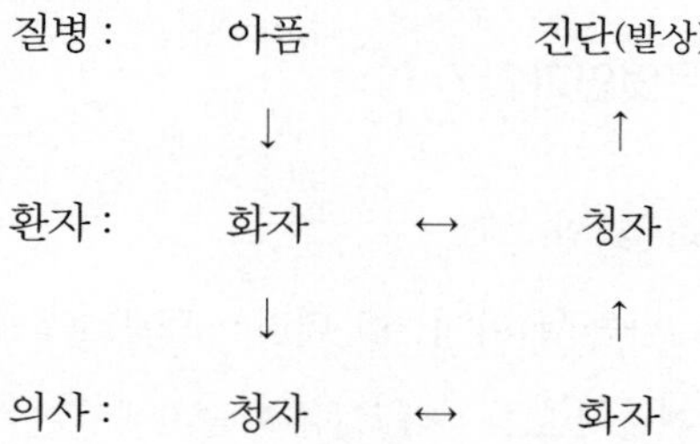

3 Carlo Ginzburg, "Clues: Roots of an Evidential Paradigm," in Carlo Ginzburg, *Clues, Myths, and the Historical Method*, John and Anne C. Tedeschi, trans. (Baltimore: Johns Hopkins University Press, 1989), 96-125, esp. 105-108. 진즈부르그는 이 과정이 질적이고 개별화의 과정이기 때문에 역사와 의학을 모두 과학과 분리했다. 나는 기호학적 추론에는 동의하나, 의학이나 역사와 과학을 구분하는 것에는 동의하지 않는다.

2. 역사의 생성과정

역사 :	과거 사건		역사(발상)
	↓		↑
사료 :	화자	↔	청자
	↓		↑
역사가 :	청자	↔	화자

행위자로서나 학자로서 효과적이려면 역사가들도 과거의 징후에 유의해야 하며, 이를 설명해야 한다. 1차, 2차 사료를 통한 연구는 관찰과 추론을 결합하는데, 이는 경청하면서 징후(signs)를 해독하는 것과 유사하다. 역사를 쓰거나 말하거나 가르치는 것은 그 역할을 확실히 뒤집는다. 서로를 너무나 잘 보완하는 두 세계를 점하는 것은 특권이다.

임상의의 역사란 무엇인가?

사례: 역사가들로부터의 공격

1985년 12월이고 나는 내 아이들을 데리고 토보겐(썰매의 일종-역주)을 타러 가려고 한다. 우편물이 도착한다. 일류 학술지에서 온 두꺼운 봉투다. 나는 몹시 흥분하여 아이들을 자리에 앉히고, 파카를 입고 땀을 뻘뻘 흘리는 아이들에게 기다리라 하고, 포장을 뜯는다. 그때는 내가 너무 혈기 왕성해서, 두꺼운 봉투가 무엇을 뜻하는지 이해하지 못했다. '유감스럽게도…'라는 말로 시작한 편집자의 편지는 내가 처음으로 제출한 논문을 완곡하게 거절했다. 그 논문은 19세기 청진기의 발명가인 라에네크에 대한 내 학위논문에

서 지도교수가 '최고의' 장이라고 했던 것을 다시 쓴 것이었다.[4]

심사자들의 보고서가 동봉되었다. 첫 번째 것을 집어 들었다. 단지 몇 줄에 불과했다. 모호한 단어들: '내재주의자', '현재주의자', '휘그주의적'인 그리고 '라에네크에 관심 있는 사람들에게만 읽힐' - 분명히 혹평이다. 내 최고의 작품이 절망적이라면, 나머지는?

우리는 토보겐을 타러 갔다.

이 글의 제1절이 다룬 역사와 의학의 유사성은 널리 받아들여지지 않는다. 사실, 어떤 역사학의 부류에서, M.D.는 하나의 꼬리표다. 임상의는 이렇게 말해야 한다. "그래, 의학 교육을 받았다. 그럼에도 불구하고 역사를 쓸 수 있다." 의사가 쓴 역사에 대한 경멸은 고정관념, 의미론, 계급의 문제다.

게재 불가 된 그 논문으로부터 시작된 교훈을 깨닫는 데 몇 년이 걸렸다. 나는 몇 주간 그것을 다시 보지 않았다. 심사자의 강한 어조를 이해하는 것이 먼저였다. 나의 박사후 과정 지도교수인 토비 겔판드(Toby Gelfand)는 '현재주의자', '휘그주의적', '내재주의자'가 의미하는 바를 설명하려고 애썼다. 이 말들은 새로운 것이었다. 나는 소르본에서 박사과정을 하는 동안 이런 표현을 들어 본 적이 없었다. 나는 곧 그것들이 과거가 과거보다 훨씬 나은 영광스러운 현재에 절정을 이루기 위한 일련의 이정표로 존재하는 것처럼, 마치 지금 우리가 하는 일에 보이지 않는 위험이 없는 것처럼, 오만함과 순진함으로 과거를 판단한다고 여겨지는 의사들이 쓴 역사에 적용되는 표현이

4 Jacalyn Duffin, "Laennec: Entre la pathologie et la clinique" (Thèse de doctorat de 3e cycle, Université de Paris I-Sorbonne, 1985). 이 논문은 훗날 수정, 출판되었다. *To See with a Better Eye: A Life of R. T. H. Laennec* (Princeton: Princeton University Press, 1998).

라는 것을 알게 되었다. 아는 게 도움이 되었다. 그렇다면 그 공격은 나 혼자에 대한 것이 아니었다. 그것은 감히 역사를 쓰려고 하는 의사에게 가해진 공격이었다.

휘그주의는 극단적이거나 '이기적' 형태의 현재주의로 이해될 수 있다. 그러나 보통 '휘그주의적' 역사는 왜곡되거나 증거도 없이 희망적인 해석으로 얼룩진 나쁜 역사다. 반면에 현재주의는 좋은 역사와 양립할 수 없어 보이지는 않았다. 나는 의사들이 그들이 현재 알고 있고 하고 있는 일의 역사에 대해 쓰기 때문에 그런 식으로 글을 쓰는 경향이 있다는 점을 인정했다. 그럼에도 불구하고 일단 그 뜻을 알게 되자, 나는 마침내 의사가 쓴 모든 역사를 휘그주의나 현재주의라고 비난하는 것은 잘못된 것이며, 고정관념에 좌우되기 때문만은 아니라는 결론을 내렸다. 적어도 두 가지 다른 이유가 떠올랐다.

첫째로, 많은 의사는 정말로 오만하고, 실로 오늘날 그들의 관행을 설명하는 것을 좋아한다. 그러나 의사들, 특히 의학자들은 항상 현재를 개선하고 대체하기를 원한다. 5년 이상 된 기사를 인용하는 것은 거의 허용되지 않는다. 영리한 의사들이 현재의 가치를 그토록 의심한다면 어떻게 그것을 정점으로 볼 수 있겠는가? 확실히 화학요법을 실행하는 사람들은 현재가 정점이 아니라고 주장하는 데 전념하고 있다. 현재에 대한 이러한 불만은 과거를 조사하도록 자극한다. 시간이 지남에 따라 '진보'한다는 순진한 믿음에 이의를 제기하지 않기 때문에 역사가들 눈에는 이 이유가 그다지 설득력이 없을 수 있다. 그러나 진보의 가능성에 대한 믿음이 없다면 의학적 탐구는 사라질 것이다. 회의적인 역사가인 우리는 의학 연구자들이 오늘 그들이 하는 일이 어제 한 일보다 더 낫다고 생각하지 않기를 바랄까? 헌신적인 의사가 동시에 훌륭한 역사가는 될 수 없다는 말인가?

둘째로, 그리고 아마도 더 강렬하게, 어떤 시대나 장소에 관한 어떤 종류의 역사에서든, 좋은 질문들은 현재로부터 나온다. 즉, 우리 문화에서 유행하고 있는 것에서부터, 동료들이 만들어낸 연구에 대한 몰두로부터 나온다는 말이다. 소위 사회사가라고 하는 사람들은 의사들에게 현재주의자라며 비판을 퍼붓는데, 그들이 주제를 탐탁하지 않게 여기거나 분석 방법을 이해하지 못할 때, 그리고 그 글에 '의학적' 표현이 난무할 때 특히 그러하다. 반면, 의사들은 소위 사회사가라는 사람들에 대해 이런 비판을 하지 않는다. 그들은 '역사적' 어휘가 부족하기 때문에 문제를 인식하지 못할뿐더러 지적하지도 못한다. 그러나 의사는 특히 정치와 분석적 틀에 있어서 그들을 비판할 수 있다. 예를 들어, 학자들이 제2차 세계대전 후 좌익 사상을 다루는 것이 적절하다고 생각하지 않았다면, 공중보건의 우아한 역사나 보호시설 운동에 대한 날카로운 비판을 할 수 있었을까? 1970년대의 페미니즘을 경험하지 않았더라면, 의사로서 그리고 환자로서의 여성에 관한 뛰어난 연구와 간호 역사의 발전을 경험할 수 있었을까? 만약 원주민들이 그들의 권리를 주장하여 채택되는 과정이 없었다면 원주민들의 건강에 관한 흥미진진한 새로운 연구에 감탄할 수 있었을까? 이런 주제들의 역사가 선택적 증거나 얕은 해석으로 이루어지면 휘그주의로 보일 수도 있다. 만약 의사들이 이 작품들을 현재주의라고 비판한다면? 그것은 비평이 아닐 것이다. 좋은 역사는 현재주의일 수 있다. 독창적이고, 잘 연구되고, 주장도 잘 되고, 문맥도 잘 맞아떨어지고, 열정으로 주의 깊게 쓴 것이 좋은 역사이듯 말이다. 나쁜 역사는 그저 나쁜 것이다.

나는 이제 첫 번째 거절에 대해 체면치레를 하는 설명을 할 수 있다. 내 논문의 심사자는 본문의 단서를 통해 내가 임상의라는 것을 알 수 있었다. 그는 내 작품이 필히 현재주의적이며, 휘그주의적이고 내재주의적이라고 판단하여 무시해도 된다고 생각했다. 내 논문은 의학적인 아이디어에 대한 사고실험으로, 출판된 것과 출판되지 않은 논문에 증거가 있었다는 점에서 내재주의적이었다. 그러나 그것은 외재주의 역사가들이 출판한 작품들보다 더 '휘그주의적'이지도, '현재주의적'이지도 않았다.

내 자신이 새롭게 가정된 집단의 일부임을 발견함으로써 위로를 받은 나는 역사를 쓰는 다른 의사들도 '내재주의자'일까 하는 생각이 들기 시작했다. 임상의-역사가들이 임상 기록, 원고, 문제들에 대해 더 편안하게 생각하는가? 내가 인식론을 다루는 집단의 새로운 구성원이 된 걸까? 나는 더 많은 것을 배울 필요가 있었다.

임상의-역사가: 조사연구

사례: 모든 임상의들은 내재주의자인가?

1986년 봄, 뉴욕 로체스터에서 열린 미국의학사협회의 첫 회의 리셉션에서 나는 낯선 사람들에게 다가가서 "안녕하세요! 전 내재주의자입니다! 당신은 무슨 일을 하십니까?" 하고 묻는 것이 유용하다는 것을 알게 됐다. 나는 어리둥절하던 그들의 반응을 아직도 기억한다. 놀랍게도, 아니, 실망스럽게도, 내가 그곳에서 만난 임상의-역사가들 중 몇몇은 외재적인 요소들도 그 만큼이나, 혹은 그 이상으로 중요하다고 강력하게 주장했다. 내가 의사가 아닌 저명한 의학사가를 소개받아 그 대사를 다시 시도했을 때, 그는 "잘하셨습니다! 우리 모두 당신 같은 사람이 필요하고, 당신을 믿습니다."라고 했다. 나는 그것을 칭찬으로 받아들였지만, 나중에 그가 반어적으로 '옜다' 하고 한 말이 아닌가 생각했다.

나는 내재주의자가 된 것이 M.D.의 산물이 아니라 단지 나의 현재 관심사의 산물일 뿐이라고 생각하며 떠났다. 마침내 첫 번째 책을 출판할 무렵, 나는 사회사에 더 가까운 다른 것을 위해 소위 내재주의는 포기했다.[5]

임상의의 역사가 다른가? 임상의의 역사는 그만의 특징, 주제, 방법론이 있는 것인가? 이는 지난 세대 동안 변화를 겪었는가? "아니다." 이 결론은 소수의 주장에 반한다. 의사와 공감하는 역사가들은 '의학이 없는 의학사'에 대해 우려를 표했다. 그들은 의사의 역사관이 기존의 역사관과 차별된다는 점에서 (낫거나) 적어도 가치가 있다고 여긴다.[6] 소수의 의사를 포함하는 다른 사람들은 의사들이 서술하는 역사를 개탄하거나 조롱한다. 이 논쟁에서 그들은 '아마추어'라는 표현을 즐겨 사용한다.[7] 칭찬하든 모독하든 두 의견 모두 의사가 서술한 역사를 기존 역사와는 다른 장르로 인식하고 있다. 그러다 보니 그들은 장르를 창조한 셈이 됐고, 이에 해당하는 종류는 잘하든 못하든 그 틀 안에 맞도록 생성되었다.

5 Jacalyn Duffin, *Langstaff: A Nineteenth-Century Medical Life* (Toronto: University of Toronto Press, 1993). 이 책은 한 고립된 지역의 의료행위에 대한 사회사로 40년 간의 의료 장부를 컴퓨터 프로그램으로 분석했다.

6 [Leonard G. Wilson], "Medical History without Medicine," *Journal of the History of Medicine and Allied Sciences* 35 (1980): 5-7. William B. Spaulding, "How Can University Presses Publish Canadian Medical History," *Canadian Bulletin of Medical History* 7 (1990): 5-7; Sherwin B. Nuland, "Doctors and Historians," *Journal of the History of Medicine,* 43 (1988): 137-140; Genevieve Miller, "The Fielding H. Garrison Lecture. In Praise of Amateurs: Medical History in America before Garrison," *Bulletin of the History of Medicine* 47 (1973): 586-615.

7 Thomas Schlich, "How Gods and Saints Became Transplant Surgeons: The Scientific Article as a Model for the Writing of History," *History of Science* 33 (1995): 311-331. S. E. D. Shortt, "Antiquarians and Amateurs: Reflections on the Writing of Medical History in Canada," in *Medicine in Canadian Society: Historical Perspectives*, S. E. D. Shortt, ed. (Montreal: McGill Queen's University Press, 1981), 1-17; Owsei Temkin, "Who Should Teach the History of Medicine?" in *Education in the History of Medicine*, John B. Blake, ed. (New York: Hafner, 1968), 53-60.

사례: 그게 오리처럼 보인다고 하면, 오리처럼 꽥꽥거릴 것이다.

1988년, 내가 지금 맡고 있는 직책에 지원했을 때, 인사위원회는 두 명의 역사가와 다섯 명의 의사로 구성되었다. 이 역사가들은 비공식 면접을 고집했는데, 내가 '의사로서' 내 분야에 대해 '객관적'일 수 없기 때문에 좋은 역사를 쓸 수 없을 것이라고 말했다. 이를 포함한 다른 불만 사항들('지성사', 프랑스 학위, 여성) 때문에 그들은 일곱 명의 후보 중 나에게 꼴찌를 주었다. 결국 나는 그 일자리를 제의받았고 역사학과에 교차 임용을 받고자 학과장을 찾아갔다. 나를 면접했던 동료들의 조언을 따른 그는 "우리는 의과대학이 아마추어를 임용하는 실수를 저지르지 않도록 돕기 위해 이 문제에 모든 역할을 다했다."라고 대답했다. "그들이 우리의 충고에 주의를 기울이지 않았기 때문에, 우리는 이 모든 문제에서 손을 뗀다."라는 것이었다.

훨씬 후에 나는 유감스럽게도 의학사 교육에 M.D.가 필수적이라는 생각은 인사위원회 인원 중 더 많은 숫자를 차지했던 의사들 때문이었다는 것을 알게 되었다. 그들의 생각이 결국 내가 임용되는 데 역할을 했던 것이다. 그러나 그것은 내가 왜 7년 동안 역사학과에 들어갈 수 없었는지 설명하는 데도 도움이 되었다. 어떤 장르가 하나의 실체로 널리 받아들여질 때, 그것이 실제로 그랜팰룬(granfalloon, 의미 없는 관계인데 서로 편의를 봐주는 집단-역주)이라는 것을 깨닫기 어렵다.[8]

8 커트 보니것은 한 때 유행했던 "karass"라는 용어를 만들어냈는데 "그들이 하는 일이 무엇인지 알아채지 못한 채" 하느님의 일을 하도록 조직된 '팀(team)'이라고 정의된다. 한편, 그의 'granfalloon' 개념은 "가짜 karass"나 "공산당, 미국 혁명의 딸들, GE사 … 그리고 어떤 국가나 어떤 시기, 어떤 곳"을 뜻한다. Kurt Vonnegut, *Cat's Cradle* (1963; reprint, New York: Dell, 1988), 11, 67.

임상의가 쓴 역사는 장르가 아니다. 나는 임상의가 쓴 좋은 역사의 참고문헌 목록을 만들어 증거로 삼으려 했다. 어떤 비평가들은 내가 좋은 역사만 걸러냄으로써 '반칙'을 했다고 생각할 수도 있지만, '의사가 쓴 역사'라고 딱지가 붙은 것은 대개 역사 축에도 못 낀다.[9] 어떤 임상의들은 좋은 역사를 쓸 수 있고 이미 쓰고 있으며, 그것들을 내가 정리한 것이다.

나는 두 가지 방법으로 참고문헌에 접근했다: 처음에는 저자에 따라, 다음에는 주제에 따라. 그리고 나는 세 가지 기준을 사용하여 임상의-역사가 목록을 작성했다. 그들은 임상의다. 그들은 대학 출판사에서 책을 출판하거나 영어, 프랑스어, 스페인어로 된 의학사 또는 과학사 학술잡지에 논문을 게재한 적이 있다.[10] 그리고 내가 그들을 개인적으로 만난 적이 있어야 했다.

세 번째 기준은 쉬웠다. 나는 그것을 기간을 정하고 저자들의 자격 증명에 대한 신뢰도를 높이는 데 이용했다. 이 기준은 일부 거물급 이름(예: 싱어, 지거리스트, 캉길렘, 로젠)을 제외하는 것을 의미하는 동시에, 내가 그들의 시대

9 Schlich, "Gods and Saints"는 수술의들이 쓴 '역사'를 검토하면서 우스운 부분들을 인용한다. 그의 목적은 조롱보다는 "이식 수술 전문의 같은 똑똑하고 교육을 많이 받은 사람들이 왜 역사가들에게는 덜떨어지고 이상한 것으로 보이는 역사를 쓸까?"하는 질문을 던지기 위해서다(311). 대상을 수술의, 더 나아가서 이식 수술 전문의, 더 나아가서 과학 전문 학술지에 논문을 실은 췌장 이식 수술 전문의로 제한하면서, 그는 역사 글쓰기로는 말도 안 되게 나쁜 예를 찾아냈고 이것이 "역사가들이 역사로 인식하는" 역사는 아니라고 결론내렸다(326). 위에 인용된 진즈부르그의 "Clues"를 바탕으로 과학적 방법과 역사적 방법의 차이를 논하면서, 그는 그가 샘플로 삼은 의사들이 의학 출판물에는 적합하지만 역사 글쓰기에는 부적합한 과학 모델을 사용한 것에 책임을 전가한다. 그가 맞다. 그 역사들은 좋은 역사는 아니다. 그리고 역사가 아니기 때문에 그가 '임상의 역사'를 다루었다고 하기 힘들다.

10 이 참고문헌 목록에 포함된 의학사 학술지는 다음과 같으나, 이에 국한되지는 않았다. *Boletin de la Sociedad Mexicana de historia y filosofia de la medicina, Bulletin of the History of Medicine, Canadian Bulletin of the History of Medicine, Histoire des sciences médicales, History and Philosophy of the Life Sciences, History of Science, Isis, Journal of the History of Medicine and Allied Sciences, Milbank Memorial Fund Quarterly, Social History of Medicine, Social Science and Medicine*.

를 더 완벽하게 표현하기 위해 그들보다 못한 이들을 찾을 필요가 없다는 것을 의미하기도 했다.

두 번째 기준인 '역사 학술지에 게재된 것'은 더 어려웠다. 의학 학술지에 실린 역사 관련 논문은 '좋은 역사'일 수 있지만, 역사가들이 심사했다고 확신할 수 없었다. 나는 임상의의 역사가 '좋은' 것으로 간주될 수 있는지에 대한 논쟁을 피하기 위해 이 좁은 기준을 적용하기로 했다. 만약 글이 역사학 학술지의 심사를 통과했다면, 적어도 몇몇 역사가들은 그것을 받아들일 수 있으리라고 생각한 것이다. 결과적으로, 그 목록은 내가 사용할 수 있는 모든 이름의 하위 집합일 수밖에 없었다. 나는 일류 의학 학술지에 뛰어난 논문을 실었음에도 불구하고 역사 학술지에는 한 번도 글을 싣지 못한 15~20명의 임상의-역사가를 제외할 수밖에 없었다. 제외된 사람들 중에는 좋은 친구도 있고 소중한 동료들도 있는데, 내가 그들의 업적을 존중하지 않는다고 생각하지 않아 주면 좋겠다. 이러한 이유로 나는 저자 목록을 공개하지 않겠다.

그러나 첫 번째 기준은 더 어려운 문제를 내포했다. 나는 임상의-역사가라는 수많은 범주를 어떻게 다루어야 할지 생각했고, 하위 집합에 대한 아이디어를 이리저리 조합해 보았다. M.D.를 취득한 사람은 모두 한 그룹으로 모아야 하는가? 만약 M.D.를 취득한 사람 중 한 번도 진료를 하지 않은 사람은 어떻게 해야 하는가? 그들이 여전히 임상의로 여겨질까? 현재 임상 소득을 기준으로 삼아야 하는가? M.D. 학위만 있는데도 전적으로 역사가로서 일하는 사람들은 어떻게 처리할까? 한때 진료를 했던 사람들과 현재 진료를 하는 사람들을 함께 분류해야 할까? 역사학에서 추가로 박사학위나 석사학위를 취득한 사람들은 특례로 처리해야 하는가? 정말 많은 변수가 있었다! 유일한 해결책은 최소한 새로이 탄생한 의사라면 누구나 임상 경험을 할 기회가 있었다고 주장할 수 있으므로, 저자에게 M.D.가 있는지 없는지만 따지는 것이었다.

〈표18.1〉 세대별 임상의-역사가들의 숫자 및 다른 특징

	전체	남자	여자	박사	석사	국가	사망
1	34	31	3	10	2	5	13
2	27	24	3	14	1	5	0
3	18	12	6	13	2	6	0

나는 10개국 출신 79명의 임상의-역사가 명단을 가지고 있다. 66명이 여전히 생존해 있다.(〈표18.1〉) 그들의 연구는 선사시대부터 고대 그리스와 가까운 과거까지, 사람들의 전기·질병·제도로부터 몸의 역사와 정치적으로 동기를 부여받은 사회적 비판까지 모든 시기와 광범위한 주제에 걸쳐 있다. 나는 이를 세 개의 '세대'로 분류했다: 원로(퇴직하거나 사망), 중간(1950년까지 출생), 그리고 더 젊은 세대(1950년 이후 출생)가 그것이다. 열두 명은 여자인데, 모두 아직 살아 있다. 의학과 역사 양쪽의 트렌드를 반영하듯 여성의 비율은 3대에 걸쳐 9%에서 11%로, 또, 33%로 높아졌다.

증거 수집에 대한 두 번째 접근법은 임상의가 쓴 글의 목록을 주제별로 재검토하는 것이었다. 나는 수백 편에 이르는 임상의-저자들의 출판물에 언급된 주제들에서 시작했다. 그다음 M.D.가 없는 역사가와 같은 방법을 사용했는지 아닌지를 조사했다. 예를 들어, 나는 임상의-역사가들이 자신의 전공에 관련된 문제에 집중하는지 보았다. 그러한 예가 있는 듯 보이면, 그렇지 않은 예들도 분명 있었다. 그리고 같은 주제를 연구한 수많은 역사가들이 있었다. 또, 임상의들이 일반적으로 질병의 역사에 관심이 있는지 아니면 전기에

관심이 있는지 궁금했다. 역시 일부는 그랬고, 일부는 그렇지 않았는데, 이러한 주제에 대해 글을 쓰는 임상의들이 있으면, 임상 훈련 없는 역사가들도 있는 것을 발견할 수 있었다. 나는 또, 임상의들이 현재의 의료에 기여하는 발견에 집중하는 경향이 있는지 궁금했다. 다시 말하지만, 어떤 이들은 그렇고 어떤 이들은 그렇지 않았으며, 일반 박사(Ph.D.)-역사가의 유사 연구도 더 쉽게 찾을 수 있었다. 나는, 의료 실패에 대한 정밀 조사, 의료 만행, 대체의학, 대체 집단 등 임상의라면 피하고 싶을 만한 주제들로 임상의 여부가 가려질 수 있는지 궁금했다. 임상의들 역시 서술·분석·찬양·비난 등 매우 다양한 관점에서 이 모든 주제에 대해 글을 썼다.

편집자들의 두 번째 질문, 즉 임상의 역사가 최근에 바뀌었는지에 대한 논리적인 답은 장르를 식별할 수 있는 '특징'을 찾을 수 없었기 때문에 "아니오."일 것이다. 수년 동안 이 집단 내에서 드러난 변화는 위대한 인물·관행·정치·변화에 초점을 맞추는 것에서 숫자·사회집단·경제·문화·연속성을 강조하는 것으로 옮겨 가서, 전체 역사 서술의 추세를 반영한다. 선배 세대의 공헌은 문헌학적, 철학적 연구의 집대성과 더 다양하고 더 먼 시대를 맞이할 준비가 되어 있음을 보여주는 것이다. 예를 들어 미르코 D. 그르메크(Mirko D. Grmek), 사울 자르코(Saul Jarcho), 레스터 S. 킹(Lester S. King), L. J. 레더(L. J. Rather), 오세이 템킨(Owsei Temkin) 등이 있다. 20세기 중반까지 의과대학은 입학의 전제 조건으로 라틴어와 그리스어를 요구하는 경우가 많았다. 한때 의료계 구성원들에게 흔했던 그러한 언어 기술은 임상의-역사가들이 지금보다 먼 옛날의 의학에 더 쉽게 접근할 수 있도록 도와주었다. 하지만, 중간 세대나 젊은 세대의 대표자들 역시 비슷한 수준의 학식과 관심을 가지고 있다. 특정 원로들과 중간 세대 학자들의 연구를 감안하면, 지난 20년 동안 많이 알려졌던 '사회사,' 그리고 이와 연계된 행동주의 및 문화 간 감수성은 젊은 세대에게만 국한되지 않는다.

박사학위를 소지하고 있는 임상의-역사가의 비율은 원로 세대에 약 35%(34명 중 10명)에서 중간 세대에 50%(27명 중 14명)로, 젊은 세대에서는 72%(18명 중 13명)로 증가했다. 남성만 고려한다면 그 추세는 더욱 뚜렷하다. 3대의 여성 중 한 명을 제외한 모든 사람들이 역사학 관련 학위를 추가로 가지고 있었다(박사 10명, 석사 1명). 이는 여성이 '동등한' 대우를 받으려면 '더 나아야' 한다는 오래된 페미니스트의 관찰을 뒷받침한다.[11]

임상의-역사가들 사이에 박사 수준의 역사 학위를 가진 사람이 시간이 지남에 따라 증가한 것은 실제이거나 허상일 수 있다. 그것은 나이 때문일 수도 내가 인위적으로 구분한 '세대' 때문일 수도 있다. 의사가 인생 후반에 역사에 관심을 가졌다면 학위를 추구하는 것은 무의미할 수 있다. 따라서 원로 세대 중 역사 학위가 있는 사람은 더 적을 것이다. 하지만 내 목록에 있는 대부분의 원로 및 중간 세대 저자들은 경력 초기에 역사 논문을 출판하기 시작했다.

대학원 역사 교육이 증가한 데에는 다른 설명도 고려할 수 있다. 의학사 학위프로그램이 과거에 비해 상대적으로 새롭고 그 수가 많아져서, 대학원 진학이 임상의에게 더 매력적이고 더 접근 가능한 것으로 보이게 되었다.[12] 아마도 사람들이 (의사를 포함하여) 전반적으로 이전보다 더 많이 의학사 대

11 "여자가 무엇인가 해야한다면 남자의 두배를 잘해도 반만 잘하는 것으로 보일 것이다. 다행히도 그건 그렇게 어렵지 않다." 1951년 여자로서 처음으로 오타와 시장이 된 샬롯 위튼(Charlotte Whitton, 1896-1975).

12 1080년대 중반 이는 새로운 경향으로서 묘사되었다. Christopher Lawrence, "Graduate Education in the History of Medicine: Great Britain," *Bulletin of the History of Medicine* 61 (1987): 247-252; Ann G. Carmichael and Ronald L. Numbers, "Graduate Education in the History of Medicine: North America," *Bulletin of the History of Medicine* 60 (1986): 88-97.

학원 학위를 추구하는 것 같다. 대학원 학위가 명백하게 증가하는 또 다른 이유는 아마도 학위가 있어야 출판이 가능한 문지기 효과(gatekeeper effect) 때문일 것이다. 이는 역사 외에도 많은 분야에서 그렇다. 게재 가능한 것보다 더 많은 원고가 제출된다는 것은 학술지의 편집자들, 그리고 독자들이 추가적 학위 증명 또는 저자의 지도교수와의 개인적인 친밀함에 영향을 받는다는 것을 의미할 수 있다. 반대로 그들은 위에서 설명한 고정관념에 부정적 영향을 받을 수 있다. 결과적으로, 앞으로 M.D.가 있는 임상의-역사가들이 역사 학술지에 논문을 게재하기가 (그리고 내 두 번째 분류에 들어가기가) 더 어려워질 것이다. 우리는 역사학 박사학위가 없는 임상의-역사가 중 얼마나 많은 이들이 역사 학술지로부터 출판을 거부당하고 있는지 알지 못한다. 우리는 또한, 의학 학술지에 논문을 발표해서 내 리스트에서 빠진 임상의 중, 얼마나 많은 이들이 같은 논문을 역사 학술지에 제출했다 게재 불가 판정을 받았는지 모른다. 목록에 이름을 올린 인상적인 예외들은 이중 박사(double doctorate)의 표면 값에 너무 많은 의미를 두지 않도록 주의를 준다.

임상의-역사가들은 다른 모든 역사가와 마찬가지로 일단 개인들이다. 그들의 정체성은 창작에 관여한다. 책과 글이 학문적으로 인정받는 사람은 의학적 훈련을 적용하여 탄탄한 작품을 만들어 낸다. 그러나 그 훈련에 비밀이랄 것은 없다. 이는 여러 책에 묘사되어 있다. 더 중요한 것은 호기심을 자극하고, 취향을 함양하며, 인식과 탐구의 기술을 연마하는 일상에서의 경험이다. 역사의 아름다움은 그것을 구성하는 개인들의 무한한 다양성, 질문의 독창성, 그리고 그들이 그 질문들에 대답하기 위해 추구하는 독특한 방법이다. 나는 역사를 인문학적 학문, 작가적 예술로 보는 사람들을 지지한다.

역사가 과학이 아니라 개인이 창조한 예술이라면, 왜 일부 학자들은 우리에게 무엇을 해야 하는지 계속 알려 주는가? 기획된 진술은 흥미를 유발할 수 있지만, 유용하지 않을 때가 많으며, 때로 번뜩이는 개별적인 생각을 묻히게 하기도 한다. 그것들은 많은 형태로 나타난다. 새로운 종류의 역사에 대한 숭고한 '요구'(이는 영예를 주기 위한 것일 때가 많고 대개 거부하기 어려운 것이다), 어떤 주제에 관한 연구 동향을 조사하고 모든 반대자를 역량 부족으로 폄하하는 논문 심사, 그렇게 하지 않으면 결코 마무리 짓지 못할 연구 논문의 결론, 우리의 '필요', '실패', 또는 '잃어버린 기회'를 나열한 목록 등이 바로 그것이다. 우리의 집단적 부적절함에 대한 비장한 비난은 이들 개개인이 무엇을 연구의 공백이라 인식하는지 알려 주는데, 우리는 이 공백을 도전, 혹은 생각의 양식으로 받아들일 수 있다. 이러한 비난은 나로서는 비판하기는 커녕 훑어보기에도 버거운 엄청난 양의 연구를 통해 얻어진 것으로, 자신감이 넘치지만 침착하게 전달된다.

나는 그런 격론을 마주하면 내 자신이 부족하다고 여겨져 두려운 기분이 들곤 했다. 나의 연구는 진지하거나 고귀하거나 이런 기준에 부합할 만큼 유용하기엔 너무 재미있었고, '요구'를 충족해야 하는 과중한 책임을 지고 싶지 않았다. 이제 그 요구는 지루한 것으로 여겨졌다. 나는 생각한다: "그 역사가 그렇게 중요하다고 생각한다면, 가서 하지 그러시나? 우리는 당신을 본보기로 배울 수 있고, 모방할 수도 있지만, 그러지 않을 자유도 있다." 아니면 "당신이 이미 그 역사를 하고 있다면, 왜 나에게도 그것을 하기를 바라는가? 그렇게 외로운가? 이기주의인가? 편협한가?" 왜 우리가 그 길을 따라가지 않았는지에 대해 고민하는 것도 가치 있을지 모르지만, 나는 왜 지금까지 쓰인 주제들이 쓰였는지 그 이유를 아는 데 더 관심이 있다. 역사가들과 의사들 모두 마찬가지로, 단순히 다른 사람이 그게 좋은 생각이라고 말한다고 해서 어떤 일을 하도록 강요받으면 안 된다. 어떤 주제를 다루는 가장 좋은 이유는 그 질문에 대답하고 싶은 열정적이고 개인적인 욕망이다.

의학과 학생들: 독자로서 그들

많은 사람들이 의대생들에게 역사를 가르치는 것의 가치에 대해 글을 썼다.[13] 다른 이들은 방법을 묘사한다.[14] 난제는 과거에 대한 강의를 과학적, 의학적 훈련의 요구와 엮이도록 하는 것이다. 몇몇 역사가들은 의대생들에게 역사를 가르치려고 하는 것은 시간 낭비라고 주장한다. 그들에게 의과 수련 전이나 후에 교육하는 것이 더 낫다고 한다. 그들이 이유로 제시하는 것들은

13 *On the Utility of Medical History*, Iago Galston, ed. (New York: International Universities Press, 1957); Saul Jarcho, "Some Observations and Opinions on the Present State of American Medical Historiography," *Journal of the History of Medicine and Allied Sciences*, 44 (1989): 288-290; Howard Markel, "History Matters: Why History Is of Importance to Academic Pediatricians in the 21st Century," *Journal of Pediatrics* 139 (2001): 471-472; Plinio Prioreschi, "Does History of Medicine Teach Useful Lessons," *Perspectives in Biology and Medicine* 35 (1991): 97-104; Plinio Prioreschi, "Physicians, Historians, and the History of Medicine," *Medical Hypotheses* 38 (1992): 97-101; Jack Pressman and Guenter B. Risse, "Is History Relevant to Medical Education Today?" *UCSF History of Health Science Newsletter* 6, no. 1 (1995): 4-5; Guenter B. Risse, "The Role of Medical History in the Education of the Humanist Physician," *Journal of Medical Education* 50 (1975): 458-465; George Rosen, "The Place of History in Medical Education," *Bulletin of the History of Medicine* 22 (1948): 594-627; S. E. D. Shortt, "History in the Medical Curriculum: A Clinical Perspective," *Journal of the American Medical Association* 248 (1982): 79-81.

14 Donald G. Bates, "History of Medicine at McGill," *Canadian Medical Association Journal* 144 (1991): 412-413; Jacques Bernier, Theodore M. Brown, J. T. H. Connor, John K. Crellin, Julian Martin, T. Jock Murray, and Meryn Stuart, "Applied Medical History and the Changing Medical Curriculum" [the Glenerin accord], *ACMC Forum* 30 (1997): 1-2, 18; *Education in the History of Medicine: Report of a Macy Conference*, John B. Blake, ed. (New York: Hafner, 1968); *Teaching the History of Medicine at a Medical Center*, Jerome J. Bylebyl, ed. (Baltimore: Johns Hopkins University Press, 1982); "Correspondence," *Journal of the History of Medicine and Allied Sciences* 45 (1990): 99-100; "Correspondence," *Canadian Bulletin of Medical History* 7 (1990): 121-130; Barron H. Lerner, "From Laennec to Lobotomy: Teaching Medical History at Academic Medical Centers," *American Journal of the Medical Sciences* 319 (2000): 279-284; Erich H. Loewy, "Teaching the History of Medicine to Medical Students," *Journal of Medical Education* 60 (1985): 692-695; "Special Issue: Viewpoints in the Teaching of Medical History," *Clio Medica* 10 (1975): 129-165.

익숙한 것들이다. 학생들이 흥미가 없다, 교수진이 커리큘럼에 역사 시간을 배정하지 않는다, 의학은 실제 과학에 너무 고정되어 있어서 과거와는 무관해 보인다, 좋은 학문의 미묘한 점을 전달하려고 하는 것은 불만족스럽고 심지어 좌절스럽다. 왜냐하면 미래의 의사들은 결코 진정한 역사가가 될 수 없을 것이기 때문이다. 이렇게 주장하는 동료들은 일부 의사들이 적어도 약간의 역사를 알면 좋을 것이라고 인정한다. 그러나 그들은 역사를 전달하려는 시도에서 긴 오르막 전투, 낙담, 그리고 궁극적인 실패를 예상한다. 그들은 '강의 시간'을 얻는 특권의 대가로 강의를 입맛에 맞게 유지하기 위해 기준과 타협해야 한다는 점을 두려워한다.

나는 이 모두에 동의하지 않는다. 나는 의대생들에게 역사를 가르치는 것을 좋아한다. 왜냐하면 그들을 더 나은 의사로 만들 것이라고 믿기 때문이다. 내가 선택할 수 있는 이야기들 때문이 아니라, 그것이 그들을 좀 더 교양 있고 인간적으로 만들 것이라고 생각하기 때문이 아니라, 위에서 설명한 유사성 때문이다. 역사는 조직적인 추리에 관심을 끈다. 제2 외국어를 배우는 것은 항상 제1 외국어에 대한 이해를 증진시킨다. 나는 내용이나 기존 연구를 짚지 않고 그냥 넘어갈 이유가 없다고 본다. 모든 의사들은 자신의 환자의 역사가가 될 것이다.

의대생들은 아직 역사가는 아니지만 총명하고, 논쟁을 즐기고, 쉽게 지루해한다. 역사가가 그들의 속도에 맞춰 주고 시각적 자원을 사용한다면 그들은 역사 문제를 빨리 이해할 수 있을 것이다. 의대생들은 의사가 항상 옳다고 믿거나 의학이 결코 해를 끼치지 않는다고 믿고 싶어 하지 않으며, 문제의 최종적인 해결도 필요로 하지 않는다(특히 두 입장이 다 잘 제시된다면). 물론 과거와 현재를 연결시키는 것은 도움이 되지만, 이미 모든 학자는 임상의로서가 아니더라도 학자로서 혹은 세계시민으로서 그렇게 하고 있다(위 참조).

의대생들에게 어떤 이야기를 가르치든, 혹은 누가 그 이야기를 썼든, 그것이 매력적인 질문, 문헌에 대한 검토, 신뢰할 수 있는 증거, 그리고 자신의 약점을 감추려 하지 않는 견실한 해석이 있는 훌륭한 역사라면, 전혀 문제가 되지 않는다. 그렇다면 우리가 들려줘야 할 이야기는 학자적 연구, 즉 우리 자신의 작품, 타인의 존경을 받는 작품, 또는 학생들이 묻는 질문에 대한 대답에서 비롯된다. 연대순을 따르거나 전체 기간, 국가 또는 주제를 다룰 필요는 없다. 그들의 현재 관심사에 공명하는 주제에 동종요법적 역사를 덧붙이면 놀라운 효과를 얻게 된다. 적을수록 더 좋다.

퀸즈 대학교에서 나는 해부학 시간 동안 해부학의 역사, 생식 의학 시간 동안 산부인과 역사 등 현재 연구의 주제에 대한 역사를 짧게 발표함으로써 핵심 교과과정에 '침투(infiltrate)'할 수 있도록 허락받았다. 각 세션은 가장 중요한 사건의 연대순으로 진행될 수 있다. 예를 들어, 나는 '몸의 역사'에 대해 말하기 전에 베살리우스의 사본을 보여준다. 그러나 나는 모든 것을 다하려고 하지 않는다. 오히려 나는 '좋은' 것과 '나쁜' 것 둘 다에 대한 인식론적 변화의 흥미로운 예를 제시하려고 노력한다. 나는 역사적 발견이 어떻게 이루어졌는지 강조하고, 현재 연구 딜레마를 고민한다. 역사는 교과과정에 자리를 잡았으며, 시험마다 최소한 한 문제는 나온다.[15]

처음에 나는 선택과목이라는 말이 존중과 효과를 감소시킬 것이라고 믿었기 때문에 선택과목으로 역사를 가르치는 것을 거절했다. 그러나 일부 학생들은 더 많은 것을 요구했고 우리는 현재 의학사학과에서 선택과목을 운

15 Jacalyn Duffin, "Infiltrating the Curriculum: An Integrative Approach to History for Medical Students," *Journal of the Medical Humanities* 16 (1995): 155-174; Jacalyn Duffin, *History of Medicine: A Scandalously Short Introduction* (Toronto: University of Toronto Press, 1999; Macmillan, 2000).

영하고 있다. 할리우드 영화, 연구 프로젝트, 연례 현장 학습, 그리고 로스쿨과 연계하여 가르치는 문학 수업이다.[16]이 때문에 스케줄이 복잡해진다.

하지만 나는 이기적이다. 그리고 학생들은 그래도 잘 따라온다. 아마 자신도 모르게 그들은 듣는 사람의 역할에서 원천(source)이라는 고무적인 역할로 쉽게 빠져드는 것 같다. 밝고, 따뜻하고, 열정적이고, 보통은 역사에 대해 완전히 무지한 의대생들은 내가 모르는 질문, 나 혼자서는 결코 발견하지 못했을 훌륭한 질문, 때로는 나 자신의 열정이 되는 질문을 한다. 내가 가르치거나 조사하겠다고 고른 것은 내가 **좋아**하는 것, 즉 위에서 말한 것처럼 역사적 주제에 접근하는 가장 좋은 이유일 뿐만 아니라, 내 학생들이 나로 하여금 진가를 알아보라고 가르치는 것일 수도 있다. 단지 내 학생들 때문에 나는 정치적 무게가 실린 언어인 세포분화(cell differentiation)를 검토했고, 의학사를 위한 문제 기반의 학습 모듈(problem-based learning module)을 구축했다. 의학에서 여성의 역사에 대한 면면들을 조사했고, 건강과 인권에 관한 강의를 개발했으며, 의학 수업료에 대한 역사를 조사했고, 교과서를 썼다. 또한, 의대생들의 사회경제적 지위를 탐구했다.

이들 프로젝트의 대부분은 심사를 통한 학술지 논문이나 출판물 등 다양한 형태로 대중에게 보급되었다. 일부는 오랫동안 즐겨하는 프로젝트로 계속된다. 다시 말해, 나의 청중은 학자로서 그리고 사람으로서 나에게 깊은 영향을 끼쳤다. 그것은 필연적으로 내가 쓰는 역사에 영향을 미친다.

16 Mark Weisberg and Jacalyn Duffin, "Evoking the Moral Imagination: Using Stories to Teach Ethics and Professionalism to Nursing, Medical, and Law Students," *Journal of the Medical Humanities*, 16 (1995): 247-263.

의과대학 학생들에게 배우는 역사가

사례: 의사들로부터의 공격

1996년의 쌀쌀한 가을날 아침 9시 30분, 나는 작고 어두운 강의실에서 2학년을 위한 정신과 과정의 첫 주 수업인 정신의학사 강의를 마무리했다. 우리는 약 5분을 초과했다. 정신과 의사 X 박사가 다음 강의를 하기 위해 도착한다. 내가 손을 흔들어 들어오시라 하고, 그는 자리에 앉는다. 나는 이원 캐머런(Ewen Cameron)이 중앙정보국(CIA)의 지원으로 몬트리올에서 진행한 세뇌 실험을 다룬 강의를 마치고 DSM의 개정판에 대해 토론하는 것으로 넘어가면서, DSM이 질병분류학의 변화라는 골치 아픈 문제에 대한 기발한 해결책이라고 설명한다. 나는 동성애를 예로 든다. 마지막으로 나는 정신의학은 다른 학문보다 진단의 상대주의와 그 잠재력에 열려 있다는 점을 지적한다. 불이 켜진다. 우리는 짧게 쉬는 시간을 갖기로 한다. 반은 커피 자판기로 향하고 나머지는 여기저기 돌아다닌다.

나와 위원회에서 만난 적 있는 카리스마 있는 동료인 정신과 의사가 험악한 표정으로 말을 건다. "너희 역사가들은 다 똑같구나! 넌 나쁜 얘기만 하고 쉬운 얘기만 해! 캐머런은 정말 말도 안 되는 예외야! 그리고 동성애 얘기를 하다니! 내 가장 친한 친구들 중 일부는 동성애자야!"

나는 논쟁을 싫어하기 때문에 책과 슬라이드 등 기자재를 모아 도망가려고 하고 있었다. 그를 무시하지 않기 위해서, 나는 "음, 그것은 DSM에 나온 예였어."라고 말했다.

그의 목소리는 점점 더 커졌다. "DSM! DSM! 그게 무슨 상관이야? 우리는 DSM이 필요하지 않아!" 이제 많은 학생들이 듣고 있었고, 다른 학생들은 자리로 돌아오고 있었다. "변화를 위해 좀 더 미묘하고 정말 복잡한 것을 고르는 게 어때? 소아성애자를 고르는 게 어때? 너한테 딱 맞는 게 있네! 너 이게 질병이 아니라고 말하고 싶어? 폴 베르나르도(Paul Bernardo)가 아프지 않다고 말하고 싶어?" (이 질문은 악명 높은 강간범이자 살인자에 대한 언급이었다.) "베르나르도는 결국 강간과 살인죄로 투옥됐잖아." 나는 짜증을 내며 쏘아붙였다. 그는 굴하지 않고 이렇게 다그쳤다. "좋은 얘기를 하는 게 어때? 페노티아진(penothiazine, 정신안정제-역주)에 대해 말해 보는 게 어때?"

그때 나는 폭발했다. 대부분의 학생들은 침묵 속에 서 있었다. 나는 그들을 앉히고 큰 소리로 말했다: "X 박사는 내가 이 강의에서 정신의학자들에게 불공평했다고 생각하네. 내가 페노티아진 얘기를 했나?" 그들은 모두 고개를 끄덕였다. 그는 "그럼, 리튬은?"이라고 말했다. 나는 눈썹을 치켜올렸다. 그들은 다시 고개를 끄덕였다. " 좋아. 전기충격. 이거 딱 맞는 건데 틀림없이 그런 말은 하지 않았을 거야!" 학생들은 조금 더 고개를 끄덕였다. 책을 상자에 내리치면서 나는 말했다. "다음에 올 때는 전체 강의를 하러 오든지, 아니면 아예 오지 마세요!"

멋진 퇴장이었다. 하지만 효과는 오래가지 못했다. 2분쯤 걸어간 후에 나는 지갑과 가방, 열쇠를 강의실에 두고 왔다는 것을 깨닫고 그것들이 있는 곳까지 몸을 숙이고 벽을 따라 슬그머니 들어가야 했다. 나는 다시 재빨리 떠났다.

정오쯤 되자 학교 전체가 무슨 일이 일어났는지 알았다. 반 학생들은 내가 나간 뒤 X 박사가 한 말을 보고했다(좋은 말은 아니었다). 다른 고학년들은 나를 위로해야 하는지 궁금해하며 들렀다. 1학년의 한 촉새 같은 학생이 연례 교수 토론회에 우리 둘을 추천했다. 지갑을 두고 나오긴 했어도 나는 일반적으로 승리자로 보여졌다. 하지만 학생들 앞에서 동료에게 화를 낸 것이 부끄러웠다. 우리의 충돌은 전설이 되었다. 1년 후 다음 2학년 학급은 X 박사가 다시 출석하기를 기대했다(그 사람은 나타나지 않았다). 2000년에 X 박사는 퀸즈를 떠났고, 관련된 많은 학생들이 졸업했다. 잊혀지기를 고대했지만 어찌된 일인지 2004년 신입생들이 알게 되었다. 내가 은퇴하거나 죽을 때까지 그 이야기는 없어지지 않을 것이라는 것을 깨달았다.

모든 의학사가는 지나치게 의학계에 까다롭다는 이유로 역사적 해석을 거부하는 임상의와 고통스러운 접점을 가졌다. 임상의-역사가들도 이런 불쾌한 실랑이를 경험한다는 것은 우리 학문의 비의료 구성원들에게도 놀라운 일로 다가올 수 있다. 우리는 양쪽에서 공격을 받고 있다. 임상적으로 훈련을 받았든 안 받았든 간에 역사가들은 그들이 타당한 해석이라고 믿는 것, 때로는 고통스러운 진리를 보고한다.

임상의들은 스스로를 전임자와 동일시하면서 방어적이 된다. 나도 그런 경험이 있다. 환자가 '여성만이 이해할 수 있기 때문에' 여성 내과 의사가 좋다고 말할 때, 나는 지금 칭송받고 있는 기술을 내게 가르쳐 줬던 친절한 남자들을 대신하여 짜증을 낸다. 종양학자들이 돈 때문에 암 대체 치료를 못하게 한다며 불안해진 가족들이 말할 때, 내 마음은 치료중 악성종양으로 죽은 젊은이들에 대한 기억으로 타들어 간다. 그들을 구할 수 있었더라면 나는 뭐든 내놓았을 것이다. 나는 여성 의사가 방만한 페미니스트라는 관찰 결과를 학생들에게 가르치면서 방어적이 된다.

임상의들은 역사가들이 탐욕과 선정성, 그리고 무기력한 환자이자 피해자들에게 고의적인 위해를 가하는 과거에 대해 부당하게 편향된 왜곡을 쓴다고 불평한다. 그들은 역사가들이 일반론을 이야기하고, 약, 사람, 그리고 그림(pictures)을 생략함으로써 불필요하게 그 주제를 지루하게 만든다고 말한다. 임상의들이 내가 이러한 비판에 동의해야 한다고 생각할 때, 나는 다시 한번 방어적인 기분이 들지만, 이제는 역사가들을 대표해서이다. 나는 종종 내 기관에서 이런 잘못을 저지른다고 비난을 받는데, 내 학생들도 그것을 알고 있다.

역사는 그것을 쓰는 사람들만의 독특한 것이지만, 각각의 역사가는 청중과 임무에 의해 형성된다. 역사가 내 의대생들에게 미치는 영향은 내가 말하는 것과 거의 관련이 없다. 그것은 내가 누구인가, 아니 더 정확히 말하면, **그들이** 나를 누구로 보는지, 나에게 무엇이 되라고 청하고 허락하고 요구하는지에서 비롯된다. 그들은 과거를 궁금해하고, 기념할 뿐만 아니라 개탄할 준비가 되어 있다. 그들은 낙관적이지만 미래에 대해 걱정하며, 해를 끼치지 않기를 바라고, 해로움이 행해졌음을 안다. 그들에게 역사를 가르치는 사람은 약간의 위안을 제공하면서 그들의 불안감을 인정하고 검증한다. 그러므로 수백 명의 과학의학자들 사이에 홀로선 치유의 휴머니스트이자, 위협적이고 자축적이지만 그럼에도 불구하고 학생들이 동경하며 동참하고자 하는 기득권 세력에 대항하여 진리의 추구라는 유익한 캠페인을 벌이고 있는 고독한 역사가로 내 학생들에게 **인식될** 수 있다는 것은 궁극적인 특권이다. 내가 아무리 노력해도 그 정체성을 나 혼자 만들 수는 없었을 것이다! 상상도 하지 못했을 것이다. 나는 결국 임상의니까 말이다.

> 병원의 특권을 포기할 때가 되면(혹은 잃을 때가 되면) 매주 목요일 오후 흰색 코트를 입고 스튜어트 거리를 거닐어 내 주가가 상승하는 것을 느낄 수 있도록 할 생각이다.

Locating Medical Hist

제19장

대중을 위한 의학사

셔윈 B. 눌런드(Sherwin B. Nuland)

의학 이야기는 어떤 각도에서 접근하든 매우 중요하고 고무적이다. 인류, 문명, 그리고 심성의 이야기와 밀접하게 엉켜 있기 때문이다. 의학 이야기는 위인과 평범한 사람, 즉 철학자와 과학자, 왕과 성직자, 악당과 흉악범을 다룬다. 한편으로는 민속·전설·맹신·미신에서 생기며, 또 한편으로는 지성·문화·노동·용맹·진실에서 탄생한다. 그리고 항상 그 시대의 보수적이거나 진보적인 사람들의 특징과 발전을 반영하는 것처럼 보인다. 그 밖에 무엇이든지 간에 의학사는 결코 단조롭지 않다. -제임스 그레고리 멈포드(James Gregory Mumford), 1913.

탐험을 시작하는 신출내기 신봉자가 취해야 할 첫 번째 단계가 필딩 개리슨(Fielding Garrison)의 고전 『의학사 입문(*An Introduction to the History of Medicine*)』[1]를 구입하는 일이었던 시대가 있다. 그 당시에 이러한 젊은 신봉자 중에는 의사가 훨씬 더 많았고, 전문 역사가는 여전히 매우 수가 적었다.

개리슨의 책을 처음부터 끝까지 읽기는 어려웠다. 책을 사거나 빌린 사람 대부분이 아마도 나와 같았을 것이다. 일단 특정한 분야나 시대를 개괄한 전

1 Fielding H. Garrison, *An Introduction to the History of Medicine: With Medical Chronology, Suggestions for Study, and Bibliographic Data* (Philadelphia: W. B. Saunders Company, 1929).

기를 찾아보고, 역사적 인물의 경력과 기여, 성격에 대해 저자가 내놓은 흥미로우면서도 종종 특이한 논평을 읽었다. 이는 의학사를 띄엄띄엄 배우는 방식이었지만, 저자가 한두 문단에서 각 역사적 인물의 개성과 해당 주제에 대한 저자 자신의 열정을 보여주는 방식을 통해 더 많은 관심을 불러일으킨다는 점에서 독특했다. 이윽고 개리슨이 모은 지점과 그의 매력적인 문장에 이끌려 독자가 출전에서 수집한 추가적인 지점들이 확대되고 마침내 합쳐진다. 이런 방식으로 『의학사 입문』 한 권과 좋은 조명, 편안한 의자에서 의학사 파노라마를 능숙하게 개괄할 수 있었다. 총 4판 중 첫 번째가 출판된 1913년부터 1980년대 초 이후 책의 인기가 점차 감소하기 전까지 많은 사람이 그랬던 것처럼 나도 수많은 저녁 시간을 이 책을 훑어보면서 보냈다.

내가 가진 1929년 최종판은 출판된 지 반세기가 지났을 무렵 구매한 새 책이었지만 지금은 손을 많이 탔다. 이 책에는 나 같이 처음으로 의학사 분야를 접했던 여러 세대의 독자들이 지침으로 삼은 유명하고 친숙한 서문이 포함되어 있다. 이번 장의 제문이 여기서 나왔는데, 1913년 이 책이 처음 등장했을 당시 평론가의 논평에서 인용한 것이다.[2] 이 특별한 구절은 몇 가지 이유로 나에게 항상 호소력이 있었다. 우선, 역사가로서의 공식적인 자격이 없는 임상의사(clinical doctor)인 멈포드(Mumford)가 썼다는 것이다. 둘째, 이 임상의사는 하버드 의과대학의 외과의였다. 셋째, 이 임상의사는 일반 독자와 의사를 위한 의학사 서적과 기사를 쓰기로 했다. 넷째, 그의 초기 작품 중 하나에서 이 임상의사는 책을 쓴 의도가 "의사뿐만 아니라 평범한 사람에게 의약의 의미와 의학 숭배자의 삶을 보여주는 것"이라고 말했다.[3] 학교 이름만

2 *Ibid.*, 10.
3 James G. Mumford, *A Narrative of Medicine in America* (Philadelphia: J. B. Lippincott

빼면 이 모든 말들이 마치 내가 한 것 같다.

나 또한 임상의사 제임스 그레고리 멈포드의 제문과 매우 비슷한 선언을 했을지도 모른다. 물론 멈포드의 책은 다양한 역사 편찬을 통해 잘 만들어진 진술이고, 그 자체로 교훈을 주는 이야기이다. 모든 역사가 본질적으로 다채롭고, 읽기 쉽고, 비교할 수 없을 정도로 유용하며, 일반 대중이 알아야 할 매우 중요한 교훈을 담고 있다는, 즉 매력적이고 유익하다는 교훈 말이다. 더 직접적으로 말하면 의학사 연구는 매우 재미있다는 것이다.

의학사는 공유해야 할 지식이다. 의학사를 제시하는 형식의 스펙트럼을 살펴보면, 오늘날 대학의 역사가가 다른 역사가를 위해 전문적인 언어로 글을 쓰고 투고한, 꼼꼼하게 문서화된 연구로만 역사가 편찬된다는 사고의 오류를 믿어서는 안 된다. 전문 학술지와 꼼꼼하고 상세한 책만이 연구 결과를 전파할 수 있는 유일한 장소나 방법은 아니다. 과학과 관련된 다른 연구에서 많은 예를 찾을 수 있다. 스티븐 로젠버그의 실험실에서 거둔 성과는 그들이 1984년《사이언스(*Science*)》에 처음 발표한 원고에서든, 1992년 로젠버그가 암 면역요법을 연구하면서 보낸 생애에 대해 쓴 인기 있는 회고록『변형된 세포(*The Transformed Cell*)』[4]에서든 마찬가지로 사실적이다. 캔디스 퍼트(Candace Pert)[5]의 신경과학 분야 연구와 다른 분야들에서도 이와 유사한 해석이 가능한데, 일반 독자를 위해 자신의 연구 결과를 밝힐 뿐만 아니라 대중 서적 출판사를 이용한다는 점에서 그렇다. 뛰어난 현대의 예가 바로 스티

Company, 1903).

4 Steven A. Rosenberg, *The Transformed Cell: Unlocking the Mysteries of Cancer* (New York: G. P. Putnam's Sons, 1992).

5 예를 들면 Candace Pert, *Molecules of Emotion: Why You Feel the Way You Feel* (New York: Scribner, 1997).

븐 호킹(Stephen Hawking)이다.[6] 이러한 작가들 중 누구도 대중을 위해 글을 썼다고 해서 학계에서 위상을 잃지 않았다. 인기 있는 책이 그 자체로 작가를 디팩 초프라(Deepak Chopra)로 만들어 주는 것은 아니다.[7]

연구자뿐만 아니라 과학 작가와 그들의 연구를 관찰한 사람도 글을 발표할 수 있다. 많은 일반 독자들이 나탈리 앤지어(Natalie Angier)[8]의 책과 기사에서 생물학, 로리 개럿(Laurie Garrett)[9]에게서 전염병과 공중보건, 제임스 르파누(James LeFanu)[10]에게서 일반 의학과 역학에 대해 많은 것을 배웠다. 이 작가들이 자신이 묘사한 연구를 직접 수행하지는 않았다고 해서 그들이 제공하는 정보의 정확성이 떨어지는 것은 아니다. 과학자나 대중을 위해 글을 쓰는 임상의는 다른 일도 했다. 그들의 업적 중 하나는 임상과 연구에서의 발견이 일반 사회와 개인에게 어떤 영향을 미치는지를 설명한 것이다. 이러한 노력을 통해 그들은 통역가, 안내자, 그리고 어떤 의미에서는 그들이 연구하는 학문의 철학자가 되어 많은 독자에게 큰 이익을 가져다주었다. 이에 따라 생의학계의 빛은 학자들이 가장 편안하게 느끼는 상아탑 안에 숨겨져 있지 않게 되었다.

이러한 작업의 결과물은 최종적으로 모든 사람이 접근할 수 있는 지식의 장으로 합쳐진다. 즉, 호킹이나 로젠버그, 앤지어와 같은 사람들은 때때로

6 예를 들면 Stephen Hawking, *A Brief History of Time: From Big Bang to Black Holes* (New York: Bantam Books, 1988).

7 예를 들면 Deepak Chopra, *Quantum Healing: Exploring the Frontiers of Mind/Body Medicine* (New York: Bantam Books, 1989).

8 예를 들면 Natalie Angier, *The Beauty of the Beastly: New Views of the Nature of Life* (New York: Houghton Mifflin, 1995).

9 예를 들면 Laurie Garrett, *The Coming Plague: Newly Emerging Diseases in a World out of Balance* (New York: Farrarr, Straus & Giroux, 1994).

10 예를 들면 James Le Fanu, *The Rise and Fall of Modern Medicine* (London: Little, Brown, 1999).

신비로운 출처에서 정보를 빼내어 지적으로 편집한 다음, 그 정보를 유용한 형태로 일반 독자에게 가져다주었다. 자신들이 제공하는 것을 매력적으로 보여줌으로써 많은 사람이 해당 분야에 관심을 갖도록 했다. 심지어 마니아층을 형성하기도 했다.

그리고 이 작가들은 위의 내용 이상의 기여를 했다. 미국의 중등학교에서 과학 교육이 불충분했던 시대에, 그들의 작품이 없었다면 흥미를 느끼지 못했을 젊은이들을 과학 연구라는 유혹적인 거미줄로 끌어들이는 데 기여했다. 내 세대에는《뉴잉글랜드 의학 저널(*New England Journal of Medicine*)》보다 『미생물 탐구가(*Microbe Hunters*)』(1926)나 『애로스미스(*Arrowsmith*)』(1925)를 읽고 많은 젊은이가 의대에 진학했다. 또 훨씬 더 많은 젊은이가《과학아카데미 보고서(*Comptes rendu de l'Académie des sciences*)》보다 1937년에 나온 이브 퀴리(Eve Curie)의 전기를 읽고 물리학에 심취했다.[11] 그리고 아마도《의학사회보(*Bulletin of the History of Medicine*)》보다 지거리스트의 『위대한 의사들(*The Great Doctors*)』[12]을 읽고 훨씬 더 많은 젊은이가 의학사 연구에 빠졌을 것이다.

잠재적인 참여자만 끌어들일 필요는 없다. 사실, 의학사 과목은 의과대학에서는 실제 업무와 큰 관련이 없다고 여겨지기 쉽고, 역사학과에서는 부수적인 영역으로 취급되곤 한다. 이와 같은 부정확한 인식을 고치려면 의학사 과목에서 나온 논문의 의미가 올바른 평가를 받아야 한다. 그러나 경이적인 지각 변화를 위해서는 이러한 연구의 가치, 자신의 학문과 학회의 삶까지 이

11 Eve Curie, *Madame Curie* (Garden City, N.Y.: Doubleday & Doran, 1937).
12 Henry Sigerist, *The Great Doctors: A Biographical History of Medicine* (Garden City, N.Y.: Doubleday Anchor Books, 1958).

해하는 다른 분야나 부서 내 동료 집단의 도움이 필요하다. 그리고 이러한 이해를 위해서는 무엇보다 동료 교수진은 절대 읽지 않을 전문적인 학술논문이 아니라, 주제에 생동감을 불어넣어 저녁 시간에 즐겁게 읽을 수 있는 인기 있는 책이 도움이 된다. 그러나 동료 교수진을 이해시키는 것보다 더 중요한 이유는 대다수의 아카데미 역사가들이 이러한 저술을 배신행위라고 여겼기 때문이었다.

물론, 의학사가에게는 이미 내부에 박수를 쳐 주는 사람들이 있다. 만약 활용하려고만 한다면 말이다. 내가 했던 말을 그대로 인용하는 호사를 부려, 십여 년 전《의학 및 관련 과학사 저널(*Journal of the History of Medicine and Allied Sciences*)》 사설에 적은 문장을 반복하겠다. "어디서 오든 간에 의학사 연구에 대한 지원은 궁극적으로 의사들 사이에서 가장 강력한 원천을 찾아야 한다. 학과를 강화하기 위한 동료 교직원의 학문적 지원이든 대학 출판물 구매로 인한 재정 지원이든, 의학계는 우리의 당연한 후원자이다."[13]

이 진술에는 확실히 모순이 있다. 1988년에 내가 학계의 독자들에게 호소하라고 훈계했던 그 집단의 구성원들(의사-역주)이 만든 것이 내가 훈계한 사람들이 속한 바로 그 학문 분야이기 때문이다. 당신이 방금 읽으려고 시도한 복잡한 문장의 의미는 정말 간단하다. 우리가 의학사라고 부르는 연구 분야는 히포크라테스가 쓴 산재한 역사적 저술을 참조하든, 좀 더 체계화된 윌리엄 오슬러와 시어도어 빌로스(Theodor Billroth) 혹은 멈포드(James Gregory Mumford) 외 다른 사람들의 노력을 참조하든, 모두 임상의사에 의해 시작되었다. 존 풀턴(John Fulton), 아르투로 카스티글리오니스(Arturo Castiglionis), 에

13 Sherwin B. Nuland, "Doctors and Historians," *Journal of the History of Medicine and Allied Sciences* 43 (1988): 137-140.

르빈 아커크네히트(Erwin Ackerknechts)에 의해 이 학문이 전문화되었을 때는, 현역 의사들에게 계속해서 지적인 지지, 문헌에 대한 기여와 같은 다양한 종류의 지원을 요청했다. 그러나 의학사의 후원자들은 뿔뿔이 흩어졌다. 우리는 협력의 많은 부분을 잃었다.

몇 가지 이유가 있다. 무엇보다도 중요한 점은 의료 실천(medical practice)의 과학을 강조하면서 인문학의 중요성이 흐려졌다는 것이다. 그 결과 전문 분야와 전문가(사실상 세부 전문가(super-specialists))의 수가 크게 증가하여 인간 생물학의 더 작은 측면에 집중하게 되었고, 그 어느 때보다 덜 세속적이고 더 제한적인 관심을 가진 덜 다재다능한 전문가를 양성했다.

그리고 시대적 분위기, 즉 시대사조에 따르면, 직업의 과거나 철학적 측면에 대한 사려 깊은 고려보다 실용적인 고려가 더 중요하다. 다들 새롭고 높은 성과를 향해 경쟁적으로 돌진할 때, 사색하는 사람은 희귀한 존재이다. 평균적인 임상의학자나 생의학 연구자의 관점에서, 해당 기술 분야는 그들이 합류할 때 이미 과거가 되기 시작했다. 20년 후에 그들은 20년 이상은 돌이켜보지 않을 것이다.

그러나 개인과 집단은 결코 **시대**(tempora)와 **관행**(mores)의 요소를 연구함으로써 문제를 해결하지 않는다. 그들이 이것저것 섞인 구성 요소를 바꾸기 위해 할 수 있는 일은 거의 없다. 바람직하지 않은 상황에 자신이 어떻게 기여했는지 주목해야만 변화의 가능성이 나타날 것이다. 여기서 주목한 여러 사례를 통해 이를 이룰 수 있다.

첫 번째 단계는 의학사의 학문화(academization)가 좋은 일만은 아니라는 점을 아는 것이다. 이는 많은 문제를 야기한다. 모든 대학 연구와 마찬가지로, 의학사 과목도 몇 개 이상의 전문 분야로 나뉘어 있는데, 그 수는 해마다 증가한다. 참여자들만 큰 관심이 있는 분야도 많다. 다양한 학파의 사회사는 크게 유행하고 있지만 임상 역사는 별로 중시되지 않는다. 대부분의 의학사가가 주로 박사학위가 있는 역사가이다. 이들은 클리닉이나 실험실에 대한 훈련이나 지식을 갖추지 않았고, 관심이 별로 없다. 대다수는 역사적 연구에 관한 글을 쓰거나, 임상 학술지에 자신의 결과물을 발표하거나, 혹은 가장 꺼리는 부류로 어찌 된 일인지 자신의 글을 전국학술대회에 발표하게 된 몇 안 되는 임상의사의 문학적 노력을 경멸하기를 주저하지 않는다. 지난 30년 동안, 이 분야는 오래전에 학술지 편집자 레너드 윌슨(Leonard Wilson)이 쓴 글 제목과 같이 '의학 없는 의학사'가 되었다.[14]

연구·발견·해석의 수준을 엄청나게 끌어올린 전문성으로의 거대한 전환을 조금도 훼손하지 않고, 스스로가 낸 상처를 해결할 수 있는 몇 가지 방법이 있다. 그중 하나는 역사학적 방법론 훈련을 받을 수만 있다면 경력에 손상이 가더라도 개의치 않을 정도로 역사에 관심이 많은 임상의에게 이러한 훈련을 제공하는 것이다. 수는 적겠지만 이 훈련을 받은 임상의는 만족스러운 보상을 얻을 수 있을 것이다. 또 오랜 세월 부족했던 역사학적 연구에 신선한 임상적 방향을 제시해 줄 수도 있다. 그러나 이러한 프로그램이 성공하려면 충분한 숫자의 임상의와 실험실 과학자가 관심을 보이고, 이들이 유용한 보상을 얻을 수 있어야 한다는 전제가 필요하다. 오늘날의 의학사 서술이 워낙 학문적이고 사회적으로도 높은 학문 수준을 원하기 때문에, 임상의나 과학 연구자들이 관심을 두기가 매우 어렵다. 예를 들면, 1세기 전에 제임스 그레고리 멈포드 박사가 묘사한 것 같은, 바쁜 임상의나 분자생물학자들을 의학사의 매혹에 눈 뜨게 할 그런 미끼가 없다. 이들을 끌어들이는 길은 대

14 [Leonard G. Wilson], "Medical History without Medicine," *Journal of the History of Medicine and Allied Sciences* 35 (1980): 5-7.

중적인 역사를 쓰는 것이다. 몇 단락 앞에 쓴 사색하지 않는 사람들까지도 이 미끼에 걸릴 수 있다. 비록 그들이 고도로 전문화된 학술적인 취향을 갖게 되는 일은 좀처럼 일어나지 않겠지만 말이다. 의학의 과거가 생생한 이야기로 전달되어 그 매력을 발견하게 되면 임상의들은 1988년 내가 쓴 것처럼 의학사가의 업적을 높이 평가하고 의학사의 성장에 기여할 수 있는 자연스러운 후원자가 될 수 있다.

한편 나는 의사들이 흥미로운 의학적 발견과 그 참여자들의 삶에 관한 이야기에 매료된 이들 중 극히 일부에 지나지 않는다는 것을 알게 되었다. 필딩 개리슨이 그의 책 첫 번째 판에서 썼듯이 "사실 의학의 역사는 인류의 역사 그 자체와 같아서, 기복도 있고 진리와 정의에 대한 용감한 열망도 있고 한심한 실패도 있다."[15] 누가 이런 이야기에 저항할 수 있겠는가? 서사라는 투명한 시내가 학문적인 글의 흐름을 방해하는 학술적 세부 사항이라는 필수 불가결한 돌과 소용돌이에 방해받거나 우회하지 않고 흘러갈 수 있게 된다면, 그때는 누가 이런 이야기를 거부할 수 있겠는가? 역사가가 할 수 있는 놀라운 이야기 중 극히 적은 수만이 일반 독자들에게 알려져 있다. 대부분의 교수와 대학원생이 상상하는 것보다 훨씬 더 많은 사람이 '인류의 역사 그 자체'에 관심이 있는데, 흥미 있는 방식으로 배우게 된다면 더 관심을 갖게 될 것이다.

모든 역사가는 궁극적으로 자신들이 이야기를 만들고 있음을 안다. 최근 들어 임상의도 이를 이해하게 되었다. 최근 임상적 글쓰기에서 서사를 강조하는데, 이는 환자의 경험을 통해 질병 이야기를 전개하는 것이 독자들의 흥

15 Fielding H. Garrison, *An Introduction to the History of Medicine*, 1st ed. (Philadelphia:W. B. Saunders, 1913), 10.

미를 끌고 상상력을 확장한다는 것을 깨달았기 때문이다. 또한 이런 이야기가 끔찍하게 지루한 건 아니라는 걸 알게 되면, 독자는 유사한 이야기도 찾아 읽게 된다. 확실히, '인간, 문명, 심성에 관한 이야기가 섞여 있는' 의학사는 의학사와 접촉하는 모든 사람의 마음을 대변하는 이야기를 풀어낸다. 과학에 초점을 맞추든 사회에 초점을 맞추든, 의학사는 치유를 위한 교양소설이다. 사람들은 자신의 몸에 대한 이해가 깊어지는 과정을 이야기하면서, 문화·국적·개인의 발달도 이야기한다. 천재적인 혁신가와 평범한 사람들에 의해 형성된 사상을 이야기하면서, 갈등·호기심·고집·맹목·용감함에 대해서도 이야기하고, 인간의 상태도 말해 준다. 학문 분야로서의 덕목을 떠나, 의학사는 훌륭한 이야기다.

물론 모두가 일반 독자들에게 이야기를 들려주고 싶어 하는 것은 아니다. 싫어서든 못해서든지 간에 많은 의학사 연구자들은 대중적 인기 작가의 선봉에서 편한 자리를 차지하지는 못할 것이다. 사실, 대중적 인기 작가는 어떤 사람들에게는 혐오스러운 지위이다. 프랑스인들은 그 과정을 통속화(通俗化, vulgarization)라고 부르는데, 비록 그 의미가 영어 사용자가 느끼는 것과 같지는 않지만 매우 나쁘게 들린다. 그러나 내가 직접 해 보니, 상상했던 것보다 훨씬 더 많은 학자의 마음속에 그들이 강연해 왔던 한정된 청중보다 더 폭넓은 청중을 갈망하는 영혼이 있었다. 나는 매우 다양한 동기가 있을 것이라고 확신하지만, 그 동기가 차이를 만들지는 않는다. 의학사가가 대중화를 위해 펜을 드는 동기가 무엇이든, 그 결과는 분명 의학사에 관한 관심의 확대로 이어질 것이다. 교수와 대중 모두에게 똑같이 유익할 뿐 아니라 장기적으로 우리의 학문적 노력에 대해 지지도 얻을 수 있다.

이제 내 경험을 이야기하고 싶다. 나는 1976년 동료 의사들을 위해 첫 번째 역사 에세이를 썼다.[16] 그리고 임상 저널에 실었다. 이러한 과정은 1980년대 초에 최고조에 접어들어 약 3년이라는 기간에 걸쳐 이런 논문을 15편 정도 발표하였다. 이때까지 논문은 모두 사실상 전기였다. 결국, 우리는 자주 인용되는 칼라일(Carlyle)과 에머슨(Emerson)의 격언을 심각하게 받아들여야 했다. 칼라일과 에머슨은 전기가 더 깊은 분석을 할 자격이 없는 사람들을 위한 단순한 피난처가 아닌, 사실상 역사의 정수라고 장담했다. 나는 사건에 관한 이야기가 독자들에게 흥미를 갖게 할 것이라고 확신한 윌리엄 오슬러가 한 말을 인용하고 싶다. 우리가 역사를 연구하는 진정한 이유는 오슬러가 말한 "인물의 인격에 미치는 조용한 영향"을 찾기 위해서이다.[17] 대중적 인기 작가들도 이 말에 동의할 것이다.

1988년 나는 대중 서적 출판사에서 일반 독자들을 위한 첫 번째 책을 출판했다.[18] 의사 14명의 전기를 기초로 삼아, 나는 히포크라테스 시대부터 20세기 후반까지 의학사의 과정을 추적했다. 나는 독자가 제한적일 것이라 예상했다. 그러나 일반 언론에서 폭넓은 비평 대상이 되고, 심지어 선정작 한 권과 대체작 한 권을 발표하는 북클럽에서 '이달의 북클럽 대체 선정 도서' 저자라는 작은 명성을 얻었다는 사실에 깜짝 놀랐다. 의사 단체, 의과대학, 그리고 대중으로부터 연달아 강연 요청이 쏟아져 들어왔다. 말하기 이상하지만, 몇몇은 심지어 전문 의학사가와 아마추어 의학사가로 구성된 집단이었다. 이전에도 그랬지만 역사학계와의 연관성은 사실상 더 강해졌다. 항상

16 Sherwin B. Nuland, "Astley Cooper of Guy's Hospital," *Connecticut Medicine* 40 (1976): 190-192.

17 William Osler, "Books and Men," *Aequanimitas, with Other Addresses to Medical Students, Nurses, and Practitioners of Medicine*, 3d ed. (Philadelphia: P. Blakiston's Sons, 1932), 213.

18 Sherwin B. Nuland, *Doctors: The Biography of Medicine* (New York: Knopf, 1988).

외과 의사라는 정체성이 더 강했던 나는 이 책을 통해 학구적인 동료들이 나를 과거보다 훨씬 더 그들 중 한 명으로 생각하게 되었다는 사실에 만족했다. 1988년 미국의학사협회(American Association for the History of Medicine)에서 나와 같은 작업을 하고 싶어 하는 사람들을 돕자는 제안을 많이 받았다. 변절했다고 할까 봐 걱정했는데 말이다.

내 경험이 의학사와 관련 있는 박사논문을 쓰고 전업 의학사가로 활동한 사람들도 겪을 수 있는 일인지는 모르겠다. 그러나 나와 비슷한 길을 선택하는 사람들이 학문적 위신을 잃을 것이라고는 전혀 생각하지 않는다. 일반 역사학 분야의 경우, 내가 속한 대학(예일 대학교-역주)에는 이렇게 명성있는 역사가로 피터 게이(Peter Gay), 폴 케네디(Paul Kennedy), 조너선 스펜스(Jonathan Spence)가 있다.[19] 이들은 일반 출판물을 통해 학계에서 자신들의 권위를 강화했다.

내가 1988년에 낸 책은 몇 번이고 재출판되었다. 의학사 발전에 이바지한 바가 무엇이든 간에, 학부생과 의대생을 대상으로 한 여러 강좌에서 계속 이용되고 있다. 『애로스미스』나 『미생물 탐구가』와 같은 영향력은 없으나 대학생과 의대생으로부터 내 책이 직업 선택에 영향을 주었다는 편지를 끊임없이 받았다. 또한 많은 평범한 사람도 이 책을 통해 의학사에 얼마나 매료되었는지 이야기해 주었다. 그들은 더 많은 것을 원한다.

이 책이 나를 부자로 만들어 준 것은 아니지만, 14년이 지난 지금도 나는 6개월마다 인세를 받는다. 이는 돈이라는 문제를 제기한다. 나는 왜 내 학문적 동료들이 아무리 작더라도 그들의 수입에 무언가를 추가하는 것이 싫다고 공언하는지 이해할 수가 없다. 금전에 대한 혐오감 때문에 대중성으로 가

19 예를 들면 Peter Gay, *The Cultivation of Hatred* (New York: Norton, 1993).

기가 저어된다면, 혹은 이익을 추구하다가 대학에서의 연구 활동에 지장이 올까 봐 교수진이나 학장이 우려한다면, 금전적 이익을 학과에 귀속시키거나 자선 목적으로 사용할 수 있다. 앞으로도 한두 명의 작가가 의학사를 출판해서 부유하게 될 가능성은 별로 없다. 재정적인 고려에 대한 찬반양론이 대중적 인기 작가가 될지를 결정하는 요소가 되어서는 안 된다.

1988년 출판 이후 나는 일반 독자들을 위해 4권의 책을 더 썼다. 비록 역사에 국한된 책은 아니지만, 다양한 방법으로 서사 속에 역사를 엮었다. 비판적인 서평과 독자들이 보낸 편지에는 거의 항상 의학사와 관련된 구절이나 장에서 흥미를 느꼈다는 내용이 있다. 이는 수천 년에 걸쳐 인체를 이해하려는 인류의 성공과 실패의 과정에 대한 이야기가 본질적인 매력을 지녔다는 점을 확신하지 못하는 사람들에게 교훈을 준다.

이 글에서 나는 내 뜻을 명확히 하기 위해 몇 번이나 대중 서적 출판사라는 용어를 사용했다. 일반 독자를 위해 쓴 책들을 대학 출판사에 보내서는 안 된다. 지나치다 싶을지도 모르지만 나는 수년의 경험을 통해 이러한 결론에 도달했고, 이것이 타당하다고 확신했다. 전형적인 대학 출판사는 제한적인 재정 조건하에서 움직이기 때문에 출판물의 제작과 판매에 경쟁력이 없다. 대학 출판사 출판물은 같은 분량의 대중 서적 출판사 출판물보다 더 비싼 가격으로 책정된다. 또한 편집자를 마음대로 선택할 수 없고 홍보 예산도 적다. 대학 출판사의 직원들은 유능한 사람이라면 들어갈 생각도 안 할 정도로 적은 보수를 받는다. 간단히 말해서, 대부분의 대중 서적 출판사가 책과 저자에게 더 좋을 것이다. 표지 가격과 대중화처럼 매출에 큰 영향을 미치는 두 분야를 보면 논쟁의 여지가 없다.

모두가 가능한 한 많은 사람이 자신의 책을 읽어 주길 바란다. 작가의 헌신과 재능의 산물을 가능한 한 많은 독자에게 가져다주는 가장 좋은 방법은 대중 서적 출판사에서 책을 내는 것이다. 대학 출판사가 지니는 지성의 개념과 시장의 순수성에 대한 잘못된 생각은 지금보다 더 널리 알려질 수 있었던 많은 작가를 방해했다. 살펴본 결과, 대학 출판사의 사업 관행은 뉴욕의 고층 빌딩에 기반을 둔 다국적 대기업의 사업 관행보다 더 낫지도 더 나쁘지도 않다는 것을 알게 되었다.

나는 의학사가들과 30년 가까이 친분을 쌓아 왔다. 나는 의학사가들이 자기 일에 매료되어 있고, 자신의 연구에 관해 이야기하기를 좋아한다는 점을 확실하게 안다. 의학사가들은 동료뿐만 아니라 사실 오랫동안 앉아서 귀를 기울여 주는 다른 누구와도 지식을 나누는 것을 좋아한다. 또한 대부분은 스스로가 학계에 국한되지 않고 자신이 탐구하고자 하는 영역을 훨씬 뛰어넘어 중요한 지식을 밝히고 설명하고 있다고 믿는다. 그중 다수는 실제로도 이러한 성취를 해냈다. 만약 이들이 급증하는 새로운 발견과 철학에 대해 이해 가능한 접근법을 제공한다면, 많은 독자가 이에 찬성할 것이다.

대중을 위한 글은 독백이 아니다. 이전에는 학술적 동료에게만 보여주었던 연구에 대한 이해를 높일 수 있는 대화이다. 독자의 응답과 편지는 이전에는 인식하지 못한 어두운 구석이나 심지어는 어둠까지도 밝혀내곤 한다. 대중을 위한 글쓰기는 거대한 세미나라고 할 수 있는데, 이를 통해 많은 사람을 계몽한다. 그리고 그중 일부는 논의되는 연구의 의미에 헤아릴 수 없는 계몽적 공헌을 덧붙인다. 이러한 점에서, 대중을 위한 글은 일방통행일 수 없다.

위와 같은 이유와 이전 단락에서 서술한 여러 이유 덕분에 일반 독자와의 협력은 내게 많은 보상을 가져다 주었다. 그것은 다른 방식의 가르침이고, 다른 방식의 배움이다. 대중을 위한 의학사의 물결 속으로 들어오라.

제20장

분석부터 옹호까지

—건강정책 역사가의 경계넘기

앨런 브랜트(Allan M. Brandt)

내 첫 책의 기반이 된 박사학위논문은 성병을 성공적으로 치료하는 데 상당한 영향을 주는 사회적, 문화적 그리고 정치적 장애물에 대한 역사적 평가를 제공했다. 1982년에 내가 컬럼비아 대학에서 박사학위논문 심사를 받을 때, 역사가인 데이비드 로스만(David Rothman)은 "그렇다면 당신은 어떻게 하실 생각이신가요?"하고 날카로운 질문을 했다. 당시 나는 그의 질문에 매우 당황했다. 내가 어떻게 하겠는가? 내가 무언가를 한다고 해서 달라질 게 있을까? 나는 성병에 얽힌 1세기 이상의 복잡한 역사에 대한 설명과 분석을 막 마친 상태였다. 물론, 역사가로서 나는 "무엇을 해야 할지"에 대해 집중할 필요가 없다. 당시 나는 그것이 일종의 불합리한 추론이라고 생각했다. 나는 효과적인 치료에도 불구하고 성병이 왜 지속되는지를 밝히는 데 전념했다. 이 중 상당수는 매우 구조적이고 문화적이며 지속적으로 발생했다. 정책적 접근법을 제안하는 것은 권력의 수단과는 거리가 먼 역사가의 역할도 아니었다. 그럼에도 불구하고 그 질문은 내가 연구하는 내내 나를 따라다녔다. 그리고 로스만의 지적은 확실히 일리가 있었다. 강력한 역사적 영향의 결과로 질병이 지속된 이유를 알게 되었다면, 나는 현재와 미래의 정책적 접근법에 적용할 수 있는 통찰력을 가질 수 있지 않을까? 현대 사회와 정책에 대한 근본적 우려가 맨 처음 내 작업에 동기를 부여하지 않았나? 에이즈 전염병이 처음 창궐했던 1982년 가을, 지금 여기 나타나는 일에 대해 나의 역사학적 연구는 어떤 유용성을 가질까?[1]

그사이에 나는 로스만과의 에피소드와 역사적 탐구와 정책 결정의 관계에 대해서 자주 고민했다. 오랜 기간 사회의학 분야의 등장에서 핵심 요소인 학문, 정치 및 정책 옹호는 서로 연관되어 있었다. 정책 과정은 과학과 의학을 공부할 때 피할 수 없는 부분이다. 아마도 건강, 질병, 치료라는 보편적인 측면이 최근 역사가들을 현대의 정책과 옹호로 계속하여 끌어들이고 있는 것 같다. 궁극적으로 나는 우리 중 많은 이들이 과거와 현재를 연결하려는 열망, 그리고 과거의 정교한 회복 시스템 속에서 현대사회 문제에 대한 접근 방식을 찾고자 하는 열망 때문에 역사가가 되고자 했다고 믿는다. 이는 역사적 탐구를 하기 위한 유일하다거나 가장 중요한 동기가 아닐 수도 있지만, 정신적·물질적 문제들이 근본적으로 해결되지 않은 채 남아 있는 의료사의 경우에는 가장 중요한 동기임이 분명하다.[2]

이 장에서 나는 의료와 공중보건의 역사에서 현대 역사 연구 및 교육의 구성 요소들 중 하나인 정책 분야를 정의하는 데 따른 몇 가지 문제점들과 개선 방향에 대해서 알아볼 것이다. 나는 정책 주도 역사를 대체로 3개의 범주로 나누었다. 정책 관련 역사를 저술하는 저자로서의 역사가, 정책 참여자/자문가로서의 역사가, 그리고 마지막으로 정책 옹호자(policy advocate)로서의 역사가. 이 세 가지 접근 방식 각각은 특정 질문과 문제를 제기할 뿐만 아니라 연속체이기도 하다. 사실상 의료사와 같은 분야를 포함해 모든 역사적

1 Allan M. Brandt, *No Magic Bullet: A Social History of Venereal Disease in the United States since 1880*, 확장판 (New York: Oxford University Press, 1987).

2 Elizabeth Fee and Theodore M. Brown, "Intellectual Legacy and Political Quest: The Shaping of a Historical Ambition," in *Making Medical History: The Life and Times of Henry E. Sigerist*, Elizabeth Fee and Theodore M. Brown, eds. (Baltimore: Johns Hopkins University Press, 1997), 179-193.

작업은 현대 정책 문제와 '연관성'이 있다. 이때 일부 역사가들은 명백한 연관성을 피하고자 했던 반면, 다른 역사가들은 그 연관성을 명백하게 밝히고자 하였다. 마지막으로, 앞으로 설명하겠지만, 최근의 일부 역사가들은 사회적·정치적 옹호 영역에 대한 역사적 통찰력을 분명히 하고자 하였다.

정책 관련 역사

표지에 모든 정책 입안자들이 읽어야 할 책이라는 광고문이 적혀 있지 않은 20세기 의료사 분야의 책을 찾기는 어렵다. 모든 정책 입안자들이 책을 읽을 시간만 있다면야! 물론 그러한 연구의 중심 전제는 공공 정책에 직접적 영향을 미치는 것이 아니라, 일련의 중요한 역사적 발전을 설명하고 분석하는 데 있다. 그러한 방식으로 작업하는 역사가들 중 공공 정책 입안에 명확하고 즉각적 영향을 미치는 역사를 저술하려고 처음부터 작정했던 사람은 거의 없다. 공공 정책에 영향을 미치도록 역사가 구성되기보다, 정책 관련 역사 연구의 대부분은 정책에 영향을 미치고자 하는 명백하거나 혹은 노골적인 욕구가 배제된 현대 정책 토론에 의해 **만들어진다**. 역사적 연구가 시사 문제에 대한 연구를 주도하기보다는 시사 문제에 대한 연구가 역사적 연구를 주도할 가능성이 더 높다는 것은 의심할 여지가 없다.[3] 역사가들은 의료와 공중보건을 둘러싼 현대 정책 경쟁에서 학자들의 관심을 끌 수 있는 매

3 일례로는 다음을 참조. David J. Rothman, *Beginnings Count: The Technological Imperative in American Health Care* (New York: Oxford University Press, 1997); Daniel M. Fox, *Power and Illness: The Failure and Future of American Health Policy* (Berkeley: University of California Press, 1993); Keith Wailoo, *Dying in the City of the Blues: Sickle Cell Anemia and the Politics of Race and Health* (Chapel Hill: University of North Carolina Press, 2001).

우 중요한 폭넓은 질문들을 필히 발견하게 된다. 우리는 근본, 선행 및 선례 그리고 연속성 및 불연속성을 찾으러 과거로 돌아가기를 원한다.

사실, 역사가들이 중요한 분석과 정밀 조사를 계속하기 위해 던지는 질문의 기원은 종종 근대 공적 생활의 변천에서 찾아볼 수 있다. 이러한 측면에서, 역사적 연구와 현대 사회와 정치의 갈등 간에는 강력한 변증법적 관계가 있다. 예를 들어, 병원이 이렇게 현대 미국 의료에서 근본적으로 문제 있고 논쟁적인 기관이 되었기 때문에, 우리는 미국 문화에서 병원이 지닌 여러 기능과 역할을 이해하는 역사 연구와 병원의 특성을 형성하는 데 중요한 정책을 만들어 왔다. 결과적으로 1980년대에 나온 중요한 그리고 정교하게 편찬된 일련의 책들로 인해 병원이 역사적으로 분석되었다. 의문의 여지 없이 이 연구들은 암시적으로 또는 명시적으로 관료주의의 특성, 전문성, 그리고 의료 자원 할당에 관한 광범위한 정책 위주의 문제들을 제기했으며, 이러한 문제들은 오늘날의 기관에서도 계속 중요성을 갖는다.[4]

실제로 지난 세기에 미국 내에서 지속적으로 발생한 공공 의료서비스에의 접근 문제는 서비스 보급 시스템을 만들고자 했던 과거의 시도를 평가하는 상당한 규모의 연구를 이끌어냈다. 제1차 세계대전부터 클린턴 정부에 이르기까지 종합보험제도를 개발하고자 했던 반복적인 노력은 모두 치명적인 실패로 끝이 났다.[5] 이렇게 주기적으로 발생하는 의료 개혁 실패에 대한

4 Charles E. Rosenberg, *The Care of Strangers: The Rise of America's Hospital System* (New York: Basic Books, 1987); David Rosner, *A Once Charitable Enterprise: Hospitals and Health Care in Brooklyn and New York, 1885-1915* (New York: Cambridge University Press, 1982); Rosemary Stevens, *In Sickness and in Wealth: American Hospitals in the Twentieth Century* (New York: Basic Books, 1989); Morris J. Vogel, *The Invention of the Modern Hospital, Boston, 1870-1930* (Chicago: University of Chicago Press, 1980).

5 Ronald L. Numbers, *Almost Persuaded: American Physicians and Compulsory Health Insurance, 1912-1920* (Baltimore: Johns Hopkins University Press, 1978); Daniel S.

이해는 한 세기에 걸친 정책적 난관에 단순한 해답을 제공해 주지 않는다. 그러나 이러한 경험에서 배울 수 있는 것을 활용하지 않는다면 클린턴의 의료 개혁 같은 대실패로 이어질 것이 사실상 분명해 보인다. 유능한 역사가가 클린턴의 보건 개혁을 실패하지 않게 해 줄 수 있었을까? 아마도 아닐 것이다. 그러나 그럼에도 불구하고 클린턴 정부가 저질렀던 수많은 정치적·정책적 실수들 중 일부는 피할 수 있었을지도 모른다.[6]

또한, 역사가가 사용하는 데이터 그 자체는 특정한 정치적 과정 그리고/또는 법적 처리 과정에서 유래했을 수도 있다. 지난 수백 년 혹은 그 이전부터 역사가들은 종종 제도와 국가 수준에서 정책 입안 과정 중 생산된 1차 문건들에 몰두했다. 이렇게 하여 우리 역사가들은 복잡한 사후 정책 평가 과정의 일부가 된다. 지방 병원의 문서보관소에서 연구하든 국립문서보관소에서 연구하든 상관없이, 우리는 의료서비스의 접근성 혹은 공중보건 캠페인과 같은 과제를 만들어 낸 정책 및 정치의 내부 역학 관계에 대한 명확한 그림을 얻게 된다. 1차 사료를 생산하고 사용하는 것은 우리가 분석하는 사회적 과정의 일부이다.

동시대에 발생한 사건들의 영향을 받아 역사적 문제를 선택하고 프레임한다고 해서 이러한 연구가 현대식 사고방식을 반영하고 당대의 가치와 이

Hirshfield, *The Lost Reform: The Campaign for Compulsory Health Insurance in the United States from 1932-1943* (Cambridge, Mass.: Harvard University Press, 1970); Beatrix Hoffman, *The Wages of Sickness: The Politics of Health Insurance in Progressive America* (Chapel Hill: Univer sity of North Carolina Press, 2001); Paul Starr, *The Social Transformation of American Medicine* (New York: Basic Books, 1982) 참조.

6 Haynes Johnson and David S. Broder, *The System: The American Way of Politics at the Breaking Point* (Boston: Little, Brown, 1996), and Theda Skocpol, *Boomerang: Clinton's Health Security Effort and the Turn against Government in U.S. Politics* (New York: Norton, 1996) 참조.

념에 의해 과도하게 영향을 받아야 한다는 뜻은 아니다. 정교한 추론은 우리가 중요한 역사적 문제를 발견하는 데 도움을 줄 수 있을 뿐만 아니라 현대 정책 대안의 이해에 어떤 관련이 있는지 고려할 수 있게 해 준다. 실제로 현재가 과거와 어떻게 유사한지, 그리고 어떻게 왜 다른지에 대해서 평가하는 과정은 역사적 추론에서 가장 기본적이고 중요한 요소 중 하나이다. 이 접근 방식은 역사적 감수성에 필수적인 문제인 변화, 연속성 및 인과성에 대해서 신중히 고려할 것을 요구한다.

게다가, 현재 우리가 고려하는 것과 연관된 것이 과거에 많으며, 정책 관련 연구는 '과거를 기억하자'는 단순한 격언을 넘어 **유용한** 역사의 가능성을 제공한다는 인식이 점점 커지고 있다. 우선, 이러한 정책 연구는 종종 우리가 어떻게 여기까지 오게 되었는지에 대해 질문을 던진다. 둘째, 정책 연구는 정책 조직 및 그 결과에 영향을 미치는 모든 범위의 사회적·문화적·정치적 그리고 경제적 요인들을 탐구한다. 셋째, 정책 관련 역사는 예상치 못한 결과의 중요성을 이해할 뿐만 아니라 선택권과 대안이 있다는 감각을 제공할 수 있다. 이러한 연구는 일반적으로 대중이 인식하기 어려운 정책 결정 과정 내의 이해관계와 세력에 이목을 집중시킨다.[7] 마지막으로 정책사는 어쩔 수 없다는 감각에 균열을 일으키고 정책 입안 장의 강력한 환원주의적(reductionist) 경향에 경종을 울릴 수 있다.[8]

에이즈 전염병은 근본적으로 공공 정책 문제와 연관된 질병 및 공중보건

7 예를 들어, Wendy B. Young, "Unintended Consequences of Health Policy Programs and Policies: Workshop Summary," Robert Wood Johnson Health Foundation, In stitute of Medicine, Washington, D.C., 2001 참조.

8 Richard E. Neustadt and Ernest R. May, *Thinking in Time: The Uses of History for Decision-Makers* (New York: The Free Press, 1986) 참조.

에서 일련의 중요한 역사적 질문을 제기했다. 1980년대 초반부터 중반까지 에이즈 전염병의 규모와 심각성이 명확해짐에 따라, 나는 로스만이 했던 질문을 스스로에게 다시 물었다. 물론, 에이즈 전염병에 대한 간단한 해결책은 나오지 않았지만 이제는 많은 사람이 현재 에이즈의 역학을 이해하기 위해서나 현재의 정책을 역사에 바탕하여 이끌겠다는 보다 구체적인 계획을 가지고 이전에 발발했던 전염병을 돌아본다. 불현듯, 시민의 자유와 국가, 공중보건 및 예방에 대한 역사는 더 이상 '단순한' 학문적 관심사가 아니게 되었다. 쉬운 해결책이 제시되지 않았던 상황 속에서, 역사는 전염병 유행을 '맥락화할(locating)' 하나의 메커니즘을 제공했다. 이 전염병은 다른 전염병의 역사적 사건과 어떻게 유사하고 다른가? 현대의 요구, 기대 및 조건을 고려할 때, 역사적 접근 방식을 어떻게 받아들이거나 배제할 수 있나?[9] 전염병 유행 시, 의사의 반응, 실험의 성격, 신약 규제, 공중보건과 관련된 국가의 역할과 연관된 질문 모두 역사적 연구에 중요한 질문을 제기했다. 그 질문에 대한 답변은 중요한 정책적 함의를 내포할 뿐만 아니라, 질문 그 자체만으로도 점차 역사적으로 중요하다고 여겨지게 되었다.[10]

이러한 점에서, 나는 정책 입안자들이 역사적 관점에서 전염병을 '바라보는' 데에 잠재적 이점이 있다고 생각한다. 1988년에 나는 여기서 얻은 4가지 교훈을 평하는 간략하지만 명시적인 글을 발표했다. 비록 이러한 관찰이 어떤 측면에서는 평범해 보였을지라도, 나는 역사적 관점이 논쟁적인 정책 토

9 Charles E. Rosenberg, "What Is an Epidemic? AIDS in Historical Perspective," in *Explaining Epidemics and Other Studies in the History of Medicine*, Charles E. Rosenberg, ed. (New York: Cambridge University Press, 1992), 278-292 참조.

10 Allan M. Brandt, "Emerging Themes in the History of Medicine," *Milbank Quarterly* 69, no. 2 (1991): 199-213 참조.

론에 무엇을 가져다줄 수 있는지에 대해서 직접적으로 말하고 싶었다. 《미국 공중보건 학회지(*American Journal of Public Health*)》에 게재된 이 글은 성병에 대한 내 기존 연구에서 출발한 것이었다. 우선 나는 합리적이든 비합리적이든 두려움이 현재 전염병에 대한 의사결정의 맥락을 어떻게 형성하는지에 대해 주의를 환기시켰다. 둘째, 나는 교육이 물론 중요하지만, HIV의 확산을 막기 위해 교육에 의존할 수는 없다고 경고했다. 셋째, 나는 강제 조치에 의존하는 것 역시 실패할 가능성이 있다고 경고했다. 마지막으로 나는 공공 정책 입안자들이 전염병에 대해 생의학적(biomedical) 해결책을 기대해서는 안 된다고 주장했다. 심지어 효과적인 치료법이나 백신도 새롭고 매우 까다로운 정책적 딜레마가 해결된 후에야 실시되어야 하기 때문이다. 그 글에는 정책에 대한 구체적인 조언이 언급되지 않았지만, 나는 앞으로 등장하게 될 정책 토론에 좀 더 관련성 있는 맥락이 될 것으로 보이는 내용을 정리했다. 돌이켜 생각해 보면, 나는 전 세계에 전염병이 출현하고 있는 이 상황 속에서 선진국들이 사람들의 공포를 잠재우고 효과적인 치료를 진행하는 것이 어떻게 현 상태에 대한 안주와 일상화로 이어졌는지 적절하게 평가하는 데 실패했던 것 같다.[11] 나의 네 가지 교훈들은 비록 포괄적이지는 않았지만, 효과적이고 공평한 에이즈 정책을 펼치는 데 방해가 된다고 계속 입증되어 온 문제들의 개요를 제공했다. 돌이켜 보면, 교훈들은 상당히 명백해 보이지만, HIV와 한창 사투를 벌인 초기에는 상당한 양의 역사 데이터가 유용성을 의심하게 했음에도 불구하고 많은 이들이 억압적이고 강제적인 접근법을

11 Allan M. Brandt, "AIDS: From Public History to Public Policy," in *AIDS and the Public Debate*, Caroline Hannaway, Victoria A. Harden, and John Parascandola, eds. (Washington, D.C.: IOS Press, 1995), 124-131.

진지하게 제안했다.[12]

에이즈 위기를 이해하고 이에 대처하기 위해 과거를 이용하려는 역사가들의 시도는 분명 내 글 외에도 있었다. 널리 인용되고 영향력을 미친 대니얼 폭스(Daniel Fox)와 엘리자베스 피(Elizabeth Fee)가 편집한 많은 저작들은 에이즈의 다양한 측면을 고려한 사려 깊고 탐구적인 연구들을 소개했다. 역사가들은 일반적으로 현대의 정책 토론에서 정교한 역사적 맥락을 구성하고자 했지 명시적인 정책 권고는 피해 왔다. 이 연구들은 정책 입안자들이 대상임을 분명히 했을 뿐만 아니라, 전염병과 공중보건에 관한 중요한 질문들에 주의를 집중시킴으로써 의료사 내 역사 서술에도 영향을 미쳤다.[13]

이와 같은 정책 관련 역사는 현대 정책의 조직과 구현에 중요한 의미가 있다. 예를 들어, HIV 전염병 초기에는 역사가들이 질병 통제에 대한 전통적인 접근법, 특히 검역과 같은 강제적인 조치가 왜 실패할 가능성이 높은지를 증명하려고 노력했다. 그러나 과거, 또는 선례를 통해 현재에 적용될만한 논의를 발견했다고 해서 현재를 해결하기 위한 지침을 반드시 얻게 되는 것은 아니다. 예를 들어, 과거에 국가가 어떻게 건강한 질병의 매개자를 다루었는지 이해한들, 에이즈의 경우, 다른 사회와 문화에서 이 매개자들을 지금 어떻게 다루어야 하는지가 명확해지지 않는다. 또한 어떻게 그러한 유사점이 구성되고 정책 결정 과정에 사용되는지에 역사가들이 단지 제한적인 영향만을 미치리라는 것을 인식하는 것도 중요하다.

12 Allan M. Brandt, "AIDS in Historical Perspective: Four Lessons from the History of Sexually Transmitted Disease," *American Journal of Public Health* 78 (April 1988): 367-371.

13 *AIDS: The Burden of History*, Elizabeth Fee and Daniel M. Fox, eds. (Berkeley: University of California Press, 1988); *AIDS: The Making of a Chronic Disease*, Elizabeth Fee and Daniel M. Fox, eds. (Berkeley: University of California Press, 1992).

물론, 유추적 사고는 꽤 위험할지도 모른다. 공공 정책의 역사는 역사적 유추의 오용으로 가득 차 있다. 만약 역사가 효과적으로 **사용될 수 있다면**, 역사는 또한 정책의 근거로서 심각하게 오용될 수도 있다. 예를 들어, 1974년에 국가에서 실시한 돼지독감 예방 프로그램은 1918년에 극적인 사망을 야기했던 것(스페인독감으로 알려진 1918년 인플루엔자-역주)과 유사한 병원균이 발생했다는 전제에 기반을 두고 있었다. 결국, 전염병은 크게 확산되지 않았고, 백신은 오히려 의인(醫因)적으로 해를 끼치게 됐다.[14] 이러한 사건들이 우리에게 상기시키는 사실은, 유추의 본질이 유사성과 차이점을 비판적으로 평가하는 데 있으며 역사가들의 전문성을 요하는 분석적 문제라는 것이다. 역사가 대니얼 폭스는 의료사가들에게 지나친 단순화의 위험성을 수없이 상기시켰다. 그는 역사 서술에서 '질서'는 "복잡성을 희생한 대가"로 이루어질 수 있다고 경고했다.[15] 많은 역사가 '정책적 관련성'을 지니고 있을지라도, 그 학문이 공공 영역에서 어떻게 **사용될지는** 아직 명확하지 않다는 뜻이다. 단순화된 권고 사항과 달리, 역사적 복잡성은 효과적인 정책에 잠재적 장애물을 유발시킬 수 있다. 당연히 이러한 역사적 문제를 엄격하고 체계적으로 연구한 역사가들은 일반적으로 자신의 연구가 정책적 함의를 분명히 드러내는 것에 신중을 기해 왔다.

그럼에도 불구하고 역사가들은 명시적인 정책 권고를 피하면서 의도하지 않은 결과를 줄일 수 있는 기회에 중요한 통찰력을 제공할 수 있다. 또한 복잡한 문제가 지나치게 단순화되는 것을 막을 중요한 해결책을 제공할 수 있

14 Richard E. Neustadt and Harvey V. Fineberg, *The Epidemic That Never Was: Policy Making and the Swine Flu Scare* (New York: Random House, 1982).

15 Daniel M. Fox, "Historians and Analysts and Advocates: Disability Policy," *Reviews in American History* 17, no. 1 (1989): 123.

다. 문맥과 우연성에 중점을 둔 역사는 정책과 정치의 세계에 현상 유지가 얼마나 일시적인지 상기시킬 수 있다. 의료와 공중보건 정책의 역사는 우리에게 "항상 이렇지는 않았다."라는 것을 상기시켜 주는 중요한 자료들을 보여준다. 그 결과, 변화의 기회와 그 원천이 빛을 발하게 될지도 모른다.

정책 자문가 혹은 참여자로서의 역사가

물론, 조심스럽게 그려진 역사가 당대의 공공 정책에 중요한 의미가 있다는 것을 시사하는 것과, 실제로 그러한 함의가 무엇인지 자세히 설명하려고 하는 것은 별개이다. 역사가들이 정책 결정 과정에 초대되는 경우가 있는데, 이 경우, 역사가의 역할과 잠재적인 기여를 정의하는 데에는 문제가 따른다. 왜냐하면 우리 역사가들은 역사적 분석과 해석의 우연적인 성격을 인식하고 있기 때문에, 열렬한 정책 입안자들 집단으로부터 특정 기관이나 문제의 역사에 대한 질문을 받게 되면 대부분 불안해한다. 정책 목적을 위해 단순히 마음대로 생산될 수 있는 특정한, 명백하고 객관적인 역사가 있다는 바로 그 가정은 역사적 방법론과 분석을 왜곡한다. 일반적으로, 역사가들은 정책 제안을 제시하는 책자에 짧은 서문을 써달라고 부탁받는데, 그 제안은 보통 서문과 실질적인 관계가 거의 없다. 역사는 흥미로운 배경과 다음에 따를 강경한 정치에 학문적 정당성을 약간 제공할 뿐이다. 그렇다면 역사가가 학문적인 배경음악(academic Muzak)이라는 역할을 초월하는 것이 가능할까? 지속적인 역사 연구를 위한 기회가 있는가?

최근 몇 년 동안, 나는 의료 교육의 개선에 중점을 둔 단체인 메이시 재단(Macy Foundation)이 후원하는 두 회의에 참석했다. 각 회의에서 주최자들은 명확한 정책 제안서 개발을 위해 확고한 역사적 토대를 마련하려고 열심이었다. 첫 번째 회의는 의료와 공중보건 사이의 오랜 적대감을 개선하고 인구기반 지식과 방법을 의료 교육에 통합하기 위한 전략에 초점을 맞추었다. 두 번째 회의는 의사와 간호사 사이의 관계 개선을 위한 기회를 다루었다. 두 가지 경우 모두, 나는 현대의 질문에 답하면서 체계적으로 역사적 지식을 다루어야 하는 상당한 장애물에 부딪혔다.

내가 이 회의를 위해 쓴 논문 두 편의 기본 전제는 역사가들에게 꽤 친숙한 것이었다. 깊은 역사적 긴장과 반감을 조심스럽게 다루어야만 현재의 정책이 진정한 협력의 구축을 제지하는 제약을 극복할 수 있다는 것이다. 예를 들어, 공중보건과 의료 사이의 역사적 반감은 환자에 대한 임상적 충실성이라는 개념과 인구건강에 대한 책무라는 일련의 이분법에 집중되었다. 결과적으로, 나는 어떤 단순한 통합도 둘 사이의 긴장을 재구성하고 개선시킬 가능성이 없다고 주장했는데, 이 긴장은 근본적인 정치적·경제적 이해관계를 반영하기도 했다. 마찬가지로, 간호사-의사 관계를 역사적으로 평가하면서 나는 임상 치료에서 젠더화된 위계 구조가 엄격했던 시대, 전문 간호의 출현에 주목했다.[16]

강력한 역사적 힘을 심각하게 받아들이는 현대적 접근 방식을 발전시키라는 내 충고에도 불구하고, 내 발표 이후에 나온 논의들은 역사적·문화적 배경을 거의 다루지 못했다. 이런 의미에서 과거라는 것은 현재의 즉자적 관

16 *Education for More Synergistic Practice of Medicine and Public Health: Proceedings of a Conference Chaired by Stuart Bondurant*, Mary Hager, ed. (New York: Josiah Macy Jr. Foundation, 1999); *Enhancing Interactions between Nursing and Medicine: Opportunities in Health Professional Education*; *Proceedings of a Conference Chaired by Sheila A. Ryan*, Mary Hager, ed. (New York: Josiah Macy Jr. Foundation, 2001). Allan M. Brandt and Martha Gardner, "Antagonism and Accommodation: Interpreting the Relationship between Public Health and Medicine in the United States during the 20th Century," *American Journal of Public Health* 90, no. 5 (2000): 707-715도 참조.

심에 더 구체적으로 접근하기 위한 프롤로그에 지나지 않는다. 비록 나는 의학·의료서비스·공중보건에 있어서 당대에 지속적으로 나타나는 문제를 정교하고 복잡하게 문맥화하는 게 중요하다고 믿어 왔지만, 내 노력은 오래된 상처를 헤집을 뿐이라고 보였을 수도 있다. 역사가들은 모두 과거의 실패에 너무 익숙하다. 내 정책 지향적인 동료들은 과거를 존중하기는 해도 앞으로 나아가기를 열망하는 것 같았다.

식민지 시대 미국사 연구로 잘 알려진 역사가 존 데모스(John Demos)는 역사가들이 정책 입안자들에게 문화적인 겉치레만 제공하는 운명을 피할 수 있는 방법을 탐색해 왔다. 1970년대 초 카네기 아동위원회 회원으로 겪었던 경험을 다룬 에세이에서, 데모스는 통찰력 있게 이렇게 썼다. "추측하건데, 정책과 관련해서 역사가 가장 유용하게 여겨지는 경로는 현재에서 과거로 시간을 거스르는 때이다. 역사에 물을 질문이 필요하고, 그 질문은 정책 자체에 구체적이고 실질적인 정의가 주어질 때에만 발생한다." 이러한 접근 방식은 역사적 관점에 대한 여러 가지 중요한 논리로 이어진다. 데모스가 언급한 것처럼 "문화에서 변화를 촉진하는 요소는 무엇인가? 변화를 막거나 개혁을 억제하는 힘은 무엇인가? 어떤 전통이 정책 이니셔티브의 측면에서 강화될 수 있으며, 현상 유지에 도움이 되는가?"[17] 이 질문을 통해서, 데모스는 역사가들이 정책 입안자들에게 제공할 수 있는 분석적 관점 중 일부를 포착했다. 의도했거나 의도하지 않았거나, 안정성과 변화 모두를 설명하려고 하는 역사가들은 정책 결정 과정의 지엽적인 측면에 종종 집중한다. 이러한 경우, 역사가들은 조언이나 명시적 권고를 해달라고 요청받는 게 아니다.

17 John Demos, *Past, Present, and Personal: The Family and the Life Course in American History* (New York: Oxford University Press, 1986), 210.

오히려, 깊은 역사적 감성이 정책적 책임을 가진 사람들에게 의도하지 않은 결과, 정당한 복잡성, 그리고 개혁의 잠재력과 걸림돌이 정확히 언제 어떻게 나타날지 일깨워 줄 수 있다.

따라서 역사가는 정책 입안자에게 일련의 역사적 사실을 제공하기보다는 '역사적 사고'라고 할 수 있는 특정한 분석적 접근 방식을 정책 결정 과정에 도입할 수 있다. 이 분석적 접근 방식은 정책 개혁의 역사적 맥락에 집중할 것이다. 예를 들어, 신약의 시험과 규제를 두고 진행 중인 신랄한 정책 토론을 보자. 이 갈등은 역사적 맥락에서만 분명히 이해될 수 있다고 나는 주장하고 싶다. HIV 전염병은 제2차 세계대전 이후 정착해 온 생체 실험의 위험 회피 윤리(risk-aversive ethic)를 갑자기 그리고 극적으로 깨뜨렸다. 에이즈 유행은 과거에 사용된 보호 체제가 현재에 와서는 지나치게 제한적이라는 것을 발견하고, 증명되지 않은 치료법으로 실험적인 위험을 무릅쓰기를 열망하는 지지층를 만들었다. 에이즈가 유행하는 가운데 누가 임상 시험을 받을 수 있는지가 심각한 논란거리가 되었는데 바로 전까지만 해도 정책 논의의 초점이 잠재적으로 위험한 정책 의례(protocols)로부터 연구 대상을 보호하는 것이었음을 고려할 필요가 있다. 규제 프로세스가 인식하지 못한 부분은, 특정 맥락 안에서 정통 과학 기준에 의해 안전과 효능이 아직 입증되지 않은 실험 약물이더라도 적극적으로 사용해보려고 하는 사람들이 있다는 것이었다.[18]

그 후부터 규제 프로세스는 일부 약품의 시장 출시를 허용했는데, 나중에

18 Harold Edgar and David J. Rothman, "New Rules for New Drugs: The Challenge of AIDS to the Regulatory Process," *Milbank Quarterly* 68 (1990): 111.

안전상의 이유로 약품이 리콜되어 사람들의 공분을 일으켰다.[19] 따라서 위험은 매우 구체적인 역사적, 사회적 맥락에서만 정의될 수 있다. 이 점에서 볼 때, 어떤 임상 시험 과정에도 적절한 '안전 범위'라는 것을 균일하게 설정할 수 없다. 결국, 왜 문제가 이 특정한 시점에 이런 식으로 설정되어 있는가 하는 것은 분명히 역사적인 질문이다. 다른 역사적인 순간에는 어떻게 달랐는가? 어떤 이유로? 이러한 면에서 비판적인 질문이란 역사적 맥락이 어떻게 약물 규제의 정치적 셈법을 바꾸었는가 하는 것이다. 역사가들이 종종 문맥을 간과하는 원칙 기반의 생명윤리에 대해 불편해하는 것은 아마도 이러한 이유 때문일 것이다.

간혹 과거의 특정 사건을 조사할 필요가 생기는데, 정책 입안자들은 이를 통해 어떤 일이 왜 일어났는지 파악하고 어떤 정책 개선이 필요한지 배울 수 있다. 이런 경우, 역사가들이 중요한 역할을 할 수도 있다고 제안하고 싶다. 1994년 미국 보건복지부 장관의 요청에 따라, 의학한림원(Institute of Medicine, IOM)은 1982년부터 1985년까지 HIV에 의한 혈액과 혈액제제의 오염에 대한 조사를 시작했다. 에이즈가 처음 발견된 이후 3년 동안 많은 수의 환자들이 오염된 수혈을 통해 감염되었다. 또한 혈우병 환자들은 인간 혈장에서 유래한 혈액응고제인 항혈우병 인자(Factor 8II)의 사용에 의존하기 때문에 감염에 특히 취약했다. 감염의 위험을 인지하지 못했던 이 기간 동안, 20,000명에 달하는 미국인 혈우병 환자 중 거의 절반이 HIV에 감염되었다. 수천 명의 사망자를 낳은 이 감염은 현대 의학 역사상 가장 심각한 의인(醫因, iatrogenic) 전염병 중 하나로 기록되었다. IOM은 HIV 전염병의 초기 단계에 있었던 혈

19 Jennifer Washburn, "Undue Influence: How the Drug Industry's Power Goes Unchecked and Why the Problem Is Likely to Get Worse," *American Prospect* 12, no. 14 (2001): 16-22.

액 공급의 관할 및 혈액제제의 안전 보장과 관련된 결정을 평가하라는 임무를 맡았다.[20]

IOM 연구 집단은 조사에서 역사적 방법과 기술을 활용하는 것에 강한 관심을 가지고 있었다. 1994년 여름, 나는 역사가로서 한림원에 합류했다. 위원회는 에이즈 전염병의 초기 역사와 혈액을 벡터로 인식하는 과정을 꼼꼼하게 재구성하는 데 특히 관심이 있었다. 많은 정책심의위원회가 역사가들에게 문헌 조사, 기록 복원, 서술의 재구성, 해석 등에 관한 자문을 의뢰한 것은 바로 이런 이유에서다. IOM 보고서는 구술사라는 유용한 기록도 포함하여 향후 역사가들에게 상당한 가치가 있는 1차 사료를 생산하고 확보했다.

역사적 관점에서 보면, 그러니까 오늘날의 지식으로 과거를 되돌아보면, HIV 식별 후 초기에 혈액 공급과 혈액제제를 보호하지 못한 연방 정부의 실패가 매우 두드러졌다. 광범위한 보관 자료를 주의 깊게 검토하고 공무원, 업계 임원, 환자 및 의사를 인터뷰함으로써 우리는 혈액과 그 제품의 비극적인 취약성을 설명하는 데 도움이 되는 사건과 행동에 대해 매우 명확한 설명을 재구성할 수 있었다.

물론, 위원회는 혈액과 같은 취약한 자원에 대한 모든 위험이 제거될 수 있다고 믿을 만큼 순진하지 않았다. 하지만 HIV 전염병은 연방 정부의 감시 태세가 실패했다는 것을 극적인 방식으로 드러냈다. IOM 연구와 HIV 혈액 문제 위기의 중심에는 많은 공중보건 정책의 딜레마에 핵심적으로 자리한 위험과 공포라는 난제가 있었다. 당국자, 행동가, 환자, 그리고 의사들은

20 Institute of Medicine, Committee to Study HIV Transmission, *HIV and the Blood Supply: An Analysis of Critical Decisionmaking* (Washington, D.C.: National Academy Press, 1995). 다음도 참조. *Blood Feuds: AIDS, Blood, and the Politics of Medical Disaster*, Ronald Bayer and Eric A. Feldman, eds. (New York: Oxford University Press, 1999).

HIV 전염병 발발 초기에 해당 질병의 위험을 혈액 수집과 분배 시스템의 잠재적인 위험과 비교하기 위해 노력했다. 위원회의 가장 중요한 권고안 중 하나는 혈액공급협의회를 설립하는 것이었다. 이 협의회는 혈액 공급의 잠재적 위협을 지속적으로 모니터링하고 평가하며, 혈액 관련 위해를 줄이기 위한 적극적인 노력에도 불구하고 질병을 치료하기 위해 혈액 제제를 사용했다가 심각한 부작용을 겪는 개인들에게 무과실 보상을 해 주는 역할을 담당했다. 장래의 권고안을 제시해야 하는 우리의 역할 때문에 제한되기는 했지만, 우리가 자문한 보상 프로그램은 HIV 전염병을 거치며 피해를 입은 사람들에 대한 우리의 다짐을 분명히 했다.

나중에, IOM 보고서를 비판한 이들은 조사틀을 구성했던 제한된 정책 질문들에 관심을 집중했다. **미래에** 혈액이나 혈액제제의 오염을 제한하기 위해 어떤 규제와 절차적 조치를 취할 수 있는가?

이들 비판가들은 IOM 보고서가 과거에 있었던 개인과 기관의 잘못을 식별하지 못한 것을 정책 영역의 관료적 한계로 인식했다. 한 분석에 따르면, IOM 보고서는 "고통의 도덕적 차원을 혼란스럽게 하는 변명의 결론으로 이어졌다." 그러나 나는 위원회 구성원으로서 우리의 보고서에 결코 '변명'의 의도가 없었다고 확신했다. 반대로, 위원회는 우리의 역할과 연구의 제약에도 불구하고, 혈우병 단체가 계속 표명한 우려와 필요를 대변하기 위해 꾸준히 노력해 왔다. 혈우병 단체는 전반적으로 그 보고를 대단히 긍정적으로 환영했다. 사실 IOM 혈액 연구에 대해서 나 스스로 사후 평가를 해 보자면, 연구의 관료적이고 수사적인 형식, 그리고 의사결정 과정에 대한 객관적이고 편견 없는 평가의 강조에 궁극적으로 중요한 가치가 있다고 믿는다. 이 보고서는 혈액 정책의 개혁에 도움이 되었을 뿐만 아니라, 비극을 초래한 일련의 연방·산업·임상의 실수를 확인하면서, 이 의인적 재앙의 성격을 확인시켜 주었다. 이런 의미에서, HIV에 감염된 혈우병 환자, 혈액 수급자, 그리고 생존한 가족과 친구들의 가슴 아픈 증언과 보고서의 직설적인 내용 사이에는 항상 직접적인 관계가 있었다. 게다가, 소송 관계자들은 이제 국가의 지역사회 자원 보호 능력에 엄청난 결함이 있고, 강력한 상업적 이익이 규제 절차에 깊이 영향을 미친다는 구조적 단점을 상세히 기술한 최고 수준의 **독립적**인 조사 보고서를 갖게 되었다.[21]

1995년 대통령 자문위원회인 인간 방사선 실험 자문위원회(ACHRE)에서도 유사한 문제가 제기되었다. 이 위원회는 클린턴 대통령이 1940년대와 1950년대에 연방 정부와 여타 기관이 인간을 대상으로 했던 실험을 검토하기 위해 임명한 것으로 매우 중요한 일련의 역사적 질문들에 주목했다. 역사가 수잔 레더러(Susan Lederer)는 제2차 세계대전 이전에 자행된 인체 실험을 탐구한 저명한 저서의 저자로, 변호사, 정책 입안자들과 더불어 자문위원회의 일원이었다. ACHRE는 당시 의사와 연구자의 위해(harms)와 관행을 확립하는 데 도움을 주기 위해 '구술사 윤리 프로젝트(Ethics Oral History Project)'를 만들었다. 이 프로그램 또한 당대의 우려와 논쟁이 새로운 역사적 자료와 연구를 창출하게 된 또 다른 예이다. ACHRE는 비난과 면죄라는 진퇴양난을 피하기 위해 조심했다. 한편으로, 위원회 구성원들은 개인들을 방사선에 노출시키는 인체 실험을 평가할 때, 연구 윤리 및 사전 동의(곧 법과 정책에 명시되었다)에 있어서 당대의 기대에 바탕을 두기를 원하지 않았다. 다른 한편으

21 이 보고서에 대한 비판과 평가는 Salmaan Keshavjee, Sheri Weiser, and Arthur Kleinman, "Medicine Betrayed: Hemophilia Patients and HIV in the US," *Social Science & Medicine* 53, no. 8 (2001): 1081-1094; Ronald Bayer, "Review: HIV and the Blood Supply: An Analysis of Critical Decisionmaking," *American Journal of Public Health* 87, no. 3 (1997): 474-476; 그리고 Abigail Trafford, "Bad Blood," *Washington Post*, 19 September 1995, Z6 참조.

로는, 단순히 윤리적 기준이 연구 과정에 아직 명확하게 포함되지 않았다고 주장하면서 인체 실험에 면죄부를 주는 것도 마찬가지로 부적절했을 것이다. 회원들의 설명대로 "도덕적 일관성 측면에서 볼 때, 자문위원회는 건강한 신체를 동의 없이 사용하는 것이 그 당시에 잘못이라고 이해되었다면, 비치료적 실험에서 동의 없이 환자를 사용하는 것 역시 아무리 널리 행해졌다 해도 그 당시에 잘못된 것으로 인식되었어야 한다는 결론을 내렸다." 위원회가 906쪽 분량의 보고서에서 내린 신중한 역사적 평가에 근거하여, 클린턴은 이러한 연구에 활용되었던 생존자들에게 사과문을 발표했다.[22]

공공 정책 프로세스 내에서 일하는 역사가들은 의미, 개발, 구현 및 결과를 형성하는 전체 변수 집합을 더 깊이 탐구할 수 있는 잠재력을 제공한다. 또한, 과학, 의학 및 기술의 역사가들은 이 평가에 특정한 지식 및 분석 틀을 가져다 줄 수 있다. 이런 유형의 역사적 사고는 전통적인 비용-이익, 정치 중심적 사고와 대조될 수 있다. 나는 이 관점이 정책계에 즉각적이거나 광범위하게 영향력을 행사하리라 기대하지 않는다. 나는 역사가들이 권력의 통로에 제한 없이 접근할 수 있으리라고 믿지 않는다. 그럼에도 불구하고, 역사가들이 어떤 상황에서는 중요하면서도 제한된 역할을 계속할 것이라고 믿는 데는 이유가 있다. 정책 관련 역사와 달리, 정책 결정 세계에 참여하는 역사가들은 일련의 현대적 딜레마를 역사적으로 분석할 때 즉각적인 의미를

22 Advisory Committee on Human Radiation Experiments, *The Human Radiation Experiments: Final Report of the President's Advisory Committee* (New York: Oxford University Press, 1996); Ruth R. Faden, Susan E. Lederer, and Jonathan D. Moreno, "Us Medical Researchers, the Nuremberg Doctors Trial, and the Nuremberg Code: A Review of Findings of the Advisory Committee on Human Radiation Experiments," *Journal of the American Medical Association* (이하 *JAMA*) 276 (1997): 1667-1671; Susan Reverby, "Everyday Evil: Book Review of 'Subjected to Science,' " *Hastings Center Report* 26, no. 5 (1996): 38.

명확하게 설명해달라고 지속적으로 요청받을 것이기 때문이다. 그러한 개입의 정확성과 함축성, 그리고 그것이 역사가의 기술에 미치는 영향은 역사가들 사이에서 지속적으로 논쟁이 되고 있다.

정책 옹호자로서의 역사가

역사가들이 적극적으로 학문과 정치적 옹호 사이의 경계를 넘나든 사례에서 이러한 질문들은 더욱 극명하게 드러난다. 만약 역사가들이 정책 자문가 입장에서 복잡성을 논하는 새로운 기회를 제시한다면, 정책 옹호자로서는 이 복잡성을 종종 대수롭지 않게 여기게 된다. 그 경계를 넘어서면, 일련의 결정적 긴장감과 직업적 딜레마가 드러난다. 그 경계가 신성불가침이며 절대 넘어서는 안 된다는 것이 결코 아니다. 오히려 역사가라는 우리의 직업적 정체성에서 정책 옹호자 역할을 하는 과정과 이유를 명확히 하는 것이 더욱 중요하다는 것이다. 물론 시민으로서 옹호하는 것과 전문 지식과 훈련을 바탕으로 하는 우리의 주장 사이에는 결정적인 차이가 있다. 우리가 특정 사안을 옹호할 때, 그것이 얼마만큼 우리의 역사적 방법과 분석에 기반하는가? 예를 들어, 내가 HIV 강제 검진을 반대한다고 주장한다면, 나는 의료사가로서 그렇게 하는가 아니면 단순히 시민으로서 그렇게 하는가? 확실히 역사가들 사이에서는 현대 사회나 정치적 문제에 대한 입장을 취하기 위해 본인이나 타인의 연구를 이용하여 논평이나 사설을 쓰는 것이 점점 더 빈번해졌다.[23]

23 Gerald Markowitz and David Rosner, "'Cater to the Children': The Role of the Lead Industry in a Public Health Tragedy," *American Journal of Public Health* 90, no. 1 (2000): 36-46, "Pollute the Poor," *The Nation*, 6 July 1998, 8-9, 그리고 "The Reawakening of National

이런 질문은 1989년 대법원 판결이 있었던 웹스터(Webster) 사건에 나를 포함한 전문 역사가 그룹이 법정 의견서를 제출하면서 발생한 몇 가지 이슈에서 분명히 드러나게 된다. 웹스터 사건은 미주리주 낙태금지법의 합헌성을 시험했다. 변호사들과 역사가 위원회가 작성한 이 법정 의견서는 결국 400명이 넘는 전문 역사가들의 서명을 받았다. 헌법을 '우리 역사와 전통'에 비추어 해석해야 한다는 사실과 더불어 우리 역사나 전통의 어떤 것도 낙태권을 지지하지 않는다는 법무 장관의 주장이 전문 역사가의 관점을 모색하자는 생각을 불러일으켰다. 그의 주장은 역사가 제임스 모어(James Mohr)가 쓴 책에 바탕을 두었는데, 모어는 남들이 선택적으로 그리고 부정확하게 그의 저서를 인용하는 것에 동의하지 않았다.[24]

역사가들의 법정 의견서는 법원의 심의와 관련있다고 여겨진 낙태의 역사에 대해 몇 가지 중요한 결론에 도달했다. 첫째, 이 의견서는 헌법 제정기를 포함해 미국 역사상 많은 시기에 낙태죄가 불법이 아니었음을 밝혔다. 둘째로, 19세기 중후반 낙태를 제한하려는 움직임은 일련의 특정한 역사적 발달에 기인하는데, 의료 전문직을 정의하려는 노력, 여성에게 적합한 사회적 역할이 있다는 믿음, 그리고 재생산의 통제에 대한 일반적인 공격을 포함했다. 이는 특히 인종차별적이고 이민배척주의를 추구하는 더 광범위한 우생학적 이해관계의 맥락과 관련이 있었다. 의견서는 낙태를 제한하는 이러한

Concern about Silicosis," *Public Health Reports* 13 (July/August 1998): 302-311; David Rosner and Gerald Markowitz, "Battle for Breath: Industry Lobbyists, Government Watch dogs, and the Silicosis Crisis," *Dissent* 45 (Spring 1998): 44-48; Allan M. Brandt and Julius B. Richmond, "Settling Short on Tobacco; Let the Trials Begin," *JAMA* 278 (1997): 1028 참조.

24 Laura Flanders, "Abortion: The Usable Past," *The Nation*, 7-14 August 1989, 175-177; Clyde Spillinger, Jane E. Larson, and Sylvia A. Law, "Brief of 281 American Historians as Amici Curiae Supporting Appellees," in *Webster v. Reproductive Health Services*, 492 U.S. 490 (1989).

특정한 논리가 명백히 차별적이고 위헌적인 것으로 간주될 것이며, 지금 낙태를 제한하는 근거로 정당화될 수 없다고 결론지었다. 따라서 의견서는 여성의 선택권을 제한하는 데 정당한 **역사적** 전통이 없다고 결론지었다.

역사가들은 법률 고문과 함께 법정 의견서를 준비하면서 사법 과정이 모호함, 불확실성 또는 우발적 상황에 대한 여지를 거의 남겨 두지 않았다는 것을 알았다. 변호사들은 여성의 선택권을 위해 소송을 제기한다는 명백한 목적에 사용될 수 있는 가장 적절하고, 입증이 가장 잘된 역사적 진술을 원했다. 의견서를 쓴 변호사 중 한 명인 실비아 로(Sylvia Law)가 나중에 "이 문서는 사실을 말하기보다는 논쟁의 요점을 만들기 위해 만들어졌다."라고 말한 것처럼, 의견서를 쓰는 데 관여한 역사가 중 한 명인 제임스 모어는 역사가들이 정책의 옹호자가 되는 것에 대해 특히 우려를 나타냈다. 그는 "변호사에게 가장 좋은 역사란 여러 복잡한 이야기 중 미리 정해진 결말이 있는 버전이다."라고 설명했다. 예를 하나만 들자면, 19세기 후반 페미니스트 대부분이 낙태 제한을 지지했다는 사실을 의견서를 작성하면서 알게 되었다. 이 발견이 의견서에서 논한 것과 반드시 반대되는 것은 아니지만, 이를 완전히 밝히는 것은 의견서의 권위를 위태롭게 하는 것으로 간주되었다. 이 문제에 대한 논의는 편집에서 잘려 나갔다.[25]

정책을 옹호하는 데 나타난 역사의 제한적인 양상이 그 의견서에 서명한 역사가 측에 우려를 불러일으켰다. 그리고 정치적으로 여성의 선택권을 지지하던 일부 역사가들도 서명을 거부했다. 이 의견서의 여파로, 모어를 포함

25 Sylvia A. Law, "Conversations between Historians and the Constitution," *Public Historian* 12, no. 3 (1990): 11-17, 16; James C. Mohr, "Historically Based Legal Briefs: Observations of a Participant in the Webster Process," *ibid.*, 19-26, 20.

한 많은 역사가들은 **역사가로서** 정책 옹호자가 되는 것이 궁극적으로는 그들의 정통성과 권위를 손상시킬 가능성이 있다고 언급했다. 일부는 그 의견서가 당파적이고 객관적이지 않다고 주장했다. 일부 역사가들은 모든 측면을 명시하고, 복잡성을 찬양하며, 명백한 정치적 주장을 회피하는 역사적 주장을 선호한다고 말했다. 정책 옹호를 위한 역사는 근본적인 직업적 이상, 규범, 가치관과 충돌할 수 있다고 그들은 결론지었다.

그 의견서가 학문적인 타협을 요구했을지 모르지만, 그럼에도 불구하고 많은 역사가들은 여전히 서명하는 것이 중요하다고 느꼈다. 서명한 역사가 중 하나인 앨리스 케슬러-해리스(Alice Kessler-Harris)가 설명했듯이, "역사가들은 우리가 좋든 싫든 논쟁에 참여하는 행위자이다. 따라서 우리는 의식 있는 행위자가 되어야 한다."[26] 낙태의 역사가 웹스터 판결의 정당화를 위해 환기되자, 역사가들은 이러한 평가를 바로잡기 위해 대응할 필요를 느꼈다. 나중에 모어는 의견서에 서명하는 것이 어떤 점에서 문제가 되긴 했지만, 서명하지 않은 것이 훨씬 더 문제가 되었을 것이라고 말했다. "그 문서가 역시 내 연구를 인용한 다른 쪽의 역사적 주장보다 과거에 대한 나의 이해와 더 완전하게 일치하는지 묻는다면, 나는 그렇다고 강조할 것이다. 결과적으로, 나는 주저하지 않고 실비아 로의 의견서에 서명했다."[27]

역사가들은 이 의견서가 단순하고 선별적이라고 볼지 모르나, 공중보건 전문가와 변호사 모두 법정이 낙태와 그 영향을 이해하는 데 의견서가 복잡성을 더했다고 주장했다. 의사이자 재생산-선택 옹호자인 웬디 채브킨(Wendy Chavkin)이 설명했듯이, "현대 미국에서 낙태에 대한 논쟁이 구성된

26 Flanders, "Abortion," 175.
27 Mohr, "Historically Based Legal Briefs," 25.

방식에 미루어 볼 때, 미국 대중과 사법부가 태아에 대한 현재의 관점이 과거와는 다르다는 것을 알게 된 것은 놀라운 일이다." 계속해서 그녀는 "역사적인 관점이 오해를 바로잡기 위한 방법과 사실을 제공한다."라고 주장했다.[28] 실비아 로는 역사가들이 제출한 의견서가 정부가 제시한 단순한 낙태 역사에 대한 내용을 어떻게 반박했는지 언급했다. 그녀는 "그래서, 역사가들의 핵심 목표는 소극적이었다. 우리는 역사가 복잡하고 결정론적이지 않다고 주장했다. … 역사가들은 법원이 역사를 피상적이고 결정론적인 방법으로 사용하지 못하도록 한 것에 자부심을 가져야 한다."라고 주장했다.[29] 역사적 지식과 해석은 법원에 귀중한 정보와 관점을 제공했다.

물론 역사적 복잡성과 단순화의 문제는 정책 옹호 영역에만 국한되지 않는다. 역사가들은 항상 그리고 불가피하게 정당한 복잡성, 일반화, 그리고 논쟁의 균형을 맞추고 있다. 예를 들어, 독자가 누구냐에 민감한 교과서 저자들은 학문적인 관점에서 '올바르'지만 초보 학생들이 접근할 수 있는 역사를 쓰려고 한다.

물론 현대의 정책 옹호에 대한 우려는 의료사에 국한된 것은 아니다. 역사가들 사이에 옹호자 역할에 대한 유사한 문제들이 1998년 클린턴 탄핵 때 제기되었다. 400명이 넘는 역사가들은 클린턴의 탄핵이 현대 대통령제를 "전례 없이 의회의 변덕 앞에 속수무책"으로 만들어 심각한 해를 입힐 것이라고 경고하는 공개서한에 서명했다.[30] 이 서한의 내용은 상당한 관심을 유발했지만, 당연하게도 정책 옹호 및 전문가의 책임에 대해 역사가 사이에 논쟁을

28 Wendy Chavkin, "Webster, Health, and History," *Public Historian* 12, no. 3 (1990): 53-56, 53.
29 Law, "Conversations," 12.
30 "Historians in Defense of the Constitution," *New York Times*, 30 October 1998, A15.

불러일으켰다. 컬럼비아 대학교 교수이자, 앤드루 잭슨(Andrew Jackson, 미국 제7대 대통령-역주)의 탄핵에 관한 전문가인 에릭 포너(Eric Foner)는 서명하기를 거부했다. "나는 클린턴의 탄핵을 어떤 식으로든 지지하지 않았지만, 역사가 클린턴이 탄핵되어서는 안 된다거나, 또는 헌법의 탄핵 조항에 단 하나의 의미만 있다고 말해 주지는 않는다고 생각했다."라는 이유였다. 서명을 했던 폴린 마이어(Pauline Maier)는 나중에 그 결정을 후회했다. "나는 서한이 표명한 헌법적 입장에 동의했지만, 우리는 (서명을 함으로써) 우리의 전문 지식이 미치는 영역을 훨씬 넘어섰다." 그녀는 서명한 역사가 중 다수가 헌법 제정자들이 무엇을 의미했는지 고려하는 데 필요한 전문 지식이 부족했다고 믿었다. 동시대의 정치적 관심과 성향이 무엇이든 간에, 그들의 역사적 지식은 당대의 논쟁을 분명하게 뒷받침하지 못했다.[31]

불행하게도, 정책 옹호의 세계에는 모호함과 뉘앙스의 여지가 거의 없다. 모호성, 지적 자율성, 전문적 권위와 합법성을 드러낼 수 없다는 가능성 등이 있는데도, 왜 역사가는 정책 옹호자의 역할을 맡을까? 이것은 내가 학문과 공중보건 정책 옹호자의 경계를 넘어서려고 했던 그 시기에 나를 사로잡았던 질문이다. 전문가 증언 작업은 전문가로서 역사가들이 때로는 보건정책에 막대한 영향을 미치는 역과정(adversarial process)에 참여하게 된다는 점에서 정책 옹호의 중요한 측면이 된다.

전문가 증언이 우리가 학문적 연구에서 자랑하는 역사적 복잡성·뉘앙스·모호성을 제한한다면, 왜 참여하는가? 사실 두 가지 답이 있다. 첫 번째는 보상에 관한 것이다. 오늘날 많은 역사가는 전문적인 연구와 분석 기술을 소송

31 Delia M. Rios, "Historians Ponder Role in Impeachment; Letter Sharpens Existing Divisions," *New Orleans Times-Picayune*, 16 February 2001, 6.

당사자들에게 제공한다. 최근 몇 년간 역사가들은 전문가 증인으로서 소송에 자주 참여하게 되었다. 전문가 증언은 보상을 잘 받게 되는데, 현재 이 분야에는 역사 서비스를 제공하는 에이전시가 다수 존재한다. 이러한 경우, 전문 역사가는 소송 당사자에게 헌신할 생각은 없으나 돈을 지불하는 고객을 위해 그 또는 그녀의 역사적 방법과 기술을 제공하는 것일 수 있다.[32] 두 번째 이유는 우리의 학문이 소송 당사자와 명분을 공유하는 경우에 발생한다. 물론 때로는 이 두 가지 근본적 이유를 분별하기가 어려울 수도 있다. 그러나 확실히 고소인을 대신해 우리의 학문을 활용할 수 있다는 잠재력은 공적 역사와 역사를 통한 정책 옹호에 중요하고 점점 더 중대한 측면이 되었다.

담배의 역사에 대한 나의 연구에서 이러한 문제가 명확해졌다. 한동안 나는 미국 흡연의 사회사를 연구해 왔다. 이 연구의 몇 가지 목표 중 하나는 흡연을 문화적·역사적 맥락에서의 행위, 즉 생물심리사회적(biopsychosocial) 현상으로 인식해야만, 흡연과 관련된 현대 공중보건의 딜레마와 그 해악을 이해할 수 있음을 증명하는 것이었다. 그러나 나는 그 행위의 역사에 명시적으로 수반되는 특정한 사회 정책 질문들을 정의하고 싶기도 했다. 내 바람은 흡연의 역사와 건강상의 위험을 이해하여 담배 사용을 줄이는 전략과 담배가 병인과 사망률에 미치는 엄청난 영향에 대해 통찰력을 제공하는 것이었다.

내가 이 프로젝트를 진행했던 지난 10년 동안, 담배 산업에 대한 법적 소송이 처음에는 서서히 그리고 이후부터는 더 지속적으로 제기되기 시작했

32 예를 들어, 기업과 정부를 위해 전문가 서비스를 해온 역사가들 조직의 20년 역사에 대해서는 Sarah A. Leavitt, "The Best Company in History: History Associates Incorporated, 1981-2001," History Associates Incorporated, Rockville, Md., 2001 참조.

다. 초기에, 법적 분쟁의 양쪽에서 일하는 변호사들이 나에게 담배 소송의 전문가 증인으로 서 줄 수 있는지 문의했다. 초기 사례에서는 폐암을 앓아 온 흡연자나 흡연자 단체가 담배 산업이 건강에 심각한 해, 특히 폐암을 야기한 것에 대해 책임을 져야 한다고 주장했다. 최근에는 흡연자의 건강관리 비용을 회수하기 위해 주와 보험사의 소송 사례가 늘고 있다. 비록 나의 연구는 흡연으로 인한 피해를 은폐하고 부인하는 업계의 불법성과 이러한 위험에도 불구하고 그들의 제품을 홍보하려는 공격적인 경영을 분명히 보여주었지만, 나는 늘어나는 법적 분쟁에 참여하는 것에 회의적이었다. 나는 법정이 내 연구를 알리는 데 효과적인 토론 장소가 될 것 같지 않다고 판단했다. 분명히, 법정은 역사가들이 독창적인 학문적 연구와 발견을 발표하기에 이상적인 장소는 아니다. 법원은 판결하고 해결하기 위해 특정한 질문을 제시한다. 역사적 자료와 분석은 이러한 질문에 당연히 참고가 되겠지만 명백히 대립적 맥락에서 활용된다.

대학원에 재학 중일 때, 나는 역사가인 로절린드 로젠버그(Rosalind Rosenberg)가 연방평등기회위원회가 제기한 유명한 성차별 사건에서 시어스 로벅(미국의 종합유통업체-역주)을 대신해 전문가 증인으로 나서기로 합의했을 때의 그 치열하고 때로는 극심한 갈등 상황을 조심스레 살펴봤다. 로젠버그는 증언에서 여성들이 전통적으로 더 많은 연봉을 받는 직책을 맡으려 하지 않았다고 주장했다. 여성노동사가 앨리스 케슬러-해리스(Alice Kessler-Harris)가 정부를 대표해 증언했다. 시어스가 승소했지만, 로젠버그는 자신이 여성 역사학계의 비난에 직면해 있다는 것을 알았다.

이어진 인터뷰에서 로젠버그는 "많은 사람들이 내가 학문을 위해 페미니즘을 포기했다고 생각한다."라고 설명했다. "다른 사람들은 내가 페미니즘과 학문을 모두 포기했다고 믿는다. 나는 둘 다 아니라고 생각한다. 나는 나의 지적 의무라고 생각되는 일을 했다." 나중에 그녀는 "이 모든 일 중에서 가장 우울한 부분은 내가 증언하기로 결정한 것이 옳은 일이라고 생각해서였다고 말할 때 아무도 나를 믿지 않는 것 같다는 점이다."라고 말했다. 새로운 연구를 통해 자신의 발견과 해석을 제시하는 것이 학문적 의무였을지는 모르지만, 로젠버그가 시어스를 대표하는 것도 그녀의 의무였을까? 놀랍게도 로젠버그는 선을 넘었다는 사실을 모르고 있는 것 같았다.[33]

페미니스트는 로젠버그의 학문적 성과에 꼭 반대하지는 않았지만, 성차별 사건에 참여하기로 했던 그녀의 판단에는 의문을 제기했다. 역사가인 캐서린 키시 스클라(Kathryn Kish Sklar)는 페미니스트 역사가들 사이의 공통된 반응을 설명했는데, "지금 사람들이 느끼는 감정은 배신감일 뿐이다. 나는 학자로서 우리의 전문 지식이 우리를 포함해 수많은 여성의 삶을 향상시킨 수년간의 사회운동 투쟁을 되돌리는 데 이용될지도 모른다는 생각에 심각하게 불편함을 느낀다."라는 것이었다. 1985년 미국역사학회의 연례 학회에서 여성 역사가 조정위원회와 여성사 학술대회 그룹이 이 사건에 대한 대응으로 일련의 결의안을 통과시켰다. 그 중 세 번째 결의안에서, 그들은 "우리는 페미니스트 학자로서 책임이 있다고 믿는다."라며 "우리 사회에서 형평성을 위해 애쓰는 여성들의 이익에 반하여 우리의 학문이 사용되는 것을 허용하지 않을 것"이라고 썼다.[34]

로젠버그/케슬러-해리스의 법적 결투는 전문가들의 관심을 불러일으켰다. 로젠버그/케슬러-해리스 대결에 걸려 있는 쟁점은 실질적이고 중요했으

33 Carol Sternhill, "Life in the Mainstream: What Happens When Feminists Turn Up on Both Sides of the Courtroom?" *Ms. Magazine*, July 1986, 48-51, 86-91, 48, 88.
34 *Ibid.*, 48, 87.

며, 사법적 절차는 이들이 효과적으로 논쟁을 벌이기에 부적절한 곳이라는 것이 입증되었다. 게다가, 이 사건의 사회정치는 어떤 실질적인 역사학적 질문도 압도해 버렸다.

시어스 사건은 역사가들 사이에서 법정과 관련된 일이 지니는 딜레마에 관심을 모았다. 한편으로 이 사건은 역사적 이해와 학문이 현대의 정책에 얼마나 중요한지 입증했다. 다른 한편으로 역사학 학문을 편향과 이념이라는 죄목에 취약하게 만들었다. 더구나 역사가로서 우리가 지니는 섬세함, 뉘앙스, 복잡함 등이 법정과 그 뒤를 이은 통렬한 전문가 싸움에서 상실되었다는 것이 너무나 명백했다. 시어스 사건의 역사적 여파로 인해 나는 전문가 증인으로서 활동하는 것에 별로 이점이 없다는 결론에 도달했다.[35]

그럼에도 불구하고 나는 담배 소송에서 새로운 파동이 나타나는 것에 상당한 관심을 두고 지켜보았다. 이러한 사례들은 나 자신의 연구와 저술의 중심에 있는 문제들, 즉 현대 의학과 과학에서 지식과 인식론의 변화, 그리고 질병에 대한 위험과 책임의 평가에 주목하게 했다. 이러한 질문들은 성병이나 HIV에 대한 나의 초기 연구에서 중요한 것이었고, 나는 이제 흡연과 관련된 질병의 유행에 그것들을 적용하고자 했다. 내 연구에서, 그 사건들은 해악에 대한 책임을 역사적으로 평가하는 민감한 지표가 되었다. 특히, 담배와 흡연의 역사에 대한 나의 최근 연구 중 많은 부분이 담배 반대 소송의 결과

35 Thomas Haskell and Sanford Levinson, "Academic Freedom and Expert Witnessing: Historians and the Sears Case," *Texas Law Review* 66 (June 1988): 1629-1659, 그리고 "On Academic Freedom and Hypothetical Pools: A Reply to Alice Kessler-Harris," *Texas Law Review* 67 (June 1989): 1591-1603; Alice Kessler-Harris, "Academic Freedom and Expert Witnessing: A Response to Haskell and Levinson," *Texas Law Review* 67 (December 1988): 429-440; Ruth Milkman, "Women's History and the Sears Case," *Feminist Studies* 12 (1986): 375-400; Peter Novick, *That Noble Dream: The "Objectivity Question" and the American Historical Profession* (New York: Cambridge University Press, 1988), 502-510 참조.

로 접근이 가능해진 산업 문서에 기반하고 있다. 이 소송이 있기 전에는, 이렇게 중요한 역사적 사료들을 연구에 이용할 수 없었다. 소송 과정에서 전례 없이 많은 내부 자료들이 쏟아져 나왔다.

1990년대에 담배 소송의 정책적 중요성이 크게 높아졌다. 심지어 의회에서 담배 사용을 규제하고 통제하기 위한 중요한 법률 제정에 실패하고, 게다가 식품의약품안전청(Food and Drug Administration)이 담배를 규제할 권한을 얻지 못한 상황에서 법정은 공중보건을 해결할 수 있는 가장 강력한 장치의 하나라는 것이 입증되었다.[36] 1990년대 중반이 되면 담배 산업의 내부 기록에서 인상적인 유죄 입증 문서를 합법적으로 발견함으로써, 이 소송들은 점점 더 승산이 있게 되었고, 담배 회사들이 제품의 해악을 잘 이해하고 있었으며 대중을 속이기 위해 단호한 조치를 취했음을 보여주었다. 내가 초창기에 내렸던 평가에서, 나는 피해자를 비난하는 미국의 문화적 경향이 업계를 법적으로 지지하게 될 것이라고 가정했었다. 그러나 담배 산업이 암을 유발하고 중독적이라는 담배의 특징을 잘 **알고 있으면서** (흔히 청소년들에게) 담배를 홍보하려고 **의도했다는** 증거가 점점 더 밝혀지자, 업계의 과실과 책임을 물을 가능성이 커졌다. 그 소송들의 중요성, 특히 의학적·과학적 지식에 대한 역사학적 질문이 중요해진다는 점은 내가 이전에 전문가 증언에 대해 가졌던 거리낌에 대해 다시 생각하게 만들었다. 게다가 업계가 끈질기고 기만적인 홍보를 통해 제품의 유해성을 공개적으로 부인하면서 공공의 안녕에 대한 배려를 손쉽게 내버렸다는 것이 내 역사적 판단이었고, 이 평가는 나로 하여금 전문가 증언에 대해 재고하도록 자극했다.

36 Larry O. Gostin, Allan M. Brandt, and Paul D. Cleary, "Tobacco Liability and Public Health Policy," *JAMA* 266 (1991): 3178-3182.

2002년 초, 나는 담배 산업에 대한 역사적인 사건에서 법무부의 반대 증인 편에서 전문가 증언을 하기로 동의했다. 이 역할에 대해서는 여전히 우려가 있었지만, 이미 담배에 대해 글을 쓰고 출판도 했던 상황이라, 나는 이제 이 곳이 내 역사적 발견과 분석을 설명하는 마지막 또는 배타적인 포럼은 아닐 것이라고 결론지었다. 나아가 담배업계가 피고 측 전문가로서 활동할 준비가 되어 있는 저명한 의료사가 몇 명을 확보했다는 사실에 이 역할을 받아들이고 싶은 동기가 생겼다. 이 역사가들은 전통적인 산업 측 방어와 대체로 일치하는 주장을 내놓았다. 20세기 후반까지 과학적으로 불확실성이 상당했던 데다, 대중은 흡연이 해로울 **수 있다는** 것을 잘 알고 있었고 필요한 예방 조치를 취했어야 했다는 것이다. 인과관계의 역사를 보여준 역사적 증거에 관한 나의 이해와 수천 건의 산업 문서를 분석한 나의 연구는 이러한 주장들과 극명하게 배치되었다. 나는 전문가 증언에 대한 스스로의 우려에도 불구하고, 인정받는 역사가들이 지금 내놓은 이러한 산업계의 주장이 이제 강력하고 효과적으로 반박되어야 한다고 결론지었다. 게다가, 나는 당시 법원이 이 치명적인 제품의 규제에 아마도 가장 효과적인 접근법을 제시했다는 것에 감명을 받았다. 그래서 나는 이 새로운 옹호자 역할에 착수했다.

전문가 증언은 의심할 여지없이 명백한 옹호의 형태를 취한다. 전문가들을 찾을 때는 바로 그들의 전문성(전문적 지위와 지식)이 특정 고객의 입장을 대변하기 위해 이용될 것이라는 이해를 바탕으로 한다. 그러므로 전문가 증인의 증언을 학문적 자유의 표현이라고 옹호하는 것은 솔직하지 못한 것 같다. 확실히 역사가는 소송의 어느 쪽에서든 증언할 권리가 있지만, 시어스로벅이든, 법무부든, 필립 모리스든, 어느 특정한 소송 당사자를 대신하여 주장을 제시하라고 강요받지는 않는다. 법정에 선 역사가들은 의식적으로 그들의 연구를 의뢰인들의 특정한 이익에 맞추었다. 역사가의 증언은 이러

한 목표들에 잠식된다.[37]

증인이 단순히 역사적 '진실'을 진술한다고 주장하는 것은 역사적 논쟁이 이루어지는 맥락을 부인하는 것이다. 역사가 케네스 루드메러(Kenneth Ludmerer)는 오리건주 포틀랜드에서 필립 모리스를 상대로 한 개인 흡연자의 소송에 증언을 제공했는데, 관련 인터뷰에서 다음과 같이 주장했다. "그 증언은 순전히 역사적이었다. 우리가 언제부터 의심하게 되었나? 의견 일치는 언제 이루어졌나? 그것은 순전히 역사적인 증언이었다." 그는 계속해서 설명했다. "나는 담배가 공중보건에 큰 위협이 된다고 확실히 밝혔다. 나는 담배 산업의 옹호자가 아니다."[38] 어느 누구도 전문가 증인이 될 필요는 없다. 단순히 역사적 진실을 제공하기 위해 증언을 한다고 주장하는 것은, 역사적 진실이 뉘앙스·복잡성·해석과 주장 면에서 상당한 자율성을 행사하는 우리의 학술적 저술을 통해 가장 잘 드러난다는 사실을 간과하는 것이다. 그리고 법정에서, 전문가들은 옹호자들을 대신해서 일한다. 어떤 경우에는 이해관계가 일치할 수도 있다. 나는 전문가 증인으로서의 나의 연구가 담배 사용을 규제하고 통제하는 이해관계에 기여하기를 간절히 바란다. 담배 산업에 종사하는 역사가들은 그들의 연구가 조사와 이해라는 전통적인 학문적 목표보다는 산업의 이익에 기여한다는 것을 인식해야 한다.

나는 이런 맥락에서 내가 옹호자 역할을 할 수 있고, 내 일은 여전히 학문의 영역 내에서 설득력이 있을 것이라고 확신한다. 내가 의료사와 공중보건

37 Laura Maggi, "Bearing Witness for Tobacco," *American Prospect* 11, no. 10 (2000): 23-25 참조. 스티븐 앰브로스(Stephen Ambrose), 레이시 포드(Lacey Ford), 케네스 루드메러(Kenneth M. Ludmerer), 피터 잉글리쉬(Peter English), 시어도어 윌슨(Theodore Wilson) 등이 산업계를 위해서 증언했다. 로버트 프록터(Robert N. Proctor) 또한 법무부의 전문가 증인이다.

38 *Ibid.*, 25.

에 대해 계속 제기하는 많은 실질적인 질문들이 정부를 위한 나의 일에 의해 영향을 받지 않을 것이다. 물론 옹호자의 역할을 떠맡는 데는 위험이 따르지만 이 일이 전문가로서의 정체성에 미치는 영향을 공개하고 드러내는 것이 최선이라고 생각한다. 나는 지금까지, 그리고 앞으로도, 역사에 길이 남을 소송이 될 이 사건에서 정부 측을 위해 일하게 되어 기쁘다.

지난 수십 년 동안 역사적 객관성과 진실에 대한 전통적인 관념이 치열하게 논의되었지만, 법정에서 전문성·권위·객관성에 대한 주장이 강력한 이해관계의 영향을 받게 되는 것을 종종 목격한다. 역사가들이 '청부업자(hired gun)'의 역할을 맡았을 때 그들 주장의 정당성이 유지될 수 있을까? 나는 궁극적으로 그렇다고 믿는다. 특히 다른 중립적인 공간에서 제시된 우리의 연구에 기반해 강화되고 균형 잡힐 때 말이다. 그런 의미에서 역사가로서 우리는 과학과 의학에서처럼 역사적 지식의 생산과 성격에 대해 좀 더 비판적인 생각을 갖는 게 좋을 것이다. 지식의 맥락을 좀 더 세심하게 평가하고, 정치와 정책 수립에 어떻게 해석되고 활용되는지 평가할 필요가 있다.

물론 역사가가 무엇을 주장하는지뿐만 아니라, 어디서, 즉 어떤 맥락에서 주장하는지도 중요하다. 매 세대 새로운 해석과 수정이 생겨난다는 것을 알고는 있지만, 우리의 학문적 연구에 진실보다 더 큰 목표는 없다. 학문의 세계는 자유로운 질의와 논쟁의 접근이 가능하도록 구성되어 있다. 법원은 진실에 전념하면서도 경쟁적 주장을 심판하기 위한 대립적, 절차적 장치로서 구성되어 있다. 결과적으로 역사적 사실과 해석은 근본적으로 그것이 제시되는 맥락에 의해 형성된다.[39]

39 Daniel A. Farber, "Adjudication of Things Past: Reflections on History as Evidence," *Hastings Law Journal* 49 (1998): 1009-1036; Reuel E. Schiller, "The Strawhorsemen of the

옹호라는 문제를 늘 따라다니는 중요한 질문은 역사적 분석의 권위와 옹호가 객관성에 미치는 영향에 대한 것이다. 역사가들이 경계를 넘어 명시적 정책과 정치적 옹호라는 영역으로 들어갈 때는 때로 연구의 진실성을 훼손하는 것으로 보이기도 한다. 일부 경험자들에 따르면, 옹호하기 위해 쓰인 옹호의 역사는 단순한 변호에 그칠 수 있다. 물론 역사가들이 옹호자로 활동할 때 직업적 정당성과 권한을 일부 박탈당할 수도 있다. 그러나 최근 몇십 년 동안 역사적 권위는 초기 역사 서술 때보다 사실성과 객관성이라는 전통적인 관념에 덜 의존한다는 것이 명백해졌다. 역사 연구 그 자체를 형성하는 데 가치와 맥락이 필연적으로 영향을 미친다는 인식이 높아지고 있다. 옹호하는 것은 역사적 주장을 약화시키거나 신빙성을 떨어뜨리기보다는, 해석의 신뢰성과 효과성에 대해 우리가 내리는 평가의 또 다른 측면이 되는 것이다.

공공 영역에서의 역사가

역사가 제임스 클로펜버그(James Kloppenberg)가 최근에 쓴 것처럼, "역사는 항상 해석을 수반한다. 그것은 결코 단순한 진실을 드러내지 않는다." 나는 역사가들이 옹호와 정치의 세계에서 중요하게 할 말이 있을 것이라고 확신한다. 탐구와 해석의 지식과 방법은 정치적, 사회적 갈등의 판단에 중요한 영향을 미칠 수 있다. 사회참여를 희생하면서 편협성과 객관성을 주장하는

Apocalypse: Relativism and the Historian as Expert Witness," *Hastings Law Journal* 49 (1998): 1169-1177; Wendie Ellen Schneider, "Case Note: Past Imperfect," *Yale Law Journal* 110 (2001): 1531-1545. 슈나이더는 증언과 분석을 위한 역사가의 전문성와 연구의 질을 고려해서 "양심적인 역사가"의 기준을 확립하는 작업을 했다(1541쪽).

것은 역사가로서 우리의 가장 중요한 기반과 주요한 기능을 부정하는 것이다.[40]

옹호 지향적인 역사의 잠재적 위험에도 불구하고, 역사 연구가 현대의, 때로는 논쟁적인 정치적 문제에 대해 분명하게 말할 수 있다는 이상을 역사가들이 기꺼이 포기하려 하지 않을 것이라고 생각한다. 역사가들이 실질적인 연구가 갖는 동시대적 함의에 대해 명백하게 정치적인 주장을 전개하도록 요구받거나 혹은 강요당했다고 느끼는 역사적인 순간들이 있다. 그저 역사적 기록만으로 충분하다고 말하고 (그렇지만 우리의 연구는 공공 영역에서 오독되거나 오해받을 수 있다) 다른 사람들 좋을대로 우리의 연구를 사용하게 하는 것은 역사가 마이클 그로스버그(Michael Grossberg)가 말한 '역사가의 책임'을 포기하는 것이라고 생각한다.[41] 또한 우리로 하여금 정치적 행동에 관여하게끔 하는 이러한 사건들은 역사 연구가 진정한 도덕적, 정치적 지분을 가지고 있다는 것을 상기시켜 주는 중요한 역할을 한다. 그것은 우리가 과거와 현재를, 개인과 전문성을 연결시키는 데 한몫을 한다.[42]

내가 정책에 관여했던 때를 보면, 내 역사 연구를 정책과 정치에 대한 나의 '이해관계'에 신중하고 비판적으로 맞추는 것이 중요해 보였다. 그런 맥락에서 역사가들은 옹호 입장을 대신하여 그들의 방법, 기술, 직업적 정당성을 이용하고 있다. 우리의 특별한 감각과 성향, 그리고 공공 정책을 세우는

40 James T. Kloppenberg, "Why History Matters to Political Theory," in *Scientific Authority and Twentieth-Century America*, Ronald G. Walters, ed. (Baltimore: Johns Hopkins University Press, 1997).

41 Michael Grossberg, "The Webster Brief: History as Advocacy, or Would You Sign It?" *Public Historian* 12, no. 3 (1990): 45-52, 52.

42 John Demos, "Using Self, Using History…," *Journal of American History* 89, no. 1 (2002): 37-42 참조.

과정에 내재한 강력한 가치와 이념을 활용하려는 열망이나 조심성에 따라, 앞으로 역사가들은 학계 밖에도 우리 연구에 대한 새롭고 비판적인 지지자들이 있다는 것을 알게 될 것이다. 이 경계를 넘는 데서 나타나는 문제는 분명하고도 중요하지만, 나는 정치적 논쟁의 대의뿐만 아니라 우리의 학문, 우리의 학제에도 잠재적인 이득이 있다고 제안하고 싶다. 이런 점에서 정책 관련 역사는 해 볼 만하다.

물론 역사 연구가 선택할 수 있는 것은 학계의 학문과 공적 역사를 이분법적으로 보는 것이 아니라 연속체로 보는 것이다. 옹호라는 역할로 옮겨 가는 것이 정치적으로, 개인적으로 좋을 때가 있을 것이다. 또한 우리의 연구가 학문적 발표와 담론이라는 '내부적인' 전문 지시를 따르는 것이 중요한 시기가 있을 것이다. 그러나 이 영역들은 분리되거나 구별되지 않는다. 결국 우리는 이 영역들이 비판적이고 자의식적인 방식으로 상호 연관되어 있다는 것을 확실히 하기 위해 노력해야 한다. 최고의 역사가들은 당대의 사회와 문화에 종종, 그리고 효과적으로 중요한 역할을 해 왔다. 나에게 이렇게 타 분야와 연계할 수 있는 기회는 역사가로서의 동기부여와 정체성에 언제나 필수적일 것이다.[43]

철학자 조지 산타야나(George Santayana)의 유명한 격언을 좇아 많은 사람이 우리가 '과거를 반복할 수밖에 없는지' 물었다. 역사는 공공 정책과 정치적 옹호 속에서 당대의 노력을 현명하게 효과적으로 인도할 수 있는가? 이 질문에 대한 해답은 결코 확실하지 않다. 그럼에도 불구하고, 역사가들이 현

43 Alice Kessler-Harris, "Historians Should Take Stands to Stay Relevant," *Chronicle of Higher Education*, 21 September 2001, B11-B13, William E. Leuchtenburg, "The Historian and the Public Realm," *American Historical Review* 97, no. 1 (1992): 1-18.

대의 질문에 답하는 가치 있는 연구를 만들어 내고 이 연구가 사려 깊고 정교한 방법으로 사용되도록 할 전문적이고 도덕적인 책임을 지니고 있다는 것은 명백해 보인다. 이러한 다짐은 관련성에서 옹호라는 경사로를 따라 움직이지만, 우리의 연구는 이 노선 어딘가에 놓일 수밖에 없다. 죽음, 질병 그리고 사회정의라는 중요하고 지속적이며 동시대적인 질문들과 관련되어 있기 때문에 우리는 학문과 역사 연구에 대한 우리의 다짐을 지켜나갈 중요한 새로운 방법을 찾아야 할 것이다.

Locating Medical Hist

저자 소개/ 역자 소개/ 찾아보기

저자 소개

○ 올가 암스테르담스카(Olga Amsterdamska): 암스테르담 대학교에서 과학학과 의학사를 가르치고 있다. 저자는 생의학의 역사에 관한 논문을 발표해 왔는데, 특히 미생물학과 생화학 분야에서 실험실과 클리닉 간의 관계를 다루었다. 현재 진행하는 연구는 영국과 미국 역학의 역사와 무엇이 역학을 과학으로 만드는지에 대한 관념의 변화에 초점을 맞추고 있다.

○ 워릭 앤더슨(Warwick Anderson): 위스콘신 대학교의 의학사 및 생명윤리학과의 학과장이자 의학사 및 인구건강 분야의 로버트 터렐(Robert Turell) 교수이다. 이 글을 쓸 당시 샌프란시스코 캘리포니아 대학 보건과학 프로그램의 역사 분야 책임자였다. 2003년 베이식북스(Basic Books) 출판사에서 오스트레일리아의 인종 과학 연구인 『백인종의 육성: 과학, 건강, 그리고 인종적 운명(*The Cultivation of Whiteness: Science, Health, and Racial Destiny*)』이 출판되었다. 현재 뉴기니 고지대와 메릴랜드주 베데스다에서 쿠루병(kuru)을 조사하며 탈식민주의적 연구를 진행하고 있다.

○ 앨런 브랜트(Allan M. Brandt): 하버드 의과대학의 캐스(Kass) 교수로, 의학사 프로그램을 이끌고 있다. 현재 과학사 학과에도 동시에 소속되어 의장을 맡고 있다. 저자의 연구는 20세기 미국의 의학, 질병 및 공중보건 정책의 사회사에 중점을 둔다. 브랜트는 『특효약의 부재: 1880년대 이후 미국의 성병의 사회사(*No Magic Bullet: A Social History of Venereal Disease in the United States since 1880*)』(1987)의 저자이자 『도덕과 건강(*Morality and Health*)』(1997)의 편집자이다.

○ 시어도어 브라운(Theodore M. Brown): 로체스터 대학교의 역사학과 교수이자 학과장이며, 지역사회 및 예방의학 분야의 교수이다. 프린스턴 대학교에서 과학사를 전공하여 박사학위를 받았고 존스홉킨스 의학사연구소에서 박사후 연구원을 지냈다. 현재 정신신체의학의 역사와 미국 공중보건 및 건강정책에 초점을 맞춘 연구를 진행하고 있다. 브라운은 《미국 공중보건학술지(*American Journal of Public Health*)》의 기고 편집자이며, 엘리자베스 피(Elizabeth Fee)와 함께 『의학사의 구성: 헨리 지거리스트의 생애와 시대(*Making Medical History: The Life and Times of Henry E. Sigerist*)』(1997)

를 공동 편집했다.

ㅇ로저 쿠터(Roger Cooter): 유니버시티 칼리지 런던의 웰컴 재단 의학사센터의 웰컴 전문연구원(Wellcome Professorial Fellow)이다. 『대중 과학의 문화적 의미(*The Cultural Meaning of Popular Science*)』(1984), 『평시와 전시의 외과술과 사회(*Surgery and Society in Peace and War*)』(1993)의 저자이며, 아동 건강, 대체의학, 사고, 전쟁과 의학에 관한 책을 편집했다. 가장 최근에는 존 픽스톤(John Pickstone)과 함께 『20세기의 의학(*Medicine in the Twentieth Century*)』(2000)을 편집했다.

ㅇ마틴 딩스(Martin Dinges): 독일 슈투트가르트의 로버트보쉐 재단(Robert Bosche Stiftung) 의학사연구소의 부국장이고 독일 슈투트가르트 만하임 대학교 근대 역사 분야의 겸임교수이다. 편저로는 『질병사의 새로운 길(*Neue Wege in der Seuchengeschichte*)』(1995, 토마스 슐리히(Thomas Schlich)와 공동편집), 『동종요법의 세계사, 국가-학교-치료사(*Weltgeschichte der Homoopathie, Lander-Schulen Heilkundige*)』(1996), 『동종요법, 환자, 개업의 및 기관: 초기부터 현재까지(*Homoopathie. Patienten, Heilkundige und Institutionen. Von den Anfangen bis heute*)』(1996), 『독일 제국의 의학에 대한 비판적 움직임, 1870-1933(*Medizinkritische Bewegungen im Deutschen Reich* (ca. 1870-ca. 1933))』(1996), 『동종요법 역사의 환자들(*Patients in the History of Homoeopathy*)』(2002) 등이 있다. 또한 계몽주의 시대 의료사회사와 미셸 푸코의 연구의 수용에 대해 글을 써 왔다.

ㅇ앨리스 도머랫 드레거(Alice Domurat Dreger): 미시간 주립대학교 라이먼브릭스 대학의 과학기술학 분야 부교수이며, 생명과학윤리 및 인문학센터의 부교수이다. 비영리 정책 및 옹호 단체인 북미 인터섹스 협회의 이사회 창립 위원장으로 3년간 재직했다. 주요 연구와 활동은 특이한 신체를 지닌 사람들에 대한 생의학적 치료, 신체와 정체성 사이의 관계에 초점을 맞추고 있다. 저서로는 『반음양과 성의 의학적 발명(*Hermaphrodites and the Medical Invention of Sex*)』(1998), 『윤리 시대의 인터섹스(*Intersex in the Age of Ethics*)』(1999) 등이 있다.

ㅇ재클린 더핀(Jacalyn Duffin): 캐나다 온타리오주 킹스턴의 퀸즈 대학교에서 한나 의장(Hannah Chair)으로서 의학, 역사, 철학을 가르치는 혈액학자이자 역사가이다. 『랭스터프: 19세기의 의학 생활(*Langstaff: A Nineteenth-Century Medical Life*)』(1993), 『더

나은 눈으로 보기: R. T. H. 라에네크의 삶(*To See with a Better Eye: A Life of R. T. H. Laennec*)』(1998), 『의학의 역사: 한 권으로 읽는 서양의학의 역사(*History of Medicine: A Scandalously Short Introduction*)』(1999) 등의 저자이다. 최근의 연구 관심사는 질병 개념, 진단 기호학, 의료 성자(medical saints) 등이다.

○ 엘리자베스 피(Elizabeth Fee): 메릴랜드주 베데스다의 국립보건원 국립의학도서관의 의학사 부문 의장이며 메릴랜드주 볼티모어의 존스홉킨스 대학교에 역사 및 건강 정책 분야의 겸임교수로 있다. 저서로는 『질병과 발견: 존스홉킨스 위생과 공중보건대학의 역사, 1919-1939(*Disease and Discovery: A History of the Johns Hopkins School of Hygiene and Public Health, 1919-1939*)』(1987)가 있으며, 시어도어 M. 브라운과 『의학사의 구성: 헨리 지거리스트의 생애와 시대(*Making Medical History: The Life and Times of Henry E. Sigerist*)』(1997)를 공동으로 편집했다.

○ 메리 E. 피셀(Mary E. Fissell): 볼티모어의 존스홉킨스 대학교에서 과학, 의학 및 기술의 역사를 가르치고 있으며, 근대 초 영국의 재생산 정치에 관한 책을 쓰고 있다. 초기 연구로는 의료윤리, 환자 서사, 병원 및 시설 환자들, 대중 의료서 등에 관한 글들이 있으며, 『환자, 권력, 그리고 빈자들(*Patients, Power, and the Poor*)』(1991)에서 18세기 브리스톨 환자의 사회사를 다루었다.

○ 다니엘 구르비치(Danielle Gourevitch): 파리의 고등과학원 연구 책임자이다. 의학사를 가르치는데, 특히 그리스와 로마 의학 및 19세기에 의학 학식에 초점을 맞추고 있다. 이 시기에 관한 주요 작업으로는 『이탈리아에서 샤를 다렘베르그의 임무, 1849-1850(*La mission de Charles Daremberg en Italie, 1849-1850*)』(1994), 『의학 학식, 코레이에서 지거리스트까지(*Medecins erudits, de Coray a Sigerist*)』(1995) 등이 있다. 또한 『의학사: 방법론적 교훈(*Histoire de la medecine. Lecons methodologiques*)』(1995)이라는 편람을 출판하기도 했다. 현재는 갈레노스의 병리 개념(pathocenosis)에 관해 연구하고 있다.

○ 안야 히딩아(Anja Hiddinga): 암스테르담 대학교에서 과학학과 의료사회학을 가르치고 있다. 저자의 연구는 임상의학, 특히 산과학 및 산모 건강에 중점을 둔다. 현재 분만 중 통증의 경험과 치료에 있어서 문화적 차이와 역사적 변화를 연구하고 있다. 또한 청각 장애의 문화적 의미에 관심이 있으며, 최근 이 주제로 영화를 제작했다.

○ 프랭크 하위스만(Frank Huisman): 네덜란드 위트레흐트 대학교와 동대학 의학센터의 의학사 교수이다. 마스트리흐트 대학교의 역사학과에서도 가르치고 있다. 하위스만은 『도시의 관심과 인식: 흐로닝언의 의료 및 의료계, 1500-1730(*Stadsbelang en standbesef: Gezondheidszorg en medisch beroep in Groningen, 1500-1730*)』(1992)의 저자이다. 이 외에도 카트리엔 산팅(Catrien Santing)과 함께, 근대 초기 네덜란드의 의료서비스에 관한 지역 사례 연구를 담은 『지역적 관점에서의 의학사: 흐로닝언, 1500-1900(*Medische geschiedenis in regionaal perspectief: Groningen, 1500-1900*)』(1997)을 공동 편집하였다. 의학사 서술, 돌팔이 치료, 의학의 문화적 권위에 관해 출판해 왔으며, 현재 1880년에서 1940년 사이 네덜란드 의료시스템의 변화를 탐구하는 책을 쓰고 있다.

○ 루드밀라 조다노바(Ludmilla Jordanova): 에식스 대학교와 요크 대학교에서 근무하다가 1996년에 이스트앵글리아 대학교에 합류했다. 런던 국립초상화갤러리의 이사로, 2000년에 과학 및 의학 분야의 초상화 전시회인 『결정적 특징(*Defining Features*)』을 조직했다. 최근 『전시된 자연: 젠더, 과학, 그리고 의학, 1760-1820(*Nature Displayed: Gender, Science, and Medicine, 1760-1820*)』(1999), 『역사학적 실천(*History in Practice*)』(2000) 등을 출판했다. 현재는 16세기부터 지금까지 영국의 자화상과 예술적 실천, 소설과 시에서의 기예 등에 관해 연구하고 있다.

○ 알폰스 라비쉬(Alfons Labisch): 역사가, 사회학자이자 의사로, 독일 뒤셀도르프의 하인리히하이네 대학교의 의학사 교수이자 의학사연구소 소장이다. 주요 연구 분야는 보건 및 의료의 사회사(특히 예방의료 분야 및 기관), 병원의 사회사, 의료 지식 및 실천을 포함한다. 최근 『병원의 모든 환자를 위한 침대: 19세기 독일 종합병원의 사회사(*Einen Jedem Kranken in einem Hospitale sein Eigenes Bett: Zur Sozialgeschichte des Allgemeinen Krankenhauses in Deutschland im 19. Jahrhundert*)』(1996, 라인하르트 슈프레(Reinhard Spree)와 공동 편집), 『아돌프 고트슈타인: 경험과 지식, 재산, 1939/1940. 자서전 및 전기 자료(*Adolf Gottstein: Erlebnisse und Erkenntnisse. Nachlass 1939/1940. Autobiographische und biographische Materialien*)』(1999, 울리히 코피츠(Ulrich Koppitz)와 공동 편집), 『19세기 병원 보고서: 병원 후원자, 병원 자금 조달, 병원 환자(*Krankenhaus-Report 19. Jahrhundert. Krankenhaustrager, Krankenhausfinanzierung, Krankenhauspatienten*)』(2001, 라인하르트 슈프레와 공동 편집) 등을 출판했다.

ㅇ한스-우베 람멜(Hans-Uwe Lammel): 의학사 사강사(Privatdozent)로, 로스토크 대학교의 의학사 학과장이다. 『낭만주의 의학의 질병 분류 및 치료 개념(*Nosologische und Therapeutische Konzeptionen in der Romantischen Medizin*)』(1990)의 저자이자, 『당대의 질병(*Kranksein in der Zeit*)』(1995) 및 『의학사와 사회적 비판(*Medizingeschichte und Gesellschaftskritik*)』(1997, 마이클 후벤스토프(Michael Hubenstorf), 라그닐드 뭉크(Ragnhild Munch), 자비네 슐라이어마허(Sabine Schleiermacher), 하인츠-페터 슈미데바흐(Heinz-Peter Schmiedebach), 지그리트 스토켈(Sigrid Stockel)과 공동 편집)의 편집자이다. 전문 분야는 근대 초기의 역사 서술과 전염병이다.

ㅇ셔윈 뉼런드(Sherwin B. Nuland): 외과 임상 교수이며 예일 대학교의 사회학 및 정책학 센터의 연구원이다. 예일의 휘트니 인문학센터의 집행 위원이자, 대학의 학제간 생명윤리 포럼 위원을 맡고 있다. 1994년 출판한 『우리는 어떻게 죽는가(*How We Die*)』는 전미도서상을 수상했으며, 퓰리처상과 미국비평가협회상의 최종 후보에 올랐다. 그는 《뉴욕타임스》, 《월스트리트저널》, 《뉴리퍼블릭》, 《타임》, 《라이프》, 《내셔널지오그래픽》, 《뉴요커》, 《아메리칸스콜라》 및 기타 정기간행물에 의학 및 의학사, 의료윤리에 관한 글을 기고했다. 『의사들: 의학의 전기(傳記)(*Doctors: The Biography of Medicine*)』와 레오나르도 다빈치, 이그나츠 제멜바이스의 전기 등 저서 8권 모두를 일반 독자를 대상으로 썼다.

ㅇ비비안 너튼(Vivian Nutton): 유니버시티 칼리지 런던의 의학사 교수이다. 그는 갈레노스(Galen)의 『예후에 대하여(*On Prognosis*)』(1979)와 『내 자신의 의견에 대하여(*On My Own Opinions*)』(1999)를 포함하여 여러 고대 의학 텍스트를 편집했으며, 전통 의학이 20세기에 이르기까지 전달되어 온 과정에 대해 많은 책과 논문을 출판했다. 현재 고전고대 의학의 방대한 역사에 대해 저술하고 있다.

ㅇ로이 포터(Roy Porter): 은퇴하기 전 유니버시티 칼리지 런던의 의료사회사 교수였다. 많은 출판물을 편찬했으며, 『마음이 벼린 사슬(*Mind-Forg'd Manacles*)』(1987), 『질병과 건강: 영국의 경험, 1650-1850(*In Sickness and in Health: the British Experience, 1650-1850*)』(1988, 도로시 포터(Dorothy Porter)와 공동 저술), 『건강을 팝니다: 영국의 돌팔이 치료, 1660-1850(*Health for Sale: Quackery in England, 1660-1850*)』(1989), 『푸코의 재평가: 권력, 의학, 그리고 몸(*Reassessing Foucault: Power, Medicine, and the Body*)』(1994, 콜린 존스(Colin Jones)와 공동 편집), 『인류에 대한 가장 큰 혜택: 고대에서 현재

까지 인류의 의료사(*The Greatest Benefit to Mankind: A Medical History of Humanity from Antiquity to the Present*)』(1997), 『계몽: 영국과 근대 세계의 창조(*Enlightenment: Britain and the Creation of the Modern World*)』(2000) 등을 발표했다. 포터는 2002년 봄에 사망했다.

○ 수잔 레버비(Susan M. Reverby): 웰즐리 칼리지의 여성학 교수이다. 의료사 분야에서 젠더, 계급 및 인종 문제에 초점을 맞추어 연구해 왔다. 수상작인 『돌봄명령: 미국 간호학의 딜레마(*Ordered to Care: The Dilemma of American Nursing*)』(1987)는 미국 간호사에 대한 개요서이다. 최신 저서로는 편저인 『터스키기의 진실: 터스키기 매독 연구에 대한 재고(*Tuskegee's Truths: Rethinking the Tuskegee Syphilis Study*)』(2000)가 있다. 현재 터스키기 연구의 이야기가 전달되는 다양한 방식을 탐구하는 원고를 작성하고 있다.

○ 데이비드 로스너(David Rosner)는 컬럼비아 대학교의 역사와 공중보건학과 교수이자 컬럼비아 메일맨 보건대학원의 공중보건사센터 소장이다. 『일단의 자선 사업(*A Once Charitable Enterprise*)』(1982; 1987)의 저자이자, 『질병의 중심: 뉴욕시의 전염병과 공중보건(*Hives of Sickness: Epidemics and Public Health in New York City*)』(1995) 및 『미국의 의료: 사회사 에세이(*Health Care in America: Essays in Social History*)』(1979, 수잔 레버비(Susan Reverby)와 공동 편집) 등을 편집했다. 또한 제럴드 마코위츠(Gerald Markowitz)와 함께 수많은 저서와 논문을 저술하거나 편집했는데, 『치명적 먼지: 규폐증과 20세기 미국 직업병의 정치학(*Deadly Dust: Silicosis and the Politics of Occupational Disease in Twentieth Century America*)』(1991; 1994), 『아동, 인종, 권력: 케네스와 매미 클라크의 노스사이드 센터(*Children, Race, and Power: Kenneth and Mamie Clark's Northside Center*)』(1996), 『기만과 부정: 산업공해의 치명적 정치(*Deceit and Denial: The Deadly Politics of Industrial Pollution*)』(2002) 등이 있다. 최근에 미국공중보건협회(APHA)로부터 공중보건사의 뛰어난 업적에 수여하는 비셀테어(Viseltear)상을 받았다.

○ 토마스 뤼튼(Thomas Rütten): 뉴캐슬 대학교 의학사 분야에서 웰컴 재단 대학상(Wellcome Trust University Award)을 수상했으며, 뮌스터 대학교에서 박사학위를 받았다. 그는 지난 12년간 독일(뮌스터 대학, 비텐/헤르데케 대학)과 프랑스(파리 제7대학)의 여러 대학에서 의학사를 가르치고 있다. 『데모크리토스: 낙관주의 철학자와 비관적

우울(*Demokrit-Lachender Philosoph und Sanguinischer Melancholiker*)』(1992), 『히포크라테스 선서 이야기(*Geschichten vom Hippo kratischen Eid*)』(학위논문, 1995)의 저자이자, 그가 몸담은 의학사 분야의 역사, 고대·중세·근대 초기의 역사와 윤리, 의학의 도상학에 관한 수많은 논문을 출판했다.

ㅇ하인츠-페터 슈미데바흐(Heinz-Peter Schmiedebach): 의학사 교수이며 1993년부터 독일 그라이프스발트 대학교의 의학사연구소 소장이다. 『정신학과 심리학의 충돌(*Psychiatrie und Psychologie im Widerstreit*)』(1986), 『의학과 전쟁: 보건전문직의 딜레마, 1865-1985(*Medizin und Krieg: Vom Dilemma der Heilberufe 1865 bis 1985*』(1987, 요한나 블레커(Johanna Bleker)와 공동 편집), 『로베르트 레마크(1815-1865): 과학과 정치 사이의 긴장에 놓인 유대인 의사(*Robert Remak(1815-1865): Ein Judischer Arzt im Spannungsfeld von Wissenschaft und Politik*)』(1995) 등을 출판했다. 관심 분야는 정신의학의 역사, 공중보건의 발전, 의무론(deontology)의 역사, 19세기와 20세기의 의학이론 및 분과의 역사 등이다.

ㅇ크리스티아네 신딩(Christiane Sinding): 프랑스 국립보건의학연구소의 선임 연구원이다. 처음에는 의사로, 다음에는 과학사가로 훈련받았다. 『임상의와 연구원: 분자 의학 이전의 주요 질환(*Le clinicien et le chercheur. Des grandes maladies de carence a la medecine moleculaire*)』(1991)을 출판했으며, 내분비학의 역사에 관한 수많은 논문을 발표했다. 현재 진성 당뇨병의 치료 혁신에 대한 역사를 쓰고 있다. 신딩은 『의학사 및 의학철학 사전(*Dictionnaire d' histoire et philosophie de la medecine*)』(2004)의 공동 편집자이다.

ㅇ존 할리 워너(John Harley Warner)는 예일 의과대학의 아발론 교수이자 의학사 분과의 의장이며, 예일 대학교에서도 역사 및 미국학 교수, 의학사 및 과학사 프로그램의 대학원 연구 책임자로 있다. 저서로는 『치료적 관점: 미국의 의료 실천, 지식, 그리고 정체성, 1820-1885(*Therapeutic Perspective: Medical Practice, Knowledge, and Identity in America, 1820-1885*)』(1986; 1997), 『시스템의 정신에 대한 대항: 19세기 미국 의학에서의 프랑스적 충동(*Against the Spirit of System: The French Impulse in Nineteenth-Century American Medicine*)』(1998; 2003), 『미국 의학사 및 공중보건사의 주요 문제들(*Major Problems in the History of American Medicine and Public Health*)』(2001, 재닛 타이(Janet Tighe)와 공동 편집) 등이 있다. 현재 임상 서사와 근대 의학의 기반을 탐구하는 책을 쓰고 있다.

역자 소개

신지혜: 전남대학교 역사교육과 조교수. 연세대학교 인문학부에서 서양사학과 영어영문학을 공부했고, 미국 뉴저지 주립대학에서 역사학 박사학위를 받았다. 주요 논문으로는 「미국 국경에서의 정신병」, 「20세기 초 엘리스 섬의 이민 아동과 질병」 등이 있다.

이상덕: 경희대학교 HK+통합의료인문학연구단 HK교수. 고려대학교 서양사학과를 나와 동대학원에서 서양고대사 석사를 받았다. 옥스퍼드대학교에서 고전고고학 석사를 받고, 킹스칼리지런던에서 고전학 박사학위를 받았다. 주요 논문으로 “Amphiaraos, the Healer and Protector of Attika”, 「영미 의료사의 연구동향: 1990-2019」 등이 있다.

이향아: 경상국립대학교 사회학과 조교수. 고려대학교 서양사학과를 나와 케임브리지대학교에서 사회학 박사학위를 받았다. 도시사회학, 역사사회학, (의료)문화사회학 등을 연구하고 있다. 제1회 최재석학술상 우수박사학위논문상을 수상한 바 있다.

장하원: 서울대학교 기초교육원 BK21 4단계 대학원혁신사업단 BK조교수. 서울대학교 생물자원공학부에서 학부와 석사를 마치고 서울대 과학사 및 과학철학 협동과정에서 과학기술학으로 박사학위를 받았다. 주요 논문으로 「자폐증 진단의 동역학: ‘사회성’에 반응하는 몸들의 출현」 등이 있으며, 공저로 『21세기 교양 과학기술과 사회』 등이 있다.

조정은: 경희대학교 사학과 조교수. HK+통합의료인문학연구단 일반연구원. 경희대학교 사학과에서 학부와 석사를 마치고 일본 도쿄대학에서 박사학위를 받았다. 저서로 『近代中国のプロテスタント医療伝道』가 있으며, 주요 논문으로 「근대 상하이 공공조계 우두 접종과 거주민의 반응: 지역적·문화적 비교를 중심으로」 등이 있다.

찾아보기

[용어]

[ㄱ]

[ㄴ]

[ㄷ]

[ㄹ]

[ㅁ]

[ㅂ]

[ㅅ]

[ㅇ]

[ㅊ]

[ㅋ]

[ㅌ]

[ㅍ]

[ㅎ]

[기타]

[인명]

[도서, 학술지, 신문]

경희대학교 인문학연구원 HK+통합의료인문학연구단 / 통합의료인문학 번역총서01

의학사의 새물결

등록 1994.7.1 제1-1071
1쇄 발행 2022년 1월 25일

기 획 경희대학교 인문학연구원 HK+통합의료인문학연구단
편 저 프랭크 하위스만, 존 할리 워너
옮긴이 신지혜, 이상덕, 이향아, 장하원, 조정은
감 수 여인석
펴낸이 박길수
편집장 소경희
편 집 조영준
관 리 위현정
디자인 이주향
펴낸곳 도서출판 모시는사람들
03147 서울시 종로구 삼일대로 457(경운동 수운회관) 1207호
전 화 02-735-7173, 02-737-7173 / 팩스 02-730-7173

인 쇄 피오디북(031-955-8100)
배 본 문화유통북스(031-937-6100)
홈페이지 http://www.mosinsaram.com/

값은 뒤표지에 있습니다.
ISBN 979-11-6629-088-6 94000
세트 979-11-6629-082-4 94000

이 저서는 2019년 대한민국 교육부와 한국연구재단의 지원을 받아 수행된 연구임
(NRF-2019S1A6A3A04058286)